DESARROLLO DEL NIÑO EN CONTEXTO

Si desea recibir información mensual de nuestras novedades/publicaciones, y ser incorporado a nuestra lista de correo electrónico, por favor envíenos los siguientes datos a **difusion@editorialpaidos.com.ar**
Nombre y apellido, profesión y dirección de e-mail.

DESARROLLO DEL NIÑO EN CONTEXTO

HORACIO LEJARRAGA
(editor)

Colaboradores

Martin Bax
Liliana Bouzas
Graciela Brik
María Magdalena Contreras
Liliana Czornyj
Haydée Echeverría
Beatriz Grippo
Diana Kelmansky
Horacio Lejarraga
Manuel Maza

Luis Novali
Alejandro O'Donnell
María Cecilia Pascucci
Mario Rípoli
Violeta Ruiz
Virginia Schejter
Pablo Vinocur
Patricia Visintin
Héctor Waisburg

PAIDÓS
Buenos Aires
Barcelona
México

Desarrollo del niño en contexto / Horacio Lejarraga [et al.]. – 1a. ed. – Buenos Aires: Paidós, 2004.
688 p. ; 23x16 cm. – (Tramas sociales)

ISBN 950-12-4524-1

1. Epidemiología Pediátrica I. Lejarraga, Horacio
CDD 618.9:614.4

Agradecemos especialmente por el apoyo recibido para la preparación de este libro a:

Unicef Argentina

Cubierta de Gustavo Macri
Motivo de cubierta: Paula Adamo, collage, 21 x 25 cm

Corrección: Andrea Braverman
Diagramación: Anna Souza

1ª edición, 2004

Queda hecho el depósito que previene la ley 11.723
Impreso en la Argentina. Printed in Argentina

Impreso en Color EFE, Paso 192, Avellaneda, en octubre de 2004

Tirada: 3.000 ejemplares

ISBN 950-12-4524-1

Dr. Martin Bax
Profesor Emérito en Salud Infantil en el Chelsea and Westminster Hospital, Imperial College, Faculty of Medicine, Londres, Reino Unido.

Dra. Liliana Bouzas
Médica Principal del área de Neonatología y coordinadora del consultorio de Recién Nacidos de Alto Riesgo, Hospital de Pediatría "Prof. Dr. Juan P. Garrahan", Buenos Aires, Argentina.

Lic. Graciela Brik
Fonoaudióloga. Jefa del Sector de Detección Temprana de la Hipoacusia e Implantes Cocleares del Hospital Italiano, Buenos Aires.

Dra. María Magdalena Contreras
Pediatra. Médica Asistente del Servicio de Clínicas Interdisciplinarias, Hospital de Pediatría "Prof. Dr. Juan P. Garrahan", Buenos Aires.

Dra. Liliana A. Czornyj
Neuropediatra. Médica Principal del Servicio de Neurología, Hospital de Pediatría "Prof. Dr. Juan P. Garrahan", Buenos Aires.

Lic. Haydée Echeverría
Psicopedagoga. Licenciada en Filosofía. Asistente del Servicio de Clínicas Interdisciplinarias, Hospital de Pediatría "Prof. Dr. Juan P. Garrahan", Buenos Aires.

Lic. Beatriz Grippo
Licenciada en Nutrición. Investigadora Asociada del Centro de Estudio de Nutrición Infantil (CESNI), Buenos Aires.

Dra. Diana Kelmansky
Matemática. Profesora Adjunta del Instituto de Cálculo, Facultad de Ciencias Exactas, Universidad de Buenos Aires.

Dr. Horacio Lejarraga
Pediatra. Jefe del Servicio de Crecimiento y Desarrollo, Hospital de Pediatría "Prof. Dr. Juan P. Garrahan", Buenos Aires.

Dr. Manuel Maza
Pediatra. Secretario del Comité de Discapacidad de la Asociación Latinoamericana de Pediatría (ALAPE).

Dr. Luis Novali
Pediatra Neonatólogo. Médico Asistente del Programa de Seguimiento de Recién Nacidos de Alto Riesgo del área de Neonatología, Hospital de Pediatría "Prof. Dr. Juan P. Garrahan", Buenos Aires.

Dr. Alejandro O'Donnell
Pediatra y especialista en nutrición infantil. Director del Centro de Estudio de Nutrición Infantil. Jefe del Servicio de Pediatría, Hospital Alemán, Buenos Aires.

Dra. María Cecilia Pascucci
Pediatra. Miembro del Servicio Nacional de Rehabilitación y Promoción de la Persona con Discapacidad, Ministerio de Salud de la Nación.

Dr. Mario Rípoli
Pediatra. Jefe de la Sección Asistencial del Centro de Salud y Acción Comunitaria n° 5 de la Secretaría de Salud, Ciudad Autónoma de Buenos Aires.

Lic. Violeta Ruiz
Socióloga. Docente de la Maestría de la Facultad Latinoamericana de Ciencias Sociales (FLACSO), Buenos Aires.

Lic. Virginia Schejter
Psicóloga. Coordinadora de la Consultoría en Psicología Institucional del Hospital de Pediatría "Prof. Dr. Juan P. Garrahan", Buenos Aires.

Lic. Pablo Vinocur
Sociólogo. Asesor en Políticas Públicas del Programa de Naciones Unidas para el Desarrollo. Argentina (PNUD). Coordinador de la Maestría en Ciencias Sociales, FLACSO, Buenos Aires.

Dra. Patricia Visintin
Médica Oftalmóloga. Asesora en Salud Visual de Unicef Argentina.

Dr. Héctor Waisburg
Neurólogo Pediatra. Jefe del Servicio de Clínicas Interdisciplinarias, Hospital de Pediatría "Prof. Dr. Juan P. Garrahan", Buenos Aires.

ÍNDICE

PARTE III
EL CONTEXTO INSTRUMENTAL Y METODOLÓGICO

PARTE IV
EL CONTEXTO FAMILIAR, SOCIAL Y POLÍTICO

PRÓLOGO

Guillermo Jaim Etcheverry

Experiencia y reflexión

Hacer y luego reflexionar sobre lo que se hace. Sin duda es ése el principio clave que anima al grupo de prestigiosos profesionales que, desde muy diversas disciplinas, se han propuesto la tarea de escribir este libro dedicado al desarrollo del niño. Por eso, en sus páginas se encuentra resumida la rica experiencia práctica de todos ellos, recogida al cabo de muchos años dedicados al análisis de los problemas vinculados al desarrollo infantil, respaldada por los sólidos fundamentos teóricos que les han permitido conceptualizar su trabajo cotidiano con los niños y sus familias.

Es evidente que el progreso de la tecnología médica está haciendo posible la sobrevida de niños que presentarán problemas en su desarrollo ulterior. Asimismo, crece en la sociedad la percepción de que en los años iniciales de la vida se definen muchas de las características que determinarán el futuro de las personas, como la inteligencia, la posibilidad de aprender, la adquisición del lenguaje y de la capacidad de abstracción. De allí que las cuestiones vinculadas al desarrollo infantil y a sus perturbaciones, la "nueva morbilidad", estén llamadas a ocupar un lugar de importancia creciente tanto en la formación académica de los profesionales como en su acción práctica posterior. La importancia de este libro reside, precisamente, en que encara un análisis de las características normales de los procesos así como de los desvíos que, con gran velocidad, se suceden durante ese período inicial y decisivo en la vida de las personas. Este propósito se enriquece con el aporte que realizan profesionales dedicados a muy diversas ramas del saber –desde la biología y la neurología hasta la sociología y la moral– aunque preocupados por una cuestión común.

El prestigio y la vasta experiencia de los autores en los temas que desarrollan anticipa que este trabajo colectivo tendrá, sin duda, una gran repercusión tanto en el ambiente pediátrico especializado como en el de la atención primaria de la salud. Es en este campo donde, no pocas veces, se juega el destino de las personas, que depende del diagnóstico certero, y sobre todo oportuno, de las desviaciones del desarrollo normal.

La trayectoria, reconocida nacional e internacionalmente, de Horacio Lejarraga, editor científico del libro, constituye una garantía de la amplitud y originalidad de su enfoque así como de la calidad de la información que contiene. Su tarea contribuye a dar al conjunto una imprescindible unidad de concepción, resultado de muchos años de una lucha pionera destinada a atraer la atención de los profesionales y de las instituciones de la salud hacia el problema del crecimiento y el desarrollo del niño. Como surge de la lectura de los antecedentes de este libro, del análisis de otros importantes textos de la materia así como de la descripción de las características innovadoras de la obra, resulta evidente que representa un aporte muy significativo a un campo del conocimiento firmemente consolidado y que evolucionará con gran rapidez en el futuro.

Menciona el editor que "las ciencias progresan por los bordes y éstos contactan con otras ciencias. Las interfases así generadas constituyen áreas muy fructíferas para el progreso del conocimiento, y esto sólo puede lograrse con el trabajo interdisciplinario". Tal vez sea esta la mejor definición del libro que el lector tiene entre sus manos: una apasionante exploración de los bordes cambiantes del complejo proceso de desarrollo del niño, un devenir que debe ser analizado en un contexto muy amplio para poder ser comprendido en su real dimensión y, sobre todo, para lograr influir positivamente en su curso.

INTRODUCCIÓN

Horacio Lejarraga

El desarrollo y sus problemas

Puede entenderse el desarrollo infantil como el curso de los cambios en la conducta sensoriomotriz, la respuesta emocional, la inteligencia, el lenguaje y el aprendizaje. Se trata de un proceso de extraordinaria complejidad que tiene dos resultados finales. Por un lado, transforma una célula que mide aproximadamente una décima de milímetro en un ser que tiene alrededor de 10^{26} células y que es capaz de tener un lenguaje simbólico, de construir un puente, de pintar un cuadro o de escribir un libro. Es decir, transforma un ser vivo en un ser humano. Pero además, el desarrollo permite un segundo logro: hacer que cada ser humano sea diferente de los demás, es decir, generar el proceso de *individuación*. Esta capacidad es ampliamente reconocida por las madres cuando, al referirse a una habilidad lograda por uno de sus hijos, la compara espontáneamente con la de otro hijo, diciendo algo así: *fíjese doctor, que este chico está caminando antes que el otro, que a esta edad recién se paraba solo.*

El desarrollo del niño genera siempre un enorme interés en los padres, porque saben que está relacionado con la expresión de sus potencialidades y con su desempeño en la vida adulta. Estas condiciones hacen que resulte un importante punto de partida para generar un diálogo fructífero y permanente entre la población y el sistema de salud.

A pesar de su importancia, el desarrollo de muchos grupos de población en la Argentina y en otros países de América latina no se cumple adecuadamente. En un medio donde prevalece la pobreza y la falta de organización y continencia social, también prevalece la prematuridad, el bajo peso, las infecciones prenatales y posnatales, la falta de estímulos, la desnutrición y otros factores asociados; hay en nuestra región muchos niños que retrasan su desarrollo, que no alcanzan la plena expresión de sus potencialidades. En países desarrollados, se estima que la prevalencia de problemas de retardo mental o trastornos del aprendizaje en la infancia es de alrededor del 10%, pero en países subdesarrollados el porcentaje es seguramente aún mayor, teniendo en cuenta las variables antedichas.

Los problemas de desarrollo psicomotor forman parte de lo que se ha denominado *la nueva morbilidad*, junto con los trastornos de la conducta alimentaria, el SIDA y las adicciones, entre otros. Pienso que en las décadas venideras la demanda de atención de los problemas de desarrollo va a aumentar debido a dos causas principales. Por un lado, porque la eficacia de la medicina hace que cada vez sobrevivan más niños con enfermedades otrora mortales, como por ejemplo el muy bajo peso al nacer, cuya condición entraña muchos problemas que se asocian luego a trastornos del desarrollo. Por otro lado, la población intuye que estos problemas del desarrollo influirán en el rendimiento escolar, en la inteligencia, en el aprendizaje y en el desempeño de la vida adulta.

Por todas estas razones, el desarrollo infantil debe ser analizado con el máximo interés por los organismos de salud pública. No solamente como objetivo de salud, sino también como instrumento para monitorizarla. La mortalidad infantil está disminuyendo en todos los países, independientemente de su condición. Los niños ya no mueren tanto como antes. La pregunta entonces es: ¿cómo crecen y se desarrollan? Por cada niño que muere hay muchos más que no pueden crecer y desarrollarse normalmente. Es por ello que resulta necesario comenzar a usar indicadores positivos, que incluyan a toda la población y no sólo a los que mueren. El crecimiento físico y el desarrollo psicomotor son un verdadero espejo de la sociedad, y resultan así los indicadores adecuados para vigilar la salud infantil en el siglo XXI. Llegará un día en que, en lugar de citar cifras de mortalidad, se pueda decir: *los niños de esta población tienen una estatura promedio 1,6 cm mayor y dicen "mamá" un mes antes que los de la otra población.* Debemos trabajar para que esta aspiración llegue a concretarse, y deseamos que este libro contribuya a lograrlo.

Antecedentes del libro

Este libro tiene sus más genuinos antecedentes alrededor de 1987, cuando después de casi veinte años de trabajo en investigación clínica y epidemiológica sobre crecimiento infantil, pensé que en el país se había consolidado una etapa en el conocimiento auxológico, y que esto coincidía con una necesidad, en el terreno de la pediatría y de la epidemiología, de disponer de más conocimientos sobre las características del desarrollo psicomotor de nuestra población infantil y de tener instrumentos para su evaluación y enseñanza. La pediatría en nuestro país carecía de una fuerte tradición de estudios en este tema en lo que respecta a su epidemiología. Ciertamente, hubo precursores en las décadas del sesenta y del setenta, como Lidia Coriat, Natalio Fejerman y el grupo de Enriqueta Roy.

Fue así que, con la ayuda de varios colegas, cumplimos un trabajo de docencia, investigación clínica y epidemiológica sobre desarrollo psicomotor junto al grupo de trabajo formado en el Servicio de Crecimiento y Desarrollo del Hospital Garrahan. Este grupo se enriqueció con la participación de profesionales y de otros expertos en diversas disciplinas vinculadas estrechamente al desarrollo infantil: pediatras, neurólogos, sociólogos, psicopedagogos, psicólogos, etcétera. De esta manera, llevamos a cabo el Estudio Nacional Colaborativo, por el cual más de 200 pediatras de todo el país evaluaron el desarrollo psicomotor de 3.573 niños menores de cinco años. En este trabajo colaboraron muchos profesionales, como Nora Diament, Sara Krupitzky, Gladys Convertini, Ana Radrizañi Goñi, Liliana Carusso, Alicia Mazautis, Alicia Lukin y muchos otros cuya participación está debidamente reconocida en otras publicaciones.

Este estudio dio luego origen a estudios epidemiológicos, a trabajos que permitieron sentar las bases para construir una Prueba Nacional de Pesquisa (test ahora recomendado por la Sociedad Argentina de Pediatría), a múltiples tareas docentes en las que participó Ana Fernandez Ruiz y Graciela Salamanco, entre otros, y a asesorías a distintas instituciones nacionales e internacionales. Entre estas últimas, cabe mencionar la confección de un plan de análisis que hicimos en conjunto con la Dra. Diana Kelmansky del Instituto de Cálculo de la UBA, para el estudio longitudinal multicéntrico de desarrollo motor (*Motor Development Study*), llevado a cabo por la Unidad de Nutrición para el Crecimiento y Desarrollo Infantil de la Organización Mundial de la Salud (OMS) en Ginebra. Estas experiencias, junto con consultorías realizadas para la Organización Panamericana de la Salud (OPS) en países de América latina, me llevaron a pensar que la cristalización de toda esta experiencia en un solo corpus de conocimientos podría resultar de utilidad no sólo a los grupos de trabajo nacionales, sino también a los de otros países de la región, y que esta documentación podría enriquecerse aún más con la colaboración de profesionales de distintas disciplinas que trabajan en aspectos vinculados al desarrollo infantil.

Paralelamente, en la Argentina se desarrollaron otros estudios de gran interés, tales como los trabajos de campo sobre el lenguaje maternal en distintas culturas, realizados por Celia Galperin y Mark Bornstein en Morón. También hubo aportes valiosos por parte del CLACYD (Lactancia, Alimentación y Desarrollo) en Córdoba, la experiencia en terreno de Lobería y el proyecto Tierra del Fuego, tres contribuciones que enriquecieron significativamente el conocimiento sobre desarrollo del niño en nuestro país y que están comentadas en este libro.

En la Argentina, los pediatras se forman fundamentalmente en hospitales, instituciones que tienen necesariamente su centro de gravedad en el paciente crítico, y en este contexto no hay mucho espacio para enseñar desarrollo infantil y sus problemas. Pensamos que este libro puede contribuir a enriquecer a los profesionales, no solamente brindándoles conocimiento sobre temas específicos, sino también elementos que les permitirán ubicar el desarrollo infantil y sus problemas en el contexto.

Libros preexistentes

La literatura mundial sobre desarrollo infantil es abundante. *Desarrollo humano*, de Frank Falkner (Barcelona, Salvat, 1969), traducido al español, fue uno de los primeros textos dedicados al tema en la década del sesenta, y representó una significativa contribución, al punto que aún hoy muchos de sus capítulos siguen vigentes, pero como han pasado ya casi cuarenta años de su publicación, resulta un poco antiguo en muchos de sus conceptos.

La obra de Ronald y Cynthia Illingworth, *Babies and Young Children* (Churchill Livingstone, 1ª ed., 1954) es uno de los tantos libros de estos autores (como *The Normal Child*) que ayudaron en mi país a la formación de varias generaciones de pediatras y otros trabajadores de la salud durante muchas décadas.

En 1990 se publicó *Child Development and Child Health* de Martin Bax, Hilary Hart y Susan N. M. Jenkins (Blackwell Scientific Publications) escrito por médicos británicos. Sus contenidos versan sobre conducta, atención pediátrica, problemas comunes de salud, y sobre desarrollo. También se incluye una descripción de las adquisiciones y logros de los niños en cada edad de la vida. El libro de M. B. Hall, P. Hill, D. Elliman, *The Child Surveillance Hand Book 1990* (Radcliffe Medical Press, Oxford), es otra muestra de la tradición inglesa en esta área de la pediatría. También incluye la descripción de los hitos madurativos más importantes, descripción de tests de evaluación, temas de enseñanza del desarrollo y problemas de visión.

Más recientemente, el libro de Levine, Casey y Crocker, *Developmental Behavioral Pediatrics* (Saunders, 2ª ed., 1993), se ha transformado en un clásico que abarca desde las variaciones normales a lo largo del tiempo, hasta la promoción del desarrollo y la adaptación con respecto al medio ambiente, las influencias biológicas, etcétera. También se refiere al efecto de las enfermedades generales sobre el desarrollo y la conducta. El libro de Capute y Accardo, *Developmental Disabilities in Infancy and Childhood* (2ª ed., Baltimore, Paul Brookes Publishing, 1996), de orientación neurológica, resulta también un clásico y permanente libro de consulta.

Todos estos libros están escritos en inglés y, por supuesto, desde la perspectiva de modelos de atención médica de los países en que se originaron. Muchos de ellos fueron traducidos a la lengua española, como por ejemplo el libro de Guy R. Lefrançois, *Acerca de los niños* (Universidad de Alberta), *Una introducción al desarrollo del niño* (México, Fondo de Cultura Económica, 1ª edición en español, 1978).

En América latina, y sin pretender ser exhaustivos, conocemos un libro muy completo publicado en Colombia, de G. Calderón, *Crecimiento y desarrollo del ser humano* (Universidad el Valle, Editorial Guadalupe, 1995), que es uno de los pocos que conocemos que incluye el desarrollo en la adultez y la vejez. Es muy preciso en sus objetivos educacionales, que están mencionados en cada capítulo. Su enfoque es muy amplio, incluyendo el desarrollo social y emocional. En 1986 la OPS publicó un libro sobre desarrollo, *Manual de crecimiento y desarrollo del niño*, de Cusminsky, Lejarraga, Fescina, Martell y Mercer (serie Paltex nº 8, 1986), que resultó muy exitoso, fue reeditado y sigue siendo un texto muy valioso para los pediatras, pero carece de lineamientos sobre problemas de desarrollo y acciones a considerar en el primer nivel.

Dentro de la bibliografía disponible, hay poca literatura específica sobre el tema en la Argentina. El libro de Morano y colaboradores, *Tratado de pediatría* (Atlante, 2ª ed., 1997), si bien tiene un capítulo sobre "desarrollo neurológico", carece de información sobre problemas de desarrollo. Merece destacarse la aparición del libro *Guías de evaluación del desarrollo infantil* (Buenos Aires, Publicaciones Nestlé, 1996), de Lejarraga, Krupitzky y colaboradores, que estimuló el interés por el tema en los pediatras, pero está centrado sobre todo en la evaluación del cumplimiento de pautas del desarrollo.

Nuestro libro

Los contenidos de este libro están determinados por lo que puedan aportar a sus destinatarios: miembros del equipo de salud pediátrico (pediatras, psicopedagogos, foniatras, terapistas ocupacionales, etcétera) y otros profesionales que trabajan en el desarrollo del niño, por ejemplo, aquellos que están en el ámbito de la educación (maestras jardineras, psicopedagogos, entre otros).

Los capítulos se hallan agrupados en cuatro partes. En la Parte I ("Conceptos sobre desarrollo y sus determinantes") se incluyen temas vinculados al proceso mismo del desarrollo, como consecuencia de la interacción entre el programa genético y el medio ambiente. El capítulo inicial ("Cinco perspectivas para el estudio del desarrollo del niño") muestra las perspectivas desde las cuales el desarrollo infantil puede ser estudiado. Algunos pediatras estamos acostumbrados a pensar que el desarrollo es solamente una secuencia de hitos progresivos que el niño alcanza con el curso de los años, pero ésta es sólo una de las formas de estudio, desarrollada por Arnold Gesell en las décadas del cuarenta y del cincuenta. Ciertamente hay otras perspectivas. El capítulo explica el concepto del conductismo, fundado por John B. Watson, resaltando la importancia de los estímulos del medio ambiente sobre la conducta y los fundamentos del aprendizaje; se resumen los puntos esenciales de la teoría psicoanalítica de Sigmund Freud, quien construye una historia infantil a partir del relato adulto. El capítulo comenta asimismo las etapas del desarrollo cognitivo descriptas por Jean Piaget, quien sienta las bases de la epistemología genética, esencial para la comprensión del proceso de aprendizaje. Finalmente, se explica la perspectiva de los culturalistas, que ven al desarrollo como un problema de contexto, más que como un proceso de "*desenrollo*".

El capítulo 2, "El desarrollo del sentido ético en el niño", es el resultado de varios años de estudio y de trabajo en el Comité de Ética del Hospital Garrahan, y de interacción académica con especialistas en ética y profesores de filosofía, de la talla de Ricardo Maliandi y Silvia Rivera. El desarrollo moral es un tema que cabalga entre dos disciplinas: la filosofía y la psicología; sin embargo, en nuestro país ninguna de ellas ha tratado el tema, por lo cual he pensado que sería útil describir las distintas líneas de trabajo en el mundo, la secuencia de valores que van guiando al niño para modular su conducta frente a las reglas, los distintos estadios morales por los que pasa el niño, según Piaget y Kholberg, y la decisiva influencia del medio ambiente planteada formalmente por Gillighan, Vigotsky y otros autores. En épocas de crisis moral, como la que estamos atravesando en nuestro país, la ética constituye una "tabla de salvación", y la profundización en el tema puede contribuir a que los miembros del equipo de salud y de educación ayudemos a encauzar al desarrollo moral del niño hacia la construcción de una sociedad más solidaria.

El capítulo siguiente trata de la interacción entre el programa genético y el medio ambiente, incluyendo a esta interacción como un tercer factor participante. Da cuenta de los factores de riesgo biológicos y medioambientales que influyen en el desarrollo, a partir de los estudios epidemiológicos sobre desarrollo infantil que se han hecho en el país. El capítulo incluye una descripción de los estudios más importantes que están disponibles y que contribuyen a comprender las formas en que el medio ambiente influye en los distintos indicadores del desarrollo, las maneras en que la pobreza se asocia a un retardo del desarrollo y las experiencias comunitarias que pudieron lograr una modificación del medio ambiente y un impacto favorable sobre el desarrollo de los niños. El capítulo aborda el fascinante tema de los períodos críticos y sensibles, de gran importancia en el desarrollo infantil.

En la Parte II están incluidos temas que tienen que ver con el contexto biomédico del desarrollo. El capítulo 4 describe, por un lado, las clasificaciones diagnósticas de los trastornos del desarrollo. El ordenamiento de los problemas de desarrollo es un tema controvertido, y esto se debe a que aún carecemos del conocimiento suficiente para realizar una clasificación satisfactoria, hecha sobre bases taxonómicas más precisas que las que se usan en la actualidad. El problema no es banal, porque cualquier clasificación de enfermedades implica una afirmación de la identidad nosológica de las mismas, y esto está directamente relacionado con la idea que se tiene sobre la naturaleza del trastorno. Los problemas de desarrollo afectan el curso de los cambios en la conducta sensorio-motriz, la inteligencia, el lenguaje o el aprendizaje, pero estos trastornos pueden a su vez ser motivados por una gran variedad de causas. Muchas clasificaciones se centran en estas causas y otras incluyen a las *causas* (neurológicas, medioambientales, enfermedades específicas, etcétera) y a los *tipos* de trastornos (del lenguaje, de la motricidad, etcétera).

Por otro lado, este capítulo incluye un apéndice sobre los trastornos del desarrollo y las enfermedades, que pretende dar una opinión del editor sobre un concepto que puede ser discutible a la luz de los capítulos precedentes, pero que considero debe ser incluido. La idea es distinguir, por un lado, el concepto de trastorno del desarrollo y, por otro, las enfermedades que son responsables de estos trastornos. A mi modo de ver, debemos conceptualizar a la enfermedad o síndrome como una entidad nosológica y al trastorno del desarrollo como un efecto, una consecuencia de esa enfermedad.

El capítulo 5 aporta una perspectiva neurológica del retraso madurativo. El tema nos pareció esencial, porque esa denominación, *retraso madurativo*, es muy usada en el mundo pediátrico de nuestro país y debíamos mostrar las variables y los constructos que manejan los neurólogos, las formas que tienen de enfocar los problemas de retraso del desarrollo, las categorías que se utilizan en esta especialidad tan importante. El capítulo incluye una descripción de los rasgos clínicos más relevantes de algunos síndromes congénitos, los aspectos más importantes del examen neurológico y comentarios sobre los estudios complementarios que el neurólogo utiliza habitualmente.

El capítulo 6, "Nutrición y desarrollo", repasa la participación de los factores nutricionales en los procesos de desarrollo del sistema nervioso y el impacto de las carencias sobre la conducta y el aprendizaje, incluyendo recomendaciones a los pediatras y miembros del equipo de salud para el cuidado de la nutrición del niño.

Los capítulos 7 y 8, sobre desarrollo de la visión y sobre hipoacusias y su detección temprana, respectivamente, intentan describir estas funciones (visual y auditiva) como productos de un desarrollo que incluye períodos críticos en los primeros años de la vida del niño, cuyo conocimiento es necesario para poder intervenir oportunamente. Se describen asimismo los métodos prácticos y confiables para la detección oportuna en el primer nivel de atención de problemas en estas funciones. Esta detección oportuna es uno de los objetivos más importantes de la vigilancia del crecimiento y desarrollo en pediatría, y debe ser cumplido en este primer nivel de atención. Se ha agregado un valioso material sobre las enfermedades oculares, sus signos clínicos más importantes y su tratamiento. Un texto indispensable sobre salud visual.

El capítulo 9 resulta de gran importancia pediátrica, ya que describe la conducta del pediatra frente a los trastornos del desarrollo. En muchos casos puede ser necesaria una derivación inmediata a un nivel de mayor complejidad, pero en otros casos, tal vez en la mayoría, el pediatra tiene mucho que hacer con el paciente antes de derivarlo. El capítulo incluye una breve descripción de los grandes problemas del desarrollo infantil, continúa con la descripción de las funciones del pediatra en el primer nivel de atención, la revisión de las actividades de prevención de problemas y de promoción del desarrollo, el reconocimiento de problemas de desarrollo, el enfoque pediátrico y las acciones que deben ser cumplidas ante niños con problemas del desarrollo. Disponemos de muchos catálogos y planes de estudios sobre problemas de desarrollo en libros destinados a los distintos especialistas, pero la literatura disponible sobre conductas en el primer nivel no es muy abundante, y es útil tener guías de acción para que los pacientes puedan recibir el máximo beneficio en ese primer nivel antes de su derivación. Este capítulo debe ser leído como una propuesta, ya que en distintos medios y con distintos recursos puede ser necesario aplicar distintos enfoques clínicos.

El capítulo 10 tiene la misma orientación que el capítulo anterior, pero está específicamente aplicado al seguimiento en el primer nivel de atención de recién nacidos de alto riesgo. El riesgo está vinculado al bajo peso, especialmente al grupo de muy bajo peso (menos de 1.500 g), a los nacimientos pretérmino, a los niños nacidos con asfixia neonatal o a los que requieren asistencia respiratoria mecánica, etcétera. Los recién nacidos de alto riesgo constituyen uno de los grupos que más favorece la aparición de problemas de desarrollo, y debido al aumento de la capacidad diagnóstica y terapéutica de la neonatología contemporánea, la sobrevida de los recién nacidos de bajo peso va aumentar, contribuyendo así al incremento de la prevalencia de trastornos del desarrollo. El capítulo está escrito desde la experiencia de los autores, desde su interacción con otros grupos de trabajo, y brinda guías de acción que a su vez son concordantes con los criterios vigentes de salud pública en el ámbito nacional.

El capítulo 11, "Dificultades y alternativas para la vigilancia y promoción del desarrollo en el primer nivel de atención", está enfocado desde la problemática de este primer nivel en el que viven los autores cotidianamente cuando atienden a sus pacientes con recursos muchas veces escasos y lejos de los lugares de derivación. El texto describe las funciones que el pediatra debe cumplir en ese nivel, y las carencias a las que se ve expuesto cuando los sistemas de salud no responden a las necesidades de atención. Hay países, como la Argentina, en los que la atención pediátrica está centrada en los hospitales y hay poca especialización para la atención de la salud en los centros periféricos. Sin embargo, es allí donde deben reforzarse las acciones en el primer nivel, y este capítulo puede contribuir a ello.

El último capítulo de esta Parte II intenta habilitar a los pediatras a responder las grandes preguntas que nos hacen los padres de nuestros pacientes cuando diagnosticamos un problema de desarrollo que puede ser discapacitante: ¿por qué mi hijo sufre esto?, ¿qué debo hacer para tratarlo?, ¿cuál es el pronóstico? Son preguntas difíciles de responder, pero hay formas de aproximarse al problema, de entablar el diálogo con el paciente, de revelar la información, que a veces está repleta de malas noticias. Este capítulo describe, en una forma clara y profunda, las formas de establecer una fructífera comunicación con el paciente y su familia, y de acompañarlo a lo largo de la evolución de su problema.

La Parte III del libro está dedicada a discutir el contexto instrumental y metodológico, los recursos que se usan para la atención integral y el estudio del desarrollo infantil. Se incluyen los capítulos 13, sobre la pesquisa de problemas de desarrollo, y el capítulo 14, sobre la validación de instrumentos de pesquisa de trastornos de desarrollo. No todos los problemas de desarrollo son oportunamente detectados por los padres o el pediatra en los controles de rutina; hay muchos que requieren ser explorados y detectados con métodos de pesquisa, aplicados en forma integral con el conjunto de las acciones incluidas en el proceso de atención. Las técnicas de pesquisa son simples y pasibles de ser aplicadas en el primer nivel de atención, contrariamente a lo que ocurre con los métodos diagnósticos de problemas de desarrollo que requieren personal muy especializado y que se encuentra habitualmente en centros de mayor complejidad. Se describen también las características más salientes de las pruebas de pesquisa, en general, y las de la Prueba Nacional de Pesquisa (PRUNAPE), en particular. Esta prueba fue confeccionada por nuestro grupo de trabajo, fue pasible de algunas modificaciones y sometida satisfactoriamente a pruebas de validación, y ahora está en proceso de publicación. Precisamente, el capítulo siguiente (14) trata las distintas formas de validación de los tests de tamizaje o pesquisa. Considero que este proceso de validación es un paso previo esencial antes de implementar en terreno cualquier instrumento de pesquisa. Es necesario conocer la sensibilidad y especificidad del método, ya que estos indicadores guardan una relación directa con el tipo de demanda que se va a generar y con el número de derivaciones, con la eficacia y la efectividad del instrumento. La PRUNAPE cuenta con una buena sensibilidad y especificidad, por lo que ha sido incluida en las guías de la Sociedad Argentina de Pediatría.

El capítulo 15, "Manejo matemático de datos de desarrollo", es el resultado de más de diez años de trabajo en conjunto sobre distintos proyectos de investigación con profesionales del Instituto de Cálculo de la Facultad de Ciencias Exactas de la Universidad de Buenos Aires. Contiene instrucciones sobre técnicas de muestreo, naturaleza de la información sobre desarrollo y formas de tratamiento transversal y longitudinal de la información. La información sobre desarrollo es de naturaleza distinta que la de crecimiento, y los métodos para su procesamiento son diferentes. El tema resulta de gran importancia a la luz de nuestra propuesta de incluir la edad de cumplimiento de ciertas pautas madurativas como un nuevo indicador de salud en el estudio de la epidemiología del desarrollo. Ya no basta con disponer de cifras de mortalidad infantil, necesitamos indicadores positivos que representen a toda la población infantil; por lo tanto, el crecimiento y el desarrollo resultan los mejores indicadores a incorporar en el siglo XXI. Desde esta perspectiva, resulta esencial que los interesados en evaluar el desarrollo en grupos de población conozcan los métodos más adecuados para procesar la información correctamente.

El desarrollo es un área de trabajo que se beneficia altamente con la interacción entre distintas disciplinas. No obstante, esta forma de trabajo no surge espontáneamente en nuestro ámbito (ni quizás en la mayoría de los ámbitos); es necesario que se den una serie de condiciones que atañen al desarrollo cultural de una sociedad. El capítulo 16, "El trabajo interdisciplinario", analiza las características de esta tarea y las condiciones necesarias para que se produzca. Las ciencias progresan por los bordes, y éstos contactan con otras ciencias. Las interfases así generadas constituyen áreas muy fructíferas para el progreso del conocimiento, y esto sólo puede lograrse con el trabajo interdisciplinario.

Otro instrumento que merece atención es la organización de redes de intervenciones tempranas (capítulo 17), para la atención de problemas de desarrollo. La Argentina es un país de vasto territorio, con muchas poblaciones alejadas y mal conectadas entre sí, en las que los profesionales carecen de vínculos con centros académicos, no siempre tienen con quién consultar, y no están adecuadamente integrados en sus distintas áreas de trabajo. Es por ello que se incluyó este capítulo sobre una experiencia llevada a cabo por un equipo del Hospital Garrahan que construyó una red nacional de atención de problemas de desarrollo. Sus autores han desempeñado un rol decisivo en la organización de redes de equipos multidisciplinarios dedicados a la intervención temprana en problemas de desarrollo. En este momento hay más de veinte equipos interconectados en todo el país a los fines de atender al paciente lo más cerca posible de su lugar de residencia. Esta red sirve también para intercambiar experiencias científicas y docentes.

En el capítulo 18 se hacen consideraciones con respecto al espacio que podría haber para trabajar en desarrollo infantil bajo la estrategia promovida por la Organización Panamericana de la Salud sobre la Atención Integrada de Enfermedades Prevalentes de la Infancia (AIEPI), así como su pertinencia en países con una mortalidad infantil menor del 20‰, como en el caso de la Argentina. Se describen los lineamientos generales que podrían ser seguidos en el área de desarrollo psicomotor, para que estos programas impacten de la forma más eficaz posible en el desarrollo del niño y en sus problemas en el primer nivel de atención.

La Parte IV del libro trata del contexto familiar, social y político del desarrollo infantil. El capítulo 19, "Las condiciones histórico-políticas y su relación con el amor maternal", es un breve comentario del trabajo de la profesora de Filosofía de la Universidad de París, Elisabeth Badinter, sobre cómo las condiciones políticas e históricas de una sociedad son capaces de modular la expresión del amor maternal. No hay duda de que los valores cambian con la historia y la cultura, pero que un sentimiento tan universal, tan primario y tan necesario para la conservación de la especie esté sujeto a los cambios históricos y culturales, es una hipótesis impactante que sólo podemos aceptar al leer los documentos irrefutables de la historia.

El siguiente (capítulo 20), trata el tema de la inclusión social y el desarrollo infantil. La centralidad de la familia expresa un contenido muy rico de ideas e información sobre la dinámica social de las últimas décadas en la Argentina y sobre la forma en que estos cambios afectan el desarrollo del niño. La familia, nido ecológico matricial del niño, es la institución de mayor importancia, que debe ser cuidada y preservada si se quiere promover el crecimiento y desarrollo del niño. No obstante, en la última década el deterioro social ocurrido en el país ha debilitado a esta institución, dando lugar a una nueva realidad social y poniendo en riesgo el desarrollo de una innumerable cantidad de niños.

No podía faltar aquí la inclusión de un capítulo (21) sobre los aspectos legales de los trastornos del desarrollo y de las discapacidades. Es necesario que el personal de salud conozca su existencia a los fines de asesorar a los pacientes a ejercer los derechos que les otorga la ley. Se ha hecho aquí un gran esfuerzo para resumir las más importantes reglamentaciones sobre el tema. Falta ahora que el personal de salud lo sepa articular con los conocimientos de los pacientes para su adecuada utilización. A nuestro modo de ver, es mejor hablar de "personas con necesidades especiales" que de "personas discapacitadas". La presencia en una escuela de un niño con necesidades especiales es una oportunidad única para enseñar qué es la solidaridad a los demás alumnos y contribuir así a crear una sociedad más democrática. Los pediatras tenemos una gran responsabilidad en el mejoramiento de la sociedad, por el contacto cotidiano con los niños y sus padres, y podemos así acceder a una franja de la población que es receptiva y garantiza una fructífera tarea formativa.

Este libro está escrito desde la experiencia de los autores. La experiencia no es simplemente todo lo que se ha hecho en la vida, sino haber reflexionado sobre eso. Y el contenido de este libro es el resultado de esa reflexión, basada sobre todo en experiencias locales y con el convencimiento de que en América latina debemos ser capaces de procesar debidamente la riquísima información recogida del fruto de nuestro trabajo y generar conocimientos propios.

El libro está dirigido a todos los profesionales que trabajan con niños: educadores, maestras jardineras, psicopedagogos, psicólogos, pediatras y miembros del equipo de salud del primer nivel de atención, de nuestro país y de todos los países de habla hispana. También puede interesar a funcionarios que tienen responsabilidades de conducción y de toma de decisiones. En los capítulos esencialmente médicos, proponemos alternativas y funciones que consideramos necesarias; a nuestro modo de ver, las decisiones sobre la cantidad de personal que se necesita para cumplirlas deben ser tomadas de acuerdo a la evaluación de esas funciones.

El desarrollo positivo del niño es una de las claves del desarrollo del país y de la región.

Horacio Lejarraga

Las ideas no siempre nacen completas, a veces comienzan como una tenue luz que se va agrandando y haciéndose más intensa a medida que se reflexiona. Así nació este libro, hace mucho tiempo atrás, después de terminar la residencia en Pediatría en el Hospital Ricardo Gutiérrez, cuando volví a la Argentina luego de varios años de haber cumplido tareas de investigación en crecimiento y desarrollo en la Universidad de Londres, de trabajar en Nigeria en atención pediátrica primaria (poco después de la guerra de Biafra) y como consultor de la OMS en el Centro Latinoamericano de Perinatología. Todo este período de casi diez años me permitió aprender sobre auxología, ciencia del crecimiento, y su relación con los problemas de salud materno-infantil desde una perspectiva epidemiológica. Durante mi trabajo en el Departamento de Pediatría del Hospital Italiano de Buenos Aires pude desarrollar estudios clínicos y epidemiológicos sobre crecimiento físico y desarrollo puberal en niños de nuestro país, y concretar la construcción de las tablas nacionales de crecimiento. Desde 1987 trabajo en el Hospital Garrahan, donde organicé el área de internación de cuidados intermedios y moderados (350 camas), luego de lo cual organicé el Comité de Ética y el Servicio de Crecimiento y Desarrollo, desde donde se llevó a cabo el Programa Nacional Colaborativo de Desarrollo Infantil. Allí se formaron muchos becarios, se preparó y validó la Prueba Nacional de Pesquisa y se cumplieron varias asesorías y trabajos de campo. Fueron mis maestros Carlos Gianantonio, James Tanner, Roberto Caldeyro Barcia, Mario Rocatagliatta y mi padre Reginaldo, que me enseñó pediatría sin que yo me diera cuenta.

El Dr. **Martin Bax** es profesor emérito en Salud Infantil en el Chelsea and Westminster Hospital, Imperial College, Faculty of Medicine, Londres. Es una autoridad mundial en desarrollo infantil y sus problemas. Ha dirigido la prestigiosa revista *Developmental Medicine and Child Neurology* durante muchos años, de la cual es ahora *senior editor*. Ha realizado una vasta tarea de investigación en el área de discapacidad en la infancia. Sus intereses particulares están en el área de pediatría del desarrollo y pediatría comunitaria. El Dr. Bax dirige actualmente la *European Academy of Childhood Disability*.

La Dra. **Liliana Bouzas** es pediatra, comenzó su experiencia con recién nacidos de riesgo en el Servicio de Pediatría de Buenos Aires en la década del ochenta. A partir de 1987, ingresó al área de Neonatología del Hospital de Pediatría Prof. Dr. Juan P. Garrahan, en el que organizó el Consultorio de Seguimiento de Recién Nacidos de Alto Riesgo, desempeñándose actualmente como coordinadora de ese Consultorio.

La Lic. **Graciela Brik** es fonoaudióloga, y se dedica desde hace muchos años al problema de la hipoacusia infantil. Tiene vasta experiencia en programas de seguimiento de niños bajo tratamiento. Ha trabajado en forma interdisciplinaria con pediatras y otros miembros del equipo de salud pediátrico. Es egresada de la Universidad del Salvador, directora audiológica del Centro de Investigaciones Otorrinolaringológicas y del Centro de Investigaciones Otoaudiológicas de Buenos Aires, co-investigadora del Grupo Latinoamericano de Implantes Cocleares y miembro de la Comisión de Detección Temprana de la Hipoacusia de Buenos Aires.

La Dra. **María Magdalena Contreras** es pediatra, comenzó su trabajo profesional en el Hospital Durand de la Ciudad Autónoma de Buenos Aires, donde se interesó en los problemas de desarrollo a través del seguimiento de recién nacidos de alto riesgo, especialmente prematuros. Hizo luego pasantías en centros de desarrollo en el *Georgetown University Hospital* y el *Children's National Medical Center*, ambos de Washington, Estados Unidos. Luego se incorporó al Hospital Garrahan, en el Servicio de Clínicas Multidisiciplinarias, participando en el programa de seguimiento de recién nacidos de alto riesgo. Actualmente es miembro de la Clínica de Maduración de este Servicio, en donde ha adquirido gran experiencia en trastornos del desarrollo en menores de 5 años con enfermedades crónicas: síndrome de Willie-Prader, hipotiroidismo congénito, enfermedad obstructiva crónica, etcétera.

La Dra. **Liliana Adriana Czornyj** es pediatra y neuróloga infantil. Ha completado una subespecialización sobre neuro-SIDA en el *Department of Pediatrics de la Duke University Hospital*, Estados Unidos. Es miembro de varias sociedades científicas internacionales, tiene vasta experiencia en neuro-SIDA y en parálisis facial, y ha sido acreedora del premio 1999 de la *International Child Neurology Association*. Ha demostrado a lo largo de toda su carrera un genuino interés en el desarrollo del niño y sus problemas.

La Lic. **Haydée Echeverría** es psicopedagoga por la Universidad de Buenos Aires (UBA), y tiene experiencia asistencial, en docencia e investigación en desarrollo infantil, en evaluación e interpretación de tests mentales y en aspectos vinculares del desarrollo. Ha trabajado y enseñado en varias universidades nacionales e italianas (Lecce, Padova, Messina) y ha desempeñado un rol fundamental desde el Hospital Garrahan en la organización de la red nacional de asistencia a problemas de desarrollo.

Beatriz Grippo es licenciada en Nutrición, cumplió la Residencia en Nutrición del Gobierno de la Ciudad de Buenos Aires y actualmente se desempeña como investigadora asociada de CESNI.

La Dra. **Diana Kelmansky** es doctora en Matemática por la Universidad de Buenos Aires, profesora adjunta del Instituto de Cálculo de la Facultad de Ciencias Exactas de la Universidad de Buenos Aires, y directora en ese Instituto del Programa de Actualización en Estadísticas para Ciencias de la Salud. La doctora Kelmansky trabaja con nosotros en proyectos de investigación del Servicio de Crecimiento y Desarrollo del Hospital Garrahan desde hace diez años. Participó en el Programa Nacional Colaborativo y, desde entonces, hemos trabajado en conjunto en distintos proyectos, incluyendo el asesoramiento al Estudio de Desarrollo Motor llevado a cabo en varios países del mundo por la *Division of Child Nutrition* de la Organización Mundial de la Salud, en Ginebra.

El Dr. **Manuel Maza** es pediatra y neurólogo infantil, cursó la carrera de especialista de la comunicación y el aprendizaje en la Universidad del Museo Social Argentino. Ha participado de comisiones asesoras para la promulgación de leyes como la 22.431, y la reglamentación de muchas otras leyes sobre discapacidad. Fue fundador del Comité de Discapacidad en el seno de la Sociedad Argentina de Pediatría y ha trabajado durante más de veinte años en el área de discapacidad. Actualmente es Secretario del Comité de Discapacidad de la Asociación Latinoamericana de Pediatría (ALAPE).

El Dr. **Luis Novali** es pediatra neonatólogo, con una vasta experiencia clínica. Su formación tuvo lugar en el Servicio de Neonatología del Hospital Alejandro Posadas y luego trabajó una década en la Maternidad Sardá de Buenos Aires. Desde esa época data su dedicación e interés por la problemática del desarrollo a largo plazo del recién nacido de alto riesgo. Fue secretario del Comité de Estudios Feto-Neonatales de la Sociedad Argentina de Pediatría y fundador del grupo de trabajo (perteneciente a ese comité) de Seguimiento de Recién Nacidos de Alto Riesgo. Desde 1987 trabaja en el Programa de Seguimiento de Recién Nacidos de Alto Riesgo del Hospital Garrahan.

Alejandro O'Donnell es pediatra y especialista en nutrición infantil. Fue médico de la Maternidad Sardá, jefe de sala del Hospital R. Gutiérrez y jefe del Servicio de Nutrición del Hospital Garrahan. En su especialidad se formó en el Instituto de Nutrición de Centroamérica y Panamá, y en Estados Unidos con el profesor Samuel Fomon. Ha hecho valiosas contribuciones en los ámbitos internacional y nacional sobre nutrición en recién nacidos prematuros y sobre nutrición infantil en general, cubriendo los campos epidemiológicos, bioquímicos y clínicos. Actualmente es jefe del Servicio de Pediatría del Hospital Alemán, y fundador y director del Centro de Nutrición Infantil (CESNI).

María Cecilia Pascucci es pediatra, y desde los comienzos de su formación clínica se interesó en los problemas de desarrollo del niño. Durante su trabajo en el Consejo Nacional del Menor y la Familia profundizó en la intersección entre la problemática social y el desarrollo infantil en nuestro país. Trabajó luego en el Servicio de Crecimiento y Desarrollo del Hospital Garrahan, colaborando en varios trabajos y desarrollando la validación de la PRUNAPE, junto con otros Servicios del Hospital, con una beca de la OPS. Esta dedicación al desarrollo infantil continúa desde su actual posición en el Servicio Nacional de Rehabilitación y Promoción de la Persona con Discapacidad, organismo del Ministerio de Salud de la Nación.

Mario Rípoli es pediatra, trabaja en el Centro de Salud n° 5 de la ciudad de Buenos Aires. Su trayectoria está íntimamente vinculada a la pediatría en el primer nivel de atención desde 1985, tanto desde la perspectiva asistencial como desde su tarea docente en la Universidad de Buenos Aires. Tiene varias publicaciones sobre atención primaria de salud, sobre todo en lo que se refiere a la conceptualización de la atención primaria desde el ejercicio pediátrico.

Violeta Ruiz es socióloga (UBA), master en Sociología de la Facultad Latinoamericana de Ciencias Sociales (FLACSO). Ganó el premio Adeba 1997 por su trabajo sobre evaluación del Programa Materno Infantil Nacional. Es consultora del Programa de Apoyo a las Iniciativas (UNI) en Salud Pública, de la Fundación Kellogg en América latina. En el ámbito nacional se desempeñó como consultora en programas sociales, particularmente en el tema de desarrollo infantil. Es docente en maestrías y posgrado de la Universidad de Buenos Aires, del Comahue y FLACSO. Tiene publicaciones sobre desarrollo infantil y evaluación de programas sociales.

Virginia Hebe Schejter es licenciada en Psicología por la Universidad de Buenos Aires (UBA) y profesora titular de la cátedra de Psicología del Trabajo en esa universidad. Ha desarrollado una amplia tarea docente; ha dictado cursos de posgrado en la UBA, ha sido profesora en el Instituto Nacional de Administración Pública, ha dictado cursos de posgrado en varias instituciones, entre las cuales podemos mencionar el Centro de Pedagogías de Anticipación (CePA), de la Secretaría de Educación del Gobierno de la Ciudad de Buenos Aires y el Ministerio de Educación y Cultura de la Nación. Tiene asimismo una amplia experiencia laboral por sus trabajos en el Hospital Italiano de Buenos Aires y en la Comisión Nacional de Evaluación y Acreditación Universitaria (CONEAU). Desde hace una década, la Lic. Schejter es coordinadora del Equipo Consultor de Psicología Institucional del Hospital Garrahan, donde desarrolla una vasta tarea educativa y de asesoramiento.

Pablo Vinocur es licenciado en Sociología y doctor en Ciencias Sociales por la Universidad de Buenos Aires. Desde los comienzos de su profesión manifestó un gran interés por los problemas de salud infantil. Luego de su posgrado en Salud Pública del Centro Latinoamericano de Administración Médica, cumplió varias tareas de responsabilidad en la administración pública. Fue secretario de Políticas Sociales del Ministerio de Desarrollo Social y luego coordinador de Programas Maternoinfantiles y de Nutrición del Ministerio de Salud. Fue coordinador de programas de Unicef Argentina y consultor de varias agencias internacionales: Organización de las Naciones Unidas para la Agricultura y la Alimentación (FAO), OPS/OMS, Organización Internacional del Trabajo (OIT) y Comisión Económica para América Latina y el Caribe (CEPAL). Actualmente es asesor en Políticas Públicas del Programa de Naciones Unidas para el Desarrollo (PNUD), Argentina, y coordinador de la Maestría en Ciencias Sociales, FLACSO, Buenos Aires.

Patricia Visintin es médica oftalmóloga, y una de las pocas profesionales de nuestro país que tiene formación y enfoque epidemiológico. Ha sido médica de planta del Servicio de Oftalmología del Hospital Garrahan, cursó la maestría en Ciencias de Rehabilitación Visual de la Universidad de Pennsylvania, *College of Ophtalmology*, Estados Unidos, y ha sido asesora de la Organización Panamericana de la Salud (OPS/OMS) y de Unicef en el área de prevención de la ceguera.

Héctor Waisburg, actual jefe del Servicio de Clínicas Multidisciplinarias del Hospital Garrahan, es neurólogo infantil, y en conjunto con pediatras, psicopedagogos, especialistas de lenguage y foniatras ha realizado una tarea de estudio y atención de niños con alteraciones de funciones cerebrales superiores. Tiene gran experiencia clínica en atención de problemas cognitivos en niños y ha formado una red nacional de profesionales que en forma interdisciplinaria atienden problemas de desarrollo en distintas regiones de nuestro país.

Hay muchas personas que colaboraron con este libro:

Los profesionales Mario Grenoville, Guillermo Izaguirre, Ana Lorusso, Silvia Rivera y Pablo Cafiero, que revisaron algunos manuscritos e hicieron valiosas críticas y contribuciones.

Marta Cuevas, que me ayudó a ampliar la perspectiva sobre el desarrollo moral del niño.

Los profesionales del Servicio de Crecimiento y Desarrollo del Hospital Garrahan (Virginia Fano, Mariana del Pino, Silvia Caíno, Paula Adamo, Sofía Eisner) Virginia Orazi y Fanny Breitman, pediatras con muchos conocimientos clínicos en crecimiento y desarrollo infantil. Con todos ellos compartimos la aventura intelectual de atender a los pacientes, investigar y enseñar durante casi doce años de trabajo conjunto.

La Sociedad Argentina de Pediatría, y en especial Inés Amor de García Uranga, Victoria Ceriani Cernadas y Nelly Graciela Anze, del Centro de Información Pediátrica, quienes incansablemente accedieron a mis continuos pedidos de citas y búsquedas bibliográficas.

El Dr. Roberto Rona, profesor de la Escuela de Salud Pública de la Universidad de Londres, por sus valiosas sugerencias sobre los contenidos del libro.

Martine Vuaillat, por su colaboración para la obtención de bibliografía sobre Jean Piaget.

Agradezco también a la Universidad de Buenos Aires, porque me permitió cursar Medicina en forma gratuita con un excelente nivel académico, base fundacional de toda mi carrera.

Finalmente, agradezco muy profundamente a María Gracia, Celina y Agustina, que toleraron los tiempos postergados, y me acompañaron y estimularon durante todo el transcurso de este trabajo.

PARTE I

CONCEPTOS SOBRE DESARROLLO
Y SUS DETERMINANTES

CAPÍTULO 1

Cinco perspectivas para el estudio del desarrollo del niño

Horacio Lejarraga

1. Definición y consideraciones generales

El desarrollo infantil es un concepto que abarca muchos aspectos de un proceso extremadamente complejo y admite varias formas de aproximación y perspectivas. De esta manera, antes de intentar una definición de desarrollo, resulta más conveniente hacer una descripción de las diferentes perspectivas desde las cuales el desarrollo puede ser concebido y estudiado.

En la descripción de cada perspectiva se hara énfasis en el tipo de proceso que implica el término "desarrollo", y en la variable de cambio que es estudiada en cada una. ¿Qué entendemos por variable de cambio? Cuando hablamos de crecimiento, de lo que crece, la variable de cambio es el tamaño (la altura, el peso, etcétera). Pero cuando hablamos de desarrollo, ¿qué es lo que se desarrolla?, ¿qué es lo que cambia?

Cinco son las principales perspectivas desde las cuales se van vertebrando los conocimientos modernos sobre desarrollo. Se pueden encontrar buenas descripciones de las mismas en otras publicaciones (Kessen y Scott, 1983); aquí sólo brindaremos una breve síntesis de cada una.

2. El desarrollo como proceso madurativo

El máximo exponente de esta concepción es Arnold Gesell (Gesell y Amartruda, 1952). Para este autor, el desarrollo del niño puede ser comprendido por la forma en que se comporta. Conductas, comportamientos, son las formas en que se expresa el desarrollo. Este autor trabaja desde el laboratorio. Su técnica es la *observación de niños* y su objetivo, el reconocimiento, la descripción de la conducta observable. No centra su trabajo en las emociones o en los procesos internos que llevan a determinadas conductas, sino en la descripción de aquellas observaciones de las conductas de los niños que pueden ser objetivables; es quien introduce el cine como instrumento de investigación.

Las conductas pueden ser espontáneas o aprendidas: parpadear, intentar asir un objeto colgante, girar la cabeza en dirección a un sonido, sentarse solo, caminar con apoyo, etcétera. Todas ellas pueden ser consideradas expresiones del desarrollo. La conducta cambia a lo largo del tiempo, va adquiriendo distintas formas, de la misma manera que el embrión va desarrollando sus estructuras subyacentes. No se trata, sin embargo, de evaluar cualquier conducta, sino aquellas que son universales y que representan un progreso dentro de una línea (o área) de desarrollo. Interesa reconocer el cumplimiento de aquellas conductas que aparecen en *todos* los niños. Si bien se encuentra una variación individual respecto de la edad de aparición de las conductas, hay una tendencia central a que aparezcan alrededor de cierta edad promedio.

Arnold Gesell (1880-1961)

Es así que Gesell estudia con detalle entre los años 1930 y 1950 las conductas que el niño muestra desde el nacimiento hasta la madurez y describe las edades promedio en que los niños adoptan estas conductas.

Para este autor, el desarrollo es un proceso madurativo. ¿Qué se entiende por maduración? Maduración es el acercamiento progresivo al estado adulto. Un niño de 14 meses que camina solo es más maduro que un niño de 14 meses que aún no lo hace. Y esto es así porque caminar representa un estado más cercano al estado adulto. Para el autor, la evaluación del desarrollo es la determinación del grado de madurez. Dice Gesell: "No podemos medir el desarrollo con toda precisión porque no existe la edad absoluta de desarrollo, no es posible medirlo en calorías, o gramos, o en ohms, pero podemos expresar grados y niveles de desarrollo en términos de seriación, de madurez". Hay dos maneras posibles de evaluar el desarrollo: conociendo la edad del niño y evaluando luego si cumple con las conductas propias de esa edad o, inversamente, determinando su maduración (sobre la base de las conductas que el niño cumple) y evaluando luego si ese grado de maduración es adecuado para la edad que el niño tiene. Como dice el autor: "Juzgamos la conducta en términos de la edad y la edad en términos de la conducta" (Gesell y Amartruda, 1952).

Para Gesell, el desarrollo es un proceso continuo, que evoluciona en forma progresiva, pero no obstante se pueden seleccionar edades clave para reconocer las conductas típicas de cada edad y establecer hitos. Las conductas son secuenciales, aparecen unas después de otras, en un orden constante y progresivo. La secuencia no es reversible; las conductas que aparecen después de otras son más complejas que las anteriores, y expresan un estado más avanzado de maduración.

Otra de las características del enfoque gesselliano es que el proceso de maduración tiene una fuerte determinación biológica: los cambios madurativos obedecen a cambios subyacentes en el sistema nervioso central, que son determinados genéticamente y se dan de manera uniforme en todos los niños.

El diagnóstico evolutivo resulta de la observación objetiva de las formas de conducta y de su comparación con normas tipificadas. Una determinada conducta debe estar presente en una determinada edad o en un rango de edades. Si no aparece, o aparece más tarde, se habla de un retardo en la maduración. Los retardos del desarrollo mantienen proporcionalmente su retardo con respecto a la norma a lo largo del tiempo; 4 semanas de retardo a las 8 semanas de edad se convierten en 12 semanas de atraso a las 24 semanas de edad, y así sucesivamente (Gesell y Amartruda, 1952).

Gesell divide a la conducta en: motriz, adaptativa, del lenguaje y personal-social. La motricidad fina, área incorporada a muchos tests de *screening* que aparecieron en décadas posteriores a los trabajos de este autor, es asimilada en la conducta adaptativa.

A Gesell le interesan los valores generales, que determina a partir de la evaluación de centenares de niños normales, y no especula sobre la variación individual. Acepta que haya niños más avanzados que otros, pero finalmente concluye que "las variaciones individuales se adhieren estrechamente a los valores centrales". El autor no profundiza en el análisis de los factores que podrían participar en la variación individual. Para esta visión del desarrollo, lo que cambia es *la conducta observable*.

Luego de Gesell, hubo otros investigadores que estudiaron el desarrollo infantil y sus variaciones normales con la misma perspectiva. Así surgieron muchos tests de desarrollo y toda una corriente interesada en evaluar a los niños, para observar si alcanzaban las llamadas conductas madurativas en las edades previstas, con la elaboración de tests de pesquisa (*screening*) (Frankenburg *et al.*, 1992; Lejarraga *et al.*, 2004; Caputo, 1996) y tests diagnósticos (Bayley, 1969), que luego fueron aplicados en hospitales, institutos pedagógicos, escuelas, jardines de infantes, consultorios pediátricos, etcétera.

La escuela geselliana es la que acompaña al interés de los pediatras por evaluar si el niño cumple determinadas pautas de desarrollo en el consultorio, es la que sustenta los tests de pesquisa (*screening*) y la que subyace detrás de la madre que pregunta si es normal que su hija de dos años todavía no diga una sola palabra. Los trabajos de Gesell hicieron una contribución importante al conocimiento de la maduración psicomotriz, a la disponibilidad de indicadores para medirla y evaluarla, y al reconocimiento de los niños que se desvían de la norma. Para Gesell, al igual que para Frank Falkner (1969), el crecimiento y el desarrollo eran una misma unidad conceptual.

Todas estas ideas contribuyeron a la difusión del concepto de maduración y del impacto de las enfermedades sobre el desarrollo, y a la promoción del concepto de la unidad anatómico-funcional de la medicina.

3. El desarrollo como conducta aprendida

En forma casi contemporánea a la escuela recién descrita, surge en los Estados Unidos una escuela filosófica, llamada pragmatismo, liderada por Henry James, cuyas ideas centrales sostienen que son las verificaciones, los acontecimientos, los que hacen verdaderas a las afirmaciones y no a la inversa. Los juicios no son conceptos ideales que están por encima de la realidad cotidiana, sino conceptos que están al servicio de la *experiencia*. Una afirmación que no se apoya en hechos concretos carece de sentido desde el punto de vista de la verdad. Cuando digo que allí hay una mesa, y es verdad, es porque puedo tocarla, puedo comprobar lo que dije. No hay juicios verdaderos que luego comprobamos, sino comprobaciones que nos permiten formular juicios verdaderos. Este concepto niega que la verdad sea una mera concordancia abstracta entre el pensamiento y el objeto, como decía Santo Tomás de Aquino. Para el pragmatismo, los conceptos de eficacia y de utilidad son centrales con respecto a la idea de verdad y de conocimiento.

En Estados Unidos se dieron las condiciones para que el pragmatismo se generara, ya que este país hereda en el siglo XIX las corrientes filosóficas de los empiristas ingleses del siglo XVII, John Locke y David Hume (Fatone, 1969), quienes sostienen que sólo podemos conocer el mundo a través de la experiencia, de la interacción con el medio. No hay conocimientos innatos, no hay nociones congénitas, sólo la experiencia nos permite el conocimiento. La mente del ser humano nace como una "tabla rasa", como un "cuarto vacío". A partir del nacimiento, en esta "tabla rasa" se va registrando todo el mundo sensible. Los hombres no tienen principios lógicos ni morales innatos. Hay hombres que han cometido las peores atrocidades sin remordimiento alguno. Todo lo que hay en nuestro entendimiento ha penetrado en él desde afuera, la puerta de ese "cuarto vacío" es la experiencia. Son estas experiencias las que nos permiten conocer el mundo, y pueden provenir del mundo sensible exterior (experiencias sensoriales) o del mundo interior (reflexión), pero son siempre las experiencias sensoriales las que inician el proceso del conocimiento.

John B. Watson (1878-1958)

En el contexto de estas ideas filosóficas, John B. Watson desarrolla a lo largo de su larga vida la corriente psicológica del conductismo (*behaviorism*), que tuvo una gran influencia en el pensamiento psicológico de occidente (Watson, 1924). Esa secuencia de Locke, James y Watson es perfectamente coherente desde el punto de vista epistemológico, y resulta un buen ejemplo de la forma en que una concepción científica es sostenida sobre una filosofía del conocimiento. Hay otros ejemplos de escuelas psicológicas que se apoyan fuertemente en pensamientos filosóficos, como la teoría del desarrollo moral de Piaget, que refleja el pensamiento de Kant (véase capítulo 2), o muchos de los conceptos de Freud, en los que se pueden entrever elementos de la dialéctica hegeliana.

Hacia el fin del siglo XIX estaban en boga la *introspección* y el ejercicio abstracto de la conciencia como métodos de investigación en psicología. Esta metodología transitaba por oscuros senderos que lindaban con la especulación filosófica. Las teorías de Watson cambian radicalmente la mirada científica, dirigiendo toda su atención a la influencia del medio ambiente sobre la conducta. Para el autor, el concepto de conciencia no era útil ni necesario para la descripción, la predicción y el control de la conducta.

Watson estudió a la psicología en el laboratorio, con animales y seres humanos, continuando la línea de investigadores de una escuela de Chicago que tuvo entre sus más importantes líderes a Herbert Mead y John Dewey. Estos autores, junto con Watson, pensaban que se puede controlar la conducta humana en el mismo sentido en que se puede controlar una máquina. Watson también recibió la influencia de la reflexología pavloviana, coincidiendo en que la conducta no es el resultado de un instinto, ni de factores innatos, sino que puede ser adquirida mediante el condicionamiento. Siguiendo a Iván Pavlov, el autor realizó muchos experimentos con niños y obtuvo conductas condicionadas mediante la aplicación de estímulos adecuados.

Las conductas de los hombres responden a cambios en el medio ambiente, más que a "estados de conciencia interior", y pueden ser controladas, usando la palabra "control" en su acepción anglosajona: "dirigir el curso de los acontecimientos" (Webster's New Encyclopedic Dictionary y RAE). Si se usan determinados estímulos favorecedores de determinadas respuestas, éstas se refuerzan y se transforman en respuestas *aprendidas*. Si se usan otros estímulos (negativos) se desalientan estas respuestas, y con el tiempo desaparecen. La conducta es entonces la respuesta global, holística, secundaria a la acción de una serie de factores externos, que no puede ser reducida a eventos exclusivamente psicológicos. En consecuencia, es necesario poner énfasis en la definición exhaustiva de las *condiciones* en que se desarrolla el experimento. La meticulosidad y precisión de las condiciones del medio, y de la conducta que se pretende estudiar, son esenciales para la adecuada confiabilidad del experimento. Con esta rigurosidad en el control de las situaciones experimentales, el autor define como nadie las condiciones y la metodología de la investigación de la conducta. Como profesor del Hospital Johns Hopkins, Watson investigó mucho sobre conducta animal, pensando que estos estudios podrían conformar las bases para el estudio de la conducta humana. El autor no hace una distinción entre investigación humana o animal, ya que para él la psicología de ambos grupos estaba regida por las mismas leyes.

Con una profunda confianza en los efectos de la influencia del medio ambiente sobre la conducta de las personas, en 1925 Watson llega pronunciar una de las frases posiblemente más arrogantes que puedan oírse de la boca de un científico que estudia la conducta: "Dadme una docena de bebés saludables, dejadme manipular el medio ambiente, y tomando cualquiera de ellos, al azar, podré producir a voluntad un médico, un abogado, [...] incluso un mendigo, un ladrón, [...] independientemente de las tendencias y características [...] de sus antepasados" (citado por Kessen y Scott, 1983). Para Watson, la variable de cambio en el desarrollo infantil, lo que se desarrolla, es la *conducta aprendida.* Una idea central en Watson es el *refuerzo* de la conducta.

La escuela conductista produjo un profundo impacto en el mundo científico de su país de origen y de muchos otros países. La minuciosa descripción de las condiciones experimentales, las formas de estandarización de los experimentos y las técnicas de observación y registro de las conductas representaron una importante contribución al desarrollo del método experimental en la investigación psicológica. La difusión del conductismo en el mundo pediátrico contribuyó a reforzar el concepto de la importancia del medio ambiente en el desarrollo del niño.

Una de las consecuencias no deseadas de la concepción conductista que se arraigó en el conocimiento popular es la idea de que si todo depende del medio ambiente y hay algo que no funciona en el desarrollo del niño, entonces, alguien tiene la culpa. Consecuencia de ello fue el énfasis exagerado, y a veces ingenuo, en la posible influencia de cada una de las pautas de crianza cotidianas sobre el futuro de los niños, aunque la aplicación de muchas de ellas desafíen el sentido común. Como consecuencia surgieron múltiples teorías, recomendaciones, prácticas, consejos para criar, educar y obtener de los niños "todo lo que ellos pueden dar" con un criterio eficientista y de "rendimiento", que fue acompañado muchas veces del sentimiento de sobreexigencia de los padres y del riesgo de postergar necesidades emocionales del niño. Durante las décadas del sesenta y del setenta en Estados Unidos se difundió la creencia de que si a un niño se lo estimulaba adecuadamente, se podía obtener de él "la máxima expresión de su potencial", y así surgieron las "escuelas de genios", a las que concurrieron miles de padres llevando a sus hijos de seis meses a aprender música con la esperanza de obtener un Mozart en pocos años.

En la obra de Watson, el *control* de la conducta de las personas aparece como el objetivo subyacente. Es como si el autor hubiera estado animado por un fuerte impulso interior destinado a encontrar los mecanismos para predecir y controlar la conducta y el desempeño de los hombres. Sus trabajos tuvieron una fuerte aplicación en varias ramas; en la puericultura generaron muchas recomendaciones para los padres sobre la crianza y educación de sus hijos; en la pediatría contribuyeron a generar métodos y técnicas de "modificación de la conducta" que se usaron en el tratamiento de los trastornos de conducta, enuresis nocturna y otros problemas. Sus trabajos se usaron también para publicitar productos comerciales, en técnicas de venta y en la selección y reclutamiento de soldados para el ejército de los Estados Unidos.

Un continuador de la obra de Watson es Burrhus Skinner (1904-1990), quien enriquece las teorías del conductismo e introduce algunas modificaciones. Skinner comparte la idea de que la conducta humana puede ser explicada en términos de estímulos externos portadores de significados de premio o castigo. Sin embargo, introduce conocimientos nuevos respecto de la *motivación* del comportamiento. Estudiando a ratas, Skinner descubre que determinadas conductas de estos animales no dependen, como se creía, del estímulo aplicado a la rata *antes* de la conducta buscada, sino de las consecuencias que la rata sufría *después* de determinada conducta. Por ejemplo, si una rata recibe alimento como premio luego de haber pasado por un callejón determinado, pasará siempre por ese callejón en forma preferente a cualquier otro. Este es un conocimiento que hoy tiene cualquier adiestrador de animales. Darle azúcar a un caballo que acaba de hacer una determinada pirueta es reforzar una conducta *precedente* con una acción *posterior* a la misma. Sobre la base de este tipo de experimentos el autor desarrolla la idea de "condiciones operativas", que consiste en el refuerzo con retribuciones positivas a aquellas conductas que se aproximan a la conducta deseada, a la que se quiere obtener del sujeto.

Skinner experimenta también con palomas, y luego aplica a la enseñanza los conocimientos así generados. Observa el proceso de aprendizaje en las escuelas y reconoce que es necesario promoverlo con otra estrategia. Emplea así sus descubrimientos para fabricar instrumentos dirigidos a enriquecer los métodos de enseñanza. De esta manera, diseña "máquinas de enseñanza" para las escuelas comunes, basadas en el refuerzo de conocimientos aprendidos por el alumno y una progresiva tendencia a la propuesta de solución de problemas, cada vez con menos ayuda. Estas máquinas tenían un enfoque "tutorial", que es utilizado en forma habitual en programas de enseñanza contemporáneos. Muchos métodos computarizados y actuales de enseñanza están basados, en general, en los principios usados por Skinner. En las últimas etapas de su vida, trabajó en el área del lenguaje escrito y oral, y algunas de sus propuestas son usadas actualmente para el tratamiento de niños con autismo y otros problemas de comunicación.

Es evidente que ambas escuelas, la de Gesell y la de Watson, son, en muchos sentidos, contradictorias. La primera reafirma la naturaleza biológica y genéticamente programada del desarrollo, que determina una secuencia constante de aparición de conductas programadas. La segunda, en cambio, subordina las conductas a los estímulos medioambientales que condicionan su aprendizaje.

La discusión sobre la naturaleza genética o adquirida de los fenómenos biológicos y psicológicos tiene, al menos, quinientos años. Ya en el Renacimiento pueden reconocerse partidarios de la *natura* o de la *nurtura* como responsables de determinadas enfermedades, rasgos o condiciones. El tema merecería un espacio mucho más amplio, pero sintetizaré en un solo concepto esta controversia: actualmente es obsoleta. Debe recordarse que el ser humano es el resultado de tres factores: el programa genético (genoma), el medio ambiente y la interacción entre ambos. La interacción no es un factor menor, ya que, con distintos programas genéticos, el mismo medio ambiente actúa en forma diferente y, viceversa, un mismo programa genético puede expresarse en forma diferente interactuando con diversos medios. Puede decirse que *todo* lo que atañe al ser humano es el resultado de estos tres factores. Después del descubrimiento del genoma humano, sabemos que aun las enfermedades que genéticamente tienen una causa absolutamente identificada, como es el caso de las enfermedades de transmisión mendeliana (en las que hay un gen individualizado y responsable de una enfermedad específica, como ocurre por ejemplo con la corea de Huntington), presentan una enorme variación individual debido seguramente al medio ambiente, que interactúa en forma diferente en cada individuo que porta la misma mutación.

La biología, la genética, la medicina y la psicología están dirigidas, entonces, a discernir en qué proporción están presentes estos tres factores, y cuáles son las formas en que interaccionan.

4. El desarrollo como cambio en la erotización del cuerpo y en la forma de resolución de conflictos

En medio de esta disputa científica, aparentemente irreconciliable y sin salida, entre la concepción "geneticista y biologicista" de Gesell y una concepción que podríamos llamar "medioambientalista", que confía en la manipulación del medio para el control de las conductas, surge, a comienzos del siglo XX, en una Viena aristocrática y conservadora, heredera del sacro Imperio romano-germánico, un médico judío que habla de las necesidades afectivas de los niños, de su sexualidad, de sus envidias, celos e impulsos agresivos, abordando, en cierto sentido, los temas prohibidos de la época.

Sigmund Freud crea toda una disciplina, el psicoanálisis, que comprende teorías sobre el desarrollo psicológico, sobre la fisiología del aparato mental, sobre algunas de sus perturbaciones (las neurosis) y sobre una terapéutica que incluye hasta la disposición de algunos muebles en el consultorio, como el diván (Freud, 1953a). Esta disciplina es creada a partir de la escucha e interpretación de los conflictos relatados por sus pacientes en el consultorio. Freud no estudia niños, sino adultos, y desde la constelación de relatos que recoge de sus pacientes, el autor reconstruye una historia infantil. Esta historia se asienta en la existencia de una energía vital: la sexualidad, fuente de la vida, del proceso creativo y del placer, dándole así un sentido muy amplio a esta palabra, pero no desprovisto de su sentido original. Al lado de esta pulsión de vida (que Freud denomina *eros*), existen también las pulsiones de muerte (*tánatos*); ambas coexisten en el ser humano, y ninguna de las dos es concebible sin la otra.

La energía sexual se deposita en zonas del cuerpo denominadas "erógenas", cuya localización es diferente según la edad del niño. Hay un proceso de erotización del cuerpo, que se organiza sucesivamente en distintas zonas. Hay así una etapa oral, cuya zona erógena es la boca, que abarca aproximadamente el primer año de vida y en la cual el niño obtiene su fuente de placer a través del uso de la boca (de la oralidad). El niño "conoce" los objetos llevándoselos a la boca, a través del "tacto oral", y es en la boca donde recibe la alimentación a través de la succión; es en esta zona erógena donde el niño experimenta sus principales sensaciones de placer y displacer.

Hay luego una etapa sádico-anal, que va del año a los dos o tres años de edad. Las zonas erógenas son ahora los músculos, incluyendo los esfínteres. Este proceso coincide con la deambulación del niño y con la erupción dentaria. Es una etapa en la que el niño encuentra placer en la manipulación y destrucción de objetos, y las actividades de morder, romper, controlar esfínteres están "erotizadas". Una de las mayores preocupaciones del niño en esta etapa es el *control* (no sólo de esfínteres, sino también del medio: quiere saber dónde están sus padres, adónde fue su madre, cuándo volverá, etcétera).

Entre los 4 y los 5 años, las zonas erógenas son los genitales. Es la llamada etapa fálica, y es en este período que el niño desarrolla el proceso de *identificación* con el progenitor de su mismo sexo. El niño varón toma las llaves de la casa o el portafolio "como papá cuando se va a trabajar" y la niña imita a la mamá en sus tareas cotidianas. En esta etapa se expresa con mayor intensidad el *complejo de Edipo*, que Freud describe a partir de la tragedia griega de Sófocles (*Edipo rey*). Este conflicto básico está presente durante las tres etapas que hemos descripto, pero se intensifica en la etapa genital, y consiste básicamente en el deseo del niño varón hacia su madre, acompañado del sentimiento de angustia ante el castigo paterno. Esta angustia ha sido denominada por Freud *"complejo de castración"*, ya que el niño simboliza su temor a morir a manos del padre en el miedo a ser castrado por él.

Luego de los seis años, sobreviene el período de latencia, en el que se produce una represión de la sexualidad en ambos sexos. En la escuela primaria los niños juegan con los niños, y las niñas con las niñas. Hasta hace un par de décadas, surgían los juegos de reglas específicos para cada género: las bolitas (canicas) y juegos de pelota eran para los niños; la rayuela, el huevo podrido y otros, para las niñas. Desde entonces, muchos de estos juegos han sido reemplazados por juegos electrónicos, y no dispongo de información sobre si existen características diferenciales en la forma de utilización, pero sí podemos decir que son más frecuentados por varones que por niñas.

Finalmente, luego de este período de latencia, sobreviene la pubertad, en la que aparece la genitalidad en toda su expresión, la continuidad de la represión de los deseos hacia los padres y la redireccionalidad de los impulsos sexuales hacia individuos externos a la familia y del sexo opuesto.

Según Freud, vivimos con un cúmulo de pulsiones que residen en una instancia psíquica llamada *ello*, cuyos contenidos son, en su enorme mayoría, inconscientes. Los humanos no tenemos instintos, éstos son impulsos de naturaleza biológica y genética, habitualmente cíclicos y periódicos, como el celo sexual de los animales. Las pulsiones (*trieb*, en alemán) constituirían un concepto límite entre lo biológico y lo psicológico, y no son cíclicas sino permanentes. Hay otra instancia psíquica, el *yo*, que es el instrumento que tenemos para interaccionar con la realidad. El *yo* es predominantemente consciente y administra las relaciones entre el *ello* y la realidad. Finalmente, hay una tercera instancia llamada *superyó* cuyas dos funciones principales son organizar al *yo* y actuar como censura moral de las pulsiones del *ello* hacia el *yo*. Las interacciones entre el *yo*, el *ello* y el *superyó* constituyen la naturaleza primaria de la vida psíquica, y de los resultados de estas interacciones surgen las vivencias y las respuestas emocionales. Las tres instancias psíquicas tienen en cierto sentido, un desarrollo embriológico durante los primeros años de vida del niño. Resulta importante decir, como lo afirma Freud en una de sus obras, que *"el yo se desarrolla, se forma en un nuevo acto psíquico"* (Freud, 1953b); en algún momento del desarrollo infantil, se constituye esta instancia psíquica, y antes de este acto, no hay en el niño un *yo* identificable. Para que este *yo* se construya, es imprescindible la existencia de un vínculo del niño con otro ser humano.

Vemos entonces que Freud brinda dos modelos en el desarrollo psicológico del niño: uno de tipo *cronológico* (etapas oral, anal, etcétera), y otro de tipo *estructural* (*yo*, *superyó*, etcétera). Las etapas cronológicas se superponen en un solo plano sobre el modelo estructural. Como resultado del interjuego entre el *yo*, el *superyó* y el *ello*, un adulto puede manifestar una respuesta típicamente oral, anal, etcétera. Las etapas de erotización del cuerpo se dan, según un modelo cronológico, durante la infancia, pero las respuestas emocionales que se desprenden de ellas pasan a ser inconscientes, debido a la represión que sufren, y están presentes toda la vida, pudiendo manifestarse en cualquier momento. Según Freud, la forma en que se resuelven las distintas etapas durante la infancia determinará en gran medida la manera en que se resolverán los conflictos emocionales en la vida adulta.

Jacques Lacan es considerado por muchos autores como el verdadero continuador de las teorías de Freud, ya que hace contribuciones que las enriquecen. Lacan incorpora, sobre todo, el análisis de la relación del sujeto con el lenguaje.

Sigmund Freud (1856-1939)

Para Lacan, el lenguaje y las palabras, son elementos primarios del *ello*, que nos constituyen, que forman parte esencial de nuestra identidad (Lacan, 1983). Las palabras y el lenguaje, así como nuestra relación con ellos, se encarnan en lo más íntimo de nuestro ser y forman parte de él. El lenguaje es pensado habitualmente como un instrumento (de comunicación), pero es más que eso: es un elemento, quizá el elemento constitutivo principal de nuestra identidad. Como dice Beckerman, tal vez la principal diferencia entre la teoría de Lacan y el resto de las corrientes psicoanalíticas posfreudianas es que para estas últimas, el núcleo del inconsciente descrito por Freud son las experiencias emocionales, lo que debe ser ubicado en el plano de lo sensible. En cambio, para el psicoanálisis de orientación lacaniana, el inconsciente freudiano debe ser pensado con referencia al lenguaje y a la palabra (Beckerman, 1996).

Hace unos años, atendí en mi consultorio a un niño de cuatro años que padecía asma, cuya madre quería consultar sobre su crecimiento, porque tomaba corticoides en forma crónica. La madre comenzó un relato que "sonaba" redundante, monocorde y lejano. En un momento determinado la interrumpí y pregunté al niño en forma algo brusca: "¿Y a vos qué te pasa?". El niño me miró a los ojos y me respondió: "Mi mamá no me mira". Esta frase, pronunciada por el niño desde el fondo de su corazón, tuvo un gran impacto sobre mí en ese momento, y pensé que tal vez esas palabras acompañarían a ese niño el resto de su vida. Hay palabras que residen en el *ello* y que son constitutivas del aparato mental del niño, forman parte de su personalidad y participan como factores determinantes en un sinnúmero de conductas durante la vida del niño. Todos los individuos llevamos palabras en nuestra mente que remiten a nuestra identidad. Lacan las denominó *significantes*, otro concepto que implica un nuevo aporte al conocimiento de las relaciones del hombre con el lenguaje (Beckerman, 1996).

Para esta perspectiva del desarrollo, lo que cambia, lo que se desarrolla, son las *formas de la respuesta emocional*, que a su vez dependen de la localización de las zonas erógenas en el cuerpo.

Hay muchos conceptos generados por el psicoanálisis que han permeado la cultura popular y son usados en la vida cotidiana, como la ambivalencia, la represión, la proyección y la negación. El concepto de ambivalencia merece una consideración especial, ya que es la expresión, en el área de la psicología, del pensamiento filosófico de Hegel. Este filosofo alemán, fundador de la dialéctica moderna, desarrolla uno de los más importantes principios de esa escuela: sostiene que dentro de cada ser hay dos fuerzas, una que tiende a afirmarlo y otra que tiende a negarlo, a contradecirlo, y esta coexistencia de fuerzas contradictorias se da al mismo tiempo y en el mismo individuo. Los cambios en el individuo resultan de la interacción entre ambas y, si hablamos de la sociedad, esta interacción es, de alguna manera, el motor de la historia (Fatone, 1969).

La coexistencia de amor y odio, de deseo y rechazo en la misma persona –tema que ha sido desarrollado por Freud en muchos de sus escritos–, el concepto de que las perturbaciones psicológicas no son eventos transversalmente insertados en la historia de un individuo, sino el resultado de un *proceso*, de una historia personal, reflejan ideas genuinamente hegelianas, y éste es otro ejemplo más de una línea filosófica que está presente detrás de una teoría psicológica.

El advenimiento del psicoanálisis produjo una verdadera revolución en el mundo de la psicología y también en el conocimiento popular. Instaló el concepto de que lo que ocurre en la mente humana es mucho más complejo de lo que se suponía hasta ese momento, y no puede reducirse a una explicación basada simplemente en un programa biológico o en el resultado de estímulos, condicionamientos y manipulación de la conducta a través de cambios en el medio ambiente. Otra idea esencial, que a su vez causó bastante consternación, es la que sostiene que los seres humanos tenemos deseos, pulsiones e impulsos que nos gobiernan, y de los cuales en la mayoría de las ocasiones no somos conscientes. Esto representó un verdadero insulto al orgullo del género humano como "especie superior" entre los seres vivos y generó (y todavía sigue generando) cierta resistencia en muchos sectores conservadores de la cultura contemporánea.

En la Argentina, el psicoanálisis tuvo un gran desarrollo y llegó a hacer contribuciones originales de valor internacional, aunque no estrictamente sobre el desarrollo infantil (Rascovsky, 1977 y 1981; Pichon-Rivière, 1999). A mi modo de ver, es la primera disciplina que intenta una aproximación racional a la subjetividad humana.

5. El desarrollo como proceso cognitivo

Jean Piaget, psicólogo y pensador suizo, desarrolla entre los años 1930 y 1980 una disciplina, una verdadera ciencia, cuya dimensión no alcanza aún a ser comprendida en muchos ambientes vinculados con la educación y el desarrollo infantil: la epistemología genética. Piaget hizo enormes contribuciones al conocimiento sobre desarrollo infantil, y la más importante tal vez sea aquella que se centra en la génesis del conocimiento humano, en la forma en que las personas conocemos el mundo. A partir de la epistemología genética se hicieron aportes inéditos y sustanciales sobre la forma en que el proceso cognitivo se desarrolla en el niño (Ferreiro, 1990 y 1999; Piaget, 1955, 1973, 1978 y 1986).

Piaget, como psicólogo, centra sus estudios en los niños, argumentando que la mejor forma de conocer el proceso cognitivo del adulto es descubrir cómo toma forma ese proceso, cómo se va gestando durante la infancia.

Durante una pasantía de trabajo con Simon, autor junto con Binet del Test de Cociente Intelectual (CI), se le entregan a Piaget una serie de pruebas de inteligencia que habían sido tomadas a niños normales de distintas edades. En lugar de centrarse en el estudio de las pruebas acertadas, Piaget concentra su atención en las pruebas erróneas y observa que los niños de edades similares cometían los mismos errores, mientras que los de edades más avanzadas se equivocaban en otras cosas pero también de manera uniforme. De esta observación deduce que tal vez el desarrollo cognitivo no pasa en forma azarosa al estado adulto desde una etapa inmadura y responsable de respuestas anárquicas, sino que, por el contrario, en cada edad, el niño tiene un esquema interno de observación que le hace responder a los problemas planteados de una forma uniforme. ¿Por qué considerar las respuestas erróneas como un déficit?, ¿por qué no considerarlas como resultados originales de procesos internos y estructurados? Estas preguntas apuntan a una de las contribuciones más significativas de Piaget: la comprensión del proceso cognitivo en el niño.

En cada etapa de su desarrollo, el niño construye un esquema interno con el cual puede comprender el mundo. Este esquema es construido principalmente a partir de la *acción* del niño hacia el mundo. Los objetos no son identificados inicialmente por sus características específicas, sino de acuerdo a la manera en que es posible actuar sobre ellos. Por ejemplo, para un bebé de tres meses, los objetos del mundo se pueden dividir en chupables y no chupables; a los nueve meses, en cambio, este panorama se amplía y los objetos pueden clasificarse en asibles y no asibles, etcétera. Nótese que es la acción hacia los objetos del mundo lo que determina la construcción del esquema interno, de un instrumento lógico. A través de la activa interacción con el mundo, el esquema se va construyendo y modelando, de acuerdo a las respuestas que el niño obtenga como resultado de esta interacción. Por esta razón, la teoría de Piaget es considerada constructivista.

Jean Piaget (1896-1980)

Pueden reconocerse cuatro esquemas básicos, estadios o instrumentos lógicos que el niño va construyendo en el curso de su crecimiento. El niño pasa de un esquema relativamente simple a otro más complejo que lo capacita para realizar operaciones nuevas. Cada estadio se construye sobre el anterior; para construir un nuevo instrumento lógico es necesario hacerlo siempre sobre instrumentos lógicos preexistentes; la construcción de un nuevo concepto se hace a partir de conceptos previos; esto nos lleva a la noción de los estadios de Piaget.

El autor considera que los estadios son niveles de organización estructural del esquema interno que el niño tiene del mundo. Estos estadios gozan de tres propiedades básicas: en primer lugar, la *sucesión* de las nociones que integran cada estadio es constante, se da en todos los individuos, es universal; en segundo lugar, estos estadios tienen un carácter *integrativo*, es decir, los elementos de un estadio se integran al siguiente, siguen presentes, no se abandonan. La conducta sensorio-motriz está presente en el período preoperatorio, y las operaciones concretas están presentes y constituyen una parte integrante del período de operaciones formales. Es por ello que se tarda tanto tiempo en pasar de un estadio a otro, porque es necesario un prolongado ejercicio de la acción para construir las subestructuras del pensamiento ulterior. Las operaciones formales son, en cierto sentido, operaciones que se realizan sobre otras; en tercer lugar, el estadio es una *estructura de conjunto*, es decir que la estructura interna que el niño ha adquirido permite integrar todos los esquemas operatorios previos que están aparentemente separados entre sí.

Piaget desarrolló detalladamente el concepto de estadios, reconociendo a su vez varios subestadios dentro de cada uno de ellos. No obstante, a grandes rasgos, se pueden reconocer cuatro estadios fundamentales (Piaget, 1986).

5.1. Inteligencia sensorio-motriz

Este período extraordinariamente importante se extiende desde el nacimiento hasta la adquisición del lenguaje y está caracterizado por un desarrollo mental muy marcado. Mientras que al comienzo del desarrollo el recién nacido sólo tiene como referencia a sí mismo, al final de este período ya puede situarse prácticamente como un cuerpo más entre los demás, en un universo que ha construido poco a poco y que ahora siente como algo "exterior a él" (Piaget, 1986). El niño puede actuar solamente sobre los objetos que están presentes en forma inmediata, porque carece de instrumentos de representación.

Si se le muestra un objeto cualquiera a un bebé de seis meses, por ejemplo un reloj, y se lo coloca sobre la mesa, el bebé lo tomará con su mano. Pero si luego se tapa el reloj con un trapo, el bebé perderá todo interés en el reloj, y no será porque no pueda retirar el trapo (si se le cubre la cara con el trapo, se lo sacará inmediatamente), sino porque el objeto ha desaparecido del campo de su percepción y es como si hubiera perdido su existencia. En esta temprana edad, el mundo exterior es una serie de cuadros móviles que aparecen y desaparecen. Algunos de ellos se pueden evocar; por ejemplo, con un grito puede lograrse que aparezcan ciertas personas, pero son imágenes sin permanencia y, sobre todo, sin localización.

Este estadio se extiende aproximadamente hasta los 18 meses de edad. Básicamente, el niño tiene un vínculo fundamentalmente experimental con el mundo exterior, dominado sobre todo por las posibilidades de actuar sobre él. Los juegos que el niño puede hacer son de acción directa, no hay simbolización alguna.

El período sensorio-motriz, como todos los períodos, debe durar un tiempo determinado antes de dar lugar al siguiente, porque los resultados en el terreno de la efectividad material no pueden interiorizarse directamente, sino que se debe reaprender en el plano del pensamiento lo que ya ha sido aprendido en el plano de la acción. Esta interiorización es una nueva estructuración y, por lo tanto, toma un tiempo considerable.

5.2. Representación pre-operatoria

Este estadio comienza alrededor de los 18 meses y dura aproximadamente hasta los 5 o 6 años. Aparece aquí un evento extraordinario en el desarrollo intelectual: la capacidad de representación simbólica. El niño puede usar un juguete para representar otro juguete, por ejemplo, puede usar un trozo de madera y decir "guau guau" para representar al perro que acaba de ver. Los símbolos guardan alguna relación con el objeto representado (la forma, el movimiento, etcétera), pero con el tiempo el niño desarrolla la capacidad de crear signos que no guardan ninguna relación con el objeto representado. La máxima expresión de este sistema de signos es el lenguaje, que es un sistema de signos socializado (Piaget, 1955). Para Piaget, esto es lo que permite el pensamiento. No hay pensamiento antes del lenguaje; hay inteligencia sin lenguaje, pero no pensamiento. La inteligencia es la capacidad del sujeto de resolver problemas nuevos, la coordinación de los medios para llegar a un fin que no es accesible de manera inmediata; mientras que el pensamiento es la inteligencia interiorizada que nos permite interpretar simbólicamente la acción dada por el lenguaje, por las imágenes mentales de las acciones. El mundo del pensamiento es el de las acciones interiorizadas, acciones que pueden someterse a operaciones diversas: invertirse, combinarse, etcétera.

El niño puede hacer ciertas inferencias elementales y dar una versión simplificada de la organización del espacio, pero está lejos de hacer representaciones lógicas. Por ejemplo, si se le pregunta a un niño de 5 años: "¿Quién es más viejo, papá o el tío Juan?", el niño contestará: "El tío Juan, porque es más alto". La respuesta revela una incapacidad de diferenciar el tiempo del espacio.

5.3. Estadios de las operaciones concretas

Esta etapa se extiende desde los 7 u 8 años hasta los 11 o 12. El niño aquí es capaz de resolver problemas planteados frente a situaciones concretas y desarrolla conceptos lógicos que se van integrando en forma progresiva. Para poder razonar, el niño necesita la presencia concreta de los objetos. Puede comparar el tamaño de tres objetos y ordenarlos a partir de comparaciones sucesivas, pero si se le plantean esas relaciones en el terreno de lo abstracto, el niño no las podrá realizar.

Para comprobar esto podemos hacer un experimento con dos trozos de plastilina del mismo tamaño: amasamos los dos pedazos delante del niño y hacemos dos bolas iguales, luego tomamos una de ellas y la deformamos hasta hacer una larga y fina salchicha. Si a un niño de 6 años le preguntamos cuál es más grande, contestará que es más grande la que tiene forma de salchicha. Es necesario llegar hasta los 7 u 8 años para que la *ley de la conservación de la materia* sea adquirida. Si luego le hacemos una segunda pregunta: ¿los dos trozos tienen el mismo peso?, recién podrá contestarla a los 9 o 10 años, cuando adquiera la noción de *conservación del peso*. Si hacemos una tercera pregunta: ¿tienen los dos trozos el mismo volumen?, sobre este concepto (la ley de *conservación del volumen*) podrá responder a los 11 o 12 años.

Es interesante mencionar que no todos los niños alcanzan este estadio a la misma edad. En Neuchâtel, cantón de Suiza, el 75% de los niños de 12 años es capaz de aplicar la ley de conservación del volumen. Piaget se refiere siempre a los niños que son sujetos de sus experimentos y no hace generalizaciones, asumiendo que esos progresos pueden darse a edades diferentes. El autor relata la historia de una señora que viajaba con una valija alargada, rectangular, ¡porque pensaba que los vestidos estirados pesaban menos que plegados! (Piaget, 1978). El autor sabe que el medio ambiente tiene una influencia decisiva sobre la edad en que se alcanzan los diferentes estadios, pero este tema no fue estudiado en profundidad.

5.4. Estadio del pensamiento lógico-formal

En este estadio, que se extiende aproximadamente desde los 12 hasta los 15 años, aparecen los conceptos de proporciones, de conjuntos, de combinación. El niño puede hacer operaciones en el plano simbólico, como las transitivas (si *a* es mayor que *b* y *b* es mayor que *c*, entonces *c* es menor que *a*). La capacidad más importante en esta etapa es la lógica de las proposiciones, que es la que permite razonar sobre enunciados, sobre hipótesis y no solamente sobre objetos concretos puestos a la vista o representados directamente. Para esta perspectiva del desarrollo, lo que cambia, lo que se desarrolla, es el *esquema interno* con que el niño interpreta y conoce el mundo.

Mas allá de los sucesivos aportes que recibió en los últimos veinte años, la teoría de Piaget representó una profunda contribución a la comprensión del proceso cognitivo, cuya consecuencia más importante fue su repercusión en muchas áreas del conocimiento e incluso en la filosofía. En el área de la educación y el aprendizaje, antes de Piaget, el pensamiento predominante concebía al niño como una cabeza vacía que había que llenar con conocimientos, pero gracias a su obra sabemos ahora que el niño aprende a través de su interacción con el medio, descubriendo el mundo; y es su accionar hacia ese mundo lo que le permite la construcción del conocimiento. Las consecuencias de estos conceptos sobre la enseñanza son muy grandes: a partir de la teoría de Piaget debemos pensar que para organizar un curso de enseñanza que impacte sobre el aprendizaje lo mejor que podemos hacer es promover la solución de problemas entre los asistentes, de manera tal de cumplir con la consigna piagetiana de "conocer desde la acción". El impacto que una persona parada frente a 30 pediatras, y hablando sobre un tema determinado, puede hacer sobre el aprendizaje es pobre en comparación con lo que se puede obtener promoviendo la participación activa de los asistentes.

Con su obra, Piaget no solamente hace una contribución central a la psicología del desarrollo, a la comprensión del proceso de aprendizaje y del desarrollo de las estructuras cognoscitivas, sino que cambia de manera copernicana la forma de investigación del problema gnosológico en el campo de la filosofía. Antes de Piaget, el problema del conocimiento era materia exclusiva del razonamiento y la especulación filosófica. René Descartes y su racionalismo, Locke y Hume en su empirismo, y otras corrientes filosóficas trataban el problema del conocimiento manteniendo las discrepancias en el plano de la argumentación teórica, que, por otra parte, es lo habitual en el campo de la filosofía. Piaget, por el contrario, por primera vez en la historia, investiga el problema aplicando el método experimental, transformando la pregunta metafísica "¿qué es el conocimiento?", en una pregunta verificable: "¿cómo se pasa de un estado de menor conocimiento a otro de mayor conocimiento?" (Ferreiro, 1999), y de esta manera crea la nueva ciencia: la epistemología genética.

6. El desarrollo como una cuestión de contexto

Además de las perspectivas descriptas precedentemente, se distinguen una serie de estudios concentrados en investigar las interacciones entre el desarrollo y la dimensión social del ser humano. ¿Puede ser que el desarrollo de un niño urbano de Buenos Aires sea el mismo que el de un niño que crece en la estepa de Mongolia? ¿Qué ocurre con el desarrollo de niños abandonados por sus padres o criados en aislamiento social? ¿Qué importancia tiene la educación en el desarrollo? Encontramos así varias líneas de investigación que exploran el desarrollo del niño como una cuestión del contexto en el que vive, más que como un proceso de "desenrollo".

En esta perspectiva de estudio no encontramos un autor que pueda identificarse como el líder de una teoría particular, sino que hay muchos autores que se han aproximado al problema de la infancia en general o al desarrollo infantil en particular, desde disciplinas muy diferentes.

Uno de los autores más relevantes de esta línea de trabajo centrada en los aspectos sociales y culturales del desarrollo infantil es Lev Vigotsky, el fundador de la psicología rusa moderna, un estudioso que tuvo que abrir su camino entre el materialismo dialéctico y las corrientes reflexológicas pavlovianas del Este, por un lado, y el psicoanálisis, la teoría gestáltica y el conductismo del Oeste, por el otro. Poseedor de un talento casi "mozartiano", como tan acertadamente señaló Stephen Toulmin, le tocó vivir en una época poco favorable a los "Mozarts".

Para Vigotsky (1995), los estados de la conciencia se generan a partir de la experiencia social. La conciencia individual se construye desde afuera, mediante la interacción con los demás: "El mecanismo de la conciencia y el del comportamiento social es común a ambos. Somos conscientes de nosotros mismos porque somos conscientes de los demás". El autor propone un grupo de funciones mentales "inferiores", como la percepción, la memoria, la atención y la voluntad, y otro de funciones "superiores", también llamadas "culturales", que son específicamente humanas y van apareciendo gradualmente en el curso de la transformación de las funciones inferiores, a medida que éstas se van estructurando y organizando según objetivos sociales. De alguna manera, se trata de la transformación de las funciones naturales (inferiores) en culturales (superiores). El principio constructor de las funciones superiores se encuentra *afuera* del individuo, en las relaciones personales. De esta manera, una determinada función aparece dos veces en el desarrollo cultural del niño: primero en el nivel social, entre personas (interpsicológica), y luego, más tarde, dentro del niño (intrapsicológica).

Vigostky cita a Piaget y discrepa con él cuando habla de la forma en que se generan los conceptos espontáneos del niño a partir del desarrollo de la percepción externa y la observación, en los primeros años de la edad escolar. Con el desarrollo conjunto del lenguaje se adquiere una percepción verbalizada. Los conceptos adquiridos inicialmente son espontáneos, asistemáticos, no están integrados en un esquema conceptual. El niño entiende el concepto de la palabra "flor" y de la palabra "rosa", pero no puede integrar una categoría dentro de otra superior. Sin embargo, a medida que se incorporan más conceptos "espontáneos", y *gracias a la instrucción escolar*, se van creando generalizaciones independientes del objeto directo externo. Estas generalizaciones son incorporadas por el niño a partir de su relación con la escuela, con adultos, y toman el nombre de conceptos "científicos". Cuando el niño entra en contacto con los conceptos científicos, y construye internamente una sistematización, pasa de una conciencia espontánea a una conciencia científica. Esta conciencia científica luego es transferida a los conceptos cotidianos, "de arriba hacia abajo" (como decía Vigotsky), y les otorga un nuevo significado.

Lev Vigotsky (1896-1934)

Los trabajos de Vigostky abarcan prácticamente todas las funciones mentales, pero donde su teoría pone más énfasis es en el estudio de la relación entre pensamiento y lenguaje. Ya hemos mencionado las ideas centrales de Piaget sobre este dualismo, pero Vigostky difiere con el autor suizo en algunos puntos. Vigostky sostiene que pensamiento y lenguaje son dos instrumentos psicológicos que ayudan a formar otras funciones mentales, pero, por otro lado, son *parte* de esas funciones, ya que también ellas experimentan un desarrollo cultural. Su principal libro sobre este tema, *Pensamiento y lenguaje*, tuvo mucha difusión (Vigotsky, 1995) (sobre Vigotsky véase también Bouzas, 2004).

Ambas funciones, pensamiento y lenguaje, tienen raíces diferentes en la ontogenia. Durante los primeros años hay un desarrollo separado, independiente, pero más tarde, en determinado momento del desarrollo infantil, las funciones se encuentran y se desarrollan juntas, bajo una influencia recíproca. Los progresos en ambas funciones dependen de los cambios en sus relaciones. Esto implica una crítica a quienes, como Watson, identifican al pensamiento con el habla. Para Vigostky existe un pensamiento anterior al habla y un habla preintelectual, pero sólo con el establecimiento de una unidad sistémica interfuncional entre ambos el habla se transforma en una actividad intelectual y el pensamiento se convierte en una actividad verbal. Los antropoides muestran signos de una actividad intelectual semejante a la del hombre, como el uso rudimentario de algunos instrumentos; un esbozo de lenguaje, como las expresiones de descarga emocional; y los rudimentos de una función social. Pero sólo el hombre muestra una estrecha correspondencia entre pensamiento y lenguaje. En la filogenia del pensamiento y el lenguaje, se distingue claramente una fase prelingüística en el desarrollo del pensamiento, y una fase preintelectual en el desarrollo del lenguaje.

En su contexto histórico-cultural, Vigostky hizo una contribución significativa a la comprensión del papel mediador del lenguaje. Junto con Aleksander Luria, se traslada a la parte rusa del Asia central y lleva a cabo un experimento sobre la base de los grandes cambios culturales y económicos que tuvieron lugar en la Rusia soviética de los años treinta. En Uzbekistán coexistían tres grupos: los campesinos de montaña, que no tenían educación formal, conservaban sus características históricas y se mantenían ajenos a los cambios educativos, culturales y económicos; los trabajadores de una granja colectiva con educación mínima; y los estudiantes de una escuela de magisterio. Los resultados fueron decisivos: en los campesinos sin educación, el razonamiento y el lenguaje reflejaban simplemente los patrones de su actividad física cotidiana, sin que se encontraran evidencias de funciones de abstracción. Pero, en los campesinos con mínima educación se invertía la relación, predominando siempre las categorías abstractas y los significados verbales. Este trabajo de campo brindó la base experimental sobre la que se construyeron los principios básicos de la teoría histórico-cultural de Vigostky y Luria.

El autor ruso hace también importantes contribuciones en el desarrollo cognitivo: sostiene que la interacción del niño con el adulto es esencial para el progreso cognitivo del niño. Los conocimientos espontáneos adquiridos por el niño, empíricamente abundantes y desorganizados, encuentran su sistematización lógica a lo largo de la relación con los adultos. Muchos de los logros cognitivos del niño dependen de sus habilidades para apropiarse de las estructuras adultas. Esta idea es totalmente coherente con la expresada más arriba, que sostiene que muchas relaciones nacen extrapsicológicas y se convierten luego en funciones mentales internas, intrapsicológicas. La importancia de los factores sociales en el desarrollo del lenguaje ha sido enfatizada por muchos autores, y aquí citaremos a Jerome Brunner con una frase paradigmática: "La adquisición del lenguaje no se podría lograr sin un sistema de apoyo dado por el mundo social que se combine con la capacidad de adquirirlo. La presencia del otro es para el lenguaje un elemento imprescindible, sólo de esta manera puede desarrollarse el lenguaje, ese pasaporte de ingreso a la cultura humana" (Brunner, 1996).

Vigostky nació en Bielorrusia, en 1896, y murió en Moscú, en 1934. Su obra fue continuada por Alexander Luria. Entre ambos, construyeron la teoría histórico-cultural. Creo que nadie ha podido armonizar en forma tan coherente los planos de la psicología evolutiva y la cultura, las raíces genéticas del pensamiento y del lenguaje, como Vigostky. Sus teorías, acalladas durante tanto tiempo, deberían tener mayor difusión y profundización en el mundo de la psicología y de la lingüística. Sus ideas no han alcanzado el conocimiento popular que lograron las de Freud y Piaget, pero ciertamente tienen aún un largo camino entre los profesionales con interés en el desarrollo del niño.

En esta breve descripción no se agota la lista de los estudiosos que han investigado sobre las relaciones entre sociedad y desarrollo infantil; por el contrario, hay aquí muchos más autores omitidos que citados. Sin embargo, por razones de espacio, mencionaremos sólo algunos más que han hecho significativas contribuciones al tema del desarrollo del niño: Henry Wallon (1965a, 1965b, 1965c, 1965d), Michel Cole (Cole, 1966, 1986, Cole y Cole, 1996), Mark Bornstein (Bornstein, Galperin *et al.*, 1992; Bornstein, Haynes *et al.*, 1999), Arnold Sameroff (1988, 1993), Helen Penn (1999) y muchos otros.

7. Coda

Después de esta somera descripción de las principales pespectivas de estudio del desarrollo del niño, pienso que ahora es más fácil ensayar una definición. Ésta puede seguramente ser objeto de críticas, pero resulta operativa a la hora de hablar de desarrollo en los ámbitos en que se mueve el equipo de salud. Definimos el desarrollo como *el curso de los cambios de la conducta sensorio-motriz, la respuesta emocional, el lenguaje, la inteligencia y el aprendizaje, en un contexto sociocultural e histórico.* Se trata entonces de un concepto amplio, que tiene que ver con un contexto y con la transformación de una célula en un hombre, es decir, de transformarnos en todo aquello que nos hace humanos.

Referencias bibliográficas

Bayley, N. (1969): *Bayley Scales for Infant Development*, Nueva York, The Psychological Corporation.

Beckerman J. (1996): *Psicoanálisis ilustrado*, Buenos Aires, Emecé.

Bornstein, M. H.; Galperin, C. Z.; Pécheux, M. G.; Lamopur, M.; Toda, S.; Azuma, H.; Oginio, M.; Tanmis-LeMonda, C. S. (1992): "Functional analysis of the contents of maternal speech to infants of 5 and 13 months in four cultures: Argentina, France, Japan and the United States", *Developmental Psychology*, 28 (4): 593-603.

Bornstein, M. H.; Haynes, O. M.; Pascual, L.; Painter, K. M.; Galperin, C. (1999): "Play in two societies: pervasiveness of process, specificity of structure", *Child Development*, 70: 317-331.

Bouzas, P. (2004): *El constructivismo de Vigotsky*, Buenos Aires, Longseller.

Brunner, J. (1996): *Realidad mental y mundos posibles*, Barcelona, Gedisa.

Capute, A. J. (1996): *The Capute Scales: CAT / CLAMS, Instruction Manual*, KFA. Est. USA (1° ed. 1983).

Cole, M. (1966): *Psicología cultural*, Madrid, Ediciones Mascotas.

— (1986): *Cognición y pensamiento. Cómo pensamos: estudios comparados*, Buenos Aires, Paidós.

Cole, M.; Cole, S. R. (1996): *The Development of Children*, 3ª ed., Nueva York, W. H. Freeman.

Falkner, F. (1969): *Desarrollo humano*, Barcelona, Salvat.

Fatone, V. (1969): *Introducción a la lógica*, 9ª ed., Buenos Aires, Kapelusz.

Ferreiro, E. (1990): *Piaget*, Buenos Aires, Página 12 y Centro Editor de América Latina (Colección Los Hombres de la Historia, n° 41).

— (1999): *Vigencia de Jean Piaget*, Buenos Aires, Siglo Veintiuno Editores.

Frankenburg, W.; Dodds, K.; Archje, G.; Shapiro, H.; Bresnik, B. (1992): "The Denver II: a major revision and re-standardization of the Denver Developmental Screening Test", *Pediatrics*, 89: 91-97.

Freud, S. (1953a): *Obras completas*, Buenos Aires, Rueda.

Freud, S. (1953b): "Introducción al narcisismo", en *El porvenir de las religiones*, Buenos Aires, Rueda, Obras completas, t. XIV.

Gesell, A.; Amartruda, C. (1952): *Diagnóstico del desarrollo normal y anormal del niño*, 2ª ed., Buenos Aires, Paidós.

Kessen, N.; Scott, D. T. (1983): "The development of behavior", en Levine, M. D.; Casey, W. B.; Crocker, A. C., *Behavioral Pediatrics*, 2ª ed., Londres, Saunders.

Lacan, J. (1983): "Psicoanálisis y cibernética, o de la naturaleza del lenguaje", en *El Seminario. Libro 2. El Yo en la teoría de Freud y en la técnica psicoanalítica*, Barcelona, Paidós.

Lejarraga, H.; Kelmansky, D.; Pascucci, M. C. y Salamanco, G. (2004): *Prueba Nacional de Pesquisa*, PRUNAPE, Buenos Aires, Fundación Hospital Garrahan.

Penn, H. (1999): *Who should be care for babies and children? An analysis of practice in out-of-home care for children under three*, Toronto, Child Resource & Research Unit, Center for Urban and Community Studies, Occasional paper 10.

Piaget, J. (1955): *Psicología de la inteligencia*, Buenos Aires, Psique.

— (1973): *Estudios de psicología genética*, Buenos Aires, Emecé.

Piaget, J. *et al.* (1978): *El lenguaje y el pensamiento del niño pequeño*, 2ª ed., Buenos Aires, Paidós.

Piaget, J. (1986): *Seis estudios de psicología*, Buenos Aires, Espasa Calpe.

Pichon-Rivière, E. (1999): *La psiquiatría. Una nueva problemática. Del psicoanálisis a la psicología social II*, Buenos Aires, Nueva Visión.

Rascovsky, A. (1977): *El psiquismo fetal*, Buenos Aires, Paidós.

— (1981): *El filicidio*, Buenos Aires, Paidós.

Real Academia Española (2001): *Diccionario de la lengua*, 22ª ed., Madrid, Espasa Calpe.

Rodríguez, S.; Arancibia, V.; Undurraga, C. (1992): *Escala de evaluación del desarrollo psicomotor de 0 - 24 meses*, Santiago de Chile, Galdoc.

Sameroff, A. J. (1988): "Environmental risk factors in infancy", *Pediatrics Suppl.*, 102: 1287-1292.

— (1993): "Stability of intelligence from pre-school to adolescence: the influence of social and family risk factors", *Child Development*, 64: 80-97.

Sófocles: *Edipo rey*, Buenos Aires, Biblos, 2000.

Vigotsky, L. (1995): *Pensamiento y lenguaje*, Buenos Aires, Paidós.

Wallon, H. (1965a): *Los estadios de la psicología del niño*, 2ª ed., Buenos Aires, Lautaro.

— (1965b): *La evolución psicológica del niño*, Buenos Aires, Psique.

— (1965c): *Los orígenes del pensamiento en el niño*, Buenos Aires, Lautaro, t. II.

— (1965d): *Estudios sobre psicología genética de la personalidad*, Buenos Aires, Lautaro.

Watson, J. B. (1924): *Behaviourism*, Nueva York, Norton.

Webster's New Encyclopedic Dictionary (1993), Colonia, Könemann.

CAPÍTULO 2

El desarrollo del sentido ético en el niño

*Horacio Lejarraga**

1. Introducción

El desarrollo moral del niño es un tema de creciente interés, tanto para profesionales de distintas disciplinas como para la población general. Nuestra época es escenario de importantes cambios en los paradigmas morales –al punto que podemos hablar del "crepúsculo del deber", en términos de Gilles Lipovetsky–, cambios que resultan contemporáneos a una serie de fenómenos, tales como la corrupción que se ha visto en gobiernos de distintas partes del mundo, las cifras de delitos contra las personas en muchas ciudades congestionadas y con grandes diferencias sociales, los delitos económicos perpetrados por dirigentes de grandes empresas, la carencia de una continencia social sólida de los adolescentes en muchos países. Todo esto hace del estudio del desarrollo moral un área de gran relevancia dentro de las ciencias que atañen al niño, a su desarrollo y a su inserción social; no solamente porque ayuda a comprenderlo mejor, sino porque a través de estos conocimientos podremos entender mejor la moralidad del adulto y hacer algo por ella.

Si el desarrollo psicomotor del niño, como área del conocimiento en general, es una de las más complejas áreas de estudio de la pediatría, el desarrollo moral, que podemos incluir en la amplia acepción de "desarrollo", es a su vez uno de los temas más complejos. Su abordaje admite, y tal vez exige, la participación de distintas disciplinas, entre ellas la psicología, la socio-

* Agradezco la colaboración recibida de la profesora de la Universidad de Buenos Aires Silvia Rivera, y por sus valiosos comentarios sobre el manuscrito a la licenciada Marta Cuevas (Universidad de Buenos Aires) y a la profesora Martine Vuaillat (Universidad de La Sorbonne, París).

logía, la filosofía, las ciencias de la educación, etcétera. Lo que puedo inferir a partir de los programas de formación de grado y de posgrado en pediatría es que los pediatras y el equipo de salud pediátrico no tenemos demasiadas oportunidades de tomar contacto con este aspecto del desarrollo del niño. Es por ello que se consideró conveniente la inclusión de este tema, aun con el riesgo de que, al ser escrito por un pediatra, pierda profundidad. No obstante, la perspectiva de que sea accesible para mis colegas es lo que me ha animado a escribirlo; no por mi habilidad como prosista, sino porque conozco nuestras limitaciones en esta área un poco (e indebidamente) ajena a nuestra tarea cotidiana. Es mi deseo que el capítulo sea comprendido por el lego y aprobado por el experto. No pretendo hacer aquí una revisión y descripción acabada de toda la literatura sobre el tema (que es abundante), sino una breve descripción de los aspectos más relevantes, brindando las bases de los conocimientos necesarios para que el pediatra construya una idea general y pueda progresar en la lectura y profundización del tema contando con un marco conceptual.

¿Qué se entiende por desarrollo moral? Se trata de la forma en que el niño va construyendo sus valores, del curso de los cambios en sus ideas y juicios sobre lo que está bien y está mal, de lo que debe y no debe hacerse, de la forma en que se van conformando en el niño los conceptos de justicia, deber, derecho, compromisos, equidad, obligaciones, solidaridad, etcétera. Es obvio que el niño no nace con estas ideas ni con formas definitivas de juicios morales. Se trata entonces de entender los procesos que subyacen a esta compleja manifestación del pensamiento, del juicio y de la conducta. Tal vez esta manifestación sea una de las más intrincadas del ser humano pero, asimismo, una de las que más lo diferencia del resto de los seres vivos y que forma parte de lo que podríamos llamar la "condición humana" (Fromm, 1992), un aspecto de esta condición que nos constituye y nos humaniza.

Sobre esta base, este capítulo se organiza de la siguiente forma:

- breve descripción de los enfoques estructuralista y sociocultural;
- descripción de la teoría de Kohlberg: análisis de los estudios que fundamentan esta teoría, sobre todo de su consistencia y de sus métodos de evaluación;
- comentarios y críticas a la teoría de Kohlberg;
- comentario final sobre la educación moral en los niños, a la luz de los conceptos descritos más arriba.

2. Los dos enfoques básicos de desarrollo moral: el estructuralismo y el enfoque sociocultural

Se da el nombre de "estructuralismo" a aquellas teorías del desarrollo moral en las que se supone la existencia de una *estructura interna* en el individuo, que determina los juicios morales. Esta estructura se va desarrollando progresivamente con el crecimiento del niño, de acuerdo a un *tempo* (velocidad) predeterminado, programado genéticamente, similar en todos los individuos, y fuertemente vinculado a otras expresiones madurativas del niño (cognición, emociones, etcétera). Estas estructuras que determinan los juicios morales adquieren mayor complejidad a medida que el individuo va madurando, y estas etapas de complejidad creciente se desarrollan de un modo secuencial. Puede variar la velocidad con que se pasa de una etapa a la otra, pero todos los individuos recorren el mismo camino. El más saliente ejemplo del enfoque estructuralista es el de la escuela de Kohlberg.

Ciertamente, antes y después de Kohlberg existieron otras escuelas de corte estructuralista. Sin embargo, en lugar de hacer una descripción superficial de todas ellas, me parece mejor describir un poco más en detalle la teoría de este autor para que los lectores tengan una perspectiva de la gran diversidad de avenidas y vertientes que se abren apenas nos introducimos en esta compleja área del conocimiento que es el desarrollo moral.

Los enfoques socioculturales son aquellos que le dan una importancia preeminente a la influencia del medio ambiente como determinante del juicio moral. El término "medio ambiente" se refiere a todos aquellos factores ajenos al programa genético del individuo que pueden influir sobre su desarrollo, ya sea la cultura, las costumbres, los factores socioeconómicos, las experiencias laborales, educativas, etcétera. No puede ser lo mismo para el desarrollo moral del niño crecer en un área urbana de Buenos Aires que en una sabana subsahariana. Las experiencias sociales y familiares, los estímulos intelectuales, las necesidades de adaptación, el medio ambiente en que el individuo crece y se desarrolla tienen necesariamente que tener un impacto en su desarrollo moral.

Es importante decir que ninguno de los dos enfoques niega al otro, sino que cada uno de ellos considera su postura como predominante, reservando para la otra postura una importancia secundaria o complementaria.

3. La teoría de Kohlberg

Lawrence Kohlberg (1969, 1976) creó en la Universidad de Harvard, y luego de más de treinta años de investigaciones, un modelo de desarrollo moral basado esencialmente en la concepción filosófica de Immanuel Kant (Fatone, 1969) y en la concepción cognitiva de Jean Piaget (1965). Esto requiere una breve descripción de las ideas centrales de ambos maestros.

Desde el punto de vista moral, los juicios y actos pueden ser valorados con dos criterios o fundamentos diferentes: deónticos (deontológicos) o consecuencialistas. El primer criterio se opone al segundo. El criterio consecuencialista sostiene que los actos (o juicios) son buenos o malos, dependiendo de cuáles son las consecuencias que esos actos conllevan. En cambio, el criterio deontológico sostiene que las normas son buenas en sí mismas, *per se*, y no por las consecuencias de los actos derivados de ellas. "No matarás" dicen las tablas de la Ley de Moisés, sin atenuantes, sin excepciones (La Biblia, Éx. 20). No importan las consecuencias del acto, matar está mal y eso basta.

Kant propone una ética deontológica y, basado en este pensamiento, Kohlberg intenta caracterizar los juicios éticos en términos deontológicos: lo "ético" debe fundamentarse en una razón universal que sea independiente de intereses o de necesidades contingentes y particulares. Para dar un ejemplo concreto, Kant afirma que si una persona ve a otra ahogándose en un río, y si esa persona en peligro es un ser querido, el acto de arrojarse al agua para salvarla no es *stricto sensu* un acto ético, ya que las probabilidades de que el acto de salvataje sea por un interés afectivo son muy altas. No subyace, entonces, principio ético alguno detrás de la conducta del salvador, en tanto que está dirigida por el amor o el afecto. Según Kant, para que el acto sea esencialmente ético no tendría que haber ninguna relación entre las personas del ejemplo citado. Si ocurriera que el salvador le debe dinero al que se está ahogando, en este caso, el acto de salvarlo sería más puro desde el punto de vista ético. El hombre, en su condición de ser libre, debe escoger las normas de acuerdo a su raciocinio, y no por las consecuencias que ellas puedan generar. De este modo, lo ético se expresa en términos de deberes que permiten a todos los seres humanos ser respetados y considerados como iguales. Es en este sentido que el esquema de Kohlberg se apoya en Kant, de manera tal que el proceso de decisión moral se ejerce sobre la base de una serie de principios universales que son los que funcionan como criterios de evaluación de las decisiones que se toman en contextos específicos. El desarrollo moral tiene así una direccionalidad que se completa con la adquisición del criterio universal de *justicia* como valor superior final en el proceso de desarrollo moral: el criterio del estadio final "maduro". Se trata de un juicio deóntico, prescriptivo, en el que los distintos estadios culminan en el razonamiento sobre la justicia, ya que la justicia es el campo más "estructural" u "operacional", dominio del pensamiento moral o valorativo.

Con respecto a Piaget (1965), ya hemos descrito las principales características de su escuela en el primer capítulo. Pero es necesario enfatizar aquí algunos conceptos centrales que se relacionan directamente con la teoría de Kohlberg. Como menciono al principio de este libro, Piaget tiene una concepción estructuralista del desarrollo, porque asume que el niño tiene una estructura, un esquema interno que utiliza para descifrar, para entender el mundo. Para Piaget el niño va adquiriendo un conocimiento del mundo a través de la construcción de ese esquema interno que le permite comprenderlo. Es esencial el hecho de que estos esquemas son construidos por el niño a través de la acción, y es el niño el que se dirige hacia el objeto externo para asimilarlo y comprenderlo; sólo a través de la acción puede conocerse el "afuera" de la interacción entre el sujeto y el objeto, y así se va construyendo la estructura interna, el esquema. El desarrollo del niño consiste entonces en el pasaje de diferentes estadios cognitivos, de diferentes períodos, cada uno de los cuales se caracteriza por funcionar con un sistema de pensamiento específico y con un esquema propio. Piaget sostiene que la moralidad también se construye a lo largo de un proceso de desarrollo y que los cambios cognitivos *tienen una estrecha relación y una gran influencia en la construcción de los juicios morales.*

El autor postula que el niño comienza su desarrollo moral con un estadio inicial que se caracteriza por la carencia de reglas y por un comportamiento sensorio-motor más centrado en las consecuencias inmediatas de esa conducta (por ejemplo, el posible castigo) que en otras consecuencias más indirectas. No hay reglas, y si las hay, no tienen aún un carácter coercitivo. Esto se debe a la existencia de una estructura cognitiva en la que predomina el egocentrismo, que es la incapacidad del niño pequeño de tener en cuenta la perspectiva, los intereses de otras personas. El niño, en este estadio inicial en el que predomina el pensamiento concreto, no puede hacer abstracciones morales.

En un segundo estadio aparecen las reglas como normas que deben obedecerse. Esta etapa se relaciona con la situación relativa del niño con respecto a la autoridad y el poder de los adultos sobre él, y se caracteriza por la obediencia a la autoridad, a los deberes establecidos. Las reglas tienen un origen adulto, ajeno al niño, y son esencialmente eternas, incuestionables. Este estadio ha sido denominado por Piaget como "heterónomo".

En un tercer estadio las reglas son respetadas, pero no ya como en el estadio anterior, sino debido a la fuerza que tienen éstas por su origen, porque se asocian a un consentimiento mutuo, a un acuerdo con otros seres humanos, con otras personas. Por ello, las reglas pueden ser cambiadas siempre que haya acuerdos entre los pares. Esta etapa ha sido denominada por Piaget como "autónoma".

Esta concepción se articula básicamente en la asunción de la existencia de dos grandes etapas en el desarrollo moral: la "hetcrónoma" (o de la presión, de la coerción) y la "autónoma" (o de la cooperación), y constituye uno de los aportes esenciales de Piaget a la comprensión del desarrollo moral en el niño. En la etapa heterónoma, el niño acepta las órdenes de los adultos, porque hay que someterse a ellas en cualquier circunstancia. Está bien aquello que se hace de acuerdo a las consignas y está mal lo que las contradice. La moral autónoma, como etapa más evolucionada, asume la existencia de una autonomía de la conciencia: cada ser humano tiene pensamiento propio; las bases, los fundamentos de las normas, se sustentan en el hecho de que son construidas entre todos, libremente. Aquí subyace un principio de cooperación y de solidaridad.

Tanto para Kohlberg como para Piaget, los valores de justicia, equidad, igualdad, la "regla de oro" (ponerse en el lugar del otro), etcétera, son registrados en la mente como valores de interacción social, de la misma manera que lo que ocurre con las operaciones lógico-matemáticas. No obstante, esos valores son usados de forma distinta en cada estadio, de acuerdo a su propio nivel de perspectiva moral. Por ejemplo, en el estadio 2 de Kohlberg, la regla de oro es integrada como reciprocidad concreta: devolver un favor con otro favor, un daño con otro daño. En cambio, en el estadio 3, la regla de oro se aplica imaginando cómo se sentiría uno en el lugar de la otra persona, antes de decidir la forma de actuar.

Kohlberg considera que el ser humano pasa por tres niveles de juicios morales: el nivel pre-convencional, en el que el niño no ha establecido convención alguna con sus semejantes y no existe contrato alguno con otras personas; el nivel convencional, en el que los juicios morales están sostenidos sobre acuerdos con otras personas, y el nivel post-convencional, en el que los juicios están sostenidos por principios morales. Cada nivel contiene dos estadios sucesivos, de acuerdo al siguiente esquema:

• *Nivel 1: Pre-convencional*

Este nivel está caracterizado por una perspectiva moral individualista y concreta.

En el nivel pre-convencional el niño sólo atenderá a sus propios beneficios o a los de todas aquellas personas relacionadas íntimamente con él. Las normas no se comprenden y sólo se formulan en relación con el castigo o la conveniencia propia.

Estadio 1: Moralidad heterónoma

Para los niños que están en este estadio, el más primitivo reconocido por Kohlberg, lo que hay que hacer, lo que "está bien", es evitar la violación de aquellas reglas que están sostenidas por la obediencia o por la sanción; hay que evitar la transgresión de las reglas. Las razones para obrar así residen en evitar el castigo del poder superior de las autoridades. Se trata de una posición egocéntrica, ya que hay una incapacidad de comprender la existencia de otras personas con otros intereses. En esta etapa, el niño no reconoce que su propio interés puede diferir del interés de otros. No es capaz de relacionar dos puntos de vista diferentes. Las acciones se conciben como reglas impuestas como si tuvieran un carácter físico, más bien que en términos de intereses psicológicos de otros. Hay una confusión entre las perspectivas de la autoridad y las de uno mismo.

Estadio 2: Individualismo

Para aquellos que cursan este estadio, lo que hay que hacer, lo que "está bien", es la obediencia a las reglas solamente si responden al interés inmediato. Debe actuarse siguiendo el interés y las necesidades propias, dejando que otros hagan lo mismo. Lo bueno es también lo que es equitativo, lo que es igual para cada parte, lo que es el resultado de un acuerdo entre dos. Las razones para obrar de esta manera se basan en satisfacer las propias necesidades en un mundo en el que debe reconocerse que hay otras personas que también tienen sus propios intereses. Hay un reconocimiento de esta situación y de que esos intereses pueden estar en conflicto entre sí, de manera tal que lo que está bien o lo que está mal son conceptos relativos, asumiendo el término *relativo* en un sentido individualista y concreto.

• *Nivel 2: Convencional*

Se adquiere aquí una comprensión básica de que las normas, los acuerdos y las convenciones se presentan como necesarias para el funcionamiento de un grupo humano o de la sociedad. La moralidad implica entonces actuar de acuerdo a estas convenciones; está bien todo aquello que el grupo o la sociedad dice que está bien. En el nivel convencional, los sujetos consideran correctas sólo aquellas conductas que se someten a las leyes o a las normas aceptadas por la mayoría, independientemente de cómo estas normas puedan afectar la libertad o la igualdad entre los hombres.

Estadio 3: Expectativas interpersonales, conformidad interpersonal

Lo que hay que hacer en esta etapa es comportarse según lo que la gente cercana generalmente espera de uno, de acuerdo al rol como hijo, hermano, padre, amigo, etcétera. Ser "bueno" es importante y significa tener buenas motivaciones, preocuparse por los otros. También significa mantener relaciones mutuas, de manera tal que la lealtad a los acuerdos, la confianza, el respeto y la gratitud son valores apreciados. La perspectiva es la de la familia o la de la comunidad local, pero no existe aún la perspectiva de un sistema social generalizado.

La razón para actuar "bien" es la necesidad de ser una "buena persona", tanto ante uno mismo como ante los ojos de los demás. Hay que creer en la regla de oro: "no hagas a otros lo que no quieres que te hagan a ti" o "hay que ponerse en el lugar del otro". Aquí hay una perspectiva del individuo en relación con otros individuos. Se reconoce la existencia de la necesidad de compartir sentimientos, acuerdos y expectativas, que están por encima de intereses individuales.

Estadio 4: Sistema social y conciencia

Lo que hay que hacer en este estadio es cumplir con los deberes y compromisos que se han asumido ante el sistema social ampliado. La perspectiva es la de la sociedad como un todo, y la conducta moral está definida por las leyes y normas establecidas. Las leyes son para seguirlas, excepto en casos en que ellas interfieren con otros deberes sociales establecidos. Lo que está bien es también lo que constituye un aporte para la sociedad, el grupo o la institución. El objetivo de obrar así es mantener a la institución *per se* y evitar la destrucción del sistema. Prevalece la reflexión, "si todos hicieran lo mismo...", o el imperativo de conciencia para cumplir con las obligaciones que cada uno tiene. Las perspectivas de este estadio se diferencian bien entre el punto de vista societario y los arreglos, acuerdos o motivos interpersonales. Las relaciones individuales son consideradas según su lugar o ubicación en el sistema. Obedecer la ley es necesario para mantener el sistema que protege a todos.

• *Nivel 3: Post-convencional*

Este nivel está basado en principios. Existen los acuerdos entre los hombres, las leyes para normatizar el funcionamiento de la sociedad, pero estas leyes obedecen a principios subyacentes que *las preceden*.

Estadio 5: Contrato social

Las personas tienen una variedad de valores y opiniones, la mayoría de los cuales son relativos y dependientes del grupo al que pertenecen. Estas reglas deben ser sostenidas en nombre de la imparcialidad y porque están en el contrato social. Los hombres de una sociedad han celebrado un contrato en nombre del cual las reglas deben ser respetadas. Hay, sin embargo, algunos valores que son absolutos, como la libertad o el derecho a la vida, y que deben ser respetados independientemente de la opinión de la mayoría. La razón para obrar así es la obligación que impone la ley, sobre la cual se fundamenta el contrato social. Este acatamiento de la ley es en beneficio de todos y para la protección de los derechos de las personas. Hay un sentimiento de compromiso contractual libremente contraído con la familia, obligaciones laborales, vínculos sociales, una preocupación por las leyes en función de su utilidad global y de los beneficios finales para el mayor número de individuos posible (posición consecuencialista).

Estadio 6: Principios éticos universales

De todos los estadios propuestos por Kohlberg, este último carece de un adecuado fundamento experimental. El sistema de evaluación y de asignación de puntajes disponible no contiene buenos indicadores para estimar este estadio en individuos, por lo que debe considerarse como una hipótesis que necesita aún de confirmación.

En este estadio, lo que está bien es seguir los principios éticos que son, a su vez, elegidos por uno mismo. Las leyes particulares y los acuerdos sociales son válidos porque responden a estos principios. Aunque la ley viole estos principios, uno actuará de acuerdo con ellos. Los principios a los que se refiere este estadio son los universales de justicia: la igualdad de los derechos humanos y el respeto por la dignidad de los seres humanos como individuos. Las razones para actuar así se basan en la creencia de que las personas son seres racionales que creen en la validez universal de los principios morales y manifiestan un compromiso hacia ellos. La perspectiva sociomoral de este estadio es que los acuerdos sociales se basan en los principios morales. Los individuos, como seres racionales, reconocen la naturaleza de la moralidad y consideran que la premisa moral básica del respeto a los demás es un fin y no un medio. Esto coincide con una de las formulaciones del imperativo categórico de Kant, y diferencia lo que es *legal* (de acuerdo con la ley) de lo que es *legítimo* (de acuerdo con los principios morales).

Estos niveles y estadios de desarrollo moral construidos por Kohlberg, desde un sentido netamente piagetiano, gozan de las siguientes propiedades:

1) Los niveles y estadios implican la existencia de diferencias cualitativas en las formas de pensamiento o en las de resolución del mismo problema.

2) Estas diferentes formas de pensamiento tienen una secuencia invariable a lo largo del tiempo en el desarrollo individual de cada niño. El estadio 3 siempre debe ser posterior al estadio 2 y sucedido por el estadio 4. No hay un "salto" del estadio 2 al 4, por ejemplo.

3) Cada una de estas formas diferentes de pensamiento conforman una "totalidad estructurada" (*structured whole*, en inglés). Una respuesta determinada expresa una estructura organizacional que condiciona todas las respuestas sobre diferentes problemas.

4) Los niveles y estadios cognitivos son integraciones esencialmente jerárquicas: un estadio se va estructurando a partir del estadio previo, conformando una nueva estructura, diferente de la anterior. Este concepto, esencialmente piagetiano, también se aplica a los estadios de desarrollo moral de Kohlberg. Se trata de concebir al desarrollo moral del niño como una organización cualitativa de la forma individual de pensamiento y no como el aprendizaje de un nuevo modelo. Cada estadio de organización es más complejo que el anterior, y a lo largo de su desarrollo integra una perspectiva más amplia que la del nivel anterior. El niño está cada vez más capacitado para integrar nuevos razonamientos y comprender nuevos problemas y puntos de vista. Cada estadio presupone la comprensión del anterior y del siguiente por parte del individuo que lo ha alcanzado. Una persona que está en el estadio 3 puede comprender a alguien que está en el estadio 2 o 4, pero no al que está en el estadio 5.

Inicialmente, el grupo de Kohlberg diseñó un instrumento de evaluación de la respuesta moral que fue luego reemplazado por el llamado "Sistema de Puntaje Temático Estándar" (SPTE, *Standard Issue Scoring Manual*) (Colby *et al.*, 1984). El diseño de este sistema se basó en una mejor definición de la verdadera naturaleza del objeto de valoración. Este sistema de evaluación permite estimar en qué estadio se encuentra un individuo y también establecer un puntaje global de desarrollo moral; este puntaje es creciente a medida que se progresa en los estadios. El nuevo instrumento SPTE consiste en tres formularios estandarizados, cada uno de los cuales contiene dilemas o problemas con preguntas secuenciadas, a las cuales el individuo responde en una entrevista personal con un evaluador entrenado. Lo que se evalúa es el nivel de *juicio moral* y no la conducta. Como resultado de la entrevista, y antes de asignar un puntaje y de definir el estadio moral en el que se encuentra el individuo, el evaluador debe reconocer lo que podemos definir como los tres componentes del dilema y del razonamiento moral: el *tema*, el *elemento* y las *normas*. Una vez identificados estos componentes, se le asigna un estadio a la persona evaluada.

A modo de ejemplo, a continuación describimos (en forma sumamente resumida) las primeras preguntas del llamado "Dilema de Heinz" (dilema III), incluido en el manual de evaluación:

En Europa, una mujer moribunda por una enfermedad cancerosa necesita una droga que, según los médicos, puede salvarla. El agente de la droguería que la descubrió (y al que le costó 200 pesos prepararla), cobra 2.000 pesos la unidad. Heinz, el marido de la enferma, apeló a todos sus amigos para conseguir el dinero, pero sólo pudo ofrecerle 1.000 pesos al droguero, explicándole la situación e incluso prometiendo el pago diferido del resto del dinero. El droguero se niega, y el marido, desesperado, comienza a pensar en entrar a la droguería por la fuerza y robar la droga.

Preguntas del observador al entrevistado:

1. ¿Debería Heinz robar la droga? ¿Por qué sí o por qué no?
2. Si Heinz no amara a su mujer, ¿debería robarla igual para ella? ¿Por qué (sí o no)?
3. Si la enferma no fuera su mujer sino una extraña, ¿debería Heinz robar la droga? ¿Por qué (sí o no)?
4. Si usted está a favor de que Heinz robe la droga para una extraña, ¿debería también Heinz robar la droga para curar a un animal doméstico? ¿Por qué (sí o no)?
5. ¿Es importante que las personas hagan lo que puedan para salvar la vida de otro? ¿Por qué (sí o no)?
6. Si el robo de Heinz es contra la ley, ¿es este robo moralmente erróneo? ¿Por qué (sí o no)?
7. ¿Debe la gente hacer todo lo que puede para obedecer la ley? ¿Cómo se aplica esto en el caso de Heinz?

Heinz finalmente entra por la fuerza a la droguería y roba la droga. Un oficial de policía que conoce a Heinz, lo ve y se pregunta si debe o no denunciarlo a la justicia. Se plantea entonces la siguiente pregunta:

1. ¿Debería el oficial de policía denunciar a Heinz? ¿Por qué (sí o no)?

El policía finalmente arresta a Heinz, el marido es enjuiciado y el jurado lo encuentra culpable de robo.

2. ¿Debe el juez suspenderle la pena a Heinz y dejarlo libre? ¿Por qué (sí o no)?
3. Desde el punto de vista de la sociedad, la gente que viola la ley ¿debería ser sancionada? ¿Por qué (sí o no)?
4. ¿Cómo se aplica esto a la decisión del juez ?
5. Cuando Heinz robó la droga, actuó de acuerdo con su conciencia. Deberían ser castigadas las personas que violan la ley siguiendo a su conciencia? ¿Por qué (sí o no)?

Sobre la base de estas preguntas, que pueden ser complementadas con otras en la conversación con el entrevistado, el observador debe identificar los tres componentes del razonamiento moral que señalamos: el *tema*, el *elemento* y la *norma*. A partir de estas consideraciones, luego puede definirse el estadio en el que se encuentra el individuo entrevistado. El reconocimiento de estos tres componentes no resultaba claro en las primeras propuestas de Kohlberg, lo que dificultaba la asignación de estadios a los entrevistados. Esta diferenciación ha significado un importante progreso en la instrumentación de la evaluación del juicio moral, haciéndola mucho más precisa. La lista de preguntas que corresponde al *tema* es larga y se refiere a cuál es el problema central según el entrevistado, a cuál es el tema que el entrevistado considera y defiende. Por ejemplo, en el dilema de Heinz el *tema* inicial puede ser la *vida* de la mujer. Las *normas* representan los valores morales o el objeto de preocupación alrededor del cual el individuo justifica su respuesta o su elección ante cada pregunta. Los *elementos* representan las diferentes formas en que puede sostenerse el significado de la norma.

Todos estos componentes son fundamentales para poder asignar un estadio determinado. Hay un manual instructivo que contiene una lista de *temas*, de *normas* y de *elementos*. El puntaje final, que es una medición cuantitativa, se construye sobre la base de la intersección del dilema, el tema, la norma y el elemento, de acuerdo a los puntajes correspondientes que figuran en el manual. En cambio, el estadio es una categoría cualitativa y se asigna sobre la base del análisis de las respuestas que corresponden a todos sus componentes (tema, norma, elemento). El observador encargado de esta tarea necesita un entrenamiento especial. En la tabla 1 brindamos una lista de las normas y los elementos identificados por Kohlberg y sus seguidores (Kohlberg, 1976), agrupados de acuerdo a las categorías de contenido moral.

Tabla 1
Categorías de contenido moral

a) Los elementos

1) Defensa del orden normativo
- Obediencia
- Aprobación, culpabilización
- Retribución, exoneración
- Tener derecho, no tener derecho
- Tener el deber de, no tener el deber de

2) Consecuencias egoístas
- Buena o mala reputación
- Buscar reconocimiento, evitar castigo

3) Consecuencias utilitarias
- Buenas consecuencias individuales, malas consecuencias individuales
- Buenas consecuencias para el grupo, malas consecuencias para el grupo

4) Consecuencias ideales o contribuyentes a la armonía
- Defensa del carácter
- Defensa del respeto
- Servir a la armonía o a un ideal social
- Servir a la autonomía o a la dignidad humana

5) Equidad
- Balance de perspectivas o asunción de roles
- Reciprocidad
- Mantenimiento de la equidad y corrección en los procedimientos
- Mantenimiento del contrato social o libertad en los acuerdos

b) Las normas

- La vida (preservación, calidad y cantidad)
- La propiedad
- La verdad
- Afiliación
- Amor erótico y sexo
- Autoridad
- Ley
- Contrato
- Derechos civiles
- Religión
- Conciencia
- Castigo

Hasta aquí, la teoría de Kohlberg se centra en los aspectos cognitivos, ya que concibe la razón como elemento ordenador de la relación del sujeto con el mundo. Estas relaciones se imponen en todas las áreas de la vida del ser humano. El desarrollo moral es una expresión de la organización estructural del proceso cognitivo y tiene una base epistemológica de carácter universalista que busca los procesos típicos de desarrollo que se manifiestan en todos los seres humanos. Se trata de etapas que se orientan hacia un patrón universal, revelando un carácter teleológico que define estructuralmente la meta que el individuo quiere alcanzar. De este modo, la participación activa del sujeto se reduce simplemente al tiempo que necesita para alcanzarla.

3.1. Preguntas y evaluación de la teoría y el método de Kohlberg. El estudio longitudinal de Harvard

Cuando se expone la teoría de Kohlberg ante oídos no expertos, se observa un impacto importante en la audiencia y se suscita el interés de todos aquellos profesionales interesados en el desarrollo del niño. La teoría tiene también –no podemos negarlo– implicancias en la educación, en la política y en todas las ciencias sociales en su conjunto.

No obstante, surgen naturalmente un sinnúmero de preguntas: ¿qué validez tiene el método de asignación de estadios?, ¿es verdad que los niños pasan por *todos* los estadios sin saltarse ninguno?, ¿a qué edades se alcanzan estos estadios?, ¿no es posible retroceder en el juicio moral en algún período de la vida?, ¿siempre se progresa en los estadios?, ¿hay algún momento en que las personas se detienen en su desarrollo moral?, ¿a qué edad se alcanza la "madurez moral"?, ¿tiene sentido hablar de "madurez moral"?, ¿todas las personas llegan al último o a los últimos estadios?, ¿qué pasa con los niños con retardo mental?

En otro orden de preguntas, ¿qué influencia tiene el medio ambiente (nivel socioeconómico, educación) sobre el desarrollo moral?, ¿en qué estadio está una persona que ha perdido a sus seres más queridos en un atentado?, ¿qué pasa con los estadios en situación de guerra?, etcétera.

El primer orden de preguntas, hechas desde la teoría de Kohlberg (aceptando su perspectiva epistemológica-genética), serán analizadas en los párrafos que siguen, con la descripción de un estudio dirigido a brindar respuestas a partir de la evidencia experimental disponible. Con respecto al segundo orden de preguntas, sólo podré acercar algunas escasas pistas, insuficientes para que el lector quede satisfecho, pero orientadoras para que pueda atisbar los ejes de análisis de esos problemas.

Tal vez el estudio más importante dirigido a responder a muchas de las preguntas hechas más arriba es el realizado por Anne Colby (del Radcliffe College), Lawrence Kohlberg, M. Lieberman (de la Universidad de Harvard) y John Gibbs (de la Universidad de Ohio) (Colby *et al.*, 1984). Este trabajo expone los resultados de un estudio longitudinal de veinte años de duración, en el que 58 varones, que tenían 10, 13 y 16 años de edad en el momento de la primera entrevista, fueron entrevistados y sometidos a un test en varias oportunidades (cada tres o cuatro años aproximadamente) durante todo el seguimiento. Cada entrevista fue realizada con tres a cuatro años de intervalo. En cada una, los niños fueron sometidos a un test para evaluar sus juicios sobre aproximadamente nueve dilemas morales hipotéticos. Los dilemas fueron preparados en forma estandarizada, usando el SPTE. Las entrevistas fueron realizadas por individuos entrenados, conocedores de los trabajos de Kohlberg, y guiados por un manual especialmente preparado para la asignación de puntajes.

Los niños provenían de dos sistemas escolares de Chicago, uno de clase media alta y otro de predominancia de niños de clase media baja y clase obrera. En el proceso de selección de la muestra, los autores tuvieron muy en cuenta la opinión de Piaget, que sostenía que el grado de participación e interacción del niño con sus pares era un determinante crucial en el desarrollo moral. Por eso, realizaron una evaluación del grado de comunicación social que cada individuo tenía con su grupo de pares. Este grado de comunicación social fue denominado *"status sociométrico"*, y los niños fueron seleccionados de manera tal que en la muestra se pudiera contar con un número similar de niños de alta y de escasa comunicación social, en cada grupo etario y nivel socioeconómico. Se excluyeron los niños con cociente intelectual (CI) mayor de 120 y menor de 100; el CI de los niños de niveles sociales medios y bajos fue de 109,7 y 105,9 respectivamente; hubo un neto predominio de protestantes en los niveles medios (31 niños protestantes, 3 católicos y 2 judíos), mientras que en los niveles sociales bajos hubo 22 protestantes y 14 católicos.

Seis fue el máximo número de entrevistas realizadas, y cada niño cumplió al menos dos entrevistas. Cincuenta y ocho niños cumplieron cinco entrevistas. El resto de los niños concurrió a una sola entrevista y fue excluido de los resultados.

3.2. Validez y confiabilidad del sistema de asignación de puntajes.
    Secuencia de los estadios

Los resultados mostraron una alta validez y confiabilidad en el sistema de asignación de puntajes. Se hicieron pruebas de test/re-test y de error individual en la asignación de estadios con el instrumento usado, y se encontraron altos índices de confiabilidad. Hubo muy pocos casos de niños que retrocedieron a un estadio anterior en algún momento de su seguimiento, pero este retroceso estuvo dentro del error de asignación de los estadios inherente al método usado. Ningún niño se saltó un estadio, todos pasaron secuencialmente de un estadio al siguiente superior.

• Relación entre la edad y los estadios de desarrollo moral

En el estudio longitudinal comentado, se encontró un coeficiente de 0,78 de correlación global entre los estadios y la edad, lo que significa que a mayor edad, mayor número de niños con un estadio más avanzado. Se encontraron niños de la misma edad en diferentes estadios, aunque cada estadio tenía una edad pico de mayor frecuencia. Los estadios 1 y 2 eran más frecuentes antes de los 10 años (la edad menor de los niños incorporados al estudio) de manera que no se pudo evaluar la edad exacta de mayor frecuencia de niños con esos estadios. El estadio 3 tuvo un pico de mayor frecuencia a los 16 años y el 4, a los 36 años. El pasaje del estadio 3 al 4 tuvo lugar con mayor frecuencia entre los 20 y 25 años. No hubo ningún sujeto en estadio 2 después de los 18 años. La transición al estadio 4 no pareció ocurrir antes de la adolescencia tardía. Ninguna transición del estadio 4 al 5 ocurrió antes de los 20 a 25 años.

De esta manera, los resultados indicaron que el pasaje a estadios más complejos se producía a edades mucho más tardías de las que se pensaba.

• Estabilidad de las diferencias individuales

Por estabilidad, nos referimos al mantenimiento de un cierto orden, a lo largo del tiempo, en la jerarquía o el rango que ocupa un individuo por su puntaje de desarrollo durante toda su evolución en relación a sus pares. Decimos que hay estabilidad si, por ejemplo, los niños que son avanzados (que tienen un puntaje alto en el test) en su desarrollo moral a los 10 años, continúan siendo avanzados (con un puntaje también alto) a los 20.

La tabla 2 muestra los coeficientes de correlación entre los puntajes a una edad y en las edades sucesivas.

Tabla 2
Coeficientes de correlación "r" de Pearson entre puntajes de desarrollo moral en diferentes edades

	10	13-14	16-18	20-22	24-26	28-30	32-33	36
10	–	0,395	0,456	0,473	0,198	–0,249	–	–
13-14	0,395	–	0,699	0,464	0,696	0,668	0,571	–
16-18	0,456	0,699	–	0,682	0,732	0,685	0,448	0,164
20-22	0,473	0,464	0,683	–	0,710	0,481	0,754	–0,119
24-26	0,198	0,696	0,732	0,710	–	0,905	0,862	–
28-30	–0,249	0,668	0,665	0,481	0,905	–	0,809	0,083
32-33	–	0,571	0,448	0,764	0,862	0,809	–	0,880
36	–	–	0,164	–0,119	–	0,083	0,880	–

Fuente: Colby *et al.*, 1984.

Los coeficientes de correlación de Pearson expresan, dentro de un rango de -1 (menos uno) a +1 (más uno), el grado en que se relacionan dos variables, con un valor máximo de 1 (o de -1 en el caso en que la relación entre las dos variables sea inversamente proporcional) cuando esta relación es completa, y un valor mínimo de 0 cuando no hay ninguna relación.

Se observa una cierta correlación (aunque no muy fuerte) del orden de 0,40 entre los 10 y los 16 años, pero ésta baja a aproximadamente 0,20 cuando la distancia entre intervalos etarios aumenta, por ejemplo, en las correlaciones entre los 10 y los 24 a 28 años. Sin embargo, los puntajes retoman cierta magnitud después de los 16 años. Esto sugiere la existencia de dos períodos de estabilidad: entre los 10 y 13 años, y después de los 16. Entre los 13 y los 16, aproximadamente, hay un período en que los niños tienden a cambiar su posición relativa de avance o retraso en el desarrollo moral con respecto a sus pares. Estos hallazgos se asemejan mucho a los encontrados cuando se estudian coeficientes de correlación entre la estatura del niño a distintas edades y la estatura de ese niño cuando llega a adulto. La semejanza que se encuentra entre las correlaciones de los estadios morales y las de la estatura, estudiadas en detalle por James Tanner hace más de treinta años, son asombrosas (Tanner, 1969). Los coeficientes de correlación de la estatura bajan significativamente entre los 13 y los 16 años. Ésta es la edad en la que se ponen de manifiesto diferencias en el *tempo* madurativo, de acuerdo a la velocidad con que los niños maduran físicamente y experimentan su desarrollo puberal. Estudios realizados en niños argentinos muestran que la edad media de comienzo de la pubertad en varones es de 11,9 años, pero hay niños maduradores rápidos que comienzan a los 9 años, y otros maduradores lentos que lo hacen recién a los 15 años (Lejarraga *et al.*, 1976). Estas diferencias en la edad de desarrollo sexual también se observa en niñas (Lejarraga *et al.*, 1980).

¿Es posible que estas diferencias en el tempo de maduración física tengan también su expresión en el desarrollo moral? Ciertamente se ha comprobado la existencia de un co-avance entre la maduración cognitiva y la maduración sexual. Si medimos el cociente intelectual de niñas de 12 años, y las separamos en dos grupos, según hayan o no experimentado su primera menstruación, las niñas pre-menárquicas van a tener, en promedio, un CI de dos o tres puntos más bajo que sus coetáneas que ya han menstruado alguna vez (Lejarraga *et al.*, 1976). Ahora bien: si existe un co-avance entre la maduración cognitiva y la maduración sexual, y si el desarrollo moral según Piaget está fuertemente vinculado al desarrollo cognitivo, resulta totalmente coherente pensar que puede haber diferencias en el *tempo* de desarrollo moral, vinculadas a las diferencias en el grado de maduración sexual. Esto, a su vez, puede deberse a las implicancias que la aparición del desarrollo sexual tiene en las interacciones sociales o a los efectos de las hormonas sexuales sobre las estructuras cerebrales o, probablemente, a ambos fenómenos.

3.3. El desarrollo de los estadios y el medio ambiente

El grupo de Harvard estudió la relación entre el desarrollo moral y tres importantes factores: el nivel socioeconómico, el nivel de escolaridad y el grado de integración grupal de los niños.

El nivel socioeconómico bajo se asocia a un desarrollo moral más lento. Los autores estudiaron por separado a los niños agrupados en dos niveles: clase obrera y clase media. Se encontró que en cada edad, en un estadio determinado, hay una mayor proporción de niños de clase media que de clase obrera, con una proporción más alta de niños de clase obrera en el estadio inmediato inferior. Por ejemplo, el estadio 3 ya está presente a los 10 años en los niños de clase media pero no aparece hasta los 13 años en niños de clase obrera; el estadio 4 aparece a los 16 años en clases medias y recién aparece a los 20 años en individuos de clase obrera; el estadio 2 permanece presente en niños de clase obrera durante más tiempo que en niños de clase media.

También se encontraron resultados similares cuando los niños fueron separados en grupos de alto y bajo grado de comunicación social, lo que el grupo de Kohlberg llamó *"status sociométrico"* y que Piaget consideraba como un importante determinante del desarrollo cognitivo.

De los tres factores medioambientales estudiados, el nivel de escolaridad fue el que más estuvo asociado al nivel de desarrollo de los estadios. Se encontró una relación directamente proporcional entre el nivel de escolaridad y el desarrollo moral. Ningún individuo de clase media u obrera alcanzó el nivel 4 sin haber cursado al menos algún año del colegio secundario (*college*), y ningún niño alcanzó el nivel 5 sin haberlo completado. La asociación entre el nivel educacional y el desarrollo moral medida con coeficientes de correlación parcial fue relativamente más fuerte que la medida según la clase social o el cociente intelectual.

3.4. *Predicción de actos en la vida real a partir de los estadios de Kohlberg*

Se dice que, en la vida cotidiana, tiene más importancia lo que los hombres hacen que lo que dicen. Sin embargo, en el terreno del desarrollo ético de los individuos, también es muy importante saber por qué los hombres hacen lo que hacen, conocer los fundamentos morales de la conducta. Desde el punto de vista moral, no basta con saber que una persona determinada detiene su vehículo frente a la luz roja de un semáforo; es necesario saber si lo hace por miedo a que le cobren una multa, porque piensa que hay que respetar la ley o que puede hacerle daño a alguien, o por otras razones.

La pregunta que surge entonces es: ¿cuál es la relación entre la conducta de un individuo en la vida real y el estadio en el cual se encuentra ese individuo según la teoría de Kohlberg? ¿Tiene el estadio un valor predictivo? A este respecto, debe tenerse muy en cuenta que lo que el método mide es el *juicio moral* frente a situaciones hipotéticas, de acuerdo a un estándar. El método no mide conductas, ni siquiera juicios morales surgidos de la problemática de la vida real. Se ha demostrado que la relación entre el juicio moral hipotético y el real de niños, en las mismas situaciones de justicia distributiva, está influenciada por una serie de factores, muchos de los cuales no son morales, sino concretos y factuales (Baumrind, 1978). Una de las limitaciones más grandes para estudiar estas relaciones es la carencia de un método para medir la moralidad en los juicios surgidos de situaciones de la vida real. Gilligan (1982) realizó un estudio destinado a comparar los estadios de Kohlberg en mujeres que respondían sobre un dilema de aborto hipotético frente al dilema de aborto real en mujeres que debieron decidir efectivamente sobre provocar o no un aborto. El porcentaje de coincidencia entre los estadios en ambas situaciones fue del 58%, o sea que hubo considerables diferencias entre el juicio moral y la conducta. Estas discrepancias seguramente tienen que ver con fenómenos psicológicos de gran importancia y tienen implicancias muy significativas para el futuro desarrollo y la salud mental de estas mujeres que tuvieron que enfrentar embarazos no deseados.

Luego de los trabajos originales de Kohlberg, se realizaron otros dirigidos a evaluar su propuesta, con resultados positivos, en poblaciones de Sudáfrica (Peens y Louw, 2000) y en estudiantes rusos y holandeses (Boom *et al.*, 2001).

Finalmente, respecto al desarrollo moral en niños con retardo mental, hay algunos trabajos realizados en estos niños con la administración del cuestionario de Kohlberg (Perry y Krebs, 1980). Los niños con retardo mental tuvieron puntajes inferiores a los de los niños normales, pero no difirieron de los de igual edad mental en cuanto a la tendencia esperada de que los niños de mayor edad alcancen estadios más avanzados.

No podemos abandonar la descripción de la teoría estructuralista sin mencionar la contribución de Sigmund Freud. Si bien Freud no hizo ninguna propuesta formal sobre el desarrollo moral del niño, de sus escritos surge netamente la idea de que la conciencia moral es el resultado de la forma en que se resuelve el complejo de Edipo, sobre la base de los miedos al castigo parental. Según el fundador del psicoanálisis, las ideas de autoridad, permiso y negación son elementos constitutivos de la propia personalidad, que se estructuran de acuerdo a cómo se va elaborando el conflicto edípico central (Freud, 1953).

3.5. Cuestionamientos a la teoría de Kohlberg

Muchos cuestionadores de Kohlberg, como Vigostsky (1986), Valsiner (1994), Martins (2001) y Yánez Canal con su escrito en Internet (Yánez Canal, 2000) apoyan sus argumentos en el hecho de que su teoría desconoce la diversidad cultural, la influencia del medio ambiente y la naturaleza dialéctica y dialógica de todo lo que ocurre en el campo de la psicología.

Otros autores que discrepan con el enfoque estructuralista, como Esperanza Guisán (1995), acercan otros cuestionamientos. Por un lado, esta autora critica el enfoque exclusivamente deontológico de la teoría de Kohlberg, que prescinde de toda consideración consecuencialista. En su análisis del dilema de Heinz, propone situaciones alternativas respecto de la enfermedad mortal de su esposa, para demostrar que ningún dilema puede resolverse sobre la base de principios exclusivamente deontológicos. No puede prescindirse de la consideración de las consecuencias de las decisiones tomadas. No se trata de la confrontación de principios, sino de la valoración y el arbitraje entre distintos intereses de los individuos que aparecen en conflicto. Ningún dilema puede resolverse únicamente atendiendo a principios más o menos abstractos, sino que deben tenerse en cuenta las consecuencias concretas de los actos planteados. Sobre la base de esto, Guisán propone la eliminación del estadio 6 de Kohlberg (que el mismo Kohlberg reconoce como de dudosa existencia) y la creación de un estadio "5 bis", en el cual se tendría en cuenta no solamente las consideraciones relativas a las reglas aceptadas por la sociedad, sino también el propio principio de beneficio de las personas y las comunidades como patrón para medir el valor de los principios en conflicto y el de cada uno de los actos en particular. Este estadio "5 bis", expresión del "máximo nivel de desarrollo moral", incluiría también los conceptos desarrollados por Gilligan (véase pág. 89) sobre el derecho de las personas a no sufrir, equilibrio que caracteriza, según esta autora, el nivel post-convencional del desarrollo moral femenino. Guisán propone, además, que la justicia como valor supremo puede ser cuestionado: "¿por qué la justicia?, ¿acaso es siempre la justicia aunque se hunda el mundo?", dice Guisán. "¿Acaso no podría considerarse más desarrollado, por ejemplo, que el principio supremo sea la felicidad de los seres humanos, que incluye pero subordina a la justicia, el respeto y cuantos otros se quieran añadir?". La autora alcanza la máxima expresión sintética de su propuesta cuando dice que "el ser humano tiene el derecho y el deber de desarrollarse moral e intelectualmente hasta convertirse en un ser en quien la felicidad y la virtud sean una y la misma cosa". Este concepto ya había sido propuesto por Séneca hace dos mil años; un ejemplo más de la necesidad de leer a los clásicos (Séneca, *Sulla felicità*).

4. Teorías sociales sobre desarrollo moral

Existen también otros modelos de desarrollo moral que, en lugar de basarse en una concepción estructuralista, tienen en cuenta, como factor fundamental del desarrollo moral, la influencia de la sociedad y de la cultura. El individuo no vive aislado, sus creencias y valores tienen una relación íntima con la cultura a la que pertenece y esta cultura tiene, de alguna manera, una fuerte influencia sobre ese desarrollo. Dentro de esta corriente, se pueden identificar dos grupos.

En el primer grupo incluimos a aquellos autores que tienen un concepto *unidireccional* en relación al vínculo que se establece entre individuo y cultura. Es decir que la cultura tiene para ellos una influencia directa sobre el sujeto, ya que el individuo absorbe una serie de creencias y valores de la cultura en que vive. La frase "los padres fueron capaces de transmitir a sus hijos los valores de la familia" expresa un sentido unidireccional de la relación entre cultura y sujeto. Según esta frase el individuo es un receptor pasivo de los valores y de las creencias de la familia (o de la sociedad). La persona va construyendo sus valores morales de acuerdo a la sociedad en que vive, es decir: la gente no vive como piensa, sino que piensa como vive. Las condiciones en que el individuo se va criando, sus experiencias cotidianas, sus condiciones económicas y sociales van modulando su pensamiento moral y sus valores.

El modelo de transmisión *bidireccional*, en cambio, tiene en cuenta no sólo la transmisión cultural hacia el sujeto, sino que considera que el sujeto es también una persona activa que transforma los mensajes culturales y ejerce su influencia sobre dichos valores en el seno de la sociedad. Hay una cultura personal en constante revisión y transformación a través del contacto con la cultura colectiva; hay un intercambio permanente entre ambas (Brunner, 1990, 2000). En este contexto, hay un sentido que está relacionado con la cultura personal, por una parte, y un significado relacionado con la cultura colectiva, por la otra. Los autores Turiel (1983) y Gilligan (1982) se encuentran en esta línea de pensamiento.

Turiel (1983) es el principal autor de la *teoría del dominio*, que establece una diferencia entre el concepto del niño sobre *moralidad* y el concepto del niño sobre las *convenciones sociales*. Ambas normas, morales y sociales, deben ser claramente distinguidas. La moralidad del niño está estructurada sobre la base de la experiencia cotidiana y personal, independiente de las reglas sociales. La moral se estructura sobre la base de los conceptos de daño, bienestar y equidad, valores cuya adhesión o violación tiene consecuencias individuales directas. En cambio, las acciones, que son del dominio de las convenciones sociales, no tienen consecuencias personales intrínsecas. Las convenciones sociales permiten a las personas interactuar en forma predecible. El niño concibe las convenciones como una forma de organización social, sin contenido moral especial. La importancia de las convenciones es que ellas sirven para coordinar la interacción social y el discurso dentro del sistema social. Desde esta perspectiva, el concepto de convención social está estructurado dentro del concepto de organización.

Esta posición está basada además en una serie de investigaciones llevadas a cabo desde 1975 por otros autores, entre ellos Larry Nucci (Nucci y Weber, 1991; Nucci, 2004). Estos estudios básicamente indican que los niños, adolescentes y adultos consideran "malas" o "erróneas" las violaciones a las reglas *morales*, como la de dañar a otra persona, y generalizan estos juicios a otros miembros de otras culturas o grupos, independientemente de que tengan o no las mismas normas. Las convenciones *sociales*, en cambio, son consideradas por los niños como ligadas y obligadas exclusivamente a la existencia de una norma social preexistente. Hay evidencias experimentales de que las diferencias entre normas morales y convenciones sociales son distinguidas perfectamente por grupos de distintas culturas en Brasil, India, Israel (grupos árabes y judíos), Corea, Nigeria, entre otros. Esta diferenciación ha sido encontrada también en niños pertenecientes a diferentes religiones. Los niños parecen ser capaces de diferenciar los ritos de su religión (identificados como convenciones propias de cada religión particular) de las normas morales (matar, robar, pegar, etcétera) que provienen de la autoridad de la palabra de Dios y que son obligaciones a ser cumplidas por todo el mundo, incluso por miembros de otras religiones.

La perspectiva de Turiel cuestiona, como es evidente, la teoría de Kohlberg al afirmar que este autor confunde y superpone en forma entremezclada en sus estadios la aplicación de criterios que hacen a las convenciones sociales y a los criterios morales. El mundo moral y el mundo social deben ser diferenciados. Ambos dominios deben estar separados y ser explorados en forma independiente, pero funcionan en forma relacionada porque la comprensión de la moralidad de ciertas acciones requiere un cierto nivel de maduración en el área de las convenciones sociales. Por ejemplo, en uno de sus trabajos, Nucci y Weber (1991) preguntaron a una muestra de adolescentes de distintas edades si estaba bien o mal ir a un funeral vestido con un traje de baño. Los más jóvenes (de 12 a 14 años) consideraron que no veían ningún problema en ir a un funeral en traje de baño. El vestido "correcto" para un funeral era una simple convención social, y estas convenciones eran sólo meros dictados de una autoridad; lo importante en este caso era asistir al funeral. En cambio, los adolescentes de mayor edad consideraron moralmente erróneo violar esta convención social, porque detrás de ella subyacen valores de orden moral, como el respeto a la persona fallecida (respeto a los muertos) y a los sentimientos de dolor y de duelo de sus familiares.

Una investigadora que hizo un aporte significativo al enfoque culturalista del desarrollo moral fue Carol Gilligan (Gilligan, 1982). Teniendo en cuenta que los trabajos de investigación de Kohlberg se realizaron solamente con varones, ella sostuvo que adolecían de un sesgo de género. Llevó entonces a cabo estudios en niñas y mujeres, y propuso así una moralidad basada en los cuidados y la responsabilidad. Este modelo de moralidad se opone al de Kohlberg, que se basa en la moralidad de la justicia y de la igualdad. Aunque están potencialmente conectadas, ambas posiciones son cualitativamente diferentes. La moralidad del cuidado y de la responsabilidad, más centrada en aspectos afectivos, se ejemplifica en el acto de no abandonar al semejante que necesita ayuda. Probablemente, esta moralidad, más fuerte en las niñas, tiene que ver con su temprana identificación con sus padres, mientras que la moralidad basada en la justicia podría ser más predominante en varones. Así, niños y niñas tienen formas distintas de percibir y comprender las situaciones de conflicto moral. Esta hipótesis ha sido comprobada no sólo en culturas urbanas occidentales, sino también en *kibbutzim* en 1991 (Linn, 1991). Si bien esta diferencia de género en las dos bases de la moralidad es un tema aún controvertido y sujeto a discusión, más allá de las eventuales diferencias que puedan finalmente probarse, Gilligan ha hecho una importante contribución al debate de la moralidad al introducir la noción de solidaridad, de cuidado del otro, como un componente central del juicio y de los actos morales.

Otro aporte que contribuye a comprender y percibir mejor la compleja dimensión del tema ha sido el de la corriente "interpretativa" o "hermenéutica". En esta escuela, se analiza la *narrativa* de los niños, adultos y adolescentes sobre sus experiencias de vida en relación con las decisiones de carácter moral que tuvieron que tomar en determinadas circunstancias (Gaskins *et al.*, 1992). Esta forma de estudio argumenta que el *lenguaje* ocupa un papel clave en la comprensión de la dimensión psicológica de la experiencia moral, ya que es a través del lenguaje que esta dimensión se expresa en la cultura. Estos autores demuestran la existencia de tres premisas centrales, a partir de las cuales convergen los estudios que adoptan una perspectiva hermenéutica:

1) el carácter contextualizado del significado y del desarrollo de juicios morales;
2) la importancia de los procesos afectivos en la producción de significados;
3) el poder constitutivo del lenguaje (Rivera, 1994).

El poder del lenguaje en la producción de creencias y valores es muy grande y, a partir de la estrecha ligazón que hay entre cultura y lenguaje, las metodologías que privilegien el lenguaje (y sobre todo la narrativa) podrán ayudar a comprender las transformaciones en la conducta y en los juicios morales. Esta concepción también tiene en cuenta la dimensión histórica del sujeto en la cultura.

En todas las teorías que tengan que ver con algún aspecto del desarrollo infantil encontramos posiciones que refuerzan el poder del programa genético (las estructuralistas) y otras que refuerzan el poder del medio ambiente en la modulación del desarrollo. Tal como lo he expresado en el primer capítulo, la discusión sobre la veracidad de cada teoría es un tanto ociosa, porque *todo lo que atañe al ser humano*, cualquier expresión de humanidad, característica corporal, psicológica o sociocultural, es siempre, y en todos los casos, el resultado de tres factores: el programa genético, el medio ambiente y la interacción entre ambos. Cuando hablamos de interacción nos referimos a que un mismo medio ambiente puede influir de diversa manera sobre individuos con distintos programas genéticos y, viceversa, en distintos medio ambientes el mismo programa genético puede tener una expresión diferente. Por ejemplo, en una región donde nunca se come gluten, los niños con el gen de la enfermedad celíaca no van a padecer esta enfermedad como la padecen los que viven en una zona donde se come gluten en forma usual.

De acuerdo con el método científico, cuando se postula una teoría es necesario apoyarla con evidencias; en caso contrario, pierde validez y pasa a ser una "opinión". Por ejemplo, ante la pregunta sobre si una guerra civil puede alterar profundamente el desarrollo moral de los jóvenes, la mayoría de los lectores contestarían *a priori* en forma afirmativa. Sin embargo, un estudio dirigido a evaluar el grado de desarrollo moral de jóvenes de Irlanda del Norte, con un cuestionario debidamente estandarizado, dio como resultado que, a pesar de haber vivido durante treinta años en una atmósfera de guerra civil, no se detectó un deterioro moral de los jóvenes de esa región en relación a jóvenes de Escocia y de la República de Irlanda (Ferguson y Cairns, 2002). Este ejemplo se introduce para enfatizar el siguiente concepto: nadie duda de que el medio ambiente ejerce una influencia en el desarrollo moral del niño; el problema es dilucidar las formas en que se cristalizan estas influencias, cuáles son los factores que las modulan y qué evidencias hay de que las interacciones señaladas se producen en cada grupo o sociedad específica.

En nuestro mundo contemporáneo, en el contexto de la globalización, ¿podemos imaginar una moral compartida por todos? Hay quienes ya están reflexionando sobre esto (Acosta Sariego, 2002).

5. Implicancias de los conocimientos sobre desarrollo moral en la educación de los niños

El sistema tradicional de educación en muchas escuelas de América latina asume que los maestros principalmente deben enseñar y transmitir ciertas virtudes a los niños, con el objetivo de ayudarlos a construir un sistema moral "adecuado" y a practicar dichas virtudes. Según esta tradición, el conjunto de valores estaría compuesto por la justicia, la paciencia, la fortaleza, la honradez, etcétera. Sin embargo, esta posición, a primera vista diáfana e incuestionable, tiene serias objeciones.

En primer lugar, no resulta del todo claro cuáles son las principales "virtudes" a transmitir a los niños. Se asume que en la sociedad hay un acuerdo generalizado acerca de la universalidad de ciertos valores, pero este acuerdo no es para nada evidente y surgen discrepancias cuando se profundiza en cada uno de ellos. Por ejemplo, "matar está mal", pero... ¿en todos los casos?, ¿aun en defensa propia?, ¿en qué casos se mata en defensa propia? No hay duda de que es necesaria una construcción grupal de la vida democrática en sociedad para el desarrollo de una ética compartida. La ética se construye, se logra a través de un proceso, y los valores a defender deben surgir de su construcción social, a partir de una interacción entre sus diferentes estamentos.

En segundo lugar, y de acuerdo a las enseñanzas de Piaget, los niños no son un continente vacío dentro del cual se vierten conocimientos, sino que son ellos mismos una fuente de conocimiento. Como dice Emilia Ferreiro, "el niño que Piaget nos invita a interrogar no es un *receptáculo* sino una *fuente* de conocimientos" (Ferreiro, 1999). No se trata de que absorban pasivamente la enseñanza de los adultos, ellos construyen un orden interno, y este ordenamiento se realiza a través de su interacción con la realidad. No hay duda de que el contexto sociopolítico de la sociedad en que ese niño está inmerso, constituye una matriz de interacción fundamental, en la que el niño va a vivir experiencias muy específicas. Es aquí donde se evidencia mejor el concepto de bidireccionalidad de la relación individuo-sociedad.

En tercer lugar, con la posición tradicional de dividir en "defectos" y "virtudes", los maestros pueden llegar a construir debates entre los alumnos cuya conclusión destaque una gran discrepancia individual en las escalas de valores, y que, a partir de aquí, el "valor supremo" sea la coherencia entre el valor defendido y los argumentos sostenidos para ello. Así, los maestros corren el riesgo de tornarse meros coordinadores de debates. Kohlberg rechazaba la focalización de la educación en "defectos" y "virtudes", debido a la compleja naturaleza de la práctica de dichas virtudes. Diferentes decisiones pueden estar basadas en los mismos valores morales, por eso el autor creía que el mejor enfoque para influir sobre la conducta moral de los niños era el centrado en los estadios de desarrollo moral, en la forma en que las personas organizan la comprensión de las reglas, normas, leyes, etcétera. Él pensaba que la mejor alternativa era la presentación en clase de dilemas morales, pidiendo a los estudiantes que fundamenten los juicios sobre ellos. También pensaba que las experiencias personales de los alumnos eran de gran ayuda. Había que ofrecer a los estudiantes la posibilidad de *participar* en una comunidad democrática. Los maestros, por supuesto, debían participar también activamente, promoviendo valores, reglas, normas vinculadas con la justicia y los derechos humanos (Power, Higghins y Kohlberg, 1989).

Hay otras muy importantes contribuciones a la educación moral de los niños, que enriquecen el enfoque tradicional. Una de ellas es la que tiene en cuenta que la moralidad de las acciones debe ser evaluada en conjunto con el análisis de los componentes sociales de dichas acciones. Hay estudios en los que se demuestra que los maestros pueden tener un impacto significativo sobre la forma en que los estudiantes "leen" los temas sociales y consideran los aspectos morales y convencionales de situaciones complejas (Mestre Escrivá *et al.*, 1999). Uno de los trabajos, acerca de tres grupos de estudiantes que debían responder a complejas situaciones hipotéticas que tenían componentes morales y de convención social, mostró que el grupo en que los maestros dieron consignas sobre ambos componentes fue capaz de reconocer diferencias entre ellos. La incorporación de las teorías de Turiel, entre otras, encuentra aquí su aplicación práctica en el terreno de la educación.

Otra contribución de gran interés es la de aquellos grupos que promueven el rescate de la *narrativa* como instrumento educativo (Buchsbaum y Emde, 1990). El enfoque tradicional de la aproximacion al desarrollo y a la educación moral enfatiza el pensamiento proposicional y la discusión verbal de dilemas abstractos. En contraste, Gaskins y colaboradores (Gaskins *et al.*, 1992) proponen que la narrativa puede transformarse en un factor central en el desarrollo moral de la persona. El fundamento científico proviene de Bruner (2000) y otros autores, que han encontrado que el pensamiento ligado a la narrativa es una forma de progreso cognitivo muy importante y cualitativamente diferente de las proposiciones abstractas o del pensamiento científico. Como dice Bruner, "ni el conocimiento comprobado del empirista, ni las verdades auto-evidentes del racionalista describen el entorno en que la gente común se dedica a dar sentido a sus experiencias". La ciencia experimental es esencial, pero no es la única forma de conocer el mundo; el relato de lo que ocurre u ocurrió abre un camino distinto para el conocimiento de las personas, de sus actos y de sus pensamientos. La riqueza de contenidos de un relato de cualquier hecho humano, los matices y valores que transmite, tiene un impacto afectivo e intelectual que no puede igualarse con la fría y despojada descripción científica de los hechos. La narrativa no compite con la ciencia experimental, sino que contribuye significativamente al conocimiento utilizando vías diferentes.

Hay muchos trabajos que apoyan la inicativa de usar la narrativa con propósitos educativos, por ejemplo, contarles cuentos a los niños, un método educativo antiguo pero que a la luz de los nuevos conocimientos refuerza su vigencia (Vitz, 1990). Este es otro argumento que sostiene la validez de los programas de estimulación de la lectura. Recientemente, la Sociedad Argentina de Pediatría (SAP) ha puesto en marcha un programa nacional de estimulación de la lectura que está dirigido a promover en los niños el amor al libro y a la lectura (SAP, 2002). Si los padres les leen cuentos a los niños de muy corta edad, no hay duda de que luego esos niños estarán más familiarizados con los libros, y esta actitud positiva facilitará la lectura. El método usado en el programa consiste básicamente en que el pediatra, como parte de la consulta, recomiende a los padres la lectura frecuente y periódica de cuentos a los niños, aun a los más pequeños. Los cuentos tienen en los niños un impacto fascinante, y si son contados a partir de un libro constituyen una forma indirecta de estimular el acercamiento a la lectura, y la lectura es la principal forma de enriquecimiento del lenguaje. Es decir, el acercamiento entre el libro y el niño puede redundar favorablemente en su lenguaje. A su vez, sabiendo que lenguaje y pensamiento van de la mano, es indudable la contribución de la lectura al enriquecimiento intelectual y moral del niño.

La enseñanza de la moralidad en las escuelas no debe ser impartida como una materia más. El desarrollo moral es un terreno de abordaje transdisciplinario, que atraviesa todas las materias y toda la actividad escolar, que compromete la conducta de los maestros, los padres, las autoridades y de todo el personal que trabaja en la escuela. La enseñanza de la moralidad debe estar presente en la experiencia escolar.

Los pediatras podemos hacer un aporte a la educación moral de los niños de diversas maneras. En primer lugar, a través del diálogo periódico con nuestros pacientes, usando ejemplos concretos de la vida cotidiana de los niños pequeños (la escuela, el jardín, la casa, el juego con hermanos y amigos), y analizando los valores (y los componentes sociales) de estos ejemplos. Con adolescentes, el análisis grupal de los hechos que ocurren en el país o en el mundo puede ser un ejercicio educativo de valor.

La estimulación de la lectura y de la narrativa por parte de los padres, el hábito de hablar sobre los hechos políticos y sociales de la vida de la comunidad pueden tener un alto impacto sobre el desarrollo cognitivo e intelectual de los niños. Finalmente, podemos mostrarles a los padres de nuestros pacientes la importancia del ejemplo en el desarrollo moral del niño. Los niños aprenden más de lo que los adultos hacemos que de lo que decimos. Un adulto que le da las llaves del auto a su hijo adolescente y menor de edad, sabiendo que está prohibido manejar sin el correspondiente carnet de conductor, no está contribuyendo mucho al desarrollo moral de su hijo.

Los pediatras disponemos de conocimientos para cumplir un rol en la educación moral. Sólo se trata ahora de asumirlo.

Referencias bibliográficas

Acosta Sariego, J. R. (2002): *Bioética para la sustentabilidad*, La Habana, Publicaciones Acuario, Centro Félix Varela.

Baumrind, D. (1978): "A dialectical materialist's perspective on knowing social reality", en William, D. (ed.), *Moral Development. New Directions for Child Development*, San Francisco, Jossey-Bass Inc. Publishers, n° 2, págs. 61-88.

Boom, J.; Brugman, D.; Van der Heijden, P. G. (2001): "Hierarchical structure of moral stages assessed by a sorting task", *Child Development*, 72 (2): 535-548.

Bruner, J. S. (1990): *Acts of Meaning*, Cambridge, Harvard University Press.

Bruner, J. S. (2000): *La educación, puerta de la cultura*, 3ª ed., Madrid, Visor (Colección Aprendizaje, n° 125).

Buchsbaum, H. L.; Emde, R. N. (1990): "Play narratives in 36-month old children. Early moral development and family relationships", *Psychoanal Study Children*, 45: 129-155.

Colby, A.; Kohlberg, L.; Gibbs, J.; Lieberman, M. (1984): "A longitudinal study of moral development", en Emde, R. N. (ed.), *Monographs of Society for Research in Child Development*, serial 200, vol. 48, págs. 1-2.

Fatone, V. (1969): *Lógica e introducción a la filosofía*, Buenos Aires, Kapelusz.

Ferguson, N.; Cairns, E. (2002): "The impact of political conflict on moral maturity: a cross-national perspective", *Journal of Adolescence*, 25 (5): 441-451.

Ferreiro, E. (1999): *Vigencia de Jean Piaget*, Buenos Aires, Siglo Veintiuno Editores.

Freud, S. (1953): *Psicología de la vida erótica. Teorías sexuales infantiles y otros ensayos*, Buenos Aires, Santiago Rueda, t. XIII.

Fromm, E. (1992): *The Anatomy of Human Destructiveness. First Owl Book*, Nueva York, Henry Holt.

Gaskins, S.; Miller, P. J.; Corsaro, W. A. (1992): "Theoretical and methodological perspectives in the interpretative study of children", en Corsaro, W. A; Miller, P. J. (comp.), *Interpretative Approaches to Children's Socialization. New Directions for Child Development*, San Francisco, Jossey-Bass Publihshers, n° 58, págs. 5-24.

Gilligan, C. (1982): *In a Different Voice: Psychological Theory and Women's Development*, Cambridge, Harvard University Press.

Guisán, E. (1995): "La educación moral", en *Introducción a la ética*, Madrid, Cátedra, págs. 87-110.

Kohlberg, L. (1969): "Stage and sequence: the cognitive-developmental approach to socialization", en Goslin, D. A. (ed.), *Handbook of Socialization Theory and Research*, Chicago, Rand McNally.

Kohlberg, L. (1976): "Moral stages and moralization: the cognitive-developmental approach", en Lickona, T. N. (ed.), *Moral Development and Behavior*, Nueva York, Holt, Rinehart and Winston.

Lejarraga, H. (1976): "Maduración infantil: una aproximación pediátrica a algunos métodos para su evaluación", *Revista del Hospital de Niños* (Buenos Aires), 18: 69-78.

Lejarraga, H.; Castro, E.; Cusminsky, M. (1976): "As of onset of puberty in urban Argentinian children", *Annals of Human Biology*, 3: 379-381.

Lejarraga, H.; Sanchirico, F.; Cusminsky, M. (1980): "Age of menarche in urban Argentinian girls", *Annals of Human Biology*, 7: 579-581.

Linn, R. (1991): "Sexual and moral development of Israel female adolescents from city and kibbutz: perspectives of Kohlberg and Gilligan", *Adolescence*, 26 (101): 59-71.

Lipovetsky, Gilles (1994): *El crepúsculo del deber*, Barcelona, Anagrama.

Martins, L. C. (2001): "Desenvolvimento moral: consideraçoes teóricas a partir de uma abordagem sociocultural construtivista", *Psicología: teoría e pesquisa*, 17, 2 (mayo-agosto): 169-176.

Mestre Escrivá, V.; Pérez Delgado, E.; Semper García, P. (1999): "Programas de intervención en el desarrollo moral: razonamiento y empatía", *Revista Latinoamericana de Psicología*, 31 (2): 251-270.

Nucci, L. (2004): "Finding commonalities: social information processing and duration theory in the study of agression", *Child Development*, 75(4): 1009-1012.

Nucci, L.; Weber, E. (1991): "The domain approach to values education: from theory to practice", en Kurtines, W.; Gewirtz, J. L. (eds.), *Handbook of Moral Behavior and Development Applications*, vol. 3, págs. 251- 266.

Peens, B. J.; Louw, D. A. (2000): "Children's rights: reasoning and their level of moral development: an empirical investigation", *Med. Law*, 19 (3): 591-612.

Perry, J. E.; Krebs, D. (1980): "Role-taking, moral development and mental retardation", *J. Genet. Psychol.*, 136: 95-108.

Piaget, J. (1965): *The Moral Judgment of the Child*, Nueva York, The Free Press.

Power, F. C.; Higghins, A.; Kohlberg, L. (1989): *Lawrence Kohlberg. Approach to Moral Education*, Nueva York, Columbia University Press.

Rivera, S. (1994): *Ludwig Wittgenstein. Entre paradojas y aporías*, Buenos Aires, Almagesto (Colección Perfiles, 18).

Séneca, L. A.: *Sulla felicitá*, Milán, Libri & Grandi Opere, 1996.

Sociedad Argentina de Pediatría (SAP) (2002): *Programa de Promoción de la Lectura. Guía para el pediatra. Invitemos a leer*, Buenos Aires, Ed. SAP.

Tanner, J. M. (1969): *Growth at Adolescence*, Oxford, Blackwell.

Turiel, E. (1983): *The Development of Social Knowledge: Morality and Convention*, Nueva York, Cambridge University Press.

Valsiner, J. (1994): *Culture and Development of Children's Action: a Theory of Human Development*, Nueva York, John Wiley & Dsons, 1997.

Vigotsky, L. S. (1986): *Thought and Language*, Cambridge, MIT Press.

Vitz, P. C. (1990): "The use of stories in moral development. New psychological reasons for an old education method", *American Psychology*, 45 (6): 709-720.

Yánez Canal, J. (2000): "Debates en la psicología del desarrollo moral", en *Diálogos. Universidad de Colombia.*
<www.hmanas.unal.edu.co/psicologia/docentes/yanez/desarrollomoral.html>

CAPÍTULO 3

La interacción entre genética y medio ambiente

Horacio Lejarraga

1. Marco conceptual

Como hemos dicho en el primer capítulo de este libro, todo lo que atañe al ser humano (y también a los otros seres vivos) es el resultado de tres grandes factores: el programa genético, el medio ambiente, y la interacción entre ambos.

Figura 1
Modelo de interación genética y medio ambiente

Programa genético ⇐ Interacción ⇒ Medio ambiente

Por programa genético entendemos el genoma humano, el conjunto de genes con que se programa la transformación de un huevo fecundado en un ser humano. El medio ambiente puede ser concebido como todos los factores que pueden interactuar con el genoma desde el comienzo de la vida.

La interacción entre ambos debe entenderse como una relación bidireccional, en la cual uno de los dos factores modifica la expresión del otro y viceversa. Esta dinámica se da a lo largo del tiempo, por lo que la interaccción entre el niño y el ambiente implica que tanto el niño como el medio cambian con el tiempo (véase pág. 102).

Si bien puede parecer sencillo separar ambos grupos de factores (genéticos y medioambientales), no lo es tanto cuando aprendemos que dentro del genoma hay genes que se ocupan de reprimir a otros genes (genes represores), otros que en cambio se ocupan de activarlos (genes operadores) y otros que producen sustancias que modifican su acción. Determinados genes operadores van a iniciar cambios en la bioquímica celular; y a su vez, estos cambios van a actuar sobre el funcionamiento del material genético, activando o desactivando genes. Difícilmente pueda negarse que hay genes que cumplen el rol de medio ambiente para los otros genes, sobre los cuales influyen, y sin embargo se trata de material genético. De esta manera, la interacción entre genética y medio ambiente debe ser concebida y estudiada como una unidad o, en todo caso, como un dualismo extremadamente integrado, separable sólo para su mejor comprensión.

Desde el comienzo mismo de la vida, la interfase entre genes y medio está presente en forma plena, y su interacción se caracteriza por varias particularidades. Una de ellas es que el programa genético no se expresa en forma independiente del medio. Por ejemplo, los portadores de la mutación vinculada con la enfermedad celíaca por intolerancia al gluten deben ingerir gluten para manifestar la enfermedad. Por el contrario, si niños portadores de la mutación viven en un lugar donde no hay gluten y no tienen oportunidad de ingerirlo, no van a desarrollar nunca la enfermedad. Paralelamente, el medio ambiente produce diferentes efectos, según el programa genético sobre el que actúe. Por ejemplo, si un grupo grande de niños es sometido a la ingestión de habas, sólo aquellos que sean portadores del defecto genético desarrollarán un episodio agudo de hemólisis por déficit de glucosa 6-P dehidrogenasa.

En el campo del desarrollo psicomotor esta interacción es particularmente importante y debe evitarse concebirla o expresarla en términos de "porcentajes de participación de la genética o del medio ambiente en determinada conducta", afirmación que puede calificarse de reduccionista. Genética y medio ambiente constituyen una totalidad que no es separable en fracciones o porcentajes, porque ambas interactúan para producir un organismo único e integrado.

En el caso del desarrollo psicomotor, el fenotipo se expresa en forma de conducta, y la mejor expresión de la interacción es lo que Dubrovsky denomina *"modelo o norma de reacción"* (Dubrovsky, <www.wfns.org>). *Una norma de reacción es el mapeo del medio en el fenotipo característico de una constitución genética particular.* La noción fundamental que sostiene este fenómeno genético es que el genotipo no especifica un tipo de desarrollo determinado, sino que define un modelo de reacción, un modelo de expresiones de desarrollo en distintos medios. Cada genotipo tiene una norma de reacción determinada, y es sobre la base de esta norma que podemos describir en forma precisa las diferencias entre las interacciones del genotipo y el medio ambiente.

El desarrollo no implica solamente cambios cuantitativos sino también transformaciones cualitativas, como los progresos del gateo a la marcha, o de la conducta sensoriomotriz a los cambios cognitivos.

La *heredabilidad* de un rasgo fenotípico es un concepto creado por los genetistas y expresa la proporción de la variación individual, debido a la variancia genética, de un rasgo de la población (Mueller y Young, 1995). Matemáticamente, puede ser expresada de la siguiente manera:

$$\text{Heredabilidad (H)} = \frac{\text{variancia genética}}{\text{variancia genética} + \text{variancia medioambiental}}$$

Si la heredabilidad (H) es 100%, entonces la variación individual encontrada en un grupo de población es de origen genético. Individuos con diferente genotipo mostrarán diferencias en el rasgo en cuestión, pero ninguna será atribuible a la influencia del medio ambiente. Inversamente, si H es igual a 0, la variación en un rasgo determinado entre individuos con un mismo genotipo será causada por el medio ambiente. Las variables biológicas, como la estatura por ejemplo, y las vinculadas al desarrollo, como algunas conductas que tienen un valor de H de alrededor de 0,40 a 0,60, dependiendo de la edad. Al nacer, estos valores pueden ser mucho más bajos, ya que muchos genes no se expresan en ese momento, sino posteriormente.

Es necesario enfatizar que el valor de H para un rasgo determinado no es constante en todas las poblaciones ni en todos los medios. Muy por el contrario, H es la expresión de la heredabilidad de un rasgo en un contexto determinado, en un grupo de población determinado. El mismo rasgo puede tener diferente heredabilidad en distintos grupos de población o en distintos medios. Incluso puede haber rasgos con muy baja heredabilildad debido a que, si bien hay varios genotipos, las características del medio ambiente son tales que los diferentes genotipos expresan el rasgo de la misma manera.

El hecho de que un rasgo determinado tenga una alta heredabilidad no significa que no pueda hacerse nada en el medio ambiente para cambiar su expresión. Una alta heredabilidad para un rasgo sólo significa que *hay una alta variación de origen genético en un momento determinado, para un grupo de población determinado y en un medio ambiente determinado* (Dubrovsky, <www.wfns.org>).

La incidencia familiar de un rasgo no debe ser confundida con la heredabilidad. El hecho de que un rasgo de conducta sea muy prevalente en miembros de una misma familia no necesariamente quiere decir que ese rasgo tenga una fuerte determinación genética. Podría ser que ese rasgo de conducta sea asimilado por los miembros de la familia a través de las pautas de crianza durante la vida familiar o a través de la cultura del medio en el que esa familia está inserta. Por ejemplo, en muchas sociedades se encuentran similitudes entre los miembros de la misma familia en cuanto a las afinidades por un partido político o por una religión determinada. Esta similitud no se debe a influencia genética alguna, sino a pautas transmitidas culturalmente.

2. Naturaleza de las relaciones entre sujeto y medio ambiente

Los conceptos que queremos describir pueden ser resumidos en algunas ideas básicas:

*   *La interacción del niño con el medio es bidireccional. El medio influye sobre el desarrollo del niño, pero este desarrollo a su vez impacta y modifica el medio ambiente.*

Sameroff en varios estudios (Sameroff, 1993, 1998; Sameroff *et al.*, 1992, 1993) ha expuesto este modelo de interacción, que puede ser expresado según la figura 2.

Figura 2
Modelo interaccional de desarrollo

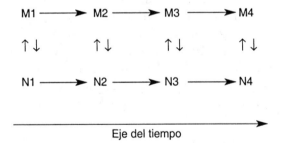

Fuente: Sameroff, 1993, 1998.

El modelo interaccional de desarrollo supone la existencia de distintas situaciones del medio ambiente a lo largo del tiempo. No sólo el niño cambia con el tiempo (N1, N2, etcétera), sino también el medio (M1, M2, etcétera), y en cada momento la situación del medio en un período determinado influye sobre la situación del medio en períodos posteriores. A su vez, el sujeto interacciona con el medio modificándolo, cambio que a su vez influye nuevamente sobre el sujeto. Las características del sujeto definen la respuesta del medio; diferentes características del sujeto pueden generar diferentes cambios en el medio. Este modelo pone el énfasis en los cambios que el niño puede generar sobre el medio ambiente inmediato, es decir, sobre su familia; el medio en sí no es una instancia independiente de él, sino que, gracias a sus conductas previas, puede ser un importante determinante de las experiencias ulteriores con la familia. Sameroff mismo enriquece este esquema con un concepto que él llama *transaccional*, y que concibe el desarrollo del niño como el producto de la interacción dinámica y continua entre el niño, la experiencia provista por su familia y el contexto social (Sameroff *et al.*, 1993). Ilustremos estos conceptos con un ejemplo. Una misma conducta del niño puede generar respuestas muy diferentes en los padres. No es infrecuente en la práctica pediátrica recibir la consulta por el llanto inexplicable del bebé. Si la madre interpreta este llanto en términos de una fantasía de rechazo del bebé hacia ella, su conducta hacia él va a ser muy diferente de la que podría tener si interpreta ese llanto como una expresión de incomodidad o de hambre. A su vez, las conductas maternas consecuentes a cada una de estas interpretaciones pueden generar en el bebé una continuidad en el llanto inopinado u otras conductas que sean difíciles de interpretar.

- *Los factores de riesgo medioambiental se potencian entre sí y refuerzan su impacto si persisten en el tiempo.*

Hay una gran cantidad de trabajos dedicados al estudio de los factores de riesgo medioambiental realizados en forma estática, es decir, investigando la asociación entre determinados factores y el resultado (el desarrollo del niño) en un corte transversal hecho en un momento determinado. Hay, en cambio, una necesidad de estudiar el impacto de los factores de riesgo sobre el desarrollo *a lo largo del tiempo*. Es por ello que merecen comentarse los importantes estudios longitudinales realizados en Rochester, en los que durante varios años se registraron variables vinculadas al niño (desarrollo, conducta emocional, cociente intelectual, competencia), variables vinculadas al medio (condiciones sociales, económicas, etcétera) y también factores considerados de riesgo (ansiedad y salud mental materna, condiciones laborales del padre, tamaño del grupo familiar, etcétera). Se pudo así estudiar la relación entre los cambios en el desarrollo infantil y los cambios en los factores de riesgo y en las condiciones del medio ambiente a lo largo del tiempo (Sameroff *et al.*, 1987; Sameroff *et al.*, 1992; Sameroff, 1998).

Estos estudios tienen un componente "temprano", que comprende los datos recogidos en el período que va desde el nacimiento hasta los 48 meses. En este período, los niños fueron evaluados a los 4, 12, 30 y 48 meses. Los estudios tienen también un componente "tardío", que consiste en la evaluación hecha a los 13 años de edad.

El análisis longitudinal de la información reveló conocimientos de gran interés. Uno de ellos es el que surge del estudio de los factores de riesgo; los resultados permiten afirmar que el alto riesgo *está ligado siempre a más de un factor*. Según este estudio, es el *número* de factores de riesgo más que el tipo de factores el que condiciona diferencias en el desarrollo intelectual o mental del niño. También se encontró que algunos indicadores de factores protectores estaban relacionados con cambios positivos en el desarrollo de funciones cognitivas o socioemocionales entre los 4 y 13 años: apoyo social, interacción entre la madre y el hijo, valores maternales sobre la crianza, ausencia de depresión, etcétera.

El coeficiente de correlación entre el cociente intelectual a los 4 años y a los 13 años fue de 0,75, y el coeficiente de la competencia social entre esas edades fue de 0,43 (como es usual encontrar), lo que refleja una gran estabilidad en estos aspectos del desarrollo a lo largo del tiempo. Pero estas correlaciones, relativamente altas, no pueden ser correctamente interpretadas si no se relacionan con el grado de continuidad que hubo en el medio ambiente. En este estudio, el importante hallazgo fue que el coeficiente de correlación entre las condiciones de riesgo ambiental, entre diferentes épocas del seguimiento, fue también alto: de 0,76, tan grande como las correlaciones encontradas en el nivel de desarrollo del mismo niño en distintas edades. Los niños que tenían un medio ambiente social y familiar pobre a la edad de 4 años, continuaban teniendo ese medio a los 13 años. Hay una relativa constancia de las condiciones del medio ambiente en las comunidades estudiadas, es decir, se registró gran estabilidad de las condiciones sociales, tanto en los sectores desfavorecidos como en los favorecidos.

Independientemente de la capacidad del niño para alcanzar altos niveles de competencia, si el medio ambiente era pobre, esa capacidad estaba seriamente comprometida, ya que es el medio ambiente el que limita las oportunidades para el desarrollo. Por supuesto, la estabilidad del medio es una variable que depende del país, de la región y del momento histórico en que se haga el estudio. Este medio puede ser estable, como en el estudio de Sameroff, pero puede también ser muy inestable, como ha ocurrido con la situación sociopolítica y económica de algunos países latinoamericanos a lo largo de su historia. No hemos encontrado estudios sobre el impacto de estos cambios en América latina en el desarrollo infantil.

En los estudios de Sameroff, el tipo de factores de riesgo fue menos importante que la cantidad total de factores de riesgo en cada niño. Tanto a los 4 como a los 13 años, los niños de alto riesgo tenían cocientes de desarrollo más bajos que los de bajo riesgo a ambas edades. Pero en ese intervalo de 4 a 13 años, el número de niños en el grupo de alto riesgo con bajo cociente se había más que duplicado (del 22% al 46%). Los niños de alto riesgo a los 4 años que fueron de bajo riesgo a los 13, mejoraron su salud mental; pero aquellos que aumentaron el riesgo a los 13 años, bajaron su CI. Hubo muy pocos chicos que cambiaron de riesgo; la estabilidad en el medio ambiente fue la constante, más que la excepción.

Hay quienes piensan que los niños pobres se desarrollan mal porque no tienen las condiciones individuales que podrían ayudarlos a promover un mejor desarrollo y, consecuentemente, podrían "reforzarse" en ellos ciertas características para ayudarlos a superar la adversidad. Es posible que haya individuos que gracias a condiciones personales puedan ser capaces, en el largo plazo, de compensar el efecto de las adversidades que han tenido que sufrir en su infancia. En el estudio que comentamos, no hubo relación entre la conducta emocional de lactantes y el cociente intelectual a los 4 años. Si en un período etario más avanzado se divide el grupo de niños de 4 años según el alto o bajo nivel de salud mental que presentan a los 18 años, habrá menor diferencia entre niños de nivel alto y bajo de salud mental a los 4 años que entre niños con medios sociales de alto y bajo riesgo, ya que el nivel social es más determinante que el nivel de salud mental y desarrollo a los 4 años. Tal vez a los 4 años la salud mental es demasiado efímera para resistir las consecuencias negativas de circunstancias sociales adversas. A los niños con niveles altos de competencia mental en medios adversos de riesgo, en la adolescencia les va peor que a los niños de bajo nivel de competencia mental en medios sociales de bajo riesgo. Los efectos negativos del medio social desventajoso parecen ser poderosos condicionantes de la salud emocional del niño.

Estos estudios sobre los factores de riesgo contradicen un poco las ideas que sostienen que la resiliencia es la solución de los individuos que viven en medios sociales desfavorables. No hay duda de que los individuos con la llamada "fortaleza espiritual" o resiliencia pueden sobrellevar mucho mejor las peripecias de la vida, pero debemos cuidarnos de no culpabilizar a la víctima al pensar que si los individuos no pueden sobreponerse a las condiciones en que viven es porque carecen de capacidades personales. Nadie duda de que hay entre los seres humanos una variación individual en todas las variables biológicas y psicológicas imaginables, pero también es cierto que somos seres sociales, que hasta nuestra identidad se conforma gracias a la interacción que tenemos con nuestros semejantes y que las evidencias científicas disponibles permiten sostener esta afirmación. Es por ello que, como una mejor alternativa a esta desafortunada tendencia a sobrevalorar la resiliencia como una solución mágica para las personas que viven en medios sociales adversos, propongo calurosamente profundizar en la idea de conformar una *resiliencia social*.

- *El desarrollo de los niños sigue una trayectoria que se mantiene gracias a un proceso llamado* canalización.

Esta idea, desarrollada por Waddington en el área del desarrollo (Waddington, 1957), fue luego estudiada y reafirmada por Tanner y Prader en el terreno del crecimiento físico (Prader *et al.*, 1963). Según esta idea, el desarrollo tiene una trayectoria similar a la de un cohete con un recorrido fijo y hay factores perturbadores que pueden desviarlo de su trayectoria; pero una vez removido dicho factor, hay una fuerza que tiende a que el "cohete" recupere su trayectoria normal, debido precisamente al poder de re-canalización.

Las figuras 3 y 4 ilustran un ejemplo de canalización en el crecimiento físico y en el desarrollo infantil, respectivamente.

Figura 3
Ejemplo de re-canalización en el crecimiento físico

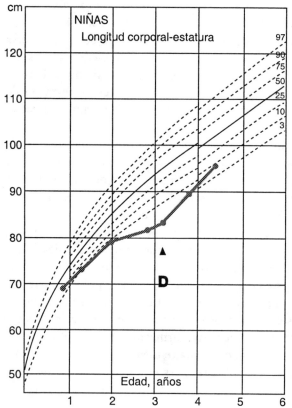

Figura 4
Ejemplo de re-canalización en el desarrollo psicomotor

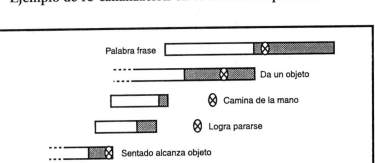

La figura 3 muestra la curva de crecimiento en la estatura de un niño con desnutrición por una enfermedad llamada *diabetes insípida nefrogénica*. Debido a las enormes pérdidas de agua por la orina que produce esta enfermedad del riñón, el niño tiene necesidad de ingerir grandes cantidades de agua y, consecuentemente, no puede ingerir una cantidad suficiente de alimentos y se va desnutriendo progresivamente, con una curva de estatura que se aleja en forma continua del canal por el que estaba creciendo. Una vez hecho el diagnóstico y el tratamiento adecuado (D), el niño reduce sensiblemente la cantidad de agua que pierde por orina, ya no necesita tomar tanta agua y puede alimentarse adecuadamente. Al incorporar una cantidad normal de nutrientes, el niño acelera su crecimiento, creciendo lo suficiente como para no sólo aumentar lo que corresponde en el período considerado, sino también lo suficiente como para recuperar los centímetros perdidos durante el período de carencia nutricional.

En forma semejante, la figura 4 muestra el retraso en el desarrollo experimentado por un niño de siete meses. Hasta esa edad el niño venía cumpliendo las pautas de desarrollo motor de acuerdo a lo esperado. Tuvo su sonrisa social a los dos meses, sostuvo la cabeza a los tres, se sentó solo a los seis. Pero a los ocho meses el padre se quedó sin trabajo, hubo una crisis familiar, la madre se enfermó y toda la familia (en la que hay otros dos hijos) debió mudarse de casa y de ciudad de residencia. Durante un intervalo de cinco meses, el niño detiene su desarrollo (9-13 meses de edad), hasta que el padre consigue trabajo en la nueva ciudad, la familia recupera un nuevo equilibrio y se instala una rutina familiar. El bebé ahora tiene catorce meses y en el término de un mes logró pararse con apoyo, luego pararse solo, comenzar a caminar con apoyo y a decir "mamá" específico. Este es un ejemplo de re-canalización del desarrollo.

Podemos ahora intentar definir el esquema de un modelo de desarrollo en el que hay un programa genético que condiciona una fuerte canalización y que tiende a mantener al niño dentro de un curso, de un canal de cambios. Este programa interactúa con el medio, que está bajo la influencia de factores reguladores que pueden sintetizarse en tres grandes grupos: biológicos, psicológicos y sociales (incluyendo aquí a los factores familiares).

- *La concomitancia de un modelo de desarrollo con un evento del medio ambiente determinado no necesariamente significa que aquél sea consecuencia de éste.*

El mejor ejemplo es el de la asociación entre hipoxia neonatal y parálisis cerebral (PC). Cuando la PC fue inicialmente descrita por Little, se consideró que esta condición era consecuencia de un parto anormal. Es así que hoy el término *encefalopatía hipoxémica neonatal* es muy usado en la tarea clínica cotidiana. Ciertamente, la hipoxia secundaria a una distocia obstétrica es causa frecuente de daño cerebral en el recién nacido, que se manifiesta bajo la forma clínica de una PC. Sin embargo, esto no siempre es así. Por el contrario, muchas veces una displasia cerebral preexistente, una malformación asociada a alteraciones cromosómicas o una lesión embriopática son las verdaderas causas de las dificultades en la adaptación del feto a la vida extrauterina, con la consiguiente hipoxia secundaria (Llorente y Bugi, 1997). Este concepto no sólo puede ratificarse en la tarea clínica, en niños con malformaciones múltiples (incluso cerebrales) asociadas a una hipoxia neonatal, sino también en grupos de población. Hay ya numerosos estudios que muestran que la hipoxia neonatal no es la principal causa de PC (Torfs *et al.*, 1990). Esto debe llevar al personal de salud a ser muy cauto en asignar una etiología hipóxica cuando se está frente a un niño con daño cerebral de tipo secuelar (también llamado *encefalopatía no evolutiva*) y antecedentes de hipoxia neonatal. Hay muchos casos en que esta asociación se debe a un *daño preexistente* del sistema nervioso central. Como es evidente, tanto el enfoque clínico como el impacto emocional que este diagnóstico tiene en la madre es completamente diferente según se trate de una u otra interpretación. El error médico (algunas veces presente en ciertos casos de hipoxia neonatal) produce casi invariablemente en la madre sentimientos de culpa que persisten a lo largo de toda su vida. En muchos casos la PC del niño no es la consecuencia de una complicación neonatal, sino su causa.

3. Los períodos críticos

3.1. Ejemplos y conceptos

Entre la 4ª y la 8ª semana de vida del embrión humano, aparecen pliegues de tejido mesodérmico que tabican la cavidad cardíaca única. Como resultado de este tabicamiento, se conforman los dos ventrículos y las dos aurículas. Si en ese período hay alguna noxa o injuria que interfiere con ese proceso y el cierre se hace incompleto, el niño va a nacer con una comunicación anormal entre sus cavidades, aunque la noxa o injuria haya sido removida después de ese período. Si la noxa actúa fuera del período 4ª-8ª semana, no va a tener la consecuencia descripta. Esto significa que hay un período de tiempo en el que se cumple un proceso que es susceptible de ser gravemente interferido por un agente externo al proceso mismo. Esta interferencia impide que el proceso se cumpla normalmente aunque sea luego removida.

Estos períodos del crecimiento y desarrollo, durante los cuales agentes externos pueden producir una evolución hacia una dirección definida y en forma irreversible actuando precisamente sobre ellos, reciben el nombre de *períodos críticos*. La palabra viene del griego *krisis*, que significa *"decisión"*, e indica que los eventos que tienen lugar en ese período tendrán un papel decisivo en el camino que va a toma el crecimiento y desarrollo ulterior.

Hay períodos críticos, como el del tabicamiento cardíaco, que funcionan en relación al crecimiento, y otros que se relacionan con el desarrollo. Los primeros tienen que ver con el funcionamiento corporal, la nutrición y la preservación de la vida, mientras que los segundos se asocian más con el mantenimiento del vínculo madre-hijo, las funciones mentales y la socialización.

Aquí nos limitaremos a describir algunos ejemplos de períodos críticos que tienen que ver con el desarrollo, más precisamente con la conducta, en un intento de ejemplificar una forma más de interacción entre el programa genético y el medio ambiente.

Los períodos críticos fueron descritos en el terreno de la embriología y de la teratología, para después expandirse a las ciencias del crecimiento y desarrollo. Inicialmente fue Stockard quien, variando la composición salina del embrión de un pez durante un momento determinado de su embriogénesis, modificó el desarrollo de los ojos, obteniendo un pez cíclope (véase Scott, 1986).

Posteriormente, sobrevinieron muchos estudios en el área de la conducta, entre los que se desatacan los de Konrad Lorenz, Premio Nobel 1963, quien hizo uno de los más grandes aportes al concepto de período crítico. Como es sabido, los gansos caminan en fila india, detrás de su madre. Muchos de nosotros los hemos visto, en el zoológico, desplazarse cerca del lago con una prolija disciplina. Investigando la causa de esta conducta tan específica de los gansos (los patos no se comportan así), el investigador descubre que hay un período crítico en el ganso recién nacido que hace que camine detrás de lo primero que ve en cuanto se rompe el cascarón: está programado para caminar detrás del primer ser vivo que ve en el momento del nacimiento. Para comprobarlo, Konrad Lorenz desplazó a la gansa madre antes de la ruptura de varios huevos, se instaló delante de los mismos y esperó el momento de su ruptura exponiéndose durante el período crítico. Ocurrió lo esperado, los gansitos siguieron al profesor Lorenz, mientras la gansa permanecía alejada, ajena al drama (Lorenz, 1986).

Konrad Lorenz (1903-1989)

Todos sabemos que es difícil acercarse a los pájaros, ya que éstos se alejan volando en cuanto nos acercamos unos pocos metros. Sin embargo, el contacto cercano de un hombre con un pichón en etapa de desarrollo le permitirá establecer un contacto cercano con ese pájaro el resto de su vida. Similares contactos personales en períodos más tardíos de la vida del pájaro son totalmente ineficaces.

Las investigaciones sobre el tema se extendieron rápidamente a los mamíferos, y los trabajos de Scott han resumido muy bien los resultados más relevantes (Scott, 1962, 1986). Si un ternero joven es separado de su madre al nacer y criado con mamadera por seres humanos durante los primeros diez días de vida, el ternero desarrolla un fuerte vínculo con el humano y ya no va a ser capaz de seguir al rebaño, aunque posteriormente se lo reintegre a él. Los criadores de perros saben que si un perro no tiene contacto con seres humanos poco después de su nacimiento, nunca logrará relacionarse con ellos en forma amigable. Los perros pasan por dos períodos críticos. El primero, que se relaciona con la supervivencia, está dirigido a garantizar una lactancia eficaz, ocurre en las primeras dos semanas y se asocia con la capacidad de establecer un vínculo madre-hijo cuyo fin específico es una lactancia adecuada; hay luego un período de transición de unas pocas semanas, en el que el perro adquiere una cierta autonomía, comienza a desplazarse y a alejarse de la madre, explorando el ambiente. Sobreviene luego un segundo período crítico, que está centrado en la socialización. Se extiende entre la 4ª y la 12ª semana, y es el período en que se produce el reconocimiento de todos las especies que luego van a ser consideradas amigables, familiares. Si no hay contacto con ellas en este período, la especie omitida será considerada peligrosa, a pesar de los esfuerzos de socialización que se hagan en etapas ulteriores.

Hasta aquí hemos relatado períodos críticos en la concepción, que ilustran la existencia de un período crítico para el desarrollo del vínculo y del reconocimiento de la familiaridad de los seres con quienes se han tenido experiencias sociales tempranas. Pero hay también períodos críticos en la madre, inmediatamente después del parto, que influencian la aceptación del recién nacido para asegurar, de esta manera, el vínculo madre-hijo, la lactancia y la sobrevida. Por ejemplo, la madre del ternero es capaz de desarrollar un vínculo maternal con cualquier ternero que se le acerque (incluido el recién parido, por supuesto) entre las dos y las cuatro horas desde el momento del parto. Si este contacto no se produce, la madre no va a aceptar ni siquiera a sus propios hijos biológicos.

¿Qué ocurre en los humanos? La investigación en seres humanos siempre es más difícil, no sólo porque no se pueden manipular las situaciones biológicas y sociales como en el caso de los animales, sino porque el mismo objeto de investigación es mucho más complejo. Por ejemplo, en muchos animales, si la madre no está consciente en el momento del parto tendrá luego serias dificultades para aceptar al bebé y lactar normalmente. Esto no parece ocurrir en humanos; es corriente observar madres que lactan normalmente a pesar de haber recibido anestesia durante el parto. Por ello, resulta necesario reconocer aquellos períodos críticos sobre comportamientos comunes a todas las especies de mamíferos, y aquellos períodos críticos específicos de cada especie, incluido el ser humano. Los autores que citan este ejemplo reconocen sin embargo que es necesario desarrollar más investigaciones en esta área (Scott, 1986).

Hay una anécdota contada en el libro de Klauss y Kennel sobre una maternidad israelí en la que por error les cambiaron a dos madres sus respectivos niños. Luego de catorce días se reconoció el error, pero al tratar de intercambiar los bebés, las dos madres mostraron una muy fuerte resistencia a entregarlos. Esta anécdota sugiere la existencia de un período crítico temprano para el establecimiento del apego de la madre hacia el fruto de la concepción. Hay experimentos relatados en la obra citada que apoyan esta hipótesis. Hace varias décadas, cuando había muchos recién nacidos que se enviaban a las *nurseries*, se sometió a un grupo de bebés a un contacto íntimo y frecuente con sus madres una hora después del nacimiento y varias horas en los días subsiguientes. Además de encontrarse que estas madres lactaron más tiempo que el resto, a los dos años de vida del niño, hablaban con sus bebés usando más palabras y hacían más preguntas a sus hijos, usando más adjetivos y menos órdenes que las madres que tuvieron el contacto restringido que se estilaba en la época, cuando se enviaba al bebé a la *nursery* inmediatamente después de nacer, con contactos esporádicos en los días subsiguientes (Klauss y Kennel, 1978).

3.2. Teoría general

Los períodos críticos están presentes en todos los seres vivos, ya que todos ellos experimentan alguna forma de crecimiento y desarrollo. Para Scott, los períodos críticos se insertan en *procesos organizacionales*, es decir, procesos en los que los sistemas en juego interactúan siempre unos con otros, se hacen cada vez más complejos, más estables y más diferenciados (Scott, 1986). El crecimiento y el desarrollo son, según este autor, procesos organizacionales. En cualquier proceso organizacional que opera durante un período limitado de tiempo y resulta en organizaciones estables, puede esperarse la existencia de un período crítico.

Los procesos organizacionales tienen las siguientes propiedades:

- son cambios que persisten en una sola generación (para diferenciarlos de los procesos de la evolución de las especies, que persisten en muchas generaciones);
- son cambios irreversibles, es decir, no retroceden. Una vez que se llega a un estadio, es imposible volver atrás, y esto se debe a que producen progresivamente sistemas cada vez más estables;
- las modificaciones son más grandes cuanto mayor es la velocidad con que se está dando el cambio. Por ejemplo, el impacto sobre la estatura final de una injuria que produzca retardo del crecimiento será mayor cuanto ma-

yor sea la velocidad a la que el niño esté creciendo. El impacto sobre el lenguaje de una hipoacusia de transmisión será mayor a los dos años (cuando el niño está incorporando palabras a gran velocidad) que a los seis años (cuando la velocidad de incorporación de palabras es menor).

Son estos cambios rápidos los que constituyen el sustrato básico del período crítico. No podría haber períodos críticos si no hubiera períodos de cambios rápidos en el desarrollo, es decir, si los procesos se desarrollaran a una velocidad uniforme. El desarrollo no puede darse a velocidades uniformes porque se expresa en cambios cualitativos que requieren verdaderos "saltos", pasajes bruscos de un estadio a otro. Estos saltos en el desarrollo psicomotor han sido bien descriptos por Brazelton (1994). La importancia del impacto de las influencias medioambientales depende de la velocidad de cambio en ese período. El período crítico podría ser también fruto de la convergencia de dos o más procesos de rápido desarrollo que coinciden en su alta velocidad en un momento determinado.

Los períodos críticos que están presentes en el crecimiento físico tienen que ver con los procesos biológicos vitales y adaptativos. Los períodos críticos en el desarrollo son en general de dos tipos: 1) aquellos que actúan muy tempranamente y se relacionan con el apego y el vínculo madre-hijo, orientados a reforzar la lactancia y asegurar la supervivencia, y 2) aquellos que están presentes en edades ulteriores y que tienen que ver con la conducta, las actividades mentales y la socialización.

3.3. Períodos críticos y períodos sensibles

No hay un consenso universal sobre el significado de estos dos tipos de períodos. Las diferencias parecen surgir de las disciplinas en que se los usa. El concepto de *período sensible* tuvo mucha difusión entre los investigadores del desarrollo cerebral (Brazelton, 1994) como contrapartida del concepto de período crítico. Por *período crítico* se entiende "el período de tiempo durante el cual la acción de una condición específica externa o interna o estímulo es necesaria para el progreso normal del desarrollo" (Killackey, 1983; citado por Scott, 1986). En contraste, el *período sensible* es definido como "el período de tiempo en el desarrollo durante el cual el sistema nervioso es altamente susceptible a los efectos de condiciones externas o internas dañosas". Como puede deducirse, hay una diferencia entre ambas definiciones: la primera hace énfasis en las condiciones necesarias para el desarrollo normal y la segunda se refiere a los períodos en los que puede haber mayor vulnerabilidad del sistema nervioso central.

En el campo de la auxología, en cambio, inicialmente se usó el término de período crítico y luego, al observarse que los límites cronológicos de los períodos no eran tan precisos y que algunos procesos no se comportaban como un fenómeno de "todo o nada", algunos autores propusieron llamarlos períodos sensibles.

Desde la perspectiva de Bornstein, la concepción dualística de períodos sensibles o períodos críticos no es compartida. Este autor piensa que ambos aspectos son una expresión del mismo fenómeno, y que esa división solamente tiende a oscurecer la comprensión del fenómeno (Bornstein, 1989).

Aún faltan conocimientos para dilucidar la naturaleza de los períodos sensibles, y una de las dificultades para ello, como ocurre en todo problema científico, es la carencia de un esquema sobre el cual diseñar las investigaciones. En este sentido, Bornstein ha hecho un significativo aporte al describir los componentes estructurales de los períodos sensibles. El autor reconoce dos tipos de problemas sobre los que se necesitan más conocimientos: a) los que se refieren a las características estructurales del período sensible y b) los que se refieren a los factores causales. Con respecto a los primeros, el autor establece catorce parámetros que es necesario reconocer:

1) el *timing* del período sensible dentro del proceso de desarrollo del individuo,
2) el comienzo del período sensible,
3) su terminación,
4) la duración del período sensible en términos relativos y absolutos, y
5) la "asíntota" (las variaciones en la sensibilidad durante el transcurso del período sensible).

Estos cinco parámetros se refieren a los *contornos temporales* del período y a las variaciones de su intensidad. Los siguientes son:

6) el rol de la experiencia (la naturaleza del estímulo, sus orígenes y características),
7) el sistema (la función o estructura del individuo que es alterada o estimulada en el período sensible), y
8) los canales por los cuales esa interacción entre la experiencia y el individuo tiene lugar.

Estos tres parámetros resumen los *mecanismos* que pueden estar involucrados en el fenómeno de los períodos sensibles.

El tercer grupo de parámetros incluye a aquellos que tienen que ver con los *efectos* del período sensible:

9) los resultados (la conducta o el fenómeno, efecto que es consecuencia del proceso que tuvo lugar en el período sensible),
10) la experiencia durante el período sensible (las diferentes formas en que puede producirse el fenómeno de acuerdo a la experiencia concreta),
11) las condiciones del resultado, es decir, la emergencia temporo-espacial del resultado que sigue a la experiencia durante el período sensible, y
12) la duración del resultado (de la conducta, etcétera) a lo largo de la vida del individuo.

El cuarto grupo de características estructurales se refiere a las *escalas* ontogénicas y filogenéticas de los períodos sensibles:

13) la variabilidad (intraespecies e interespecies), y
14) la modificabilidad (la posibilidad de modificar la respuesta alterando los parámetros estructurales descritos más arriba, números 1 a 12).

El tema es fascinante y para profundizarlo recomendamos la lectura de Bornstein (1989).

3.4. Importancia

El conocimiento de los períodos críticos en humanos tiene la misma importancia que el conocimiento de la biología, del crecimiento y desarrollo, y de la vida misma. Hay, sin embargo, una importancia adicional en la crianza del niño, en la promoción del desarrollo infantil, en la prevención de problemas y en la promoción del desarrollo. Su aplicación en el terreno de la adopción, por ejemplo, es muy grande. Los bebés recién nacidos muestran poco o ningún apego con la madre biológica, si ella es removida en las primeras semanas después del parto, los bebés "huérfanos" simplemente aceptan otra madre adoptiva sin problemas, pero la adopción no resulta tan simple si se efectúa cuando el niño tiene 4 años.

Iguales consideraciones podemos hacer con respecto al desarrollo del lenguaje. Sin duda, hay períodos críticos para el aprendizaje del lenguaje. Cualquier niño puede transformar un idioma en su lengua materna si lo aprende antes de los 12 años. Luego es más difícil pero no imposible, aunque si el aprendizaje se realiza después de los 13 o 14 años el niño hablará luego con acento extranjero. Puede haber períodos críticos para una cantidad innumerable de procesos que regulan el crecimiento y el desarrollo, y su conocimiento nos puede brindar información sobre los períodos óptimos para las intervenciones, para la prevención de problemas de desarrollo, la promoción de habilidades (musicales, motrices, etcétera). Si reflexionamos por un momento en el ejemplo dado más arriba sobre el período crítico en los perros para el reconocimiento de seres amigables y extraños, nos damos cuenta de la extraordinaria importancia que podría tener en el caso de los humanos para prevenir las guerras, la xenofobia, la discriminación a los inmigrantes y demás calamidades relacionadas con el "nosotros" y el "ellos". Bertrand Russell decía que para prevenir las guerras en su país, en la escuela había que enseñar a los niños ingleses historia inglesa con libros franceses, y a los franceses, historia francesa con libros ingleses. Tal vez este gran pensador intuía la existencia de períodos críticos en la edad escolar para el reconocimiento de amigos y extraños.

4. Relación entre la experiencia y los cambios cerebrales

¿De qué forma y a través de qué mecanismos se producen las modificaciones de la conducta y las habilidades del niño como consecuencia de los estímulos medioambientales? ¿Hay un sustrato cerebral bioquímico o morfológico que predisponga al niño a escuchar una canción de cuna o al aprendizaje de una nueva idea? La respuesta es afirmativa, los estímulos medioambientales con impacto en el desarrollo del niño tienen una expresión en 1) la generación de sinapsis, 2) en la bioquímica cerebral, 3) en la representación cerebral de determinadas funciones (Capone, 1996).

4.1. Sinaptogénesis

Desde hace aproximadamente veinte años se sabe que la sinaptogénesis tiene lugar en el cerebro de acuerdo con un modelo de desarrollo profuso, exuberante en los primeros años de vida y seguido por una fase de estabilidad, luego de la cual hay un período de "poda" (*prunning*), que tiene lugar principalmente en la adolescencia, en el cual el número de sinapsis se reduce drásticamente. Esta poda no es al azar, sino que está directamente relacionada con la experiencia del sujeto. Por ejemplo, estudios realizados en gatos muestran que después de un profuso desarrollo de sinapsis en la corteza visual, si se lesiona un ojo para impedir la experiencia visual de ese lado, las sinapsis del lado homolateral son rápidamente eliminadas por ser funcionalmente inactivas.

Greengough y Black (1992) hablan de sinaptogénesis *expectante de la experiencia* y *dependiente de la experiencia*. La primera está vinculada a situaciones en las que las experiencias propias de la especie juegan un rol necesario en la organización del sistema nervioso central que está asociada al desarrollo. Un buen ejemplo de este tipo de sinaptogénesis es el que ocurre en la vía visual. Es típico de la especie recibir estímulos luminosos en los primeros meses de vida, y por lo tanto la recepción de estos estímulos es absolutamente esperable y su utilización para la formación de la vía visual está genéticamente programada. En cambio, la sinaptogénesis dependiente de la experiencia está relacionada con la codificación de experiencias nuevas, no previstas por "la naturaleza", que ocurren a lo largo de la vida y que se asocian a la modelación "fina" de estructuras cerebrales y dependen del individuo (Shonkoff y Phillips, 2001). Estas experiencias también desencadenan procesos de formación de sinapsis. No es claro aún si este proceso se desarrolla a través de la sobreproducción y la poda, o a través de otro proceso más continuo; pero ciertamente la presencia de ambos mecanismos de sinaptogénesis posibilita al individuo un enorme potencial adaptativo y de recuperación frente a potenciales carencias.

4.2. Bioquímica cerebral

El cerebro funciona con un sistema de mensajes, y los intermediarios de estos mensajes son los neurotransmisores químicos y sus respectivos receptores celulares. Algunos de estos neurotransmisores afectan al crecimiento cerebral, al desarrollo de las sinapsis y al crecimiento y desarrollo de las estructuras cerebrales en general. La relación entre los neurotransmisores y los receptores es muy específica: un receptor responde a un solo neurotransmisor y la actividad cerebral no necesariamente depende de la cantidad de transmisores, sino de la sensibilidad o del número de receptores. Por ejemplo, muchos receptores disminuyen en número cuando el neurotransmisor se encuentra en niveles altos, y viceversa. Los receptores también juegan un rol importante en la plasticidad neuronal y en la estabilidad de las sinapsis, sobre todo en las de reciente aparición, y tienen un papel esencial en el aprendizaje. Es importante enfatizar que los neurotransmisores no se relacionan en forma directa con una conducta específica del individuo, sino más bien condicionan la sensibilidad a los estímulos y a las probabilidades de respuesta. A su vez, estas respuestas están directamente relacionadas con la historia personal del individuo y con su contexto.

No se conoce bien la forma en que la bioquímica cerebral responde a las experiencias del individuo en su interacción con el medio ambiente, pero la profusa literatura sobre este tema que ha aparecido en las últimas dos décadas seguramente anuncia un avance sustancial en el conocimiento y la aplicación clínica de estas interacciones (Ziher *et al.*, 2003).

La estimulación de la actividad cerebral a través del lenguaje, la actividad motriz o la estimulación sensorial producen efectos morfológicos en la actividad neuronal, en la bioquímica cerebral y en el número de sinapsis en el área correspondiente.

4.3. Representación cerebral

La tomografía de emisión de positrones (PET, en inglés) es un método no invasivo de valor para localizar en el cerebro *in vivo* la fuente de actividad neuronal. Se realiza inyectando una solución de glucosa radioactiva en un individuo, con una dosis de radiación tan pequeña que es prácticamente inocua. La glucosa es el principal alimento de las células cerebrales, ya que cuando alguna área del cerebro está en actividad, capta la glucosa circulante que se concentra allí. A medida que la actividad de la glucosa decae, ésta es capaz de emitir positrones, que son electrones con carga positiva. Estos positrones son captados por un detector que a su vez computariza su lugar de origen y localiza en el cerebro el sitio de actividad neuronal, con una gran precisión. Es un método caro, pero con él se ha podido comprobar, por ejemplo, que las áreas motrices del cerebro cambian de tamaño de acuerdo al uso que se le dé al órgano motor específico. Por ejemplo, un violinista tiene un área motriz correspondiente a la mano izquierda (que es la que más se mueve y más precisión requiere para tocar el violín) más grande que la de la mano derecha.

5. El vínculo entre la madre y el hijo

De todos los factores que podríamos llamar "medioambientales", que influyen en forma significativa en el desarrollo en los primeros años de la vida de un niño, hay uno que debería ser considerado esencial y condición necesaria para el proceso de humanización. Este factor podría ser sintetizado en la palabra *amor*. El niño sin afecto no puede desarrollarse, porque para ello es necesario que se produzca un vínculo con otra persona, *que debe ser siempre la misma*. Es solamente a través del establecimiento de este vínculo que el niño puede desarrollar un aparato mental capaz de cumplir las funciones esenciales de su personalidad.

Pero... ¿qué entendemos por *amor*?, ¿es posible decir algo más sobre esta manifestación tan extraordinaria y tan específicamente humana? (Klaus y Kennel, 1978; Levin, 1978).

Aunque parezca algo esquemático, podemos decir que hay dos *funciones amorosas* que el niño necesita para desarrollarse normalmente (Levin, 1978). Por un lado, existe una función que podemos llamar *amor maternal*. Se trata de un amor incondicional; una voz que le dice al niño: *"yo te quiero porque eres mi hijo"*, o mejor, *"yo te quiero porque eres"*. El niño siente que recibe un apoyo que estará presente cualquiera sea su conducta. Por otro lado, existe una función que podemos llamar *amor paternal*. Se trata de un amor condicionado, una voz que le dice al niño: *"yo te quiero si…"* (si sos bueno, si te comportas adecuadamente, si cumples la ley que te doy, etcétera). El niño siente que recibe un amor que depende de alguna manera de la forma en que se comporte, es un amor condicionado.

De esta manera, el niño recibe dos mensajes, por un lado: *"tú entras a un mundo seguro"* (el amor desde la función maternal); por otro lado: *"yo te daré las guías, las leyes para poder navegar en este mundo"* (el amor desde la función paternal).

Estas funciones no necesariamente deben ser cumplidas por la madre o el padre, puede tratarse de padres adoptivos, familiares, amigos, etcétera. Sabemos que hay muchos niños que viven con familias monoparentales, o con parientes cercanos o lejanos, y que han recibido estas *funciones amorosas* en forma plena y han podido así experimentar un desarrollo normal. Estas funciones son las que afianzan el vínculo y el apego entre los cuidadores y el fruto de la concepción. El imperfecto desarrollo de estas funciones en los primeros años de la vida del niño puede tener consecuencias desfavorables sobre su vida futura.

6. Factores medioambientales: perspectiva epidemiológica

Repasaremos ahora la influencia de factores asociados al cumplimiento temprano o tardío de pautas de desarrollo desde una perspectiva epidemiológica. La influencia del medio ambiente sobre el desarrollo depende de la cultura, es decir que en una cultura determinada, ciertos factores medioambientales pueden ejercer una influencia deletérea sobre el desarrollo, pero en otra cultura estos mismos factores pueden tener un carácter adaptativo. Es por eso que en cada sociedad es necesario conocer la epidemiología del desarrollo, para identificar los factores que lo influencian. En los párrafos siguientes describiremos los escasos estudios sobre el tema que han sido realizados en el país y que, precisamente por ser escasos, resultan tan valiosos.

6.1. Estudio de La Plata

Este estudio fue realizado por Cusmisnky y colaboradores entre 1968 y 1974 (Cusmisnky *et al.*, 1974; Porfiri *et al.*, 1976). Fue una encuesta de tipo transversal llevada a cabo en niños de 4 a 12 años por un equipo multidisciplinario del Centro de Crecimiento y Desarrollo que funcionaba en esa época en la ciudad de La Plata, situada a 50 km de Buenos Aires, Argentina, con una población predominantemente universitaria y administrativa, que representaba en alto grado a la clase media. La muestra se seleccionó a partir de una fotografía aérea de la ciudad, sobre la cual se identificaron todas las viviendas, y luego se procedió a su aleatorización y a su selección por sorteo. Se realizó una campaña de información a la población y se visitaron las viviendas sorteadas. En los casos en que en las viviendas sorteadas y visitadas había niños del grupo etario del programa, se los llevaba, acompañados por sus padres, al Centro de Crecimiento y Desarrollo, y se les practicaba una serie de mediciones antropométricas, sociométricas y psicométricas, entre ellas, la medición del cociente intelectual (CI) con la escala de Weschler (Weschler, 1991). Si en la vivienda sorteada no había niños, se visitaban las viviendas contiguas, hasta hallar una vivienda con niños del sexo y edad necesarios para conformar la muestra. La muestra final del estudio de CI estuvo compuesta por 952 individuos, con aproximadamente 45 niños en cada grupo etario de un mismo sexo, y fue dividida en cuatro subgrupos, de acuerdo al nivel laboral del padre y al nivel educacional de la madre. En la tabla 1 se muestra el resultado del cálculo del CI promedio en cada subgrupo.

Tabla 1
Cociente intelectual según nivel educacional materno y nivel ocupacional paterno

		Nivel educacional materno[1]			
		Alto		Bajo	
		N	$\overline{X}$ + / - ES[3]	N	$\overline{X}$ + / - ES
Nivel ocupacional	**Alto**	332	109,9 +/- 0,8*	11	107,4 +/- 3,0*
paterno[2]	**Bajo**	432	101,8 +/- 0,8*	177	95,9 +/- 1,1*

[1] Nivel educacional materno alto: secundario y universitario.
[2] Nivel ocupacional alto: niveles de Graffar 1, 2 y 3.
[3] $\overline{X}$ + / - ES: Media + / - error estándar.
* Todas las diferencias son estadísticamente significativas para P < de 0,05 o menos.

Fuente: Cusminsky *et al.*, 1974.

Uno de los resultados que reviste mayor interés para este capítulo es el que explora la relación entre el nivel laboral paterno, el nivel educacional materno y el cociente intelectual.

Se observa que a mayor nivel ocupacional paterno, el cociente intelectual medio es mayor, y a mayor nivel educacional materno, el CI medio también es mayor. Dentro de un mismo nivel educacional materno, hay diferencias significativas en el cociente intelectual entre diferentes niveles ocupacionales paternos, y viceversa, dentro de un mismo nivel ocupacional paterno, hay diferencias significativas en el cociente intelectual entre diferentes niveles educacionales maternos. Ambos factores tienen una relación independiente con el cociente intelectual. Llama la atención que hay un número bastante bajo de padres de alto nivel ocupacional casados con mujeres poco educadas. Inversamente, se encuentra un número bastante alto (432) de padres con un bajo nivel ocupacional casados con madres de nivel educacional alto.

Esta tabla enfatiza la importancia de ambos factores, que están *independientemente* asociados al desarrollo intelectual del niño.

6.2. Estudio del Clacyd

El trabajo realizado por el Clacyd en Córdoba (Sabulsky *et al.*, 1996; Clacyd, 2002; Sesa *et al.*, 2001) consistió en un estudio longitudinal retrospectivo que tomó un corte de 709 niños y sus madres, desde el nacimiento en la ciudad de Córdoba, Argentina, y se exploró el desarrollo sobre la base del cumplimiento de una serie de pruebas estandarizadas (Lejarraga *et al.*, 1996). La submuestra elegida para el estudio de desarrollo infantil fue de 202 niños, que fueron evaluados a los 12 meses con 24 ítems. Las principales variables dependientes estudiadas fueron: el crecimiento, la ingesta nutricional, la lactancia materna y el desarrollo. Las pruebas de desarrollo fueron clasificadas por los autores en áreas de lenguaje, motricidad fina y gruesa, adaptativa y personal-social. En el área del desarrollo, el 85% de los niños habían cumplido satisfactoriamente con más del 70% de los ítems que les fueron administrados. A mayor nivel social y menor hacinamiento, se encontró un mejor nivel de desarrollo. De manera similar, aquellos niños que formaban parte de familias nucleares y que tuvieron una lactancia materna más prolongada (sobre todo en estratos sociales más bajos) tuvieron un mejor nivel de desarrollo. En este estudio se comprobó, además, que la lactancia materna es un factor positivamente asociado a un mejor desarrollo psicomotor, concepto sumamente relevante para el trabajo en salud materno-infantil.

6.3. Proyecto Tierra del Fuego

Este proyecto fue llevado a cabo por el Centro de Estudios de Nutrición Infantil (Carmuega y O'Donnell, 1996) entre 1995 y 1998 en Tierra del Fuego, una provincia argentina con tasas de mortalidad infantil relativamente bajas, similares a las de la ciudad de Buenos Aires, sin pobreza extrema en el momento de la encuesta y sin prevalencia de desnutrición, con prácticamente el 100% de población urbana. La muestra del estudio fue de 400 niños sanos, 100 por cada grupo etario (de 6, 12, 24 y 60 meses). Se midió el desarrollo motor y mental en niños menores de 24 meses con el test de Bayley (Bayley, 1993), y el cociente intelectual y vocabulario en niños de 5 años fueron evaluados con el WPPSI y el subtest de Weschler para vocabulario (Weschler, 1991). Como variable independiente se evaluó el grado de estimulación de las familias en el hogar, con el instrumento llamado HOME, test que brinda información específica y sensible acerca del hogar y de las actitudes parentales que son condicionantes del proceso de aprendizaje y desarrollo en los primeros años de vida (Weschler, 1991; Bradley y Caldwell, 1984). El test permite una evaluación cuantitativa y una identificación de factores de riesgo para el desarrollo cognitivo de la infancia, que incluye cualidades intangibles de las relaciones interpersonales que conforman el ambiente del aprendizaje.

La composición social de la muestra fue de un 38% de familias de nivel social alto, 30% de nivel medio y 32% de nivel bajo. El cociente intelectual promedio fue de 97,8, DS = 18,4. La desviación estándar es más amplia que en otras muestras, indicando una mayor heterogeneidad en la distribución de CI en la muestra. A los seis meses de edad, el 52% de los niños no contaba en el hogar con material de juego apropiado y el 26% de las madres encuestadas demostró una baja respuesta emocional y verbal para con sus hijos. A los cinco años estos porcentajes eran 18% y 19%, respectivamente.

En la tabla 2 se ilustran los niveles medios del cociente intelectual, para cada nivel socioeconómico y para cada nivel de estimulación en el hogar.

La tabla 2 muestra que, más que el nivel socioeconómico, es el nivel de estimulación del niño en el hogar el determinante del cociente intelectual.

En efecto, las diferencias de cociente intelectual o de desarrollo entre distintos niveles de HOME *dentro del mismo nivel socioeconómico* son mayores que las diferencias en el cociente entre distintos niveles socioeconómicos en el mismo nivel de HOME. La pobreza es una variable compleja que comprende una serie de situaciones deficitarias. Con respecto al desarrollo infantil, la capacidad de estimular al niño es tal vez una de las más importantes.

En los niños de cinco años, los autores encontraron que la mayor parte de las causas medioambientales que explican la variación en el cociente intelectual, se deben a variables funcionales del microambiente familiar.

Tabla 2
Cociente intelectual. Mediana según nivel socioeconómico y nivel de estimulación en el hogar

	NSE bajo		NSE medio		NSE alto	
	HOME		HOME		HOME	
	bajo	alto	bajo	alto	bajo	alto
6 meses	94	101	100	98	92	99
12 meses	94	99	93	101	90	94
24 meses	77	88	84	94	85	93
60 meses	87	94	96	102	90	107

Referencias
NSE: nivel socioeconómico.
Home: nivel de estimulación en el hogar.

Fuente: Carmuega y O'Donnell, 1996.

Se exploraron dos factores parentales que se consideraron de importancia: la presencia del padre en la casa y el trabajo materno. La tabla 3 muestra los valores de CI en relación a la presencia o ausencia del padre en la casa.

Tabla 3
Media +/- desvío estándar del cociente intelectual (CI) y del cociente de desarrollo mental (DM) según la presencia o ausencia del padre en la casa

	Desarrollo mental		Cociente intelectual	
	6 meses	12 meses	24 meses	60 meses
Padre presente	97,2 +/- 8,5 N= 88	85,2 +/- 4,3 N= 89	87,8 +/- 13,4 N= 92	98,4 +/- 16,8 N= 89
Padre ausente	94,7 +/- 6,3 N= 12	83,3 +/- 9,5 N= 12	77,5 +/- 14,4 N= 8	92,7 +/- 12,1 N= 11

Fuente: Carmuega y O'Donnell, 1996.

Se observa un efecto neto desfavorable de la ausencia del padre en la casa con relación al CI o DM promedio. Entre los 6 y 12 meses, las diferencias son sistemáticas pero pequeñas; en cambio, a los 24 meses esta diferencia es de 10 puntos a favor de los niños con el padre presente en el hogar. La diferencia es más pequeña nuevamente a los 6 meses, pero el indicador es diferente: no es el test de Bayley sino una versión abreviada del test WPPSI (Weschler, 1991).

Con respecto al trabajo materno, la mitad de las madres trabajaba fuera de casa 10 horas diarias, pero no hubo diferencias en el cociente intelectual en los niños cuyas madres trabajaban o no fuera del hogar a los 6, 12 y 24 meses. Más que las condiciones socioeconómicas, el principal determinante del desarrollo infantil identificado en esta encuesta fue la capacidad del hogar para estimular al niño, incluyendo actitudes parentales y equipamiento físico.

Los autores realizaron, además, un análisis factorial con el objetivo de identificar los factores asociados que agrupan individuos de características homogéneas. Se encontraron los siguientes factores principales:

- Factor 1: variables estructurales (educación materna y paterna, hacinamiento y vivienda).
- Factor 2: variables asociadas a la respuesta emocional y verbal de la madre.
- Factor 3: aceptación de las conductas del niño por parte de los padres.
- Factor 4: variables asociadas con los materiales apropiados para la edad que hay en el hogar.

En todas las edades se encontró una diferencia del cociente intelectual a favor de las familias que contaban con ambos padres, a pesar de que no hubo significación estadística.

6.4. Proyecto Lobería

El Proyecto Lobería es un excelente programa de desarrollo social en la pequeña ciudad de Lobería, situada en la provincia de Buenos Aires, Argentina, destinado a niños de 0 a 3 años y caracterizado por un enfoque comunitario basado en la movilización de recursos de las familias, en el refuerzo de la autoconfianza de los padres sobre la capacidad de cuidar a sus hijos, en la capacitación de recursos humanos y en el monitoreo continuo (Hol *et al.*, 2003; Torralba *et al.*, 1999). Tuvo también un componente de cuidados prenatales, promoción de la lactancia materna, visitas a las maternidades, promoción del desarrollo del niño en conjunto con los pediatras, visitas a los hogares, estimulación del juego y la lectura, participación de alumnos de escuela en acciones del programa y controles en salud.

Las intervenciones específicas fueron:

- Dictado de cursos preparto.
- Visitas a las maternidades.
- Promoción de la lactancia materna.
- Evaluaciones periódicas del desarrollo a cargo de los pediatras.
- Distribución de cartillas de información para padres acerca del desarrollo infantil.
- Visitas de agentes comunitarios a los hogares.
- Carteles y afiches viales con mensajes sobre promoción del desarrollo infantil.
- Programa semanal de radio sobre diversos temas acerca del desarrollo y la crianza de los niños.
- Creación de una biblioteca para bebés, de acceso gratuito.
- Narración de cuentos en los barrios para niños menores de 3 años.
- Actividades personalizadas en las escuelas.

Los indicadores usados para evaluar el impacto fueron el nivel de desarrollo mental en niños menores de 27 meses (escala de Bayley, 1993) y el cociente intelectual de niños de 5 años medido con la escala de WPPSI (Weschler, 1991). Las variables independientes usadas fueron el nivel de calidad y estimulación del ambiente familiar (con la escala HOME) (Bradley y Caldwell, 1984; Caldwell, 1967), el nivel socioeconómico y un cuestionario de conocimientos y creencias parentales sobre desarrollo infantil. También se agregó luego una encuesta de percepción de la intervención.

Los resultados obtenidos fueron los siguientes: el coeficiente de correlación entre HOME y el cociente intelectual fue de 0,43 desde los 6 y hasta los 27 meses, y de 0,73 a los 5 años. Estos resultados son coherentes con el concepto de que la influencia del medio ambiente sobre el niño aumenta a medida que el niño crece en edad.

Luego de cuatro años de actividades (de 1997 a 2001), se lograron los siguientes resultados positivos:

- Un aumento del CI medio, tanto en el desarrollo motor como en el mental, en especial en los niños menores de un año. En el grupo de 6 a 9 meses se observó un aumento del desarrollo mental y motor, con un incremento de hasta 7 puntos en las medias –de 94,5 a 101,9 (DM) y de 89,2 a 96,2 en el desarrollo motor–, lográndose una disminución de la prevalencia de niños con puntajes muy bajos. Estos cambios en el nivel de desarrollo de los niños estuvieron relacionados con la proporción de padres que recordaban y utilizaban las acciones enseñadas en el programa de intervenciones (porque escucharon el programa de radio, recordaron la visita a la maternidad, etcétera).

- Un aumento del nivel de estimulación familiar (HOME), tanto en lactantes como en niños de 24 a 27 meses.
- Un aumento significativo en la respuesta emocional y verbal de la madre, aunque este aumento sólo fue evidente en niveles superiores de HOME en el inicio del programa.

Tabla 4

Cambios en la respuesta emocional y verbal de la madre, según niveles de capacidad estimulante del hogar medida con el HOME (grupo etario de 24 a 27 meses)

	Porcentaje de niños con retraso, según niveles de HOME					
	Home inferior		Home medio		Home superior	
Año	1997	2001	1997	2001	1997	2001
Porcentaje de respuesta emocional y verbal	18%	0%	41%	22%	41%	68%

Fuente: Hol *et al.*, 2003; Torralba *et al.*, 1999.

Los hijos de padres que habían recibido la visita de agentes comunitarios tenían, de acuerdo con el Test de Bayley Mental, un mayor cociente de desarrollo que los hijos de padres que no habían recibido o recordado acciones de intervención.

Las acciones de mayor impacto, medidas según opinión de los padres, fueron:

- las cartillas para madres;
- los carteles viales;
- las visitas del personal a las maternidades;
- el programa de radio;
- las visitas a los hogares de los agentes comunitarios.

El Proyecto Lobería puede ser considerado como perteneciente al tipo de intervenciones complejas (Campbell *et al.*, 2000). Incluye una serie de acciones cuyos efectos no siempre pueden ser aislados unos de otros. No obstante, el programa integral ha tenido un impacto significativo sobre la población y es, a nuestro modo de ver, un modelo de trabajo digno de ser aplicado en muchos otros lugares del país.

6.5. Programa Nacional Colaborativo (PNC) (Lejarraga et al., 1997;
  Lejarraga et al., 2002)

Durante el período 1988-1995, el Servicio de Crecimiento y Desarrollo del Hospital Garrahan realizó una encuesta nacional sobre desarrollo infantil en niños menores de seis años, en la que más de 200 pediatras adecuadamente entrenados evaluaron a 30 niños cada uno en sus consultorios. Se obtuvo así una muestra de 3.573 niños con una distribución por provincia proporcional a la población infantil total según el Censo Nacional, con una proporción de 15,9%; 42,6% y 27,2% de madres con nivel educativo superior, medio e inferior respectivamente; una proporción sesgada hacia niveles educativos superiores con respecto a la población nacional. Se trata, entonces, de una muestra de niños sanos, de clase media predominantemente homogénea y muy adecuada para ser utilizada como referencia normal, pero no para hacer estudios epidemiológicos con grupos de condiciones sociales muy desfavorables.

En ese estudio, además de la edad de cumplimiento de pautas madurativas, se registró información sobre algunos factores sociales, familiares y medioambientales, y, en forma de regresión logística, se estudió la relación entre ellos y la edad de cumplimiento de doce pautas de desarrollo como variables dependientes. En la tabla 5 se muestra el grado de asociación de las variables estudiadas con doce pautas de desarrollo.

Cuando hablamos de relación directa, nos referimos a que cuanto más alto es el nivel de la variable que se estudia, más adelantado es el cumplimiento de la pauta estudiada. La primera asociación significativa se encuentra en los indicadores sociales: tipo de consulta y trabajo del padre. Cuando uno de ellos es significativo, el otro no, y viceversa. Esto es, probablemente, evidencia de que ambos están indicando la misma variable. La mayoría de los estudios realizados muestran una relación directa entre ambos niveles: a más alto nivel social, mayor nivel desarrollo psicomotor.

No todos los trabajos han usado el mismo indicador para asignar el nivel social. Algunos estudios usan la ocupación del padre (Neligan y Prudham, 1969), otros usaron el nivel de educación materna (Frankenburg *et al.*, 1975) y otros han usado una combinación de varios indicadores, como vivienda, ingreso familiar, etcétera (Frankenburg y Dodds, 1967; Caldwell, 1967; Bryant y Davies, 1974), pero ya vimos que detrás de este nivel socioeconómico se esconden diferencias en el nivel de estimulación en el hogar y en las actitudes parentales que influyen en el desarrollo infantil (Carmuega y O'Donnell, 1996).

Ha habido algunas excepciones a esta relación tan directa entre nivel socioeconómico y nivel de desarrollo. En algunos estudios realizados en países

Tabla 5
Variables medioambientales y pautas de desarrollo que estuvieron significativamente asociadas en la prueba de regresión logística

Variables medioambientales	Pautas de desarrollo											
	a Sonrisa social	**b** Sostén cefálico	**c** Busca sonido	**d** Pinza superior	**e** Camina solo	**f** Combina palabras	**g** Control vesical diurno	**h** Frase completa	**i** Reconoce tres colores	**j** Camina con punta y talón	**k** Copia cruz	**l** Dibuja persona seis partes
Tipo de consulta (privada, obra social, pública)			RD		RD			RD	RD			RD
Trabajo del padre			RD		RD			RD	RD			RD
Educación materna			RD			RD	RD	RD	RD		RD	RD
Género						RD		RD		RD	RD	
Orden de nacimiento										RI	RD	
Tamaño familiar				RD								
Edad materna												RI
Asistencia a jardín de infantes						RD			RI		RD	RD

R: asociación estadísticamente significativa para $P < 0,01$ o menor. D: directa. I: inversa.
Fuente: Modificado de Lejarraga *et al.*, 2002.

africanos (Yagoob *et al.*, 1973), se encontró una maduración motriz adelantada en niños de menor nivel socioeconómico, pero pensamos que esta asociación está presente debido a una relación entre esos niveles sociales bajos y las prácticas de crianza con una fuerte y positiva influencia sobre el desarrollo, como la alimentación con leche materna y el íntimo y prolongado contacto físico madre-hijo.

También se observa en la tabla 5 que el nivel de educación materna es independiente del nivel ocupacional del padre y tiene una influencia independiente de cualquier nivel socioeconómico sobre el desarrollo del niño. Esta influencia también ha sido encontrada en otros estudios (Porfiri *et al.*, 1976; Caldwell, 1967; Bryant y Davies, 1974). Por eso, pienso que el nivel de educación materna no debe ser usado en reemplazo del nivel socioeconómico, sino como otro indicador diferente e independiente.

El género está asociado, en nuestro trabajo, con el cumplimiento temprano de algunas pautas de desarrollo del niño: combina palabras, camina con talón y punta, dice frases completas, dibuja persona y copia cruz. Estos hallazgos están de acuerdo con trabajos previos hechos en nuestra región (Rodríguez *et al.*, 1974) y con la literatura internacional, que muestra un cumplimiento algo más temprano en las niñas en el lenguaje (Yagoob *et al.*, 1973), en las áreas personal-social y motriz fina (Cusminsky *et al.*, 1974), y en todas las áreas del desarrollo (Cusminsky *et al.*, 1974; Neligan y Prudham, 1969; Bryant y Davies, 1974; Hindley, 1968). En una importante encuesta, Largo y Stutzle encontraron que las niñas controlaban esfínter vesical antes que los varones (Largo y Stutzle, 1977). Este efecto de género sobre el desarrollo en general es concordante con que el retardo del lenguaje en Inglaterra (Butler *et al.*, 1973) y el retardo mental en la Argentina (Fejerman, 1970) es más frecuente en los varones. Sin embargo, hay algunas excepciones a estos resultados; en nuestro país no hubo diferencias de género en 1.705 escolares de 4 a 12 años (Cusminsky *et al.*, 1974), y en un estudio hecho en Israel, los varones alcanzaron algunas pautas motrices antes que las niñas (Shapira y Harel, 1983).

Como el lector habrá advertido, he considerado a la variable *género* dentro del grupo de factores medioambientales. Difícilmente se podría aceptar a esta variable como de carácter "medioambiental", pero desde el punto de vista epidemiológico resulta más pertinente incluirla aquí, ya que forma parte del grupo de variables que hemos estudiado en el Programa Nacional Colaborativo (Lejarraga *et al.*, 1997).

En la tabla 5, otras variables, como el orden de nacimiento, tamaño familiar, edad materna y asistencia del niño al jardín de infantes, tuvieron una asociación significativa con una o dos pautas solamente, y no siempre en el mismo sentido. Por ejemplo, el orden de nacimiento alcanzó un nivel significativo en la pauta "camina con talón y punta", pero la razón de Odds que obtuvimos es negativa, es decir que a menor orden (segundo, tercero, etcétera), se cumple la pauta "camina con talón y punta" más tardíamente. En cambio, con respecto a la pauta "copia cruz", la razón de Odds es positiva, es decir, se cumple más tempranamente cuanto mayor es el orden de nacimiento. Estos resultados son algo contradictorios. La influencia del orden del nacimiento sobre el desarrollo ha sido estudiada por varios autores (Bayley, 1965; Bryant y Davies, 1974, 1979). En Cardiff, capital de Gales, se encontró que los niños nacidos en primer orden alcanzaban las pautas de desarrollo antes que los niños nacidos en órdenes ulteriores (Bryant y Davies, 1979). Esto ha sido encontrado también en el Reino Unido con respecto al cociente intelectual (Butler *et al.*, 1973) y a la estatura (Tanner, 1959). Butler encontró la misma asociación a favor de un desarrollo más temprano en primogénitos, especialmente en relación al lenguaje (Butler *et al.*, 1973). En Argentina, los niños nacidos en primer orden tuvieron una ventaja a la edad de 24 meses en el test de Bayley en relación a los niños nacidos en ordenes ulteriores, pero esta relación no fue estudiada en forma multivariada (Carmuega y O'Donnell, 1996).

La asistencia al jardín de infantes, en la tabla 5, muestra asociaciones positivas con el cumplimiento más temprano de la pauta "combina palabras", "copia cruz" y "dibuja una persona", pero también negativas con "reconoce tres colores"; por este motivo, no podemos emitir una opinión definitiva sobre la influencia de esta práctica en el desarrollo infantil. Probablemente, el efecto positivo o negativo de la misma sobre el niño dependa de muchos factores: 1) la edad del niño; probablemente, en edades muy tempranas sea más beneficioso que el niño se quede con la madre en casa si eso es posible, 2) quién es la persona se que queda en casa si el niño no concurre al jardín, 3) cuáles son las características del jardín, 4) cuánto tiempo pasa el niño en la institución, entre otros.

6.6. Un estudio semi-longitudinal

El estudio que se resume aquí fue realizado en el Hospital Noel Sbarra de la ciudad de La Plata, Argentina, y consistió en la evaluación del cociente intelectual de niños que habían sufrido desnutrición en el primer año de vida. Los niños fueron luego evaluados a los dos y a los diez años de seguimiento (Di Iorio *et al.*, 1998).

Tabla 6
Cociente intelectual en diferentes etapas del seguimiento de niños desnutridos

Tiempo de seguimiento	Grupo de niños desnutridos en el primer año			Grupo control		
	N	X̄	DE	N	X̄	DE
Ingreso al programa	100	72,2	18,6	100	87,5	13,1
Dos años de seguimiento	92	84,0	10,1	92	84,7	10,3
Diez años de seguimiento	44	76,4	7,7	16	76,2	10,3

Fuente: Di Iorio *et al.*, 1998.

En la tabla 6 pueden observarse varios fenómenos de interés. En primer lugar, el CI de niños que estuvieron desnutridos es más bajo que el de niños controles que asistían al Hospital Sbarra y que tenían antecedentes antropométricos dentro de límites normales. Asimismo, la desviación estándar en niños desnutridos es notablemente mayor que en niños previamente sanos, lo cual es habitual debido a la expansión hacia la izquierda de la distribución de frecuencias del CI en ese grupo. Si bien en los dos momentos del seguimiento de los niños que estuvieron desnutridos hubo un gran desgranamiento, se observa que a los dos años de seguimiento, las diferencias en el cociente intelectual han desaparecido, no porque los niños desnutridos hayan recuperado su CI, sino porque los niños controles han descendido. Esto es más evidente aún a los diez años de seguimiento, comparando los niños que estuvieron desnutridos con sus propios hermanos (16 niños controles). Hubiera sido de interés comparar el cociente intelectual de los 16 niños desnutridos con el que tenían los 16 hermanos estudiados, pero este dato no fue calculado. Este estudio tiene algunas limitaciones, dado que no es un estudio longitudinal puro: el número de niños va disminuyendo a medida que aumenta el tiempo de seguimiento, los niños controles son diferentes en cada momento de evaluación, etcétera. Pero los resultados sugieren que el déficit del medio ambiente afecta tanto a los niños que estuvieron desnutridos como a los que no lo estuvieron, "emparejando" en el largo plazo los efectos perjudiciales de la desnutrición inicial. Los datos muestran que *es más importante el medio socioeconómico en el que estos niños se desarrollan, que la desnutrición que pudieron haber sufrido en el primer año.* El presente trabajo aporta un dato más sobre la necesidad de considerar la desnutrición no sólo como una noxa específica, sino también como el indicador de una constelación de carencias globales que incluyen retardo del crecimiento (pre y posnatal), falta de estímulo, pobreza, carencias vitamínicas, infecciones, parasitosis, etcétera.

7. La cultura y el desarrollo

No hay duda de que la cultura de una comunidad influye en el desarrollo del niño. Esta influencia puede transmitirse por diversos canales como, por ejemplo, el lenguaje materno, las pautas de crianza, los valores compartidos por la sociedad, etcétera. Si tuviéramos que establecer prioridades, diríamos que la relación entre madre e hijo en las primeras etapas de la vida es seguramente una de las experiencias más importantes vinculadas con el medio ambiente. Pero aquí caben, entonces, algunas preguntas: ¿cuáles son las expresiones maternas capaces de influir sobre el desarrollo del niño?, ¿qué impacto diferencial puede imprimir la cultura en estas influencias?

Las diferencias culturales se expresan en una multiplicidad de conductas maternas y de interacciones con el hijo, y si el lenguaje es una de las manifestaciones más relevantes del desarrollo infantil, entonces el lenguaje maternal dirigido al bebé resulta ser uno de los instrumentos de socialización más importantes. La palabra materna dirigida al bebé tiene varias funciones: 1) la generación de calidez y cercanía entre ambos, 2) el aprendizaje del lenguaje simbólico por parte del bebé en estadios ulteriores de su desarrollo y 3) como expresión de un código cultural que contribuye a la socialización, entre otras (Bornstein y Lamb, 1992).

Surgen, entonces, las siguientes preguntas: ¿cuáles son las características más salientes del lenguaje materno en las primeras etapas del desarrollo?, ¿qué influencia tiene el bebé en el lenguaje materno? Como dice Marc Bornstein: "Una de las formas en que los lactantes se socializan en la cultura es a través de la integración del lenguaje materno en su desarrollo, y la comunicación entre madre e hijo es el canal para ello" (Bornstein y Lamb, 1992).

Para ilustrar estas ideas, creo beneficioso describir un trabajo de Bornstein y Lamb (1992) realizado en la Argentina en torno al lenguaje materno en los primeros años de vida del bebé. Estos autores realizaron un estudio en terreno sobre los contenidos de las unidades de expresión (palabras o frases) que las madres dicen a sus bebés en una unidad de tiempo, a distintas edades y en distintas culturas. Con este objetivo, se filmaron y grabaron en el hogar las interacciones de las madres con sus bebés de 5 y 13 meses en cuatro ciudades, París, Tokio, Nueva York y Morón (provincia de Buenos Aires), mientras las madres estaban con sus hijos en la situación más natural posible de la vida familiar. Las familias fueron contactadas a través de consultorios pediátricos y obstétricos privados en los cuatro países. Se analizó el significado de todas las frases y expresiones dichas por las madres a sus bebés en una unidad de tiempo, y se clasificaron las mismas en dos categorías: expresiones *afectivas*, no proposicionales, sin significado alguno (*"cuchi"*, *"mi bichito"*, etcétera), y expresiones *con información (*"mirá el oso"*, *"¿querés gatear, bebé?"*, *"eso te gusta"*, etcétera)*. La tabla 7 muestra las frecuencias medias para ambos tipos de lenguaje en las edades estudiadas: 5 y 13 meses.

Tabla 7
Frecuencia media de dos tipos de unidades de expresión de la madre emitidas a su bebé en una unidad de tiempo, en cuatro culturas

	Lenguaje afectivo		Información	
	5 meses	13 meses	5 meses	13 meses
Argentina	77,2	92,2	58,8	145,9
Francia	64,3	59,9	55,2	68,6
Japón	82,7	129,9	38,8	90,8
Estados Unidos	56,2	86,6	50,4	129,2
Promedio total	70,4	93,4	50,4	115,0

Fuente: Bornstein y Lamb, 1992.

En primer lugar, se observa que las madres de las cuatro culturas hablan más a sus bebés a los 13 meses que a los 5 meses, tanto en las expresiones afectivas como en el lenguaje informativo: de 50,4 a los 5 meses a 115,0 unidades de expresión a los 13 meses. Hay un incremento del lenguaje afectivo con la edad del bebé en términos absolutos, pero como este incremento se da en menor medida que en el lenguaje informativo, proporcionalmente, el lenguaje afectivo disminuye a los 13 meses. Las madres japonesas tienen mayor frecuencia de unidades de expresión de carácter afectivo que las de las otras tres culturas. También las madres argentinas muestran altas frecuencias de expresiones afectivas a los 5 y 13 meses.

Las expresiones informativas fueron, a su vez, subdivididas en tres categorías: órdenes (o indicaciones), preguntas y descripciones. Se encontró que cuando los bebés tienen 13 meses, las madres de las cuatro culturas usan muchas más indicaciones (31,2) que cuando sus bebés tienen 5 meses (12,3), y que marcadamente las madres argentinas tienen mayor número de expresiones de órdenes (52,1) que sus pares de las otras tres culturas (24,6; 15,9 y 26,1 en Francia, Japón y los Estados Unidos, respectivamente).

Los resultados muestran que hay aspectos que son comunes a las cuatro culturas y dependientes de la edad como, por ejemplo, el incremento de unidades de expresión con la edad del bebé. El tipo de lenguaje hablado al bebé, en cambio, es diferente en distintos medios. Bornstein piensa que la mayor prevalencia del lenguaje indicativo en la Argentina tiene que ver con la idiosincrasia nacional, pero curiosamente cita a Marcos Aguinis para apoyarse en esta afirmación (Bornstein y Lamb, 1992).

Estos resultados describen algunas formas en que las fuerzas culturales modelan el lenguaje materno hacia el bebé y cómo algunos aspectos comunes a todas las culturas, como el crecimiento durante el primer año de vida del niño, influencian a su vez los contenidos de ese lenguaje materno, dando así un ejemplo más de las formas de interacción entre el medio ambiente y el niño en desarrollo.

8. El concepto de riesgo

Podemos definir "riesgo" como la probabilidad de un individuo de padecer un problema de salud (OPS, 1999). De esta manera, la idea de riesgo está vinculada a un concepto probabilístico; no todos los individuos tienen la misma probabilidad de presentar un resultado desfavorable, hay algunos con más probabilidades (con más riesgo) que otros. El enfoque de riesgo es individual, está destinado al reconocimiento de *individuos* que son merecedores de una atención diferente.

Puede ocurrir en cambio que *todos* los individuos de una comunidad participen de los múltiples factores de riesgo que la acechan. El riesgo aquí es pertenecer a una determinada comunidad. El enfoque, entonces, debe ser diferente: se trata de que *toda la comunidad* está afectada por un alto riesgo y necesita el reconocimiento de *grupos de población* y no de individuos.

La mayoría de los textos vinculados al desarrollo reconoce la existencia de riesgos de naturaleza biológica y de tipo medioambiental. Los primeros están vinculados a condiciones orgánicas de recién nacidos relacionadas con la duración de la gestación, el peso al nacer, el estado de salud en el momento del nacimiento, etcétera. Estos factores de riesgo son similares en todos los países, lo que cambia es su prevalencia. Aquellos que tienen importancia clínica se describen en el capítulo 9, sobre el enfoque pediátrico del desarrollo infantil y sus problemas.

Cada centro de atención debe definir con estudios epidemiológicos locales sus escalas de riesgos. Ésta es una forma adecuada de conocer la realidad en la que se trabaja y los estudios no son difíciles de diseñar ni de llevar a cabo.

9. Coda

Quedan muchas preguntas sin responder con respecto al medio ambiente y desarrollo psicomotor. Cuando hablamos de la importancia de promover un desarrollo positivo (la palabra *normal* es imprecisa) de los niños, lo hacemos no sólo pensando en la satisfacción de sus necesidades actuales, sino porque creemos que, a su vez, eso va a promover o a estar relacionado con una conducta social y emocional en la vida adulta que le permita integrarse, amar y producir.

Se han intentado estudiar las relaciones entre sujeto y medio ambiente con el modelo experimental y cuantitativo tradicional, pero personalmente pienso que este tipo de investigaciones puede también beneficiarse mucho con la aproximación de una investigación cualitativa (Reichardt y Cook, 1986; Taylor y Bogdar, 1986; Gil Flores, 1994; Ziegler y Trickett, 1978).

Finalmente, resulta muy necesario poner énfasis en la enorme responsabilidad que nos plantea y nos demanda la situación de la infancia en nuestra realidad latinoamericana, donde en muchos países coexisten grandes inequidades sociales. Estas inequidades son las más grandes del mundo, y solamente se asemejan a las que se registran en el sur de África. Hay países de la región, la minoría de ellos, que han logrado ofrecer a todos o a la mayoría de sus niños un medio ambiente favorable a su desarrollo, pero hay muchos otros en los que la infancia transcurre en un presente terrible y con un futuro ominoso. Expuestos a múltiples factores de riesgo, esos niños son merecedores de mayor atención por parte del sistema de salud y del pediatra. Con mayor atención queremos decir más tiempo de atención, más actividades participativas con las familias, más tareas de promoción, articulación de una resiliencia social, más énfasis en la estimulación intelectual y cultural, mayores recursos diagnósticos y terapéuticos.

Hemos visto que las intervenciones en los primeros años de vida son capaces de contrarrestar muchos de los efectos de la pobreza sobre el desarrollo infantil. Los pediatras y demás miembros del equipo de salud tenemos una enorme responsabilidad en esta tarea, ayudando así a las jóvenes generaciones a crear un presente y un futuro de esperanza.

Referencias bibliográficas

Bayley, N. (1965): "Comparison of mental and motor tests scores for ages 1-15 months by sex, birth order, race, geographical location and education of parents", *Child Development*, 36: 379-411.

Bayley, N. (1993): *Bayley Scales of Infant Development Manual*, 2ª ed, Nueva York, The Psychological Corporation.

Bornstein, M. H. (1989): "Sensitive periods in development: structural characteristics and casual interpretation", *Psychological Bulletin*, 105 (2): 179-197.

Bornstein, M. H.; Lamb, M. E. (1992): *Development in Infancy. An Introduction*, 3ª ed., Londres, McGraw-Hill.

Bornstein, M. H.; Tal, J.; Rahn, C.; Galperin, C. Z.; Pecheux, M. G.; Lamour, M.; Toda, S.; Azuma, H.; Ogino, M.; Tamis le Monda, C. S. (1992): "Functional analysis of the contents of maternal speech to infants of 5 and 13 months in four cultures: Argentina, France, Japan and the United States", *Developmental Psychology*, 28 (4): 593-603.

Bradley, R.; Caldwell, B. (1984): *Home Observation for the Measurement of the Environment*, ed. rev., Arkansas, University of Arkansas at Little Rock.

Brazelton, T. B. (1994): "Touchpoints: opportunities for preventing problems in the parent-child relationship", *Acta Paediatrica*, supl. 394.

Bryant, G. M.; Davies, K. J. (1974): "The effect of sex, social class or parity of achievement of DDST items in the first year of life", *Developmental Medicine and Child Neurology*, 16: 485-493.

Bryant, G. M.; Davies, K. J.; Newcombe, R. G. (1974): "The Denver developmental screening test. Achievement of test items in the first year of life by Denver and Cardiff infants", *Developmental Medicine and Child Neurology*, 16: 474-484.

Bryant, G. M.; Davies, K. J.; Newcombe, R. G. (1979): "Standardization of the Denver Developmental Screening test for Cardiff children", *Developmental Medicine and Child Neurology*, 21: 353-364.

Butler, N. R.; Peckham, C.; Sheridan, M. (1973): "Speech defects in children aged 7 years: a national study", *British Medical Journal*, 1: 253-257.

Caldwell, B. M. (1967): "Descriptive evaluation of child development and of developmental settings", *Pediatrics*, 40: 47-54.

Campbell, M.; Fitzpatrick, R.; Haines, A.; Kinmonth, A. L.; Sandercock, P.; Spiegelhalter, D.; Tyrer, P. (2000): "Framework for design and evaluation of complex interventions to improve health", *British Medical Journal*, 321: 694-697.

Capone, G. T. (1996): "Human brain development", en Capute, A. J.; Accardo, P. J., *Developmental Disabilities in Infancy and Childhood*, 2ª ed., Londres, Paul Brookes Pub Company, vol. 1, págs. 25-74.

Carmuega, E.; O'Donnell, A.. (1996): *Proyecto Tierra del Fuego. Encuesta sobre desarrollo infantil*, Centro de Estudios sobre Nutrición Infantil (CESNI), Fundación Jorge Macri.

Clacyd (2002): "Inequidad y desarrollo infantil", *Publicación*, n° 6, Córdoba.

Cusminsky, M.; Lozano, D. A.; Castro, E. P.; Lejarraga, H.; Spotti, M.; Porfiri, N. (1974): "Investigación del desarrollo del niño normal de 4 a 12 años. Estudio transversal de la Comisión de Investigaciones Científicas", *Actas del XIV Congreso Internacional de Pediatría*, Buenos Aires, 5: 52-61.

Di Iorio, S.; Urrutia, M. I.; Rodrigo, M. A. (1998): "Desarrollo psicológico, nutrición y pobreza", *Archivos Argentinos de Pediatría*, 96: 219-229.

Dubrovsky, B.: "Neuroscience and nurture", <www.wfns.org>

Fejerman, N. (1970): *Estudio de prevalencia del retardo mental en la población infantil de Buenos Aires*, Tesis de doctorado, Facultad de Medicina, Universidad de Buenos Aires.

Frankenburg, W.; Dodds, J. B. (1967): "The Denver Developmental Screening Test", *Journal of Pediatrics*, 71: 181-191.

Frankenburg, W. K.; Nathan, P.; Dick, M. S.; Carland, J. (1975): "Development of pre-school aged children of different social and ethnic groups: implications for developmental screening", *Journal of Pediatrics*, 87: 125-132.

Gil Flores, J. (1994): *Análisis de datos cualitativos*, Barcelona, PPU.

Greengough, W. T.; Black, J. E. (1992): "Induction of brain structure by experience: substrates for cognitive development", en Gunnar, M. R.; Nelson, C. A. (eds.), *Developmental Behavioral Neuroscience*, Hillsdale, Erlbaum, vol. 24.

Hindley, C. B. (1968): "Growing up in five countries: comparison of data on weaning, elimination, training, age of walking and IQ in relation to social class from european longitudinal studies", *Developmental Medicine and Child Neurology*, 16: 715-724.

Hol, M. R.; Carmuega, E.; Báez, M. P.; Albani, M. L.; Arregui, N. E.; Barrera, N. C.; Inda, S. S.; Lynch, M. I.; Montalivet, N. I.; Montenegro, L.; Palotta, M. C.; Ravanelli, N. S.; Campitello, E. (2003): *Proyecto Lobería. Una experiencia comunitaria para favorecer el desarrollo integral de los niños de 0 a 3 años. 1999-2002.*

Klaus, M. H.; Kennel, J. H. (1978): *La relación madre-hijo. Impacto de la separación o pérdida prematura en el desarrollo de la familia*, Buenos Aires, Editorial Médica Panamericana.

Largo, R. H.; Stutzle, W. (1977): "Longitudinal study of bowel and bladder control by day and night the first six years of life. Epidemiology and interrelations between bowel and bladder control", *Developmental Medicine and Child Neurology*, 19: 598-606.

Lejarraga, H.; Krupitzky, S.; Kelmansky, D.; Jiménez, E.; Bianco, A.; Martínez, E.; Tibaldi, F.; Cameron, N. (1996): *Guías para la evaluación del desarrollo infantil en niños menores de seis años*, Buenos Aires, Ediciones Nestlé.

Lejarraga, H.; Krupitzky, S.; Kelmansky, D.; Martínez, E.; Bianco, A.; Pascucci, M. C.; Tibaldi, F.; Cameron, N. (1996): "Edad de cumplimiento de pautas de desarrollo en niños argentinos sanos menores de seis años", *Archivos Argentinos de Pediatría*, 94: 355-368.

Lejarraga, H.; Krupitzky, S.; Giménez, E.; Diament, N.; Kelmansy, D.; Tibaldi, F. (1997): "The organization of a national survey for evaluating child psychomotor development in Argentina", *Paediatric and Perinatal Epidemiology*, 11: 359-373.

Lejarraga, H.; Pascucci, M. C.; Krupitzky, S.; Kelmansky, D.; Cameron, N. (2002): "Psychomotor development in Argentinian children aged 0 - 5 years", *Paediatric and Perinatal Epidemiology*, 16: 47-60.

Levin, M. J. (1978): *Psychology. A Biographical Approach*, Nueva York, McGraw-Hill.

Lorenz, K. (1986): *Fundamentos de la etología. Estudio comparado de la conducta*, Barcelona, Paidós.

Llorente, I.; Bugie, C. (1997): "Parálisis cerebral", en Fejerman, N.; Fernández Álvarez, E., *Neurología pediátrica*, 2ª ed., Buenos Aires, Panamericana.

Mueller, R. F.; Young, I. D. (1995): "Polygenic and multifactorial inheritance", en *Emery's Elements of Medical Genetics*, 9ª ed., Nueva York, Churchill Livignstone, págs. 105-112.

Neligan, G.; Prudham, D. (1969): "Norms for four standard developmental milestones by sex, social class and place in the family", *Developmental Medicine and Child Neurology*, 11: 413-422.

Organización Panamericana de la Salud (OPS) (1999): *Manual sobre el enfoque de riesgo en la atención maternoinfantil*, Castillo Salgado, C. (ed.), 2ª ed., Serie Paltex, nº 7.

Porfiri, H.; Spotti, M.; Petriz, G.; Lejarraga, H.; Medina, N.; Cusminsky, M. (1976): "Effect of age, socioeconomic level, maternal education and paternal occupation on intelectual quotient of a representative sample of 900 children aged 4-12 years", *Journal of Pediatrics*, 89: 326.

Prader, A.; Von Harnack, G. A.; Tanner, J. M. (1963): "Catch up growth in illness and starvation. An example of canalization in man", *Journal of Pediatrics*, 62: 646.

Reichardt, C.; Cook, T. (1986): *Métodos cualitativos y cuantitativos en investigación evaluativa*, Madrid, Morata.

Rodríguez, C.; Arancibia, V.; Undurraga, C. (1974): *Escala de evaluación del desarrollo psicomotor de 0 a 24 meses*, Santiago de Chile, Galdoc.

Sabuslky, J.; Agrelo, F.; Brizuela, M.; Lobo Batruoni, I.; Quiroga, A.; Reyna, S.; Sesa, S. (1996): *Estudio CLACYD. Resultados preliminares*, Córdoba.

Sameroff, A. J. (1993): "Models of development and developmental risk", en Zeanah, C. H., *Handbook of Infant Mental Health*, Nueva York, The Guillford Press, págs. 3-13.

Sameroff, A. J. (1998): "Environmental risks factors in infants", *Pediatrics*, 102, (supl. E): 1287-1292.

Sameroff, A. J.; Seifer, R.; Zax, M.; Barocas, R. (1987): "Early indicators of developmental risk: The Rochester Longitudinal Study", *Schizofrenia Bulletin*, 13: 383-393.

Sameroff, A. J.; Seifer, R.; Baldwin, C., Baldwin, A. (1992): "Child and family factors that ameliorate risk between 4 and 13 years of age", *Journal of the Academy of Child and Adolescent Psychiatry*, 31 (5): 893-903.

Sameroff, A. J.; Seifer, R.; Baldwin, A.; Baldwin, C. (1993): "Stability of intelligence from preschool to adolescence: the influence of social and family risk factors", *Child Development*, 64 (1): 80-97.

Scott, J. P. (1962): "Critical periods in behavioral development", *Science*, 138: 949.

Scott, J. P. (1986): "Critical periods in organizational processes", en Falkner, F. y Tanner, J. M., *Human Growth*, Nueva York, Plenum Press, t. III, págs. 181-196.

Sesa, S.; Frassoni, A. M.; Sabulsky, J.; Agrelo, F. (2001): "Análisis longitudinal y comparativo del desarrollo infantil en la ciudad de Córdoba", *Arch. Arg. Ped.*, 99 (2): 119-126.

Shapira, Y.; Harel, S. (1983): "Standardization of the Denver Developmental Screening test for israeli children", *Israel Journal of Medical Sciences*, 19: 246- 251.

Shonkoff, J. P.; Phillips, D. A. (eds.) (2001): *From Neurons to Neighborhoods. The Science of Early Childhood Development*, Washington D.C., National Academy Press, Committee on Integrating the Science of Early Childhood Development, Board of Children, Youth and Families, National Research Council and Institute of Medicine.

Stockard, C. R. (1907): "The artificial production of a median cyclopean eye in the fish embryo by means of sea water solutions of magnesium chloride", *Archive Entwicklungmensh*, 23: 249 (citado por Scott, 1986).

Tanner, J. M. (1959): *Growth at Adolescence*, Oxford, Blackwell.

Taylor, S.; Bogdan, R. (1986): *Introducción a los métodos cualitativos de investigación*, Buenos Aires, Paidós.

Torfs, C. P.; Van der Berg, B. J.; Oeschsli, F. N.; Cummins, S. (1990): "Prenatal and perinatal factors in the etiology of cerebral palsy", *Journal of Pediatrics*, 116: 615-619.

Torralba, I.; Cugnasco, I.; O'Donnel, A.; Carmuega, E. (1999): *Hoy y maña-na. Salud y calidad de vida para la niñez argentina*, Estudios epidemiológicos sobre desarrollo infantil, CESNI.

Waddington, C. H. (1957): "The strategy of genes", Londres, Allen and Unwin.

Weschler, D. (1991): *Test de inteligencia para pre-escolares (WPPSI). Manual*, Buenos Aires, Paidós.

Yagoob, M.; Ferngren, H.; Jalil, F.; Nazir, R.; Karlberg, J. (1993): "Early child health in Lahore, Pakisytan: XII milestones", *Acta Paediatrica Scandinavica*, supl. 1993, 390: 151-157.

Ziegler, E.; Trickett, P. K. (1978): "IQ, social competence and evaluation of early childhood intervention programs", *American Psychologists*, 33: 789-799.

Ziher, L. M (dir.); Albano, S. A.; Fadel, D. O.; Iannantuono, R. F.; Serra, H. A. (2003): *Psiconeurofarmacología clínica y sus bases neurocientíficas*, 3ª ed., Buenos Aires, Siltor.

PARTE II
EL CONTEXTO BIOMÉDICO

CAPÍTULO 4

Clasificaciones diagnósticas de los trastornos del desarrollo*

María Magdalena Contreras

1. Introducción

1.1. ¿Por qué escribir sobre clasificaciones de trastornos del desarrollo?

El abordaje de los problemas de desarrollo tiene tres vertientes. En primer lugar, aquella que se relaciona con la necesidad de asegurarse de que existe verdaderamente un retardo en el desarrollo, una demora en la edad de adquisición de una pauta o en el cumplimiento de una conducta que se observa habitualmente a una edad determinada, o con la aparición de conductas anormales. En segundo lugar, cobra importancia la caracterización del problema de desarrollo. Ésta es una parte muy relevante del diagnóstico y consiste en la definición del tipo de problema, de sus aspectos más salientes, de su relación con otros problemas, del compromiso asociado a otras áreas del desarrollo, de su intensidad, del carácter agudo o solapado de su instalación, del grado de limitaciones que produce en el niño y de su significación pronóstica. Los profesionales con entrenamiento en problemas de desarrollo están capacitados para realizar esta tarea, incluso para indicar intervenciones y tratamientos pertinentes.

Más complicado es, en cambio, aquello que atañe a la tercera vertiente, que es la que se relaciona con la naturaleza del problema, con su etiología y su patogenia, con su ubicación dentro del amplio espectro de los problemas de desarrollo. Es esta parte del proceso diagnóstico la que muestra un flanco débil, poco conocido, difícil de enfocar y de sistematizar. En efecto, tal vez

* Agradezco al Dr. Mario Petersen sus valiosas sugerencias para la confección de este capítulo.

los problemas de desarrollo sean esa parte de la pediatría en que la etiología es menos conocida. Incluso hay problemas de desarrollo que tienen varias causas posibles, y otros cuya génesis es multicausal (Aicardi, 1988). Es aquí entonces donde cobra sentido escribir sobre las clasificaciones de los problemas de desarrollo. Clasificar es siempre definir, caracterizar, incluir en un conjunto, y no es casual que dispongamos de varias clasificaciones en el mundo. Esto se debe a las incertidumbres, a las controversias que surgen alrededor de la naturaleza de los problemas de desarrollo. Es por ello que resulta pertinente escribir sobre su clasificación, porque eso significa empezar a analizar los criterios taxonómicos, las bases sobre las que se asientan, los fundamentos teóricos que subyacen a los agrupamientos y separaciones de los problemas que estamos tratando.

En este capítulo vamos a referirnos a las diversas clasificaciones que existen para ordenar los problemas del desarrollo, precediendo esta tarea con la definición de las diversas áreas del desarrollo y de los distintos términos que se utilizan cuando el niño no cumple con determinadas conductas a la edad esperada.

Los trastornos severos del desarrollo, en su mayoría, se reconocen tempranamente, pero los problemas leves suelen pasar inadvertidos en los primeros años. Los problemas en el lenguaje se detectan, en general, después de los tres años, y los problemas de aprendizaje o los trastornos de la conducta, aún más tarde. Estos hechos requieren del pediatra una mirada específica sobre la evolución del desarrollo de su paciente, así como un uso cuidadoso de la frase: "Esperemos un poco, ya va a... (hablar, escribir, etcétera)".

No siempre se le da la debida importancia a las preocupaciones de los padres como detectores de estos problemas. Diversos estudios sobre una población de 737 niños demostraron que las preocupaciones de los padres sobre desarrollo del lenguaje, comportamiento y otras áreas del desarrollo fueron muy sensibles (75% a 85%) y específicas (79% a 81%) para detectar déficit en el desarrollo. No tuvo la misma implicancia la ausencia de preocupación, ya que ésta tuvo una especificidad modesta (47%) para detectar desarrollo normal (American Academy of Neurology, 2000).

2. Áreas del desarrollo

En su manual de diagnóstico del desarrollo, que es una interpretación del examen diagnóstico del desarrollo revisado por Gesell y Amartruda, los autores Knobloch y colaboradores (1987) definen cinco áreas en el desarrollo:

- Área de la motricidad gruesa: comprende las reacciones posturales, equilibrio cefálico, posturas de sentado, cuadrúpedo y marcha.
- Área de la motricidad fina: se refiere al uso de manos y dedos en la toma y manipulación de objetos.
- Área del lenguaje: se refiere a toda forma gestual y lingüística de comunicación: expresión facial, posturas, movimientos, vocalizaciones, palabras, frases y oraciones, así como también a la comprensión de la comunicación de los otros.
- Área de la conducta personal-social: se refiere a las reacciones personales del niño hacia la cultura social en la que vive. Este aspecto del desarrollo está particularmente sujeto a influencias ambientales y a variaciones individuales.
- Área de la conducta adaptativa: es el campo más importante, integra todas las áreas del desarrollo y se refiere a la habilidad del niño de aprovechar las experiencias pasadas y aplicarlas a situaciones nuevas. Un ejemplo de estas conductas es la coordinación óculo-manual para tomar y manipular un objeto. Expresándolo en forma simple, la conducta adaptativa es poner el conocimiento en acción y poder generalizarlo.

En su descripción original, Gesell sólo estableció cuatro áreas, ya que reunió la motricidad fina con la conducta adaptativa en una sola. Extendiendo el concepto de conducta adaptativa, la Asociación Americana de Retardo Mental la define como

> el conjunto de habilidades que se despliegan en el terreno de los conceptos (lenguaje, lecto-escritura, dinero), en el ámbito social (responsabilidad, autoestima, probabilidad de ser engañado o manipulado, seguimiento de normas) y en la práctica (actividades de la vida diaria como son el aseo o la comida; actividades instrumentales como son el transporte, el mantenimiento de la casa, la toma de medicina o el manejo del dinero), y que son aprendidas por las personas para funcionar en su vida diaria (Luckasson *et al.*, 1997).

En este concepto se unen la conducta adaptativa, en el sentido *geselliano*, con la conducta personal-social.

Otros autores reconocen un área *cognitiva*, en la que incluyen la capacidad de pensar y razonar. En niños pequeños comprende las habilidades visomotoras y del lenguaje. En niños mayores, es posible acceder a la capacidad de razonamiento en forma más directa a través de pruebas específicas (First y Palfrey, 1994).

3. Definición de términos

3.1. Retraso, retardo, alteración, trastorno, desorden

Retraso y *retardo* son sinónimos y significan "ir atrás", "demorar". Tienen que ver con una demora o lentitud en la adquisición de los hitos del desarrollo.

Alteración y *trastorno* también son sinónimos e implican perturbación, cambio de la esencia u orden. Tienen que ver más con un patrón anormal del desarrollo.

Capute y colaboradores utilizan los términos *retraso* y *desviación* para referirse a los aspectos recién descriptos de retraso o retardo y alteración o trastorno, respectivamente. En el caso de retraso en el desarrollo, no hay nada intrínsecamente anormal, ya que los hitos madurativos se cumplen en la secuencia esperada, pero en forma más lenta. El retraso se puede dar en una o más áreas del desarrollo. Un niño que presenta retraso en dos o más áreas del desarrollo (o sea, un retraso global) se comporta como un niño menor respecto de su edad cronológica. En el caso de la desviación, el patrón no se produce en la secuencia esperada, siendo intrínsecamente anormal para cualquier edad (Capute y Accardo, 1996). El caso paradigmático de la desviación en el desarrollo es el autismo. En esta patología puede encontrarse un lenguaje expresivo rico pero con poca comprensión del mismo. Aquí se observa lo contrario a lo que se ve en el desarrollo normal, en el que la comprensión del lenguaje siempre es superior a la expresión del mismo. Estos niños presentan lenguaje pero tienen poco intento comunicativo y dificultades en la comprensión de consignas y en la capacidad de responder a preguntas acordes a su edad.

El término *retraso del desarrollo* se suele utilizar como un diagnóstico temporario, hasta que se pueda hacer el diagnóstico de retardo mental a través de pruebas formales (Accardo y Whitman, 2001). En muchos casos es realmente un diagnóstico temporario y el retraso se resuelve con el tiempo, ya que el niño es un sujeto en desarrollo. Esto generalmente ocurre con los retrasos leves.

En el habla hispana, se utiliza frecuentemente la expresión *retraso psicomotor* como sinónimo de retraso en el desarrollo. Narbona García y colaboradores se refieren a él como un "diagnóstico provisional, en el que los logros del desarrollo de un niño aparecen en forma lenta y/o cualitativamente alterada, a lo largo de los primeros 30-36 meses de vida" (Narbona García y Schlumberger, 2001). En nuestro país el uso de la expresión *retraso madurativo* se ha generalizado como sinónimo de retraso en el desarrollo.

En la décima revisión de la Clasificación Diagnóstica de las Enfermedades (CIE 10), que se tratará en el apartado "Clasificaciones diagnósticas" (véase pág. 149), se habla de trastorno del desarrollo psicomotor, en referencia específica a la torpeza motriz, o sea, a problemas en la coordinación motriz fina y gruesa (OMS, 1992).

El término *desorden* (*disorder*) es un anglicismo por *trastorno*, enfermedad, alteración o afección, por lo que no es correcto utilizarlo (Martínez de Souza, 1998).

Cuando se está frente a un niño en el que se sospecha un problema en el desarrollo, es preciso hacer una valoración de todas las áreas que se especificaron anteriormente. Estas áreas se encuentran relacionadas entre sí, y el cumplimiento de algunos hitos depende muchas veces del progreso en otros, especialmente en los niños pequeños. Pero a pesar de esto, es posible y necesario hacer una separación relativa a través de pruebas estandarizadas. Así se podrá concluir si el niño presenta o no una anormalidad en su desarrollo, qué áreas están comprometidas y en qué grado.

3.2. Deficiencia, discapacidad, minusvalía

3.2.1. Definiciones de la Clasificación Internacional de Deficiencias, Discapacidades y Minusvalías (CIDDM) (OMS, 1980)

En 1980 la Organización Mundial de la Salud definió la utilización de estos términos como una explicación teórica de las consecuencias de enfermedades en la Clasificación Internacional de Deficiencias, Discapacidades y Minusvalías (CIDDM).

Deficiencia es toda pérdida o anormalidad de una estructura o función fisiológica, psicológica o anatómica. Una deficiencia puede ser temporaria o permanente; puede o no interferir con el desempeño de la persona. Puede ser: intelectual, de la audición, músculo-esquelética, del lenguaje, de la visión, visceral, estética.

Discapacidad es la restricción o la ausencia, debida a una deficiencia, de la capacidad de realizar una actividad en la forma que se considera normal para el ser humano. La discapacidad puede ser congénita o adquirida. Existen discapacidades: de la conducta, de la comunicación, del cuidado personal, de la locomoción.

Minusvalía es una situación desventajosa para una persona, consecuencia social de una deficiencia o de una discapacidad, que limita o impide el desempeño de un rol que es normal en su grupo (en función de la edad, sexo, factores sociales y culturales). Las minusvalías pueden ser: de integración social, de orientación, de independencia física, de movilidad, ocupacionales, de autosuficiencia económica.

Estos términos pueden aplicarse a una misma persona, o sea que una persona puede tener una deficiencia, esta deficiencia puede producirle una discapacidad y por eso estar en una situación desventajosa respecto de los demás. Pero no siempre una deficiencia acarrea una discapacidad o una minusvalía, así como hay personas que pueden tener una minusvalía sin ser discapacitadas. Esto, por ejemplo, ocurre con las personas que son discriminadas por su obesidad.

3.2.2. Definiciones del Centro Nacional para la Investigación de la Rehabilitación Médica (NCMRR, 2003)

El NCMRR avanza sobre la clasificación de 1980 de la OMS con su Modelo de Enfermedad y Discapacidad, relacionado con el proceso de rehabilitación. Se basa en la premisa de que la rehabilitación efectiva depende no sólo de la restauración máxima del funcionamiento de los órganos afectados y del individuo, sino también de la restauración y la rehabilitación del máximo funcionamiento del individuo dentro de la sociedad.

Este modelo permite estudiar la enfermedad dentro de cinco áreas de análisis: fisiopatología, deficiencia, limitación funcional, discapacidad y limitación social.

Fisiopatología: esta área se concentra en los eventos celulares estructurales o funcionales que son consecuencia de un daño, enfermedad o anormalidad genética. Las investigaciones de agentes farmacológicos que alteran la transmisión sináptica de los impulsos nerviosos en personas con accidentes cerebro vasculares son ejemplos de la investigación en rehabilitación en esta área.

Deficiencia es una pérdida o anormalidad en el nivel de órganos o sistemas. Comprende todas las pérdidas o anormalidades, no sólo las debidas a la fisiopatología inicial. Los estudios que miden fuerza o eficiencia muscular son ejemplos de rehabilitación médica en el área de la deficiencia.

Limitación funcional es la restricción o pérdida de la capacidad de realizar una acción específica. Dentro de esta área se encuentran la estimulación funcional neuro-muscular para mejorar la marcha, la escritura u otra acción específica.

Discapacidad se refiere a la incapacidad de realizar tareas de la vida diaria. La investigación efectuada en esta área se relaciona con el aprendizaje de actividades de la vida diaria o de roles en la sociedad.

El término *limitación social* tiene que ver con las restricciones externas que limitan la actividad independiente, y comprende las barreras estructurales, legislativas, actitudinales, entre otras. El proceso de rehabilitación en esta área se refiere a cómo responden las instituciones de la sociedad ante las diferentes intervenciones indicadas a los pacientes (asistencia financiera, análisis de costo/beneficio).

Petersen y colaboradores (1998) proponen distinguir a la etiología de la fisiopatología, ya que múltiples causas pueden producir eventos fisiopatológicos similares.

Este modelo fue creado, en parte, para asegurar que la rehabilitación estará dirigida al individuo en su conjunto, no sólo a un área de su enfermedad. Este riesgo puede verse en algunos tratamientos, en los que se utiliza un elemento que actúa sólo en un área y que no redunda en una mejoría global del paciente. En la parálisis cerebral, por ejemplo, existen tratamientos que se dirigen al nivel fisiopatológico (el tono muscular), con buenos resultados sobre el órgano, pero que no siempre tienen efectos positivos sobre la función.

Discapacidad del desarrollo es una condición en la cual una encefalopatía estática conduce a la limitación o deterioro en una o más de las funciones controladas por el cerebro. Para hablar de discapacidad del desarrollo ésta debe comenzar durante el período del desarrollo, definido entre el nacimiento y los 12 años o el nacimiento y los 22 años (Accardo y Whitman, 2001).

No todo niño con discapacidad tiene una discapacidad del desarrollo. En el caso de una enfermedad crónica severa (cáncer, asma severo) existe una discapacidad, pero que no es consecuencia de una encefalopatía estática.

Una proporción importante de las discapacidades del desarrollo se debe a aberraciones cromosómicas o genéticas, o a los efectos combinados de causas genéticas y teratogénicas. Otras causas son las infecciones, deficiencias nutricionales, factores perinatales o neonatales, exposición a tóxicos ambientales, exposición a teratógenos. Las consecuencias de estas exposiciones dependen del momento preciso del desarrollo del sistema nervioso central. Un ejemplo es la rubéola congénita, que tiene efectos devastadores sobre el sistema nervioso del feto sólo si se contrae entre la 1ª y 13ª semana de embarazo.

4. Clasificaciones diagnósticas

Se define a la clasificación como el proceso de agrupar y definir criterios para inclusión o exclusión en un grupo (Aicardi, 1988). Estos criterios varían según el propósito de quienes desarrollan la clasificación. Una enfermedad se puede definir a partir de diferentes criterios: criterio etiológico (neumonía neumocócica), criterio de desviación de la norma fisiológica (hipertensión), según la forma de presentación de síntomas (migraña), tomando en cuenta la patología estructural (colitis ulcerosa) (Levrino, 2002).

4.1. Tipos de clasificaciones

En las clasificaciones etiológicas, el criterio que se utiliza es la *causa* de la enfermedad. Existen patologías del desarrollo por causas genéticas, otras debidas a infecciones congénitas o adquiridas, traumatismos, etcétera. En cambio, las clasificaciones empíricas toman en cuenta las *características observables* en los pacientes. En este caso, se describen las disfunciones que presenta el individuo: retraso mental, del lenguaje, etcétera. El origen de estas disfunciones puede deberse a causas diferentes. Un mismo cuadro clínico puede ser secundario a diversas etiologías.

Las clasificaciones empíricas pueden, a su vez, ser categóricas o dimensionales. La clasificación categórica asume que las entidades nosológicas son cualitativamente diferentes y, por lo tanto, pertenecen a distintas categorías o clases. En cambio, en las clasificaciones dimensionales se asume que las enfermedades o síntomas existen en una línea continua, por lo que las diferencias entre los distintos puntos son de naturaleza cuantitativa. Aunque no existen clasificaciones completas basadas en este criterio, se tiende a considerar a muchas patologías del desarrollo como un continuo de menor a mayor severidad a lo largo del mismo. Si bien parece haber una oposición entre los conceptos de categorías y dimensiones, algunos autores, como Pearlman, afirman que las enfermedades ocurren naturalmente en un continuo y que la transformación en categorías es una construcción del observador; estas categorías son necesarias para definir los límites de severidad y para saber cuándo efectuar un tratamiento (Pearlman, 2003). Entre estos dos conceptos se encuentra el de umbral de signos o síntomas: un individuo puede mostrar las características de un trastorno sin experimentar ningún efecto adverso hasta un cierto punto, el umbral. Al llegar a este umbral (elemento cuantitativo), hay un aumento en el número de problemas que el individuo experimenta y, cualitativamente, se puede decir que presenta un trastorno.

Las clasificaciones categóricas pueden ser monotéticas o politéticas. La clasificación monotética define la entidad con criterios específicos, y todos los criterios deben estar presentes para definirla. Cuando un criterio es específico significa que es común a todos los miembros de la clase. Por ejemplo, la definición monotética de "pájaro" es: vertebrado homeotérmico que pone huevos, tiene patas y alas, pico, y está cubierto por plumas.

Los conceptos monotéticos tienen límites claros y las categorías que definen son homogéneas.

La clasificación politética, en cambio, define una entidad por signos característicos. Cada miembro de la categoría debe poseer un cierto número mínimo de estos signos característicos, aunque puede tener muchos otros que no son compartidos. Es por esto que las categorías son heterogéneas y los límites son menos claros que en las clasificaciones monotéticas (Bowker y Leigh Star, 1999). Las clasificaciones diagnósticas que se utilizan frecuentemente pertenecen a este último tipo (DSM, CIE).

Otra forma de clasificación es la que se organiza sobre uno o más ejes diagnósticos: monoaxiales o multiaxiales. Los modelos multiaxiales consideran varios aspectos de la condición del paciente: aspecto del desarrollo, aspecto físico, factores psicosociales. La clasificación diagnóstica 0 a 3 (véase pág. 158) y el *Manual de diagnóstico y estadística de las enfermedades mentales IV*, DSM IV (véase pág. 155) son ejemplos de clasificaciones multiaxiales.

Hoenig hace una diferencia entre nosología y clasificación estadística. Se entiende por nosología la parte de la medicina que tiene por objeto describir, diferenciar y clasificar las enfermedades; este autor afirma que la nosología utiliza métodos científicos para llegar a la clasificación de los trastornos y se interesa por la validez de sus entidades. En cambio, la clasificación estadística tiene como objetivo alcanzar la mayor flexibilidad, a pesar de las diferencias en la orientación teórica de los profesionales que la utilizan. Por lo tanto, debe ser ateórica y representar un amplio acuerdo negociado entre sus futuros usuarios (Hoenig, 1981). La CIE y el DSM pertenecen a este último tipo de clasificaciones.

4.2. Ventajas y desventajas de la clasificación

El hecho de clasificar las patologías tiene tanto ventajas como desventajas. Las ventajas son (Rotondo, 1998):

- La organización de las observaciones.
- La reducción de la cantidad de información que se debe recoger, mantener y considerar.
- La adquisición por parte de los profesionales de un lenguaje común para comunicarse entre sí.
- La orientación hacia la búsqueda del tratamiento adecuado.
- Permite a los padres y pacientes obtener información útil y válida sobre su problema.
- Permite la evaluación de la efectividad del tratamiento.
- Satisface, en algunos países, la exigencia proveniente de los seguros médicos.

Las desventajas son:

- Un rótulo no habla de la severidad del problema.
- Algunos rótulos son peyorativos.
- El hecho de rotular puede limitar las expectativas que tiene la familia sobre el niño.
- Los pacientes a menudo no encajan en categorías convenientes, sino que caen en los límites de un continuo.
- En las clasificaciones existentes, el hecho de considerar sólo unos pocos datos en los criterios de inclusión induce a crear categorías híbridas o mixtas (son las categorías "no especificadas", que se verán más adelante).

En el campo de la pediatría del desarrollo y la conducta, las clasificaciones diagnósticas se caracterizan por el agrupamiento de un número de signos y síntomas observables en una edad particular y que siguen, a grandes rasgos, una historia natural conocida (Stein, 2001). En esta especialidad de la pediatría, el proceso diagnóstico en general está limitado debido a la ausencia de un marcador biológico, que sí se observa en la mayoría de las áreas de la práctica médica. Esto lleva a que las clasificaciones sean empíricas y resulte difícil la elaboración de una clasificación etiológica. Un estudio de Shevell y colaboradores arroja algunas conclusiones al respecto: sobre 224 niños menores de 5 años derivados por retraso en el desarrollo, encontraron la etiología en 55% de los que presentaban retraso global, en 59,1% de los que presentaban retraso motor, en 4,2% de los que presentaban retraso en el desarrollo del lenguaje y en 2% de los que presentaban trastornos del espectro autista. Sus resultados sugieren que existen diversas patologías que pueden derivar en el mismo tipo de retraso en el desarrollo, especialmente en los casos de retraso global y motor, dificultando así la creación de una clasificación basada en la etiología (Shevell *et al.*, 2001).

Boucher (1998) compara las clasificaciones de las patologías en general con las clasificaciones de los trastornos del desarrollo infantil. Comienza diciendo que la identificación de una nueva entidad nosológica normalmente comprende cuatro pasos: 1) la identificación de un grupo de *síntomas* atribuibles a 2) una *causa* subyacente particular; desde allí se describe 3) el *curso* general de la enfermedad y 4) su probable *respuesta al tratamiento*. Las enfermedades en general se aceptan en las taxonomías médicas antes de haber cumplido con los cuatro criterios. Por ejemplo, las enfermedades comunes (como la difteria o la viruela) fueron aceptadas como entidades nosológicas mucho antes de que sus mecanismos causales se conocieran. Esto se debe, sin duda, a que los síntomas característicos de las mismas son fáciles de identificar y el curso de la enfermedad es predecible. Los tratamientos efectivos siempre se descubren después de que una enfermedad es reconocida, y la respuesta a los tratamientos a menudo ayuda a comprender los mecanismos causales, así como el conocimiento de los mecanismos causales tiene implicancias para el tratamiento. O sea que el estado completo de entidad nosológica nunca se alcanza en una sola vez.

Los trastornos del desarrollo infantil han sido los últimos en clasificarse. La causa es clara: la clasificación de estos trastornos presenta todas las dificultades de las clasificaciones de los trastornos psicológicos de los adultos, con la dificultad adicional de que el trastorno tiene curso y se desenvuelve en un niño en desarrollo. Se da el primer paso hacia una clasificación cuando se observa que un grupo particular de conductas ocurren más a menudo que lo esperable en virtud del azar, y se les da un nombre. Como se dijo más arriba, generalmente los trastornos del desarrollo que aparecen en los manuales de clasificación sólo han cumplido con dos de los criterios enunciados por Boucher: el primero y el segundo; el tercero y el cuarto, que se relacionan con los mecanismos causales y los tratamientos, no se han cumplido aún. El próximo paso para considerar a los trastornos específicos del desarrollo como entidades nosológicas claras tiene que ver con avances en estos dos aspectos, que están relacionados entre sí.

Teniendo en cuenta los datos que se conocen hasta la actualidad, arribar a un diagnóstico específico del trastorno y, si es posible, de su etiología es de gran importancia porque guía nuestra comprensión de la condición, nuestra capacidad de informar al niño y a los padres, y la elección de la intervención terapéutica.

4.3. *Concepto de* espectro *y* continuo

El término *espectro* se utiliza cada vez con mayor frecuencia en medicina, si bien no siempre expresa el mismo concepto. Cuando se habla del "espectro autista", el término se refiere, a veces, a la variabilidad del trastorno autista (Capute y Accardo, 1996); otras, al continuo de la capacidad intelectual de los niños que padecen el trastorno (desde niveles bajos o con retardo hasta el autismo de alto funcionamiento); y otras veces se utiliza para describir la severidad de los síntomas (Tanguay *et al.*, 2001). Como se desprende del párrafo anterior, para algunos autores los conceptos de espectro y continuo son sinónimos; para otros, en cambio, el término *espectro* se refiere a las categorías dentro de un trastorno o enfermedad, mientras que *continuo* se refiere a los diversos grados de severidad dentro de una categoría (Rapin y Allen, 1998).

El espectro de las discapacidades del desarrollo es una forma de clasificación en categorías, tomando como criterio de clasificación al área que se presenta más comprometida en el niño: área motriz, área cognitiva y, dentro de ésta, el procesamiento central o periférico (véase tabla 1).

Tabla 1
El espectro de las discapacidades del desarrollo

Disfunción motriz:
Parálisis cerebral
Trastorno del desarrollo de la coordinación
Disfunción cognitiva:
Trastornos del procesamiento
Central
Retardo mental
Trastornos del lenguaje
Trastornos del aprendizaje
Autismo infantil
Periférico
Deficiencia de la audición
Deficiencia de la visión

Fuente: Modificado de Capute y Accardo, 1996.

Es raro que exista una patología del desarrollo que produzca un retraso significativo y comprometa sólo un área. Es así como los niños con parálisis cerebral presentan muchas veces un compromiso en el área cognitiva y del lenguaje, o los niños con autismo pueden presentar concomitantemente déficit cognitivos. Esto refleja el rango de trastornos asociados que tienden a ocurrir junto al trastorno primario. El diagnóstico primario suele ser sólo la punta del iceberg de la disfunción del sistema nervioso central, que puede comprometer también otras áreas del desarrollo.

4.4. Clasificación Internacional de las Enfermedades (CIE) (OMS, 1992)

La CIE, publicada por la Organización Mundial para la Salud (OMS), tiene el propósito de promover la recolección, el procesamiento, la clasificación y la presentación de las estadísticas de morbilidad y mortalidad, así como su comparación.

Existen dos clasificaciones similares: la clasificación internacional de las enfermedades (CIE), que es la utilizada para codificar y clasificar los datos de mortalidad de los certificados de defunción, y la clasificación internacional de las enfermedades, con modificación clínica (CIE-MC), que se utiliza para codificar y clasificar datos de morbilidad a partir de registros de pacientes internados y ambulatorios.

La clasificación internacional de las enfermedades (CIE-MC) se revisa periódicamente para incorporar cambios en el campo médico. Hay hasta la actualidad 10 revisiones: 1ª (1900), 2ª (1910), 3ª (1921), 4ª (1930), 5ª (1939), 6ª (1949), 7ª (1958), 8ª (1968), 9ª (1979) y 10ª (1992 hasta la fecha).

La primera clasificación de enfermedades mentales apareció en la 6ª edición de la CIE (1948), publicada por la OMS en Ginebra, Suiza. La filosofía básica de la CIE es clasificar en forma descriptiva y ateórica. Esta clasificación no es específica para niños, pero la última versión, CIE 10, contiene dos secciones con las pautas diagnósticas y de actuación ante trastornos del desarrollo en atención primaria en niños. La CIE es un sistema monoaxial, categórico y politético, que comprende 9 diagnósticos psiquiátricos básicos. Utiliza un código alfanumérico, con una letra en la primera posición y números en la segunda, tercera y cuarta. Como su objetivo es la comparación de enfermedades y la realización de estudios epidemiológicos, privilegia el diagnóstico único.

Las dos secciones que se refieren a trastornos específicos de los niños son: F80-F89, "Trastornos del desarrollo psicológico", y F90-F98, "Trastornos del comportamiento y de las emociones de comienzo habitual en la infancia y la adolescencia". Los "trastornos del desarrollo psicológico" a los que se refiere la clasificación no tienen la connotación que la palabra "psicológico" tiene en general en nuestro medio, sino que son trastornos relacionados con el desarrollo neurobiológico, definidos en la clasificación como: deterioro o retraso del desarrollo de las funciones que están íntimamente relacionadas con la maduración biológica del sistema nervioso central. A estas secciones se debe agregar la sección F70-F79, que contiene el "Retraso mental", ya que es también un trastorno que afecta a un individuo en desarrollo. Esta clasificación diagnóstica se utiliza ampliamente en nuestro país para la codificación de enfermedades en diversos organismos públicos y privados, y la exigen también algunos seguros médicos. Su uso para fines clínicos es menor. En el anexo 1 (véase pág. 176) se hace referencia a estas secciones y a los trastornos que ellas contienen.

4.5. *Manual de Diagnóstico y Estadística de Enfermedades Mentales* (DSM) (*DSM IV, 2000*)

En 1951, el Instituto Nacional de Salud de Estados Unidos encargó a un comité crear una alternativa a la sección de enfermedades mentales de la CIE.

El documento fue publicado en 1952 por la Asociación de Psiquiatría Americana, con el nombre de *Manual de Diagnóstico y Estadística de Enfermedades Mentales* (DSM I). A pesar de su influencia significativa en la literatura psiquiátrica de Estados Unidos, el DSM I no fue aceptado universalmente como la nomenclatura oficial de ese país. En 1968 se publicó el DSM II, que era compatible con la lista de enfermedades mentales contenidas en la CIE 8 pero adaptado para su uso en Estados Unidos. El DSM II fue adoptado por la Asociación de Psiquiatría Americana y aceptado oficialmente en todo el país. En 1980, la Asociación de Psiquiatría Americana publicó el DSM III como un suplemento de la CIE 9. Las secciones de enfermedades mentales de la CIE 9 y del DSM III nacieron de la necesidad de los dos diferentes enfoques psiquiátricos, de una revisión parcial de sus posturas y clasificaciones nosográficas respectivas, del intercambio de experiencias y datos científicos y de la necesidad de trabajar juntos. Como resultado, sus respectivas nosografías se han vuelto más homogéneas.

El *Manual de Diagnóstico y Estadística de las Enfermedades Mentales IV* (DSM IV) es una clasificación por categorías, politética y multiaxial, que divide a los trastornos mentales en diversos tipos, basándose en series de criterios con rasgos definitorios. Al igual que la Clasificación Internacional de las Enfermedades (CIE 10), tiene un capítulo dirigido a los trastornos de inicio en la infancia, niñez o adolescencia. A diferencia de la CIE, que apunta al diagnóstico único, esta clasificación privilegia la comorbilidad, o sea, la co-ocurrencia de dos o más trastornos en un mismo individuo.

El sistema multiaxial significa que el individuo es evaluado en varias áreas, o teniendo en cuenta varias dimensiones o ejes, lo que representa el criterio bio-psico-social que guía esta clasificación. Cada trastorno tiene la siguiente estructura descriptiva: a) criterios diagnósticos (características clínicas); b) rasgos y trastornos asociados; c) rasgos específicos relacionados con la edad, la cultura o el sexo; d) prevalencia, incidencia y riesgo (información epidemiológica básica); e) curso clínico; f) complicaciones; g) patrón familiar; i) diagnóstico diferencial; j) factores predisponentes.

Se han hecho diversas críticas a este sistema de clasificación. Algunas tienen que ver con su origen categórico y aducen que la categorización pierde información, ya que al tomar en cuenta sólo las características estipuladas en la categoría, se dejan de considerar otros elementos pertenecientes al cuadro. Otras críticas refieren una preferencia por las clasificaciones dimensionales en desmedro de las categóricas, considerando que la conducta humana se distribuye en un continuo de normal a anormal (Jensen y Hoagwood, 1997). También se ha criticado la existencia de pocos estudios sobre su validez y confiabilidad (Nathan y Langenbucher, 1999).

En el caso de la población infantil, se ha dicho que las descripciones son superficiales y no llegan a captar la complejidad de los diversos factores que influyen en la conducta de los niños, que los trastornos infantiles están poco representados y que no se presta atención a la comorbilidad en los mismos (Accardo y Whitman, 2001). Los actuales esquemas de clasificación por grupos de síntomas (CIE 10 y DSM IV) no abordan la etiología, ya que son descriptivos, no explicativos.

El DSM IV está muy difundido en nuestro país, especialmente en el ámbito de la psicología, la psicopatología y la neurología, tanto con el objetivo clínico del diagnóstico como con el objetivo de codificar las patologías para algunos seguros médicos. Es poco conocido y poco utilizado en pediatría.

En el anexo 2 (véase pág. 180) se describen los diversos ejes que lo componen, así como el capítulo relacionado con las edades pediátricas.

4.6. Manual para el diagnóstico y estadística en atención primaria, versión niños y adolescentes (DSM-PC) (Kelleher y Wolraich, 1996)

Se publicó en 1996 y fue creado por el Grupo de Trabajo de Codificación de la Salud Mental Infantil de la Academia Americana de Pediatría. Tiene el objetivo de facilitar el reconocimiento, el manejo y la derivación, por parte del pediatra de atención primaria, de una amplia gama de problemas de la conducta y el desarrollo de los niños, así como de situaciones ambientales capaces de provocar tensión.

El manual está compuesto por dos secciones:

- *Situaciones ambientales*: define las respuestas del niño a situaciones ambientales o a eventos potencialmente estresantes, y da información sobre los factores de riesgo o protectores que pueden influir sobre los síntomas del niño.
- *Manifestaciones del niño*: comprende un preámbulo y 29 grupos de síntomas del área de la conducta (por ejemplo: insomnio, conductas impulsivas/hiperactivas), ordenados en presentaciones de menor a mayor severidad. Cada grupo tiene un conjunto de síntomas y está dividido en tres categorías: a) variaciones normales: conductas que los padres pueden referir al pediatra como una preocupación, pero que están dentro de lo esperado para la edad del niño; b) problemas: conductas que son lo suficientemente serias como para perturbar el funcionamiento del niño con sus pares, en la escuela o en la familia, pero que no tienen la severidad suficiente para merecer un diagnóstico de trastorno según el DSM IV; c) trastornos tal como están descriptos en el DSM IV, por ejemplo, trastorno de atención e hiperactividad. Cada categoría comprende un código,

una definición y ejemplos de síntomas que pueden aparecer en la infancia y adolescencia (Drotar, 1999).

Está poco difundido y es poco utilizado, aun en Estados Unidos.

4.7. Clasificación Diagnóstica de los Trastornos de la Salud Mental y del Desarrollo de la Infancia Temprana: 0 a 3 (CD: 0 a 3) (Zero to three, 1998)

El sistema denominado "Clasificación Diagnóstica de los Trastornos de la Salud Mental y del Desarrollo de la Infancia Temprana", creado por la organización Zero to Three, tiene como objetivo considerar todos los aspectos que hacen a la riqueza y a la complejidad del proceso del desarrollo durante los primeros cuatro años de la vida.

La CD: 0 a 3 es una clasificación empírica y multiaxial, concebida como complemento del DSM, que pone el acento sobre aspectos claves de la experiencia del niño. Contiene un árbol de decisiones para ayudar en la selección del diagnóstico. Se articula en cinco ejes complementarios. Dentro del eje I aparece una categoría diagnóstica nueva, "Trastornos de la regulación", que se refiere a las dificultades constitucionales o madurativas asociadas a diferentes tipos de comportamientos.

La CD: 0 a 3 se publicó por primera vez en Estados Unidos, en diciembre de 1994. Su 4ª edición ha sido traducida al italiano, portugués, francés y español. En 1997, Zero to Three publicó *La CD: libro de casos 0 a 3*, con capítulos que describen la evaluación y el tratamiento para cada categoría diagnóstica descripta en la CD: 0 a 3.

Puede ser utilizado por profesionales de diferentes orientaciones teóricas: terapia familiar, teoría del apego, teoría psicoanalítica, teorías del desarrollo, teoría de las bases biológicas de las diferencias individuales, etcétera (Osofsky y Fenichel, 1998).

Esta clasificación integra todos los factores que intervienen en el desarrollo del niño, según el modelo ecológico de Bronfenbrenner (1979). Este modelo considera al niño, con sus diferencias individuales en sus capacidades sensoriales, cognitivas, lingüísticas, afectivas y de interacción, y en su progreso a través del tiempo. El niño además se relaciona con su familia, y ésta pertenece a su vez a una comunidad mayor o a una cultura. El modelo ecológico toma en cuenta la influencia de todos estos factores en el desarrollo del niño.

Los autores de la CD: 0 a 3 recomiendan prestar atención a las siguientes variables:

1. Los síntomas y conductas que presenta el niño.
2. La historia del desarrollo: tomar en cuenta el funcionamiento en el pasado y en el presente respecto de las áreas del comportamiento, del lenguaje, de la cognición, sensorial, motriz y, además, del funcionamiento del niño en su familia y en el área interpersonal.
3. El funcionamiento de la familia y de los patrones culturales o de la comunidad.
4. La descripción de los padres como individuos.
5. La relación entre el niño y el cuidador primario, y los patrones de interacción entre ambos.
6. Las características constitucionales y de maduración del niño.
7. Los patrones de lenguaje, cognoscitivos, afectivos, sensoriales y motrices del niño en el presente.
8. La consideración de la historia médica y psicosocial de la familia.
9. La historia del embarazo y del parto.
10. Los factores de estrés y el medio ambiente en el presente.

Al final de la evaluación, el profesional deberá poseer información suficiente para el diagnóstico integral de:

a) La naturaleza de los problemas del niño, así como los aspectos positivos de su funcionamiento y capacidad adaptativa. Se tendrá una idea adecuada del funcionamiento del niño en las áreas antes mencionadas.
b) La contribución relativa de las diferentes áreas que se han valorado (relaciones familiares, patrones de interacción, factores constitucionales y de maduración, etcétera), y cómo influyen estos aspectos en los problemas presentes y en las competencias que muestra el niño.
c) Un plan de intervención o tratamiento para encarar los problemas identificados en los puntos a y b.

Los autores recomiendan que quien realice la evaluación tenga la experiencia adecuada en el área o consulte con colegas que la tengan. Esto sugiere la idea de trabajar en un equipo multidisciplinario y que una persona central sea capaz de integrar todas las observaciones o formular integralmente el o los problemas. Esta clasificación es especialmente útil cuando se está frente a un niño pequeño con problemas en la conducta, así como en casos en que se sospecha un retraso en el desarrollo relacionado con trastornos vinculares, deprivación afectiva, maltrato. En el anexo 3 (véase pág. 183) se pueden ver los diferentes ejes, con los diagnósticos pertenecientes a cada uno.

4.8. Clasificación Francesa de los Trastornos Mentales del Niño y del Adolescente (CFTMEA) (Misès et al., 2002)

La CFTMEA nace en 1987, bajo la dirección de Roger Misès, y desde entonces se ha actualizado en forma regular y representa el pensamiento de una parte de los profesionales de la salud mental de Francia. Los autores la crearon con el objetivo de tener una clasificación propia de la infancia y la adolescencia, que se diferencie de las otras clasificaciones generales donde se engloban en conjunto los trastornos del niño y los del adulto (Garret-Gloanec y Gloanec, 2003).

De inspiración psicodinámica, esta clasificación basa muchas de sus entidades en el concepto de Anna Freud de "disarmonías en el desarrollo" (Sandler, 1992), expresadas como desbalances en la evolución del desarrollo. Está, además, muy adaptada a los conceptos de trastornos límites y pre-psicosis, considerados como indicaciones de elección del trabajo psicoanalítico con niños (Guédeney, 1998).

Está construida sobre dos ejes. El eje I toma en cuenta la organización psíquica y el funcionamiento del niño considerando su dimensión estructural, y el eje II, la dimensión de su desarrollo y su ambiente. Un glosario indica los criterios de inclusión y exclusión.

Portelli (2001) critica al DSM "por presentar un modelo de un niño que responde a las normas sociales y educativas sin tener en cuenta su dimensión subjetiva o vincular" y a la CIE 10 "por ser un glosario de definiciones inciertas que es en el fondo un sistema de códigos", reivindicando la clasificación francesa como "una clasificación estadística fundada sobre el conocimiento y la comprensión del sujeto en su historia y su evolución dinámica, construida siguiendo una arquitectura jerarquizada por dos ejes bien diferentes".

Uno de los hechos más cuestionados de esta clasificación, aun dentro de Francia, es la inclusión del autismo dentro de las "psicosis precoces". Según Macé, este hecho sólo ocurre en Francia, no en el resto de Europa, y se remite a la CIE, que únicamente retiene el diagnóstico de psicosis para los adultos, y argumenta que los niños autistas no cumplen con los criterios del diagnóstico de psicosis. Estos criterios son tres: la aparición de trastornos mentales en un sujeto con psiquismo previamente normal, un retraimiento de la realidad que a menudo es acompañado de delirios y alucinaciones y, finalmente, mejoría con la administración de medicación (neurolépticos o antipsicóticos). El modelo de las psicosis es la esquizofrenia, que sobreviene después de la pubertad, salvo raras excepciones, pero nunca antes de los ocho años, lo que permite al niño adquirir un desarrollo del lenguaje y un desarrollo social normales. Esta autora adhiere al concepto de "trastornos generalizados del desarrollo", que en Francia se denominan "psicosis autísticas o no autísticas", afirmando que "en el autismo, a diferencia de las psicosis, hay una dificultad de construir una representación del mundo durante el período de desarrollo, y no un repliegue del mundo; no hay delirio de interpretación, al contrario, la imaginación es pobre; y los neurolépticos no tienen acción sobre los síntomas que presentan estos niños". La literatura mundial considera actualmente al autismo como una discapacidad, mientras que según el enfoque francés es un trastorno psicopatológico. Esta diferencia conceptual lleva a que los niños sean tratados en los servicios de psiquiatría, privándolos de un enfoque pedagógico y educativo (Macé, 2003). Bernadette Rogé, presidenta de ARAPI (Asociación para la Investigación del Autismo y Prevención de las Inadaptaciones) y frecuente integrante de estudios colaborativos internacionales sobre el tema, afirma que es cada vez mayor en Francia el número de profesionales y padres que adhieren al concepto del origen neurobiológico de esta patología.[1] Tanto ella como el resto de los profesionales franceses que realizan trabajos internacionales, utilizan las clasificaciones DSM IV y CIE 10, que le proporcionan un lenguaje internacional común.

En la última actualización de la clasificación, tal vez en respuesta a estas críticas o en un intento de consenso con la CIE, los autores adoptaron el término internacional de "trastornos generalizados del desarrollo" como denominación conjunta con psicosis precoces, y han agregado a esta categoría el síndrome de Asperger y el trastorno desintegrativo, en coincidencia con la CIE 10 y el DSM IV. Esta última actualización también trae un cuadro de equivalencias entre dicha clasificación y la CIE 10, manteniendo, no obstante, las particularidades que las separan.

La CFTMEA es prácticamente desconocida en nuestro país, ya que, como se mencionó anteriormente, la clasificación elegida es el DSM IV. A pesar de la utilización corriente de este último manual, en nuestro país, de larga tradición psicodinámica, existe aún la controversia que subyace en la clasificación francesa. En el anexo 4 (véase pág. 185) figuran las categorías de la clasificación.

4.9. Otras clasificaciones diagnósticas

Existen otras clasificaciones que sólo se dirigen a las patologías del desarrollo en forma específica.

---

1. Comunicación personal con la Dra. Rogé, 2003.

4.9.1. Clasificación de parálisis cerebral

La parálisis cerebral es un trastorno del tono postural y del movimiento, de carácter persistente pero no invariable, secundario a una agresión no progresiva a un cerebro inmaduro.

La parálisis cerebral se pude clasificar según diversos criterios:

a) Clasificación fisiológica. De acuerdo con la fisiología, la parálisis cerebral se clasifica en: parálisis cerebral piramidal, donde la espasticidad es el signo prominente; parálisis cerebral extrapiramidal, con sus dos tipos, distónica o hiperquinética (coreica y atetósica); parálisis cerebral atáxica y formas mixtas.

b) Clasificación topográfica: esta clasificación, que se aplica a la parálisis cerebral espástica, apunta a los miembros afectados y se puede observar en la tabla 2.

Tabla 2
Clasificación topográfica de la parálisis cerebral espástica

Tipo	Miembros comprometidos
Hemiplejía	Brazo y pierna homolateral; el brazo tiene mayor compromiso que la pierna.
Diplejía	Compromiso de las cuatro extremidades; las piernas tienen mayor compromiso, los brazos están relativamente preservados.
Cuadriplejía	Compromiso severo de las cuatro extremidades; mayor compromiso en las piernas.
Doble hemiplejía	Compromiso de las cuatro extremidades; ambos miembros superiores están más comprometidos que los inferiores.
Monoplejía	Sólo una extremidad, generalmente superior.
Triplejía	Una extremidad superior y ambas inferiores; probablemente refleja una variación de una cuadriplejía o combinación de una diplejía con hemiplejía.
Paraplejía	Sólo compromete los miembros inferiores; funcionamiento normal de los superiores (este término en general se reserva para lesiones de la médula espinal).

Fuente: Shapiro *et al.*, 1987.

4.9.2. Clasificaciones de los trastornos del lenguaje

De las diversas clasificaciones existentes, destacamos dos: la de Narbona García, por su amplitud, y la de Rapin y Allen, por su difusión y vigencia.

• Clasificación de los trastornos del habla y del lenguaje

En la clasificación propuesta por Narbona García, siguiendo a Ingram (Fejerman y Fernández Álvarez, 1988), el habla y el lenguaje se pueden alterar en su desarrollo por:

a) Defectos instrumentales: el lenguaje hablado utiliza herramientas receptoras (transductor auditivo) y ejecutoras (laringe, faringe y boca) cuyas anomalías integran este apartado.
   – Hipoacusias bilaterales tempranas.
   – Disglosias: trastornos en la pronunciación relacionados con anomalías morfológicas de la cavidad nasal, los labios, el paladar duro o blando, el macizo máxilodentario y la lengua. Por ejemplo: labio leporino, fisura palatina, macroglosia, etcétera.
   – Disartrias: problemas en la articulación verbal por compromiso central o periférico de la función neuromuscular. Esto se ve en la parálisis cerebral y en ciertas miopatías.
b) Trastornos "funcionales" del habla.
   – Dislalias: consisten en defectos de la articulación que perduran más allá de los cuatro años de edad.
   – Disritmias (farfulleo, tartamudez): son trastornos del ritmo y la fluencia.
   – Retraso simple del habla.
c) Trastornos neuropsicológicos del lenguaje.
   – Afasias congénitas (disfasias).
   – Afasias adquiridas.
d) Trastornos lingüísticos en psicopatología.
   – Deficiencia mental.
   – Autismo infantil.
   – Mutismo emocional: ausencia total y persistente del lenguaje en determinadas circunstancias o ante determinadas personas, en niños que han adquirido el lenguaje y lo utilizan adecuadamente en otros contextos y/o con otras personas.

Esta clasificación contempla todas las formas de alteración del lenguaje: los trastornos específicos del lenguaje (disfasias), así como los trastornos del habla (dislalias, etcétera) y los trastornos del lenguaje secundarios a diversas patologías (defectos instrumentales, deficiencias mentales, etcétera). En este último caso, los trastornos lingüísticos se deben a un problema no lingüístico.

- Clasificación de los trastornos del lenguaje

Rapin y Allen, por su parte, clasificaron los trastornos del desarrollo del lenguaje desde la fonología, la gramática, la semántica y la pragmática, relacionadas con un modelo neurológico de "entrada-procesamiento-salida". Identificaron así tres tipos mayores de trastornos, cada uno de ellos dividido en dos subtipos de acuerdo a la severidad y características de los mismos (Flax y Rapin, 1998):

a) Trastornos expresivos receptivos.
  - Déficit fonológico sintáctico: el niño habla con expresiones cortas, agramaticales, con alteraciones fonológicas y limitado vocabulario. La comprensión puede estar disminuida, pero siempre es mayor que la expresión.
  - Agnosia verbal auditiva: también conocida como sordera verbal. El niño no puede diferenciar los sonidos de la palabra y, por lo tanto, no comprende lo que se le dice. Puede no hablar, o su habla es muy limitada.
b) Trastornos expresivos.
  - Dispraxia verbal: severa alteración en la producción de fonemas, con buena comprensión.
  - Déficit en la programación fonológica: lenguaje fluido o relativamente fluido, pero con una fonología tan alterada que limita su inteligibilidad. Comprensión normal o casi normal.
c) Trastornos de procesamiento de orden superior.
  - Síndrome semántico pragmático: el lenguaje es fluido y a menudo abundante, con buena fonología y sintaxis, pero la comprensión y la respuesta a las preguntas de final abierto (que no se contestan por sí o por no) son deficientes. Si el niño también muestra perseveraciones, alteraciones en la prosodia, ecolalia y alteraciones en la pragmática verbal y no verbal, es probable que se trate de un trastorno autista.
  - Déficit sintáctico-lexical: el lenguaje es fluido. El niño puede hablar en jerga de pequeño, pero progresa sumamente rápido hacia frases y oraciones cuando aparece el lenguaje inteligible. La sintaxis es inmadura, el niño tiene dificultades para formular su discurso. Comprende mejor palabras simples que el significado de oraciones.

Esta clasificación es la más utilizada por los especialistas en patologías del lenguaje y en neuropsicología. En el anexo 5 (véase pág. 188) se puede encontrar un glosario con las definiciones de los diferentes aspectos del lenguaje a los que se refieren los autores mencionados anteriormente.

4.9.3. Trastornos generalizados del desarrollo o del espectro autista

El autismo es un severo trastorno del desarrollo en el que el niño presenta desviación y a menudo retraso en el desarrollo de la comunicación y el lenguaje, en las interacciones y reciprocidad social, y en su imaginación, intereses y juego. No existe un marcador biológico del autismo, pero su comienzo temprano, su perfil clínico y su cronicidad avalan la base biológica. Si bien hay evidencias de que el factor genético es importante, no es exclusivo. Alrededor del 20% de los individuos con autismo tienen convulsiones. Sólo entre el 10% y el 30% se puede encontrar una causa específica (fragilidad del X, esclerosis tuberosa, rubéola congénita, etcétera) (Capute y Accardo, 1996).

La CIE 10 y el DSM IV se han esforzado, en sus sucesivas actualizaciones, en afinar la concordancia de sus definiciones de los trastornos generalizados del desarrollo (Petersen *et al.*, 1998). Ambas clasificaciones coinciden en las categorías siguientes: autismo, trastorno desintegrativo, síndrome o trastorno de Asperger, síndrome o trastorno de Rett y trastorno generalizado del desarrollo no especificado. La CIE 10 agrega tres categorías intermedias.

El síndrome o trastorno de Rett fue incluido dentro de este grupo por la superposición de sus síntomas con las del espectro autista en los niños pequeños, pero por su curso y características neurológicas diferentes, en general se estudia como un trastorno aparte (Lord *et al.*, 2000).

El trastorno desintegrativo se debe considerar como un trastorno con sustrato neurodegenerativo, y los niños con este diagnóstico deben ser estudiados con el objetivo de buscar una etiología (Petersen *et al.*, 1998).

Por su amplio rango de severidad, muchos autores prefieren utilizar la denominación de "espectro autista", aduciendo que los subtipos que se definen en la CIE 10 y el DSM IV fueron extraídos de este continuo de severidad para una uniformidad en el diagnóstico (Rapin y Dunn, 2003). Es así que dentro del "espectro" entran desde los casos clásicos de autismo, definidos por la presencia de deficiencias severas en la tres áreas ya nombradas, hasta los casos con alteraciones sociales significativas, pero sin trastornos en la comunicación ni conductas repetitivas (Lord y Volkmar, 2002). Esta amplitud en los criterios de inclusión es, probablemente, la razón del aparente aumento en la prevalencia de este trastorno, ya que un reciente estudio epidemiológico arroja una prevalencia de 62,6 cada 10.000 niños dentro del espectro, que es mayor que los datos previos a este estudio. También han cambiado los patrones de déficit intelectual. Las estimaciones clásicas de retardo mental han descendido de 70%-80% a 26% en el estudio reciente de Chakrabarti y colaboradores (Chakrabarti y Fombone, 2001)

Algunos autores critican a las clasificaciones diagnósticas existentes por ignorar la heterogeneidad del funcionamiento, el curso y la respuesta al tratamiento de los individuos dentro de cada grupo. Se han publicado diversos estudios que proponen subgrupos como alternativas a la categorización clásica, de los cuales el más conocido es el de Wing y Gould (1979). Estas autoras utilizaron la conducta social como criterio de clasificación, identificando tres subtipos de autismo: subtipo aislado, subtipo pasivo y subtipo activo no convencional. El objetivo de esta clasificación fue el de afinar el diagnóstico y la planificación del tratamiento. En el primer subtipo (aislado) se encuentran los niños que rechazan todo contacto, a menos que sea iniciado por ellos mismos para satisfacer una necesidad. Al segundo subtipo (pasivo) pertenecen los niños que, si bien no buscan espontáneamente la interacción social, aceptan a los otros y se los puede involucrar en actividades. El tercer subtipo (activo *no convencional*) corresponde a los niños que buscan la interacción con los demás, pero estas interacciones son sólo unidireccionales y atípicas. El grupo pasivo tuvo la mejor evolución, seguido por el activo *no convencional* y el aislado. Se ha sugerido que el subtipo aislado y el activo *no convencional* caen en los dos extremos del continuo de la conducta social. El subgrupo pasivo cae en el centro y se superpone con los otros dos, quizás más con el subgrupo activo *no convencional*. Según Tanguay y colaboradores, este subgrupo pasivo puede representar un conjunto heterogéneo que requiere otra subdivisión (Tanguay *et al.*, 1998).

En una revisión sobre los diversos estudios en que se trató de identificar subgrupos en el autismo, se llegó a la conclusión de que ninguno de los sistemas fue capaz de dar cuenta de la heterogeneidad de los signos y síntomas de este trastorno. No obstante, hay evidencias de la presencia de un continuo de tres factores (retraso en el desarrollo, déficit social, conductas repetitivas) que contiene por lo menos cuatro grupos, entre los cuales están los definidos por Wing y Gould (Beglinger y Smith, 2001).

4.9.4. Retraso o retardo mental

El retraso o retardo mental es abordado en las dos grandes clasificaciones, la CIE 10 y el DSM IV, con una ligera diferencia. En la CIE 10 se lo clasifica de acuerdo al cociente intelectual (CI) obtenido a través de la administración de pruebas estandarizadas para la población de la cual es miembro el individuo. Comprende las siguientes categorías:

1) Retraso mental leve (50 a 69 de CI)
2) Retraso mental moderado (de 35 a 49 de CI)
3) Retraso mental grave (de 20 a 34 de CI)
4) Retraso mental profundo (menos de 20 de CI)

En el DSM IV, en cambio, además del cociente intelectual por debajo del promedio, se toma en cuenta la conducta adaptativa del sujeto. Los puntos de corte del CI son aproximados a los de la clasificación mencionada anteriormente. Pero para entrar en la categoría de retardo mental, debe existir también un deterioro en el funcionamiento de al menos dos de las siguientes áreas, de acuerdo a la edad del niño: comunicación, salud, tiempo libre, seguridad, escuela, auto-cuidado, social, cuidado de un hogar, trabajo.

Existe un tercer enfoque sobre el retardo mental, que es el de la Asociación Americana de Retardo Mental (American Association on Mental Retardation, AAMR), que lo define como una discapacidad caracterizada por limitaciones significativas en el funcionamiento intelectual y en la conducta adaptativa que comprende habilidades conceptuales (lenguaje, comunicación, lectura, etcétera), sociales (relaciones interpersonales, ocio, responsabilidad, etcétera) y práctico-adaptativas (actividades de la vida diaria, manejo del dinero, etcétera), y que se origina antes de los 18 años. La AAMR establece cinco supuestos esenciales para la aplicación de la definición:

1) las limitaciones al funcionamiento del individuo deben ser consideradas dentro del contexto ambiental típico de su edad y cultura;
2) las evaluaciones válidas deben considerar la diversidad cultural y lingüística, así como las diferencias en los aspectos de la comunicación, sensoriales, motores y conductuales;
3) en un individuo coexisten limitaciones y fortalezas;
4) es necesario delinear las características de los apoyos necesarios;
5) con apoyos personalizados apropiados y sostenidos por un período de tiempo, el funcionamiento de la vida de una persona con retardo mental generalmente mejora (AAMR, 2002).

Este modelo amplía el concepto del retardo mental, evita dar excesiva importancia al CI y relaciona las necesidades de la persona con deficiencia mental con los niveles de apoyo necesarios. Es considerado un cambio de paradigma en el enfoque del retardo mental. El funcionamiento intelectual significativamente limitado se define por un CI menor de 70-75. Este punto de corte está por encima de los estipulados en las clasificaciones diagnósticas existentes.

El concepto de "apoyos" que introduce la AAMR ha revolucionado la forma de intervención. Se define a los apoyos como recursos y estrategias individuales para promover el desarrollo, la educación, los intereses y el bienestar personal de un individuo, y pueden ser provistos por padres, amigos, maestros, psicólogos, médicos o cualquier otra persona o institución apropiada. En este modelo, la clasificación no está en el nivel funcional que deriva del CI, que es lo que ocurre en las demás clasificaciones, sino en la intensidad de la necesidad de apoyos. Las cuatro intensidades de los apoyos son:

a) Intermitentes: considerados de corto plazo, utilizados por demanda de la persona o ante imprevistos.
b) Limitados: se necesitan regularmente, pero por períodos cortos de tiempo o con escasa frecuencia.
c) Extensos: continuos y regulares por años, requieren participación profesional directa o supervisión frecuente.
d) Generalizados: permanentes, de por vida. Una persona que requiere apoyo generalizado necesitará asistencia diaria en todas las áreas de la vida.

Estas cuatro intensidades reemplazan a la clasificación en retardo mental leve, moderado, severo y profundo. Este modelo es particularmente útil para las intervenciones tanto terapéuticas como educativas.

5. Clasificaciones funcionales

Las clasificaciones funcionales son un complemento de las clasificaciones diagnósticas. Los rótulos diagnósticos no dicen mucho sobre cómo funciona un niño con una discapacidad del desarrollo. Dos niños con un mismo diagnóstico de parálisis cerebral pueden tener una funcionalidad motriz gruesa diferente. Y, a la vez, esta funcionalidad motriz va a diferir según el lugar y el contexto (hogar, escuela, etcétera) y según los factores individuales de cada niño (Tieman *et al.*, 2002).

Las clasificaciones funcionales evalúan al niño utilizando una misma medida, independientemente del diagnóstico. Resaltan las fortalezas y las necesidades del niño, siendo de ayuda para la intervención.

5.1. *Clasificación Internacional del Funcionamiento, la Discapacidad y la Salud, (CIF) (OMS, 2001)*

La Clasificación Internacional del Funcionamiento, la Discapacidad y la Salud (CIF) fue elaborada por el Grupo de Clasificación, Evaluación, Encuestas y Terminología de la OMS, y sustituye a la Clasificación Internacional de Deficiencias, Discapacidades y Minusvalías (CIDDM) en su versión de 1980.

El objetivo de esta nueva clasificación fue pasar de una clasificación centrada en las "consecuencias de enfermedades" a otra sobre "componentes de la salud".

En la CIF, el concepto de "discapacidad" es asumido como un término genérico que abarca: "deficiencias de función y deficiencias de estructura" (antes sólo se refería a deficiencias), limitaciones en las "actividades" (antes, discapacidades) y limitaciones en la "participación" (antes, minusvalía). En esta clasificación se entiende como "condición de salud" a toda alteración o atributo del estado de salud de un individuo que puede generar dolor, sufrimiento o interferencia con las actividades diarias, o que determine que la persona deba acudir a los servicios de salud o a los servicios de ayuda comunitarios o sociales. Dichas condiciones pueden ser enfermedades, trastornos, lesiones, traumas u otros estados, como el embarazo o la edad.

La CIF consta de dos partes: "Funcionamiento y discapacidad" (parte I) y "Factores contextuales" (parte II).

La parte I tiene dos componentes: 1) Funciones y estructuras corporales / Deficiencias de las mismas; y 2) Actividades y participación / Limitaciones y restricciones. La parte II comprende 1) Factores ambientales; y 2) Factores personales. Esta clasificación está basada en la integración de los modelos médico y social de la discapacidad. El modelo médico considera a la discapacidad como un problema de la persona causado directamente por una enfermedad, trauma o estado de salud, que requiere cuidados médicos prestados bajo la forma de tratamiento individual llevado a cabo por profesionales; mientras que el modelo social considera a la discapacidad como un problema social y apunta a la integración de las personas con discapacidad en la comunidad. Al conjugar estos dos modelos, la CIF utiliza un enfoque bio-psico-social, con el objetivo de abarcar los diferentes aspectos de la discapacidad, y logra una síntesis que da una visión de las diferentes dimensiones de la salud desde una perspectiva biológica, individual y social.

La CIF no clasifica personas, sino que describe la situación de éstas en su funcionamiento, en su contexto ambiental y tomando en cuenta sus factores personales. Apoya el concepto de interacción entre *persona* (capacidades individuales, factores personales) y *ambiente* (lugar y contexto) en la ejecución de *actividades*.

Basándose en esta clasificación, un grupo de investigadores convocados por la OMS está adaptando una versión para clasificar las características funcionales, la discapacidad y los factores ambientales en niños, que pueda ser utilizada junto con la CIE 10 para los sistemas de salud infantiles. La clasificación para niños tiene la misma organización de la original (funciones y estructura corporales, actividades y participación, factores ambientales) y su publicación está prevista para 2004 (OMS, 2003).

5.2. Clasificaciones funcionales de la parálisis cerebral

Clasificación funcional de Minear (1956): Minear abordó el aspecto funcional, entre otros, en su clasificación del año 1956, enunciando cuatro clases que van desde la clase I, "ninguna limitación de la actividad", a la clase IV, "sin actividad física útil".

Sistema de Clasificación de la Función Motriz Gruesa: Fue creado por Palisano y colaboradores recientemente (Palisano *et al.*, 1993). Es un sistema de clasificación en cinco niveles, basados en las limitaciones funcionales del niño, la necesidad de tecnología para su asistencia y, en menor grado, en la calidad de su movimiento. Evalúa en tres grupos etarios: antes de los dos años, de dos a cuatro años, entre cuatro y seis años. El propósito es determinar qué nivel representa mejor las habilidades y las limitaciones en la función motriz de cada niño en particular. Se toma en cuenta el desempeño de éste en el hogar, en la escuela y en la comunidad. De esta forma, los pacientes se agrupan según su capacidad funcional, independientemente de su déficit. Uno de los objetivos de este enfoque es la comparación de tratamientos sobre la base de una definición objetiva de la severidad de la patología.

6. Comentario sobre el uso clínico de las clasificaciones

Las clasificaciones diagnósticas CIE 10 (OMS, 1992) y DSM IV (2002) requieren del usuario un conocimiento de los diferentes trastornos que en ellas se definen. Esto hace que su empleo sea casi exclusivo de especialidades relacionadas con el desarrollo (neurología, psiquiatría, pediatría del desarrollo). Su utilidad es, fundamentalmente, la de dar un lenguaje común al enfoque de la patología del desarrollo y la conducta. Aunque, como ya se dijo, no están comprendidos todos los trastornos del desarrollo; la parálisis cerebral, por ejemplo, no está clasificada dentro de ellas.

Su utilidad en la atención pediátrica primaria es limitada, ya que la caracterización del problema del desarrollo que presenta un niño no siempre va a poder ser hecha por el pediatra. Éste, a través de las pruebas de pesquisa, podrá llegar a tener un perfil del desarrollo del niño, y si el paciente es pequeño, menor de 3 años, y el pediatra no tiene recursos en su lugar de trabajo para derivarlo a un estudio diagnóstico, esto será suficiente para considerar la intervención adecuada (véase el capítulo 9 "Enfoque pediátrico del desarrollo y sus problemas"). Pero si el niño es mayor, la caracterización de su retraso requerirá de evaluaciones complementarias (qué tipo de trastorno del lenguaje, qué tipo de trastorno del aprendizaje, diferenciar los trastornos generalizados del desarrollo, conocer el cociente intelectual, etcétera).

La clasificación diagnóstica 0 a 3 (Kelleher y Wolraich, 1996), por su enfoque multiaxial del niño pequeño que toma en consideración los aspectos vinculares y la influencia del estrés ambiental, es sumamente adecuada para los programas de intervención temprana. El capítulo referente a los trastornos de la regulación debería ser leído por los pediatras que trabajan en atención primaria, ya que son los primeros en recibir las preocupaciones de los padres de niños con esta problemática.

No es aconsejable la utilización de la clasificación francesa (Osofsky y Fenichel, 1998), por el aislamiento internacional cada vez mayor en que se encuentra, especialmente en su enfoque de los trastornos generalizados del desarrollo y de muchas de sus categorías clínicas, sin paralelo en las clasificaciones de uso corriente.

La clasificación de los trastornos del habla y del lenguaje de Narbona García (Narbona García y Shlumberger, 2001) es muy útil para que el pediatra tenga una primera aproximación a un niño con problemas en el lenguaje, ya que permite ubicar el nivel del trastorno, ayudando a organizar los estudios y consultas posteriores.

Las clasificaciones funcionales son necesarias para la integración del niño en su hogar, escuela, comunidad, etcétera. Son indispensables para planificar las intervenciones de habilitación o rehabilitación.

7. Conclusión

Las clasificaciones son necesarias para dar un leguaje común a los profesionales, organizar las observaciones, orientar el tratamiento y evaluar la efectividad del mismo. La actualización periódica de los manuales de clasificaciones es imprescindible a la luz de los avances en neurociencias, con el objetivo de cumplir con los cuatro criterios de entidad nosológica enunciados por Boucher (1998).

Existen diversas clasificaciones sobre la base de muy diferentes aspectos de las patologías del desarrollo. La utilización de cada una de ellas dependerá de la especialidad del profesional que las aplique. Esto habla de la convergencia de las diversas disciplinas que estudian el desarrollo infantil, y de la necesidad de un enfoque interdisciplinario del mismo.

Referencias bibliográficas

Accardo, P. J.; Whitman, B. Y. (2001): *Dictionary of Developmental Disabilities Terminology*, 2ª ed., Londres, Paul Brookes.

Aicardi, J. (1988): "The etiology of developmental delay", *Seminars in Pediatric Neurology*, vol. 5, 1 (marzo): 15-20.

American Academy of Neurology (2000): "Practice parameters: screening and diagnosis of autism. Report of the Quality Standards Subcommittee of the American Academy of Neurology and the Child Neurology Society", *Neurology*, 55: 468-479.

American Association on Mental Retardation (2002): <http:// www.aamr.org/>

Beglinger, L. J.; Smith, T. H. (2001): "A review of subtyping in autism and proposed dimensional classification model", *Journal of Autism and Developmental Disorders*, vol. 31 (4) (agosto): 411-422.

Boucher, J. (1998): "Some issues in the classification of developmental disorders", *International Journal of Language and Communication Disorders*, vol. 33, 1: 95-108.

Bowker, G. C.; Leigh Star, S. (1999): *Sorting Things Out: Classification and its Consequences*, Cambridge, MIT Press.

Bronfenbrenner, U. (1979): *The Ecology of Human Development*, Cambridge, Harvard University Press.

Capute, A.; Accardo, P. (1996): "Neurodevelopmental perspectives on developmental disabilities", en *Developmental Disabilities in Infancy and Childhood*, 2ª ed., Londres, Paul Brookes, vol. 1.

Chakrabarti, S.; Fombonne, E. (2001): "Pervasive developmental disorders in preschool children", *JAMA* (Chicago), 285 (27 de junio): 3093-3099.

Drotar, D. (1999): "The diagnostical and statistical manual for primary care DSM PC: what pediatric psychologists need to know", *Journal of Pediatric Psychology*, vol. 24, 5: 369-380.

DSM-IV. *Manual diagnóstico y estadístico de los trastornos mentales* (2000), Barcelona, Masson.

Garret-Gloanec, N.; Gloanec, Y. (2003): "La pédo-psychiatrie aujourd'hui et demain psychiatres des hôpitaux, pédo-psychiatres à Nantes", *Les Etats Généraux de la Psychiatrie*.

Guédeney, A. (1998): "Les enjeux d'une classification et ses liens à la psychopathologie chez le jeune enfant", *Devenir*, vol. 10, 1: 17-25.

Hoenig, J. (1981): "Nosology and statistical classification", *Can. J. Psychiatry*, 26 (enero) (4): 240-3.

Jensen, P. S.; Hoagwood, K. (1997): "The book of names: DSM-IV in context", *Developmental Psychopathology*, 9 (2): 231-249.

Kelleher, K. J. (MD-MPH); Wolraich, M. L. (MD) (1996): "Diagnosing psychosocial problems", *Pediatrics*, vol. 97 (6), part 1, of. 2 (junio): 899-901.

Knobloch, H.; Stevens, F.; Malone, A. (1987): *Manual of Developmental Diagnosis. The Administration and Interpretation of the Revised Gesell and Amatruda Developmental and Diagnostic Examination*, Houston-Texas, Developmental Evaluation Materials.

Fejerman, N.; Fernández Álvarez, E. (1988): *Neurología pediátrica*, 2ª edición, Buenos Aires, El Ateneo.

First, L. R.; Palfrey, J. S. (1994): "The infant or young child with developmental delay", *The New England Journal*, vol. 330, 7 (febrero): 478-483.

Flax, J.; Rapin, I. (1998): "Evaluating children with delayed speech and language", *Contemporary Pediatrics* (octubre).

Levrino, M. (2002): "Diagnóstico en psicología clínica y psiquiatría", <http://psychonephrology.org/article1.html>

Lord, C.; Cook, E. H.; Leventhal, B. L.; Amaral, D. G. (2000): "Autism spectrum disorders", *Neuron*, vol. 28 (noviembre): 355-363.

Lord, C.; Volkmar, F. (2002): "Genetics of childhood disorders: XLII. Autism. Part I: Diagnosis and assessment in autism spectrum disorders", *Journal of the American Academy of Child and Adolescent Psychiatry*, vol. 41 (9): 1134-1136.

Luckasson, R.; Coulter, D. L.; Polloway, E. A.; Reiss, S.; Schalock, R. L.; Snell, M. E.; Spitalnik, D. M.; Stark, J. A. (1997): *Mental Retardation: De-*

finition, Classification, and Systems of Supports, 9ª ed., Washington D.C., American Association on Mental Retardation.

Macé, G. (2003): *Autisme france, acteur de l'année européenne des personnes handicapées 2003*, accordé par le Secrétariat d'État aux Personnes handicapées, <http://autisme.france.free.fr/>

Martínez de Sousa, J. (1998): *Diccionario de usos y dudas del español actual*, Barcelona, Vox.

Minear, W. (1956): "A classification of cerebral palsy", *Pediatrics*, vol. 18, 5 (noviembre): 841-852.

Misès, R.; Quemada, N.; Botbol, M.; Bursztejn, C. L.; Durand, B.; Garrabe, J.; Golse, B.; Jeammet, P.; Plantade, A.; Portelli, C.; Thevenot, J. P. (2002): "Classification française des troubles mentaux de l' enfant et de l'adolescent, 2000", *Ann. Med. Psychol.*, 160: 242-246.

Narbona García, J.; Schlumberger, E. (2001): "Retraso psicomotor", *Protocolos de Neurología de la Asociación Española de Pediatría* (junio).

Nathan, P. E.; Langenbucher, J. W. (1999): "Psychopathology: description and classification", *Ann. Rev. Psychol.*, 50: 79-107.

National Institute of Child Health & Human Development (NCMRR) (2003): "Research Plan for the National Center for Medical Rehabilitation Research", National Institutes of Health, <http://156.40.88.3/about/ncmrr/seven.htm>

OMS (1980): *Clasificación Internacional de Deficiencias, Discapacidades y Minusvalías (CIDDM) de la Organización Mundial de la Salud*, Ginebra, Ed. OMS.

OMS (1992): *Clasificación Internacional de Enfermedades 10. Décima revisión de la clasificación internacional de las enfermedades, trastornos mentales y del comportamiento. Descripciones clínicas y pautas para el diagnóstico*, Ginebra, Ed. OMS.

OMS (2001): *Clasificación internacional del funcionamiento, de la discapacidad y la salud*, Madrid, Ed. OMS.

OMS (2003): <www.aihw.gov.au/international/who_hoc/>

Osofsky, J.; Fenichel, E. (1998): "La classification diagnostique des troubles de la santé mentale du nourrison et du jeune enfant, DC 0-3. L'histoire de son développement", *Devenir*, 10, 1: 27-33.

Palisano, R.; Rosenbaum, P.; Walter, S.; Russell, D.; Word, E.; Galuppi, B. (1997): "Gross motor function classification system for cerebral palsy", *Developmental Medicine and Child Neurology*, 39: 214-223.

Pearlman, M. (2003): "Autism/PDD: Part one. Issues in developmental disabilities course syllabus", <http://wiscinfo.doit.wisc.edu/issues/html/index.html>

Petersen, M.; Kube, D.; Palmer, F. (1998): "Classification of developmental delays", *Seminars in Pediatric Neurology*, 5, 1 (marzo): 2-14.

Portelli, C. (2001): "Les classifications représentent-elles un risque de blocage de l'évaluation?", *Psychiatrie Française*, XXXIII, 2, octubre.

Rapin, I.; Allen, D. A. (1998): "The semantic pragmatic deficit-disorder", *International Journal of Language and Communication*, vol. 33, 1: 82-87.

Rapin, I.; Dunn, M. (2003): "Update of language disorders of individuals on the autistic spectrum", *Brain and Development*, 25: 166-172.

Rotondo, H. (1998): *Manual de psiquiatría*, San Marcos, Centro de Producción Editorial de la Universidad Nacional Mayor de San Marcos.

Sandler, J. (1992): "Reflections on some relations between psychoanalytic concepts and psychoanalytic practice", *International Journal of Psychoanalysis*, 73: 189-198.

Shapiro, B. K.; Palmer, F. B.; Capute, A. (1987): "Cerebral palsy. History and state of the art", en Gottlieb, M. I.; Williams, J. E. (eds.), *Textbook of Developmental Pediatrics*, Nueva York, Plenum Medical Book Company.

Shevell, M. I.; Majnemer, A.; Rosenbaum, P.; Abrahamowicz, M. (2001): "Etiologic determination of childhood developmental delay", *Brain and Development*, 23: 228-235.

Stein, Martin (2001): "An 8 year old boy with school difficulties and 'odd behavior'", *Journal of Developmental and Behavioral Pediatrics*, 22: 243-247.

Tanguay, P.; Robertson, J.; Derrick, A. (1998): "A dimensional classification of autism spectrum disorders by social communication domains", *Journal of the American Academy of Child and Adolescent Psychiatry*, 37 (3): 271-277.

Tanguay, P. E.; Robertson, J.; Derrick, A. (2001): "A classification for autistic spectrum disorder", *The Journal of Developmental and Learning Disorders*, vol. 5, 1.

Tieman, B.; Palisano, R.; Gracely, E.; Rosenbaum, P.; Chiarello, L.; O'Neil, M. (2002): "Gross motor capability and performance of mobility in children with cerebral palsy: A comparison across home, school, and outdoors/community settings", *Developmental Medicine and Child Neurology*, 91 (44): 28.

Wing, L.; Gould, J. (1979): "Severe impairments of social interaction and associated abnormalities in children: epidemiology and classification", *Journal of Autism and Developmental Disorders*, 9: 11-29.

Zero to Three. National Center for Clinical Infants Programs (1998): *Clasificación diagnóstica: 0 a 3. Clasificación diagnóstica de la salud mental y los desórdenes en el desarrollo de la infancia y la niñez temprana*, Buenos Aires, Paidós.

Anexo 1. Clasificación Internacional de las Enfermedades (CIE 10). Trastornos mentales y del comportamiento

F70-79: Retraso o retardo mental.

El retraso mental es un trastorno definido por la presencia de un desarrollo mental incompleto o detenido, caracterizado principalmente por el deterioro de las funciones concretas de cada época del desarrollo y que contribuyen al nivel global de la inteligencia, tales como las funciones cognoscitivas, las del lenguaje, las motrices y la socialización. El diagnóstico se hace a través de la aplicación de pruebas de inteligencia estandarizadas y adecuadas a la cultura de la población de la cual es miembro el individuo, obteniendo como resultado el cociente intelectual (CI), que es lo que se usa para la clasificación en:

F70   Retraso mental leve (50 a 69 de CI).

F71   Retraso mental moderado (de 35 a 49 de CI).

F72   Retraso mental grave (de 20 a 34 de CI).

F73   Retraso mental profundo (menos de 20 de CI).

F78   Otros retrasos mentales.

F79   Retraso mental sin especificación.

F80-89: Trastornos del desarrollo psicológico.

Estos trastornos tienen las siguientes características:

a) Comienzo siempre en la primera o segunda infancia.

b) Deterioro o retraso del desarrollo de las funciones que están íntimamente relacionadas con la maduración biológica del sistema nervioso central.

c) Curso estable, sin las remisiones y recaídas que tienden a ser características de muchos trastornos mentales.

En la mayoría de los casos las funciones afectadas son el lenguaje, el rendimiento de las funciones viso-espaciales o de coordinación de movimientos.

Comprenden:

F80 *Trastornos específicos del desarrollo del habla y del lenguaje.*

F80.0   Trastorno específico de la pronunciación.

F80.1   Trastorno de la expresión del lenguaje.

F80.2   Trastorno de la comprensión del lenguaje.

F80.3   Afasia adquirida con epilepsia (síndrome de Landau-Kleffner).

F80.8   Otros trastornos del desarrollo del habla y del lenguaje.

F80.9   Trastorno del desarrollo del habla y del lenguaje sin especificación.

F81 *Trastornos específicos del desarrollo del aprendizaje escolar.*

F81.0   Trastorno específico de la lectura.

F81.1   Trastorno específico de la ortografía.

F81.2   Trastorno específico del cálculo.

F81.3   Trastorno mixto del desarrollo del aprendizaje escolar.

F81.8 Otros trastornos del desarrollo del aprendizaje escolar.

F81.9 Trastorno del desarrollo del aprendizaje escolar sin especificación.

F82 *Trastorno específico del desarrollo psicomotor.*
Se trata de un retraso del desarrollo de la coordinación de los movimientos

F83 *Trastorno específico del desarrollo mixto.*
Es una categoría en la que hay una mezcla de trastornos específicos del desarrollo del lenguaje, de la capacidad escolar o de funciones motrices, y en la que no predomina ninguna lo suficiente como para constituir el diagnóstico principal.

F84 *Trastornos generalizados del desarrollo.*
Es un grupo de trastornos caracterizados por alteraciones cualitativas características de la interacción social, de las formas de comunicación y por un repertorio repetitivo, estereotipado y restrictivo de intereses y actividades. Estas anomalías cualitativas son una característica generalizada del comportamiento del individuo en todas las situaciones, aunque su grado puede variar. Las categorías son las siguientes:

F84.0 Autismo infantil.

F84.1 Autismo atípico.

F84.2 Síndrome de Rett.

F84.3 Otro trastorno desintegrativo de la infancia.

F84.4 Trastorno hiperquinético con retraso mental y movimientos estereotipados.

F84.5 Síndrome de Asperger.

F84.8 Otros trastornos generalizados del desarrollo.

F84.9 Trastorno generalizado del desarrollo sin especificación.

F88 *Otros trastornos del desarrollo psicológico.*

F89 *Trastorno del desarrollo psicológico sin especificación.*

F90-98: Trastornos del comportamiento y de las emociones de comienzo habitual en la infancia y adolescencia.

F90 *Trastornos hiperquinéticos.*
Se trata de un grupo de trastornos que comienzan tempranamente (por lo general, durante los cinco primeros años de la vida), combinan un comportamiento hiperactivo y pobremente modulado con una marcada falta de atención y de continuidad en las tareas. Estos problemas se presentan en las situaciones más variadas y persisten a lo largo del tiempo. Comprenden:

F90.0 Trastorno de la actividad y de la atención.

F90.1 Trastorno hiperquinético disocial.

F90.8 Otros trastornos hiperquinéticos.

F90.9 Trastorno hiperquinético sin especificación.

F91 *Trastornos disociales (o antisociales).*
Estos trastornos se caracterizan por una forma persistente y reiterada de comportamiento antisocial, agresivo o desafiante. Sus categorías son:

F91.0 Trastorno disocial limitado al contexto familiar.

F91.1 Trastorno disocial en niños no socializados.

F91.2 Trastorno disocial en niños socializados.

F91.3 Trastorno disocial desafiante y oposicionista.

F91.8 Otros trastornos disociales.

F91.9 Trastorno disocial sin especificación.

F92 *Trastornos disociales y de las emociones mixtos.*
Es un grupo de trastornos que se caracteriza por la combinación persistente de un comportamiento agresivo, disocial o desafiante, con manifestaciones claras y marcadas de depresión, ansiedad u otras alteraciones emocionales. Pueden ser de dos tipos:

F92.0 Trastorno disocial depresivo.

F92.8 Otros trastornos disociales y de las emociones mixtos.

F93 *Trastornos de las emociones de comienzo habitual en la infancia.*

F93.0 Trastorno de ansiedad de separación de la infancia.

F93.1 Trastorno de ansiedad fóbica de la infancia.

F93.2 Trastorno de hipersensibilidad social de la infancia.

F93.3 Trastorno de rivalidad entre hermanos.

F93.8 Otros trastornos de las emociones en la infancia.

F93.9 Trastorno de las emociones en la infancia sin especificación.

F94 *Trastornos del comportamiento social de comienzo habitual en la infancia y adolescencia.*
Se trata de un grupo heterogéneo de alteraciones que tienen en común la presencia de anomalías del comportamiento social que comienzan durante el período de desarrollo, pero que a diferencia de los trastornos generalizados del desarrollo no se caracterizan primariamente por una incapacidad o déficit del comportamiento social aparentemente constitucionales, ni están generalizados a todas las áreas del comportamiento. En muchos casos suelen añadirse distorsiones o privaciones ambientales graves que juegan a menudo un papel crucial en la etiología. Comprenden:

F94.0 Mutismo selectivo

F94.1 Trastorno de vinculación de la infancia reactivo.

F94.2 Trastorno de vinculación de la infancia desinhibido.

F94.8 Otros trastornos del comportamiento social en la infancia y adolescencia.

F94.9 Trastorno del comportamiento social en la infancia y adolescencia sin especificación.

F95 *Trastornos de tics.*
Son un conjunto de síndromes en los que la manifestación predominante es alguna de las formas de los tics. Estos pueden ser:

F95.0 Trastorno de tics transitorios.

F95.1 Trastorno de tics múltiples motores y fonatorios combinados (síndrome de Gilles de la Tourette).

F95.8   Otros trastornos de tics.

F95.9   Trastorno de tics sin especificación.

F98 *Otros trastornos de las emociones y del comportamiento de comienzo habitual en la infancia y adolescencia.*

F98.0   Enuresis no orgánica.

F98.1   Encopresis no orgánica.

F98.2   Trastorno de la conducta alimentaria en la infancia.

F98.3   Pica en la infancia.

F98.4   Trastorno de estereotipias motrices.

F98.5   Tartamudeo (espasmofemia).

F98.6   Farfulleo.

F98.8   Otros trastornos de las emociones y del comportamiento en la infancia y adolescencia especificados.

F98.9   Trastorno de las emociones y del comportamiento de comienzo habitual en la infancia o la adolescencia sin especificación.

El manual recomienda el uso de otros capítulos de la CIE 10, además del capítulo V (F), para especificar más el diagnóstico. Los capítulos más relevantes para los problemas en el desarrollo son, entre otros:

Capítulo VI: Enfermedades del sistema nervioso (G).

Capítulo XVI: Ciertas afecciones originadas en el período neonatal (P).

Capítulo XVII: Malformaciones, deformaciones y anomalías cromosómicas congénitas (Q).

Capítulo XVIII: Síntomas, signos y hallazgos clínicos y de laboratorio no clasificados en otra parte (R).

Capítulo XIX: Lesiones, intoxicaciones y otras secuelas de causas externas (S, T).

Capítulo XX: Causas externas de morbilidad y mortalidad (X).

Capítulo XXI: Factores que influyen en el estado de salud y el contacto con los servicios de salud (Z).

Anexo 2. Manual Diagnóstico y Estadístico de Enfermedades Mentales IV (DSM IV).

Los cinco ejes sobre los que está construido el DSM IV TR son:

- Eje I: Describe los distintos trastornos mentales, incluyendo los de inicio en la infancia y adolescencia, excluyendo los trastornos de la personalidad y el retardo mental (son 15 grupos mayores de trastornos).
- Eje II: Trastornos de la personalidad y el retardo mental. Se incluyen también los mecanismos defensivos y las características desadaptativas de la personalidad.
- Eje III: Enfermedades médicas importantes para una evaluación completa del sujeto, ya sea porque son causa de la aparición o del empeoramiento del trastorno mental.
- Eje IV: Problemas psicosociales y ambientales:
  1. Relativos al grupo primario de apoyo
  2. Relativos al ambiente social
  3. Relativos a la enseñanza
  4. Laborales
  5. De vivienda
  6. Económicos
  7. De acceso a los servicios de salud
  8. Relativos a la interacción con el sistema legal o con el crimen
  9. Otros (desastres, guerra, conflictos con cuidadores no familiares, ausencia de centros de servicios sociales, etcétera).
- Eje V: Evaluación de la actividad global. Se considera la actividad psicosocial, social y laboral a lo largo de un hipotético eje de salud-enfermedad. No se incluyen las alteraciones de la actividad debidas a limitaciones físicas o ambientales. Se utilizan por lo general escalas que apuntan a cuantificar los distintos aspectos desde una mayor a una menor capacidad de adaptación.

Los trastornos de inicio en la infancia, la niñez o la adolescencia son los siguientes:

Retraso mental: el retraso o retardo mental se codifica en el Eje II.
Se denomina retraso o retardo mental a un funcionamiento intelectual por debajo del promedio, que se presenta junto con deficiencias de adaptación y se manifiesta durante el período de desarrollo (antes de los 18 años)

1. *Funcionamiento intelectual:*
317.   Retraso mental leve: CI entre 50-55 hasta aproximadamente 70
318.0   Retraso mental moderado: CI entre 35-40 y 50-55
318.1   Retraso mental grave: CI entre 20-25 y 35-40

318.2   Retraso mental profundo: CI inferior a 20 o 25

319.   Retraso mental de gravedad no especificada: existe una clara presunción de retraso mental, pero la persona no puede ser evaluada con pruebas de inteligencia usuales

2. *Deterioro o déficit para ese grupo etario, en el funcionamiento de al menos dos de las*
siguientes áreas:

A. Comunicación

B. Salud

C. Tiempo libre

D. Seguridad

E. Escuela

F. Auto-cuidado

G. Social

H. Cuidar un hogar

I. Trabajo

3. *Comienzo antes de los 18 años*

Trastornos del aprendizaje: el niño presenta un trastorno del aprendizaje cuando su
rendimiento en lectura, cálculo o expresión escrita es sustancialmente inferior al esperado por edad, escolarización y nivel de inteligencia, según indican pruebas estandarizadas administradas individualmente.

315.00 Trastorno de la lectura

315.1   Trastorno del cálculo

315.2   Trastorno de la expresión escrita

315.9   Trastorno del aprendizaje no especificado

Trastorno de las habilidades motoras:

315.4 Trastorno del desarrollo de la coordinación: estos trastornos no deben estar relacionados con una enfermedad médica (por ejemplo, parálisis cerebral). Se asocian en
general a retrasos en otras áreas del desarrollo no motor (lenguaje).

Trastornos de la comunicación:

315.31 Trastorno del lenguaje expresivo

315.32 Trastorno mixto del lenguaje receptivo-expresivo

315.39 Trastorno fonológico

307.0   Tartamudeo

307.9   Trastorno de la comunicación no especificado

Trastornos generalizados del desarrollo: son trastornos que se caracterizan por una
perturbación grave y generalizada de la interacción social, la comunicación y la presencia de comportamientos, intereses y actividades estereotipadas. Comprenden los siguientes trastornos:

299.00 Trastorno autista

299.80   Trastorno de Rett

299.10   Trastorno desintegrativo infantil

299.80   Trastorno de Asperger

299.80   Trastorno generalizado del desarrollo no especificado

Trastornos por déficit de atención y comportamiento perturbador: se caracterizan por un patrón persistente de desatención y/o hiperactividad.

314.00   Trastorno por déficit de atención con hiperactividad, con predominio del déficit de atención

314.01   Tipo con predominio hiperactivo-impulsivo

314.9   Trastorno por déficit de atención con hiperactividad no especificado

Trastornos disociales

313.81   Trastorno negativista desafiante

312.9   Trastorno de comportamiento perturbador no especificado

307.59   Trastornos de la ingestión y de la conducta alimentaria de la infancia o niñez:

307.52   Pica

307.53   Trastorno de rumiación

307.23   Trastorno de la Tourette

307.22   Trastorno de tics motores o vocales crónicos

307.21   Trastorno de tics transitorios

Trastornos de la eliminación:

Encopresis:

787.6   Con estreñimiento e incontinencia por rebosamiento

307.7   Sin estreñimiento ni incontinencia por rebosamiento

307.6   Enuresis (no debida a una enfermedad médica)

Otros trastornos de la infancia, la niñez o la adolescencia:

309.21   Trastorno de ansiedad por separación

313.23   Mutismo selectivo

313.89   Trastorno reactivo de la vinculación de la infancia o la niñez

307.3   Trastorno de movimientos estereotipados

313.9   Trastorno de la infancia, la niñez o la adolescencia no especificado

Anexo 3. Clasificación diagnóstica de los trastornos de la salud mental y del desarrollo de la infancia temprana 0 a 3.

EJE I: DIAGNÓSTICO PRIMARIO O PRINCIPAL

Describe los problemas del niño y debe reflejar los signos más prominentes del trastorno Este eje incluye diversos diagnósticos similares a los del eje I del DSM IV:

100. Trastorno por estrés traumático

Síntomas que son consecuencia de un trauma actual y/o en curso, y no sólo de un trauma pasado. Este diagnóstico requiere la existencia de un trauma identificado (visto o asistido, un ataque real o una amenaza para sí mismo u otro). Requiere la existencia de síntomas que hayan durado más de un mes.

200. Trastornos del afecto

Se refieren a dificultades del niño en la expresión de las emociones que son apropiadas para su edad. Los síntomas se presentan a menudo como dificultades en la interacción, apareciendo en el contexto de la relación principal con aquél que cuida al niño. Estas dificultades en la interacción se han extendido con el tiempo a otras situaciones y caracterizan el estilo interactivo del niño.

Comprenden los siguientes trastornos:

201   Trastornos de ansiedad
202   Trastorno del humor por duelo prolongado
203   Trastorno del humor por depresión
204   Trastorno mixto de la expresión emocional
205   Trastorno de la identidad del género
206   Trastorno del apego reactivo a la carencia o al maltrato

300. Trastorno de ajuste

Es un trastorno leve, de corta duración (menos de 4 meses), y que aparece como respuesta a un evento del ambiente.

400. Trastornos de la regulación

Corresponden a una categoría diagnóstica nueva que describe las dificultades constitucionales o madurativas (de integración o de organización sensorial o sensorio-motriz), asociadas a diferentes formas de comportamiento, que se caracterizan por una insuficiencia en su regulación.

Tipo I: hipersensible. Son niños descriptos como hipersensibles a diferentes estímulos, sean ruidos de alta tonalidad, texturas o ambientes agitados. Estos niños tratan de controlar sus estados siendo miedosos y prudentes, o bien siendo negativos y desafiantes.

Tipo II: hipo reactivo. Estos niños son descriptos como replegados y con dificultades para establecer comunicación, o bien, como absortos en sí mismos.

Tipo III: desorganizado desde el punto de vista motor, impulsivo. Estos niños son descriptos como hiperactivos. Se caracterizan por una disminución de la sensibilidad a estímulos exteriores y retraso motor o de integración de la motricidad. Se vuelven hiperactivos en la búsqueda de sensaciones.

Tipo IV: otro.

500. Trastornos del sueño

Comprenden las dificultades en iniciar y/o mantener el sueño, la hipersomnia, o trastornos funcionales en el período de sueño o al despertar.

600. Trastornos de la conducta alimentaria

Se refieren a dificultades para comer cantidades adecuadas de nutrientes o a establecer ritmos regulares de alimentación.

700. Trastornos de la relación y la comunicación

Comprenden los Trastornos Generalizados del Desarrollo (TGD), o trastornos multisistémicos del desarrollo.

EJE II: CLASIFICACIÓN DEL TRASTORNO DE LA RELACIÓN

Es un eje nuevo, que describe la relación del niño con una o varias de las personas principales que lo crían, y pone el acento sobre la primacía de las relaciones en el desarrollo del bebé. Este eje clasifica las modalidades de la relación según tres parámetros: la calidad del comportamiento, la del tono afectivo y el compromiso psicológico

La Escala de evaluación global padres/bebés (PIR-GAS) es un instrumento construido a partir de la investigación, que se utiliza con el eje II. Esta escala clasifica las relaciones padres/bebé en una gama que va de "bien adaptada" a "masivamente patológica".

EJE III: CONDICIONES Y TRASTORNOS MÉDICOS Y DEL DESARROLLO

Describe los problemas físicos y del desarrollo que interfieren con el bienestar emocional del niño. Para este ítem se pueden utilizar el DSM IV, la CIE o clasificaciones específicas utilizadas por fonoaudiólogos, terapistas físicos, ocupacionales, psicopedagogos, etcétera.

EJE IV: FACTORES DE ESTRÉS PSICOSOCIAL

Este eje se incluyó para poder tomar en cuenta las variadas formas y grados de severidad de estrés psicosocial, que son factores que influyen en una variedad de trastornos en los niños.

EJE V: NIVEL FUNCIONAL EMOCIONAL Y DEL DESARROLLO

Este eje tiene que ver con cómo el niño organiza su experiencia, reflejada en su funcionamiento. El estrés psicosocial puede estar presente en la vida de un niño directamente (una enfermedad que requiere hospitalización) o indirectamente (una enfermedad súbita de uno de los padres que provoca separación). También puede ser agudo o duradero; puede tener una sola fuente o comprender eventos múltiples y sumados. Algunos hechos específicos que son parte de la experiencia normal en la cultura pueden ser perturbadores para un niño pequeño (el nacimiento de un hermano, una mudanza, entrada a la escuela). Las fuentes de estrés duraderas y profundas son, entre otras, la pobreza, la violencia ambiental y abuso en el hogar. Los factores de estrés psicosocial tendrían como consecuencia la pérdida de la seguridad básica del niño, su comodidad, o sea, la envoltura protectora que debe constituir el ambiente inmediato del niño. Se debe distinguir la severidad del tipo específico de factor estresante en su impacto sobre el niño, que será modificada por la respuesta del ambiente. Este ambiente puede proteger y cubrir al niño, disminuyendo el impacto. Puede, al contrario, no amortiguar el impacto, fallando en la protección que debe dar, o puede reforzar el impacto a través de la ansiedad y/u otras actitudes negativas.

Anexo 4. Clasificación Francesa de los Trastornos Mentales del Niño y del Adolescente (CFTMEA)

En la última revisión (año 2000), se introdujo en el Eje I un número de categorías clínicas referidas a niños de 0 a 3 años, debido a que los conocimientos recientes de la psiquiatría de los niños de esta edad han justificado la creación de una sección específica:

EJE I. BEBÉ (0-3 AÑOS)

B1   Niños en riesgo de trastornos severos del desarrollo
B2   Depresiones de los niños pequeños
B3   Niños en riesgo de evolución disarmónica
B4   Estados de estrés. En estos casos el estrés es el factor etiológico principal
B5   Hipermadurez o hiperprecocidad patológicas
B6   Trastornos del vínculo

CATEGORÍAS CLÍNICAS: En esta enumeración de categorías clínicas sólo se presentan las que tienen cierta correspondencia con la CIE 10 y el DSM IV.

1. Autismo y trastornos psicóticos

1.0 *Psicosis precoces (trastornos generalizados del desarrollo)*
1.00   Autismo infantil precoz, tipo Kanner
1.01   Otras formas de autismo
1.02   Psicosis precoz deficitaria. Retardo mental con trastornos autísticos o psicóticos
1.03   Síndrome de Asperger
1.04   Disarmonías psicóticas
1.05   Trastorno desintegrativo de la infancia
1.08   Otras psicosis precoces u otros trastornos generalizados del desarrollo
1.09   Psicosis precoces o trastornos generalizados del desarrollo no especificados
1.1   Esquizofrenia
1.2 a 1.9 Otros trastornos

2. Trastornos neuróticos

3. Patologías límite

4. Trastornos de la relación

5. Deficiencias mentales (retardo, debilidad mental, demencias): En esta categoría, la clasificación del retardo mental es igual a la que figura en la CIE 10.

6. Trastornos del desarrollo y de las funciones instrumentales

6.0 *Trastornos del habla y del lenguaje*

6.00   Trastorno aislado de la articulación

6.01   Trastorno del desarrollo del lenguaje

6.010   Retraso del habla

6.011   Retraso simple del lenguaje

6.012   Disfasia

6.018   Otro trastornos del desarrollo del lenguaje

6.02   Afasia adquirida

6.020   Afasia adquirida con epilepsia (Landau-Kleffner)

6.028   Otras afasias adquiridas

6.03   Mutismo

6.04   Tartamudez

6.08   Otros trastornos del habla y del lenguaje

6.09   Trastornos del habla y del lenguaje no especificados

6.1 *Trastornos cognitivos y de las adquisiciones escolares*

6.10   Trastornos léxico-gráficos

6.100   Dislexia aislada

6.108   Otros trastornos léxico-gráficos

6.101   Trastorno de la ortografía sin trastorno de la lectura

6.11   Trastornos específicos de la aritmética (discalculia)

6.12   Trastornos del razonamiento (disarmonías cognitivas)

6.13   Trastornos de la atención sin hiperquinesia

6.18   Otros trastornos cognitivos y de las adquisiciones escolares

6.19   Trastornos cognitivos y de las adquisiciones escolares no especificados

6.2 *Trastornos psicomotores*

6.20   Retardo psicomotor (trastorno específico del desarrollo motor)

6.21   Tics

6.210   Tics aislados

6.211   Enfermedad de Gilles de la Tourette

6.28   Otros trastornos psicomotores

6.29   Trastornos psicomotores no especificados

7. Trastornos de la conducta y el comportamiento

7.0   Trastornos hiperquinéticos

7.00   Hiperquinesia con trastornos de la atención

7.08   Otros trastornos hiperquinéticos

7.1   Trastornos de la conducta alimentaria

7.2   Tentativa de suicidio

7.3   Trastornos relacionados con uso de drogas o alcohol

7.4   Trastorno de ansiedad de separación

7.5   Trastornos de la identidad y conductas sexuales

7.6   Fobias escolares

7.70   Piromanía

7.71   Cleptomanía

7.72   Tricotilomanía

7.74   Violencia contra las personas

7.75   Conductas de riesgo

7.76   Vagabundeo

7.78   Otros trastornos de la conducta

8. Trastornos de expresión somática

8.0   Afecciones psicosomáticas

8.1   Trastornos psicofuncionales

8.2   Trastorno hipocondríaco

8.3   Enuresis

8.4   Encopresis

8.5   Trastornos del sueño

8.6   Retardo del crecimiento psicógeno

9. Variaciones de la normalidad: dentro de esta categoría se clasifican conductas que no pueden ser incluidas en las categorías precedentes. Algunas de ellas se encuentran contenidas en el desarrollo normal y son transitorias. Otras son manifestaciones más duraderas, de las que no se puede afirmar un carácter patológico. Se dan como ejemplo problemas escolares que dependen de la pedagogía, así como ciertos aspectos del temperamento del niño.

EJE II. FACTORES ASOCIADOS O ANTERIORES EVENTUALMENTE ETIOLÓGICOS

1. Factores orgánicos:

10.   Sin factores orgánicos reconocidos

11.   Factores antenatales de origen materno

12.   Factores perinatales

13.   Compromiso cerebral posnatal

14.   Patologías de origen genético o congénitas

15.   Enfermedades y afecciones somáticas invalidantes

16.   Convulsiones y epilepsia

17.   Antecedentes de enfermedades somáticas en la infancia

18.   Otras
19.   Sin respuesta posible por falta de información

2. Factores y condiciones ambientales

20.   Sin factores ambientales a tener en cuenta
21.   Trastornos mentales o perturbaciones psicológicas referidas en la familia
23.   Carencias afectivas, educativas, sociales, culturales
24.   Maltrato o negligencia grave
25.   Hechos que llevan a la ruptura de lazos afectivos
26.   Contexto socio-familiar particular
27.   Otros

Anexo 5. Glosario de términos lingüísticos

Habla: acto articulatorio por el cual el hablante codifica un mensaje. Exige un control fino de los movimientos del aparato bucofonador y un control satisfactorio de la respiración.

Lenguaje: en su sentido más amplio, el lenguaje es la capacidad específica de la especie humana de utilizar un sistema de signos arbitrarios como medio de comunicación e instrumento cognitivo.

Praxia: (de *praxis*) es la coordinación de movimientos que se necesita para la realización de un fin determinado.

Dispraxia: defectos en dicha coordinación.

Apraxia: imposibilidad en la coordinación.

Gnosia: (de *gnosis*) se refiere al conocimiento o reconocimiento del mundo exterior a través de las *gnosias* o unidades de representación cognoscitivas. Trastornos: agnosia

Fasia: significa dar a conocer, expresar, hablar. Trastornos: disfasia, afasia.

Afasia: término que se aplica a la pérdida del lenguaje previamente adquirido como consecuencia de lesiones cerebrales focales.

Trastornos Específicos del Lenguaje (TEL): también llamados trastornos específicos del desarrollo del lenguaje (lo que antes se denominaba disfasia o afasia congénita). Es un grupo de dificultades en el lenguaje que no pueden ser suficientemente justificadas por defectos instrumentales auditivos o de mecánica fonoarticulatoria, ni por retraso intelectual, ni por otros trastornos psicopatológicos o deprivación socio-afectiva.

Términos que se refieren a los *sonidos* del lenguaje: fonología y prosodia.

Fonología: se refiere a la correcta pronunciación de los distintos fonemas de la lengua. Los fonemas son los sonidos individuales utilizados en el lenguaje hablado.

Prosodia: es el ritmo, la entonación y modulación del tono en las palabras, grupos de palabras u oraciones, que ayudan a aclarar si una palabra u oración es una afirmación, una pregunta o una orden. Literalmente significa canto.

Términos que se refieren a la *gramática*: morfología y sintaxis.

Morfología: son los cambios en la forma de las palabras que indican el número (singular o plural), tiempo (pasado, presente y futuro) y caso (sujeto y objeto).

Sintaxis: es la combinación y secuencia de las palabras para formar oraciones con sentido. Responde a las normas y reglas de la lengua.

Término que se refiere al *significado*: semántica.

Semántica: se refiere al significado de las palabras, frases y oraciones.

Lexicón: es el diccionario mental del vocabulario y del significado de las palabras de cada persona.

Pragmática: es la forma en que se utiliza el lenguaje de las palabras y del cuerpo para conversar con los demás. Consta de dos aspectos: la *pragmática verbal*, que comprende el saber cómo iniciar y terminar una conversación, mantener un tópico y turnarse con la otra persona en el diálogo; y la *pragmática no verbal,* que comprende el contacto ocular, la postura corporal, la expresión facial y los gestos. Se habla de funciones de alto nivel en la pragmática al referirse al humor, la metáfora, la ironía.

Los trastornos de desarrollo y las enfermedades

Horacio Lejarraga

Después de leer a Lacan y a Wittgenstein, no podemos sino poner mucho más cuidado que antes en las palabras que usamos. Al leer al primero, nos enteramos de que las palabras nos constituyen, y al leer al segundo tomamos conciencia de que son el instrumento que nos permite leer la realidad y que tiene sus limitaciones. En síntesis, las palabras y el pensamiento van de la mano. Es por ello que si las palabras se usan mal, se corre el riesgo de "pensar erróneamente" y de "leer mal la realidad". Para evitar ambos males, he escrito estas líneas.

Existen varias formas de construir una relación entre problemas neurológicos y problemas de desarrollo. Si bien las enfermedades tienen una existencia real y unívoca, el sentido que se les da, las relaciones que se establecen entre éstas y la realidad, y sus posibles relaciones causa-efecto, son fruto de nuestra mirada, de la forma en que las conceptualizamos. Es por ello que considero necesario expresar mi manera de ver esta relación, porque creo que puede contribuir a comprender mejor las diferencias entre los problemas de desarrollo y las enfermedades del sistema nervioso central.

¿A qué llamamos problemas de desarrollo? Si queremos dar una definición, ésta debe estar inextricablemente ligada a la perspectiva desde la cual estudiemos el desarrollo. El término "trastornos del desarrollo" indicará invariablemente a los trastornos de lo que consideremos como desarrollo. En el capítulo 1, hemos descrito cinco perspectivas de estudio del desarrollo, cinco formas de concebirlo. De acuerdo a estas consideraciones, si concebimos el desarrollo como una forma de interacción social, entonces los trastornos del desarrollo serán una perturbación de las relaciones sociales. Si, siguiendo a Gesell, consideramos al desarrollo como una secuencia de conductas que el niño va cumpliendo a medida que pasa el tiempo, llamaremos trastornos del desarrollo al fracaso en el cumplimiento de esas conductas, y si seguimos a Freud, deberemos llamar trastornos del desarrollo a los trastornos de la respuesta emocional frente a los conflictos psicológicos, y así sucesivamente.

Si consideramos preferentemente a los primeros años de vida del niño, tanto en el lenguaje pediátrico como en el espíritu de la letra de los trabajos científicos que leemos habitualmente en la literatura médica y en el lenguaje cotidiano de los neurólogos infantiles, la perspectiva de desarrollo que más está presente es la visión "geseliana", de manera tal que cuando nos referimos a trastornos del desarrollo estamos hablando de niños que fracasan en el cumplimiento de las que se consideran pautas del desarrollo, en alguna o en todas las áreas en que habitualmente se clasifican: motriz fina, motriz gruesa, lenguaje, etcétera. De esta manera, cuando vemos un niño que no cumple las pautas esperadas, estamos en condiciones de hacer un diagnóstico de retardo o de trastorno del desarrollo. Dentro de esta concepción, podemos incluir la adquisición de pautas cognitivas (visión "piagetiana"), las que, cuando están retrasadas, conllevan al diagnóstico de retardo mental.

Con esta perspectiva, el trastorno del desarrollo se convierte así en la perturbación de una secuencia esperada, de una sucesión de conductas del niño que constituyen la expresión del proceso que en varios años lo va a llevar al estado adulto. Los trastornos del desarrollo, entonces, no son enfermedades específicas.

Las enfermedades específicas de los niños, las lesiones o secuelas del sistema nervioso central, o los síndromes clínicos que se ven en pediatría o en los consultorios de neurología, deben, para merecer esos nombres, ser pasibles de una identificación diferente. Se trata de procesos o cuadros que afectan el desarrollo, que interfieren con ese cumplimiento secuencial de conductas, pero que no deberían, en esencia, ser llamados problemas de desarrollo. Tomemos como ejemplo a un bebé que padeció una meningitis purulenta a la edad de 3 meses; el proceso infeccioso le produjo un daño cerebral en el área motriz y el niño tiene ahora paresia de miembros inferiores y, como secuela, padece también un trastorno en la marcha, asociado a un retardo en la iniciación de la deambulación. Adicionalmente, el proceso infeccioso le produjo un daño en el sistema nervioso autónomo y, luego de la etapa aguda de su infección, padece despeños diarreicos y crisis episódicas de lipotimias.

Si nos atenemos a la concepción nosológica tradicional de la medicina, el niño tuvo una meningitis aguda, purulenta, y como secuelas tiene: 1) una paresia motriz de miembros inferiores que le produce un trastorno en la marcha, 2) una serie de trastornos del sistema nervioso autónomo (cuadros de hipotensión, hiperperistaltismo intestinal que se asocia a diarrea, etcétera) y 3) un retardo en la edad de adquisición de pautas motrices: caminó a los 20 meses y, ahora, a la edad de 3 años, es incapaz de saltar con ambos pies. Ambas pautas, la marcha y el salto en dos pies, están retrasadas, de manera tal que podemos hablar de un retraso en el desarrollo motor grueso. La causa de este retraso fue la lesión del sistema nervioso central (SNC) secundario a una infección.

De esta manera, el retraso en el desarrollo es la perturbación de la secuencia de pautas de desarrollo, pero la causa subyacente es una variable diferente al retraso mismo. La causa subyacente es el daño al SNC. El retraso del desarrollo puede ser producido por influencias medioambientales, falta de estímulos, carencias afectivas, injurias en el sistema nervioso central, enfermedades crónicas, tóxicos, malformaciones congénitas, displasias cerebrales, etcétera. Todas estas enfermedades o lesiones pueden producir una perturbación en la adquisición de pautas del desarrollo, pero ninguna merece el nombre de problema de desarrollo. Un trastorno del desarrollo es, de esta manera, un diagnóstico más parecido a un síndrome (que puede ser producido por distintas causas) que a una enfermedad.

Hasta aquí, la mayoría de los pediatras y especialistas en desarrollo seguramente coincidirán con esta idea. El problema surge cuando nos enfrentamos a problemas cuya naturaleza, etiología o patogenia es desconocida. Por ejemplo, el autismo infantil, los problemas atencionales, los trastornos del lenguaje sin sustrato orgánico detectable, etcétera.

Algunos autores han clasificado a estas enfermedades como problemas de desarrollo. Esta forma de enfocar dichas enfermedades implica asumir que el problema de desarrollo es una entidad nosológica, lo cual –a mi modo de ver– es erróneo por lo que se dijo más arriba. Un problema del desarrollo es simplemente el fracaso en desarrollarse (cumplir secuencias de conducta, o cognitivas, etcétera). Tomemos como ejemplo el autismo infantil, una enfermedad cuya etiología no es bien conocida. El autismo se asocia a un retardo del desarrollo, pero es la enfermedad subyacente, que es algo diferente al simple fracaso en la adquisición de pautas del desarrollo. Como enfermedad, el autismo es un síndrome, una entidad nosológica que, al igual que cualquier otra enfermedad, tiene una etiología (aunque no sea siempre conocida), una patogenia, lesiones en distintos órganos, alteraciones funcionales en el área física y social, cuadro clínico, tratamiento, pronóstico, etcétera. A menos que consideremos que trastorno de desarrollo es todo o cualquier cosa que le ocurre a un niño, una enfermedad o un síndrome, este trastorno no debe confundirse con la causa subyacente que lo provoca. Las enfermedades, además de todo lo que producen en una persona, pueden interferir con el desarrollo; las enfermedades crónicas casi siempre interfieren con el desarrollo de una u otra manera, pero no son, en esencia, un trastorno del desarrollo.

En el caso del autismo infantil, a pesar de que hay cada vez más casos en los que se puede reconocer daño del sistema nervioso central, la etiología es desconocida, y tal vez por ello hay clasificaciones que consideran a esta enfermedad como trastorno del desarrollo. Tanto esta enfermedad como otras que comparten el mismo desconocimiento pueden, si se quiere, ser clasificadas como enfermedades de origen aún desconocido, pero considero que clasificarlas como un problema de desarrollo es un error nosológico.

CAPÍTULO 5

Retraso madurativo. Aspectos neurológicos

Liliana A. Czornyj

1. Introducción

Se dice que un niño tiene *retraso madurativo* cuando no alcanza un desarrollo similar al de la mayoría de sus pares de la misma edad cronológica. Esta alteración puede manifestarse en la *motricidad*, en la *esfera intelectual*, en el *lenguaje* o en la *conducta psicosocial*. Puede implicar el compromiso de un área, de varias o de las cuatro en forma simultánea. Al respecto, Shevell y colaboradores, en su reciente actualización sobre el tema, definieron muy bien al *retraso madurativo global* como el enlentecimiento de la adquisición de pautas madurativas en por lo menos dos áreas del neurodesarrollo, y basándose en tests estandarizados establecieron que un déficit significativo es el de un rendimiento de dos desvíos estándar o más, por debajo del promedio para la edad (Shevell *et al.*, 2003).

El concepto de "retraso madurativo" se reserva para los niños menores de 5 años, mientras que el de "retardo mental" se aplica usualmente a niños mayores de esa edad, cuando se pueden realizar tests que miden cociente intelectual. Algunos tests de inteligencia, como el Standford-Binet o el Weschler Preschool Primary Scale, no se pueden aplicar antes de los 3 años (Shevell *et al.*, 2003).

Según una reciente publicación de la American Academy of Neurology, cinco son los problemas más frecuentes de consulta ambulatoria para el neuropediatra, y la lista incluye al retraso madurativo: cefaleas, tics, convulsiones, *retraso madurativo o retardo mental* y los problemas de aprendizaje (Fromer, 2003). La detección precoz de los niños con retraso madurativo es fundamental, porque permite aplicar acciones terapéuticas y de apoyo que mejoran sustancialmente su evolución y su calidad de vida futura.

Al hablar de retraso madurativo, nos vemos en la obligación de definir el término *madurar*: "evolucionar hasta alcanzar la etapa adulta". En el caso del niño y su sistema nervioso central (SNC), este proceso se encuentra biológicamente determinado, obedece a información genética y se modifica fundamentalmente por dos factores ambientales: la estimulación y la nutrición. Comienza en la vida intrauterina y se completa, a partir del nacimiento, durante el transcurso de los primeros 21 años. Una explicación más detallada del concepto de maduración puede encontrarse en el capítulo 1 de este libro.

A partir del nacimiento, el sistema nervioso (SN) del niño, y el cerebro en especial, deben completar dos largos y sostenidos procesos: la organización axono-dendrítica y la mielinización. La organización implica la constante formación de nuevas sinapsis, la síntesis de receptores pre y postsinápticos y el desarrollo de espículas, que son prolongaciones axonales y dendríticas que deberán aumentar con el tiempo en número, calibre y arborización. Al respecto, son reconocidos los trabajos anatomopatológicos pioneros de Purpura (1974, 1975), que demostraron la presencia de espículas sinápticas muy delgadas y poco desarrolladas en cerebros de prematuros y de retardados mentales, comparadas con las mejor desarrolladas de cerebros de recién nacidos (RN) de término y de niños sin retardo mental (RM), respectivamente. La poda axonal, la muerte neuronal programada y el mantenimiento de sinapsis "estables" completan la organización neuronal. Simultáneamente se cumple la mielinización. Durante el primer año de vida se completa la mielinización del tracto corticoespinal o piramidal (motor), que se cumple en sentido céfalo-caudal y proximal-distal, señalando claramente la dirección y el tiempo que requiere el proceso: un año, el mismo tiempo que necesita el niño para comenzar a caminar. El sostén cefálico, la sedestación, el gateo y la deambulación, por una parte, y el "*grasping*", la pinza digital inferior y la superior, por otra, son hitos motores que señalan claramente los niveles del haz piramidal que van completando su mielinización y el momento en que cada evento está ocurriendo.

De este mecanismo biológico continuo y su interacción con el ambiente que lo rodea, surgen niños con capacidades similares pero con un amplio margen de variabilidad, debido tanto a características inherentes al pequeño y su herencia genética como al medio en que se desarrolla. Estas variaciones de la normalidad se van a imbricar fácil y rápidamente con las alteraciones o desviaciones del neurodesarrollo, por eso cuanto más sutiles sean estas últimas, más difícil será su identificación.

Las variaciones de la normalidad más frecuentes son:

- Pinza digital superior entre el pulgar y el dedo mayor.
- Gateo de nalgas y la "reptación".
- Bipedestación y deambulación sin gateo previo.

- Marcha en puntas de pie (*"tip-toe gait"*) (Furrer y Deonna, 1992).
- Síndrome de disociación motora.

Con respecto al gateo y sus variantes, Robson encuentra las siguientes proporciones: "gateadores convencionales", 82%; "gateadores de nalga", 9%; "reptadores", 1%; "rodadores", 1%. El 7% restante corresponde a los niños que comienzan a caminar sin haber gateado (Robson, 1984).

Una mención especial merece el síndrome de disociación motora, en el que el lactante rechaza apoyar los miembros inferiores en cualquier superficie y los mantiene extendidos, paralelos a la misma, como si estuviera "sentado en el aire", mientras es sostenido por el tronco. Todas las pautas madurativas se adquieren dentro de los rangos etarios adecuados, salvo las pautas motoras. Estos pequeños desarrollan una hipotonía generalizada sin debilidad y comienzan a caminar tarde, entre los 18 y los 24 meses. Sin embargo, evolucionan normalmente a partir de la adquisición de la marcha (Di Mario, 2003).

En cambio, no podrán considerarse variaciones de la normalidad las conductas estereotipadas o bizarras (aun en un lactante), como mirarse sostenida y persistentemente las manos, la falta de contacto visual, la ausencia de demostración de afecto o miedo, las repeticiones persistentes y compulsivas de algunos movimientos. Estas conductas inusuales obligan a sospechar que puede tratarse de un trastorno del desarrollo y a iniciar su estudio lo antes posible.

Como dijimos más arriba, una noxa puede afectar sólo un área de la maduración neurológica del niño, varias o todas simultáneamente. Las características estarán muy relacionadas con el momento del desarrollo del niño en el que actúe, con la intensidad con que lo haga y durante cuánto tiempo. Dicho resultado, el retraso madurativo, podrá entonces clasificarse del siguiente modo:

a) Por su intensidad: *leve, moderado o severo*.
b) Por su modo de presentación: *no evolutivo* (la lesión no progresa en el tiempo) o *evolutivo* (la lesión va avanzando con el transcurrir de los meses).
c) Por el momento en que actuó la noxa que lo determinó: *prenatal, perinatal o posnatal*.
d) Por su etiología: *cromosómico* (ejemplo: síndrome de Down), *génico* (ejemplo: síndrome de Rett, síndrome de Angelman, síndrome X-frágil, síndrome de Prader-Willi), *destructivos intrauterinos en cerebros bien formados* (ejemplo: hidranencefalia, porencefalia), *hipóxico-isquémico* (ejemplo: parálisis cerebral), *infeccioso* (ejemplo: meningitis, infecciones connatales-

TORCH), *metabólico* (errores innatos del metabolismo: fenilcetonuria, mucopolisacaridosis, enfermedad de Tay Sachs), *prematurez*.

Al pediatra le toca la difícil tarea de detectar al niño con retraso madurativo lo antes posible y primero que nadie. Es él quien tiene que definir si determinado retardo en la maduración es una variante de lo normal, el resultado de distorsiones en los vínculos tempranos, un déficit de estimulación o bien responde a una enfermedad que afecta al sistema nervioso (Fejerman y Fernández Álvarez, 1997).

La existencia de amplias variaciones dentro de la normalidad es el motivo más importante de la demora en la definición de la presencia de un retraso madurativo y, en consecuencia, de su estudio y tratamiento. Por lo tanto, es importante tener en cuenta las variaciones más frecuentes y diferenciarlas de las que no lo son.

Prevalencia

Se estima que entre el 1% y 3% de los niños menores de 5 años padecen retraso del desarrollo (Drillien *et al.*, 1988).

Etiología

Su etiología es heterogénea. Se estima que se puede determinar en alrededor del 60% de los casos. Shevell y sus colaboradores, en un estudio reciente para determinar etiología del retraso madurativo, estudiaron 224 niños menores de 5 años durante un período de 18 meses, logrando el diagnóstico etiológico en el 59% de los niños con retraso madurativo motor, en el 55% de los niños con retraso madurativo global, en el 4,2% de los que tenían un retraso del lenguaje y sólo en un 2% de aquellos que tenían una enfermedad del espectro autista (Shevell *et al.*, 2001).

Evolución y pronóstico

Dependerá de la etiología, de la intensidad de los síntomas y de las áreas involucradas. Sólo la evaluación neurológica periódica del paciente nos permitirá determinar el verdadero grado de compromiso del SNC y las reales expectativas del desenvolvimiento intelectual, motor y social del niño en cuestión. Es importante recordar que el diagnóstico temprano de un niño con retraso madurativo puede mejorar significativamente su evolución.

Comorbilidad

Las dos patologías más frecuentemente asociadas al retraso madurativo son la epilepsia y el compromiso neuro-sensorial (auditivo y visual). Se estima que entre el 13% y el 50% de los niños con retraso madurativo tiene algún tipo de alteración de la visión y un 18% tiene algún compromiso auditivo (Shevell *et al.*, 2001).

Riesgo de recurrencia familiar

Dependerá del diagnóstico etiológico.

Diagnóstico

Como dijimos anteriormente, la amplia variación normal entre diferentes niños hace que sea muy común pasar por alto una sutil evidencia de retraso en la adquisición de pautas madurativas. Un correcto y oportuno diagnóstico de retraso madurativo requiere, por lo tanto, de un *detallado conocimiento del neurodesarrollo normal del niño* en cada una de las áreas (motricidad gruesa y fina, lenguaje, conducta psicosocial y capacidad intelectual), como así también de una adecuada definición por parte del médico de hasta cuándo "se puede esperar" que un niño alcance determinada pauta madurativa. El ejemplo típico es el retraso en la adquisición de la marcha. Clásicamente se define el inicio de la deambulación entre los 12 y 18 meses. Sin embargo, la mayoría de los niños camina alrededor de su primer cumpleaños, y aun un grupo lo logra antes de esa fecha. De modo que el grupo de los "maduradores lentos normales" adquirirá la marcha alrededor de los 13 a 16 meses (Coriat, 1974). Muy probablemente, los que se estén acercando a los 18 meses para comenzar a marchar necesiten más tiempo aún y sean portadores desde etapas más tempranas de algún retraso en la adquisición de pautas madurativas que, por ser más sutiles que la deambulación, pasaron inadvertidas.

Conviene recordar que, si bien existe un cierto paralelismo psicomotor en la maduración neuropsíquica de los niños, se encuentran desfasajes en la adquisición de funciones motoras que se deben a afecciones del sistema neuro-muscular y no del SNC. Por ejemplo, las hipotonías con disminución de fuerza muscular asociadas a enfermedades de la médula, los nervios periféricos o el propio músculo (Fejerman y Fernández Álvarez, 1997). La atrofia espinal infantil o enfermedad de Werdnig-Hoffman (neurona motora inferior), la miastenia congénita (enfermedad de la unión neuro-muscular) o la distrofia muscular congénita (enfermedad primariamente muscular) son ejemplos de retraso en la motricidad gruesa sin afección en las otras áreas. Se acompañan de hipotonías severas y otros signos clínicos como arreflexia osteotendinosa, hipotrofias musculares, fasciculaciones, etcétera.

En una publicación de la Sociedad Argentina de Pediatría se detallan los percentiles 50° y 90° de la edad de cumplimiento de algunas pautas de desarrollo, calculadas en una muestra de niños argentinos sanos de todo el país, que constituye la mejor referencia de que disponemos en Argentina para definir edades de cumplimiento de pautas de desarrollo (Lejarraga *et al.*, 1996).

Historia clínica

El diagnóstico clínico de retraso madurativo psicomotor se basa en dos pilares indiscutibles: la anamnesis y el examen físico.

Partamos de la base de que la mayoría de los niños con retraso madurativo concurren a la consulta del neurólogo infantil porque alguien (un familiar o el pediatra) advirtió que no adquirían pautas madurativas en tiempo y forma. Por el contrario, no todos los niños con retraso madurativo concurren por esa causa al pediatra; y mucho menos durante los primeros meses de la vida, especialmente si no tienen antecedentes perinatales que justifiquen alguna preocupación parental o profesional. De modo que la primer premisa pediátrica será que cualquier lactante o niño pequeño puede tener un retraso madurativo y hay que examinarlo *siempre* detenidamente y *analizar cuidadosamente su evolución neurológica*.

Anamnesis

Debe ser prolija y detallada, escuchando atentamente el relato materno, fruto de la observación minuciosa de su hijo. Requiere tiempo. Es imprescindible para definir si el niño puede incluirse dentro de los patrones de la normalidad para su edad y sexo, si lo que presenta es una variante de lo normal o si es un retardo en un área del neurodesarrollo o de tipo global. Es necesario recabar muy bien los antecedentes prenatales, perinatales y posnatales del niño. Allí ya tendremos la primera diferencia: el niño que tiene antecedentes y aquél en el que no surgen aun siendo muy prolijo en la búsqueda de datos. Se debe *elaborar la historia madurativa* del paciente para definir si el retraso estuvo siempre presente o se hizo evidente en un momento determinado (dato fundamental para determinar si se trata de una encefalopatía evolutiva). Este hallazgo es un verdadero signo de alarma. También será muy importante recoger los antecedentes familiares buscando enfermedades neurológicas previas, similares o no.

No debemos desalentarnos si no surge ningún antecedente que justifique la falta de adquisición de pautas madurativas para la edad del niño. Aproximadamente un 40% de los casos de retraso madurativo se encuentran en esas condiciones y esperan la llegada de estudios mucho más específicos y sensibles que aquellos con los que contamos actualmente para poder explicar su origen.

2. Examen neurológico

> *Regla de oro: Identificar al niño con retraso madurativo tan pronto como sea posible, caracterizar su problema y comenzar su tratamiento.*

Herramientas:

- Tablas de neurodesarrollo normal (Lejarraga, Krupitzky *et al.*, 1996; Lejarraga, Kelmansky *et al.*, 2004).
- Centímetro metálico.
- Martillo de reflejos.
- Tablas de percentiles (perímetro cefálico, peso y talla) de recién nacido de término (RNT) y RN prematuro para ambos sexos y fotocopias para incluir en la historia clínica e ir completando las curvas de crecimiento (SAP, 2002).
- Tablas de edad ósea.
- Oftalmoscopio.
- Cubos, objetos pequeños para evaluar prehensión, encastre, enhebrado y apilado.
- Cuentos, juguetes que representen objetos de la casa, elementos para evaluar colores y enumeraciones.
- Papel y lápiz negro.

La tabla de neurodesarrollo normal es imprescindible, pues el conocimiento minucioso de lo normal es la base fundamental para el diagnóstico de lo anormal (Lejarraga, Krupitzky *et al.*, 1996; Lejarraga, Cafiero *et al.*, 2004).

Por otra parte, todo niño debe tener incluida en su historia clínica una *curva de perímetro cefálico* (PC) (Purpura, 1975), ya que es la única manera de poder evidenciar tempranamente una detención del ritmo de crecimiento craneano (indicador indirecto del crecimiento cerebral), con cruce de percentiles, que pueda conducir al desarrollo de una microcefalia antes de que se produzca el descenso por debajo de –2 DE. Este mecanismo se da en algunas encefalopatías evolutivas, en algunas hipovitaminosis como el déficit de vitamina B_{12} y en los lactantes infectados verticalmente por el HIV (trasmisión madre a hijo), con pasaje del mismo a SNC y desarrollo de una encefalopatía progresiva desde los primeros meses de vida. He tenido la oportunidad de evaluar a más de 300 niños con SIDA y afección del SNC. Durante los años de evolución natural de la enfermedad (cuando no se contaba con terapia antirretroviral), pude comprobar el desarrollo de microcefalias, con severo aumento de los espacios subaracnoideos evidenciables en las tomografías computarizadas (TC). También pude ver que, si bien los pediatras tomaban prolijamente los perímetros cefálicos en cada uno de los controles de los pequeños, la omisión de su graficación en un estándar les impidió hacer el diagnóstico de microcefalia adquirida: los valores del PC estaban todos dentro de – 2 y + 2 DE, pero si hubieran graficado la serie de puntos correspondientes a mediciones sucesivas, habrían detectado un retardo del crecimiento, un alejamiento de la curva de sus percentiles iniciales. La graficación de los datos antropométricos permite registrar además la recuperación del crecimiento (*catch up*) cuando los niños responden bien al tratamiento antirretroviral (Czornyj *et al.*, 1994).

Como contrapartida, recordemos que las macrocefalias o microcefalias no siempre señalan patología o implican retardo mental. Existen las formas familiares que se acompañan de CI normales, sin ningún tipo de repercusión en el neurodesarrollo. Por lo tanto, antes de alarmar a los padres, es imprescindible tomarles a ellos la medida del perímetro cefálico y verificar si se trata de una forma familiar, sin connotación en la evolución del niño. También es importante tener en cuenta que los casos de microcefalia vera se acompañarán de retraso intelectual y trastornos de conducta (generalmente hiperquinesia), como así también de severo retraso en el lenguaje pero, generalmente, no se verá afectada el área de la motricidad gruesa.

También es muy importante evaluar el lenguaje del pequeño (expresión y comprensión), cuándo comenzó, sus características y la velocidad de su adquisición. Recordemos que el desarrollo del lenguaje es una fusión de habilidades innatas para la comunicación y el estímulo del medio ambiente que puede apoyar o no su desarrollo. Para una adecuada evaluación, es indispensable contar en el consultorio con las herramientas para lograr que el niño hable. Recordemos que no todos lo hacen espontáneamente y menos aún si tienen dificultades para expresarse. Es imprescindible contar con juguetes, libros de cuentos, dibujos e historietas con personajes conocidos. Podemos aprovechar para evaluar la expresión gráfica si contamos con papeles, lápices y crayones.

Examen clínico

Al examinar al niño, lo primero que se observa es su fenotipo, y surgen dos posibilidades a definir: que tenga o no un fenotipo especial.

Fenotipo especial

Si el niño tiene un fenotipo especial, hay que buscar bien todos los estigmas que presenta y agruparlos, y ver si es semejante a algún otro fenotipo ya descrito, si reúne características de síndrome o sólo se trata de datos aislados. Existen libros especializados con descripciones e ilustraciones (Smith, 1997), que ayudan al pediatra a orientarse clínicamente. En todos estos casos necesitaremos siempre de la colaboración y opinión especializada de un genetista.

Debemos buscar estigmas: microcefalia o macrocefalia, frente amplia, puente nasal chato, alteraciones de la implantación o de las características del pelo, *filtrum* largo, paladar ojival, implantación baja de orejas, talla baja, clino o sindactilia, cifoescoliosis, macroglosia, pezones separados, orejas prominentes, cara alargada, etcétera. La asociación de estas dismorfias permitirá reconocer algunos síndromes, tales como: síndrome de Down, síndrome de Williams (cara de "duende"), síndrome de X-frágil, síndrome de Prader-Willi, síndrome de Angelman. En el caso de la mucopolisacaridosis (enfermedad neurometabólica lisosomal o de acúmulo), el niño se va modificando con el correr de los años. Comienza con un fenotipo normal y lentamente desarrolla una macrocefalia, con deformación de la cara que se convierte en "tosca" (cara de gárgola), con macroglosia, opacidad corneana, hepatoesplenomegalia, hernias, deformidades esqueléticas, síndrome piramidal, retardo mental y convulsiones.

Dentro de este grupo de enfermedades con fenotipo especial, se reúnen numerosas patologías, todas con características distintivas muy interesantes, cuya descripción excede al tema de esta presentación. Debido a su relevante importancia clínica remitimos al lector a nuestra fuente de consulta más frecuente (Smith, 1997).

Cuando hablamos de fenotipo especial, también deberíamos tener presente la existencia de fenotipos conductuales específicos, y hoy bien reconocidos, cuyo conocimiento nos permitirá plantear un adecuado plan de estudios y trazar una correcta estrategia terapéutica. Estamos hablando de un patrón característico de anormalidades motoras, cognitivas, lingüísticas y sociales que se asocia consistentemente con un trastorno biológico (Filipek *et al.*, 2000).

Dentro de los fenotipos conductuales bien reconocidos en la actualidad se encuentran: el síndrome de Williams (RM, muy amistoso con los adultos pero pobre relación con los pares, "cocktail party speech" [expresión verbal hiperfluente, ecolálica, con escasa comprensión]); el síndrome de Angelman (RM con microbraquicefalia, con disposición feliz, risa inmotivada o muy fácil, aleteo de manos, escaso lenguaje expresivo); el síndrome de Prader-Willi (RM con hipotonía-obesidad, apetito insaciable, rabietas, trastornos del sueño, autoagresiones por rascado); el síndrome de X-frágil (RM con hiperactividad, conducta autista, rechazo del contacto visual, trastorno de la comunicación verbal) y el síndrome de Asperger (RM con dificultades cualitativas en la interacción social, marcado impedimento en el uso de conductas no verbales y para expresar placer por la felicidad de otras personas, falla para alcanzar relaciones con pares apropiadas al nivel de desarrollo).

Durante el examen debemos observar muy bien los movimientos activos del niño, especialmente si se trata de un bebé, y prestar especial atención a las actitudes, a la conexión visual y social, y a su conducta.

Finalmente, se hará la búsqueda de signos clínicos de otras áreas y el planteo será:

- con signos sistémicos;
- sin signos sistémicos.

Signos sistémicos

Máculas hipocrómicas o hipercrómicas (descartar esclerosis tuberosa o enfermedad de Von Recklienhausen), distribución anómala de la pigmentación (hipomelanosis de Ito, incontinentia pigmenti, nevos sebáceos lineares, etcétera), hiperqueratosis, hepatoesplenomegalia (enfermedades neurometabólicas de acúmulo), alteraciones en las características del pelo (pelo como viruta en la enfermedad de Menkes por alteración congénita del metabolismo del cobre), hernias y alteraciones esqueléticas (como en las mucopolisacaridosis), etcétera.

A continuación habrá que realizar una semiología neurológica detallada para definir si el niño tiene signos neurológicos o no, y si los tiene, de qué magnitud son.

Signos clínicos neurológicos evidentes: paresias, alteraciones moderadas o severas del tono (hipertonía o hipotonía, distonías), presencia de movimientos paroxísticos especiales, como las mioclonías o los espasmos en flexión recurrentes, evidencia de compromiso visual, falta de respuesta ante los estímulos auditivos, retinopatía, hiperreflexia o arreflexia, clonus, etcétera.

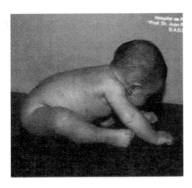

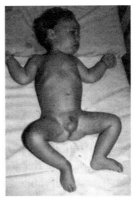

Figura 1. Lactante de 7 meses de edad, aún no logró la sedestación. Tiene fuerte curvatura lumbar. Usa trípode bimanual y no rola. Toma objetos pero no los pasa de manos.

Figura 2. Lactante de 9 meses de edad con hipotonía generalizada. No se sienta, no rola y sus reflejos osteotendinosos están ausentes. Silabeo presente acorde a edad cronológica. (Enfermedad de Wernig-Hoffman).

Signos clínicos neurológicos leves y precoces (signos de alerta):

- Discreta hipertonía o hipotonía (axial y/o de miembros).
- Menor intencionalidad en un hemicuerpo o en algún miembro.
- Llanto monótono, persistente, irritativo y/o estridente. Llanto "peculiar", por ejemplo el de *"cri du chat"* o maullido de gato, patognomónico de la deleción 5p. Se encuentra presente desde el nacimiento y durante toda la primera infancia.
- Ausencia de seguimiento visual después del mes.
- Persistencia de dos o más reflejos arcaicos del primer trimestre más allá del tercer mes (prehensión palmar, reflejo tónico cervical asimétrico; reptación, marcha automática).
- Inclusión sostenida del pulgar unilateral o bilateral.
- Moro exagerado o francamente persistente más allá del cuarto mes.
- Ausencia unilateral o bilateral del reflejo cócleo-palpebral.
- Ausencia de sonrisa social más allá del tercer mes de vida.
- Ausencia de sostén cefálico más allá del tercer mes.
- Falta de adquisición de línea media después del tercer mes.
- Falta de balconeo más allá del cuarto mes.
- Falta de prehensión voluntaria luego del cuarto mes (recordemos que el manejo de la mano durante el primer año de vida es el mejor indicador del *desarrollo intelectual* del bebé).

- Dificultad para rolar más allá del quinto mes.
- Reiteradas flexiones bruscas del tronco sobre el abdomen, acompañadas de extensión o flexión de los brazos, que podrían interpretarse como cólicos abdominales y que aparezcan en lactantes entre los 4 y los 8 meses de edad. Podría tratarse de convulsiones, del inicio de un síndrome de West o de encefalopatía epiléptica severa de la lactancia.
- Desaceleración del ritmo de crecimiento cefálico.
- Falta de adquisición de la sedestación después del séptimo mes.
- Ausencia del reflejo de paracaidista (único reflejo que aparece en vez de extinguirse) más allá del séptimo mes.
- Falta de "pasaje" de objetos de mano después del séptimo mes.
- Ausencia de pinza digital inferior o silabeo después del octavo mes.
- Ausencia de pinza digital superior después del décimo mes. Todos los hitos de la mano nos relatarán en forma sencilla cómo se desarrolla esta función cortical superior y cómo se define la representación de la mano en la corteza alcanzando una mayor representación del pulgar al lograr su oposición con el dedo índice (homúnculo de Penfield).
- Ausencia de silabeo a los 12 meses (O'Brien, 1992).
- Ausencia de palabra-frase después de los 16 meses (O'Brien, 1992).
- Ausencia de frases de 2 palabras espontáneas, no ecolálicas, a los 24 meses (O'Brien, 1992).
- Ausencia o pobreza de lenguaje gestual a los 12 meses (O'Brien, 1992).
- Ausencia de interés por el medio a cualquier edad.
- Escasa "variedad" en el juego.
- Conductas bizarras, estereotipadas o repetitivas, aunque puedan parecer mínimas, como una observación sostenida y reiterada de las manos o balanceos repetitivos del tronco o de la cabeza o falta de reclamo por la presencia del adulto.
- Detención en la adquisición de pautas madurativas.
- Pérdida de pautas madurativas ya adquiridas, por ejemplo, pérdida del uso con propósito de las manos.
- Falta de aparición del juego simbólico o imaginativo.

En la tabla 1 se describen las edades de extinción de algunos reflejos arcaicos. Su persistencia más allá de los límites establecidos debe considerarse anormal.

Tabla 1
Edades de extinción de los reflejos arcaicos

Ojos de muñeca	1 mes
Óculo-palpebral	1 mes
Incurvación del tronco	2 meses
Tónico cervical asimétrico	3 meses
Liberación de orificios	3 meses
Prehensión palmar	3 meses
Enderezamiento y marcha	3 meses
Reptación	3 meses
Mano/boca	4 meses
Búsqueda o de los 4 puntos cardinales	5-7 meses
Succión y deglución	5-7 meses
Moro	6 meses
Defensa plantar	6 meses
Extensión cruzada	6 meses
Prehensión plantar	12 meses
Palmo-mentoniano	12 meses
Landau	2 años

Finalmente se hará la búsqueda de signos clínicos de otras áreas.

3. Escalas o tests de tamizaje o pesquisa para la evaluación del neurodesarrollo en niños menores de 5 años

Se trata de instrumentos de evaluación del desarrollo destinados a diferenciar, de una manera rápida y sencilla, niños normales de aquellos con posibles anomalías del desarrollo. No son instrumentos de diagnóstico, sino ayudas que permiten una selección de individuos sospechosos de padecer un trastorno del desarrollo. Son pruebas de aplicación sencilla, fáciles de puntuar e interpretar y útiles para repetidas administraciones en el mismo niño. No están diseñados para precisar el tipo o grado de retraso.

Las tablas de desarrollo no reemplazan al examen neurológico, sino que sólo son un complemento de éste y sirven para que el pediatra pueda tranquilizar a los padres en caso de que aporten resultados dentro de la normalidad (Fejerman y Fernández Álvarez, 1997).

Los tests de pesquisa permiten detectar individuos probablemente enfermos en una población presuntamente sana (Drillien *et al.*, 1988; Wilson y

Jugner, 1968). *El resultado del fracaso en un test de pesquisa sólo brinda un elemento de sospecha que debe, luego, ser sometido a pruebas o tests diagnósticos.* Un tratamiento más detallado de este tema puede encontrarse en el capítulo 13 de este libro sobre la pesquisa en pediatría.

Una herramienta utilizada durante años para la pesquisa de retraso madurativo ha sido el test de Denver, publicado en 1967 y revisado en varias oportunidades (Frankenburg *et al.*, 1992). Es breve y de fácil administración. Sin embargo, Dobos y colaboradores (1992) demostraron que en los últimos años, sólo el 30% de los pediatras entrevistados lo usaba en su práctica diaria. Además, los últimos estudios sobre el tema han demostrado que aun su última versión, Denver-II (DDST-II-R), es poco sensible y poco específica. Sólo detecta el 30% de los niños con trastornos del lenguaje y el 50% de los RM (Dobos *et al.*, 1992; Glascoe *et al.*, 1992; Greer *et al.*, 1989). Por lo tanto, siguen siendo necesarias otras pruebas de "rastreo" para el primer nivel de atención.

Afortunadamente, en Argentina contamos con una prueba de pesquisa de trastornos del desarrollo psicomotor en niños menores de 6 años que permite la detección precoz de estos problemas y su tratamiento oportuno: la Prueba Nacional de Pesquisa (PRUNAPE) (Lejarraga, Kelmansky *et al.*, 2004). Entre 1988 y 1994, se convocó a más de 200 pediatras de todo el país que evaluaron el desarrollo psicomotor de 3.573 niños sanos (Lejarraga *et al.*, 1997). Los resultados fueron analizados, se hicieron varias publicaciones (Lejarraga, Kelmansky *et al.*, 1996; Lejarraga, Krupitzky *et al.*, 1996) y la prueba fue validada, incluyendo la evaluación de la sensibilidad, especificidad y sus valores predictivos. La sensibilidad de la prueba fue del 83%, la especificidad, del 90%; su valor predictivo positivo fue del 94% y el negativo, del 78%. El porcentaje de coincidencia fue del 86%. Se calculó, además, la sensibilidad y la especificidad de la prueba para detectar problemas de lenguaje exclusivamente, obteniéndose una sensibilidad del 80% y una especificidad del 96% (Pascucci *et al.*, 2002). Sobre la base de los estudios de validación de la PRUNAPE, los resultados obtenidos permitieron considerar que la prueba era adecuada para su uso en pediatría en el primer nivel de atención. Es capaz de detectar trastornos de las cuatro áreas del desarrollo.

Como se trata de un test de pesquisa, todo niño seleccionado con estos métodos debe luego ser evaluado por especialistas y sometido a *tests diagnósticos.* La tabla 2 ilustra algunos de los más usados en nuestro medio para niños menores de 5 años.

Tabla 2
**Escalas o tests diagnósticos para la evaluación del neurodesarrollo
en niños menores de 5 años**

Escala de Desarrollo Motor de Brunet-Lezine	0-6 años
Peabody Picture Vocabulary Test 21	2-4 años
Bayley Scales of Infant Development (BSID)	1-30 meses
Escalas de McCarthy de aptitudes y psicomotricidad	2-6 meses, 8-6 meses
Battelle Developmental Inventory Screening	0-8 años
CAT/CLAMS (Cognitive Adaptive Test/ Clinical Linguistic and Auditory Milestone Scale)	12- 30 meses

4. Tres categorías diagnósticas

La búsqueda sistematizada de retraso madurativo en el lactante o niño pequeño pretende determinar una de estas tres grandes posibilidades: *encefalopatía no evolutiva, encefalopatía evolutiva o trastornos del neurodesarrollo*. En la tabla 3 se esquematizan estas tres categorías de problemas neurológicos desde nuestra perspectiva. La clasificación de los problemas de desarrollo es un tema controvertido, tal como lo prueban las numerosas clasificaciones que hay sobre el tema. En el capítulo 4 de este libro hay un detallado análisis de las distintas aproximaciones al problema de la sistematización y clasificación de los trastornos del desarrollo.

Encefalopatía no evolutiva: la noxa actúa en algún momento del desarrollo y deja una secuela que no progresa ni se hace más severa con el tiempo (parálisis cerebral y retardo mental con sus posibles asociaciones: epilepsia, déficit del lenguaje, alteraciones conductuales o déficit sensoriales).

Tabla 3
Tres tipos de problemas neurológicos

Encefalopatía no evolutiva	Encefalopatía evolutiva	Trastornos del neurodesarrollo
Retardo mental Parálisis cerebral	Enfermedades neurometabólicas	Trastornos de aprendizaje AD/HD Torpeza motora Disfasias Espectro autista

Encefalopatía evolutiva o progresiva: la noxa comienza a actuar y se mantiene en el tiempo, persistiendo el daño y aumentando progresivamente la secuela (ejemplo: errores innatos de metabolismo, como la fenilcetonuria y las mucopolisacaridosis).

Trastornos del neurodesarrollo: se admite que tienen una base biológica aún no demostrable por los métodos de estudio convencionales de imágenes, neurofisiológicos ni neurometabólicos. No se encuentran lesiones macroscópicas que justifiquen el cuadro; el cariotipo es normal. Entre los trastornos del neurodesarrollo se encuentran los trastornos de aprendizaje (dislexia, disgrafía, discalculia), los trastornos del desarrollo del lenguaje (disfasias), los trastornos en habilidades motoras que no llegan a cumplir criterios de parálisis cerebral (torpeza motora fina y gruesa), los trastornos en el área de la atención y/o conducta (AD/HD) y los trastornos de la comunicación (espectro autista).

5. Diagnóstico etiológico

El estudio etiológico se debe basar en un algoritmo elaborado luego de un razonamiento previo y no por "estudios de rutina". Las imágenes son útiles en los casos de microcefalia, macrocefalia o anormalidades neurológicas focales, así como en los casos de antecedentes de hipoxia-isquemia perinatal, cuando se buscan lesiones de leucomalacia periventriculares (especialmente en el prematuro) o diseminadas en el centro oval (Palfrey y Frazer, 2000; Shevell *et al.*, 2000).

También son necesarios los estudios citogenéticos, especialmente cuando existen antecedentes familiares de enfermedades neurológicas o cuando el fenotipo del paciente sugiere la posibilidad de una enfermedad genética.

El estudio neurometabólico sólo debe solicitarse ante la sospecha de encefalopatía evolutiva en el paciente y/o la existencia de un antecedente familiar que sugiera que podría padecer una enfermedad neurometabólica. Es preciso investigar otros factores que pueden influir nocivamente en el desarrollo psicomotor del niño o determinar su retraso madurativo: cultura, destrezas o negligencia paternas, nutrición, medicaciones durante el embarazo, drogadicción, maltrato, etcétera.

Con respecto al estudio etiológico, el reciente trabajo de Shevell y colaboradores (2000) sobre evaluación del niño con retraso global del neurodesarrollo no progresivo, apoyado en medicina basada en la evidencia, luego de haber revisado 160 artículos sobre el tema, concluye:

• El *estudio neurometabólico de rutina* para la pesquisa de errores innatos del metabolismo no está indicado en una evaluación inicial.

- El *estudio citogenético* está indicado, aun en ausencia de dismorfias sugestivas de un síndrome específico.

El síndrome de X-frágil, debido a la mutación del gen FMR1, representa la enfermedad hereditaria más común, que causa un retraso madurativo global en varones y merece una especial atención diagnóstica. El sitio frágil se encuentra en Xq27-q28. El defecto molecular causante de la enfermedad se debe a una expansión de una región repetitiva CGG. Se distinguen tres formas de esta región repetitiva en la población: normal (2 a 50 copias del triplete), premutación (50 a 200) y mutación completa (más de 200). La falta del producto génico FMRP causa las manifestaciones clínicas del síndrome: RM moderado a profundo, hiperactividad, autismo o psicosis (en los casos más graves), convulsiones, aleteo de manos, macroorquidismo a partir de la adolescencia, cara alargada, orejas prominentes, paladar ojival, callos en las manos, lenguaje pobre, hiperlaxitud.

La prevalencia de la mutación completa es de 1 cada 3.700 a 8.900 varones de la población general (Shevell *et al.*, 2003). En un reciente estudio (White *et al.*, 1999) sobre 2.757 individuos con RM, 2,6% eran X-frágil y un tercio eran mujeres. El estudio molecular (*Southern blot* y Polymerase Chain Reaction –PCR–) debe ser solicitado especialmente ante la presencia de una historia familiar de retraso madurativo. Aunque el *screening* es más comúnmente realizado entre los varones, debido a su mayor incidencia y a su mayor gravedad entre la población masculina, las mujeres también son frecuentemente afectadas. Otra patología, el síndrome de Rett, es causada por la mutación en un gen del cromosoma X, que codifica la proteína *metil-CpG binding* (MECP2). Aproximadamente el 80% de estos pacientes tiene esta mutación. La prevalencia del síndrome de Rett en la población general es de 1 a 3 cada 10.000 nacidos vivos. Después del síndrome de Down, el síndrome de Rett es la causa más común de retraso madurativo entre las mujeres. Se trata de niñas normales, y sin antecedentes personales ni familiares, que alrededor de los 18 meses detienen la adquisición de pautas madurativas, y hasta pierden algunas ya adquiridas, entre ellas, el uso con propósito de las manos, patognomónico de la enfermedad, que es reemplazado por un refregado de ambas manos como si se las estuvieran lavando. Las niñas manifiestan una regresión autista. Se desarrolla microcefalia, síndrome piramidal, convulsiones y cifoescoliosis. La evolución de la enfermedad es de poco más de 20 años.

Los estudios citogenéticos serán anormales en el 3,7% de los casos estudiados con retraso madurativo global. En niños con retraso madurativo moderado o severo, podrá considerarse completar el estudio citogenético usando nuevas técnicas moleculares, como el Fluorescence In Situ Hybridization (FISH), para evaluar alteraciones cromosómicas subteloméricas.

Finalmente, el autismo es una enfermedad bastante común que afecta a 1 cada 500 niños. Una temprana identificación y una intensiva intervención durante la etapa escolar y en la adolescencia posibilita un mejor pronóstico y una mejor evolución. En los Estados Unidos, entre 60.000 y 115.000 niños menores de 15 años reúnen criterios para autismo. Sobre la base de recientes estudios, se considera que la prevalencia estimada es de 10 a 20 casos cada 10.000 habitantes (Filipek *et al.*, 2000).

- *Electroencefalograma (EEG)*: Será solicitado cuando un niño con retraso madurativo tenga una historia personal o familiar o un examen que sugieren la presencia de epilepsia o un síndrome epiléptico específico.
- *Neuroimágenes* (tomografía computarizada –*TC*– *y/o resonancia magnética nuclear –RMN–)*: Se recomiendan como parte de la evaluación diagnóstica de un niño con retraso madurativo y la necesidad de su solicitud aumenta con el hallazgo de signos neurológicos. Si se tiene la posibilidad de realizar una RMN, se prefiere a la TC. Con la TC se alcanza un 39% de posibilidad diagnóstica y con la RMN sin contraste, 55,3% (Shevell *et al.*, 2003).
  El signo más frecuentemente asociado al retraso madurativo inespecífico es el aumento de los espacios subaracnoideos.
- *Evaluación de la función visual* (agudeza visual, movimientos extraoculares, fondo de ojo, potenciales evocados visuales –PEV–, cuando la clínica es sugestiva de compromiso visual unilateral o bilateral).
- *Evaluación de la función auditiva*: potenciales evocados de tronco (PEAT), con clínica sugestiva de compromiso auditivo.

Para facilitar el estudio etiológico de un niño con clínica de retraso madurativo, adjuntamos el algoritmo de la figura 1.

6. Tratamiento

La estimulación temprana debe iniciarse cuanto antes. La óptima oportunidad para el niño está en el momento en el que el SNC sea más joven y, por lo tanto, más dúctil, maleable y capaz de responder modificándose. Según la edad del paciente y el área o las áreas del desarrollo afectadas, se requerirá de diferentes apoyos terapéuticos: psicomotricidad, kinesiología, musicoterapia, psicopedagogía, fonoaudiología, terapia ocupacional, psicología, neurortopedia, con la idea clara de la necesidad de un trabajo en equipo y en forma prolongada y sostenida. Los resultados sólo se verán a mediano y a largo plazo.

Figura 1

Algoritmo de estudio de un niño de 0 a 5 años con sospecha de retraso madurativo

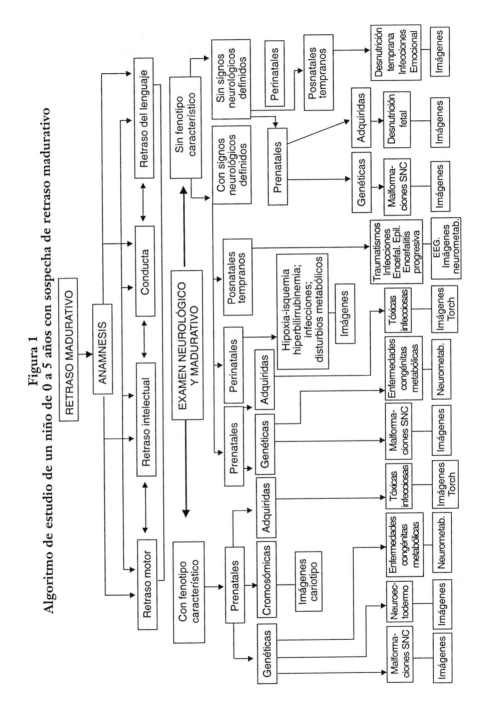

Un ejemplo demostrativo del accionar temprano es el caso de los niños con SIDA por transmisión vertical, en el que un adecuado diagnóstico y tratamiento antirretroviral en etapas tempranas del desarrollo puede revertir hasta la normalidad los signos de la tríada sintomática de la infección por HIV: retraso madurativo, enlentecimiento del ritmo de crecimiento cefálico y desarrollo de signos piramidales. También es posible revertir la patología cerebral demostrable por TC: aumento de los espacios aracnoideos (pseudoatrofia) (Czornyj *et al.*, 1994).

La encefalopatía por HIV (infección por transmisión vertical) nos ha señalado un curioso fenómeno. Estos pacientes cursan con retraso madurativo desde la época de lactantes, y en la actualidad sabemos que la patología se debe al ataque del virus a las células microgliales y a la continua lucha de las citoquinas entre sí en los primeros estadios de la enfermedad. De modo que es éste un excelente ejemplo para pensar que la maduración del SNC del niño no radica únicamente en las neuronas, como a *prima facie* se quería explicar.

Hay un porcentaje considerable de pacientes con retraso madurativo que aún no tienen un diagnóstico etiológico. Muy probablemente se deba a que la respuesta no está ni en el cariotipo ni en el estudio por imágenes, y se está esperando el gran desafío de la respuesta molecular que ya ha comenzado.

Los programas de intervención temprana están diseñados para acrecentar el desarrollo de los niños con retraso madurativo y prevenir o minimizar dicho retraso. Existe un creciente consenso, basado en las mejores evidencias disponibles, en que las intervenciones tempranas producen efectos positivos moderados. Sin embargo, esta literatura es limitada debido a una debilidad metodológica en la mayoría de los estudios. Son necesarios protocolos clínicos randomizados para definir cuáles son los mejores programas para las necesidades de los niños con un alto riesgo de poseer una alteración del neurodesarrollo (Majnemer, 1998; Majnemer y Shevell, 1995; Petersen *et al.*, 1998; Shevell, 1998).

Finalmente, una adecuada y oportuna derivación del pediatra al neurólogo infantil podría definir el futuro desarrollo de ese niño pequeño que comienza a mostrar signos leves de retraso madurativo.

Referencias bibliográficas

Coriat, L. F. (1974): *Maduración psicomotriz en el primer año del niño*, Buenos Aires, Hemisur.

Czornyj, L.; Carniglia, L.; Roccatagliata, G. (1994): "Head growth rhythm (HGR) in children with Neuro-AIDS, before and after AZT treatment", *Abstract. Pediatric Neurology*, 11.

Czornyj, L.; Roccatagliata, G.; Rodríguez, S.; Redondo, J.; Carniglia, L.; Procak Psarós, C.; Bologna, R.; Meli, F.; Fejerman, N. (1994): "Estudio tomográfico cerebral en 85 niños HIV", *Medicina infantil*, 5 (1): 267-273.

Di Mario, F. J. Jr. (2003): "Dissociation of motor maturation", *J. Child. Neurol.*, 18: 391-393.

Dobos, A. E. Jr.; Dworkin, P. H.; Bernstein, B. A. (1994): "Pediatricians approaches in developmental problems: has the gap been narrowed?", *J. Behav. Pediatr.*, 15: 34-38.

Drillien, C. M.; Pickering, R. M.; Drummond, M. B. (1988): "Predictive value of screening for different areas of development", *Dev. Med. Child. Neurol.*, 30: 294-305.

Fejerman, N.; Fernández Álvarez, E. (1997): *Neurología pediátrica*, 2ª ed., Buenos Aires, Panamericana, págs. 649-653.

Filipek, P. A.; Accardo, P. J.; Ashwal, S.; Baranek, G. T.; Cook, E. H. Jr.; Dawson, G.; Gordon, B.; Gravel, J. S.; Johnson, C. P.; Kallen, R. J.; Levy, S. E.; Minshew, N. J.; Ozonoff, S.; Prizant, B. M.; Rapin, I.; Rogers, S. J.; Stone, W. L.; Teplin, S. W.; Tuchman, R. F.; Volkmar, F. R. (2000): "Practice parameter: screening and diagnosis of autism. Report of the Quality Standards Subcommittee of the American Academy of Neurology and the Child Neurology Society", *Neurology*, 22 (agosto), 55 (4): 468-479.

Frankenburg, W. K.; Dodds, J.; Asrcher, P.; Bresnik, B.; Maschka, P.; Edelman, N.; Shapiro, H. (1992): *Denver II. Training Manual*, 2ª ed., Denver, Denver Developmental Material.

Fromer, M. (2003): "Pediatricians need help with child neurology problems", *Neurology Today*, 1 (3): 6-8.

Furrer, F.; Deonna, T. (1992): "Persistent toe-walking in children; a comprehensive clinical study of 28 cases", *Helv. Paediatr.*, Acta 1982, 37: 301-316.

Glascoe, F.; Byrne, K.; Ashford, L.; Johnson, K.; Chang, B.; Strickland, B. (1992): "Accuracy of the Denver-II in developmental screening", *Pediatrics*, 89: 1221-1225.

Greer, S.; Baucner, H.; Zuckerman, B. (1989): "The Denver Developmental Screening Test: how good is its predictive validity?", *Dev. Med. Child. Neurol.*, 31: 774-781.

Lejarraga, H.; Kelmansky, D.; Krupitzky, S.; Martínez, E.; Bianco, A.; Pascucci, M. C.; Giménez, E.; Tibaldi, F.; Cameron, N. (1996): "Edad de cumplimiento de pautas de desarrollo en niños argentinos sanos menores de seis años", *Archivos Argentinos de Pediatría*, 94: 355-369.

Lejarraga, H.; Krupitzky, S. *et al.* (1996): *Guías para la evaluación del desarrollo en el niño menor de seis años*, Buenos Aires, Ediciones Nestlé.

Lejarraga, H.; Krupitzky, S.; Giménez, E.; Tibaldi, F.; Kelmansky, D.; Cameron, N. (1997): "The organization of a national survey for evaluating child psychomotor development in Argentina, with a training programme for paediatricians", *Pediatric and Perinatal Epidemiology*, 11: 359-373.

Lejarraga, H.; Kelmansky, D.; Pascucci, M. C.; Salamanco, G. (2004): *Prueba Nacional de Pesquisa*. PRUNAPE, Buenos Aires, Fundación Hospital Garrahan.

Majnemer, A. (1998): "Benefits of early intervention for children with developmental disabilities", *Semin. Pediatr. Neurol.*, 5 (1): 62-69.

Majnemer, A.; Shevell, M. I. (1995): "Diagnostic yield of the neurologic assessment of the developmentally delayed child", *J. Pediatr.*, 127 (2): 193-199.

O'Brien, G. (1992): "Behavioural phenotypy in developmental psychiatry", *European Child and Adolescent Psychiatry*, Suppl.1: 1-61.

Palfrey, J.; Frazer, C. (2000): "Determining the etiology of developmental delay in very young children: What if we had a common internationally accepted protocol?!", *J. Pediatr.*, 136: 569-570.

Pascucci, M. C.; Lejarraga, H.; Kelmansky, D.; Álvarez, M.; Boullon, M.; Breiter, P.; Breuning, S.; Brik, G.; Campmany, L.; Contreras, M. M.; Convertini, G.; Cugnsco, I.; Czornyj, L.; D'Anna, C.; Echeverría, H.; Estévez, E.; Farizzano, M. L.; Fejerman, N.; Frankel, J.; Jaitt, M.; López, B.; Manzitti, J.; Martin, H.; Moretti, J.; Navoni, M. J.; Patin, D.; Prieto, M. D.; Segura, M.; Salvia, M.; Prozzi, V.; Salamanco, V.; S'plivalo, G.; Waisburg, H. (2002): "Validación de la Pueba Nacional de Pesquisa", *Archivos Argentinos de Pediatría*, 100 (5): 374-385.

Petersen, M. C.; Kube, D. A.; Palmer, F. B. (1998): "Classification of developmental delays", *Semin. Pediatr. Neurol.*, 5 (1): 2-14.

Purpura, D. P. (1974): "Dendritic spine 'dysgenesis' and mental retardation", *Science*, 20, 186 (4169):1126-1128.

Purpura, D. P. (1975): "Normal and aberrant neuronal development in the cerebral cortex of human fetus and young infant", UCLA *Forum Med. Sci.*, 18:141-169.

Robson, P. (1984): "Prewalking locomotor movements and their use in predicting standing and walking", *Child Care, Health and Development*, 10: 217-330.

SAP (2002): *Crecimiento y Desarrollo. Criterios de diagnóstico y tratamiento*, Buenos Aires, Ed. Sociedad Argentina de Pediatría.

Shevell, M. I. (1998): "The evaluation of the child with a global developmental delay", *Semin. Pediatr. Neurol.*, 5 (1): 21-26.

Shevell, M. I.; Ashwal, S.; Donley, D.; Flint, J.; Gingold, M.; Hirtz, D.; Majnemer, A.; Noetzel, M.; Sheth, R. D. (2003): "Practice parameter: evaluation of the child with global developmental delay. Report of the Quality Standards Subcommittee of the American Academy of Neurology and The Practice Committee of the Child Neurology Society", *Neurology*, 60: 367-380.

Shevell, M. I.; Majnemer, A.; Rosenbaum, P.; Abrahamowicz, M. (2000): "Etiologic yield of single domain developmental delay: a prospective study", *J. Pediatr.*,137: 633-637.

Shevell, M. I.; Majnemer, A.; Rosenbaum, P.; Abrahamowicz, M. (2001): "Etiologic determination of childhood developmental delay", *Brain Dev.*, 23: 228-235.

Smith, D. (1997): *Recognizable Patterns of Human Malformations*, 5ª ed., W. B. Saunders, Filadelfia.

White, B. J.; Ayad, M.; Fraser, A.; Entwistle, T.; Winkler, S.; Sbeiti, A.; Fenwick, R. (1999): "A 6-year experience demonstrates the utility of screening for both cytogenetic and FMR-1 abnormalities in patients with mental retardation", *Genet. Test*, 3 (3): 291-296.

Wilson, J.; Jugner, G. (1968): "Principles and practice of screening for disease", *Public Health Papers* (Ginebra), 34, Ed. OMS.

CAPÍTULO 6

Nutrición y desarrollo infantil

Alejandro M. O'Donnell
Beatriz Grippo

1. Introducción

La observación de que los niños desnutridos suelen tener un desarrollo intelectual inferior al de niños más privilegiados ha impulsado –por su trascendencia ética, económica y política– numerosísimas investigaciones para confirmar tal asociación, sus determinantes y esquemas de recuperación. Los latinoamericanos Craviotto y Chávez en México, Sinisterra y Mora en Colombia, Monckeberg, Walter, Celedón y De Andraca en Chile, Grantham-McGregor en Jamaica merecen un especial reconocimiento por sus investigaciones, algunas de ellas pioneras pero que aún tienen plena vigencia.

No ha sido nada fácil establecer la relación entre la desnutrición proteínico-energética (DPE) y el desarrollo cognitivo. Hasta hace muy poco tiempo la polémica no se había definido, aunque hoy un cúmulo de evidencias confirma que tal relación existe. Es que en la vida de un niño desnutrido se conjugan tantos eventos adversos para su adecuado desarrollo físico e intelectual que es casi imposible separar los efectos de una inadecuada nutrición de los de su medio ambiente. Sus circunstancias de crianza en el hogar, el ambiente poco estimulante en lo intelectual, la escasa educación de los progenitores, su habitualmente limitada escolarización, la mala calidad de la educación que recibe, su nacimiento con peso inadecuado, la pobre alimentación, su mal cuidado global, las frecuentes enfermedades que padece por criarse en medios contaminados o por su deficiente inmunidad, las carencias de micronutrientes que se asocian casi obligatoriamente con la DPE, la cuestionable validez de tests psicométricos desarrollados en los países centrales cuando se aplican en comunidades con culturas diferentes, las vallas éticas que plantea la formación de los grupos control, que exige todo diseño experimental correcto, son algunas de las dificultades que se han planteado para el esclarecimiento del dilema (Levitsky y Strupp, 1995).

La edad en que ocurre la carencia nutricional, su persistencia en el tiempo y la magnitud de la misma agregan dificultades al estudiar grupos de niños desnutridos. La evidencia de que niños desnutridos que fueron adoptados desde pequeños por hogares adecuados tienen un desarrollo prácticamente normal agrega más confusión (Pollitt, 1996). Lo mismo sucede con los niños que han padecido desnutrición temprana por enfermedades subsanables, como los cardiópatas congénitos, los celíacos o los fibroquísticos, que en su mayoría no muestran secuelas atribuibles a la desnutrición padecida (Winick *et al.*, 1975).

A todo ello se agrega el conocimiento relativamente nuevo del efecto negativo de la carencia de algunos nutrientes sobre el desarrollo intelectual y sobre el temperamento de los niños con deficiencias actuales o pasadas. De éstos, los más conocidos son el yodo y el hierro, y más recientemente comienzan a acumularse evidencias de los efectos de la carencia de zinc, folatos, vitaminas B_{12} y B_6. También la desnutrición intrauterina y la deficiencia de los ácidos grasos poliinsaturados de cadena larga (docosahexanoico, eicosapentanoico y araquidónico) afectan a los más pequeños y neonatos prematuros.

Para complicar más el panorama, es frecuente la deficiencia conjunta de varios de ellos, ya que el hierro, el zinc y la vitamina B_{12} tienen fuentes alimentarias comunes, tanto que la deficiencia de uno de ellos debe hacer pensar en la de los otros mencionados.

Discutiremos las evidencias existentes de la influencia de la deficiencia de cada uno de los nutrientes mencionados sobre el desarrollo cognitivo y emocional de los niños, comenzando por la del hierro, la mejor estudiada de todas.

2. Desnutrición proteínico-energética (DPE)

El tema acerca del impacto que puede tener la DPE sobre el desarrollo intelectual de los niños ha sido objeto de numerosísimas investigaciones que han empleado diferentes enfoques, tanto en animales de experimentación como en niños. Luego de tantos trabajos y del progresivo reconocimiento de innumerables variables de confusión en los diseños experimentales, se puede afirmar que sí, que la DPE retrasa el desarrollo de los niños en el área cognitiva y emocional, y que la magnitud del retraso dependerá de la gravedad de la desnutrición, de la edad del niño, de sus circunstancias ambientales y de la calidad del apoyo alimentario y emocional que reciba después de la recuperación nutricional. Las secuelas de la DPE serán más o menos severas y permanentes dependiendo del ambiente, de la calidad de la alimentación y de la estimulación recibida.

Los neurotransmisores (NT) actúan en el sistema nervioso del adulto como mediadores químicos de la comunicación intracelular a través de la activación de receptores específicos y de sistemas de segundos mensajeros. La identificación de estos NT en el cerebro en desarrollo más la evidencia de que algunas drogas que actúan sobre la serotonina, dopamina y acetilcolina interfieren con el normal desarrollo en animales y niños sugieren fuertemente que los NT son señales endógenas que regulan la neurogénesis, la migración neuronal y la sinaptogénesis. La neurogénesis no es el final del desarrollo sino el inicio, al cual siguen la mielinización de nuevos axones, la migración de neuronas y la modificación de las conexiones sinápticas. Existen evidencias experimentales muy claras sobre el efecto que tienen nutrientes específicos sobre el metabolismo de los NT en el cerebro; la especulación lógica es que los cambios en los NT debidos a la desnutrición o a la carencia de determinados nutrientes pueden afectar la migración neuronal y la sinaptogénesis y por lo tanto la arquitectura normal y la conectividad del cerebro; estos efectos pueden alterar el desarrollo cognitivo y conductual del animal o del niño que padece la carencia.

Los nutrientes pueden afectar el metabolismo de los neuro-receptores de muchas maneras. A nivel presináptico, por afectación de la disponibilidad de precursores de los NT. O postsinápticamente, afectando la concentración o disponibilidad de los receptores de NT y modificando la fluidez de las membranas celulares, que a su vez afectan las vías de señalización. Así como el estrés oxidativo ha sido implicado en la génesis de la enfermedad de Alzheimer, el estrés oxidativo en el cerebro inmaduro puede inducir apoptosis y peroxidación de las neuronas, afectando la neurotransmisión.

Con el transcurso de los años y los refinamientos en la tecnología, se ha pasado de los estudios meramente anatómicos a los funcionales, en los que el metabolismo y la función de los NT tienen relevante importancia en la definición de la propia estructura cerebral y en la maduración de diversas funciones.

2.1. Estudios en animales

A pesar de las diferencias biológicas con respecto a los humanos, los estudios en animales han permitido confirmar varios hechos. La DPE ocurrida en la lactancia y en el destete puede producir retraso permanente del crecimiento somático. Al someter a generaciones sucesivas a una DPE moderada a severa, se produce no sólo disminución del tamaño corporal definitivo sino también deformaciones somáticas que son características y no recuperables. En animales resulta sencillo demostrar que cuanto más tempranamente se produzca la DPE, menor será el tamaño corporal final del animal, haciendo menos eficiente el crecimiento compensatorio al tener libre acceso a alimentos (Cowley y Griesel, 1963). Ello no sucede al desnutrir animales de más edad, que logran una recuperación casi total.

En animales desnutridos se encontraron un menor número de células cerebrales, una disminución de las arborizaciones y dendritas y una disminución del espesor de las células corticales. La histoquímica revela alteraciones en la distribución y densidad de receptores de NT, como serotonina y norepinefrina. Estas alteraciones estructurales y funcionales son definitivas, aunque en los animales desnutridos se ha demostrado que la multiplicación de las células corticales se extiende más en el tiempo que en los animales bien nutridos (Winick y Noble, 1966). Por ello, a pesar de que muchas de las anomalías son definitivas e influyen negativamente en el desarrollo y el carácter de los animales, existe una posibilidad para una recuperación relativa si las condiciones de alimentación y crianza se modifican favorablemente y durante un tiempo lo suficientemente prolongado.

Otro producto de las investigaciones en animales desnutridos –o que fueron desnutridos pero luego se recuperaron– es la reiterada descripción de cambios conductuales, como movimientos erráticos sin una finalidad clara, ansiedad aumentada y pobre adaptación a ambientes estresantes.

2.2. Estudios en niños

En la etapa aguda de la desnutrición, las alteraciones cognitivas y del carácter son importantes y muy obvias. Es característico el aspecto autista de los niños con desnutrición tipo *kwashiorkor*, que parecen desconectados de su medio ambiente y de su madre o sus cuidadores. La recuperación, que en este tipo de desnutrición suele ser rápida pasados los críticos días iniciales, permite que estas manifestaciones tan dramáticas de desconexión y aislamiento retrograden prontamente (Galler Jr. *et al.*, 1990). En nuestra experiencia clínica con estos niños, el retorno de su interés por el ambiente es la manifestación más temprana de la recuperación nutricional.

En los desnutridos marasmáticos es típica la expresión de sufrimiento, el llanto permanente, la incomunicación con la madre, la desconfianza ante médicos y enfermeras (Meeks-Gardner y Grantham-McGregor, 1998). En estos niños la desnutrición suele haberse instalado en forma lenta, derivando en una relación vincular habitualmente pobre con su madre, que persiste aun luego de la recuperación y que es uno de los parámetros que más deben cuidarse durante la recuperación, que generalmente es prolongada.

Para evaluar los efectos en el largo plazo de la desnutrición se ha recurrido a dos tipos de diseños experimentales. Unos evalúan el desarrollo intelectual de niños que fueron desnutridos, y de los que se sabe la edad más o menos exacta en que lo fueron, la gravedad de la DPE padecida, sus características al momento de la evaluación psicológica, el medio ambiente en que viven y el tipo de terapia de recuperación recibida. Otros estudios son de intervención, en los cuales hay grupos de niños que reciben intervenciones de distinto tipo (alimento, estimulación, o ambos, micronutrientes específicos) y otros no; los niños son seguidos durante un tiempo determinado, al cabo del cual son evaluados, comparándose los grupos entre sí y con patrones locales o internacionales obtenidos de niños sanos criados en ambientes adecuados (Grantham-McGregor *et al.*, 1998). Los estudios de observación sin intervenciones se realizan en comunidades muy pobres, en las cuales las familias son observadas para evaluar las circunstancias de los niños que van padeciendo desnutrición y las consecuencias padecidas (Craviotto y Arrieta, 1986).

Lamentablemente, dentro de cada una de estas agrupaciones, todos los estudios son diferentes pues en algunos se provee de alimento, en otros también de estimulación, y por la época de la realización de la mayoría de ellos no se tuvo una gran consideración al aporte de minerales y vitaminas, poniéndose el mayor énfasis en la provisión de proteína y de energía.

La gran mayoría de los estudios realizados hasta hoy se han limitado a evaluaciones cognitivas y de inteligencia (Di Iorio *et al.*, 1998). Sólo muy recientemente se ha comenzado a valorar el componente emocional y otros rasgos del carácter de niños desnutridos que no son mensurables por los tests de cociente intelectual (CI), pero que en su conjunto tienen enorme importancia para el desempeño del niño en la escuela o en la vida adulta.

Quizás el estudio más clásico y conocido es el del INCAP (Instituto de Nutrición de Centroamérica y Panamá) en Guatemala, realizado en poblaciones muy pobres en las que se les distribuyó a las mujeres desde el embarazo, y luego a sus niños hasta los 7 años de edad, una bebida con contenido relativamente elevado de energía y proteína, y a otro grupo, una bebida refrescante, sin proteínas y de escaso valor calórico (Chavez y Martínez, 1982). Este estudio continúa produciendo información a 25 años de su inicio.

El estudio de Bogotá consistió en la generosa distribución –eventualmente a toda la familia– de harina y leche en polvo a mujeres embarazadas y a sus hijos en riesgo nutricional. Dos submuestras, además del programa general, recibieron un conjunto de sesiones adicionales de estimulación para evaluar los efectos independientes de nutrición y estimulación en el futuro desarrollo cognitivo de los niños participantes. Entre otros hallazgos, se encontró que los niños que recibieron el suplemento después del sexto mes fueron más favorecidos que los que lo habían recibido antes de esa edad. Pero también se observó que si se discontinuaba la administración, los efectos se perdían (Super *et al.*, 1990).

El estudio de Cali se dirigió a niños preescolares que recibieron suplementos alimentarios en el comedor escolar, más atención de salud y apoyo escolar continuo. La meta era demostrar el efecto de acciones en los niños, pasada la etapa crítica de los primeros tres años (McKay *et al.*, 1987).

Estos tres estudios demostraron incontrastablemente los efectos beneficiosos de la suplementación sobre el desarrollo de los niños, haciendo notar que dos de ellos incluyeron suplementación prenatal. También es importante destacar que se encontraron efectos positivos en los preescolares del estudio de Cali, que se realizó en niños mayores de tres años, pasada la etapa considerada crítica para el desarrollo mental y somático de los niños. Este estudio demostró que la sola suplementación alimentaria no benefició el desarrollo de los niños, pero cuando se acompañó de estimulación psicosocial se obtuvieron beneficios perdurables en el tiempo.

El estudio de Guatemala, con un prolongado seguimiento a lo largo de los años, demostró un mejor desenvolvimiento escolar de los niños suplementados que el de los que habían recibido la bebida azucarada, sobre todo en matemática, lectura y otras áreas curriculares; pero no hubo diferencias en tests de memoria y de reacción ante distintos estímulos. A mayor edad, las diferencias de medio ambiente y entorno familiar y social diluían o acentuaban las distintas situaciones descriptas (Martorell *et al.*, 1995).

El estudio de México seleccionó a madres a partir del momento en que supieron que estaban embarazadas para darles un suplemento de leche, vitaminas y minerales; los mismos suplementos fueron dados a los hijos después del cuarto mes de vida en cantidades suficientes como para que mantuvieran un crecimiento normal. La cohorte de madres e hijos nacidos el año previo al inicio del proyecto actuó como grupo control. Una de las metas del estudio era evaluar la interacción madre-hijo y su efecto sobre el crecimiento y el desarrollo de los niños (Chavez y Martínez, 1982; Chavez *et al.*, 1995).

En Indonesia se realizó un estudio de niños en riesgo de desnutrición que asistían a guarderías (6 a 20 meses de edad), a los cuales se les suministró durante un período un generoso suplemento alimentario. La hipótesis: la mejor nutrición se traduciría en mejor crecimiento y mejoría en el desarrollo mental y motriz con respecto a un grupo control no intervenido (Pollitt *et al.*, 2000). La evaluación al final de la intervención mostró auspiciosos progresos en el grupo con alimentación reforzada, sobre todo en el área motora (Pollitt *et al.*, 1997). No sólo eso, sino que los mismos niños fueron evaluados cuando tenían 8 años de edad y las diferencias persistían evidentes, sobre todo en el manejo de la memoria de trabajo, necesaria a fin de encontrar mentalmente las palabras idóneas para la información que queremos transmitir.

En Jamaica se tomaron niños *stunted* (acortados) de 9 a 24 meses: un grupo recibió leche en generosa provisión; otro, estimulación; otro, ambas intervenciones. Un cuarto grupo de niños del mismo nivel social y de pobreza, pero que no eran *stunted*, actuó como el grupo control con el cual se compararon las evaluaciones cognitivas. El objetivo fue demostrar el efecto de las distintas intervenciones sobre el desarrollo cognitivo de los niños al cabo de dos años de seguimiento. Este estudio demostró que el grupo que recibió ambas intervenciones llegó casi al nivel del grupo no *stunted*, manteniéndose en el tiempo. El efecto de las intervenciones nutricional y cognitiva exclusivas fue importante, pero decayó al cabo de un año hasta un nivel comparable al del grupo sin intervención, que tenía un promedio de 10-15 puntos de CI por debajo del grupo control no *stunted*. A los 4 años, los mismos niños fueron reevaluados, no encontrándose beneficios en el crecimiento y sólo pequeños beneficios en una gama de funciones cerebrales que eran independientes de que hubiesen recibido alimentos y estimulación o uno de los dos (Grantham-McGregor *et al.*, 1997).

Otra reevaluación de estos mismos niños cuando tenían 12 años mostró nuevamente diferencias en todos los tests que se tomaron a favor del grupo que no tenía retraso de crecimiento. Sin embargo, los niños acortados que recibieron estimulación mantuvieron beneficios en puntaje de CI, en la capacidad de razonamiento, en la lectura y en el vocabulario, en relación con los acortados que no recibieron ninguna intervención. Con respecto a los que recibieron solamente alimento, se encontraron pequeñas diferencias pero sólo en los niños que lo recibieron antes de los 18 meses de edad (Grantham-McGregor *et al.*, 1997).

Esta serie de estudios muestra la importancia de influenciar el medio ambiente familiar, ya que la estimulación fue realizada en el hogar por miembros adiestrados de la propia comunidad. Los resultados fueron más claros cuando las visitas domiciliarias se hicieron semanalmente durante una hora que en las bisemanales o mensuales, aunque éstas fueran realizadas por personal idóneo en el tema. También muestra la importancia que tiene incorporar acciones de estimulación en los sistemas de atención primaria destinados a los niños más pequeños. Y revela, además, la trascendencia del retardo de crecimiento en talla de origen nutricional (*stunting* o acortamiento) en el desarrollo (Mendez y Adair, 1999).

La revisión de los numerosos estudios realizados, la mayoría de los cuales no se han mencionado en la discusión precedente, permite señalar las siguientes conclusiones:

a) La desnutrición leve pero crónica influencia directamente el desarrollo del niño (en las áreas cognitiva y conductual) al interferir con su interacción social y ambiental, incluyendo la fundamental relación niño-cuidadora, que habitualmente es su madre.

b) Las deficiencias cognitivas y conductuales que se asocian aún con formas leves de desnutrición pueden persistir a lo largo de toda la vida.

c) La plasticidad del cerebro permite que niños mayores que padecen desnutrición puedan recuperarse casi totalmente con intervenciones apropiadas.

d) La desnutrición excepcionalmente ocurre en forma aislada, en general es acompañada de otros factores de riesgo, tales como el ingreso y la educación familiar, nivel de pobreza, etcétera, lo cual tiene grandes implicancias para las estrategias de intervención.

e) Las intervenciones son más efectivas cuando son multidimensionales, es decir que comprenden no sólo alimentos sino también componentes destinados a estimular el desarrollo de los niños, acciones hacia los cuidadores y educación familiar.

f) La suplementación nutricional no asegura que se logre revertir el retraso en el desarrollo, pero cuando es acompañada por intervenciones psicosociales puede ser altamente efectiva.

g) Las intervenciones destinadas a los niños desnutridos y a sus familias no sólo beneficiarán al individuo sino también al desarrollo social debido a mejorías en la calidad de la educación, mayor calificación laboral y productividad, competitividad económica y calidad de vida. La comprensión de que la desnutrición temprana afecta el potencial individual y consecuentemente el capital humano de una nación ha transformado el tema: de considerarlo un problema ético ha pasado a ser una cuestión político-económica mayor (Martorell, 1999; Pollitt *et al.*, 1995).

3. La deficiencia de hierro

La deficiencia de hierro y su relación con el desarrollo infantil son las más profundamente estudiadas, posiblemente porque el estado nutricional en hierro puede definirse con buena precisión y porque ocurre en niños de todos los niveles sociales. Es la más común en la humanidad, sobre todo en niños menores de dos años, alcanzando en nuestro país prevalencias del 30% hasta el 56%, según diferentes estudios poblacionales. Y si sumamos los casos no diagnosticados puede asumirse una prevalencia total de hasta el 86% (56% + 30%) de niños deficientes en hierro. A edades más avanzadas, la prevalencia disminuye notablemente hasta alcanzar niveles cercanos al 10% en la edad preescolar.

Tan alta prevalencia de anemia por deficiencia de hierro se debe a los altos requerimientos de este mineral en una edad de la vida en que el crecimiento es enormemente rápido (duplicación del peso corporal a los tres meses y triplicación a los 12 meses). El requerimiento de hierro absorbido de un bebé es 1mg-/día, el mismo que en un adulto de sexo masculino, con la gran diferencia de que el adulto, que ya no crece más, consume diariamente casi tres veces más calorías que el bebé y su alimentación es muy variada. O sea que el hierro debe estar presente en una concentración 300% superior en la dieta del niño respecto de la del adulto, y en una forma química de adecuada biodisponibilidad.

A ello debe agregarse que una lactancia inadecuada implica la precoz introducción de sucedáneos, habitualmente leche de vaca en los sectores populares, que pueden producir pérdidas microscópicas de sangre que agrava la deficiencia, además de ser muy pobres fuente de hierro.

Las primeras descripciones de la relación entre anemia y desarrollo provinieron de maestras de escuela que notaban la apatía, la incapacidad de concentración, la falta de memoria y el cansancio de sus alumnos con anemias importantes. El tratamiento con hierro les devolvía la normalidad. Estudios posteriores, en los inicios de los años setenta, comenzaron a mostrar que los niños pequeños con anemia tenían un desempeño inferior al de los no-anémicos cuando se les tomaban tests cognitivos (Cantwell, 1974).

El reconocimiento de los factores ambientales y nutricionales contaminantes que influencian el desarrollo infantil obligó a diseños cada vez más sofisticados y costosos, con grandes números de niños. Paralelamente se estudiaron animales y la neurobiología de la deficiencia del mineral en éstos, en diferentes etapas de su crecimiento y antes del nacimiento.

El encéfalo es particularmente rico en hierro, pero no todas las áreas del cerebro contienen la misma cantidad de hierro. En el humano, el *globus pallidus*, el putamen, el núcleo caudal y la sustancia nigra son las regiones con mayores concentraciones de hierro; la sustancia nigra sólo se torna rica en hierro entre los 12 y 15 años de edad. La concentración de hierro en el cerebro es elevada al nacimiento, disminuye a lo largo de la lactancia y vuelve a aumentar con el inicio de la mielinización.

La disminución del hierro cerebral como consecuencia de la deficiencia de hierro es anárquica en su distribución, como lo es la forma en que se deposita al administrar el mineral para poner fin a la deficiencia (Chen *et al.*, 1995; Erikson *et al.*, 1997).

En la rata, la anemia inducida durante la lactancia produce pérdidas de hierro en la masa cerebral que son de distribución muy diferente a las que ocurren en ratas adultas hechas anémicas. O sea, parecería que los requerimientos de hierro durante períodos de rápido crecimiento cerebral obedecen a requerimientos regionales específicos del cerebro, que se satisfacen en un orden secuencial, no recuperable en su totalidad una vez terminada la carencia.

El metabolismo del hierro se encuentra íntimamente ligado al de algunos neurotransmisores. El sistema dopaminérgico comienza a desarrollarse rápidamente en el período posnatal y la concentración de receptores y transportadores de dopamina aumenta de densidad hasta la pubertad; otros se expresan en los crecientes tractos neuronales, jugando un importante rol en la organización del crecimiento de los axones y en la formación de sinapsis. Sólo en edades más avanzadas adquieren integralmente su rol de neurotransmisión. En respuesta a la terapia con hierro se mejoran los parámetros de nutrición férrica, pero no se recuperan anomalías en el metabolismo de la dopamina y en las conductas relacionadas con este neurotransmisor.

Como se mencionara, la disminución del hierro en el encéfalo como consecuencia de la deficiencia de hierro no es universal, sino que es región-específica y lleva a defectos heterogéneos en la neurobiología de la dopamina; en las regiones en que el hierro no disminuye, no se demuestran alteraciones (Beard *et al.*, 2000). Estas alteraciones no son debidas a la anemia sino a la deficiencia de hierro, pues no ocurren en las anemias hemolíticas o en estudios de plasmaféresis donde hay disminución de la hemoglobina circulante pero no del hierro corporal total (Chen *et al.*, 1995).

El hierro es esencial para varias enzimas involucradas en la síntesis de neurotransmisores, incluyendo la triptofano-hidroxilasa (serotonina), tiroxina hidroxilasa (norepinefrina y serotonina); también para la monoaminooxidasa, que a su vez es esencial para la adecuada degradación de los mencionados neurotransmisores.

En la deficiencia de hierro existe una disminución de la tasa de captación de norepinefrina. Las mujeres y ratas anémicas presentan intolerancia al frío y una termorregulación inadecuada, que coinciden con una elevación de los niveles circulantes de norepinefrina que es coherente con una rápida pérdida de ésta de los *pools* del sistema nervioso simpático periférico, sugiriendo un defecto de la captación de esta monoamina.

Los animales deficientes en hierro muestran cambios conductuales que son resistentes a la medicación con hierro, habiéndose demostrado que estas alteraciones están fuertemente relacionadas con modificaciones en la concentración de dopamina y hierro en determinadas regiones del cerebro (Hurtado *et al.*, 1994). Menor actividad espontánea y menor nivel de exploración del medio ambiente, frustración rápida, exagerada respuesta a estímulos dolorosos y pobre desempeño en pruebas de recompensa son las alteraciones conductuales más comunes descriptas en los animales anémicos (Hunt *et al.*, 1994). Estas alteraciones en los animales guardan bastante similitud con características de conducta descriptas en niños anémicos y ex anémicos (Pinero *et al.*, 2001).

Es decir, en la deficiencia de hierro existe un correlato anatómico –distribución del hierro en el cerebro– y funcional con el metabolismo de los neurotransmisores.

El hierro también está íntimamente relacionado con el metabolismo de los oligodendrocitos, una de cuyas funciones principales es la producción de ácidos grasos y colesterol para la síntesis y mantenimiento de la mielina (Connor y Menzies, 1996). El estudio de los potenciales evocados auditivos de niños anémicos muestra una prolongación en el período de latencia, compatible con defectos en la mielinización del tracto auditivo a nivel del tronco cerebral. De la misma manera en los niños anémicos se ha encontrado que en los potenciales evocados visuales –los cuales miden la actividad eléctrica del cerebro por un tiempo definido luego de un estímulo visual– los tiempos de latencia están prolongados, sugiriendo defectos en la mielinización del nervio óptico y/o en las múltiples sinapsis entre el nervio óptico y la corteza visual (Roncagliolo *et al.*, 1998).

Estos estudios de potenciales evocados visuales y auditivos son trascendentes pues son los primeros que muestran, de manera cuantitativa y relativamente operador-independiente, alteraciones en el metabolismo cerebral inducidas por la deficiencia de hierro. El grupo chileno que realizó estos estudios inicialmente en niños anémicos de 6 a 9 meses demostró que las alteraciones persistían a los 18 meses y aún a los 4 años de seguimiento de niños que habían sido anémicos (Algarín *et al.*, 2003).

Los muy numerosos estudios sobre los efectos de la deficiencia de hierro sobre el desarrollo infantil pueden resumirse en los siguientes hallazgos:

1. La gran mayoría de los estudios han demostrado desempeños más pobres en los tests de desarrollo y en los puntajes motrices de los anémicos que de los niños no anémicos. Las diferencias varían entre 5 y 18 puntos de puntaje de desarrollo.
2. Los puntajes son peores en los niños más pequeños, en aquellos con anemias más severas y cuando la anemia es de larga data.
3. Las diferencias son mayores si los niños además de deficientes en hierro son anémicos, aunque no está definitivamente esclarecido si la deficiencia de hierro sin anemia –que es el punto final de la desnutrición en hierro e indicativo de severidad de la deficiencia– tiene los mismos efectos negativos que la anemia sobre el metabolismo cerebral.
4. En los niños anémicos se describen rasgos conductuales bastante característicos, tales como miedo exagerado ante extraños, aspecto de infelicidad,

fatiga, desconfianza hacia los psicometristas, apego excesivo a la madre, facilidad en el llanto, poco interés en los materiales de los tests, etcétera Existe una llamativa uniformidad en los estudios en la descripción de estos rasgos de conducta.

5. Son contradictorios los resultados del tratamiento con hierro en los niños anémicos en relación al desempeño en los tests, mostrando la mayoría, pero no todos, mejorías, aunque no necesariamente se llegan a normalizar, a pesar de obtenerse una excelente respuesta hematológica con recuperación de los índices hematimétricos. Las diferencias pueden atribuirse en parte a la duración del tratamiento.

6. Definitivamente, la magnitud y duración de la anemia se relacionan directamente con el peor desempeño en las pruebas psicométricas.

Sin embargo, debe tenerse presente que la coincidencia entre estas conclusiones no es total, debido a diferencias en los diseños experimentales, en los tests que se tomaran en los niños, en la edad de los mismos y en la severidad y cronicidad de la deficiencia.

Como los tests de desarrollo cognitivo no predicen el funcionamiento intelectual futuro de los niños, se han encarado estudios de seguimiento de niños anémicos en Israel, Francia y en especial de las cohortes estudiadas en Chile y Costa Rica. Estos estudios coinciden en que los niños que padecieron anemia ferropénica ($\leq$10g/dl) cuando eran lactantes, tenían peor desempeño en los tests cognitivos al ingreso a la escuela (5-6 años) que los que no fueron anémicos. Aun en los niños que tuvieron hemoglobinas entre 10 y 11g/dl y que fueron adecuadamente tratados se encontraron diferencias negativas con respecto al resto de la muestra. En general, los resultados más pobres se notaron en pruebas que requerían habilidades no verbales, integración viso-motora y coordinación motriz (Lozoff *et al.*, 1991). En la cohorte chilena se encontraron peor desempeño escolar y menores puntajes en logros académicos en los niños que habían sido anémicos.

Recientemente fue publicado el resultado de la cohorte de Costa Rica, seguida hasta la adolescencia, demostrándose que los efectos negativos persistían hasta esa etapa, según los tests aplicados. Las diferencias eran mayores en los puntajes verbales, en los tests de CI, y obtenían más bajas calificaciones en aritmética, escritura y también en lectura. Al corregir por diversas variables de confusión ambientales desaparecían algunas diferencias en CI, pero no en el área motriz. Se notaron diferencias significativas en áreas como información y aprendizaje informal, que son muy importantes para el desempeño académico (Lozoff *et al.*, 2000). También se encontraron significativas diferencias en la vigilancia visual-perceptiva, en la atención y en la memoria visual-espacial. Los niños ex anémicos hacían una transición tardía del procesamiento cognitivo respecto a los controles –característica en los inicios de la adolescencia–, evaluada por pruebas de memoria de corto plazo (Lozoff *et al.*, 1998) y también por la medición del tiempo necesario para establecer si dos estímulos son iguales o diferentes (Lozoff *et al.*, 1986).

El 26% de los niños ex anémicos de la cohorte de Costa Rica habían repetido algún grado escolar contra el 12% de los no anémicos. Además, el 21% de los primeros habían sido referidos a clases de apoyo escolar contra el 7% de los que no fueron anémicos (Lozoff *et al.*, 2003). Se encontraron diferencias a favor de los ex anémicos en problemas de conducta y de carácter (ansiedad/depresión, problemas de sociabilidad con los compañeros y familiares, problemas de atención en la escuela y conductas delictivas o antisociales) (Lozoff *et al.*, 2000).

Una reciente evaluación de adolescentes que estaban deficientes en hierro, pero no anémicos, al momento de la realización de la más reciente Encuesta de Nutrición y Salud de Estados Unidos (NAHNES) demostró que tenían menor rendimiento académico que sus pares no deficitarios. Los resultados obtenidos en los tests de atención fueron peores en los deficientes en hierro, pero mejoraron luego del tratamiento (Galler *et al.*, 1986).

En Florida, Estados Unidos, en niños que habían sido beneficiarios del Programa Materno-Infantil (WIC) se encontró una relación inversa entre hemoglobina en la infancia y el riesgo de retraso mental leve a moderado. Por cada gramo/dl de hemoglobina por debajo de la cifra considerada normal, el riesgo (OR) de deficiencia intelectual leve a moderada se incrementaba en 1,24% (Hurtado *et al.*, 1999).

Aunque existen evidencias electrofisiológicas y funcionales del daño cerebral como consecuencia de la anemia, demostrable también mediante la aplicación de tests, podría no ser la única causa de las anomalías detectadas. La reiterada descripción de anomalías en el carácter de los niños anémicos en la etapa del diagnóstico inicial podría estar influenciando, de persistir en el tiempo, la relación del niño con sus progenitores, su familia y su entorno social, con riesgo de afectar muy negativamente el rendimiento escolar (Ceci, 1991). Pero también pueden ser consecuencia de la frustración y marginación de los niños mayores y adolescentes por no poder cumplir con las exigencias de la currícula escolar, situación que puede desembocar en conductas antisociales.

Es más que posible que el impacto de la deficiencia de hierro no sea igual en todos los niños que la padecen o la han padecido; existen infinidad de influencias modificadoras, biológicas o ambientales, que no dependen ni son medibles adecuadamente con tests que miden capacidad cognitiva (Lozoff *et al.*, 1986). La capacidad de un niño para inhibir conductas inapropiadas y para enfrentar estímulos internos o externos influenciará su adaptación conductual y emocional y su capacidad para funcionar adecuadamente en diferentes contextos (Brody, 1995; Morris y Levinson, 1995; Pollitt, 2000). La capacidad cognitiva en los niños guarda estrecha relación con el desarrollo emocional, el desarrollo motriz y la actividad motora, áreas que hoy se consideran centrales en la psicobiología del desarrollo humano y que en conjunto modelan el transcurso del desarrollo infantil (Gottlieb *et al.*, 1998).

Si bien existen aún muchos puntos no esclarecidos en la biología de la deficiencia de hierro y la función cerebral, es concreto que produce daño y que éste es detectable por muchos años (Thelen y Smith, 1998), y que por la amplísima prevalencia de la deficiencia se trata de un problema estratégico para la educabilidad de millones de niños. Como siempre hemos dicho, la revolución educativa que nuestro país y América latina necesitan debe iniciarse en la más temprana edad, con el fomento de la lactancia materna y con una adecuada alimentación, incluyendo alimentos adecuadamente fortificados con los micronutrientes críticos como el hierro.

4. Zinc

El zinc (Zn) es parte de más de 300 enzimas con funciones regulatorias, estructurales y enzimáticas; hasta un 10% del genoma humano codifica proteínas de los dedos de zinc. En el sistema nervioso cumple roles como producto neurosecretor o como cofactor. En el cerebro la concentración de zinc es especialmente elevada en las células de la sustancia gris y en las uniones sinápticas de neuronas específicamente ricas en Zn; estas neuronas son glutaminérgicas (McCall *et al.*, 2000).

El metabolismo del Zn está estrechamente ligado al de la vitamina A (Christian y West, 1998). Por su ubicuidad tiene innumerables funciones biológicas y participa en el crecimiento somático, en la inmunidad (Shankar y Prasad, 1998) y en varios sistemas biológicos.

La fisiología alimentaria del zinc tiene muchas similitudes con la del hierro. Sus fuentes son similares (sobre todo las carnes) y los facilitadores e inhibidores de su absorción son los mismos. Por eso, cuando se diagnostica la carencia de uno puede sospecharse la deficiencia del otro.

La deficiencia de zinc se puede encontrar en todas las sociedades del mundo pero más comúnmente en regiones donde el consumo de alimentos de origen animal es bajo, donde la prevalencia de diarrea es elevada –las diarreas producen grandes pérdidas de zinc– y donde el consumo de vegetales es elevado (Gibson, 1994). En los países en vías de desarrollo el consumo de fibra alimentaria es muy elevado en los niños pequeños a pesar de que se lo debería limitar, precisamente para no inhibir la absorción de zinc. La suplementación de zinc ha demostrado tener un fuerte impacto en la prevención de las diarreas y en la disminución de su severidad y duración. Esta enfermedad es altamente prevalente en niños con nutrición marginal, que es el caso de la mayoría de los niños del mundo en desarrollo. También interviene en la prevención de enfermedades infecciosas comunes en los niños. Su efecto sobre el crecimiento somático está demostrado, en especial en niños con retraso de crecimiento y con bajos niveles circulantes del mineral. Los efectos de la deficiencia o de la suplementación con zinc son siempre más evidentes en los varones que en las mujeres.

El diagnóstico de la deficiencia de zinc es, sin embargo, muy complejo. No existe un método definitivo como en el caso del hierro y otros nutrientes. El dosaje de la actividad de algunas enzimas de las que el zinc es componente (superóxido dismutasa –SOD–, fosfatasa alcalina, etcétera), las pruebas de adaptación a la oscuridad, sólo permiten sospechar la deficiencia. El dosaje en sangre –plasma o glóbulos blancos– u orina sólo revela ingestas muy recientes, y la determinación en el cabello informa imprecisamente de ingestas en el largo plazo (Wodd, 2000). De allí que la única posibilidad de confirmar la deficiencia es la administración durante un tiempo prolongado (meses) de un compuesto de zinc y evaluar la respuesta en crecimiento o en parámetros inmunológicos, en especial de la inmunidad celular (Brown *et al.*, 2002).

Por otro lado, las tablas de composición de alimentos tienen información muy parcial del contenido en zinc de los alimentos, sobre todo de los típicos de regiones o países en vías de desarrollo. Y aún menos información existe sobre el contenido en fitatos de estos alimentos, que son los principales inhibidores de la absorción de zinc y cuyo conocimiento es indispensable para valorar su biodisponibilidad.

De allí que la asociación entre deficiencia de zinc y retraso cognitivo haya sido tan difícil de demostrar y que la mayor parte de la información provenga de estudios experimentales en ratas o en primates sometidos a dietas muy pobres en zinc en distintas etapas del desarrollo (intraútero, durante la lactancia o en la infancia). En ratas hechas deficientes en zinc luego del nacimiento y durante la gestación, se han comunicado defectos en la mielinización, en la arborización neuronal y en el número total de neuronas. Las lesiones son más evidentes en la región prefrontal.

Los animales deficientes en Zn han mostrado respuestas anormales en distintos tests, comparados con animales bien nutridos. En todos los estudios se han demostrado alteraciones en el área motora, básicamente en la disminución de movimientos y en la conducta exploratoria.

Varios estudios han demostrado efectos beneficiosos del Zn sobre el desarrollo motor y la actividad en lactantes. Friel suplementó a recién nacidos de bajo peso en los Estados Unidos con 6-11 mg Zn/día, y los suplementados demostraron un mejor desarrollo motor en la Escala de Griffiths. En Egipto, los hijos de madres que habían tenido ingestas satisfactorias de Zn durante la gestación tuvieron mejores puntajes en la Escala de Desarrollo de Brazelton, que se tomó a los pocos días de nacidos, y con la de Bayley Motor a los 6 meses de edad (Kirksey *et al.*, 1994).

Sazawal y colaboradores (2001) encontraron mayor actividad motora, en especial en los varones de 6 a 17 meses de edad, luego de 6 meses de suplementación con 10 mg de Zn/día. Lo mismo reportaron Bentley y colaboradores (1997) en Guatemala luego de 7 meses de suplementación con 10 mg/día en niños de 6 a 9 meses de edad.

En Brasil la suplementación con 5mg/día de Zn en lactantes que habían nacido de bajo peso para su edad gestacional, aumentaba la respuesta a estímulos del medio ambiente y a los de sus cuidadores, y tuvieron menos problemas conductuales asociados con el bajo peso al nacer; sin embargo, no se encontraron diferencias en el área motora ni en la mental medidas por el test de Bayley (Ashworth *et al.*, 1998).

Estudios de suplementación en escolares canadienses (10 mg/día) no mostraron efecto alguno en el área cognitiva. Tampoco en Guatemala, donde sin embargo se encontraron diferencias en el área motora (Bentley *et al.*, 1997). Por otra parte, Thatcher encontró correlación entre Zn en cabello y rendimiento escolar.

En Egipto se notaron respuestas en el área social y en la actividad física pero no en tests cognitivos (Hamanadi *et al.*, 2002). En China, la administración de un multivitamínico con o sin Zn en un número grande de niños resultó favorable en el primer grupo en tests que evaluaron memoria de reconocimiento visual y razonamiento (Penland *et al.*, 1999); este estudio es particularmente importante por la multiplicidad de funciones cerebrales evaluadas mediante una amplia batería de tests.

Otra investigación de los mismos autores evaluó los efectos de una dosis de 20 mg/día de Zn durante 10 semanas en escolares mexicanos pobres de 6 a 9 años. Como se trataba de una comunidad pobre con elevada ingesta de vegetales (fitatos) se conformó un grupo que recibió 26 mg Fe/día para prevenir el desarrollo de anemia. En ambos casos los minerales mencionados fueron dados con un polivitamínico. Un tercer grupo recibió sólo el multivitamínico (Penland *et al.*, 1999). Se aplicó la misma amplia batería de tests que en el estudio de China. Los niños que recibieron Zn mostraron significativas diferencias en pruebas de razonamiento, aunque no en otras áreas estudiadas, lo cual es importante pues se trata de un hallazgo repetido en algunos de los estudios realizados (Pfeiffer y Braverman, 1982).

Los principales efectos de la suplementación con zinc en niños durante un tiempo prolongado o en las madres durante la gestación se han producido en el área motora y no tanto en la cognitiva (Tamura *et al.*, 2003). Esta es una observación relevante dada la enorme importancia que tiene la actividad física, la cantidad y la calidad de la exploración del medio ambiente en el desarrollo intelectual de los niños, en especial de los más pequeños (Golub *et al.*, 1995; Black, 2003). Sin embargo, no hay unanimidad en estas conclusiones ya que un estudio en Bangladesh demostró desventajas en el desarrollo de hijos de madres suplementadas con Zn durante la gestación al compararlos con hijos de madres no suplementadas (Osendarp *et al.*, 2000, 2001).

5. Yodo

La deficiencia de yodo ocurre en regiones deficientes en yodo, y la padecen no sólo los humanos sino también animales y vegetales, lo que resulta en una cadena alimentaria deficitaria en este mineral. Las tierras deficientes en yodo son principalmente las zonas montañosas, las aluvionales y donde se producen lluvias torrenciales. En nuestro país y en América latina se da en los territorios andinos, donde la deficiencia es endémica.

La deficiencia de yodo es la causa nutricional de deficiencia intelectual más conocida. La deficiencia de yodo se traduce en un inadecuado desarrollo somático y cerebral por la deficiencia de hormonas tiroideas, con un espectro de severidad que va desde el retraso intelectual muy profundo hasta manifestaciones muy leves. Esta variabilidad de manifestaciones depende de la severidad de la deficiencia, del estado nutricional en yodo de las embarazadas y del momento de la gestación en que ocurre la deficiencia; si ocurre en el primer trimestre, el daño será muy severo.

El yodo es un componente esencial de por lo menos dos de las hormonas tiroideas, indispensables para el crecimiento somático y el desarrollo cerebral. Al faltar yodo ocurre hipotiroidismo con aumento de la secreción de tirotrofina (TSH) y crecimiento de la glándula tiroidea, cuyo resultando es el bocio (o coto, nombre popular en Argentina).

El hierro participa en enzimas que catalizan los primeros pasos de la síntesis de hormonas tiroideas (tioperoxidasas) y reduce la conversión de T4 a T3, de manera que es frecuente la asociación de ambas deficiencias y también que el tratamiento con yodo sea menos eficaz en los individuos deficientes en hierro.

Si el hipotiroidismo se produce durante la gestación, llevará a un daño neurológico que puede ser de extrema gravedad. Cuanto más se demora el diagnóstico para iniciar la administración de yodo y la sustitución de la hormona tiroidea, más grave será el deterioro neurológico definitivo. El cretinismo puede tener manifestaciones gravísimas, neurológicas y somáticas, con un aspecto físico y características faciales inconfundibles, o ser menos evidente si la deficiencia de hormona tiroidea o de yodo es menos severa.

En áreas deficientes en yodo, pero que no tienen programas establecidos de suplementación o fortificación, se ha demostrado que hijos de madres que recibieron yodo antes del tercer trimestre de embarazo tuvieron mejores desempeños en tests cognitivos que los hijos de madres no suplementadas. En escolares de zonas pobres en yodo, los niños con hipotiroidismo leve tenían peor desempeño en la escuela, sobre todo en lectura y matemáticas. En estas mismas regiones, niños sin signos clínicos de hipotiroidismo se beneficiaron, medido el beneficio por desempeño en la escuela, con la suplementación con yodo (Bautista *et al.*, 1982). Aunque los estudios realizados en este campo no son definitivos, pues la mayoría ha tenido diseños experimentales criticables, todos coinciden en que se logran mejorías leves en el desempeño escolar o en pruebas cognitivas al suplementar yodo a escolares en relación con grupos no suplementados.

Se ha descripto la asociación entre hipotiroidismo leve, subclínico y disminución de la agudeza auditiva. Ésta puede ser una razón más para el pobre desempeño escolar de los niños con deficiencias leves de yodo.

Donde no existe duda alguna es en la importancia del buen estado nutricional en yodo de las embarazadas, y en que éste debe lograrse lo más tempranamente posible en la gestación. Las diferencias en el desarrollo de los hijos según el momento de la suplementación materna son abismales.

La de yodo es el prototipo de deficiencia nutricional de accesible solución mediante distintas estrategias. La yodización de la sal de mesa y para consumo animal es la estrategia empleada en nuestro país a través de una ley que reglamentó la obligatoriedad de la fortificación (la llamada ley Oñativia), cuya efectividad queda demostrada por la desaparición casi total de la deficiencia, del bocio y del cretinismo endémico.

También para resolver la deficiencia se ha recurrido a otras estrategias. Entre ellas, la yodización de otros alimentos que no son la sal, inyecciones anuales o trienales de lipiodol o de yodo en solución oleosa, la yodización del agua de consumo doméstico con equipos similares a los que se emplean para la clorinación y la yodización del agua de riego para mejorar toda la cadena alimentaria local, etcétera.

6. La desnutrición prenatal y la nutrición de la gestante

Existen múltiples evidencias acerca de que los recién nacidos prematuros y los recién nacidos de bajo peso para la edad gestacional (RNBPEG) tienen retrasos persistentes de mayor o menor cuantía en su desarrollo motor y cognitivo, sobre todo en los RNBPEG armónicos, es decir, los que tienen un peso adecuado a su talla y su tamaño cefálico, pero todos subnormales (Morgane *et al.*, 1993; Hack, 1998). Aun excluyendo los riesgos de las patologías más comunes en los prematuros –hemorragias cerebrales, hipoxia, enterocolitis necrotizante (NEC) con resecciones intestinales amplias, retinopatía, hiperbilirrubinemia, anemias severas y displasia broncopulmonar, todas entidades que independientemente pueden ocasionar retraso madurativo– la desnutrición prenatal y sobre todo la posnatal pueden producir retrasos en la cognición y en la aptitud motora de estos niños (Lucas *et al.*, 1992).

Quizás los estudios más claros en este sentido son los de Lucas y colaboradores (1990), que demostraron el impacto negativo que puede producir una alimentación temprana insuficiente en energía o en proteína, detectable aún luego de años después del nacimiento (Lucas *et al.*, 1990).

De la observación epidemiológica de la evolución de los niños de bajo peso de nacimiento hasta la edad adulta surge la teoría del "*imprinting*", que sostiene que el bajo peso de nacimiento influye para padecer en el futuro hipertensión arterial, diabetes tipo II, enfermedad cardiovascular y posiblemente obesidad. La fisiopatología subyacente a estas observaciones es desconocida, pero la hipótesis es que la situación de estrés padecida intraútero motivaría cambios funcionales y metabólicos que, una vez cesada la restricción nutricional con el nacimiento, serían los que generarían las enfermedades crónicas no transmisibles antes mencionadas.

Es muy poco lo que se sabe de la carencia de micronutrientes durante la gestación. Es que el feto se comporta como un parásito muy eficiente, capaz de obtener lo que requiere nutricionalmente a expensas de su madre, quien a su vez se ve menos afectada por el drenaje de nutrientes que los animales de experimentación, debido a que el peso del feto o del recién nacido no llega habitualmente al 5% de su peso corporal, mientras que en animales de experimentación el peso de la camada alcanza al 30% del peso de la madre (Tonkiss *et al.*, 1991). Los mecanismos de transporte transplacentario de cada uno de los nutrientes no son bien conocidos, pero se sabe que la concentración de muchos de ellos es mayor en sangre de cordón que en el plasma materno; característico es el pasaje transplacentario preferencial del docosahexanoico (DHA) sobre otros ácidos grasos desde el plasma materno.

Las más claras evidencias causa-efecto de la deficiencia de un micronutriente durante la gestación son la deficiencia funcional de folatos y la prevención de defectos del cierre del tubo neural (espina bífida, anencefalia, mielomeningocele, etcétera), que pueden afectar dramáticamente el crecimiento y el desarrollo cognitivo de un niño. El cierre del tubo neural ocurre en las primeras 5 semanas de embarazo, cuando la mayoría de las mujeres no se ha percatado aún de su estado. La administración de folatos antes de esa fecha resulta muy efectiva para la prevención de las malformaciones mencionadas y no lo es posteriormente a ese momento del embarazo.

De allí la importancia de lograr que las mujeres en edad fértil tengan la mejor nutrición posible en folatos, y la estrategia mejor ha sido la fortificación universal de algún alimento básico, habitualmente las harinas de cereales. Esta política de fortificación tiene, como todas, inconvenientes para algunas personas, pero ha demostrado ser muy efectiva como estrategia de prevención. En dos años, la fortificación universal de la harina de trigo en Chile permitió descender en un 50% la prevalencia de defectos en el cierre del tubo neural. Afortunadamente, en nuestro país se ha aprobado recientemente la ley que regula la fortificación universal de la harina de trigo.

El embarazo implica grandes cambios metabólicos en la gestante. Entre ellos, el aumento de peso que se debe al incremento de tamaño de los órganos de la reproducción, al aumento de la masa sanguínea y también a la acumulación de tejido adiposo, que se inicia desde los primeros días del embarazo.

Este tejido adiposo acumulado provee casi la mitad de la energía de la leche de la nodriza, y el resto proviene de su alimentación. Pero la acumulación de tejido adiposo que hace la madre no es sólo importante sino muy selectiva, lo cual puede estudiarse mediante biopsias del tejido adiposo subcutáneo. En circunstancias normales, la composición del tejido adiposo refleja la ingesta del tipo de ácidos grasos en el largo plazo –"somos lo que comemos"– dado que el recambio de la grasa corporal es habitualmente muy lento, salvo en situaciones patológicas.

Normalmente, nuestro tejido adiposo, como consecuencia de la dieta de nuestro país, es predominante en ácido linoleico, palmítico y oleico, conteniendo no menos de 5% de ácidos grasos poliinsaturados *trans* (O'Donnell *et al.*, 2004), concentración muy elevada en relación a la de los países desarrollados, que ya han impuesto regulaciones a la industria alimentaria para disminuir su empleo en la manufactura de alimentos, pues estos ácidos grasos, si bien son insaturados, se comportan metabólicamente como saturados.

Los ácidos grasos esenciales dan origen a una serie de compuestos metabólicamente muy importantes y potentes en sus acciones fisiológicas (prostaglandinas, leucotrienos, tromboxanos) y estructurales, afectando la fluidez y el transporte de nutrientes en las membranas celulares. Los ácidos grasos madres son de la familia ω-6 (ácido linoleico, AL, 18:2 ω-6), de la cual derivan el ácido araquidónico (AA, 20:4 ω-6) y el ácido α-linolénico (ALA, 18:3 ω-3), del cual derivan el ácido eicosapentanoico (EPA, 20: ω-5) y el docosahexanoico (DHA, 22:6 ω-3).

El DHA se acumula rápidamente en el tejido adiposo de la embarazada durante el primer trimestre, sustituyendo selectivamente a los ácidos grasos predominantes antes mencionados. Durante el tercer trimestre comienza a declinar su concentración, hecho coincidente con el inicio del rápido crecimiento del cerebro del feto, que continuará durante los dos primeros años de vida. Como antes se dijo, casi la mitad de la energía de la leche –grasas– proviene del tejido adiposo materno, y con ella, el aporte de DHA que el recién nacido necesita (Pueyrredón *et al.*, 2004). El DHA es indispensable en el proceso de mielinización del cerebro en crecimiento.

El efecto de la suplementación con DHA y AA de fórmulas para prematuros hasta niveles comparables a los de la leche materna ha sido claro en estos niños. La agudeza visual –medida por las cartas de Snellen y por el test de Fagan, que evalúa visión pero además funciones cerebrales superiores– ha demostrado ser mejor en los suplementados que en los que reciben fórmulas sin suplemento de estos ácidos grasos. En recién nacidos de término los resultados han sido menos claros y las diferencias en general son detectables –por distintas baterías de tests– no más allá de los 2 a 3 años de edad.

La tasa de síntesis de estos ácidos grasos poliinsaturados de cadena larga (AGPCL) a partir de los ácidos grasos madres es reducida en los prematuros, lo cual explica el elevado contenido de DHA de la leche materna.

Pero no es cuestión sólo de suplementar con AGPCL. Aún no se conoce cuál debe ser la relación AA/DHA, o AA/EPA, y se han descripto retrasos de crecimiento con un exceso relativo de AA. Además, se sabe que los ácidos grasos *trans* inhiben la elongación y la desaturación de los ácidos grasos madres para dar origen a los AGPCL, que son indispensables para el normal desarrollo del cerebro de los recién nacidos, en especial de los nacidos prematuramente.

Tampoco existe consenso sobre la suplementación a las embarazadas de EPA o DHA preformados. Seguramente, es preferible mejorar la alimentación de las embarazadas.

7. Comentario final

Hemos expuesto en una apretada síntesis parte del conocimiento existente sobre la influencia de la desnutrición proteínico-energética y en minerales o vitaminas sobre el desarrollo somático y cognitivo de los niños. Cuando se piensa en las deficiencias de micronutrientes que siempre acompañan a los niños definidos como desnutridos de acuerdo a medidas antropométricas, es sobrecogedor comenzar a sumar cuánto les quita de potencialidad intelectual la DPE, más la deficiencia de hierro, más la de zinc o de yodo, y más si fueron recién nacidos de bajo peso o de madres adolescentes, eventualidad más que frecuente en estos niños.

"Oportunidades perdidas" es un concepto muy en boga en salud pública y en epidemiología. En nuestro país, las deficiencias nutricionales y la DPE son un muestrario de oportunidades perdidas. El caso de la deficiencia de hierro es una de ellas. En 1985 CESNI realizó los primeros estudios poblacionales en el país sobre prevalencia de la deficiencia en el Gran Buenos Aires y en Misiones, arrojando cifras tan elevadas como el 48% y el 56% en las respectivas localidades. En 1999 se hace una encuesta similar en la provincia de Buenos Aires y se encuentra una prevalencia de casi el 50%. ¡Casi quince años más tarde! A pesar de que la información de los estudios iniciales se publicó en el país y en revistas internacionales, se movilizó a los medios y se logró que las dos principales empresas lácteas del país pusieran en el mercado leche de vaca pasteurizada adecuadamente fortificada con hierro, cuya absorción fue prolijamente evaluada en el CESNI. También se enviaron dos proyectos de ley al Congreso, que no prosperaron. Recién en el año 2002 se comienza la fortificación con hierro, ácido ascórbico y zinc. ¿Pero cuántos cientos de miles de puntos de CI se perdieron en miles y miles de niños pobres en estos quince años?

Otra oportunidad perdida es el caso del *stunting*. Ser de baja talla social es el retrato viviente de una vida de privaciones y de enfermedades, iniciada muy tempranamente. La prevalencia de baja talla en Argentina varía entre el 12% y 20%, según las comunidades.

La respuesta a estos problemas ha sido, hasta hoy, la distribución de alimentos en cajas o bolsones, sin prioridad para los niños más pequeños, salvo la leche en polvo. No sería demasiado aventurado pensar que estos programas son inadecuados para satisfacer las deficiencias específicas de algunos nutrientes que afectan a tantos niños argentinos.

Ninguno de los programas se acompaña de una educación alimentaria destinada al empoderamiento de las madres en la selección de alimentos para su familia. Tampoco se hace nada en concepto de estimulación, cuando son los primeros tres años de la vida los más críticos para el desarrollo cognitivo del niño y los estimuladores naturales son la madre y los hermanitos del pequeño.

Y para finalizar volvamos al inicio. La revolución educativa comienza el día en que se concibe un niño y no en el primer año de escuela, aunque ésta sea una gran niveladora de diferencias sociales. Pero la escuela nivela hasta donde puede y hasta donde le permita la "materia prima" –los educandos– que recibe.

Referencias bibliográficas

Algarín, C.; Peirano, P.; Garrido, M.; Pizarro, F.; Lozoff, B. (2003): "Iron deficiency anemia in infancy: long-lasting effects on auditory and visual system functioning", *Pediatr. Res.*, 53 (2): 217-223.

Ashkenazi, R.; Ben-Shachar, D.; Youdim, M. B. H. (1982): "Nutritional iron and dopaminergic binding sites in the rat brain", *Pharmacol. Biochem. Behav.*, 17: 43-47.

Ashworth, A.; Morris, S. S.; Lira, P. I.; Grantham-McGregor, S. M. (1998): "Zinc supplementation, mental development and behaviour in low birth weight term infants in northeast Brazil", *Eur. J. Clin. Nutr.*, 52: 223-227.

Bautista, A.; Barker, P. A.; Dunn, J. T.; Sanchez, M.; Kaiser, D. L. (1982): "The effects of oral iodized oil on intelligence, thyroid status, and somatic growth in school-age children from an area of endemic goiter", *Am. J. Clin. Nutr.*, 35: 127-134.

Beard, J. L.; Connor, J. R.; Jones, B. C. (1993): "Iron in the brain", *Nutr. Rev.*, 51: 157-170.

Bentley, M. E.; Caulfield, L. E.; Ram, M.; Santizo, M. G.; Hurtado, E.; Rivera, J. A.; Ruel, M. T.; Brown, K. H. (1997): "Zinc supplementation affects the activity patterns of rural guatemalan infants", *J. Nutr.*, 127: 1333-1338.

Black, M. M. (2003): "The evidence linking zinc deficiency with children's cognitive and motor functioning", *J. Nutr. Review*, 133 (5 supl. 1): 1473-1476 (mayo).

Brody, N. (1997): "Intelligence, schooling and society", *Am. Psychol.*, 52: 1046-1050.

Brown, K. H.; Peerson, J. M.; Allen, L. H. (2002): "Effect of zinc supplementation on the growth and serum zinc concentrations of prepubertal children: a meta-analysis of randomized controlled trials", *Am. J. Clin. Nutr.*, 75: 1062-1071.

Cantwell, R. J. (1974): "The long term neurological sequelae of anemia in infancy", *Pediatr. Res.*, 8: 342.

Ceci, S. J. (1991): "How much does schooling influence general intelligence and its cognitive components? A reassessment of the evidence", *Dev. Psychol.*, 27: 703-722.

Connor, J. R.; Menzies, S. L. (1996): "Relationship of iron to oligodendrocytes and myelination", GLIA, 17: 83-93.

Cowley, J. J.; Griesel, R. D. (1963): "The development of second generation low protein rats", *J. Genet. Psychol.*, 103: 233.

Craviotto, J.; Arrieta, R. (1986): "Nutrition and mental development and learning", en Faulkner, F.; Tanner, J. M. (eds.); *Human Growth*, Nueva York y Londres, Plenum Publishing, vol. 3, págs. 501-536.

Chavez, A.; Martínez, C. (1982): *Growing up in a Developing Community Guatemala City*, Guatemala, INCAP.

Chavez, A.; Martínez, C.; Soberanes, B. (1995): "The effect of malnutrition on human development: a 24-year study of well-nourished and malnourished children living in a poor mexican village", en Scrimshaw, N. S. (ed.), *Community-Based Longitudinal Nutrition and Health Studies: Classical Examples from Guatemala, Haiti and Mexico*, Boston, International Foundation for Developing Countries (INFDC), págs. 79-124.

Chen, Q.; Connor, J. R.; Beard, J. L. (1995): "Brain iron transferring and ferritin concentrations are altered in developing iron-deficient rats", *J. Nutr.*, 125: 1529-1535.

Christian, P.; West, K. P. (1998): "Interactions between zinc and vitamin A: an update", *Am. J. Clin. Nutr.*, 68 (supl.): 435-441.

Di Iorio, S.; Urrutia, M.; Rodrigo, M. A. (1998): "Desarrollo psicológico, nutrición y pobreza", *Arch. Arg. Pediatr.*, 96 (4): 219-229.

Erikson, K. M.; Pinero, D. J.; Connor, J. R.; Beard, J. L. (1997): "Regional brain iron, ferritin and transferrin concentrations during iron deficiency and iron repletion in developing rats", *J. Nutr.*, 127: 2030-2038.

Galler, J. R.; Ramsey, F.; Forde, V. (1986): "A follow-up study of the influence of early malnutrition on subsequent development, IV: intellectual performance during adolescence", *Nutr. Behav.*, 3: 211-222.

Galler, Jr.; Ramsey, F. C.; Morley, D. S.; Archer, E.; Salt, P. (1990): "The long-term effects of early kwashiorkor compared with marasmus, IV performance on the national high school entrance examination", *Pediatr. Res.*, 28: 235-239.

Gibson, R. S. (1994): "Zinc nutrition in developing countries", *Nutr. Res. Rev.*, 7: 151-173.

Golub, M. S.; Keen, C. L.; Gershwin, M. E.; Hendrickx, A. G. (1995): "Developmental zinc deficiency and behavior", *J. Nutr.*, 125: 2263-2271.

Gottlieb, G.; Wahlsten, D.; Lickliter, R. (1998): "The significance of biology for human development. A developmental psychobiological systems view", en *Handbook of Child Psychology: Theoretical Models of Child Development*, Nueva York, John Wiley and Sons, págs. 233-273.

Gratham-McGregor S. M.; Powell, C. A.; Walker, S. P.; Himes, J. H. (1991): "Nutritional supplementation, psychological stimulation, and mental development of stunted children: The jamaican study", *Lancet.*, 338: 1-5.

Grantham-McGregor, S. M.; Schofield, W.; Powell, C. (1987): "Development of severely malnourished children who received psychosocial stimulation: six year follow-up", *Pediatrics*, 79: 247-254.

Grantham-McGregor, S. M.; Walker, S. P.; Chang, S. M.; Powell, C. A. (1997): "Effects of early childhood supplementation with and without stimulation on later development in stunted jamaican children", *Am. J. Clin. Nutr.*, 66: 247-253.

Hack, M. (1998): "Effects of intrauterine growth retardation on mental performance and behavior, outcomes during adolescence and adulthood", *Eur. J. Clin. Nutr.*, 52 (supl.): 65-70.

Hamadani, J. D.; Fuchs, G. J.; Osendarp, S. J. M.; Huda, S. N.; Grantham-McGregor, S. M. (2002): "Zinc supplementation during pregnancy and effects on mental development and behaviour of infants: a follow-up study", *Lancet*, 360: 290-294.

Hunt, J. R.; Zito, C. A.; Erjavec, J.; Johnson, L. K. (1994): "Severe or marginal iron deficiency affects spontaneous physical activity in rats", *Am. J. Clin. Nutr.*, 59: 413-418.

Hurtado, E. K.; Zito, C. A.; Erjavec, J.; Jonson, L. K. (1994): "Severe or marginal iron deficiency affects spontaneous physical activity in rats", *Am. J. Clin. Nutr.*, 59: 413-418.

Hurtado, E. K.; Claussen, A. H.; Scott, K. G. (1999): "Early childhood anemia and mild or moderate mental retardation", *Am. J. Clin. Nutr.*, 69: 115-119.

Kirksey, A.; Wachs, T. D.; Yunis, F.; Srinath, U.; Rahmanifar, A.; McCabe, G. P.; Galal, O. M.; Harrison, G. G.; Jerome, N. W. (1994): "Relation of maternal zinc nutriture to pregnancy outcome and infant development in an egyptian village", *Am. J. Clin. Nutr.*, 60: 782-792.

Levitsky, D. A.; Strupp, B. J. (1995): "Malnutrition and the brain: changing concepts, changing concerns", *J. Nutr.*, 125 (supl.): 2212-2220.

Lozoff, B.; Klein, N. K.; Prabucki, K. M. (1986): "Iron-deficient anemic infants at play", *J. Dev. Behav. Pediatr.*, 7: 152-158.

Lozoff, B.; Jimenez, E.; Wolf, A. W. (1991): "Long-term developmental outcome of infants with iron deficiency", *N. Engl. J. Med.*, 325: 687-694.

Lozoff, B.; Klein, N. K.; Nelson, E. C.; McClish, D. K.; Manuel, M.; Chacón, M. E. (1998): "Behavior of infants with iron-deficiency anemia", *Child. Dev.*, 69: 24-36.

Lozoff, B.; Jimenez, E.; Hagen, J.; Mollen, E.; Wolf, A. W. (2000): "Poorer behavioral and developmental outcome more than 10 years after treatment for iron deficiency in infancy", *Pediatrics*, 105: 51.

Lozoff, B.; De Andraca, I.; Castillo, M.; Smith, J. B.; Walter, T.; Pino, P. (2003):

"Behavioral and developmental effects of preventing iron-deficiency anemia in healthy full-term infants", *Pediatrics*, 112 (4): 846-854 (oct.).

Lucas, A.; Morley, R; Cole, T. J. *et al.* (1990): "Early diet in preterm babies and developmental status at 18 months", *Lancet*, 335: 1477-1481.

Lucas, A.; Morley, R.; Cole, T. J.; Lister, G.; Leeson-Payne, C. (1992): "Breast milk and subsequent intelligence quotient in children born preterm", *Lancet*, 339: 261-264.

Martorell, R. (1999): "The nature of child malnutrition and its long-term implications", *Food Nutr. Bull.*, 20: 288-292.

Martorell, R.; Habicht, J. P.; Rivera, J. A. (1995): "History and design of the INCAP longitudinal study (1969-77) and its follow-up (1988-89)", *J. Nutr.*, 125 (supl.): 1027-1041.

McCall, K. A.; Huang, C.; Fierke, C. A. (2000): "Function and mechanism of zinc metalloenzymes", *J. Nutr.*, 130: 1437-1446.

McKay, H.; Sinesterra, L.; McKay, A.; Gómez, H.; Lloreda, P. (1987): "Improving cognitive ability in chronically deprived children", *Science*, 200: 270-278.

Meeks-Gardner, J. M.; Grantham-McGregor, S. (1998): "Activity levels and maternal-child behavior in undernutrition: studies in Jamaica. Nutrition, health, and child development: research advances and policy recommendations", *Joint Publication Pan American Health Organization, The World Bank and Tropical Metabolism Research Unit*, University of the West Indies (Washington D.C.): 32-42.

Méndez, M. A.; Adair, L. S. (1999): "Severity and timing of stunting in the first two years of life affect performance on cognitive tests in late childhood", *J. Nutr.*, 129: 1555-1562.

Morgane, P. J.; Austin-LaFrance, R.; Bronzino J, *et al.* (1993): "Prenatal malnutrition and development of the brain", *Neurosc. Behav. Rev.*, 17: 91-128.

Morris, T. W.; Levinson, E. M. (1995): "Relationship between intelligence and occupational adjustment and functioning: a literature review", *J. Counsel Dev.*, 73: 503-514.

O'Donnell, A. M.; Méndez, J.; Uicich, R.; Rovirosa, A. (2004): "Composición en ácidos grasos del tejido adiposo de adultos sanos", *Medicina* (Arg.), aceptado para su publicación.

Osendarp, S. J. M.; Van Raaij, J. M. A.; Arifeen, S. E.; Wahed, M. A.; Baqui, A. H.; Fuchs, G. J. (2000): "A randomized, placebo-controlled trial of the effect of zinc supplementation during pregnancy on pregnancy outcome in Bangladesh urban poor", *Am. J. Clin. Nutr.*, 71: 114-119.

Osendarp, S. J. M.; Van Raaij, J. M. A.; Darmstadt, G. L.; Baqui, A. H.; Hautvast, J. G. A. J.; Fuchs, G. J. (2001): "Zinc supplementation during pregnancy and effects on growth and morbidity in low birthweight infants: a randomized placebo-controlled trial", *Lancet*, 357: 1080-1085.

Penland, J. G.; Sandstead, H. H.; Alcock, N. W.; Dayal, H. H.; Chen, X. C.; Li, J. S.; Zhao, F.; Yang, J. J. (1998): "Zinc and micronutrients affect cognitive and psychomotor function of rural chinese children", *FASEB J.*, 12: 649 (abs.).

Penland, J. G.; Sandstead, H. H.; Egger, N.; Dayal, H. H.; Alcock, N. W.; Plotkin, R.; Rocco, R.; Zavaleta, A. (1999): "Zinc, iron and micronutrient supplementation effects on cognitive and psychomotor function of mexican-american school children", *FASEB J.*, 13: 921 (abs.).

Pfeiffer, C. C.; Braverman, E. R. (1982): "Zinc, the brain and behavior", *Biol. Psychiatry*, 17: 513-532.

Pinero, D.; Jones, B.; Beard, J. (2001): "Variations in dietary iron alter behavior in developing rats", *J. Nutr.*, 131: 311-318.

Pollitt, E. (1996): "Timing and vulnerability in research on malnutrition and cognition", *Nutr. Rev.*, 54 (supl.): 49-55.

Pollitt, E. (2000): "Developmental sequel from early nutritional deficiencies: conclusive and probability judgments", *J. Nutr*, 130 (supl. 2): 350-353.

Pollitt, E.; Gorman, K. S.; Engle, P. L.; Rivera, J. A.; Martorell, R. (1995): "Nutrition in early life and the fulfillment of intellectual potential", *J. Nutr.*, 125 (supl.): 1111-1118.

Pollitt, E.; Watkins, W. E.; Husaini, M. A. (1997): "Three-month nutritional supplementation in indonesian infants and toddlers benefits memory function 8 y later", *Am. J. Clin. Nutr.*, 66: 1357-1363.

Pollitt, E.; Durnin, J. V.; Husaini, M.; Jahari, A. (2000): "Effects of an energy and micronutrient supplement on growth and development in malnourished children in Indonesia: methods", *Eur. J. Clin. Nutr.*, 54 (supl. 2): 16-20.

Powell, C. A.; Grantham-McGregor, S. M. (1989): "Home visiting of varying frequency and child development", *Pediatrics*, 84: 157-165.

Pueyrredón, P.; Uicich, R.; O'Donnell, A. M. (2004): *Estado nutricional en ácidos grasos de embarazadas y sus recién nacidos*, Beca Carrillo-Oñativia, en preparación para publicación.

Roncagliolo, M.; Garrido, M.; Walter, T.; Peirano, P.; Lozoff, B. (1998): "Evidence of altered central nervous system development in infants with iron deficiency anemia at 6 mo: delayed maturation of auditory brainstem responses", *Am. J. Clin. Nutr.*, 68: 683-690.

Sazawal, S.; Black, R. E.; Menon, V. P.; Dinghra, P.; Caulfield, L. E.; Dhingra, U.; Bagati, A. (2001): "Zinc supplementation in infants born small for gestational age reduces mortality: a prospective, randomized, controlled trial", *Pediatrics*, 108: 1280-1286.

Shankar, A. H.; Prasad, A. S. (1998): "Zinc and immune function: the biological basis of altered resistance to infection", *Am. J. Clin. Nutr.*, 68 (supl.): 447-463.

Super, C. M.; Herrera, M. G.; Mora, J. O. (1990): "Long term effects of food suplementation and psychosocial intervention on the physical growth of colombian infant at risk of malnutrition", *Child Dev.*, 61: 29-49.

Tamura, T.; Goldenberg, R. L.; Johnston, K. E.; Dubard, M. (2000): "Maternal plasma zinc concentrations and pregnancy outcome", *Am. J. Clin. Nutr.*, 71: 109-113.

Thatcher, R. W.; McAlaster, R.; Lester, M. L. y Cantor, D. S. (1984): "Comparisons among EEG hair minerals and diet predictions of reading performance in children", *Ann. N.Y. Acad. Sci.*, 433: 87-96.

Tamura, T.; Goldenberg, R. L.; Rawey, S. *et al* (2003): "Effect of zinc supplementation of pregnant women on the mental and psychomotor of their children at 5 y of age", *AJCN*, 77: 1512-1516.

Thelen, E.; Smith, L. (1998): "Dynamic systems theories", en *Handbook of Child Psychology: Theoretical Models of Human Development*, Nueva York, John Wiley and Sons, págs. 563-634.

Tonkiss, J.; Galler, J. R.; Shukitt-Hale, B.; Rocco, F. J. (1991): "Prenatal protein malnutrition impairs visual discrimination learning in adult rats", *Psyche-biology*, 19: 247-250.

Winick, M.; Meyer, K. K.; Harris, R. C. (1975): "Malnutrition and environmental enrichment by early adoption", *Science* (Washington DC), 190: 1173-1175.

Winick, M.; Noble, A. (1966): "Cellular response in rats during malnutrition at various ages", *J. Nutr.*, 89: 300-306.

Wood, R. J. (2000): "Assessment of marginal zinc status in humans", *J. Nutr.*, 130: 1350-1354.

CAPÍTULO 7

Desarrollo de la visión
Problemas prevalentes*

Patricia Visintin
Horacio Lejarraga

1. Introducción

La visión constituye una de las fuentes de información más importantes del ser humano y tiene una influencia central en muchas áreas del desarrollo infantil, tales como el lenguaje, el desarrollo motor, el desarrollo cognitivo, el aprendizaje y la relación personal-social. Las alteraciones de la visión no solamente pueden comprometer el desarrollo de estas áreas, sino también la educación y la vida del niño.

El desarrollo eficaz de la visión también promueve el desarrollo cognitivo debido a la naturaleza integradora del sentido visual, pero hay que tener en cuenta que ninguna persona puede funcionar visualmente más allá del nivel de su desarrollo perceptivo y de su capacidad mental.

Se trata de una función que se desarrolla en los primeros años de la vida como resultado de la interacción entre un programa genético y un estímulo medioambiental muy específico: la luz. Estos primeros años constituyen un verdadero *período crítico* porque durante el mismo, si el niño no recibe estos estímulos, su visión puede comprometerse en forma permanente e irreversible, aunque las consecuencias se hagan presentes más tarde. Los problemas de visión están ampliamente esparcidos en el mundo. La Organización Mundial de la Salud (OMS) calcula que existen unos 1,4 millones de niños ciegos y una cantidad tres veces mayor de niños con baja visión (OMS/IAPB, 1999). La OMS define a la ceguera como la agudeza visual en el mejor ojo corregido ópticamente menor a 0,05 (50%), y considera que un niño con baja visión "es aquel que tiene un impedimento en la función visual, aun después de trata-

*Agradecemos a las doctoras Nélida Melek, Verónica Hauviller, Liliana Vázquez, Alicia Benítez y Gabriela Obregón las valiosas observaciones al manuscrito.

miento o de corrección refractiva convencional, con una agudeza visual menor de 0,3 a percepción luminosa, o con un campo visual menor de 10° desde el punto de fijación, pero que utiliza o es potencialmente capaz de utilizar la visión para planear y/o ejecutar una tarea" (OMS, 1993).

A pesar de que las causas de déficit severo de visión varían según el grado de desarrollo socioeconómico de cada país, se calcula que al menos el 40% de los casos se deben a una patología *prevenible o tratable, con pronóstico favorable de haber sido detectada oportunamente* (OMS/IAPB, 1999; OMS, 1993; Visintin *et al.*, 1998). Esta condición obliga a establecer estrategias integradas entre los distintos niveles de salud, que faciliten el acceso de toda la población a procedimientos de detección oportuna de problemas de visión, y de atención ocular en los casos necesarios, para un adecuado diagnóstico, tratamiento y posterior seguimiento.

En este sentido, el nivel primario de atención constituye el espacio más adecuado para identificar los problemas en forma oportuna, brindar los primeros cuidados en situaciones de urgencia, referir los casos a otros niveles de complejidad, recibir contrarreferencias y efectuar el seguimiento de los pacientes. El primer nivel de atención es el lugar donde se establece el primer contacto de la población con el sistema de salud y por esta razón debe tener personal capacitado y dotado del equipamiento adecuado.

Un segundo nivel de atención debería estar preparado para resolver los problemas más frecuentes: vicios de refracción, queratitis, conjuntivitis, etcétera El tercer nivel, de mayor complejidad, debería contar con personal y recursos necesarios para el tratamiento y la rehabilitación de las patologías más complejas (catarata congénita, retinoblastoma, retinopatía del prematuro, etcétera).

El aparato visual puede no llegar a cumplir su función debido esencialmente a dos grupos de causas: el primer grupo comprende aquellas situaciones en que el aparato visual tiene impedido su desarrollo debido a que el principal estímulo, la luz, no ha podido ejercer su efecto estimulador y no ha podido recorrer la vía óptica. Esto da lugar a un ojo que, si bien conserva su integridad anatómica, es funcionalmente inoperante, situación que toma el nombre de *ambliopía*. Esto es lo que ocurre, por ejemplo, en el caso de ojos estrábicos, que durante los primeros años de vida no tienen oportunidad de fijar la imagen, y quedan amblíopes si en ese momento no se los somete a tratamiento. El segundo grupo de problemas es el de las afecciones orgánicas que afectan el órgano visual produciendo lesiones.

Este capítulo tiene por objeto facilitar la tarea de los encargados de la atención ocular primaria, capacitándolos para que ellos puedan prevenir, diagnosticar, tratar o derivar oportunamente los trastornos oculares más frecuentes entre la población infantil.

2. Desarrollo de la vía óptica y de la función visual. La pesquisa de problemas de visión

2.1. *Anatomía del aparato visual*

• Globos oculares

La figura 1 ilustra las partes más importantes de la anatomía ocular. Los ojos están alojados en dos cavidades óseas llamadas órbitas. Básicamente están formados por:

– tres capas que desde afuera hacia adentro son: la córnea y la esclera, la úvea y la retina;
– tres medios refringentes internos que de adelante hacia atrás son: humor acuoso, cristalino y humor vítreo;
– tres compartimentos o cámaras que de adelante hacia atrás son: anterior, posterior y vítrea.

Figura 1
Anatomía del ojo

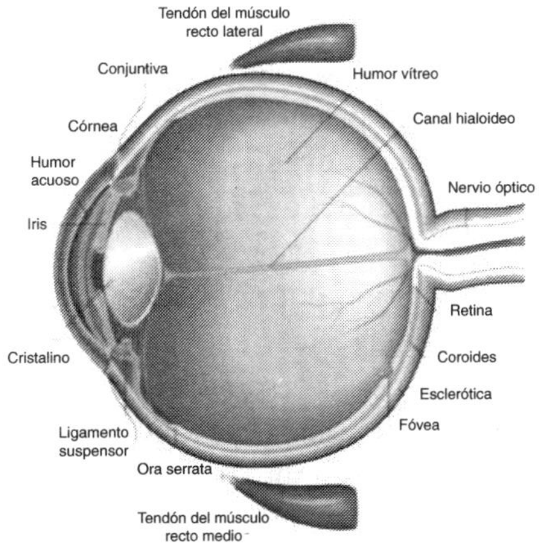

La *esclera* (o *esclerótica*) es la cubierta externa blanca del ojo que se continúa en su extremo anterior con una membrana transparente llamada *córnea* (medio refringente externo); ambas se unen en un área denominada *limbo esclerocorneal*. La esclera está recubierta por la conjuntiva (conjuntiva bulbar), una membrana delgada, transparente y lisa que también cubre la parte interna de los párpados superiores e inferiores (conjuntiva tarsal). En la unión de la conjuntiva bulbar y la tarsal se forman dos repliegues denominados *fondos de saco conjuntivales*, correspondientes al párpado superior y al párpado inferior, respectivamente.

La úvea (o *tracto uveal*) es una capa formada principalmente por vasos sanguíneos que son los encargados de nutrir al ojo. En su porción más anterior, la úvea está formada por el *iris* (estructura que determina el color de los ojos), cuyo orificio central es la *pupila*. La función principal del iris es regular la entrada de luz al ojo, disminuyendo o aumentando la abertura de la pupila según la intensidad de la luz ambiental. En este mecanismo regulador intervienen dos de los tres músculos intraoculares: el *constrictor* y el *dilatador de la pupila*, respectivamente. La superficie posterior de la córnea y la superficie anterior del iris confluyen formando el *ángulo de la cámara anterior*, de gran importancia funcional en el drenaje del líquido intraocular (humor acuoso). El iris, por detrás, se continúa con el *cuerpo ciliar*, compuesto en parte por los *procesos ciliares*, encargados de la producción del *humor acuoso*, y por el *músculo ciliar* (tercer músculo intraocular), responsable de modificar la curvatura del cristalino. Por último, el cuerpo ciliar se continúa, por detrás, con la *coroides*, membrana delgada y con gran cantidad de vasos sanguíneos que contribuyen a nutrir la retina.

La *retina* es la capa más interna de la pared ocular y contiene 10 capas de células, entre ellas las células receptoras de la luz (*conos y bastones*), que son las responsables de captar el estímulo luminoso, y las neuronas de la octava capa (*células ganglionares*) que dan origen al nervio óptico. Desde el punto de vista funcional, la retina se puede dividir en tres zonas: la mácula, la retina periférica y la papila. La zona central o *mácula* se caracteriza por tener la mayor capacidad de definición (mejor agudeza visual) y ser la responsable de discriminar los colores y de la visión diurna (buena luminosidad). La porción central de la mácula se denomina *fóvea*. La *retina periférica*, en cambio, provee una imagen menos nítida y es la responsable de la visión en condiciones de poca iluminación (visión nocturna). En condiciones de buena luminosidad, la forma y el color de un objeto son discriminados por la mácula, mientras que la presencia de ese objeto en el espacio es captada por la retina periférica. La tercera zona corresponde a la *papila* o *cabeza del nervio óptico*, que desde el punto de vista de la visión se comporta como una zona ciega.

Los medios refringentes son aquellos capaces de desviar la trayectoria de los haces luminosos que ocupan el interior del globo ocular. El *cristalino* constituye la parte dinámica del sistema de enfoque. Se trata de una lente transparente, biconvexa, situada inmediatamente por detrás del iris, que pende de los procesos ciliares por medio de un conjunto de filamentos denominado zónula (ligamento suspensorio de Zinn). Esta capacidad de enfoque dinámico que tiene el cristalino se denomina acomodación y está condicionada a la curvatura del cristalino. Cuando un ojo mira un objeto distante, el músculo ciliar está relajado; los ligamentos de la zónula están tensos y el cristalino está adelgazado. En cambio, al mirar a un objeto cercano, el músculo ciliar se contrae, la zónula se relaja y el cristalino se hace más esférico y, por lo tanto, tiene mayor poder para desviar los rayos. Con la edad, esta capacidad de enfoque se pierde, originando la presbicia.

El *humor acuoso* es un líquido incoloro responsable de nutrir las estructuras avasculares que baña, de transportar anticuerpos y de mantener la presión normal del ojo.

El *cuerpo o humor vítreo* es una estructura transparente, de consistencia gelatinosa, ubicado por detrás del cristalino. Su función es ayudar a mantener la forma del ojo.

Con respecto a las cámaras: todo lo que está por delante del cristalino constituye el segmento anterior del ojo, que a su vez se divide en una cámara anterior y otra posterior, mientras que las estructuras ubicadas por detrás del cristalino constituyen el segmento posterior del globo ocular. En la cámara anterior se encuentra el ángulo de drenaje del humor acuoso, la cámara posterior contiene los cuerpos ciliares y la cámara vítrea está ocupada por el vítreo.

• Anexos oculares

Los anexos están formados por: los párpados superiores e inferiores, las cejas y el aparato lagrimal.

Los *párpados* están en íntimo contacto con los ojos y sirven para protegerlos de las agresiones del medio. En el espesor del párpado se encuentran numerosas glándulas, cuyas secreciones sirven para mantener el ojo limpio y humectado. El párpado cuenta con dos músculos, el *elevador del párpado* y el *orbicular*, encargados de la apertura y cierre de los párpados, respectivamente. Cuando los ojos están abiertos, la distancia entre el párpado superior e inferior se denomina *hendidura palpebral*.

Los bordes palpebrales, en su porción próxima a la nariz, presentan unas pequeñas elevaciones, las papilas lacrimales, en cuyo centro hay un orificio, el *punto lagrimal*, que se conecta con el *saco lagrimal* a través de unos pequeños conductillos, los *canalículos lagrimales*. El saco lagrimal desemboca en la nariz a nivel del cornete inferior, a través del *conducto lacrimonasal*. Este conducto de tubos constituye el sistema excretor de la vía lagrimal. La figura 2 ilustra el sistema lagrimal.

Figura 2
Esquema de la vía lagrimal

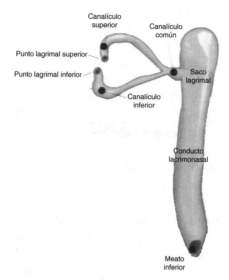

El sistema secretor o productor de lágrimas está formado por las *glándulas lagrimales mayores*, ubicadas en la región superoexterna de la órbita, y por una numerosa cantidad de glándulas accesorias, localizadas en la conjuntiva y en los párpados.

• Vía óptica

La vía óptica (ilustrada en la figura 3), comienza en la retina.

Las fibras nerviosas de la retina se reúnen para formar el *nervio óptico*. El nervio óptico viaja por el interior de la órbita hasta alcanzar su extremo posterior. Una vez fuera de la órbita, en el *quiasma óptico* se produce el entrecruzamiento de las fibras provenientes de las retinas nasales de ambos ojos. Las fibras no entrecruzadas, junto con las que vienen del otro lado, dan lugar a un cordón nervioso, la *cintilla óptica*, que se dirige hacia atrás, hasta el *cuerpo geniculado externo o lateral*. A partir de aquí, la vía óptica, que en la parte anterior es un manojo apretado de fibras, se abre en forma de abanico, dando lugar a las *radiaciones ópticas*. Las fibras recorren así los lóbulos parietal y temporal del cerebro y llegan hasta la *corteza visual* del lóbulo occipital.

Figura 3
Esquema de la vía óptica

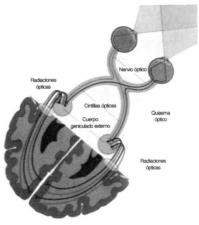

• Músculos extraoculares

Estos músculos se fijan en la esclera y en las paredes de la órbita. Los músculos son seis y son los responsables de hacer rotar ambos ojos en las diferentes posiciones:

– recto interno (o medio), hacia adentro;
– recto externo (o lateral), hacia fuera;
– recto superior, hacia arriba;
– recto inferior, hacia abajo;
– oblicuo superior (o mayor), acción combinada: hacia abajo, afuera e inciclotorsión (torsión en el sentido de las agujas del reloj);
– oblicuo inferior (o menor), acción combinada: hacia arriba, afuera y exciclotorsión (torsión en el sentido contrario al de las agujas del reloj).

2.2. La función visual

La visión es un mecanismo complejo, y para lograr que el cerebro reciba imágenes nítidas que puedan ser interpretadas requiere del normal funcionamiento de varios sistemas: protección, proyección, recepción, transmisión, localización e interpretación.

El sistema de protección está formado por los párpados, las cejas, el aparato lagrimal y la conjuntiva. Su función es proteger a la córnea de cuerpos extraños, mantenerla limpia y húmeda, para que ésta pueda permanecer transparente y libre de infecciones, permitiendo así el paso de la luz hacia la pupila.

El sistema de proyección está formado por los distintos medios ópticos (con capacidad de refractar o desviar los rayos luminosos) que tiene el ojo: córnea, humor acuoso, cristalino y el cuerpo vítreo. Su función es la de proyectar los rayos luminosos provenientes del exterior hacia la retina.

El sistema de recepción está formado por la retina, encargada de transformar un estímulo físico (luminoso) en un estímulo químico (nervioso).

El sistema de transmisión está formado por el nervio óptico, las cintillas y las radiaciones ópticas, estructuras que permiten que la información se transmita del ojo al cerebro.

El sistema de localización está formado por los seis músculos extraoculares. Es el responsable de localizar los objetos en el espacio y asegurar que dichos objetos estimulen permanentemente la zona de mayor precisión de ambas retinas (fóveas) en forma simultánea. Para que los rayos luminosos provenientes de un objeto del campo visual estimulen al mismo tiempo puntos semejantes de las retinas de ambos ojos, éstos deben encontrarse en posición paralela, tener una agudeza visual similar y buena, y gozar de una función muscular coordinada y sincrónica. De esta manera, cada ojo envía una imagen que, llevada al cerebro en forma simultánea, se fusiona en una sola, nítida y tridimensional (visión binocular).

El sistema de interpretación está formado por la corteza visual del cerebro, responsable de fusionar la imagen proveniente de la unidad visual del ojo derecho con la proveniente del ojo izquierdo, produciendo una imagen visual única. También la corteza visual será la responsable de dar significado al estímulo luminoso captado por la retina. En este proceso, el estímulo luminoso será interpretado por medio de un proceso que se relaciona con varios mecanismos: a) asociación con otras sensaciones, por ejemplo auditivas u olfatorias, que pueden relacionarse con el estímulo visual; b) comparación de lo visto con conocimientos previamente adquiridos y archivados en nuestra memoria. El estímulo visual, al ser procesado por el cerebro y sus distintas áreas de asociación, logra tomar forma, tamaño, color, dimensión espacial y significado.

2.3. Desarrollo de la visión

• Crecimiento

En los primeros años de la vida posnatal tiene lugar el proceso de emetropización, por el cual el poder refractivo del ojo se organiza para producir una imagen nítida en la superficie de la retina y sin ninguna distorsión de refracción (miopía, hipermetropía y astigmatismo). Este delicado proceso se relaciona directamente con cambios en tres estructuras oculares: los cambios de curvatura de la córnea, del cristalino y de la longitud del ojo (largo axil). Estos cambios provocan una disminución del poder de refracción total del ojo, que es muy elevado al nacer, hasta llevarlo a su justo punto. Para lograr una imagen nítida debe existir un equilibrio entre el largo axil del ojo y el poder refractivo de la córnea y el cristalino. A mayor longitud axil, menor deberá ser el poder dióptrico (poder de convergencia) de la córnea y del cristalino en su conjunto; es decir, cuanto más largo sea el ojo, menor deberá ser la capacidad de la córnea y del cristalino para concentrar los rayos, y viceversa.

El largo axil del ojo crece aproximadamente de 17 mm al nacer a unos 20 mm al año de vida, para alcanzar lentamente, alrededor de los 14 años, la longitud definitiva de 24 mm. El proceso de emetropización no sólo está relacionado con el crecimiento de los componentes refractivos del ojo, sino también con la experiencia visual durante la niñez. Son numerosos los casos de niños que han desarrollado miopía como consecuencia de un inadecuado estímulo visual por presentar cataratas congénitas, ptosis, opacidades corneales, etcétera (Hoyt *et al.*, 1981; Rabin *et al.*, 1981; Von Noorden y Lewis, 1987).

• Recién nacido

El recién nacido (RN) de término tiene un tamaño ocular equivalente a las tres cuartas partes del adulto. El crecimiento es máximo durante el primer año de vida, creciendo progresivamente menos hasta los tres años y, con ritmo mucho más lento aún, hasta la segunda década de vida.

La córnea sufre cambios significativos en tamaño, forma y transparencia durante el primer año de vida. En el RN, la córnea transitoriamente puede presentarse levemente turbia en toda su extensión, pero su transparencia mejora durante los primeros meses. El diámetro horizontal mide alrededor de 10 mm, la curvatura entre 6 y 7,4 mm y el poder dióptrico es de unas 51 dioptrías (D, unidad de medida de la fuerza de refracción de una lente). Al año de edad el diámetro es superior a 11 mm y a los 2 años alcanza su tamaño definitivo de 12 mm, un radio de curvatura de 7,86° y un poder dióptrico de 40 D (Goddé-Jolly, 1994).

El cristalino del RN es transparente y más esférico que el del adulto (mayor curvatura, mayor poder de desviar los rayos). Su mayor poder de refracción logra compensar la menor longitud axial relativa del ojo del niño. Tiene un poder de refracción promedio de 34 D que decae a 28 D a los 6 meses. El cristalino sigue creciendo toda la vida y con los años se hace más denso y pierde paulatinamente la capacidad de modificar dinámicamente su poder de refracción (presbicia).

El iris cambia de color a medida que aumenta la pigmentación entre los 6 y 12 meses de vida. El músculo dilatador de la pupila no está bien desarrollado al nacimiento y por ello los RN tienen pupilas pequeñas (mióticas).

La pupila del RN, a pesar de ser pequeña, se contrae frente a los cambios de iluminación (reflejo fotomotor), aunque a veces sea difícil ver esta contracción por la miosis típica del RN.

La retina y la vía óptica no están maduras al nacimiento, pero la organización de las "unidades visuales" ya existen. La unidad visual es la suma de los puntos correspondientes entre el espacio, la retina, el cuerpo geniculado lateral (CGL) y la corteza visual cerebral. Un punto determinado de la retina capta estímulos exclusivamente de un área determinada del espacio. A su vez, ese punto de la retina envía esa información a una determinada área del CGL.

El CGL es un complejo neuronal cuyas relaciones sinápticas le permiten hacer un procesamiento de la información recibida antes de transmitirla a la corteza visual cerebral (Pietro Díaz y Souza-Dias, 1996). La vía retino-genículo-cortical tiene dos canales principales de información: la vía magnocelular (M) y la parvocelular (P). Por ambas vías transcurre información diferente. La vía M es reconocida como la vía del movimiento y la vía P, como la de la forma. Por la vía M cursa la información necesaria para localizar los objetos en el espacio, mientras que por la vía P media la información referente a la discriminación de los detalles, forma, tamaño, color, estereopsis fina, etcétera, elementos que permiten la identificación de los objetos.

Las vías magnocelular y parvocelular presentan proyecciones de la corteza visual estriada hacia los lóbulos temporal, occipito-parietal y la porción ventral del lóbulo frontal. Estas extensiones corticales harían posible la identificación de objetos, la asociación cognoscitiva de objetos visuales con otros eventos, tales como las emociones y ciertos actos motores. La vía magnocelular se desarrollaría antes que la parvocelular y tendría diferentes períodos críticos de maduración. Esto explicaría el hecho de que una misma noxa, aunque actúe en un mismo período, afecte en forma heterogénea los distintos elementos que contribuyen a la percepción visual (Demirci *et al.*, 2002).

La vascularización de la retina se completa en la zona nasal en el octavo mes de gestación, y alrededor del primer mes después del nacimiento se completa en la zona temporal. La función de la retina periférica (responsable de detectar los movimientos y de la visión crepuscular) está madura en el niño de término (40 semanas), no así la fóvea (responsable de la visión de mayor precisión y de los colores), que tiene menor densidad de conos que la fóvea adulta. El incremento de la visión se debe a un aumento en la densidad de conos de la fóvea, mielinización de la vía óptica y maduración de la corteza visual.

El RN puede ver, a pesar de permanecer la mayor parte del tiempo con los ojos cerrados. Su agudeza visual equivaldría a 0,05. Reacciona a los cambios de luz moviendo sus ojos y su visión es suficiente como para fijar su mirada en la cara de su madre mientras lo alimenta. La fóvea completa su maduración entre el tercer y cuarto mes de vida.

Los movimientos oculares no tienen aún una buena coordinación, pero es anormal que se produzca una desviación constante durante las primeras semanas de vida. El desarrollo visual normal exige que los dos ojos se mantengan derechos la mayor parte del tiempo para que miren al mismo objeto simultáneamente. Alrededor de las 48 semanas se esbozan los primeros movimientos de seguimiento, que son lentos, a menudo interrumpidos por sacudidas, y tienen un rango de 45°.

Si bien existen variaciones entre los RN, durante el primer mes el niño empieza a mirar los objetos que están situados en la proximidad de su cara; se siente particularmente atraído por la cara humana. A partir de la sexta semana, el niño es capaz de sonreír al mirar la cara de un adulto.

• Tres meses

A los tres meses, tanto la acomodación como la convergencia (acto de dirigir los ojos hacia adentro, hacia un punto cercano) están suficientemente bajo control como para que el niño pueda empezar a estudiar su mano, primero de forma rápida, cuando la mueve por casualidad delante de sus ojos, y luego de manera intencionada, al acercarla voluntariamente a los mismos. Un niño de tres meses estudia su mano y sus dedos durante horas. Este comportamiento constituye un paso importante en el desarrollo de la coordinación ojo-mano, ya que a través de esta actividad empieza a asociar la información procedente de la visión y los movimientos de las manos, y comienza a construir su mundo tridimensional. Al mismo tiempo, el niño aprende a tener los juguetes en la mano y de ese modo puede mirarlos más de cerca y durante períodos más prolongados. Empieza también a intentar tomar objetos con las manos. El desarrollo de los conceptos de espacio visual y orientación visual conduce a la orientación auditiva: el niño empieza a girar la cabeza hacia un estímulo que está próximo a su oído. La habilidad para percibir los diferentes colores se aproxima a la del adulto. A los tres meses, un niño acostado sobre su dorso es capaz de seguir con la mirada un objeto vistoso (por ejemplo, un aro colorado) situado frente a sus ojos, que describe un recorrido horizontal, vertical y circular. A esta edad, la mayoría de los niños siguen las actividades de su entorno y poseen varias expresiones comunicativas. Los dos ojos ya están en condiciones de mirar simultáneamente el mismo objeto. A los cuatro meses, la fijación está madura por completo y todo episodio de pérdida de la alineación de los ojos, aun los transitorios, deben considerarse anormales.

• Seis meses

A los seis meses, los niños observan su entorno, siguen con la mirada los objetos que se les caen de la mano y reconocen de lejos los juguetes favoritos y los alimentos. Los objetos pequeños despiertan el interés del niño dentro de una esfera visual de un metro y medio.

La fijación y el seguimiento son parámetros que se utilizan para medir la agudeza visual y la alineación de los ojos en los niños menores de 2 años. Para estimar la agudeza visual medimos, entonces, cuál es el objeto más pequeño que sigue captando la atención del niño. La agudeza visual será mayor cuanto más lejano y más pequeño sea el estímulo que logre reconocer. Para valorar la alineación, se evalúa la simetría de la excursión de ambos ojos en las distintas posiciones de la mirada, que deben ser de igual amplitud.

• Dos años

Durante el segundo año de vida la capacidad visual se amplía mucho. A esta edad, ya es posible medir la agudeza visual (AV) mostrándole al niño ilustraciones diseñadas a tal efecto. También es posible medir la agudeza estereoscópica (visión binocular).

Entre los 2 y 4 años el niño discrimina e identifica formas y detalles en dibujos de objetos, personas, acciones. Empareja objetos/dibujos por color, forma, tamaño, uso, función; reconoce contornos de figuras de objetos o personas, copia o dibuja líneas después de ver un modelo, empareja dibujos de objetos con objetos concretos. A esta edad el niño señala detalles en dibujos o acciones, clasifica objetos/dibujos por color, forma, uso, e imita la posición de objetos en dibujos (Barraga y Morris, 1986).

• Cuatro años - cinco años

A la edad de 4 años, los niños desarrollan la capacidad para discriminar objetos visuales pequeños aun cuando se encuentren muy próximos unos de otros. Los movimientos oculares precisos que se necesitan para mover la mirada de una imagen pequeña a otra están desarrollados.

Entre los 3 y 5 años el niño reconoce detalles de dibujos complejos, relaciona partes sencillas con el todo, discrimina figura de fondo, identifica objetos/dibujos en elementos parcialmente visibles, arma rompecabezas de formas, objetos y escenas. También es capaz de identificar acciones y de contar un cuento a partir de dibujos. Clasifica objetos/personas/acciones en dibujos. El niño, alrededor de los 5 años, es capaz de discriminar, identificar y reproducir figuras abstractas y símbolos; puede elegir figuras abstractas complejas por algún detalle, trazar o copiar figuras con líneas rectas o curvas, ordenar figuras por tamaño en forma secuenciada, clasificar signos semejantes y seleccionar figuras parecidas por detalles simples (Barraga y Morris, 1986).

A la edad de 5 años, el niño alcanza niveles de agudeza visual similares a los del adulto. Entre los 5 y 6 años discrimina, identifica y percibe las relaciones en dibujos, figuras abstractas y símbolos, encuentra detalles que faltan en un dibujo, agrupa figuras semejantes, copia símbolos de diferente forma, empareja palabras y reconoce semejanzas y diferencias entre las letras (Barraga y Morris, 1986).

- Seis años - siete años

Entre los 6 y 7 años el niño identifica, percibe y reproduce símbolos simples o combinados, percibe la constancia de letras/palabras, identifica una letra presentada en distintos modelos, reproduce símbolos abstractos de memoria y asocia palabras con dibujos. Recordemos que es importante para un adecuado desarrollo de la visión que exista maduración neurológica normal y que el estímulo visual sea el adecuado (Barraga y Morris, 1986).

2.4. Condiciones necesarias para el desarrollo de la función visual. La ambliopía

La ambliopía es la falta de consolidación de la agudeza visual, consecutiva a la carencia de estímulos o a un estímulo inadecuado o insuficiente durante un período crítico del desarrollo (Gurovich, 1996). Hay un tiempo durante el cual, para construir su capacidad visual, el ojo necesita estar sometido a estímulos luminosos adecuados. Si durante este período el ojo no recibe estos estímulos, no va a poder desarrollar su capacidad visual. Este período durante el cual es esencial la recepción de estímulos luminoso se llama *período crítico* o *período sensible*. Se entiende por período crítico o período sensible el lapso de tiempo posnatal durante el cual las vías nerviosas y la corteza visual están preparadas para recibir estímulos luminosos y construir así la función visual.

El período de tiempo que se extiende desde el nacimiento hasta los 2 meses de vida se denomina refractario. Durante este lapso, las noxas no son tan perjudiciales, ya que aún no se ha desarrollado el reflejo de fovealización, mediante el cual el RN aprende a fijar con la fóvea.

El período crítico en el ser humano se extiende hasta los 8-9 años de edad. Hay que tener en cuenta las variaciones individuales, que dependerán principalmente de los factores de riesgo existentes y de los factores hereditarios y ambientales. Dentro de este período crítico hay un período *hipercrítico*, que se extiende desde los 2 meses hasta los 18-24 meses de edad, lapso durante el cual cualquier noxa, por mínima que sea, puede ocasionar profundas ambliopías. La falta de consolidación de la agudeza visual se traduce funcionalmente en una disminución de la agudeza visual, potencialmente reversible con tratamiento, que puede ser bilateral o más frecuentemente unilateral.

La fisiopatología de la ambliopía no está totalmente dilucidada, pero luego de las investigaciones de Hubel y Wissel (1970) acerca de las respuestas y lesiones del cerebro visual de animales de experimentación deprivados de estímulos visuales, puede confirmarse que un estímulo visual inadecuado que actúa durante el período crítico es suficiente para alterar la normal arquitectura de la vía visual (Von Noorden, 1988, 1992).

Este hecho pone de manifiesto la importancia de detectar las patologías que interfieren con un estímulo visual adecuado en edades tempranas, ya que ocasionan en el cerebro visual inmaduro lesiones que son reversibles con el tratamiento si éste se instaura en los primeros años (hasta los 6-7 años), pero que luego son parcial o totalmente irreversibles.

Para que se desarrolle la función visual durante los primeros 6-7 años de vida es necesaria la existencia del estímulo luminoso; si este estímulo no llega a la retina y no transcurre por la vía nerviosa, los procesos madurativos descriptos no se producen. Otra condición necesaria es la llegada al cerebro de dos imágenes (una desde cada ojo) de igual definición y calidad. La información llega al cerebro desde los dos ojos por separado, y es el cerebro el órgano que cumple la tarea de fusionar ambas imágenes en una sola. Si por cualquier razón una de las imágenes es defectuosa (borrosa, imprecisa, etcétera), el cerebro la elimina automáticamente, y registra solamente la imagen bien definida. La grave consecuencia de esto es que la arquitectura de la vía nerviosa correspondiente a la imagen defectuosa no se desarrolla adecuadamente. Para que las unidades visuales se desarrollen normalmente es indispensable la llegada de imágenes simultáneas de buena calidad. La corteza visual es muy frágil y la falta de estímulos binoculares puede dañarla en muy corto tiempo. Para que los estímulos provenientes de ambos ojos tengan una representación común en un punto de la corteza visual, deben actuar simultáneamente y proveer una misma calidad de imagen. De lo contrario, sólo se registrarán las imágenes del ojo prioritario o dominante.

La formación de una imagen normal requiere varias condiciones:

- El eje visual córnea-mácula debe estar despejado para que la luz tenga asegurado su recorrido hasta la retina. Los problemas que frecuentemente obstaculizan este eje son las afecciones de los párpados que ocluyen la pupila (hemangiomas palpebrales, ptosis, etcétera), las opacidades de los medios refringentes del ojo (catarata, fibroplasia retrolental, etcétera), entre otros. El bloqueo de la vía óptica en cualquier lugar de su trayectoria puede dar lugar a una ambliopía por deprivación.
- La imagen debe llegar a la retina con suficiente nitidez. Para ello es necesario que no existan vicios de refracción (miopía, astigmatismo o hipermetropía). De esta manera, se asegura la formación de una imagen nítida en el plano de la retina. La presencia de ametropías puede provocar ambliopía refractiva, sobre todo la ambliopía por diferencia de refracción en ambos ojos (anisometropía).
- Es necesario que los estímulos provenientes de ambos ojos impacten simultáneamente sobre ambas fóveas. Para esto, a su vez, es necesario que no existan alteraciones en la alineación de los ejes visuales (estrabismo). La presencia de estrabismo puede provocar ambliopía estrábica.

Se ha postulado que la causa de la ambliopía estrábica es una inhibición cortical de los impulsos originados en la fóvea del ojo desviado. Cuando se produce la pérdida del paralelismo ocular, se desencadenan principalmente dos problemas en el sistema visual:

- una diplopía (visión doble), al ser la imagen percibida en un punto no correspondiente de las retinas (véase figura 4);
- una confusión, al ser la fóvea del ojo desviado estimulada por dos objetos diferentes.

Como ambas fóveas son puntos correspondientes, ambos objetos se superponen creando confusión y rivalidad entre las retinas de ambos ojos. Para eliminar la diplopía, la imagen retiniana en el ojo desviado debe ser suprimida, y para eliminar la confusión se suprime también la fóvea del ojo desviado. La supresión es, por lo tanto, un mecanismo primario de defensa del sistema visual para eliminar la diplopía y la confusión. La ambliopía estrábica se desarrollaría como resultado de una supresión constante.

Figura 4
Esquema de diplopía y confusión

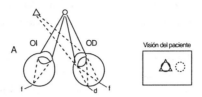

En 1992, el Smith-Kettlewell Institute, de California, Estados Unidos, dio a conocer la siguiente clasificación de ambliopía (Flynn *et al.*, 1992):

a) amblíopes son personas cuya agudeza visual es peor o igual a 0,5 en uno o en ambos ojos;

b) amblíopes recuperados son aquellos pacientes que después de un tratamiento logran una agudeza visual de más de 0,5 en ambos ojos;

c) anisometropía: se considera cuando existe una diferencia de 1 dioptría o más en la refracción entre ambos ojos;

d) altos errores de refracción: se considera cuando el defecto de refracción es mayor de 4 dioptrías de miopía, hipermetropía o astigmatismo;

e) personas con riesgo de ambliopía: aquellas con una agudeza visual mayor de 0,5 que presentan patologías oculares que pueden desencadenar una ambliopía (estrabismo, anisometropía, etcétera).

El primer año de vida representa un período muy dinámico en el desarrollo de la visión, y cualquier patología que impida el desarrollo visual tendrá un gran impacto. El sistema visual permanece permeable durante la primera década y, entonces, es de fundamental importancia el manejo de las patologías oculares que se presenten durante ese período, ya que las ambliopías una vez instaladas son difíciles de combatir.

En líneas generales, hay tres formas de tratamiento: oclusión, corrección óptica y penalización. Su indicación depende del tipo de ambliopía y de la edad del paciente. Debe tenerse siempre presente que el seguimiento y mantenimiento del tratamiento en los niños recuperados debe hacerse hasta los 10 años de edad, momento en el que se considera que dejan de ser sensorialmente vulnerables.

Pautas de oclusión: la indicación de los días de oclusión del ojo director está en función de la edad del paciente y la gravedad de la ambliopía; cuanto mayor sea la ambliopía y la edad del niño, más serán los días de oclusión. Cuanto menor sea la edad del niño, mayores serán las posibilidades de éxito, que disminuyen a partir de los 7-8 años y son prácticamente nulas a partir de los 10 años. La oclusión en niños menores de un año debe ser monitoreada estrictamente por el oftalmólogo, por la posibilidad de alterar el desarrollo de la mácula y crear una ambliopía irreversible.

La *corrección óptica* consiste en prescribir el uso de anteojos o lentes de contacto para corregir los vicios de refracción.

El *efecto de penalización* consiste en utilizar colirios y/o medios ópticos para poner en mejores condiciones funcionales al ojo amblíope.

2.5. El examen ocular. La pesquisa de problemas oculares y de visión

Los defectos de la visión en el niño son una de las más frecuentes condiciones incapacitantes de la infancia, por lo cual uno de los principales objetivos de la vigilancia pediátrica en salud es la detección oportuna de la ceguera potencial o de sus causas, o de impedimentos de la visión o enfermedades del aparato visual que pueden interferir con el desarrollo y la educación del niño.

Una razón muy importante para realizar la pesquisa temprana de problemas de la visión es la detección de la ambliopía, ya que una pérdida ulterior de la visión en un ojo que no se usa puede ser en muchos casos prevenible.

En relación a la pesquisa de la visión en niños, podemos reconocer dos grandes grupos: los niños de alto riesgo y los niños de bajo riesgo. Los niños de alto riesgo son aquellos que tuvieron retinopatía del prematuro, infecciones intrauterinas, antecedentes familiares de cataratas congénitas, glaucoma congénito, retinoblastoma, enfermedades metabólicas o genéticas, estrabismos, miopía. Este grupo de niños debe ser evaluado por un oftalmólogo al menos una vez en un momento temprano de su desarrollo.

Los niños de bajo riesgo, en cambio, deben ser explorados en su visión a las siguientes edades: al nacer, a los 6 meses y a los 3, 5, 11, 15 y 17 años. Este *screening* puede ser hecho por una enfermera, un médico o un trabajador del sector salud bien entrenado, sin una formación especializada. Si el *screening* es positivo, es decir, si se detecta algún problema, el niño debe ser derivado a un médico oftalmólogo.

Durante el seguimiento pediátrico en el nivel primario de atención, además de las maniobras de *screening*, pueden aparecer signos de alarma que obligan a realizar una consulta al especialista. Los signos más frecuentes son las anomalías del aspecto de los ojos o de los párpados, pérdida de la alineación de los ejes visuales (estrabismos), infecciones de ojo externo, retraso en el despertar visual de lactantes o una disminución de la agudeza visual en niños más grandes. Debe recordarse que nunca un niño es demasiado pequeño para un examen oftalmológico si se sospecha alguna anormalidad.

La evaluación de la visión en los niños pequeños requiere paciencia y experiencia. No es aconsejable confirmar un defecto visual después de una primera exploración; conviene siempre repetir el examen para evitar falsos resultados positivos debido a cambios en el humor del niño, problemas menores de salud u otros hechos contingentes transitorios. Hay varias técnicas para evaluar la agudeza visual, y el método a usar dependerá de la edad y el grado de cooperación del niño.

La tabla 1 muestra las acciones de pesquisa más importantes a realizar en el primer nivel de atención y los resultados que merecen ser consultados al oftalmólogo.

Debe recordarse que los problemas oculares de los niños son diferentes a los de los adultos, y que su semiología, nosología y terapéutica también son diferentes. Por eso, los oftalmólogos que quieran dedicarse a los problemas infantiles deberán previamente pasar por un período de capacitación en oftalmología pediátrica.

2.5.1. Técnicas de examen

El examen del ojo comienza con la inspección del globo ocular y sus anexos. Con la ayuda de una linterna, se prestará especial atención a la conformación y coloración de los párpados, posición, amplitud y simetría de las hendiduras palpebrales, al contacto entre los párpados y el globo ocular, a la posición de los puntos lagrimales, al ancho del puente nasal y pliegues cutáneos adyacentes (epicantus). Se observará la posición del ojo en la órbita y el tamaño del globo ocular: anormalmente grande o pequeño. La conjuntiva sana es ligeramente rosada, está húmeda, brilla, es lisa y no tiene secreciones. La córnea sana es transparente, lisa y reflectante. Se deberá observar su tamaño y forma, el tamaño y la forma de la pupila, así como la profundidad de la cámara anterior. Es importante detectar la presencia de una posición anómala de la cabeza (tortícolis), ya que es frecuente su asociación con estrabismos.

• Reflejo fotomotor

Se encuentra presente desde el nacimiento. Se ilumina con una linterna cada pupila por separado y en forma sucesiva, preferentemente en un ambiente con poca iluminación para hacer más notoria la diferencia del diámetro pupilar, dado que las pupilas del RN son normalmente muy pequeñas. Se evalúa la constricción de la pupila iluminada, que suele ser de pequeña amplitud e igual en ambos ojos.

Tabla 1
**Métodos de pesquisa de problemas oculares en el primer nivel
de atención y problemas que requieren una evaluación
por parte de un especialista**

Edad	Métodos a usar en el primer nivel de atención	Problemas que requieren evaluación de un especialista
RN a 3 meses (40 a 52 semanas)	Inspección	Anormalidad estructural
	Reflejo fotomotor	Anormal o asimétrico
	Reflejo rojo	Anormal o asimétrico
	Reflejo corneal	Asimétrico
	Fijación y seguimiento	Anormal
6 meses a 1 año	Reflejo rojo	Anormal o asimétrico
	Reflejo corneal	Anormal o asimétrico
	Fijación y seguimiento	Anormal
	Cover test	Anormal
3 años	Inspección	Anormalidad estructural
	Reflejo rojo	Anormal o asimétrico
	Reflejo corneal	Anormal o asimétrico
	Cover test	Anormal
	Agudeza visual	0,4 en algún ojo o dos líneas de optotipos de diferencia entre ambos ojos
5 años	Inspección	Anormalidad estructural
	Reflejo rojo	Anormal o asimétrico
	Reflejo corneal	Anormal o asimétrico
	Cover test	Anormal
	Agudeza visual	0,7 en algún ojo
11-13 años	Agudeza visual	menos de 1,0 en algún ojo

• Reflejo rojo

Para evaluar el reflejo rojo, el examinador sostiene el oftalmoscopio con su mano derecha junto a su ojo derecho (si es diestro). Selecciona una lente de +2 o +4 dioptrías en el diafragma del oftalmoscopio, se coloca luego a unos 30-60 cm de los ojos del niño y dirige la luz del oftalmoscopio hacia dentro de la pupila de un ojo y luego a la del otro.

Se utiliza el reflejo rojo para detectar opacidades en el eje visual y anormalidades en la retina, como catarata, opacidades corneales, colobomas de coroides, retina y nervio óptico. Se considera normal cuando el color, brillo y tamaño de ambos reflejos son simétricos. Opacidades sobre el reflejo rojo, un reflejo rojo menos brillante en un ojo, la ausencia de reflejo rojo o la presencia de un reflejo blanco constituyen las indicaciones que deben referirse al oftalmólogo.

Sobre el fondo rojo normal de la pupila, todas las opacidades se observan como sombras oscuras. Si al examinador le resulta difícil ver el rojo pupilar, es indicio de que al niño también le cuesta ver.

• Reflejo corneal

Se utiliza para evaluar el paralelismo de los globos oculares. Se coloca una linterna a unos 30 cm de los ojos del niño. Si no se ha producido ninguna desviación de los ejes oculares, la luz aparece reflejada sobre el centro de ambas córneas o con un ligero descentramiento simétrico. Sin embargo, el valor de este test es orientativo. Para confirmar una desviación de los ejes oculares deberá realizarse el *cover/uncover* test.

• Reflejo de fijación y seguimiento

Una manera de evaluar la agudeza visual y la alineación de los ejes oculares en los lactantes es estudiando la capacidad de fijar la mirada de uno y otro ojo en un objeto (punto de fijación) y la capacidad para seguirlo mientras se lo desplaza de un lado a otro del campo visual. Desde los primeros días, el RN es capaz de fijar la mirada en una cara, en especial en la de su madre. Para obtener esta fijación es necesario colocarse muy cerca del niño. A las 44 semanas posconcepcionales, el lactante fija la mirada en pruebas macroscópicas presentadas frontalmente. Los auténticos movimientos de atracción visual aparecen hacia la tercera semana.

El reflejo de seguimiento no existe en el momento del nacimiento pero suele insinuarse con rapidez. Alrededor de las 48 semanas se esbozan los primeros auténticos movimientos de seguimiento, lentos y continuos, a menudo interrumpidos por sacudidas, se puede fijar la mirada hasta 45° y aparece la convergencia intermitentemente.

El estrabismo esporádico, sin significado patológico, es frecuente hasta las 46 semanas. A las 52 semanas el niño posee toda la estrategia de la mirada. Los movimientos de la cabeza y de los ojos están completamente coordinados. El reflejo de seguimiento mejora hasta los 180° del campo visual. La convergencia sobre un objeto fijo (que no esté desplazándose) sigue siendo intermitente.

Para evaluar el reflejo de fijación y seguimiento es preferible que el niño esté sentado sobre el regazo de su madre. Generalmente, a partir de la sexta semana el niño es capaz de fijar su mirada en un juguete de color vívido y seguir el recorrido que le imprime el examinador, de derecha a izquierda y luego de arriba abajo. Es preferible comenzar el examen con ambos ojos destapados para luego ocluir uno y evaluar la función de cada ojo por separado.

Un signo de mala visión en un ojo es el rechazo del niño a ser evaluado cuando se le tapa un ojo. Si el niño sigue alegremente un objeto con el ojo derecho tapado, pero llora o mueve la cabeza para evitar la oclusión cuando el examinador trata de tapar el ojo izquierdo con el mismo propósito, se debe sospechar un déficit de agudeza visual en el ojo derecho. En estos casos, es frecuente que el lactante busque la luz con movimientos oculares erráticos o nistagmiformes, signos de mala agudeza visual. Siempre es necesario comparar la fijación de uno y otro ojo, ya que el hallazgo de una simetría suele ser indicio de mala visión. Si el niño no se muestra interesado por los juguetes, conviene repetir el examen utilizando como elemento de fijación una cara humana a corta distancia.

Entre los 4 y 6 meses el reflejo de fijación alcanza su madurez, considerándose normal a aquella fijación que es central, fija y mantenida.

– Central: cuando el niño fija la mirada en la luz del examinador, la localización del reflejo corneal ocupa la parte central de la córnea que se corresponde con la fóvea.
– Estable: cuando el niño fija la mirada en la luz del examinador, el reflejo corneal está fijo, no hay movimiento alguno del ojo.
– Mantenida: el paciente logra mantener la fijación en el tiempo.

Un seguimiento simétrico en ambos ojos y con una excursión de 180° indica normalidad en la motilidad ocular y pocas posibilidades de estar frente a una falla en la alineación de los ejes visuales, sobre todo si la fijación en ambos ojos es central, fija y mantenida.

Figura 5
Prueba de oclusión/desoclusión simple

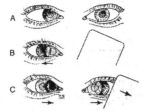

- Prueba de oclusión/desoclusión simple (test de la pantalla o cover/uncover test)

Este test diagnóstico está basado en la oclusión de un ojo. Se lo utiliza para explorar la existencia de un estrabismo manifiesto, es decir, aquel que se encuentra presente en condiciones de binocularidad. En los estrabismos manifiestos o tropías, la desviación de los ojos está presente sin necesidad de ponerla en evidencia con las pruebas semiológicas de oclusión/desoclusión, cuyo objetivo es romper el mecanismo normal de fusión, propio de la visión binocular. La fusión es un fenómeno por el cual un objeto es percibido único, a pesar de provocar dos excitaciones, una en cada ojo.

Los estrabismos latentes o forias son aquellos estrabismos que no son evidentes a la exploración simple y directa de los globos oculares, sino que la desviación del eje ocular se manifiesta cuando se rompe el mecanismo de fusión, en circunstancias tales como estados de tensión, cambios en la iluminación ambiental, insuficiencia de convergencia o cuando se cubre o descubre un ojo rápidamente varias veces.

El principio básico de este test es el movimiento de fijación y de re-fijación de la mirada. El examinador hace que el bebé fije su mirada ante un objeto atractivo, un juguete, una figura, etcétera. Luego, cubre con su mano o con una pantalla uno de los ojos del bebé y examina el ojo destapado. Debe mantener al niño mirando el objeto, asegurándose de que la mirada del niño esté en la misma dirección del objeto. Al ocluir uno de los ojos, se está artificialmente obligando al ojo destapado a fijar la vista sobre la imagen. En condiciones normales, en que los ojos no sufren ninguna desviación del eje visual, la imagen cae en la fóvea del ojo descubierto (fijación normal) y ese ojo no hace ningún movimiento. En el caso de que el ojo descubierto esté desviado (como ocurre con el estrabismo), el ojo estrábico fija la imagen en otro punto de la retina que no es la fóvea, y cuando se lo obliga a fijar con ese ojo, tiene que hacer un movimiento de re-fijación para que ese ojo empiece a fijar "normalmente", es decir, con la fóvea. El examinador detecta, entonces, un movimiento de re-fijación de la mirada del ojo descubierto. Luego se repite el procedimiento en el otro ojo.

Para obtener información fidedigna es indispensable un mínimo de colaboración por parte del niño. Como el principio del test es el movimiento de re-fijación, es fundamental que el paciente posea reflejo de fijación normal en ambos ojos. La agudeza visual foveal debe ser suficiente para que pueda fijar atentamente el objeto que le es presentado. *Por lo tanto, el examen de estas dos funciones, fijación y agudeza visual, debe preceder al cover/uncover test.* En los niños pequeños es conveniente usar como elemento de fijación un juguete vistoso y de preferencia sonoro.

El examen se hará primero con el elemento de fijación colocado a unos 3 metros del niño y luego a unos 40 cm, para evaluar la presencia de estrabismos en la visión lejana y cercana, respectivamente.

Se puede afirmar que existe una desviación de los ejes oculares si la interposición de la pantalla delante de uno de los ojos ha inducido un movimiento del ojo contralateral (destapado). Por ejemplo, si el examinador con su mano ocluye el ojo izquierdo del niño, debe observar el ojo derecho que está destapado para detectar algún movimiento. Si el ojo derecho no se mueve, no habría aparentemente desviación en ese ojo. Por el contrario, si el ojo derecho se mueve hacia fuera, quiere decir que se encontraba hacia adentro al empezar el examen (esotropia). Si el ojo derecho, en cambio, se mueve hacia adentro, significa que estaba hacia fuera al comenzar el examen (exotropia). Si el ojo derecho se mueve hacia abajo, estaba arriba (hipertropia), y si se mueve hacia arriba, estaba originariamente abajo (hipotropia). El examen debe repetirse tapando el ojo derecho. Si ninguno de los ojos se mueve, entonces el paciente no presenta estrabismo. La figura 6 muestra los distintos tipos de estrabismo.

Figura 6
Tipos de estrabismo

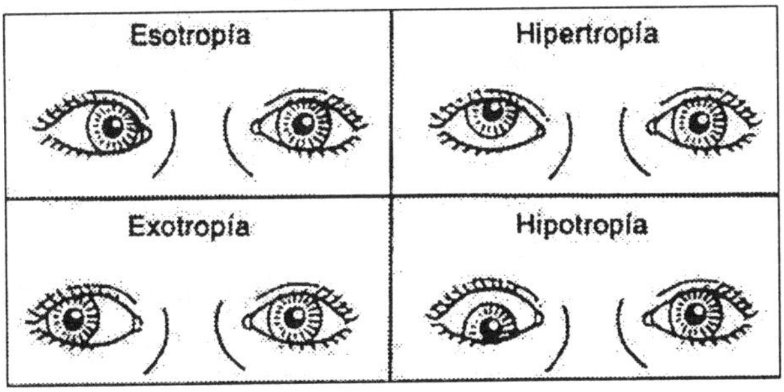

Esotropia	Hipertropía
Exotropía	Hipotropía

• Cover test alternado

Este test consiste en ocluir en forma alterna por 2-3 segundos cada ojo, hasta conseguir una disociación total de la fusión, mientras se va observando qué sucede con el ojo que va siendo alternadamente desocluido. Dado que la fijación simultánea de ambos ojos no es permitida y la fusión es eliminada, este test permite detectar la desviación total, es decir, la latente (foria) más la manifiesta (tropía).

La ausencia de movimientos de los ojos indica ausencia de tropías y de forias; por el contrario, la detección de movimientos oculares indica la presencia de una foria, tropía o ambas simultáneamente.

• Examen de agudeza visual

La agudeza visual es la capacidad para ver en detalle los objetos que nos rodean. Esta capacidad depende del funcionamiento normal y coordinado entre ambos ojos y el cerebro. Constituye uno de los procedimientos de mayor importancia para evaluar la función del globo ocular. Sólo se logra una buena agudeza visual con un aparato visual sano.

En los lactantes, la agudeza visual se explora con la fijación de la mirada. En niños mayores, con las figuras de Lighthouse y, más adelante, con las tablas de Snellen, procediéndose a evaluar tanto la agudeza visual de lejos como la cercana. La evaluación de la agudeza visual de cerca es de gran importancia en los niños con déficit visual.

En el niño de 3 a 5 años se suelen utilizar pruebas con optotipos (signos para tomar la agudeza visual en forma de imágenes). En nuestro medio se han difundido los optotipos del Lighthouse (figuras de paraguas, manzanas y casas). En niños de más de 5 años la prueba más utilizada en visión de lejos es la de las E de Snellen. Cada línea está formada por letras E colocadas en 4 diferentes posiciones: arriba, abajo, izquierda o derecha. Se coloca la cartilla con las letras E a 6 metros del niño, con una buena iluminación a un costado de la cartilla (con una lámpara de 100 watts es suficiente), y se le pide a los padres que le ocluyan al niño un ojo por vez. Se enseña al niño que la letra E es como una "mesa" con tres "patas", y que él debe indicar en qué dirección están las "patas" de la "mesa". El niño indica la posición de la "mesa" con la mano o bien con la ayuda de un tridente que sostiene en la mano. Resulta muy útil en muchos casos que los niños practiquen con los padres en sus casas antes de administrar el test en el consultorio o centro de salud. La agudeza visual de la letra E más pequeña que el niño puede identificar correctamente es la agudeza visual del niño. Este método de la letra E se utiliza también en niños analfabetos de mayor edad o en niños con retardo mental. Se explora siempre la agudeza visual de lejos, de cada ojo por separado. Si el niño usa anteojos se deberá también tomar la agudeza visual con los anteojos en uso, siempre en forma monocular.

En niños mayores, el método más usado es el de las tablas de Snellen, que contiene líneas de letras de diferentes tamaños. La tabla se coloca a la misma distancia y con los mismos recaudos y técnicas que los referidos más arriba para las cartillas de Snellen con las letras E. La agudeza visual del paciente está indicada sobre la base de la línea de letras más pequeñas que el niño puede leer correctamente en su totalidad. Debe recordarse que la agudeza visual es una función subjetiva, el examinador depende enteramente de lo que le dice el paciente y de la información que le brinda sobre la lectura de las imágenes. Los resultados, por lo tanto, pueden estar influenciados por las expectativas de los pacientes sobre lo que creen que se espera de ellos.

Junto con el *screening* de agudeza visual, puede explorarse la visión de los colores en niños de 4 años o mayores. La ceguera más común es el defecto verde-rojo, que está ligado al sexo. Esta condición es fácilmente detectada con círculos con lunares de colores (las tablas de Ishihara), no causa pérdida de la visión central y permanece estable a lo largo de la vida.

Hay actualmente máquinas para *screening* visual (visuscopios) que son seguras y recomendables y que nos han resultado muy prácticas en programas de *screening* de problemas visuales que hemos implementado en algunas escuelas de Buenos Aires (Lejarraga y Sibbald, 1984).

La agudeza visual del niño va aumentando desde el nacimiento (0,05) hasta alrededor de los 6 años, momento a partir del cual podemos considerar que ya debe ser similar a la del adulto. A los 2 años se considera que la agudeza visual normal es de 0,5 o más.

Se considera *ceguera* a toda agudeza visual corregida con anteojos no superior a 0,1 y *baja visión* o *visión subnormal* a toda agudeza visual que está entre 0,1 y 0,3.

La agudeza visual puede expresarse en sistema métrico, en pies o en decimales. La tabla 2 muestra las equivalencias de tres sistemas diferentes de expresión de déficit de agudeza visual.

Tabla 2
Tabla de equivalencias de agudeza visual

Metros	Pies	Decimal
6/6	20/20	1,0
6/9	20/30	0,66
6/12	20/40	0,5
6/18	20/60	0,33
6/24	20/80	0,25
6/60	20/200	0,1
6/120	20/400	0,05

3. Problemas oculares más frecuentes

Las patologías del niño que más frecuentemente provocan un severo déficit de visión son: los vicios de refracción, la retinopatía del prematuro, las cataratas, las alteraciones del nervio óptico, ceguera cortical, glaucoma congénito, las distrofias retinianas hereditarias, las uveitis, albinismo, retinoblastoma y opacidades corneales (OMS/IAPB, 1999; Visintin *et al.*, 1998).

3.1. Problemas oculares visibles desde el exterior

• Párpado caído (ptosis)

Existe ptosis palpebral cuando el párpado superior cae por debajo de su nivel habitual. En líneas generales, el párpado superior cubre apenas 1 mm o 2 mm de la porción superior de la córnea. La ptosis puede comprometer uno u ambos ojos y puede aparecer desde el nacimiento (congénita) o adquirirse a lo largo de la vida como consecuencia de traumatismos, procesos mecánicos (edema o tumor del párpado superior), alteraciones de los músculos (miastenia gravis) o por causas neurogénicas (parálisis del tercer par craneano, encargado de inervar el músculo elevador del párpado).

La ptosis puede ser completa o parcial; cuánto mayor sea el área pupilar cubierta por el párpado, mayor será la posibilidad de desarrollar ambliopía, ya sea a través del mecanismo de deprivación sensorial o por el astigmatismo secundario a la deformación de la córnea inducida por el peso del párpado (ambliopía por anisometropía).

Conducta: todo niño con ptosis, unilateral o bilateral, debe ser evaluado inmediatamente por el médico pediatra y el oftalmólogo.

Tratamiento: es quirúrgico en caso de provocar ambliopía.

• Tumoraciones palpebrales

Orzuelo: El orzuelo es la infección aguda (absceso) de tipo purulenta, de una o más de las glándulas del párpado. Se presenta como una tumoración en el espesor del párpado, que provoca dolor y edema (hinchazón) de uno o ambos párpados. Generalmente no hay secreción asociada. En ocasiones se puede identificar un punto amarillento por donde tiende a drenar, ya sea a nivel de la conjuntiva tarsal, de la piel de los párpados o bien alrededor de las pestañas.

Conducta: se comenzará con tratamiento local y/o general; si el edema palpebral y el dolor son muy intensos, aparece un nódulo (ganglio) preauricular o estado febril. Generalmente, el cuadro mejora con tratamiento local y en tres semanas la tumoración suele desaparecer por completo o quedar muy reducida a un pequeño nódulo indoloro.

El cuadro puede repetirse, por lo que se debe hacer hincapié en la práctica diaria del aseo de la cara con agua y jabón. De volver a desarrollarse el cuadro, es conveniente derivar al oculista para evaluar la presencia de vicios de refracción y al pediatra para descartar un mal estado general.

Si el cuadro empeora rápidamente se deberá referir al oftalmólogo de inmediato porque puede transformarse en una celulitis preseptal u orbitaria.

Tratamiento: calor seco en forma de compresas calientes sobre el párpado tres veces por día (15 a 20 minutos por sesión) para favorecer el drenaje del contenido de las glándulas infectadas. Indicar antibióticos locales (por ejemplo, gentamina o eritromicina) en forma de ungüento 3 o 4 veces por día, que se colocarán en el fondo de saco inferior (desplazar con un dedo la piel del párpado inferior hacia la mejilla y colocar el ungüento entre el globo ocular y el borde libre del párpado). Si al cabo de la tercera semana el contenido de la glándula no drenó, se lo drenará quirúrgicamente de resultar estéticamente molesto. En caso de tener que administrar antibióticos por vía general, se indicará de preferencia una cefalosporina de primera generación por vía oral, tipo cefalexina a 80 mg/kg/día cada 8 hs, por 7-10 días.

Chalazión: Es una inflamación crónica de una o más glándulas del párpado. Se caracteriza por ser un nódulo de consistencia firme e indoloro.

Conducta: si es pequeño y no produce síntomas, puede desaparecer espontáneamente con el uso de pomadas con antibióticos y corticoides. Si el chalazión es grande y permanece por más de 4 semanas, deberá ser derivado al médico oftalmólogo para su extirpación quirúrgica, porque el nódulo puede ejercer presión sobre la córnea, deformándola y provocando así un astigmatismo que disminuye la agudeza visual.

Tratamiento: aplicar pomadas con antibióticos y corticoides (por ejemplo, gentamina/acetato de prednisolona) 3 veces por día por un período no superior a los 10 días, ya que el uso de corticoides puede aumentar la presión intraocular y el agente sanitario no estará en condiciones de poder detectar este aumento.

• Inflamación de los bordes palpebrales (blefaritis)

La blefaritis es la inflamación de los bordes de los párpados. Se caracteriza por presentar la piel enrojecida, con escamas y costras si es de tipo seborreica y/o con vesículas si se debe a una infección bacteriana.

Conducta: se debe llevar a cabo el tratamiento local y, de persistir el cuadro o de producirse nuevos episodios, derivar al oftalmólogo para detectar vicios de refracción y al pediatra para evaluar la presencia de dermatitis seborreica o un mal estado general. El tratamiento local consiste en fomentos tibios durante 15 minutos, 3 o 4 veces por día, la limpieza del área afectada y la aplicación de un antibiótico local (por ejemplo, ungüento de eritromicina) 4 veces por día, por un lapso de 10 días.

• Carencia total o parcial de pigmento (albinismo)

El albinismo es una afección congénita, no progresiva, de origen genético, caracterizada por la carencia de pigmento. Cuando esta deficiencia de pigmento afecta sólo a los ojos, se denomina albinismo ocular; cuando también afecta la piel y el pelo, se denomina albinismo óculo-cutáneo. Los niños presentan una tez clara, pelo, cejas y pestañas color rubio platino e iris muy claros. Padecen una intensa fotofobia (hipersensibilidad a la luz), nistagmus (movimiento en vaivén de los ojos) y una agudeza visual disminuida por anormal desarrollo de la mácula.

Conducta: derivar al médico oftalmólogo y al genetista.

Tratamiento: indicar estimulación visual temprana, detectar vicios de refracción y, de ser necesario, en edad escolar prescribir ayudas ópticas (lupas, microscopios, telescopios, etcétera).

• Ojo rojo

Es el motivo más frecuente de consulta y son muchas las alteraciones oculares que pueden producir el mismo cuadro. Entre ellas: oftalmía neonatal, conjuntivitis de diversas causas, blefaritis, reacciones alérgicas, inflamación del iris y del cuerpo ciliar (uveítis anterior: iridociclitis), trauma corneal (erosión o úlcera), cuerpo extraño (conjuntival o corneal), inflamación de la esclera (epiescleritis/escleritis), sangre en la cámara anterior (hipema), endoftalmitis (infección endocular), celulitis orbitaria, celulitis preseptal, etcétera

En la tabla 3 se describen algunas de las patologías más frecuentes. Otras serán descriptas en los sucesivos apartados por presentar signos en común con otras alteraciones.

• Ojo protruido (proptosis)

La proptosis es el desplazamiento del ojo, generalmente hacia delante. Sus tres causas más frecuentes son el hemangioma, el rabdomiosarcoma y la celulitis orbitaria.

1. Hemangioma capilar: Es un tumor vascular benigno muy frecuente en los niños que suele afectar los párpados, la órbita y la cara. Se lo detecta dentro de los primeros seis meses de vida. Puede verse a través del párpado como una masa azulada o acompañarse de un hemangioma en la piel (masa elevada de color rojo, bien delineada, que no se blanquea bajo presión).

La exploración muestra frecuentemente un aumento del tamaño del tumor durante el llanto o esfuerzo. Sin tratamiento, el angioma crece durante el primer año de vida y después comienza una regresión espontánea. La desaparición completa se produce en el 75% de los casos hacia los 7 años. El niño debe ser referido al oftalmólogo de inmediato, por el riesgo de desarrollar ambliopía (por la ptosis, la anisometropía o el estrabismo que habitualmente están presentes) y otras complicaciones oculares y generales.

El tratamiento, de ser necesario, consiste en la administración de corticoides y eventualmente la resección del tumor.

2. Rabdomiosarcoma: Es el tumor maligno orbitario más frecuente en los niños. Hace su aparición generalmente alrededor de los 7 años, aunque puede ocurrir desde la niñez hasta la edad adulta. Es un tumor que suele presentarse en forma abrupta, rápidamente progresivo. Generalmente da metástasis al pulmón y al hígado. Se desarrolla en el interior de la órbita y puede provocar edema de párpado, proptosis (desplazamiento del globo ocular generalmente hacia abajo y hacia fuera). En el 25% de los casos se detecta una masa palpable que suele localizarse en la porción superior de la órbita, en especial del lado nasal o a nivel de la conjuntiva.

El cuadro puede simular una celulitis orbitaria con proptosis unilateral, progresiva e indolora. El éxito del diagnóstico radica en pensar a este cuadro como un diagnóstico diferencial de la celulitis orbitaria o de una conjuntivitis severa. El paciente debe ser referido de inmediato. El tratamiento consiste en la resección del tumor, quimioterapia y radioterapia.

3. Celulitis orbitaria: Es la inflamación de los tejidos orbitarios. La causa más frecuente es la infecciosa y suele asociarse a la sinusitis etmoidal. Los agentes varían con la edad:

- Neonato: *Staphylococcus aureus* y bacilos gram negativos.
- Niños de 6 meses a 5 años: *Haemophilus influenzae y Streptococcus pneumoniae.*
- Niños mayores de 5 años: *Streptococcus pyogenes y Streptococcus pneumoniae.*

Se observa malestar general, fiebre, cefaleas, edema y enrojecimiento del párpado, ojo rojo, disminución de la visión y a veces visión doble (diplopía).

Tabla 3
Problemas más frecuentes de la conjuntiva

	Conjuntivitis bacteriana aguda	Conjuntivitis viral	Conjuntivitis alérgica	Uveítis anterior (iridociclitis)	Trauma corneal
Congestión conjuntival superficial[1]	Sí	Sí, a veces con hemorragias en la conjuntiva	Sí	No	Sí
Congestión conjuntival profunda[2]	No	No	No	Sí	Sí
Ganglio preauricular	Generalmente no	Palpable	No	Generalmente no	No
Conjuntiva tarsal	Congestiva, a veces con pseudomembranas blancoamarillentas	Folículos,[4] sobre todo en la conjuntiva tarsal inferior	Papilas grandes[3] en empedrado y a veces en el limbo	Normal o levemente congestiva	Congestión
Párpados	Hinchados (edematosos)	Edematosos y rojos	Edematosos	Generalmente no están afectados	Cierre forzado de los párpados (blefarospasmo)
Pupila	Normal	Normal	Normal	Pequeña	Normal, o pequeña si hay iritis asociada
Aumento de tensión ocular	No	No	No	Puede existir un aumento de la tensión	No
Alteraciones corneales	No	A veces pueden presentarse infiltrados[5]	A veces, úlcera en la parte superior	El iris y la córnea pueden estar turbios	Córnea opaca, con falta de tejido que tiñe de color verde con fluoresceína 1%

Continúa

Secreción	Purulenta unilateral o bilateral	Acuosa y mucosa, unilateral o bilateral. Suele tener un comienzo unilateral		Granulosa, espesa	No
Agudeza visual disminuida	No	Circunstancialmente, en presencia de infiltrados corneales	No	Disminuida	Sí, a veces visión de halos de colores
Dolor	Sensación de arena en los ojos, fotofobia	Sensación de arena en los ojos, fotofobia[7]	Ardor	Sí	Dolor intenso, fotofobia
Tratamiento	Antibióticos locales (ej. eritromicina) Lavaje con agua hervida hasta eliminar secreciones. Si hay membranas debajo de los párpados, extraerlas	Compresas frías varias veces al día. Colirios vasoconstrictores (ej. nafazolina 4 veces al día)	Antialérgico (ej. cromoglicato) sódico al 4%, 4 veces al día). Los colirios con corticoides sólo bajo control oftalmológico[6]	Investigar la causa. Antibióticos, corticoides, atropina	Oclusión con antibiótico local (ej. tobramicina o eritromicina cada 4 hs) hasta que no tiña la lesión. No usar corticoides ni anestésicos locales[8]
Pronóstico	Bueno	Bueno	Bueno, pero con recidivas estacionales (primavera/verano)	Puede comprometer seriamente la visión sin tratamiento. Las recidivas son frecuentes	Bueno. Evitar la sobreinfección agregada y la ambliopía por la oclusión en niños menores de 7 años. Controlar siempre la agudeza visual al retirar el parche. Dejar el ojo destapado unas dos horas antes de volver a ocluirlo

Continúa

	Conjuntivitis bacteriana aguda	Conjuntivitis viral	Conjuntivitis alérgica	Uveitis anterior (Iridociclitis)	Trauma corneal
Conducta	Si no cede en 7 días, referir	Si a los 10-12 días no hay signos de alivio, referir	Con úlcera corneal, referir. Si el cuadro no mejora en 7 días, referir.	Suele asociarse a otras patologías generales (TBC, artritis reumatoidea juvenil, sarcoidosis, sífilis, etcétera). Referir inmediatamente al oftalmólogo	Si en 24-36 horas no hay mejoría, referir de inmediato

[1] Congestión conjuntival superficial: dilatación de los vasos superficiales de la conjuntiva, preferentemente vasos periféricos, que a veces llegan al limbo, fácilmente desplazables sobre la esclera y de fácil reconocimiento.

[2] Congestión conjuntival profunda (ciliar o periquerática): es una ingurgitación pericorneal, de tono rojo azulado y de situación profunda, en la que no se logran distinguir los vasos entre sí. La zona congestionada no puede ser desplazable con un hisopo. Indica una afección seria por el compromiso de estructuras oculares profundas.

[3] Papilas conjuntivales: se observan como elevaciones rosadas, centradas por un vaso sanguíneo. En las conjuntivitis alérgicas, suelen presentarse en forma de "adoquines" de tamaño considerable (2 mm).

[4] Folículos conjuntivales: con una lente de aumento se logran ver como unos nódulos translúcidos, avasculares, amarillentos o rosáceos.

[5] Infiltrados corneales: con una lente de aumento se ve una mancha pequeña, blanca grisácea, cuyos bordes no son netos. En los infiltrados superficiales, hay congestión conjuntival superficial, y en los profundos, congestión ciliar.

[6] Los corticoides deben usarse con mucha precaución porque pueden causar serias alteraciones: un aumento de la presión intraocular que puede dañar al nervio óptico en forma irreversible, dañar la córnea retardando el proceso de cicatrización, predisponer a las infecciones por hongos y virus (sumamente graves y que pueden conducir a la pérdida del ojo) y opacificar el cristalino (catarata).

[7] Fotofobia: intolerancia a la luz.

[8] Los anestésicos locales no se deben recetar para empleo propio del paciente, porque bajo la apariencia de reducir molestias, disminuyen la sensibilidad y frecuentemente originan serias lesiones en la córnea.

Hay dolor, sobre todo cuando se palpa la región orbitaria. Puede presentarse una limitación de los movimientos oculares, con dolor cuando se intenta mover los ojos. El globo ocular puede estar desplazado de su posición habitual en la órbita, sobre todo hacia fuera y hacia abajo.

Se debe hospitalizar al paciente de inmediato por las posibles complicaciones mortales (meningitis, absceso cerebral, septicemia o trombosis del seno cavernoso).

El tratamiento se hace con antibióticos por vía parenteral, con cefalosporinas de tercera generación, ceftriaxona o cefotaxima. En pacientes que presenten como complicación una colección subperióstica, preferimos el agregado de rifampicina a 20 mg/kg/día cada 12 horas por vía oral, hasta que la misma desaparezca. Si no hay compromiso de la movilidad ocular, se podrá mantener una conducta expectante y evaluar la respuesta al tratamiento antibiótico. Es muy útil tener una tomografía axial computada (TAC) de senos paranasales y órbita, y evaluar la evolución de la colección como mínimo dos semanas después de iniciado el tratamiento antibiótico. Luego de documentar una buena respuesta, el paciente podrá continuar el tratamiento antibiótico por vía oral con ampicilina/sulbactam o cefalosporinas de segunda generación, como la cefuroxima-acetil, y completar en total entre 4 y 6 semanas de tratamiento antibiótico.

• Estrabismo (o bizquera)

El estrabismo es la alineación defectuosa de los ojos que impide que un objeto en el espacio sea percibido simultáneamente por la fóvea de ambos ojos. Al no haber coordinación entre ambos ojos, las imágenes no se forman en puntos correspondientes de la retina y, al ser enviadas al cerebro, no pueden ser fundidas en una sola, provocando trastornos en la visión binocular. El niño con estrabismo puede presentar visión doble (diplopía) o, como ocurre más frecuentemente en los más pequeños, lograr suprimir automáticamente la imagen transmitida por el ojo desviado.

Es una afección muy frecuente en los niños. Los estrabismos pueden ser primitivos o secundarios a otro tipo de patología.

El estrabismo primitivo (esencial o sin patología aparente) es el tipo más frecuente en la población infantil. Su origen es aún desconocido. Si bien en algunos casos la herencia juega un rol importante, su etiopatogenia parece estar ligada a una multiplicidad de factores aún desconocidos.

El estrabismo secundario se debe a un proceso patológico que puede localizarse a nivel del globo ocular (retinoblastoma, catarata, anisometropía, etcétera) o a nivel de la órbita (procesos tumorales, traumáticos, inflamatorios, etcétera); puede originarse por parálisis o paresias de los nervios oculares III, IV y VI, responsables de la motilidad de los globos oculares (traumas, infecciones, tumores, etcétera), o bien por malformaciones congénitas (fibrosis generalizada de Brown, etcétera). Es fundamental diferenciar un estrabismo primitivo de uno secundario, ya que en muchos casos la vida del paciente dependerá del diagnóstico oportuno.

La pérdida de la alineación de los ejes oculares puede ser congénita o adquirida. La adquirida es la más frecuente y suele aparecer entre los 18 meses y los 5 años de edad, por lo que debe ser detectada oportunamente para evitar la ambliopía estrábica y los efectos psicológicos negativos a causa del defecto estético.

El estrabismo puede ser manifiesto (tropía) o latente (foria). En las forias, el ojo sólo se desvía en determinadas circunstancias, como cansancio, fiebre o durante la aplicación de los tests de oclusión/desoclusión alterna o *cover* test alternado, donde artificialmente el examinador logra romper el mecanismo de la fusión normal.

El estrabismo puede afectar uno u ambos ojos. En los estrabismos bilaterales, si ambos ojos logran fijar en forma alternante, el desarrollo de la agudeza visual está asegurado. Por el contrario, si uno de los ojos es el que permanentemente se encarga de la fijación, esa dominancia provoca el desarrollo de la ambliopía estrábica.

La dirección en que se desvía un ojo puede ser: hacia adentro (convergente o esotropia), hacia fuera (divergente o exotropia), hacia arriba (hipertropia) o hacia abajo (hipotropia). Hay estrabismos más complejos en los que los ojos pueden tener un desplazamiento horizontal (hacia fuera o hacia dentro) sumado a un desplazamiento vertical (hacia arriba o hacia abajo).

Como regla general, puede decirse que los estrabismos de aparición temprana, no alternantes y con desviaciones importantes, tienen peor pronóstico visual. Los estrabismos divergentes suelen expresar una patología intraocular o una afección del sistema nervioso central, por lo que se deberá referir al paciente de inmediato. Los estrabismos convergentes aparecidos después del año pueden ser el resultado de una hipermetropía o de un tumor cerebral de fosa posterior. Todo niño con estrabismo o sospecha de estrabismo debe ser inmediatamente examinado por un médico oftalmólogo.

Una mención especial merece el pseudoestrabismo, por tratarse de un motivo frecuente de consulta. Se trata de un estrabismo falso o aparente. Generalmente es causado por el aspecto peculiar que provocan los repliegues cutáneos verticales (epicantus), que ocupan normalmente el ángulo interno del ojo en los niños muy pequeños. En los orientales es una característica racial. Los niños con esta conformación facial serán derivados al oftalmólogo para hacer el diagnóstico diferencial con el estrabismo verdadero.

En el nivel primario de atención se deberá explorar la agudeza visual, el reflejo corneal, el *cover* test y los movimientos oculares.

Tratamiento: lo más frecuente es la oclusión, los anteojos y la cirugía. El tratamiento por oclusión es posible desde los primeros meses de vida. Confirmado un estrabismo monocular, aun en el lactante pequeño, está indicada la oclusión del ojo fijador, sobre todo si se diagnosticó la ambliopía del ojo desviado (no fijador). Para prevenir la pérdida de visión del ojo sano pueden hacerse oclusiones alternantes. Los tratamientos oclusivos sólo los debe indicar y monitorear el oftalmólogo.

• Nistagmus

Es un movimiento rítmico de los ojos, involuntario, que puede afectar a uno u a ambos ojos. Antes de los 6 meses, presenta tres formas básicas: la congénita idiopática, la sensorial y la neurológica. La más frecuente es la sensorial, secundaria a lesiones oculares severas (catarata, opacidades corneales, colobomas coriorretinianos, aniridia, hipoplasia del nervio óptico, albinismo, etcétera). En las formas tardías, las causas neurológicas son las más frecuentes (tumores, enfermedades metabólicas, traumas, malformaciones, etcétera).

Todo nistagmus debe ser inmediatamente evaluado por el médico oftalmólogo.

• Ceguera cortical (impedimento visual cortical)

Este tipo de pérdida visual es producido por el daño retrogenicular frecuentemente relacionado con asfixia perinatal, hemorragia intracraneal o hidrocefalia. Como el daño es retrogenicular, estos niños normalmente tienen respuestas pupilares normales, apariencia normal del nervio óptico y no presentan nistagmus. Aun en presencia de daño cortical severo, suele existir alguna función visual. La percepción del movimiento puede conservarse a pesar de la pérdida de la visión estática.

• Maduración visual retardada (MVR)

Este término se utiliza para describir a los niños que durante los primeros meses de vida parecen ciegos o demuestran una visión muy inferior a la que les correspondería por su edad cronológica, pero que espontáneamente experimentan una mejoría durante el primer año de vida. Si bien la MVR puede coexistir con una patología ocular o sistémica, que impide normalizar completamente la visión, siempre debe experimentarse una recuperación de la capacidad visual para poder confirmar retrospectivamente el diagnóstico de MVR (Hoyt, 1977).

La patogenia de la MVR es controvertida. Algunos autores la atribuyen a anormalidades en la corteza estriada, relacionadas con un retardo en el desarrollo de las sinapsis.

La MVR puede ocurrir como una enfermedad aislada en un niño aparentemente normal o puede estar asociada a una enfermedad del SNC o a una enfermedad ocular (cataratas congénitas bilaterales, opacidades de la córnea, colobomas, distrofias retinales, hipoplasia del nervio óptico, albinismo). En la mayoría de los casos, el comportamiento visual se inicia y mejora rápidamente durante los primeros 6-12 meses de vida. Los niños con retardo del desarrollo neurológico pueden experimentar una recuperación visual más lenta. En los niños con lesiones oculares la mejoría visual está estrechamente ligada a la enfermedad ocular asociada.

A pesar de que estos niños adquieren su función visual normal, es necesario controlar durante algunos años su evolución psicomotriz, pues muchos suelen presentar trastornos neurológicos leves, como atención dispersa, retraso en la marcha, el habla y/o lenguaje y disfunción cerebral mínima.

• Anomalías de la pupila e iris

Persistencia de membrana pupilar: Son restos embrionarios de estructuras que normalmente terminan de involucionar alrededor del sexto mes de gestación. Se ven como filamentos no pigmentados que atraviesan la pupila como "delicadas telas de araña" y que tienden a atrofiarse con el tiempo sin provocar trastornos funcionales. Sin embargo, a veces pueden quedar algunos restos que, por su tamaño, pueden bloquear la entrada de luz y desarrollar ambliopía. En estos casos, se debe referir al oftalmólogo para su tratamiento.

Coloboma de iris: Es un defecto del desarrollo que le confiere a la pupila el aspecto característico de "agujero de cerradura" debido a la falta de iris en el sector inferior. Los colobomas de iris frecuentemente son bilaterales.

Si bien el coloboma de iris suele ser el único rasgo visible desde el exterior, frecuentemente afecta a otras estructuras del ojo (cuerpo ciliar, coroides, retina y nervio óptico), generando una pérdida severa de visión. También puede asociarse con patologías generales, por lo que debe referirse al oftalmólogo.

Aniridia: Es una malformación congénita caracterizada por la falta casi total de iris. Frecuentemente se trata de un defecto bilateral y suele transmitirse en forma hereditaria. La aniridia puede asociarse a: córnea pequeña, cristalino cataratoso y a veces mal posicionado (luxado), mácula y nervio óptico poco desarrollados, por lo que la visión siempre se encuentra comprometida. Se desarrolla glaucoma en el 75% de los casos. Es frecuente la asociación de aniridia con trastornos genitourinarios, retraso físico y mental y, sobre todo, con un tumor renal (de Wilms) de pronóstico muy grave. El tumor de Wilms aparece antes de los tres años, por lo que estos niños deben ser monitoreados por el pediatra en forma regular hasta los 5 años aproximadamente. Todo paciente con aniridia debe ser referido al oftalmólogo y al pediatra.

Anisocoria: Consiste en presentar ambas pupilas de distinto tamaño. Normalmente puede haber una diferencia de hasta 1 mm entre ambas. A veces resulta útil comparar el tamaño de las pupilas expuestas a mucha y a poca iluminación, para hacer más evidente el defecto. Como norma general, si la diferencia del tamaño de las pupilas es mayor cuando ambas son iluminadas, existe un defecto en el mecanismo de constricción y se considera anormal a la pupila más grande.

Por el contrario, si en condiciones de poca iluminación la diferencia entre ambas pupilas aumenta, se trata de un defecto en el mecanismo de dilatación y se considera anormal a la pupila más pequeña.

Toda anisocoria debe ser referida al oftalmólogo para determinar si se trata de una causa ocular (defectos congénitos del iris o adherencias del iris al cristalino por procesos inflamatorios) o de causas neurológicas.

Leucocoria (pupila blanca): Se denomina leucocoria a la pupila de color blanco. Entre las causas más frecuentes se encuentran: catarata, retinopatía del prematuro, retinoblastoma, persistencia del vítreo embrionario. Como regla, podemos decir que toda leucocoria unilateral o bilateral debe ser referida inmediatamente al oftalmólogo, no sólo por el deterioro visual sino porque, en muchos casos, también puede estar en riesgo la vida del niño.

Catarata: Es la opacidad del cristalino. Cuando el cristalino pierde su natural transparencia, los rayos luminosos tienen dificultad para atravesarlo. Por lo tanto, la retina recibe menor o nula cantidad de estímulos luminosos, por lo que la visión se encuentra alterada. Cuanto más densa y cercana sea la opacidad con respecto al área pupilar, habrá mayor bloqueo de los rayos y, por ende, más severa será la disminución de la visión, sobre todo si aparece en edades tempranas debido a la posibilidad de desarrollar ambliopía por deprivación. Sin embargo, debe quedar claro que no toda opacidad del cristalino provoca disminución de visión. La remoción quirúrgica del cristalino sólo está indicada en caso de que el bloqueo de la luz sea lo suficientemente importante como para deteriorar la visión.

Las cataratas pueden estar presentes desde el nacimiento (congénitas) o aparecer tiempo después en el curso de una diabetes, de una uveítis, como secuela de un traumatismo, etcétera

Las causas más frecuentes dentro de las cataratas congénitas son las idiopáticas (sin causa evidente), las infecciones prenatales (rubéola, toxoplasmosis, varicela, sarampión, sífilis, HIV, citomegalovirus, herpes simple, chagas, etcétera), las alteraciones cromosómicas (como el síndrome de Down), o las asociadas a tóxicos (como el uso de corticoides), radiaciones, malformaciones oculares u otros problemas generales de tipo neurológico, renal, metabólico y cutáneo.

Los signos más comunes son: leucocoria, estrabismo y nistagmus, y en los niños mayores se agrega una disminución de la agudeza visual. La aparición de nistagmus (movimiento involuntario de los ojos, que puede ser horizontal, vertical, rotatorio o mixto) antes del sexto mes señala una agudeza visual pobre que no logrará restituirse con el tratamiento quirúrgico. Los mejores resultados se obtienen cuando se opera dentro de los dos primeros meses de vida.

Una vez realizada la cirugía, los niños deben permanecer bajo control oftalmológico para controlar el uso de los anteojos (o lentes de contacto), por la hipermetropía severa que produce la extracción del cristalino (afaquia), para evitar la ambliopía y monitorear la aparición de posibles complicaciones posquirúrgicas tardías (glaucoma, desprendimiento de retina, etcétera).

En algunos casos específicos, el uso de lentes intraoculares ha permitido mejorar el pronóstico visual de las cirugías de cataratas. Los lentes intraoculares son dispositivos de material plástico refringente que se colocan en el espacio previamente ocupado por el cristalino original. En los niños menores de 2 años, todavía no se ha consensuado su uso.

Retinoblastoma: Es el tumor maligno intraocular más frecuente en la infancia y el tercer tipo de neoplasia más común en niños luego de la leucemia y el linfoma. Puede tener tanto un carácter hereditario como esporádico (sin antecedentes familiares: 90% de los casos).

La forma hereditaria suele afectar ambos ojos y presentar varios tumores intraoculares (multifocal), mientras que la esporádica es generalmente unilateral, unifocal y de aparición más tardía. Si bien el retinoblastoma suele diagnosticarse en niños menores de 2 años de edad, puede verse en niños mayores, e incluso se ha diagnosticado en adultos.

Alrededor de un 20% de los pacientes que debutan con un tumor unilateral desarrollan posteriormente tumores en el otro ojo. Actualmente se reconoce al gen del retinoblastoma como un gen supresor recesivo localizado en el cromosoma 13.

El signo más frecuente es la leucocoria en un ojo de tamaño normal (raramente en un ojo micro-oftálmico) seguido por el estrabismo. A veces, puede presentarse como un ojo rojo (congestivo) de aparición aguda, o bien presentar cambios en la pupila, simular una celulitis infecciosa, o también se presenta un hipema (sangre en la cámara anterior). Finalmente, aparecen los signos de progresión de la enfermedad: proptosis, convulsiones, etcétera

El tratamiento del retinoblastoma es complejo y variará según las características del tumor: número, tamaño, localización y extensión (compromiso del nervio óptico y de la órbita, metástasis intracraneal y hematógena). Cada caso deberá tratarse según las circunstancias clínicas individuales. El tratamiento puede ser no quirúrgico (fotocoagulación con láser, crioterapia, radioterapia y quimioterapia) y/o quirúrgico: extirpación del ojo (enucleación) y/o del contenido orbitario según la gravedad del caso. El paciente debe ser evaluado periódicamente por el oftalmólogo: cada 3 meses hasta los 3 años, cada 6 meses hasta los 5 años y luego anualmente. Si el análisis genético molecular ha sugerido la ausencia de mutaciones sistémicas, el seguimiento puede ser menos frecuente. También deben ser evaluados por el oftalmólogo los padres y los hermanos del paciente.

Se recomienda el asesoramiento genético en todos los casos. Algunos principio básicos para recordar son:

— un niño con un tumor unilateral, con padres no afectados y sin historia familiar de retinoblastoma, tiene menos del 10% de posibilidades de desarrollar un tumor en el otro ojo;

— padres no afectados, sin antecedentes familiares, con un niño con retinoblastoma tienen un 6% de posibilidades de procrear otro niño con retinoblastoma;

— si hay dos o más hermanos afectados, las posibilidades de que los próximos niños estén afectados es de un 45% en cada uno de los nacimientos venideros;

— si un paciente tiene un tumor bilateral, casi con seguridad el tumor es el resultado de una mutación genética;

— un paciente con retinoblastoma hereditario tiene un 45% de posibilidades de transmitir a su descendencia el tumor, que frecuentemente adopta la modalidad bilateral y multifocal;

- los hijos de pacientes con tumores unilaterales tienen menos del 10% de posibilidades de desarrollar el tumor, que, de presentarse, frecuentemente es bilateral y multifocal;
- los individuos portadores del gen del retinoblastoma presentan un riesgo más elevado que el de la media de desarrollar un segundo tumor, que puede ser un osteosarcoma radioinducido en el territorio irradiado o un tumor que se desarrolla en cualquier parte del organismo (glioma de cerebro, osteosarcoma de fémur, etcétera).

• Ojo grande

Glaucoma congénito: Es un proceso grave, consecuencia de una anomalía del desarrollo del ángulo de la cámara anterior que dificulta el drenaje del humor acuoso. La acumulación de humor acuoso en el interior del ojo provoca aumento de la presión intraocular que sin tratamiento conduce a la ceguera. En el 80% de los casos afecta a ambos ojos, aunque en forma asimétrica. El 65% de los afectados son varones. En algunos pacientes la transmisión es hereditaria.

Según la edad de presentación, puede dividirse en tres tipos:

- El glaucoma congénito verdadero: está presente en el nacimiento y es el responsable del 40% de los casos; se caracteriza por una elevación de la presión intraocular durante la vida intrauterina, de modo que el recién nacido (RN) presenta un aumento del tamaño ocular o buftalmos (ojo de buey), ya que las paredes de la esclera son distensibles hasta los 3 años de edad y pueden ceder ante el aumento de presión. Su reconocimiento debe hacerse en el momento del nacimiento, y vale la pena repetir un aforismo nemotécnico: *"¡cuidado con los ojos hermosos!"* (puede tratarse de un glaucoma congénito).
- El glaucoma infantil representa el 55% de los casos; la enfermedad se presenta después del nacimiento, pero antes de los 2 años.
- El glaucoma juvenil se caracteriza por la elevación de la presión intraocular después de los 2 años pero antes de los 16, y en estos casos el diagnóstico sólo puede ser sospechado por el oftalmólogo.

La agudeza visual está disminuida por el edema de córnea, la miopía inducida por el anormal crecimiento del ojo y el daño del nervio óptico. El edema de córnea puede ser detectado fácilmente por la inspección, ya que el reflejo corneal aparece irregular y el reflejo rojo se ve opacado. Se pueden identificar a simple vista cicatrices (estrías de Haab) sinuosas en la superficie posterior de la córnea, que son patognomónicas del glaucoma congénito. Éstas son cicatrices que se producen por la ruptura de una de las capas de la córnea, al estar ésta tan distendida por el aumento de presión intraocular. Las estrías son paralelas al limbo en la periferia, y horizontales si se ubican en el centro de la córnea. A estas estrías hay que diferenciarlas de las estrías secundarias al uso de fórceps durante el parto. Éstas son lineales y verticales u oblicuas, suelen afectar un solo ojo y el diámetro corneal es normal. La distancia de la cara posterior de la córnea a la cara anterior del iris es mayor (cámara anterior más profunda).

El tratamiento es quirúrgico.

Megalocornea congénita: Es una enfermedad hereditaria, que afecta a ambas córneas, cuyos diámetros superan los 12 mm sin presentar edema ni estrías. No cursa con hipertensión ocular previa o simultánea, pero los niños que la presenten deben ser referidos al oftalmólogo para un control periódico pues pueden presentar complicaciones oftalmológicas en el futuro.

3.2. Cansancio visual

Puede manifestarse como dolor de cabeza, visión borrosa o disminuida, frotamiento frecuente de los ojos, ardor, picazón, blefaritis, etcétera. Las causas más frecuentes de cansancio visual son los vicios de refracción (miopía, hipermetropía y astigmatismo) y los estrabismos latentes.

Figura 7
Trastornos de la refracción

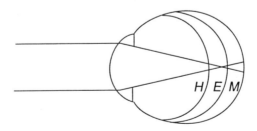

Los vicios de refracción o ametropías provocan una disminución de la agudeza visual porque los rayos luminosos que atraviesan la pupila no logran enfocarse uniformemente en la retina (véase figura 7). En los niños, son tres: miopía, hipermetropía y astigmatismo.

Los niños prematuros suelen ser miopes. El recién nacido normal presenta una hipermetropía media de 2,00 dioptrías, con una desviación estándar cercana a las 2,75 dioptrías que desaparece casi siempre antes de los 15 años. Frecuentemente se encuentran astigmatismos elevados que también desaparecen espontáneamente, en su mayoría durante el primer año de vida. La ametropía suele alcanzarse hacia los 6 años de vida.

En líneas generales, se considera que las miopías que aparecen entre los 6 y 10 años suelen alcanzar las 4 dioptrías y las que comienzan en la adolescencia no suelen superar las 2 dioptrías.

Las alternativas terapéuticas son los anteojos, los lentes de contacto y la cirugía refractiva. La cirugía refractiva en niños menores todavía no goza de un consenso general entre los médicos oftalmólogos. No corregir oportunamente los vicios de refracción puede dar lugar a la ambliopía por ametropía. Especial atención merecen aquellos casos en donde la capacidad de refracción de un ojo difiere significativamente del otro (anisometropía). Es frecuente encontrar niños con buena agudeza visual en un solo ojo y que no manifiesten molestias. Esta situación muchas veces retrasa la consulta médica, favoreciendo en el ojo con mala visión el desarrollo de una ambliopía profunda que no se logra revertir con el uso de anteojos.

Miopía: El ojo miope enfoca los rayos por delante de la retina. Esto es consecuencia de un aumento en el largo del ojo o mucha potencia de la córnea. Los niños miopes ven mal de lejos y bien de cerca. Al contrario de lo que ocurre en la hipermetropía y en el astigmatismo, que apenas sufren modificaciones después de los 4-5 años y que siguen siendo problemas ópticos sin alteraciones anatómicas, en la miopía aparecen cambios anatómicos y resulta difícil prever de manera precisa su evolución. Entre las miopías congénitas, la mayor parte desaparece durante el primer año. Un número reducido persiste. De éstas, algunas permanecen estables y otras progresan y desarrollan alteraciones del fondo de ojo.

La mayoría de las miopías adquiridas aparece entre los 5 y los 13 años. Cuanto antes aparecen, mayor es el riesgo de que progresen. Las que aparecen después de los 9 años permanecen limitadas. El período más crítico es el comprendido entre los 8 y 13 años, donde el estado refractivo del ojo experimentaría una tendencia hacia la miopía. Cuanto más severa es la miopía, mayores son las posibilidades de desarrollar alteraciones del fondo de ojo, que eventualmente pueden conducir a una alteración grave de la visión (desprendimiento de retina, maculopatía, etcétera). En estos casos, hay que evitar los juegos violentos o situaciones similares que puedan provocar un traumatismo ocular y predisponer al desprendimiento de la retina. Estos niños deben ser controlados por el oftalmólogo periódicamente.

Hipermetropía: La imagen se enfoca por detrás de la retina. Esta alteración se debe a una disminución del poder refractivo de la córnea o del cristalino o a un acortamiento del ojo. La afaquia (ausencia del cristalino, generalmente secundaria a una cirugía de catarata) es un caso de hipermetropía severa. Los niños con hipermetropía ven afectada su visión de cerca y de lejos, aunque en muchos casos logran mejorarla utilizando el mecanismo de acomodación. Si el esfuerzo de acomodación no es demasiado importante, el niño logra desarrollar una visión nítida tanto de lejos como de cerca, sin padecer molestias. En los casos de hipermetropías elevadas, esto no ocurre y la imagen que llega a ambas retinas es mala, por lo que puede desarrollarse una ambliopía bilateral por ametropía, cefaleas, sensación de fatiga, blefaritis, etcétera. También es frecuente que en algunos niños la hipermetropía se asocie a un estrabismo convergente.

Astigmatismo: la córnea está compuesta por dos meridianos, uno vertical y otro horizontal. En el astigmatismo, la córnea no tiene sus meridianos con igual poder de refracción, por lo que se obtiene una imagen distorsionada de los objetos. El astigmatismo puede asociarse con miopía o con hipermetropía. El astigmatismo de grado moderado produce visión borrosa, por lo que el niño puede recurrir a mecanismos compensatorios, como el uso de la acomodación, fruncir el ceño, etcétera, conductas que le producen cansancio visual. También son frecuentes los astigmatismos en los niños con secuela de traumatismo corneal, ptosis y hemangiomas periorbitarios y palpebrales.

3.3. Retinopatía del prematuro (ROP)

La retinopatía del prematuro (ROP) es una enfermedad ocular producida por una alteración en la vasculogénesis de la retina que puede producir un desarrollo anormal de la misma, llevando a la pérdida total o parcial de la visión. La tasa de incidencia de ROP mundialmente publicada varía entre el 4% y 18%, según el país, y está asociada al nacimiento pre-término, al muy bajo peso de nacimiento y a la administración de oxígeno. En la Argentina, la incidencia es muy alta (por encima del 12% en muchos servicios de neonatología) y se reconoce la existencia de un importante subregistro. Adicionalmente, en nuestro país son frecuentes los casos de ROP en pacientes "inusuales", o sea, en recién nacidos pre-término (RNPT) con un peso superior a los 1500 g o mayores de 32 semanas de edad gestacional (EG) (Goldsmit *et al.*, 2003).

El avance de la neonatología en los últimos años ha llevado al aumento de la sobrevida de los RNPT. Esto, a su vez, trajo aparejado un incremento de la morbilidad neonatal y sus secuelas: retinopatía del prematuro (ROP), displasia broncopulmonar (DBP), etcétera.

La ROP no es una patología que se desarrolle en todos los niños prematuros, pero cuando se presenta suele afectar ambos ojos, pudiendo ser de evolución asimétrica.

La retina fetal es avascular hasta la semana 16 de gestación, momento en el que se empiezan a desarrollar los vasos de la retina desde la cabeza del nervio óptico hacia adelante. Los vasos retinales completan su recorrido del lado nasal en la semana 36, mientras que del lado temporal lo hacen entre las semanas 42 a 45 posgestacionales, es decir, después del nacimiento. La retina del prematuro está vascularizada en forma incompleta y, en general, será más inmadura cuanto menor sea la EG y el peso de nacimiento (PN) del recién nacido.

La etiopatogenia de la ROP no está totalmente aclarada, pero se sabe que la población con mayor riesgo de desarrollar ROP incluye a los recién nacidos pre-término de menos de 1.500 g de PN o de 32 semanas o menos de EG, o con una evolución neonatal complicada por otros factores de riesgo, tales como asistencia respiratoria mecánica (ARM), transfusión con hemoglobina adulta, fluctuación de gases en sangre, etcétera En la génesis de la ROP intervienen diversos factores, como la incompleta vascularización retiniana, los cambios en la misma provocados por hiperoxia posnatal (la pO_2 fetal no supera los 30 mmHg), así como la sobreproducción del factor de crecimiento endotelial vascular.

El uso del oxígeno en el tratamiento de la hipoxia del RNPT fue introducido en 1930, y en pocos años se demostró que, al igual que otras drogas, el oxígeno podía tener efectos perjudiciales sobre el organismo, especialmente sobre la retina (retinopatía del prematuro) y sobre el pulmón. Esto fue posteriormente confirmado por numerosas publicaciones, lo que llevó a reconocer la necesidad de su adecuada monitorización. Para ello se recurrió inicialmente a la medición de gases en sangre, luego se desarrolló el monitor de $TcpO_2$ (monitoreo transcutáneo de PaO_2) y, posteriormente, el oxímetro de pulso o saturómetro (saturación arterial de O_2: SpO_2). El saturómetro tiene una sensibilidad variable (entre 65% y 100%, según los diferentes modelos y marcas) y es, en la actualidad, el método más usado para el monitoreo continuo de la oxigenación, de manera tal de administrar oxígeno manteniendo una saturación dentro de límites prudenciales.

Tin y colaboradores (2001), en un estudio observacional realizado en RNPT menores de 28 semanas monitorizados con saturómetro, encontraron que las diferencias en la saturación no tienen impacto en la sobrevida, pero sí en el desarrollo de ROP (6,2% frente a 27% para rangos de saturación de 70-90% y 88-98%, respectivamente). La conclusión de los autores es que la saturación "fisiológica" superior a 95% puede ser perjudicial en RNPT. Recientemente, un estudio prospectivo mostró que la estricta monitorización por saturometría en RNPT con un peso menor de 1500 g logró disminuir la incidencia de ROP (de 12,5% a 2,5%). Si bien no hay suficientes estudios aleatorizados, los publicados hasta la actualidad muestran que las saturaciones entre 88% y 92% tienen bajo riesgo de producir ROP y a su vez no aumentan la incidencia de mortalidad ni de parálisis cerebral por hipoxia.

Si bien aún no han sido identificados todos los factores relacionados con la proliferación de vasos anormales en la ROP, el VEGF (*Vascular Endothelial Growth Factor*) es uno de los protagonistas en el desarrollo de la vascularización de la retina. Se requiere una adecuada concentración de VEGF para permitir este desarrollo vascular. Si al momento del nacimiento la zona avascular es muy extensa y el niño prematuro es expuesto a altas concentraciones de oxígeno, se produce una vasoconstricción de la retina vascular con hipoxia e isquemia en la zona avascular. Esta situación provoca un aumento de la concentración de VEGF en la zona avascular, estimulando la producción de vasos sanguíneos de mala calidad, que sangran y luego provocan el tironeamiento de la retina. Actualmente, se ha incentivado el conocimiento de éste y otros factores reguladores (*tyrosine kinase, angiopoietins, Insulin-like Growth Factor-I, Hepatocyte Growth Factor*, etcétera) en la patogenia de la ROP, abriéndose una nueva posibilidad terapéutica (Tin *et al.*, 2001; Umeda *et al.*, 2003; Young *et al.*, 1997).

En 1984, con el fin de unificar criterios diagnósticos y terapéuticos, se publicó la primera clasificación de evolutividad de la ROP, que luego sería ampliada en 1987 (International Committee for the Classification of the Late Stages of Retinopathy of Prematurity, 1987). Esta clasificación toma como centro a la papila, ya que los vasos sanguíneos retinales se desarrollan a partir de ella dirigiéndose hacia la periferia retiniana. Se basa en determinar la extensión del desarrollo vascular normal, antes de que la ROP haga su aparición, indicando el grado de severidad de la alteración vascular (estadio), su localización (zona) y su extensión (cuadrantes horarios) en sentido circunferencial.

Figura 8
**Zonas de la retina para clasificar la evolución de
la retinopatía del prematuro**

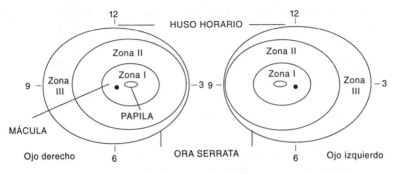

Zona I: su centro se corresponde con la papila y el radio es el doble de la distancia entre la papila y la mácula.

Zona II: se extiende desde el borde de la Zona I hasta la ora serrata del lado nasal, y se encuentra aproximadamente en el medio entre el ecuador y la ora serrata del lado temporal.

Zona III: es la zona restante en forma de medialuna que se ubica del lado temporal por fuera de la Zona II.

Las zonas se indican utilizando números romanos.

La extensión de la ROP se indica según la cantidad de retina afectada. Se especifica según el huso horario (horas 1 a 12), según el observador.

Los estadios de la enfermedad se indican de la siguiente manera: la ROP comienza con la formación de una línea demarcatoria (estadio 1) formada por células en el límite de la retina vascular. Esta línea puede evolucionar a la formación de un cordón (estadio 2) de las venas y arterias interconectadas (*shunts* arteriovenosos) en la zona de unión. En la mayoría de los casos, en este estadio la enfermedad puede remitir espontáneamente y continuar la normal formación de vasos. Pero si el cuadro empeora, aparecen hemorragias y bandas fibrosas que proliferan hacia la cavidad vítrea (estadio 3), que terminan traccionando la retina y desprendiéndola parcialmente (estadio 4) o totalmente (estadio 5, antiguamente conocido como fibroplasia retrolental), con la consecuente pérdida parcial o total de la visión, respectivamente.

La mayoría de los RN que desarrollan ROP, lo hacen entre las semanas 31 y 33 de EG corregida. La enfermedad, en la mayoría de los casos, se resuelve espontáneamente (estadios 1, 2 y algunos casos de estadio 3) alrededor de las semanas 38-40 (coincidiendo con el término), completando los vasos retinales su vascularización normal alrededor de las semanas 43 a 45.

Cuando la ROP progresa hacia el estadio 3 plus o umbral (estadio 3 con una gran dilatación de venas y arterias), las posibilidades de evolución hacia los estadios 4 y 5 son muy altas, por lo que se decide, generalmente en ese momento, el tratamiento quirúrgico. El tratamiento con crioterapia o láser realizado a tiempo tiene muy buen pronóstico. Para ello, es indispensable que se cumplan los criterios de vigilancia oftalmológica para ROP que cada país haya adoptado.

El criterio de vigilancia para ROP debe responder al perfil sanitario de cada país. En Argentina (SAP, 1999), se recomienda hacer un seguimiento estricto del fondo de ojo de todos los prematuros con las siguientes características:

1. Todos los RNPT ≤ 32 semanas EG y/o ≤ 1.500 g PN.

2. Todos los RNPT mayores a 1500 g PN y/o 32 semanas EG que hayan recibido oxígeno por un lapso mayor a 72 hs o presenten alguno de los siguientes factores de riesgo: a) asistencia respiratoria mecánica (ARM), b) transfusión con hemoglobina adulta, c) hiperoxia/hipoxia, d) shock/hipoperfusión, e) apneas, f) maniobras de reanimación, g) acidosis, h) sepsis, i) procedimientos quirúrgicos.

Todo paciente prematuro debe ser evaluado por un médico oftalmólogo, ya que no sólo tienen probabilidades de desarrollar una ROP, sino que también tienen una mayor incidencia de otras alteraciones de la visión, tales como: ambliopía, miopía, anisometropía, estrabismo, impedimento visual cortical y nistagmus.

El momento oportuno para llevar a cabo el primer control oftalmológico ha sido establecido en la cuarta semana de vida posnatal y no más allá de la semana 32 posconcepcional. El control oftalmológico del fondo de ojo se debe realizar con dilatación pupilar y con oftalmoscopio binocular indirecto.

Si el desarrollo vascular es normal, es decir, si no hay signos de ROP, se controla cada 2 semanas hasta completar la vascularización (43-45 semanas de edad gestacional corregida). Si aparecen signos de ROP, el control debe ser semanal e incluso de dos veces por semana, dependiendo de la localización, extensión y estadio de la enfermedad. En todos los casos, es el médico oftalmólogo a cargo quien decidirá la frecuencia de los controles y el momento de tratamiento según las características de cada niño. El tratamiento de la ROP consiste en la eliminación de la retina avascular. Se emplea crioterapia y/o fotocoagulación con láser.

En los casos donde no se haya presentado ningún grado de ROP o bien sólo grados leves que regresaron espontáneamente, el control oftalmológico mínimamente debe hacerse a los seis meses de edad corregida. En aquellos niños con estadio 3 o mayor, se recomienda un seguimiento oftalmológico más estricto y prolongado, ya que es frecuente la aparición de complicaciones, tales como: estrabismos, impedimento visual cortical, miopías elevadas, cataratas, glaucoma, pliegues de retina, desgarros y desprendimientos de retina juveniles.

Sugerimos que los controles oftalmológicos, pasada la fase aguda de la ROP, se lleven a cabo a los 6 meses de edad corregida, a los 12 meses, a los 18 meses, entre los 2 años y medio y los 3 años, a los 5 años, y luego anualmente hasta pasada la pubertad, a menos que el oftalmólogo tratante indique un régimen de control diferente.

3.3.1. Estrategias de prevención primaria de la ROP (SAP, 1999, 2002):

1. Mejorar la calidad de la atención prenatal y del parto, fomentando todas las acciones de salud que favorezcan la disminución de la prematurez, especialmente de la extrema; promover el control prenatal, la detección y derivación oportuna de embarazos de alto riesgo de parto prematuro a un adecuado nivel de atención; promover la correcta administración de corticoides prenatales para la inducción de la maduración pulmonar fetal.

2. Mejorar la calidad de la atención neonatal: promover todas las acciones que permitan mejorar globalmente la calidad de la atención neonatal, especialmente las que disminuyan la necesidad de administrar oxígeno. Monitorear permanentemente la saturación de oxígeno, estableciendo de forma clara los límites deseados durante todo el período en que el paciente sea oxígeno dependiente y evitando oscilaciones bruscas en la oxigenación. Establecer la saturometría de pulso como requisito asistencial indispensable en todas las unidades que asisten prematuros, ventilan neonatos o administran O_2 por cualquier método (halo, CPAP, cánula nasal). Administrar precozmente surfactante exógeno a todo RNPT en riesgo de desarrollar síndrome de dificultad respiratoria (SDR).

3.3.2. Estrategias de prevención secundaria (SAP, 1999, 2002):

1) Lograr la pesquisa oftalmológica (examen de fondo de ojo) para todos los neonatos de riesgo.
2) Asegurar el acceso al tratamiento oportuno para el 100% de los pacientes que lo requieran.

3.3.3. Estrategias de prevención terciaria (SAP, 1999, 2002):

Asegurar un adecuado seguimiento, rehabilitación y educación a los pacientes que han padecido estadios severos de ROP.

3.4. Traumatismos oculares

La gravedad dependerá de las estructuras lesionadas. Con excepción de los cuadros leves (cuerpo extraño superficial, hemorragia subconjuntival aislada, etcétera), se deberá referir al oftalmólogo.

Contusión ocular: Es consecuencia de un golpe producido por un objeto sin punta. Una contusión puede afectar los párpados y todo el contenido ocular. Habitualmente hay edema y hematomas en los párpados (ojo morado) que suelen desaparecer espontáneamente. Otras veces se pueden detectar: erosiones de la córnea, hemorragias en la cámara anterior (hipema), en el vítreo, cristalino luxado (desplazado de su posición original), fractura de las paredes de la órbita, disminución de la agudeza visual, restricción en la mirada hacia arriba, hemorragia nasal, estrabismos, etcétera Los pacientes con contusión deben ser referidos al oftalmólogo. Es importante tener en cuenta que, en los niños, la presencia de un hipema sin antecedente de traumatismo previo obliga a descartar la presencia de retinoblastoma, xantogranuloma juvenil, leucemia o hemofilia.

Cuerpo extraño: Los cuerpos extraños más frecuentes son las partículas de polvo, pestañas, esquirlas de metal, granos de arena, etcétera El paciente refiere dolor, lagrimeo y sensación de cuerpo extraño. Frecuentemente, experimenta mucha dificultad para mantener el ojo abierto.

Se debe iluminar bien el ojo, investigar primero la córnea, la conjuntiva bulbar y, luego, evertir los párpados superior e inferior para examinar ambas conjuntivas tarsales.

Figura 9
Eversión de párpados

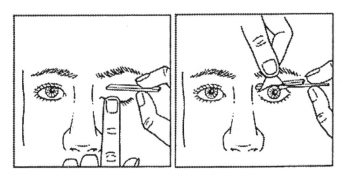

Para examinar la conjuntiva tarsal superior, se puede colocar el dedo índice del examinador o un hisopo sobre el párpado superior; luego, tomar las pestañas con los dedos pulgar e índice de la otra mano e imprimir un movimiento ascendente, de tal manera de dejar expuesta la porción interna del párpado (véase figura 9). Podrá instilarse un anestésico local para facilitar la exploración. Si se encuentra el cuerpo extraño, se procederá a retirarlo con la punta de un hisopo. Después se colocará un antibiótico local (preferentemente ungüento) y se ocluirá por 24 hs. Si pasadas las 24 hs el dolor se deberá desocluir y continuar con antibiótico por 4 días. Si el dolor no cedió, referir al oftalmólogo.

En el caso de localizar el cuerpo extraño, se podrá instilar una gota de colirio de fluoresceína al 1%, para facilitar la identificación de posibles erosiones o úlceras de córnea provocadas por un cuerpo extraño que ingresó al ojo pero logró salir. Si no se encuentra ni el cuerpo extraño ni la úlcera consecutiva y las molestias persisten, se deberá referir el paciente al oftalmólogo.

Herida ocular: Es la ruptura de una o varias capas del ojo por un elemento cortante. Es necesario establecer si se trata de una perforación con o sin cuerpo extraño intraocular. Toda herida perforante del ojo es potencialmente peligrosa y debe ser evaluada por el oftalmólogo de inmediato. Todas las estructuras del ojo pueden estar comprometidas, a lo que se suma la infección intraocular.

El examen del globo ocular debe realizarse con sumo cuidado, tratando de no ejercer ningún tipo de presión sobre el globo, porque su contenido puede expulsarse espontáneamente. Deberá limpiarse la piel de la zona traumatizada con agua hervida fría. Aplicar protección antitetánica, si corresponde, y tapar el ojo sin colocarle ningún tipo de sustancia. El vendaje no debe ser compresivo.

Daño químico del ojo: Se produce por álcalis (lejía, cementos), ácidos, solventes, detergentes, etcétera. Constituye una emergencia oftalmológica y el pronóstico visual depende, fundamentalmente, de los primeros auxilios impartidos. El tratamiento de emergencia de una quemadura química consiste en el lavado inmediato del ojo con abundante agua o solución fisiológica (no menos de 2 litros). Es de gran ayuda colocar gotas de un colirio anestésico antes de comenzar el lavaje. También es indispensable irrigar profusamente los fondos de saco conjuntivales. Para ello, traccionar el párpado inferior hacia abajo y luego evertir el párpado superior. Al mismo tiempo, se deben eliminar los restos de tejido necrótico. Luego, tapar el ojo, dar un analgésico y referir al oftalmólogo.

Infecciones: Se analizarán sólo las más frecuentes y de fácil diagnóstico.

– Conjuntivitis del recién nacido: aparece en los lactantes de menos de 4 semanas. Las causas más comunes son la conjuntivitis por gonorrea (edema palpebral, conjuntivas muy inflamadas, secreción purulenta abundante y amarillo verdosa que sin tratamiento lleva a la ceguera), por *Chlamydia trachomatis*, virales (adenovirus, influenza, enterovirus y herpes) y la conjuntivitis química por el uso profiláctico del nitrato de plata al 1% (método de Credé) al momento del nacimiento.

Independientemente de la causa, la conjuntivitis del RN se caracteriza por enrojecimiento ocular, edema de la conjuntiva, edema palpebral y secreción, que puede ser purulenta. La conjuntivitis del RN por gonococo puede llevar a la ceguera, por lo que es preciso estar atento frente a toda conjuntivitis que haga su aparición luego de las 48 hs de vida y su probable origen infeccioso (la inflamación por el nitrato de plata suele desaparecer pasadas las 24-48 hs de su instilación). Es muy importante la toma de una muestra de secreción conjuntival y solicitar tinción de Gram y búsqueda de gonococo, utilizando medios de cultivo selectivos para lograr su aislamiento. La conjuntivitis por *Chlamydia trachomatis* suele aparecer después de la segunda semana de vida y suele tener muy poca secreción (a diferencia de la gonocócica), y el diagnóstico se realiza por un raspaje de la conjuntiva con un hisopo, solicitando inmunofluorescencia para *Chlamydia trachomatis*.

Las conjuntivitis que aparecen en los niños durante su internación en la terapia neonatal pueden ser secundarias a epidemias intrahospitalarias por *Staphylococcus aureus* o infecciones por adenovirus, y merecen una consideración especial. Referir al oftalmólogo para su tratamiento.

Profilaxis: el contagio de muchas de estas conjuntivitis se realiza durante el nacimiento, cuando el niño atraviesa el canal del parto, por lo que se deben implementar medidas obstétricas tendientes a la identificación de las infecciones maternas. *Se recomienda hacer siempre la profilaxis de la conjuntivitis gonocócica en todos los recién nacidos por vía tópica*, con gotas de eritromicina al 0,5% o de nitrato de plata al 1% directamente sobre los ojos del niño, o con un colirio de iodopovidona al 2,5%. Un lactante nacido de una madre con infección gonocócica no tratada debe recibir una única dosis de 50 mg/kg de ceftriaxona (máximo, 125 mg) por vía endovenosa o intramuscular, si se descarta infección sistémica.

– Obstrucción congénita de la vía lagrimal: El lagrimeo es el signo característico. Al nacer, no siempre se encuentra permeable el conducto lacrimonasal, por lo que hay una acumulación anormal de lágrimas en la hendidura palpebral generalmente acompañada de secreciones.

En general, se produce una resolución espontánea en más del 90% de los casos entre los 8 y 12 meses de edad. Si esto no ocurre, se deberá proceder al sondaje quirúrgico no más allá de los 12 meses para obtener buenos resultados. Mientras tanto, hay que mantener la zona limpia y colocar antibióticos locales (por ejemplo, eritromicina). También se podrá proceder suavemente a la expresión manual del saco lagrimal. Este "masaje" consiste en deprimir con un solo dedo, 6 a 10 veces seguidas, tres veces por día, suave pero firmemente, la porción inferior nasal del ángulo interno del párpado. Puede ocurrir que el saco lagrimal se inflame (dacriocistitis aguda) provocando dolor, edema y eritema localizados a nivel de la porción nasal del párpado inferior. Cuando se hace presión sobre el saco, puede salir secreción mucopurulenta a nivel del punto lagrimal. En estos casos, derivar de inmediato.

– Celulitis preseptal: Es una inflamación de los párpados que puede extenderse hasta las mejillas, presentar enrojecimiento de la piel del párpado, fiebre moderada. Generalmente, es secundaria a una infección palpebral (orzuelo, picadura de insecto, traumatismo, etcétera). A diferencia de la celulitis orbitaria, no hay proptosis ni dolor a los movimientos oculares ni motilidad restringida. El paciente debe ser referido de inmediato.

El tratamiento consiste en antibióticos sistémicos durante 10 a 14 días. En las celulitis leves y en menores de 5 años: ampicilina/sulbactam, cefalosporinas de segunda generación (tipo cefaclor 20 a 40 mg/día en tres dosis; máxima dosis: 1g/día); en los mayores de 5 años o en los casos moderados a severos: ceftriaxona 50 mg/kg/día, intravenosa, en una dosis diaria. El tiempo total de tratamiento es de 10 días.

4. Discapacidad visual en la infancia

La falta de un sentido totalizador como la visión genera en el niño dificultades para incorporar el mundo circundante, y en sus padres, una seria dificultad para mantener una adecuada comunicación a través de los sentidos sanos.

El niño ciego o con baja visión tiene las mismas necesidades de atención que el niño vidente, pero necesita un abordaje especial, teniendo en cuenta su resto visual. En el niño ciego es necesario programar los aprendizajes no visuales pautadamente y sobre la base de su propio *tempo* evolutivo. Si el niño tiene algún resto visual, es imprescindible comenzar lo más tempranamente posible un programa de estimulación visual, ya que el desarrollo de un sistema visual deficitario rara vez se produce en forma automática y espontánea.

Es necesario que el niño con resto visual *aprenda a ver* a través de un programa secuencial que permita el desarrollo de sus funciones visuales (fijación, seguimiento, convergencia, acomodación, reconocimiento e identificación de caras, objetos, colores, diferenciación figura-fondo, etcétera). Los objetivos del programa deben ser compatibles con el desarrollo perceptivo-cognitivo y con los factores madurativos de cada niño.

El pediatra cumple un rol fundamental al asegurar la continuidad del tratamiento de estimulación visual indicado por el oftalmólogo o, en su defecto, el de estimulación temprana específicamente diseñado para niños ciegos.

Por estimulación temprana para niños ciegos se entiende un conjunto de estrategias terapéuticas y modos de abordaje y relación que apuntan a superar las falencias provocadas por la falta de visión, ejercitando los canales de información sanos (olfato, tacto, gusto y oído, sensaciones propioceptivas y cinestésicas).

Los niños con severo déficit visual son pacientes complejos y, si bien su abordaje terapéutico debe ser interdisciplinario, corresponde al pediatra coordinar las tareas de los distintos profesionales (oftalmólogo, estimulador visual, fonoaudiólogo, psicólogo, neurólogo, traumatólogo, etcétera) y ser el informante frente a los padres y docentes del curso que va siguiendo el tratamiento. Deberá estar atento a los siguientes signos de alerta (Penerini, 1996):

a) En el primer año de vida: marcada tendencia a la desconexión.
b) En el segundo año: dificultades en la relación con el otro, juego pobre o estereotipado.
c) En el tercer año: demasiada quietud, aislamiento y lenguaje ecolálico.
d) En el niño de 4 a 6 años: dificultades en la representación gráfica, en la imitación, en el desplazamiento en ambientes nuevos, en la adquisición de la lectoescritura; lenguaje pobre, vacío de contenido; si se acerca excesivamente a los objetos y materiales gráficos; se fatiga fácilmente en actividades que requieren el uso de la visión.

Finalmente, es necesario resaltar que las actitudes positivas de los padres, maestros y profesionales de la salud son decisivas en la aceptación del niño discapacitado visual por parte de sus pares videntes.

Debe tenerse en cuenta, también, que el disminuido visual puede mejorar su funcionamiento tanto en la vida diaria como en su rendimiento escolar con ayudas ópticas, no ópticas y/o electrónicas:

– Ayudas ópticas: lupas, telelupas, microscopios, filtros, etcétera

- Ayudas no ópticas: bastón, máquina de escribir Braille, atril, fibrones, etcétera
- Ayudas electrónicas: circuitos cerrados de televisión, *software* específico, como magnificador de caracteres o sintetizador de voz, etcétera

Para un mejor desarrollo del niño discapacitado visual es de suma importancia:

- La detección oportuna.
- El trabajo en equipo de todos los profesionales (véase el capítulo 16 sobre la interdisciplina, en este libro).
- La intervención de una maestra integradora, especializada en niños con baja visión o ciegos, que lo acompañe en su escolaridad.
- *Es extremadamente importante brindarles a los niños que están perdiendo progresivamente la visión, la mayor cantidad de estímulos e imágenes visuales que sea posible mientras puedan ver, de manera tal de enriquecerles la memoria visual con la mayor cantidad de imágenes que puedan atesorar para evocarlas luego el resto de su vida.*

5. Bibliografía recomendada

American Academy of Pediatrics (1996): "Eye examination and vision screening in infants, children and young adults (RE 625)", *Pediatrics*, vol. 8, 1, (julio): 153-157.

Cullom, R. D.; Chang, B. (1997): *Manual de urgencias oftalmológicas*, 2ª ed., México, The Wills Eye Hospital, McGraw-Hill Interamericana.

Dirección Nacional de Salud Materno Infantil (2003): *Guía de seguimiento del recién nacido de riesgo*, 2ª ed., Buenos Aires, Ministerio de Salud, Presidencia de la Nación Argentina.

Kanski, J. (1996): Oftalmología clínica, 3ª ed., España, Mosby.

Organización Panamericana de la Salud (1984): *Manual de atención ocular primaria*, Washington, D.C., Oficina Sanitaria Panamericana, Oficina Regional de la Organización Mundial de la Salud, Serie Paltex para Técnicos Medios y Auxiliares, n° 4.

Organización Panamericana de la Salud (1988): *Manual de oftalmología básica aplicada para el médico no oftalmólogo y el estudiante de medicina*, Washington D.C., Publicación de la Oficina Sanitaria Panamericana, Oficina Regional de las Américas, Serie Paltex, n° 11.

Referencias bibliográficas

Barraga, N.; Morris, J. (1986): *Programa para desarrollar eficiencia en el funcionamiento visual*, Madrid, Organización Nacional de Ciegos Españoles.

Demirci, H.; Gezer, A. *et al.* (2002): "Evaluation of the functions of the parvocellular and magnocellular pathways in strabismic amblyopia", *Journal of Pediatric Ophthalmology and Strabismus*, 39: 215-221.

Hoyt, C. (1997): "Delayed visual maturation", en Taylor, D., *Paediatric Ophthalmol.*, 2ª ed., Oxford, Blackwell Sciences.

Hoyt, C. S.; Stone, R. D.; Fromer, C.; Billson, F. A. (1981): "Monocular axial myopia associated with neonatal lid closure in human infants", *Am. J. Ophthalmol.*, 91: 197-200.

Hubel, D. H.; Wiesel, T. N. (1970): "The periods of susceptibility to the physiological effects of unilateral eye closure in kittens", *J. Physiol.*, 206: 419-436.

Flynn, J.; McKee, S.; Schor, C. M.; Wilson, N.; Koch, G.; Davis, S.; Hsu-Winges, Ch.; Chan, Ch.; Movshon, J. A.; Flom, M.; Levi, D. M. (1992): "The classification of amblyopia on the basis of visual and oculomotor performance", *Tr. Am. Ophth. Soc.*, LXXXX.

Goddé-Jolly, D. (1994): "Desarrollo del aparato visual y de la visión", en Goddé-Jolly, D.; Dufier, J. L., *Oftalmología pediátrica*, Barcelona, Masson.

Prieto Díaz, J.; Souza-Dias, C. (1996): *Estrabismo*, 3ª ed., La Plata.

Goldsmit, G.; Bellani, P.; Giudice, L.; Deodato, P.; Fistolera, F.; Capelli, C.; Puertas, A.; Rua, A.; Soler Monserrat, M. E.; Balanian, N. (2003): "Recomendaciones para el control de la saturación de oxígeno óptima en prematuros", *Archivos Argentinos de Pediatría*, Comité de Estudios Fetoneonatales, Subcomisión de Recomendaciones, Sociedad Argentina de Pediatría, en prensa.

Gurovich, L. (1996): "Ambliopía", en Prieto Díaz, J.; Souza-Dias, C., *Estrabismo*, 3ª ed., La Plata.

International Committee for the Classification of the Late Stages of Retinopathy of Prematurity (1987): "An international classification of retinopathy of prematurity II. The classification of reinal detachment", *Arch. Ophtalmol.*, 105: 906-912.

Lejarraga, H.; Sibbald, A. (1984): "Programa de pesquisa audiovisual en escuelas de Buenos Aires", datos no publicados.

OMS (1993): *Management of low vision in children*, WHO/PBL/93.27, documento no publicado.

OMS/ Agencia Internacional de Prevención de la Ceguera (IAPB) (1999): "Preventing blindness in children", report of a WHO/IAPB scientific meeting held at Hyderabad, India (13-17 abril), Ginebra, WHO/PBL/00.77.

Penerini, Y. (1996): "Rehabilitación visual", en Hauviller, V., *Guía oftalmológica para pediatras*, Buenos Aires, El Ateneo.

Rabin, J.; Van Sluyters, R. C.; Malach, R. (1981): "Emmetropization: A vision-dependent phenomenon", *Invest. Ophthalmol. Vis. Sci.*, 20: 561-564.

SAP-Sociedad Argentina de Pediatría (1999): "Recomendaciones para la pesquisa de la retinopatía del prematuro", *Arch. Arg. Pediatr.*, 97 (5): 349, Comité de Estudios Fetoneonatales.

Tin, W. *et al.* (2001): "Oxygen saturation and retinopathy of prematurity", *Arch. Dis. Child. Fetal Neonatal*, 85: 75-78.

Umeda, N.; Ozaki, H.; Hayashi, H.; Miyajima-Uchida, H.; Oshima, K. (2003): "Colocalization of Tie2, angiopoietin 2 and vascular endothelial growth factor in fibrovascular membrane from patients with retinopathy of prematurity", *Opthalmic Res.*, 35 (4) (julio-agosto): 217-23.

Visintin, P.; Waisburg, H.; Manzitti, J. *et al.* (1998): "Epidemiología de la discapacidad infanto-juvenil que concurre al Servicio de Oftalmología del Hospital de Pediatría Prof. Dr. Juan P. Garrahan", *Anales de la Fundación Alberto J. Roemmers*, págs. 511-522.

Von Noorden, G. K. (1988): "Abnormal binocular interaction: evidence in humans", *Strabismus and Amblyopia*, Wenner-Gren International Symposium, serie 49: 275-284.

Von Noorden, G. K.; Lewis, R. A. (1987): "Ocular axial length in unilateral congenital cataracts and blepharoptosis", *Inv. Ophthalmol. Vis. Sci.*, 28: 750-752.

Von Noorden, G. K.; Crawford, L. J. (1992): "The lateral geniculate nucleus in human strabismic amblyopia", *Invest. Ophthalmol. Vis. Sci.*, 33, 9: 2729-2732.

Young, T. L.; Anthony, D. C.; Pierce, E.; Foley, E.; Smith, L. E. (1997): "Histopathology and vascular endothelial growth factor in untreated and diode laser-treated retinopathy of prematurity", *J. AAPOS*, 1 (2): 105-110 (enero).

Benítez, Alicia; Visintin, Patricia; Sepúlveda, Teresa; Bauer, Gabriela (2002): "Reporte del Taller sobre Retinopatía del Prematuro", Buenos Aires, 9 al 11 de septiembre, no publicado.

CAPÍTULO 8

Las hipoacusias y su detección temprana*

Graciela Brik
Horacio Lejarraga

1. Introducción

La audición es una de las funciones más importantes del ser humano. Es el principal instrumento de comunicación que permite al niño desarrollar el lenguaje.

La palabra nos humaniza y ayuda al niño a insertarse en la sociedad y en la cultura, expresar sus ideas, sus sentimientos, y acceder al aprendizaje formal. De acuerdo con los conocimientos de las últimas décadas, el lenguaje es lo que le da soporte al pensamiento, de modo que ambos pueden considerarse funciones intelectuales paralelas e íntimamente relacionadas, en las que una expresa a la otra.

El lenguaje del niño presenta la expresión máxima de su velocidad de desarrollo en los primeros dos a cuatro años de vida. A esta edad, el niño ya cuenta con el lenguaje simbólico casi completo, que va a utilizar el resto de su vida. Este aprendizaje se realiza en el seno de la familia, a partir del lenguaje hablado por los padres o cuidadores, sin ningún tipo de enseñanza formal.

Estos primeros años de vida del niño constituyen un período crítico; si el niño es incapaz de oír las palabras que se le dicen, no va a poder desarrollar su lenguaje, con todas las consecuencias cognitivas, de aprendizaje y psicosociales que eso significa. La sordera del niño en los primeros años de vida, sin ninguna intervención, conduce a la incapacidad de desarrollar un lenguaje simbólico.

* Agradecemos al Dr. Jorge Moretti las valiosas observaciones hechas al manuscrito, y a la licenciada Silvia Breuning la ayuda bibliográfica prestada.

Los pediatras y demás miembros del equipo de salud que trabajan en el primer nivel de atención ocupan una posición estratégica para la detección oportuna de la sordera o hipoacusia. Esta acción posibilita cumplir con las intervenciones adecuadas para ayudar al niño a oír y a desarrollar su lenguaje.

2. Desarrollo de la interacción audición-lenguaje

2.1. *Etapas madurativas*

En los primeros años de vida del niño, el crecimiento y desarrollo del encéfalo se corresponde con la evolución de la adquisición del lenguaje, de tal forma que a los 4 o 5 años adquiere la mayor parte de las habilidades lingüísticas (Lennenberg, 1967). La tabla 1 muestra algunos progresos significativos en el lenguaje en distintas edades.

Tabla 1
Progresos del lenguaje según edad y peso del cerebro

Edad	Lenguaje	Peso del encéfalo en gramos
Nacimiento	Llanto	335
3 meses	Arrullo y llanto	516
6 meses	Balbuceo	660
9 meses	Jerga	750
12 meses	Primeras palabras	925
18 meses	Primeras denominaciones	1024
24 meses	Combinaciones de palabras	1064

Fuente: Lennenberg, 1967.

Durante su primer año de vida, el niño logra discriminar en el medio ambiente determinados estímulos prelingüísticos y de comunicación, a través de la maduración de las estructuras subcorticales y corticales primarias, desarrollando vías aferenciales. Estas aferencias le permitirán desarrollar los primeros esbozos sensorio-motrices, que son la base del ulterior proceso de integración lingüística.

Al final de este período, al promediar el segundo año, se acrecienta el proceso madurativo en las áreas de asociación, lo que al niño le permite desarrollar la simbolización y el campo semántico. En esta etapa, aprende a diferenciar y asociar los diferentes estímulos visuales, auditivos y táctiles.

A partir del segundo año, el niño aumentará su vocabulario y la capacidad y habilidad en el manejo del lenguaje. Al final de este segundo año de vida, el proceso madurativo lo llevará a la frase gramatical propiamente dicha, la cual tiene su mayor desarrollo entre los 2 y los 5 años. Este proceso seguirá en aumento en la etapa escolar, hasta los 14-16 años, cuando culmina la maduración del lenguaje propiamente dicho.

2.2. Evolución comparativa del lenguaje durante la etapa prelingüística en niños normales y en niños con hipoacusia

Etapas comunes a cada uno:

• *Producción de vocalizaciones de 0 a 2 meses*:

Vocalizaciones reflejas, voz con bajas frecuencias, suspiros, gorjeos.

• *Producción de sílabas arcaicas de 1 a 4 meses*:

Sonrisa, sílabas primitivas, semivocales y semiconsonantes, nasales y guturales.

A partir de los cuatro meses comienzan a diferenciarse los progresos en el lenguaje:

• *Balbuceo rudimentario (inconsistente) de 3 a 8 meses*:

Niño normal: Juega con la voz. Aumento del campo frecuencial, producciones bitonales, sonidos consonánticos más sostenidos. Prosodia, melodía, ritmo.
Niño con hipoacusia: Curvas melódicas planas. Articulaciones más imprecisas.

• *Balbuceo canónico de 5 a 10 meses*:

Niño normal: Producción de sílabas, consonante-vocal, cadena silábica sostenida, variaciones consonánticas y vocálicas.
Niño con hipoacusia: Balbuceo limitado, estereotipado, atípico, tardío. Necesidad de intervención a los 4 meses, que mejora la calidad de la voz y el repertorio.

• *Balbuceo mixto de 9 a 18 meses*:

Niño normal: Palabra dentro del balbuceo. Elementos significativos del habla y sílabas no reconocibles como unidades léxicas. A los 18 meses desarrolla 50 palabras.

Niño con hipoacusia: No se produce un desarrollo espontáneo del lenguaje. Ritmo fonológico anormal, perturbación de la intensidad, acentuación y articulación. Recién a los 30 meses llegará a desarrollar 50 palabras, es decir, 12 meses más tarde y con ayuda externa.

3. Anatomía y funcionamiento del aparato auditivo

La figura 1 ilustra los aspectos anatómicos más importantes del aparato auditivo. El sonido viaja por el conducto auditivo externo, alcanzando la membrana del tímpano, cuyas vibraciones se transmiten por la cadena de huesecillos del oído medio (martillo, yunque y estribo). Los huesecillos amplifican las vibraciones y las transmiten por la ventana oval al oído interno. Allí se moviliza un líquido que estimula las células ciliadas, y éstas transforman el impulso mecánico en energía eléctrica que se transmite por las vías del nervio auditivo hasta la corteza cerebral del lóbulo temporal, donde se percibe el sonido, se le da significado y se lo asocia con otras funciones.

Figura 1
Anatomía del aparato auditivo

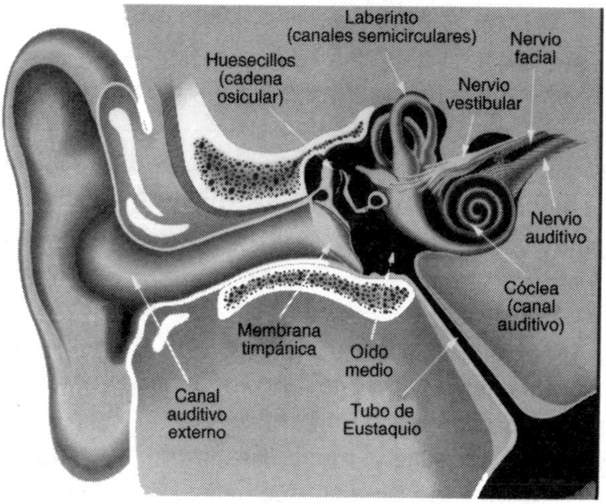

Fuente: Instituto Auditivo Argentino.

4. Las hipoacusias

4.1. Frecuencia

Las cifras de prevalencia de hipoacusia dependen de los métodos y criterios usados para definir el defecto, pero entre el 1% y el 2% de la población padece algún grado de hipoacusia neurosensorial bilateral (Northern y Haynes, 1996) y aproximadamente 1 de cada 1000 nacidos vivos padece alguna forma de hipoacusia neurosensorial (Parvin, 1997), aunque en países subdesarrollados con altas tasas de mortalidad y morbilidad infantil esta cifra puede ser mayor. La hipoacusia de transmisión, en cambio, es mucho más frecuente y, en los meses de invierno, cuando predominan las infecciones de las vías respiratorias superiores, se encuentran prevalencias de alrededor del 65% en todos los países, independientemente de su grado de desarrollo (Parvin, 1997). Aproximadamente, 1 de cada 100 nacidos vivos tienen algún factor de riesgo auditivo. Esta cifra es mucho mayor en las unidades de cuidados intensivos neonatales (1 de cada 50 niños) (Parvin, 1997). Tenemos evidencias indirectas de que todas estas cifras son similares en maternidades de Buenos Aires.

4.2. Formas de hipoacusias

Las hipoacusias pueden ser clasificadas de acuerdo con diferentes criterios:

• De acuerdo con el tipo

Se clasifican en hipoacusias de conducción, neurosensoriales y mixtas.

Cuando las hipoacusias se deben a trastornos en el funcionamiento del oído externo o medio, toman el nombre de *hipoacusias de transmisión* o *de conducción*. Entran en este grupo desde las que están asociadas a afecciones comunes, como las otitis agudas, otitis crónicas, efusiones del oído medio, colesteatomas, injurias del tímpano, obstrucción del conducto auditivo externo, hasta lesiones más graves, como la ausencia de conducto auditivo externo, membrana timpánica o la fusión de los huesecillos. Todas estas lesiones impiden que el sonido llegue correctamente a las células sensoriales del órgano de Corti. En estos casos, si la cóclea es normal, puede haber pérdidas auditivas de 60 decibeles (dB) o más, y se necesitará amplificación para lograr la adquisición del lenguaje.

En pediatría es frecuente la hipoacusia asociada a una patología crónica del oído medio, secundaria a infecciones de vías aéreas superiores. Los niños menores de tres años tienen una trompa de Eustaquio muy corta y ancha, de manera tal que las infecciones de vías aéreas superiores se transmiten fácilmente al oído medio. Ante procesos catarrales, la trompa puede llenarse de secreción mucosa y obstruirse fácilmente, con la consiguiente repercusión en el oído medio e iniciación del proceso de absorción de aire en la caja, el desarrollo de presión negativa, la efusión secundaria de líquido y la infección de la caja. Estas lesiones del oído medio son perfectamente tratables, pero deben ser detectadas tempranamente, antes de que se produzcan situaciones que lleven a la cronicidad, con lesión definitiva de las estructuras del oído medio. En los meses de invierno, junto con el aumento de la incidencia de infecciones de vías aéreas altas, aumenta significativamente la incidencia de patologías del oído medio y, consecuentemente, de hipoacusia. Las hipoacusias asociadas a una patología aguda del oído medio se revierten cuando la infección es superada; en cambio, las asociadas a afecciones crónicas del oído medio pueden ser permanentes e irreversibles.

Cuando las hipoacusias son debidas a una lesión del órgano de Corti, de las vías nerviosas o del sistema nervioso central, toman el nombre de *hipoacusias neurosensoriales* (HNS). Estas hipoacusias están asociadas a enfermedades genéticas, lesiones del sistema nervioso central, ya sean primarias (malformaciones, displasias cerebrales) o adquiridas (meningitis aguda, encefalitis, ingesta de medicamentos ototóxicos, etcétera). Otra causa muy importante es la asociación de bajo peso al nacer, prematurez e hipoxia neonatal. Al contrario de lo que ocurre con las hipoacusias de conducción, cuya prevalencia es similar en todas las poblaciones, las hipoacusias neurosensoriales son más frecuentes en países subdesarrollados y en grupos de población que viven en condiciones socioeconómicas desfavorables. Esto tiene que ver con la mayor incidencia de infecciones y de patologías perinatales.

Finalmente, existen también las denominadas *hipoacusias mixtas*, en las cuales coexisten ambos tipos: trastornos de conducción y lesión del órgano de Corti o de las vías nerviosas.

• De acuerdo con la severidad

La figura 2 muestra un audiograma, que es la representación gráfica del nivel de intensidad del sonido que el niño oye, a cada nivel de frecuencia. Este gráfico se obtiene con la realización de una audiometría (véase más abajo). En el eje vertical se ilustra la escala de umbral de intensidad del sonido, en decibeles. La voz humana susurrada corresponde aproximadamente a 30 decibeles, una conversación normal tiene una intensidad de alrededor de 60 decibeles, un sonido fuerte puede ser de 90 decibeles, y una intensidad mayor (una explosión) produce malestar. Los ruidos extremadamente fuertes (por ejemplo, el del motor de un *jet*) pueden producir angustia, trastornos del ritmo cardíaco e incluso la muerte.

En el eje horizontal se marcan las frecuencias crecientes con que se emiten los sonidos durante la audiometría. La voz humana tiene una frecuencia de aproximadamente 1200 hertz (1200 vibraciones por segundo).

La figura 2 muestra los resultados encontrados en un niño con reducción del 40% de la audición en las altas frecuencias (a partir de 2000 Hz). Obsérvese que también está afectada la conducción ósea, lo cual indica daño en el oído interno.

Figura 2

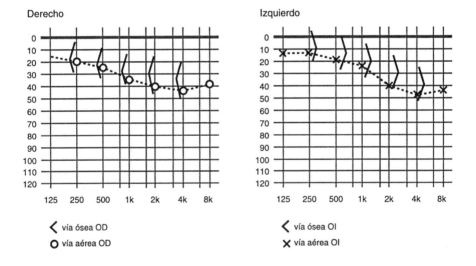

Se identifican los siguientes grados de pérdida auditiva:

Audición normal: Umbral auditivo entre 0 a 15 dB.

Hipoacusia leve: Umbral auditivo entre 15 a 40 dB. Sólo aparecen problemas en ambientes ruidosos y con voces a intensidad suave o susurrada.
Pérdida del 10% al 40% de las consonantes del habla de alta frecuencia.

Hipoacusia moderada: Umbral auditivo entre 40 y 70 dB. Comienzan las dificultades aun con la presentación del mensaje a intensidad conversacional. Necesita del aumento de la intensidad de la voz para decodificar el habla, comienza el uso de la lectura labial en forma natural. El umbral auditivo mayor de 50 dB presenta una mala discriminación del timbre. Según el ruido ambiente o la distancia, puede perderse entre un 50% y un 75% del mensaje. Aparecen los defectos de sintaxis, se limita el vocabulario. Defectos articulatorios.

Hipoacusia severa: Umbral auditivo entre 70 y 90 dB. Sólo se oye a nivel de voz gritada o con amplificación.

Hipoacusia profunda: Umbral auditivo mayor de 90 dB.

• De acuerdo con el momento en que se produce la pérdida auditiva, las hipoacusias se clasifican en (Cordero *et al.*, 1999):

1) Congénitas
   - Genéticas
   - No genéticas (rubéola, citomegalovirus, toxoplasmosis, herpes, ototóxicos, enfermedades metabólicas).
2) Perinatales (hipoxia severa, sepsis neonatal, meningitis bacteriana, inducidas por ruido, ototóxicos, hiperbilirrubinemia, prematurez).
3) Posnatales (que ocurren en el desarrollo del niño sano).

En el Hospital de Pediatría Prof. Dr. Juan P. Garrahan se estudió la casuística de hipoacusias en una muestra de 1.872 niños que consultaron o fueron remitidos al Servicio de Otorrinolaringología por sospecha de hipoacusia, entre febrero de 1996 y diciembre de 1997 (Breuning, Moretti *et al.*, 2002). La tabla 2 muestra los resultados.

En el estudio mencionado se observan algunos datos de mucho interés. La edad promedio de inicio de los niños estudiados (que tiene relación con la edad de sospecha inicial de la hipoacusia) fue de 2 años y 3 meses, con un rango de 4 meses a 17 años. De los casos de niños con hipoacusias bilaterales de causa prenatal, se encontraron infecciones intrauterinas (37,8%), rubéola congénita (26,6%) y causas genéticas (35,6%). Llama la atención la gran proporción de niños con hipoacusia asociada a rubéola congénita. Hubo 125 niños con hipoacusias de causa perinatal: hipoxia severa (69 niños), muy bajo peso (47 niños), hiperbilirrubinemia (9 niños). Hubo 108 niños con hipoacusias bilaterales profundas, lo cual representa el 38% de las hipoacusias neurosensoriales bilaterales. De esto, puede deducirse que de cada 10 niños con hipoacusia neurosensorial severa, 6 a 8 de estas hipoacusias son producto de enfermedades prevenibles.

Tabla 2
Proporción de niños con hipoacusia neurosensorial en 1.872 consultas pediátricas

Sin hipoacusia neurosensorial	Con hipoacusia neurosensorial			
		Unilateral 62		
1.263 (67,5%)	609 (32,5%)	Bilateral 547	Prenatal	171
			Perinatal	125
			Posnatal	113
			Desconocida	138

Total de Consultas: 1.872
Fuente: Breuning, Moretti *et al.*, 2002.

De los 113 niños con hipoacusias de causa posnatal, se encontraron 57 niños con meningitis, 43 niños con antecedentes de haber recibido drogas o sustancias ototóxicas, 7 niños con otitis media complicada, 6 niños con traumatismos encefálicos y 6 con hipoacusias asociadas a transplante renal o hepático.

Las causas más frecuentes de las hipoacusias unilaterales (62 niños) fueron post-infecciosas (parotiditis, meningitis, varicela, citomegalovirus, rubéola, traumatismo craneoencefálico, otitis media complicada, antecedentes de ingestión de sustancias ototóxicas).

Las hipoacusias posnatales pueden también clasificarse de acuerdo a la etapa del desarrollo normal del lenguaje en que se instalan:

- Prelingüísticas: Lesión provocada antes de la adquisición del lenguaje, entre los 0 y 2 años.
- Perilingüísticas: Lesión producida durante la adquisición del lenguaje, entre los 2 y 5 años.
- Poslingüísticas: Lesión provocada posteriormente a la estructuración del lenguaje.

Como es natural, son las hipoacusias prelinguísticas y perilinguísticas las que tienen mayor repercusión sobre el desarrollo del lenguaje.

4.3. Etiología de las hipoacusias

• Causas genéticas

La mayoría de las causas genéticas están asociadas a una hipoacusia de tipo neurosensorial, pero hay malformaciones congénitas de origen genético que producen hipoacusias de conducción cuando las malformaciones comprometen la integridad anatómica del oído externo o medio. En ocasiones, las causas genéticas son aisladas, sin otra malformación agregada; pero en otros casos, se asocian a malformaciones y dan lugar a síndromes específicos. Las causas genéticas pueden asociarse a una hipoacusia neurosensorial o de conducción.

Las principales causas genéticas asociadas a sordera neurosensorial son las siguientes:

- Autosómicas recesivas: aisladas, asociadas con bocio (síndrome de Pendred), con retinitis (síndrome de Usher), etcétera.
- Autosómicas dominantes: aisladas, asociadas con cambios pigmentarios en el cabello (síndrome de Waardenburg).
- Ligadas al x: asociadas con enfermedad renal (síndrome de Alport, síndrome de Hunter).
- Herencia no mendeliana (multifactorial): asociada a malformaciones congénitas.

Entre las hipoacusias de origen genético asociadas a una sordera de conducción, pueden citarse la disostosis mandibulofacial, el síndrome otopalatodigital, el síndrome de Goldenhar y otras malformaciones orofaciales.

• Causas adquiridas

– Prenatales: Ya hemos mencionado las infecciones, las alteraciones metabólicas, las injurias ototóxicas.

– Posnatales: Entre las más frecuentes encontramos las infecciones crónicas del oído medio, las meningitis agudas, infecciones virales (parotiditis urliana), los traumatismos encefalocraneanos, etcétera.

La *otitis media aguda*, en niños menores de dos años, debe ser tratada con antibióticos siempre, debiéndose contar en lo posible con un cultivo del germen. En niños mayores, el tratamiento depende del criterio clínico y de otros factores agregados. *La otitis media con efusión* es una inflamación no infecciosa acompañada de líquido en la caja del tímpano, asociada a una disfunción de la trompa de Eustaquio, generalmente secundaria a una otitis media aguda. La persistencia de una efusión en la caja del tímpano a lo largo del tiempo puede llevar a complicaciones y secuelas, que incluyen la retracción de la membrana timpánica (atelectasia), o a su esclerosis (timpanoesclerosis), a la otitis adhesiva y al colesteatoma, con la consecuente hipoacusia de conducción. Eventualmente, esta condición puede llevar a un daño coclear con hipoacusia neurosensorial. En ambos casos pueden producirse trastornos del lenguaje y del desarrollo psicosocial. Generalmente, los síntomas son inaparentes, pero la hipoacusia conductiva es muy frecuente. En la mayoría de los casos la otoscopía muestra lesiones de distinto tipo. La otoscopía neumática es siempre muy útil y revela una falta de movilidad de la membrana timpánica ante la insuflación de aire. La timpanometría es el estudio más indicado (sensibilidad 65-90%, especificidad 49-91%) (Paradise, 2002). En los niños en que la otitis media con efusión persiste durante tres meses o más, deben realizarse estudios de laboratorio buscando déficit inmunológicos.

La colocación de tubos de timpanostomía es efectiva en niños con otitis media con efusión persistente, otalgia, tinnitus o vértigo, o en quienes muestren retracciones importantes de la membrana timpánica. Las indicaciones son más firmes si se trata de niños menores de un año, susceptibles a infecciones, con poca respuesta a los antibióticos o con manifestaciones de retardo del lenguaje (Paradise, 2002). La eficacia de la vacunación con *Streptococcus pneumoniae* está aún en etapa de investigación.

• Características de algunas hipoacusias adquiridas

En la tabla 3 se muestran las manifestaciones más comunes de pérdidas auditivas y los factores de riesgo asociados (Northern y Gerkin, 2003)

Merece citarse aquí la hipoacusia secundaria a trauma acústico. Los adolescentes están particularmente expuestos a ruidos potencialmente dañosos (discotecas, motocicletas, etcétera) y no acostumbran usar ninguna protección (Sibbald, 2003). Una estadística hecha en los Estados Unidos revela una prevalencia de alrededor del 15% de adolescentes con cambios auditivos debidos al ruido; y un estudio hecho en estudiantes secundarios en la ciudad de Rosario, Argentina, reveló una prevalencia del 63% de alteraciones en las otoemisiones acústicas por productos de distorsión (Fissore *et al.*, 2003). Es interesante saber que en esta encuesta realizada en Rosario, un enorme porcentaje de adolescentes conocía los efectos nocivos de los altos niveles de in-

Tabla 3
Características más comunes de algunas hipoacusias adquiridas

Factores de riesgo	Conductivas	Sensoriales	Mixtas	Unilaterales	Bilaterales	Grado
Asfixia		+		+	+	Leve-profunda
Meningitis bacteriana*		+		?	+	Severa-profunda
Toxoplasmosis*		+			+	Moderada-profunda
Sífilis		+			-	Severa-profunda
Rubéola*		+			+	Profunda
Citomegalovirus*		+			+	Leve-profunda
Herpes simple		+		+	+	?
Defectos de cabeza y cuello	+	+	+	?	?	Leve-profunda
Hiperbilirrubinemia		+		+	+	Leve-profunda
Historia familiar*	+	+	+	+	+	Leve-profunda
Bajo peso		+		+	+	Moderada-severa

*Estos factores pueden exhibir pérdidas auditivas progresivas y deberían ser sometidos a un seguimiento seriado.

tensidad de la música que escuchaban, y sufrían acúfenos luego de ello. Si bien la hipoacusia por trauma acústico es bien conocida desde hace mucho tiempo, aún no se cuenta con suficiente información sobre las consecuencias a largo plazo de la exposición al ruido en adolescentes. Ciertamente, no se asocia a trastornos del lenguaje, pero podría provocar hipoacusias con invalidez social y laboral. La prevención de este tipo de hipoacusia incluye la educación de los adolescentes, la protección auditiva, el descenso de niveles de ruido en la comunidad y la exploración audiométrica en las situaciones de riesgo o ante la menor sospecha de hipoacusia o de trauma acústico.

4.4. Impacto de la hipoacusia sobre el desarrollo del niño

El impacto que puede tener una hipoacusia sobre el desarrollo del niño es extremadamente variable, y ello depende de una multiplicidad de factores, entre los que se cuentan el *grado* de hipoacusia (a mayor gravedad, mayor impacto), la *etiología* (las sorderas aisladas tienen menor impacto que aquellas que son parte de un síndrome con malformaciones asociadas, defectos visuales o alteraciones motoras, etcétera), la *edad de comienzo* del problema (prelingüística o poslingüística), estableciéndose como edad crítica los dos años, el *grado de comprensión, continencia y experiencia familiar* con respecto al problema (los padres hipoacúsicos ayudan mejor a sus hijos afectados), el *momento en que se realizan las intervenciones terapéuticas*, de rehabilitación y de equipamiento, y las *condiciones comunitarias y sociales* del niño y su familia. Una hipoacusia del 45% en un hijo de inmigrantes que hablan otro idioma puede ser mucho más perjudicial que el mismo grado de hipoacusia en un niño de clase media de la ciudad de Buenos Aires cuya familia habla castellano como lengua materna.

El mayor impacto de la hipoacusia se manifiesta sobre las siguientes funciones:

• Desarrollo del lenguaje

Las principales estructuras cerebrales vinculadas con el lenguaje comienzan a desarrollarse a los 5 meses de gestación y alcanzan su período de mayor plasticidad auditiva entre los 18-28 meses de edad. Los niños con sordera profunda instalada antes del desarrollo del lenguaje no oyen ni pueden desarrollar un lenguaje simbólico. Carecen de memoria auditiva, de capacidad para registrar y evocar fonemas con significado semántico, carecen de imágenes audibles, de lenguaje interior y de asociaciones auditivas con otras funciones cerebrales. Teniendo en cuenta que el lenguaje está estrechamente relacionado al pensamiento (pensamos con palabras), la ausencia de lenguaje va acompañada de perturbaciones en el pensamiento.

Un niño con una hipoacusia moderada, entre 25 a 40 dB, puede perder del 25% al 40% de las señales del habla; esto dependerá del nivel de ruido medioambiental, de la distancia entre el interlocutor y el niño, y de la configuración de su pérdida auditiva. Los niños con sordera leve o moderada, detectada a una edad temprana y tratada adecuadamente, pueden desarrollar un lenguaje completamente normal y un rendimiento académico e integración social normales.

Las pérdidas auditivas que pueden interferir con el desarrollo del lenguaje son aquellas mayores de 30 decibeles, en el rango frecuencial de los 500 a 4000 hertz (Hz).

• Desarrollo cognitivo

Muchas pruebas de evaluación de la inteligencia están basadas en el uso del lenguaje, de manera tal que brindan resultados pobres, pero no porque los niños sordos tienen necesariamente una reducción de su capacidad intelectual (entendida como el razonamiento lógico formal), sino por el déficit lingüístico asociado a su hipoacusia. El problema es que muchos pensamientos abstractos están íntimamente ligados al lenguaje, y es por eso que el pensamiento inteligente puede estar perturbado. La resolución de problemas que requieren capacidades intelectuales independientes del lenguaje no tiene por qué dar resultados anormales en niños sordos. No obstante, el rendimiento escolar de los niños con hipoacusia es, en promedio, inferior al normal. El desempeño académico depende de los factores arriba mencionados.

A todo niño con fracaso escolar o trastorno de déficit de atención debe estudiársele la función auditiva. Hay muchos chicos con bajo rendimiento en la escuela debido a la existencia de una hipoacusia no detectada.

• Desarrollo emocional e integración social

Los niños con hipoacusia tienen mayor riesgo de presentar dificultades en su compromiso emocional e integración psicosocial. Muchos de ellos tienen una baja autoestima, una dependencia de la aprobación de los demás, son sensibles a los rechazos y las críticas, tienen escasa tolerancia a la frustración y gran sensibilidad ante el fracaso. En nuestra práctica asistencial, hemos visto niños que se vinculan con el medio a través de actitudes de sometimiento, estallidos de exigencias y actitudes de autosuficiencia ante críticas, burlas o manifestaciones de desaprobación.

Es responsabilidad de todos aquellos que estamos cerca del niño sordo el tratar de ofrecerle un medio que favorezca su auténtico desarrollo, un despliegue de sus propias potencialidades y un refuerzo de su autoestima. Para ello, el niño necesita que podamos dirigirnos a él como un sujeto con un problema, y no como un objeto de estudio o un "problema patológico".

Según Marta Schorn, en su libro sobre la discapacidad (Schorn, 1999), los niños con hipoacusia necesitan "una mirada distinta, una escucha diferente [...] los niños sordos, gracias a su sensorio visual tratan desde pequeños de imitar y de representar lo que los mayores hacen. Tienen placer de hacer uso de su cuerpo, en moverlo y en tocar y mover el cuerpo del otro. El niño sordo en compañía de otros niños sabe y puede interrelacionarse perfectamente. Si bien tiene dificultades para comunicarse oralmente, lo hará a través de gestos, de la mirada y del lenguaje corporal".

• Problemas asociados

Dependiendo de la etiología de la hipoacusia, los niños afectados pueden sufrir, además, otro tipo de problemas médicos agregados, como epilepsia, alteraciones visuales, etcétera

5. Funciones del pediatra en el primer nivel de atención

5.1. Responsabilidades

El primer nivel de atención es donde tiene lugar el primer contacto entre la población y el sistema de salud. Es aquí donde los niños con déficit auditivos tempranos se juegan el futuro de su lenguaje. Fácil es, entonces, comprender la enorme tarea que le toca al personal que trabaja en este primer nivel, es decir, al pediatra y a los demás miembros del equipo de salud pediátrico.

Esta responsabilidad no está limitada al personal a cargo de la asistencia, sino que se extiende, principalmente, a los organismos financiadores de la salud (sistemas pre-pagos, obras sociales, organismos de salud pública). De estos organismos es la responsabilidad de organizar la asistencia para que la entrevista médico-paciente se produzca en condiciones adecuadas, dentro de un programa de salud con énfasis en la prevención, con el tiempo para la escucha y el examen, con el instrumental adecuado, y que se disponga, a su vez, de facilidades para la interconsulta, el trabajo interdisciplinario, la derivación y la contrarreferencia. Estos organismos pagadores deben también hacer su aporte y colaborar con la capacitación del pediatra y del equipo de salud pediátrico, de lo cual depende finalmente la calidad de la asistencia que se brinda.

En el primer nivel de atención, el pediatra tiene la función de reconocer oportunamente los déficit auditivos, promover la derivación a los especialistas correspondientes, recibir la contrarreferencia, coordinar al equipo asistencial y de rehabilitación, contactar a las instituciones de la comunidad, con el objetivo de promover la integración social del niño, su escolaridad y su aprendizaje.

5.2. Detección de factores de riesgo

La detección de factores de riesgo comienza antes de que nazca el niño, en una entrevista prenatal, en la cual se incorpora en la anamnesis la investigación sobre antecedentes familiares de hipoacusia, de malformaciones congénitas, sobre la existencia de consanguinidad entre los padres (que aumenta el riesgo de enfermedades recesivas), etcétera

5.2.1. Criterios de alto riesgo auditivo según la edad del nacimiento (Cordero *et al.*, 1999; Comité Conjunto de Audición Infantil, 2000)

– Neonatales: desde el nacimiento hasta los 28 días

1) Cualquier enfermedad que requiera internación por 48 horas o más en unidades de cuidados intensivos neonatales (peso menor de 1.500 g, hiperbilirrubinemia que requiera transfusión de sangre, ventilación mecánica prolongada, depresión al nacer (APGAR de 0 a 3 a los 5 minutos, neonatos que no inician respiración espontánea los 10 minutos o hipotonía que persiste a la segunda hora de vida).
2) Medicación ototóxica recibida por más de 5 días.
3) Malformaciones u otros hallazgos asociados con algún síndrome conocido que presente hipoacusia neurosensorial o conductiva.
4) Historia familiar de sordera neurosensorial en la infancia.
5) Meningitis bacteriana.
6) Anomalías craneofaciales, incluyendo aquellas con anormalidades del pabellón auricular o canal auditivo.
7) Malformaciones o estigmas asociados a síndromes conocidos.
8) Infección intrauterina conocida o sospechada, asociada a impedimento auditivo (citomegalovirus, herpes, toxoplasmosis, rubéola, sífilis).

– En niños de 29 días a 2 años

1) Padres o familiares con problemas de desarrollo o con signos de trastornos auditivos de lenguaje.
2) Meningitis bacteriana.
3) Antecedentes de factores de riesgo neonatal asociados a hipoacusia neurosensorial.
4) Trauma craneoencefálico, especialmente si compromete el hueso temporal.
5) Estigmas u otros signos que se hayan descripto como asociados a hipoacusia.
6) Antecedentes de medicación ototóxica, enfermedades neurodegenerativas, neurofibromatosis, facomatosis, infecciones que se asocian a pérdida auditiva (parotiditis urliana, sarampión, varicela).

En la cátedra de Clínica Otológica de la Universidad de Córdoba, Argentina, las condiciones de riesgo son similares a las descritas más arriba, pero se han incluido el nacimiento pre-término menor de 32 semanas, alcoholismo materno o síndrome de alcohol-fetal en el recién nacido, neumonía, tuberculosis, consumo de drogas y diarrea infantil (datos aportados por el Dr. Mario Zernotti, de la cátedra de Clínica Otológica).

5.3. Signos de sospecha de hipoacusia

El pediatra debe asignarle la mayor importancia a la existencia de cualquiera de los siguientes signos de sospecha:

- Los padres sospechan que el niño no oye o que tiene retraso en el habla, en el lenguaje o en ambos.
- Historia familiar de sordera permanente en la infancia.
- Estigmas o hallazgos asociados con síndromes conocidos que presenten hipoacusia neurosensorial o conductiva, o disfunción de la trompa de Eustaquio.
- Infecciones posnatales asociadas a la hipoacusia (meningitis bacterianas).
- Infecciones intrauterinas (citomegalovirus, herpes, toxoplasmosis, rubéola, sífilis).
- Traumatismo de cráneo (con fractura del temporal).
- Historia de otitis con derrame de por lo menos 3 meses de duración.

- Indicadores neonatales:
  - Antecedentes de hiperbilirrubinemia que requiera exsanguinotransfusión.
  - Antecedentes de hipertensión pulmonar transitoria neonatal persistente que requiera asistencia mecánica respiratoria.
  - Situaciones que requieran oxigenación por membrana extracorpórea (ECMO).
- Síndromes asociados con pérdida auditiva progresiva (tales como neurofibromatosis, osteoporosis, síndrome de Usher).
- Desórdenes neurodegenerativos (síndrome de Hunter) o neuropatías sensoriomotoras (ataxia de Friederich o síndrome de Charcot-Marie-Tooth).
- Retardo de la comunicación de neonatos e infantes (ausencia de respuesta a estímulos auditivos, irritabilidad ante el contacto físico "piel a piel", dificultades en la alineación visual, problemas deglutorios, hipotonía o hipertonía generalizadas, niño muy pasivo o muy irritable).
- Retardo de la comunicación en bebés (carencia de comunicación intencional a los 12 meses, ausencia de palabra hablada o lenguaje por señas a los 18 meses).

5.4. Indicadores de daño auditivo

Los indicadores de daño auditivo en el primer año de vida del niño son los siguientes:

0 a 4 meses: No se sobresalta ante ruidos fuertes o repentinos.
2 a 4 meses: El bebé no oye una voz familiar.
3 a 8 meses: El bebé no gira la cabeza ante los sonidos suaves.
4 a 12 meses: No localiza una fuente sonora. No balbucea.

Nunca se deben subestimar las observaciones hechas por los padres sobre la audición de sus hijos (o sobre cualquier otro aspecto del desarrollo). Los padres deben ser escuchados cuando presentan en la consulta alguna inquietud respecto a la audición de sus hijos. En general, podemos decir que cuando surge alguna inquietud en ellos es porque hay un trastorno evidente.

El verbo "prevenir", según el *Diccionario de la lengua española*, significa: "conocer de antemano o con anticipación un daño o perjuicio", "precaver o evitar una cosa, advertir, informar o avisar a uno de una cosa". En nuestro "diccionario audiológico", deberíamos agregar que para prevenir hay que conocer los daños que produce la detección auditiva tardía en el desarrollo normal del lenguaje.

5.5. *Anamnesis, examen físico y exploración de la audición*

Debe investigarse la existencia de antecedentes familiares de problemas de audición o de enfermedades asociadas a ellos. Interesa interrogar a los padres del niño sobre el desarrollo del embarazo, la ingesta de drogas, la existencia de procesos febriles o infecciosos, especialmente en el primer trimestre. Importa, asimismo, conocer las características del período neonatal, incluyendo el peso de nacimiento, la edad gestacional y la adaptación a la vida intrauterina.

Además del examen físico general, debe examinarse en forma exhaustiva la región de cabeza y cuello, investigando la existencia de malformaciones. Debe prestarse especial atención a la presencia de malformaciones de la oreja y de la región auditiva.

La exploración de la audición en el consultorio del pediatra es importante, pero está basada en pruebas subjetivas, y para que éstas tengan validez, deberán ser evaluadas teniendo en cuenta la distancia de presentación de los sonidos o ruidos, la frecuencia e intensidad de los sonidos emitidos, el ruido del medio ambiente, etcétera Los bebés responden, en este tipo de pruebas subjetivas, más a los sonidos del habla que a los sonidos producidos por tonos puros, aun presentados en forma modulada. Recomendamos el uso del test de Ling, una prueba que presenta como estímulo a los siguientes sonidos del habla: *a, u, i, m, sh, s*. Estos sonidos rastrean todo el espectro frecuencial del habla (250 a 4000 Hz). Deberán presentarse en voz conversacional, a una distancia de 1 m del conducto auditivo externo, a la altura del mismo. Se observarán las respuestas reflejas del niño o su conducta frente a la presentación de dichos estímulos.

En el recién nacido, la exploración de la audición por parte del pediatra no es fácil de llevar a cabo. Si el niño está tranquilo, la suave conversación de la madre puede hacer rotar su cabeza hacia la fuente del sonido. Debe explorarse el reflejo cócleo-palpebral y el reflejo cócleo-pupilar. El cócleo-palpebral consiste en golpear bruscamente las manos produciendo el ruido correspondiente. La respuesta normal es que el bebé cierra bruscamente los párpados. El reflejo cócleo-pupilar es más difícil de evaluar, y consiste en la existencia de miosis ante el ruido producido. Estas maniobras tienen sus limitaciones, y ambas pueden producir una apreciable cantidad de respuestas falsas positivas y falsas negativas.

Dependiendo del lugar en donde se realice el golpe de las manos, la brisa producida por las mismas puede despertar una respuesta vibratoria de la piel y no de la audición propiamente dicha.

Es importante que el pediatra tenga el tiempo suficiente para poder escuchar las opiniones de los padres y prevenir, con pruebas específicas, la falta de audición del niño y los errores de una detección tardía. Es preferible que estimule a los niños a través de sonidos del habla y observe así su conducta refleja.

En lactantes puede explorarse la audición produciendo sonidos con cascabeles o con una campana tañida por detrás del niño, y controlando que el mismo no observe los movimientos que se producen al estimular estos instrumentos; el niño con hipoacusia tiende a aumentar su campo visual y a responder al estímulo visual y no al auditivo, induciendo así a una interpretación errónea de la prueba.

La otoscopía es un maniobra de la mayor relevancia, y los pediatras deben aprender a realizarla y reconocer así un tímpano enfermo, la existencia de líquido en la caja, etcétera Para ello, además de la necesaria capacitación, deben contar con un instrumento adecuado que permita hacer la neumatoscopía neumática para explorar la movilidad del tímpano.

5.6. Conducta pediátrica

Todo niño con factores de riesgo, signos de sospecha de hipoacusia, indicadores de riesgo auditivo o hallazgos positivos en el examen físico debe ser derivado a un especialista pediátrico en problemas de audición. Si se confirma la hipoacusia, debe explorarse además la función visual en algún momento.

6. Métodos de evaluación especializada de la función auditiva (Northern, 1981; Brik, 2002)

Los métodos de evaluación de la función auditiva son usados por los especialistas fonoaudiólogos y otorrinolaringólogos. Las pruebas usadas dependen de la edad del niño.

6.1. Pruebas subjetivas

Son pruebas en las que el resultado depende de la conducta del sujeto examinado. Para que estas pruebas subjetivas tengan validez, deberán ser parte de un programa normatizado y estandarizado, en el que se tenga en cuenta la distancia de presentación de los sonidos o ruidos y el estudio de las frecuencias formantes de los instrumentos a utilizarse para este fin. El decibelímetro es un instrumento de gran ayuda para mantener la intensidad necesaria y no sobreestimular al niño.

Se recomienda tener en cuenta los siguientes elementos:

– Uso de cámara sonoamortiguada: esta cámara tiene las dimensiones necesarias para que el audiólogo trabaje en conjunto con los padres, de tal manera que ellos podrán observar las respuestas del bebé con y sin el equipamiento utilizado.
– Campo libre: método de evaluación que se realiza con parlantes, por los cuales sale el estímulo presentado, ya sea un tono o la voz, a determinada intensidad. Se buscan los niveles auditivos o umbrales en los cuales el niño detecta cada sonido presentado.
– Detección de los sonidos del habla, en intensidad conversacional o en búsqueda de umbral de detección del sonido.
– Tonos Warble (murmullos).
– Utilización de la vía ósea, cuando el bebé lo permita.
– Prueba: evaluar los oídos juntos y por separado.

Es de suma importancia evaluar los oídos en forma independiente, ya que se pueden observar los diferentes grados de hipoacusia, aunque sea en forma grosera, de cada oído.

Las pruebas subjetivas son las siguientes:

• Respuesta al sonido

Si se hace una evaluación en cámara sonoamortiguada, un niño entre 0 y 6 semanas deberá responder a juguetes sonoros presentados entre 50 y 70 dB, a tonos puros modulados a 80 dB, a los sonidos del habla a 60 dB y al alarma en la voz a 65 dB (Berlin, 1998). Las respuestas esperadas son: dilatación ocular, pestañeo, pequeños movimientos o despertar del sueño, alarma.

Desde las 6 semanas hasta los 4 meses, responderá a juguetes sonoros a una intensidad entre 50-69 dB, a los sonidos del habla a 50 dB, a los tonos puros modulados a 50 dB, al alarma en la voz a 65 dB. Las respuestas esperadas son: dilatación ocular, desviación ocular, pestañeo, aquietamiento, comienzo de un esbozo de giro de cabeza a los 4 meses.

Estas pruebas subjetivas tienen limitaciones, dependen mucho de la experiencia del sujeto examinador y del estado del niño, tienen poca sensibilidad para detectar hipoacusias moderadas y leves.

• Audiometría de conducta (de 6 meses a 24 meses)

Es la evaluación de la audición a través de un campo libre, es decir, a través de parlantes, buscando la respuesta refleja o conductual del niño. La evaluación se efectúa con tonos puros modulados y con la voz humana.

• Audiometría de juego (de 2 a 6 años)

Es la evaluación de la audición utilizando auriculares de copa o de inserción. El niño es entrenado a responder a través de un condicionamiento estímulo-respuesta con un juego determinado, apropiado a su edad. El tono utilizado es puro y puede ser continuo o modulado. Se evalúa también la detección de los sonidos del habla o el reconocimiento de la palabra.

• Audiometría tonal (mayores de 6 años)

Es la evaluación de la audición a través de auriculares de copa o inserción con una respuesta más precisa del niño, con una actividad de acuerdo a su edad: levantar la mano ante el estímulo o presionar un botón para que se prenda una luz cada vez que perciba dichos sonidos. Se evalúa por tonos puros y por el reconocimiento de palabras. Hay listas de palabras específicas para la evaluación de niños.

6.2. Pruebas objetivas

Son pruebas en las que el resultado es dado por el instrumento de evaluación.

• Timpanometría e impedanciometría

No exploran la audición, sino el funcionamiento del tímpano y del oído medio. La timpanometría mide la energía acústica que pasa por el oído medio. La impedanciometría (medición de la resistencia) mide esa misma energía cuando "rebota" desde el tímpano hacia el exterior, pasando por el conducto auditivo externo. La falta de elasticidad del tímpano, la existencia de fluidos o de cambios en la presión (aumento o disminución) en la caja del tímpano, la discontinuidad en los tejidos (perforación timpánica) son capaces de alterar los resultados de este estudio.

La figura 3 muestra el resultado de una timpanometría normal y el de otra perteneciente a un niño con enfermedad crónica del oído medio, con rigidez timpánica a la peneumatoscopía.

Figura 3
Timpanometría

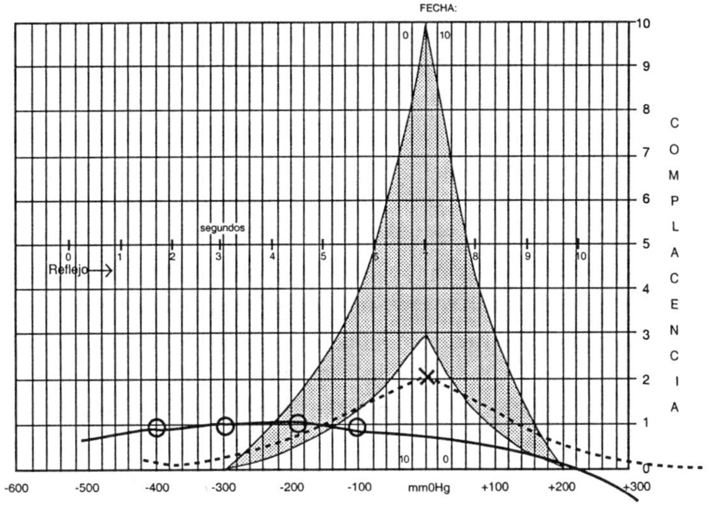

La imagen en carpa sombreada representa la respuesta (*compliance*) esperada normal de la membrana timpánica ante la insuflación del aire en el conducto auditivo externo. La curva de línea continua (tímpano derecho) es extremadamente plana, lo que indica una rigidez del tímpano. La curva de línea punteada (lado izquierdo) está dentro de presiones normales para un niño.

• Potenciales evocados auditivos (PEA)

La medición de potenciales evocados auditivos es una prueba de la audición computarizada que se usa para medir las ondas cerebrales que se producen cuando se oye un sonido. Se trata de medir la respuesta que tiene el cerebro ante la emisión de sonido. Una de las indicaciones de esta prueba es la necesidad de obtener información que no se puede obtener con una audiometría de rutina. También es utilizada como prueba diagnóstica en el caso de lesiones cocleares o retrococleares. Existen diferentes tipos de PEA, los cuales evalúan la vía auditiva desde la periferia hasta la corteza cerebral. Para su realización es necesario disponer de diferentes electrodos, de un programa de computación y de personal especializado para su interpretación. Se evalúan las características de 5 ondas que están relacionadas con la conformación de la vía auditiva.

• Respuesta auditiva del tronco cerebral

También existe el método de potenciales evocados automatizados o AABR. Este tipo de estudio se utiliza para *screening* auditivo. El estímulo utilizado tiene una intensidad de respuesta normal a 35 dB y el resultado es, como el de toda prueba de *screening*, todo o nada, es decir, el niño pasa o no pasa la prueba.

• Otoemisiones acústicas (OEA)

Las otoemisiones acústicas (OEA) son sonidos producidos por la cóclea, a nivel de las células ciliadas externas. La cóclea emite sonidos de baja intensidad en forma permanente, ya sea en presencia o ausencia de estimulación sonora externa. Es un método objetivo, no invasivo, indoloro, de obtención rápida, identificable y repetible (Berlin, 1998; Bonfils *et al.*, 1998; NHI, 1993).

Las OEA resultan del movimiento de las cilias del órgano de Corti. Estos movimientos (o actividad micro-mecánica) son causados por cambios inducidos por sonidos en el potencial receptor de las células ciliadas (CC). Estas células tienen propiedades contráctiles, y sus rápidas contracciones son la base de esta actividad o mecanismo coclear. Actúan como verdaderos amplificadores cocleares, capaces de amplificar sonidos de intensidad baja (menos de 40 dB) y de afinar considerablemente la selectividad frecuencial.

Existen dos tipos de OEA, las espontáneas y las evocadas.

1) *Otoemisiones acústicas espontáneas*: son sonidos producidos por la cóclea, en ausencia de estimulación sonora. Son sonidos de bajo nivel, de banda angosta (1 a 3 kHz), y pueden ser obtenidos colocando una sonda en el conducto auditivo externo, sin necesidad de producir un sonido estimulante. Usualmente no son audibles para las personas, pero pueden ser registrados en todas las personas que tengan una audición normal o que estén en un rango auditivo entre 0-20 dB. Solamente el 75% de los individuos sanos presentan este tipo de OEA, por lo que no se recomienda para los programas de *screening* auditivo. Las OEA espontáneas tienden a disminuir con la hipoxia, los agentes ototóxicos y la edad. Con respecto a esta última variable, no se han encontrado diferencias en las respuestas en los niños, jóvenes o adultos, pero su presencia disminuye con la edad, a partir de los 60 años (Collett *et al.*, 1989). En recientes estudios presentados por el Hospital Clínico Universitario de Valencia, España, se llegó a la conclusión de que hay una disminución en la amplitud de estas OEA, que comienza después del año de vi-

da y se prolonga hasta los 40 años. A partir de esta edad, la declinación se hace mucho más pronunciada (Grandori *et al.*, 1999).

2) *Otoemisiones acústicas evocadas*: son otoemisiones que se generan a partir de un estímulo sonoro provocado. Es, actualmente, el método más usado para realizar programas de *screening* auditivo en lactantes o recién nacidos, debido a su eficacia, rapidez y confiabilidad. Las otoemisiones pueden ser transitorias, por producto de distorsión o de estímulo-frecuencia.

– Transitorias

Son sonidos producidos por un estímulo muy breve. En la clínica se utiliza un sonido que estimula una zona de la cóclea entre 400 y 4000 Hz, que se repite a una frecuencia o ritmo determinado entre 40-50 Hz. Por tratarse de una señal de banda ancha estaremos estimulando toda la cóclea, y así se obtendrá una respuesta global de la misma y no de una zona específica. Estas emisiones se pueden encontrar en todas las personas con audición normal,

Figura 4
Prueba de otoemisiones acústicas en un recién nacido
de 48 horas de vida

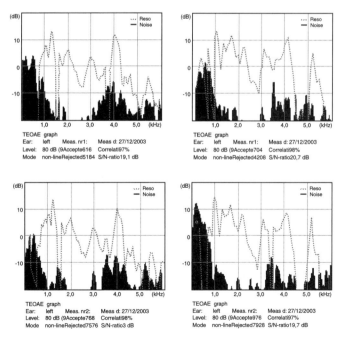

entre 0 y 25 dB, y con un estado coclear normal. Una de las características más importantes de la respuesta es su frecuencia dispersa, la cual es coincidente con la codificación de respuestas de la membrana basilar (codificación basal: frecuencias agudas; codificación apical: frecuencias graves).

Las otoemisiones acústicas transitorias están presentes en todo sistema auditivo normal o dentro de un rango auditivo de 0 a 25 dB. Existe una concordancia entre los umbrales auditivos del audiograma y la aparición de las OEA, y las otoemisiones estarán presentes cuando la audición este conservada de 1000 a 2000 Hz.

La figura 4 ilustra un estudio de otoemisiones acústicas realizado a un recién nacido sano de término en sus primeras 48 horas de vida.

La curva continua es la respuesta del bebé de muy buena amplitud y una ancha banda frecuencial. La respuesta señalada con el óvalo sugiere que los bebés presentan muy buenas amplitudes. En el eje de las y se observa la respuesta en decibeles, y en el eje de las x la respuesta a las frecuencias. La base de color negro es el ruido, debiéndose encontrar una diferencia señal-ruido mayor de 6 dB.

– Por producto de distorsión o DPOAE (Distortion Product Otoacustic Emission)

Estas OEA son obtenidas por la estimulación simultánea de 2 tonos puros de frecuencias próximas o frecuencias primarias, donde F1 siempre es menor a F2 y ambas son emitidas a una misma intensidad de estimulación. La intensidad de estimulación es de no más de 70 dB, para poder registrar los mecanismos cocleares de las células ciliadas y no otros mecanismos de la membrana basilar.

Si un sistema lineal se estimula con un determinado sonido, se espera como respuesta otro sonido similar al de entrada, multiplicado por el amplificador. Como la cóclea es un sistema no lineal, el análisis de los sonidos que estimula dará como resultado otro sonido diferente, producto de esa intermodulación. El tono puro de la frecuencia más baja se encontrará referido como F1 y su nivel de intensidad, como L1. Lo mismo sucederá con la frecuencia más alta o F2 y su nivel de intensidad de presentación o L2. El producto de distorsión más prominente será el resultado de una diferencia cúbica en la que, si los tonos F1 y F2 se presentan simultáneamente a una misma intensidad, se producirá un tercer tono que tendrá una frecuencia igual a 2F1-F2; de esta manera, obtendremos un producto de distorsión (PD) más grave, y utilizando la fórmula 2F2-F1, obtendremos un PD más agudo.

Con este tipo de OEA, estaremos evaluando un porcentaje mayor del rango auditivo entre 0-45 dB. Estos PD están ausentes en aquellos oídos con pérdidas sensoriales cercanas a 50 dB.

Los estudios de producto de distorsión por frecuencia o DPGRAM son los utilizados en los programas de *screening* auditivo. En la figura 5, se muestran curvas normales de otoemisiones acústicas por producto de distorsión en la que se evalúan las respuestas teniendo en cuenta en el eje de las *y* la amplitud en decibeles y en el eje de las *x* las frecuencias evaluadas en kHz. La curva superior es la respuesta y la curva inferior es la base del "ruido". Se observa una apreciable diferencia entre la curva que representa al ruido y la que representa a la respuesta. Si la diferencia es de 6 dB o más (como en este caso), se considera un estudio normal.

Figura 5
Otoemisiones acústicas por producto de distorsión por frecuencia, estudios usados en programas de pesquisa

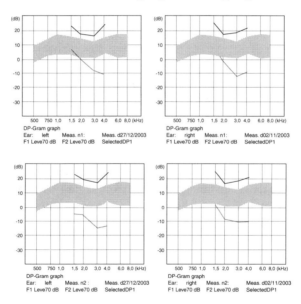

Las otoemisiones acústicas evalúan el sistema sensorial auditivo, pero nada informan sobre el funcionamiento de las vías nerviosas que llevan el impulso eléctrico al cerebro. Para evaluar esta parte de la vía auditiva, es necesario recurrir al estudio denominado respuesta evocada auditiva de tronco (*brain stem evoked response*) o BERA. Combinando los resultados de las otoemisiones acústicas y los de los potenciales de tronco, es posible hacer un diagnóstico topológico (topodiagnóstico). Los niños con valores altos de bilirrubina o con hipoxia importante pueden presentar un deterioro de este tipo, con otoemisiones acústicas normales y potenciales de tronco ausentes o desconfigurados. Esta nueva patología logró descubrirse gracias a la relación de estos dos estudios objetivos.

La patología de oído medio interfiere también en una prueba de OEA, enmascarando la respuesta y obteniendo, como consecuencia, un falso positivo. Por eso, en toda prueba que se presente una respuesta ausente, se deberá realizar un timpanograma para corroborar este resultado.

7. La atención y el seguimiento del niño con hipoacusia

Más del 90% de los niños hipoacúsicos tienen padres que oyen bien. En esta época, esto es una ventaja, ya que con los dispositivos actuales y su forma de encarar la terapia a través de la audición, los padres proveen al niño un modelo de imitación con patrones de habla normales. El trabajo con los padres es esencial (Núñez, 1992).

7.1. Tratamiento de las infecciones del oído medio

Las enfermedades del oído medio son problemas de salud muy frecuentes en pediatría. En esta patología, el pediatra tiene una gran ingerencia. El adecuado tratamiento de las infecciones de vías aéreas superiores y de las infecciones agudas del oído medio, el adecuado manejo de la otoscopía, el diagnóstico oportuno de las disfunciones de la trompa de Eustaquio, la oportuna consulta o derivación al especialista son todas acciones que contribuyen a la prevención de problemas de audición.

7.2. La educación del lenguaje

El rol del especialista encargado de la educación del niño con hipoacusia (fonoaudiólogo o profesor de sordos) es desarrollar las habilidades auditivas que le permitan al niño el reconocimiento de las características acústicas de la lengua para acceder al habla y al lenguaje.

El terapeuta encargado de la habilitación o rehabilitación del niño sordo debe además monitorear el desarrollo de estas capacidades en relación con el lenguaje, en las diferentes etapas madurativas. Debe, por otra parte, orientar y contener a la familia en este proceso de adquisición o enseñanza informal del lenguaje (habilitación) o en la enseñanza formal (rehabilitación). Este especialista deberá observar las respuestas auditivas y encontrar los déficit de la amplificación para decidir, en conjunto con el audiólogo, cuál es el cambio de dispositivo necesario para una mejor recepción de los sonidos del habla.

El desarrollo del lenguaje y el desempeño escolar del niño con hipoacusia no están relacionados solamente con la pérdida auditiva; la principal variable que los afecta es la edad *en la que se inicia la intervención.*

7.3. Las intervenciones

Hay casos en los que el problema es simplemente de carácter madurativo, tal como se observa en algunos niños nacidos pre-término, quienes sólo necesitan recibir una estimulación auditiva, teniendo en cuenta que esa estimulación tiene un efecto positivo que acelera la maduración de la vía auditiva.

En otros casos, en los que el déficit auditivo se debe a problemas conductivos, el niño puede requerir equipamiento. Se trata de niños con una patología de oído medio recurrente que no puede solucionarse por vía medicamentosa, que presentan una hipoacusia moderada a severa y que están en un período de desarrollo del lenguaje. Estos niños requieren equipamiento por un tiempo prolongado, para permitirles el progreso del lenguaje dentro de un curso normal. Los dispositivos se retiran cuando el niño soluciona dicha problemática. Esta estrategia es muy utilizada en niños en quienes la patología de conducción es frecuente: síndrome de Down, trastornos deglutorios, disfunciones tubarias.

Cuando la hipoacusia está comprobada y se instala en un bebé menor de 12 meses, la intervención se realizará a través de dispositivos convencionales o audífonos, los cuales son amplificadores que aumentan la intensidad del sonido. En todo equipamiento convencional, el audiólogo elegirá el audífono más indicado para cada pérdida, tratando de buscar la mayor ganancia que relacione esta amplificación con la intensidad de aparición de los sonidos del habla.

A partir de los 12 meses de edad, y si la ganancia de estos dispositivos fuera inadecuada para que el niño pueda desarrollar sus habilidades auditivas en relación con los sonidos del habla, el niño pasa a un programa de evaluación para un implante coclear multicanal. Este dispositivo le proveerá la audición necesaria para desarrollar el lenguaje a través de la audición.

Dependiendo del nivel auditivo y de la configuración frecuencial de la curva audiométrica, necesitará amplificación convencional o un implante coclear.

7.4. El implante coclear

El implante coclear es la instalación de un dispositivo electrónico que sustituye las células ciliadas dañadas del órgano de Corti y estimula directamente el nervio auditivo a través de las células bipolares del ganglio coclear. Actúa, de esta manera, como un verdadero transductor de energía y le brinda al paciente una audición útil para detectar y poder reconocer los sonidos del habla y del lenguaje. Es utilizado en todos los pacientes que presentan una hipoacusia de severa a profunda, cuando la edad del paciente es compatible con esta indicación.

A diferencia de los audífonos, que solamente amplifican el sonido y lo hacen más intenso, el implante coclear proporciona información de los sonidos en forma útil, al estimular directamente las fibras nerviosas remanentes en la cóclea para que el niño pueda percibir los sonidos. La respuesta del paciente a los audífonos depende de la audición remanente que tenga, mientras que la respuesta del paciente al transplante coclear depende de la integridad de las vías nerviosas cocleares y de la indemnidad de los centros cerebrales.

Este dispositivo implantable necesita de dos componentes para funcionar: uno interno y otro externo. El interno es colocado a través de una cirugía y el externo está en contacto con el interno a través de un campo magnético y una frecuencia modulada. Los sonidos emitidos son captados a través de un micrófono y dirigidos hacia el procesador del habla, que es el encargado de filtrarlos, analizarlos y digitalizarlos en señales codificadas. Estas señales codificadas son enviadas desde el procesador del habla a una antena transmisora, la cual transmite las señales codificadas a través de una radio frecuencia o FM al implante coclear o receptor estimulador debajo de la piel.

El implante coclear envía la energía eléctrica apropiada a la cadena de electrodos insertada en la cóclea. Los electrodos estimulan las células bipolares del ganglio coclear. La información auditiva eléctrica es enviada a través de la vía auditiva al cerebro, que es el encargado de interpretar los sonidos codificados entrantes.

Todos los implantes cocleares tienen multiestrategias de codificación, y el audiólogo, conjuntamente con el rehabilitador, elegirá la más conveniente para que el niño pueda reconocer con comodidad el lenguaje hablado. La estrategia de codificación se refiere a las técnicas que el procesador del habla utiliza para traducir el tono, el volumen y la duración del sonido en las señales que el implante envía a la cóclea.

Existen criterios de selección adecuados a cada edad y situación de adquisición de la hipoacusia. En lo que respecta a niños, según los criterios internacionales, la edad mínima para ser implantados es a los 12 meses de edad, y estos niños deberán presentar una hipoacusia profunda bilateral. A partir de los 24 meses, los criterios permiten la cirugía en aquellos niños que presenten una hipoacusia de severa a profunda bilateral.

En general, y hablando de hipoacusias puras, los niños que presentan resultados más acordes a las etapas lingüísticas normales son los implantados durante los tres primeros años de vida. Los niños mayores de 3 años, y hasta la pubertad, pueden ser implantados teniendo en cuenta que los beneficios de este implante estarán acordes con los del lenguaje desarrollado a través de los métodos de rehabilitación preexistentes. El trabajo conjunto con el niño y su familia es esencial para lograr buenos resultados (Ortíz Alonso, 1995); la licenciada Hilda Furmanski (2003), define:

> Un profesional que trabaje con niños con implante coclear tiene que tener una formación específica en rehabilitación auditiva. Debe conocer la acústica de la lengua del entorno del niño, el desarrollo del comportamiento auditivo y su relación con el desarrollo del habla y del lenguaje. Tiene que dominar el dispositivo que el niño utilice y estar al tanto de su alcance, debe contar con recursos para poder transmitir la información a la familia, al audiólogo y a los maestros del niño.

En nuestro país hay experiencia en este tratamiento en niños (Núñez, 1992; Ortíz Alonso, 1995; Furmanski, 2003; Breuning *et al.*, 2002a; Breuning *et al.*, 2002b).

Los adolescentes o adultos con hipoacusia prelingüística se benefician con el implante coclear, especialmente si presentan un lenguaje hablado completo, pero deben participar de un intenso trabajo de estimulación auditiva para obtener el mayor beneficio de este implante; de esta manera, harán un pasaje del lenguaje de una decodificación visual a la auditiva.

8. *Screening* (pesquisa) de problemas auditivos en lactantes y preescolares

8.1. *Alternativas*

En el nivel primario de atención las pruebas de audición de carácter subjetivo pasibles de ser administradas a niños por el personal (campanita, cascabeles, reflejo cocleopalpebral, etcétera) pueden dar un apreciable número de falsos positivos o de falsos negativos. Es por ello que muchos centros médicos han implementado programas de pesquisa llevados a cabo con pruebas objetivas.

Estos programas se han implementado para diversas edades. Las dos edades más frecuentes son al ingreso escolar y al nacimiento. Cada una de ellas tiene objetivos e impacto diferentes.

El *screening* al ingreso escolar, hecho a los 6-7 años, es capaz de detectar niños con hipoacusias moderadas (de conducción neurosensoriales) y previene muchos casos de fracaso escolar, pero resulta muy tardío para los niños con hipoacusias congénitas o de instalación temprana que perturban el desarrollo del lenguaje. No obstante, hay muchas escuelas en otros países que tienen programas de pesquisa de problemas auditivos con buenos resultados. La ventaja de la edad escolar es que se pueden usar métodos relativamente poco costosos, como la audiometría de barrido. Se emiten tonos a 500 Hz, 1000 Hz, 2000 Hz, 3000 Hz y 4000 Hz, con una intensidad fija de 40 dB. El niño debe levantar la mano cuando oye el sonido. La prueba dura un minuto, y en una mañana se puede examinar a una gran cantidad de niños. Antes de implementarla, es altamente conveniente mantener reuniones con los padres a fin de informarlos sobre la naturaleza de la prueba, mostrarles el instrumental que se usará y escuchar sus opiniones. El carácter no invasivo de esta audiometría permite que sea aceptada fácilmente por los padres. Debe tenerse en cuenta que todo resultado, ya sea normal o anormal, debe ser comunicado formalmente a los padres y al pediatra de cabecera del niño.

El *screening* neonatal tiene la enorme ventaja de que detecta a los niños con hipoacusia a una edad prelingüística, y posibilita la intervención desde el comienzo mismo de la vida posnatal. Teniendo en cuenta el grupo etario con que se trabaja, es necesaria la utilización de métodos de *screening* más sofisticados.

8.2. Historia del screening *auditivo neonatal*

En Inglaterra no se le daba mucho crédito a la evaluación auditiva en los infantes hasta los reportes presentados por Sir Alexander y Lady Ewing en 1944. Ellos utilizaron instrumentos de percusión y de diferentes tonos, buscando la respuesta refleja auditiva en niños pequeños. Afirmaron, asimismo, que las respuestas auditivas pueden ser fácilmente observadas en bebés en los primeros 6 meses de vida, pero que estas respuestas reflejas auditivas son más difíciles de apreciar en infantes más grandes.

La necesidad de identificar desórdenes auditivos al nacer fue reconocida en la década del cincuenta, cuando se comenzó a investigar sobre pruebas referentes al tema. En Suiza, en 1956, Wedenberg reportó que la respuesta más identificable en los infantes era el reflejo cócleo-palpebral. Wedenberg efectuó tests auditivos a 20 recién nacidos de entre 1 y 10 días de edad, presentando estímulos de tonos puros de 105 a 115 dB SPL. En estas pruebas, pudo observar cuál era el umbral del reflejo cócleo-palpebral y la intensidad necesaria para despertar al niño dormido.

Pocos años después, en 1960, también en Suiza, Carl Froding evaluó auditivamente a 2.000 recién nacidos utilizando un gong y un mazo productor de sonidos de 126 a 133 dB SPL. Con esta técnica, observó el reflejo cócleo-palpebral en niños dormidos o tranquilos.

En 1964, el estudio inicial de *screening* auditivo en recién nacidos, en los Estados Unidos, fue conducido por la audióloga Marion Downs y por el psicólogo Graham Sterrit, en Denver, Colorado. Evaluaron a los bebés a través de un aparato que generaba un ruido de banda estrecha, presentando el estímulo a 90 dB SPL. Se observaba el comportamiento del niño, el reflejo cócleo-palpebral, los movimientos involuntarios del cuerpo, el pestañeo de los ojos. Encontraron, con este método, muchos falsos positivos, por lo que decidieron utilizar y recomendar que se tuviera en cuenta el uso de factores de alto riesgo auditivo para la realización del *screening*.

En 1970, el Joint Committe on Infants Hearing (JCIH), en Estados Unidos, sugirió la necesidad de tener en cuenta varios parámetros de evaluación, patrones de respuesta, factores ambientales y estado del recién nacido en las evaluaciones; y en 1972, la posición era la evaluación profunda de los niños de alto riesgo auditivo durante los dos primeros meses de vida. A medida que pasaron los años, se siguieron realizando reuniones al respecto y se agregaron nuevos factores de riesgo, como la meningitis, la asfixia severa y el comienzo del uso de estudios electrofisiológicos.

En 1993, el JCIH recomendó el uso de estudios objetivos, como las otoemisiones acústicas y los potenciales evocados de tronco encefálico. En ese mismo año, el National Institute of Health realizó la primera recomendación específica sobre el uso de métodos objetivos en la pesquisa universal de los recién nacidos.

El Comité Conjunto de Audición en Infantes respaldó, en su declaración de 1994, el objetivo universal de detección temprana de la hipoacusia (Comité Conjunto de Audición en Infantes, 1994). En la declaración se establece que se deberán identificar a todos los infantes que tengan posible pérdida auditiva, antes de los 3 meses de edad, y que deberán recibir intervención o tratamiento antes de los 6 meses de vida. Este comité está formado por varias sociedades científicas y agencias de bienestar social de los Estados Unidos.

Hay abundante literatura contemporánea sobre la pesquisa neonatal de hipoacusia (Kemp y Ryan, 1991; Bonfils *et al.*, 1988; NHI, 2000; Northern y Hayes, 1994).

8.3. Experiencias en la Argentina

8.3.1. El programa del Hospital Italiano de Buenos Aires

En el Hospital Italiano de Buenos Aires, a partir del año 1995, se comenzó a trabajar en un programa de *screening* auditivo neonatal dirigido a recién nacidos en su maternidad con alto riesgo auditivo. Tiempo después, el programa se extendió a todos los recién nacidos de la maternidad. Entre el Servicio de Otorrinolaringología y el Servicio de Pediatría y Neonatología, se iniciaron los trabajos. Actualmente, también colaboran con el programa el equipo del Departamento de Pediatría (Neonatología y Grupo de Seguimiento de Prematuros), el equipo del Servicio de Otorrinolaringología, el Sector de Lenguaje (neurolingüistas) de dicho servicio y el grupo de psicología, especializado en orientación a grupo familiar, del Departamento de Psicología del hospital.

Los objetivos del programa fueron: lograr la detección oportuna de los recién nacidos con disminución de la audición, brindar atención especializada y equipamiento a los niños detectados y realizar el seguimiento adecuado de los niños bajo tratamiento.

La población blanco fue la de todos los recién nacidos vivos en la maternidad a partir del año 2001, y el método de *screening* utilizado fue el de las otoemisiones acústicas evocadas, transitorias y las de producto de distorsión. En los bebés con alto riesgo auditivo, este programa se completó entre los 3 y 6 meses, con la evaluación de la audición por medio de potenciales evocados auditivos.

Los exámenes a realizar dependen de si el recién nacido es o no de alto riesgo auditivo (ARA). A los niños sin alto riesgo auditivo se les efectúa la prueba de OEA dentro de las 24 a 36 horas del nacimiento, y una segunda vez a los 30 días de vida. A los niños con ARA se les administra la prueba de OEA en sus dos formas (transitorias y por producto de distorsión) en dos oportunidades: en el servicio de Neonatología-Terapia Intermedia y antes del alta o cuando alcanzan un peso de 2.000 grs.

El destino de los niños sometidos al *screening* depende del resultado de la prueba. A los niños *sin* alto riesgo auditivo (ARA) que pasan favorablemente la prueba de las OEA, se les da el alta audiológica.

Los niños *con* ARA que pasan la prueba entran a un plan de seguimiento y son examinados a los 45 días (o 2 meses de edad corregida) y a los 6, 9 y 12 meses de edad. Entre los 3 y los 6 meses se realiza un potencial evocado auditivo de tronco cerebral audiológico. Si los resultados son favorables, se realiza una evaluación del lenguaje y se les da el alta audiológica.

Se asume que los niños con ARA que no pasan la prueba tienen un déficit de audición. El plan de seguimiento para estos niños es el mismo que tienen los niños que no pasan la prueba y que no tienen riesgo auditivo:

• *45 días*: Se repiten las OEA, se evalúa el timpanograma y se implementa un plan de estimulación auditiva temprana. Se considera necesario comenzar con este tipo de intervención, ya que los niños pueden presentar fallas de tipo madurativo, especialmente las anatómicas.

• *3 meses*: Se repiten las OEA, se evalúa el timpanograma. Todos los bebés son evaluados también a través de un campo libre, buscando niveles de detección de la voz y sonidos del habla, en cabina sonoamortiguada, observando la conducta de los niños frente a los estímulos presentados. Se observan las respuestas del bebé con amplificación de la señal.

Para esta prueba, se confeccionan moldes auditivos a medida, teniendo en cuenta que, para el equipamiento, el molde auditivo personalizado es de suma importancia. Se evalúa con métodos prescriptivos, diseñados especialmente para el bebé, considerando el tamaño del conducto y del pabellón para la elección de los audífonos a seleccionar.

La estimulación auditiva temprana con equipamiento es realizada por profesionales dedicados al desarrollo de la terapia auditiva verbal. Los padres trabajan junto a los profesionales, aprendiendo a la vez la técnica de estimulación que llevarán a cabo con sus hijos. Cada padre recibe un tríptico donde se explica el porqué de la realización de esta prueba y en qué consiste la misma. Recibe también una guía del desarrollo normal de las etapas evolutivas del lenguaje.

A los efectos del seguimiento, el niño es evaluado cada tres meses y se trabaja en conjunto con el terapeuta del lenguaje.

Resultados

El programa se implementó en forma parcial a partir del 2000, y en el 2001 se comenzó a cubrir a todos los recién nacidos de la maternidad, incluyendo así el alto riesgo auditivo y los niños nacidos sanos.

Recién nacidos con alto riesgo:

N° de niños evaluados 470
N° de niños con hipoacusia 47

Recién nacidos sin riesgo auditivo:

N° de niños evaluados 2.000
N° de niños con hipoacusia 3

El programa se ha integrado actualmente y forma parte de la rutina asistencial de la institución.

8.3.2. Otras experiencias en el país

En el año 1997, en la Maternidad Santa Rosa, se realizó una prueba piloto de *screening* auditivo a todos los recién nacidos con alto riesgo, encontrándose una alta proporción de niños con alto riesgo auditivo. En 59 niños evaluados con alto riesgo auditivo, 3 (incidencia del 1,7%) presentaron hipoacusia diagnosticada por otoemisiones acústicas y potenciales evocados de tronco encefálico.

En el Hospital Garrahan, en el año 1998, se realizó una prueba piloto (a cargo de la lic. Silvia Breuning) en el Servicio de Cuidados Intensivos Neonatales, área con recién nacidos de alto riesgo auditivo. De una muestra de 30 pacientes, 5 de ellos (1,5%) presentaron hipoacusia comprobada por otoemisiones acústicas. También se realizaron estudios de *screening* auditivo de ARA en el Hospital Fernández de Buenos Aires y en otras provincias, como en el CEHIDI de Córdoba. Se efectuaron estudios de *screening* en varias provincias argentinas; Mendoza es una de las más destacadas en este tipo de intervenciones en niños con alto riesgo auditivo.

8.3.3. La ley 25.415/2001

Esta ley fue sancionada el 4 de abril de 2001, promulgada parcialmente el 26 de abril y publicada en el Boletín Oficial en mayo del mismo año. Merecen incluirse aquí sus dos primeros artículos:

Artículo 1°. Todo niño recién nacido tiene derecho a que se le estudie tempranamente su capacidad auditiva y se le brinde tratamiento en forma oportuna si lo necesitare.

Artículo 2°. Será obligatoria la realización de los estudios que establezcan las normas emanadas por autoridad de aplicación conforme al avance de la ciencia y la tecnología para la detección temprana de la hipoacusia a todo recién nacido, antes del tercer mes de vida.

De esta manera, la legislación está apoyando los programas que tienden a la detección oportuna de niños con hipoacusias.

8.4. *Comentarios sobre los programas de* screening

El capítulo 13 de este libro está dedicado a los programas de *screening* o pesquisa de problemas de desarrollo inaparentes en pediatría, de manera tal que aquí haremos solamente un comentario sobre aspectos específicos del *screening* de problemas de audición.

La mayor parte de la población de nuestro país carece de un programa de pesquisa de problemas auditivos. En algunas ocasiones por desinformación, y en otras por falta de interés. En algunos casos, se aducen falta de medios, pero debe tenerse en cuenta la relación costo/beneficio. El costo de un programa de pesquisa es mucho menor que el costo que representa para la sociedad la continencia y atención de un individuo sordo sin lenguaje simbólico, además del costo psicológico, afectivo y moral para el individuo y su familia.

La responsabilidad de la implementación de programas de pesquisa de problemas auditivos es de todos los programas de salud, tanto del sector público como de obras sociales y privados. La responsabilidad nuestra –la de los profesionales de salud– es, además de cumplir adecuadamente nuestra tarea clínica, difundir la necesidad de la implementación de estos programas de *screening* para toda la población.

Hay dos niveles de cobertura que pueden ser considerados: un programa que cubra a niños de alto riesgo (bajo las condiciones que han sido detalladas más arriba) y un programa que sea universal, es decir, que se dirija a todos los recién nacidos, de alto y de bajo riesgo. Puede ser que haya problemas de presupuesto para la segunda alternativa, pero la implementación en nuestro país de un programa de *screening* para niños de alto riesgo es, a nuestro modo de ver, imperativo. Comparativamente con otros países, la Argentina tiene un gasto en salud muy alto, pero con resultados muy pobres, por lo que es necesario hacerlo más eficiente.

Finalmente, diremos que no es ético implementar programas de *screening* si al mismo tiempo no se asignan los recursos necesarios para cubrir la atención especializada y el equipamiento adecuado para los niños detectados. Los niños con hipoacusias detectados en programas de *screening* necesitan un programa de habilitación auditiva temprana, teniendo en cuenta, como objetivo principal, la adquisición del habla y del lenguaje. Junto con la programación de las pruebas de *screening*, debe prepararse e incluirse la programación de la asistencia.

Referencias bibliográficas

Berlin, C. (1998): *Otoacustic Emissions*, Londres, Singular Publishing Group.

Bonfils, O.; Uziel, A.; Pujol, R. (1988): "Screening for auditory dysfunction in infants by evoked oto-acustic emissions", *Archives of Otolaryngology Head and Neck Surgery*, 114, (8): 887-890.

Breuning, S.; Brik, G.; Cordero, L.; Moretti, J. (2002a): "Development of speech perception abilities in our first 160 children with cochlear implant", 6° European Symposium of Cochlear Implantation, Las Palmas, febrero.

Breuning, S.; Brik, G.; Cordero, L.; Moretti, J. (2002b): "Análisis del desarrollo de habilidades de percepción de habla en 200 niños con implante coclear", XII Semana Nacional de Lucha contra la Sordera, Buenos Aires, julio.

Breuning, S.; Moretti, J.; Cordero, L. (2002): "Hipoacusia neurosensorial en la infancia", *Medicina Infantil* (Buenos Aires), vol. IX (4): 309-314.

Brik, G. (2002): "Evaluación auditiva en el período neonatal", *Revista de Proneo*, Tercer Ciclo, Módulo 2, Editorial Panamericana, Buenos Aires.

Collet, L.; Gartner, L. P.; Kauffman, D.; Disant, .; Morgon, A. (1989): "Age related changes in evoked otoacustic emissions", *Annals of Otology, Rhinology and Laringology*, 99: 993-997.

Comité Conjunto de Audición en Infantes (1994): *Declaración de Opinión, Comité Conjunto de Audición en Infantes*, 11-12.

Comité Conjunto de Audición Infantil (2000): *Criterios de alto riesgo auditivo según la edad del nacimiento, según el Comité Conjunto de Audición Infantil*, (6) (15).

Cordero, L.; Chinski, A.; Breuning. S. (1999): "Hipoacusia neurosensorial (HNAS)" en Chinski, A. (dir.), *II Manual de Otorrinolaringología Pediátrica*, Interamerican Association of Pediatric Otorhinolaryngology.

Fissore, L.; Jannelli, A.; Casaprima, V. (2003): "Exploración auditiva en adolescentes mediante el uso de otoemisiones acústicas", *Archivos Argentinos de Pediatría*, 01 (6): 448-453.

Furmanski, H. (2003): *Implantes cocleares en niños (RE), habilitación auditiva y terapia verbal auditiva*, Barcelona, Nexus, pág. 51.

Grandori, F.; Collet, L.; Ravazzani, P. (1999): "Otoacustic emissions from maturation to ageing", *Audiology*, 1.

Kemp, D.; Ryan, S. (1991): "Otoacustic emmision test in neonatal screeign programmes", *Acta Orolaringológica*, supl. 482, 73-84.

Lennenberg, E. H. (1967): *Biological Foundations of Languaje*, Nueva York, Wiley.

National Institutes of Health (NHI) Consensus Statement (1993): "Early identification of hearing impairment in infants and young children", vol. 11, I (marzo).

NHI (2000): Abstracts de la International Conference on Newborn Screening Diagnosis and Intervention, Milán, 12-14 de octubre.

Northern, J.; Downs, M. (1981): *La audición en los niños*, Barcelona, Salvat.

Northern, J.; Hayes, D. (1994): "Universal hearing screening for infant hearing impairment: necessary, beneficial and justificable", *Audiology Today*, 6.

Northern, J. L.; Hayes, D. (1996): *Infants and Hearing*, San Diego-Londres, Singular Publishing Group.

Northern, J. L.; Gerkin, K. P. (2003): "New technology in infant hearing screening", *Otolaryngol. Clin. North Am.*, 22 (1): 75-87.

Núñez, B. (1992): *El niño sordo y su familia. Aportes desde la psicología clínica*, 2ª ed., Buenos Aires, Troquel.

Ortíz Alonso, T. (1995): *Neuropsicología del lenguaje*, Madrid, Ed. Ciencias de la Educación Preescolar y Especial.

Paradise, J. L. (2002): "A 15-months-old child with recurrent otitis media", *JAMA*, 288: 2589-2597.

Parvin, A. (1997): "Profound permanent hearing impairment in childhood, causative factors in two european countries", *Acta Otolaryngologica*, 117 (2): 158-160.

Schorn, M. (1999): *Discapacidad, una mirada distinta, una escucha diferente*, Buenos Aires, Lugar.

Sibbald, A. (2003): "Exploración auditiva en adolescentes mediante el uso de otoemisiones acústicas", *Archivos Argentinos de Pediatría*, 101 (6): 432.

CAPÍTULO 9

Enfoque pediátrico del desarrollo y sus problemas

Horacio Lejarraga

1. Introducción

1.1. Enfoque general

El desarrollo psicomotor es un proceso dinámico y continuo de organización progresiva y compleja de las funciones biológicas, psicológicas y socio-culturales (Cusminsky *et al.*, 1994). Las diferentes trayectorias que este desarrollo puede tomar son el producto de la interacción entre el programa genético del niño y su medio ambiente (factores de riesgo, factores protectores, sistemas biológicos reguladores, etcétera), proceso que comienza en el útero y continúa después del nacimiento. Los padres del niño, otros cuidadores y la escuela son los principales componentes de su "nicho social". Naturaleza y crianza trabajan recíprocamente; el niño hereda la información genética de sus padres e interacciona con ellos, con sus amigos y con la comunidad donde viven (nicho ontogénico) (Eisenberg, 1999; Bronfenbrenner, 1979). La aparición de nuevas habilidades en el niño desencadena una cascada de eventos tanto en él como en el medio ambiente que lo rodea. Antes de cada "salto" en algún dominio o área del desarrollo (motor, cognitivo, emocional), existe un pequeño pero predecible período de desorganización (Brazelton, 1994).

Las experiencias tempranas y la exposición a factores de riesgo pueden afectar el desarrollo futuro del niño. El número, el tiempo y el contexto de los factores de riesgo y de los protectores afectan los resultados finales de este proceso (Sameroff, 1998; Boyce *et al.*, 1998; Halfon y Hochstein, 2002; Illingworth, 1972).

Los pediatras y el equipo de salud pediátrico ocupan un lugar estratégico en la promoción del desarrollo y en la salud general del niño, acompañándolo a lo largo de su crecimiento en el contexto familiar y socio-cultural. El control pediátrico de salud es el que marca las oportunidades de esos encuentros fructíferos.

Adicionalmente, los pediatras debemos renovar nuestro compromiso con los pacientes con condiciones de enfermedad crónica. En efecto, la disminución de las tasas de mortalidad y la supervivencia de un mayor número de niños con condiciones complejas (por ejemplo, síndromes genéticos, cardiopatías congénitas, espina bífida, prematuridad extrema, bajo peso al nacer, niños con tumores, niños con trasplante de médula ósea, riñón o hígado, síndrome de inmunodeficiencia adquirida) abren la puerta a nuevos desafíos tanto en la práctica pediátrica hospitalaria como en el primer nivel de atención (Allen, 1993).

Los resultados finales desfavorables pueden derivar en lo que conocemos como problemas de desarrollo. Estadísticas en países del norte revelan que alrededor del 10% de los niños presentan algún problema de este tipo, y entre un 1% y un 3% de los niños son menores de cinco años (Simmeonsson y Sharp, 1992). No obstante, si bien hay muy escasa información, en el mundo subdesarrollado la incidencia y prevalencia de problemas de desarrollo es probablemente mayor (OMS, 2001).

1.2. Plasticidad cerebral

El cerebro es el órgano más complejo del cuerpo humano, el que tiene más complejidad en su estructura y funciones. Por unidad de tamaño recibe un flujo mayor de sangre. Goza de una enorme diversidad estructural, necesaria para cumplir tanto las funciones más elementales y automatizadas como las más especializadas. En las últimas décadas ha habido grandes progresos en el conocimiento de las relaciones entre el substrato morfológico del cerebro, las funciones que cumple y sus trastornos.

Las vías nerviosas mayores están especificadas en el genoma, pero se encuentran modeladas por la experiencia (Eisenberg, 1999). La expresión de los genes varía según el medio ambiente en el cual tiene lugar el desarrollo. Durante los estadios tempranos del desarrollo, la influencia de factores medioambientales sobre el desarrollo del sistema nervioso central es más importante que a otras edades, dado que en esa época se producen fenómenos de diferenciación, mielinización, arborización dendrítica y formación de interconexiones neuronales (Elman *et al.*, 1998). Durante el desarrollo cerebral, se reconocen *períodos críticos*, que son períodos en los que es necesaria la existencia de ciertas condiciones para que el desarrollo del sistema nervioso se cumpla normalmente (véase el capítulo 3, "La interacción entre genética y medio ambiente").

Durante el desarrollo se describen dos tipos de mecanismos de sinaptogénesis: los fenómenos acumulativos o "dependientes de la experiencia" y los mecanismos independientes de la experiencia (Greenough y Juraska, 1986). Los primeros se desarrollan a partir de los estímulos medioambientales que el niño recibe tempranamente. Sobre estos determinantes dependientes de la experiencia se plantea la hipótesis que sostiene que la estimulación temprana podría facilitar el desarrollo del niño. Los segundos son genéticamente programados para recibir la información dada por los diferentes estímulos a los que el niño es expuesto. Son adaptativos y especie-específicos. Se cree que el desarrollo del lenguaje se realizaría por este mecanismo.

Las experiencias medioambientales activan o desactivan las redes neuronales preexistentes, estimulando el desarrollo de nuevas interconexiones o desencadenando el mecanismo de poda (*"pruning"*), en el que las sinapsis inactivas o redundantes son eliminadas. Este proceso de poda tiene lugar sobre todo en la adolescencia (Elman *et al.*, 1998; Shonkoff y Phillips, 2001).

El curso de los cambios que se observan durante el desarrollo infantil puede ser más o menos rápido; la velocidad a la cual estos cambios ocurren es más rápida en algunos niños que en otros, y esta velocidad se denomina "*tempo*" o velocidad de maduración.

2. Trastornos del desarrollo

2.1. *Terminología sobre trastornos en la edad y secuencia del cumplimiento de pautas de desarrollo*

La literatura médica usa varios términos: problema, trastorno y retraso del desarrollo. Preferimos, junto con otros autores (López y Aliño, 1992), hablar de *trastornos del desarrollo*, porque este término tiene la amplitud suficiente como para adaptarse a los progresos de los conocimientos en este campo y para incorporar las nuevas acepciones que surgen del progreso del conocimiento (véase también el capítulo 4, "Clasificaciones diagnósticas de los trastornos del desarrollo").

Dentro de los trastornos del desarrollo, autores con gran experiencia en el tema, como Capute, reconocen tres tipos de alteraciones: *retraso, disociación y desviación* (Capute y Accardo, 1996).

Por *retraso* entendemos el cumplimiento de las pautas de desarrollo a edades posteriores a los límites normales. El grado de retraso permite hacer una orientación clínica. Los retrasos graves (más de 50% de déficit) rara vez son de naturaleza medioambiental, y generalmente responden a lesiones severas del sistema nervioso central. Los retrasos leves o moderados, en cambio, pueden ser de cualquiera de ambos grupos causales. No obstante, el hecho de que no se pueda encontrar una causa a un retraso leve o moderado no permite afirmar la naturaleza medioambiental del retraso. La Academia Americana de Neurología (AAN) llama *retrasos globales* a aquellos presentes en dos o más de las siguientes áreas: cognitiva, personal-social, motor grueso o fino, lenguaje (Shevell *et al.*, 2003; Shevell, 1995). El límite de edad para definir retraso son dos desvíos estándar de la edad media de tests normatizados. En menores de seis años se usa el término *retraso del desarrollo*, mientras que en niños mayores, en quienes los tests de cociente intelectual son mas confiables, se tiende a usar el término *retardo mental*. Un chico con retardo del desarrollo no necesariamente tiene o va a tener retardo mental. Este último diagnóstico requiere un cuidadoso análisis y una evaluación que no se pueden hacer satisfactoriamente en niños pequeños. Según la AAN los trastornos del desarrollo afectan alrededor del 1% al 3% de los niños menores de 5 años. En nuestro país no disponemos de información sobre estas prevalencias.

Por *disociación* se entiende una falta de correspondencia en el desarrollo de dos áreas diferentes. Por ejemplo, en los problemas de retardo mental severo, las pruebas dependientes del lenguaje van a estar más retrasadas que las dependientes de las habilidades motrices. En los problemas de comunicación, las pruebas dependientes del lenguaje estarán más retrasadas que las de resolución de problemas visuales.

Por *desviación* (del inglés, *deviance)* se entiende la adquisición de pautas en un orden, en una secuencia que está por fuera de la secuencia normal. Ejemplos típicos incluyen a los niños con autismo clásico, que presentan un lenguaje expresivo "inflado", con ecolalia y un severo trastorno de todas las áreas del lenguaje. Algunos niños con parálisis cerebral tienen la capacidad de rolar a edades más tempranas, pero esta capacidad, lejos de representar un avance en la maduración motriz, se debe a una hipertonía en extensión de miembros inferiores.

Otros autores reconocen la existencia de un cuarto término: "regresión", que significa la pérdida de pautas previamente adquiridas. Esto ocurre en casos de presencia de una enfermedad degenerativa o progresiva del sistema nervioso central (por ejemplo: síndrome de Rett, regresión autística, síndrome de Landau-Kleffner, hidrocefalia evolutiva, trastornos congénitos del metabolismo, etcétera). También este concepto es utilizado para explicar los períodos de desorganización y regresión transitorios que se producen antes de alcanzar un hito importante del desarrollo (por ejemplo: caminar solo).

En nuestro país, la gran mayoría de los pediatras habla de "retardo madurativo" para referirse a niños que tienen un retraso en el cumplimiento de las pautas de desarrollo habitualmente evaluadas en el consultorio, ya sea por interrogatorio, observación o por haber fracasado en la Prueba Nacional de Pesquisa. Aquí proponemos el uso del término *retraso* como equivalente a retardo madurativo. Este término es usado en niños menores de 3-4 años, dado que después de esta edad se acostumbra a evaluar el desarrollo con tests de inteligencia. En estos niños, muchas veces el término *retardo madurativo* es usado con el objeto de evitar el uso del término *retardo mental*, pero nos parece que esto puede ser un motivo de confusión.

2.2. Tipos de trastornos

Describimos aquí el enfoque de Capute, neurólogo infantil y uno de los especialistas que ha trabajado más en este tema. Desde su perspectiva, el autor reconoce tres grandes grupos de trastornos del desarrollo: parálisis cerebral, retardo mental y trastornos de la comunicación (Capute y Accardo, 1996).

• Parálisis cerebral (PC)

Es una alteración persistente de funciones motrices debida a una lesión cerebral producida durante etapas tempranas del desarrollo (Llorente y Bugie, 1997). Se trata así de una perturbación del funcionamiento cerebral, debida a una lesión, de carácter no progresivo. Algunos niños con parálisis cerebral pueden sufrir la aparición de nuevas alteraciones en las funciones motrices durante su crecimiento y dar así una falsa impresión de progresión, pero esto se debe en realidad a la aparición de nuevas funciones cerebrales en un órgano en desarrollo. La PC afecta aproximadamente al 2% de los recién nacidos vivos; de acuerdo a estas cifras, en la Argentina, con sus 650.000 nacimientos anuales, tendría una incidencia de unos 13.000 recién nacidos afectados por año. La parálisis cerebral es más un síndrome que una enfermedad, ya que la etiología es extremadamente variada, habiendo incluso evidencias de que ha variado en el tiempo. Por ejemplo, hace unos 40 años, la hiperbilirrubinemia era una de las causas frecuentes de PC, mientras que hoy en día esta causa ha desaparecido prácticamente de la casuística. En cambio, se han sumado a las etiologías conocidas otras que antes no figuraban, como la fetopatía alcohólica y muchas alteraciones genéticas que antes pasaban inadvertidas.

No todas las causas de parálisis cerebral son conocidas, pero entre las etiologías más frecuentes debemos mencionar las causas genéticas (cromosómicas o génicas) y tóxicas (alcoholismo materno, diabetes, alteraciones metabólicas y nutricionales, radiaciones, etcétera). La asfixia neonatal ha sido considerada una de las causas más frecuentes de PC, pero no debemos dejar de mencionar que en la práctica clínica esta causa es sobrediagnosticada. Por otra parte, sabemos ahora que muchos casos de PC asociada a asfixia perinatal o neonatal, o a parto distócico, no son en realidad consecuencia de esas complicaciones, sino que la PC obedece a un daño cerebral preexistente en la vida prenatal y las manifestaciones de asfixia o parto distócico son expresiones de las dificultades del bebé para adaptarse a la vida extrauterina debido precisamente a esa lesión cerebral preexistente.

• Retardo mental

De acuerdo a la Academia Americana de Neurología (Shevell *et al.*, 2003; Shevell, 1995) se reserva este diagnóstico para niños mayores de cinco años y requiere de mediciones confiables de la inteligencia, lo cual no es posible de evaluar en niños de escasa edad. Debe ser diagnosticado con tests diagnósticos confiables. El diagnóstico puede ciertamente sospecharse y confirmarse en edades tempranas de la vida (antes de los dos años) con un test de Bayley (Bayley, 1993), pero conviene confirmarlo con tests aplicados a edades de tres años y mayores. El retardo mental no guarda mucha relación con el desarrollo motor, de manera tal que no siempre es fácil sospecharlo a edades tempranas. Los retardos graves se asocian en un 50% de los casos a anomalías cromosómicas, enfermedades genéticas, displasias cerebrales, convulsiones. Los retardos leves también pueden deberse a enfermedades genéticas (que están apareciendo con creciente frecuencia en este grupo).

• Trastornos de la comunicación

Los trastornos de la comunicación pueden dividirse en centrales o periféricos. Entre los centrales tenemos los trastornos de aprendizaje del lenguaje y el síndrome autista. Los trastornos periféricos se refieren a los déficits sensoriales: visuales o auditivos.

– Trastornos del aprendizaje

"Son la expresión de una disfunción cerebral específica que afecta determinados sistemas funcionales del cerebro" (Castaño, 2003). Esta disfunción cerebral compromete una multiplicidad de funciones, entre las que podemos mencionar la visión y la audición, las funciones cerebrales superiores (memoria, pensamiento lógico-formal, etcétera). Los factores causales que pueden comprometer estas funciones son muy variados: problemas de orden psicosocial, emocional y lesiones cerebrales. Hay también factores psicosociales que pueden afectar el aprendizaje de todo un grupo de población. Debido al empobrecimiento que han experimentado vastos sectores de la población argentina en los últimos diez años, algunas maestras del sector público se quejan de la creciente dificultad de aprendizaje que observan en muchos niños de niveles sociales desfavorecidos. En estos casos, la etiología es necesariamente multifactorial, y se debe mencionar la falta de estímulos afectivos, sensorio-motores y cognitivos asociados a la pobreza, pero también las carencias nutricionales, las infecciones, los problemas perinatales, etcétera. Los factores emocionales (trastornos psicológicos, problemas familiares, etcétera) también pueden asociarse a trastornos del aprendizaje. Finalmente, hay una serie de lesiones cerebrales y síndromes neurológicos que son causas de trastornos de aprendizaje. Las nuevas técnicas de exploración del sistema nervioso central (resonancia magnética nuclear, emisión de positrones) permiten la detección de lesiones que en otro tiempo pasaban desapercibidas. Recientemente, se han publicado varios casos de niños con trastornos del aprendizaje, a quienes se les había atribuido una causa psicológica cuando en realidad padecían enfermedades orgánicas. Se han identificado áreas focales del cerebro que cumplen funciones muy específicas. Por ejemplo, la región pre-silviana izquierda cumple funciones neurolingüísticas y su disfunción ocasiona dislexia; el hemisferio derecho en su región posterior da síntomas de discalculia y disgrafía, y en su región anterior da origen a alteraciones de la conducta social, cuya más grave manifestación es el espectro autista. Es por ello que los trastornos del aprendizaje deben ser acompañados de un cuidadoso examen neurológico, con exploración de funciones cerebrales superiores. Una publicación reciente da cuenta de varios pacientes originalmente diagnosticados como padecientes de problemas psicológicos, cuando en realidad padecían síndromes neurológicos bien definidos (Castaño, 2003). Muchos de estos síndromes responden favorablemente a algunos medicamentos, gracias a los notables progresos que han ocurrido en los últimos años en el campo de la psiconeurofarmacología (Ziher *et al.*, 2003).

La situación inversa también está presente en nuestro medio cuando niños con serios problemas afectivos o psicosociales padecen fracaso escolar. Dependiendo del tipo de problemas, estos casos responden favorablemente a las modificaciones del medio familiar o social y al tratamiento psicológico.

Es tan grave asignar una etiología neurológica a un trastorno del aprendizaje de causa emocional como enviar a tratamiento psicológico a un niño con trastornos del aprendizaje debidos a un síndrome neurológico. Una fuente de información a menudo postergada por el pediatra es la que brinda la maestra del niño. Para obtenerla, es imprescindible pedirle un informe escrito, pero también genera respuestas muy informativas la iniciativa del pediatra de contactar a la maestra y mantener una conversación personal con ella. La semiología del cuaderno es otro recurso semiológico de valor.

En otros países, los niños en riesgo son incorporados a programas específicos de seguimiento que contienen evaluaciones periódicas (Msall *et al.*, 1998; American Academy of Pediatrics, 2001). El medio ambiente modifica la expresión clínica y social del problema del desarrollo, y la intervención temprana es altamente beneficiosa (Majnemer, 1998).

– Trastornos del lenguaje

El lenguaje simbólico es el instrumento principal de comunicación del ser humano y es una de las funciones que más nos diferencia del resto de los seres vivos. La lengua materna se desarrolla a partir de la interacción del niño con su medio, es la aventura intelectual más importante de su vida, y sin embargo se aprende en forma espontánea, sin absolutamente ningún tipo de enseñanza formal. En el desarrollo del lenguaje participa una multiplicidad de funciones cerebrales. Consecuentemente, hay varios tipos y formas de problemas del lenguaje que tienen que ver con la comprensión, producción y utilización del mismo.

Los trastornos del lenguaje son muy frecuentes entre los problemas del desarrollo, y su persistencia a lo largo de los años puede comprometer seriamente el aprendizaje y tener consecuencias secundarias sobre la socialización del niño y su desarrollo emocional. Es por ello que los problemas de lenguaje deben ser detectados lo más tempranamente posible por el pediatra, lo que posibilita luego el diagnóstico especializado y su tratamiento oportuno.

– Síndrome autista

Es un conjunto de alteraciones del desarrollo en el que predominan las alteraciones de la socialización (más específicamente de la comunicación social), de la conducta adaptativa y del lenguaje. Se trata de un problema que hace unas décadas era considerado como de escasa frecuencia, pero que su prevalencia ha aumentado notablemente en los últimos 10-20 años. Las causas de este incremento no son claras, pero seguramente una de ellas es la que se relaciona con formas moderadas y leves del síndrome que ahora son mejor reconocidas. Es por ello que también se habla ahora de un *espectro autista*.

La existencia de un niño con autismo produce un impacto muy grande en la vida familiar. Clínicamente se caracteriza por desinterés en las conductas y sentimientos de las demás personas, ausencia de juego socializado, ausencia de contacto y alineamiento visual con las otras personas, ecolalias, repetición de frases, crisis de berrinches, conductas estereotipadas, marcadas anomalías del lenguaje verbal y no verbal. La causa de este síndrome es desconocida; se han postulado causas genéticas, cromosómicas, displasias cerebrales, infecciones prenatales, etcétera. No se conoce bien la etiología del síndrome, pero hay un número creciente de niños con autismo (entre un 10% y un 30%) en quienes los métodos actuales de diagnóstico por imágenes o los estudios genéticos han podido detectar anomalías y alteraciones cerebrales estructurales.

El tratamiento de este síndrome es altamente especializado, y basado en modificaciones de la conducta, con participación de los padres, cambios estructurales en el medio ambiente donde el niño se desarrolla y enseñanza individualizada. La intervención temprana es más eficaz que la tardía, pero el diagnóstico de autismo puede no ser fácil de hacer en el primer año de vida.

• Retraso del desarrollo de causa medioambiental

Si bien este síndrome no está incluido en la lista hecha por Capute, consideramos necesario dedicarle un espacio aquí a este tipo de retraso, porque algunas publicaciones y algunos grupos de trabajo lo identifican (a nuestro modo de ver, erróneamente) con una categoría nosológica específica, que es el denominado *retraso del desarrollo por carencia de estímulos afectivos* adecuados, lo que implica casi de una manera automática identificar el problema con un trastorno de naturaleza psicológica. Sin negar que el síndrome de deprivación afectiva, o de deprivación materna, exista como tal, el término "causa medioambiental" no incluye solamente a los problemas de desarrollo por carencia afectiva, sino que incluye también a la multiplicidad de causas que confluyen en un niño cuando la situación en el medio ambiente es desfavorable. Esta situación está muy presente en nuestro país y en muchos otros países de Latinoamérica, y está asociada con pobreza económica y cultural, con una alta mortalidad e incidencia de infecciones, desnutrición calórico-proteica, carencias de oligoelementos (hierro, zinc, yodo, cobre), secuelas de infecciones del sistema nervioso central, prematuridad, hipoacusia neurosensorial, etcétera. Son todos estos los factores de carácter claramente orgánico que pueden estar presentes cuando se habla de retraso medioambiental, y en estos casos el problema es dilucidar en qué proporción cada factor está presente en un niño determinado.

3. Funciones del pediatra

3.1. Conceptos generales

La tarea del pediatra excede al simple control de parámetros antropométricos o al chequeo de inmunizaciones; por el contrario, ocupa un lugar estratégico en la promoción de un desarrollo positivo, en la prevención de sus trastornos, en su detección oportuna y en su asistencia.

La salud humana ya no es más definida como la mera ausencia de enfermedad. Una nueva definición de salud establecida por la Organización Mundial de la Salud expresa: "La salud es la capacidad de un individuo o grupo para, por un lado, realizar sus aspiraciones y satisfacer sus necesidades y, por otro lado, poder cambiar y adaptarse al medio ambiente" (Young, 1998). Es el resultado de múltiples determinantes que operan sobre el basamento genético en los contextos biológico, conductual, social y económico, a medida que el niño crece y se desarrolla.

El trabajo con la comunidad, y en conexión con los niveles de mayor complejidad médica, en un marco de atención primaria debe ser promovido y articulado, al igual que la relación con el sistema educativo. La *interfase salud-educación* debe ser promovida para definir, en los casos que corresponda, los déficit que el niño pudiese presentar, incluyendo las dificultades en la escuela, con la idea de abordar en forma conjunta un diagnóstico e intervención apropiados.

Por todos estos motivos, es necesario promover la formación del equipo pediátrico en desarrollo psicomotor normal y en sus variaciones individuales normales y patológicas, así como los conceptos de vínculo (*attachment*) y temperamento, que deberían ser entendidos y considerados durante la consulta. Los trabajos de Klaus, Spitz, Bowlby, Ainsworth y Bell, Chess y Thomas y William Carey dan extensa información sobre estos temas y deberían ser integrados al currículo correspondiente (Klaus y Kennell, 1982).

La interacción del pediatra con los distintos especialistas en desarrollo infantil es otra tarea importante. Así como las libretas de apuntes de los pediatras contienen las dosis de los medicamentos más usados, también deberían contener los nombres y direcciones de los profesionales que pueden ayudarlos en la interconsulta para el diagnóstico o tratamiento de los problemas de desarrollo: psicopedagogos, psicólogos, neurólogos, estimuladores, foniatras, terapistas físicos u ocupacionales, kinesiólogos.

Las funciones del pediatra en el seguimiento del desarrollo del niño pueden resumirse de la siguiente manera:

- evaluación del riesgo del niño y su familia de padecer problemas del desarrollo;

- identificación de los factores protectores;
- promoción de un desarrollo positivo y prevención de problemas de desarrollo;
- vigilancia y detección oportuna de problemas de desarrollo;
- definición del problema de desarrollo detectado;
- confección de una lista de necesidades, plan de interconsultas y derivación;
- coordinación de acciones diagnósticas y terapéuticas;
- seguimiento de niños con problemas de desarrollo.

No hay duda de que para que estas funciones puedan ser cumplidas adecuadamente es necesario que tanto el pediatra como el resto del equipo de salud pediátrico reciban los beneficios de programas de capacitación especialmente diseñados, así como deben disponer en los lugares de trabajo del tiempo y de los recursos instrumentales necesarios para cumplir estas importantes funciones en forma adecuada.

3.2. Evaluación del riesgo

Una de las funciones importantes del pediatra es definir el riesgo al que el niño a su cargo está sometido, entendiendo como riesgo a las probabilidades de un niño determinado de sufrir un problema futuro de desarrollo. Este riesgo es a su vez estimado sobre la base de los antecedentes que puedan ser detectados en la consulta y en el examen del niño.

A los fines de explorar y definir el riesgo de padecer un problema del desarrollo, es conveniente usar tres categorías: *el riesgo medioambiental, el riesgo biológico* y *el riesgo establecido* (Tjosem, 1976). En líneas generales, las funciones motrices y perceptivo-ejecutivas son afectadas por factores biológicos, mientras que las áreas cognitiva y del lenguaje son afectadas tanto por los factores biológicos como por los factores de riesgo medioambiental (Aylward, 1997).

a) Riesgo medioambiental

La naturaleza de los factores de riesgo medioambiental puede variar según el país donde se estudien, ya que una misma condición medioambiental puede tener un determinado impacto sobre la salud en un medio, y otro impacto en otro medio. Es por ello que cada país debe llevar a cabo estudios epidemiológicos dirigidos a identificar estos factores.

En el capítulo 10 de este libro sobre factores de riesgo (Bouzas y Novali), se describe la influencia de algunos factores medioambientales capaces de influir sobre la edad de cumplimiento de pautas del desarrollo en niños de nuestro país, y recomendamos completar esta lectura con la de dicho capítulo.

No obstante, hay factores que se encuentran repetidamente en todos los estudios (Sameroff, 1998):

- Bajo nivel socioeconómico (medido con los indicadores habituales: nivel laboral del padre, ingreso familiar, lugar de residencia, etcétera).
- Bajo nivel de educación materna.
- Bajo nivel de interacción padres-niño, y bajo nivel de estimulación en el hogar.
- Madre adolescente (depende del contexto).
- Familia desintegrada, padres ausentes o con enfermedades crónicas, alcoholismo, enfermedad mental, violencia familiar, etcétera.
- Falta de acceso a servicios de salud y redes de protección social.
- Eventos familiares estresantes (hospitalizaciones prolongadas, enfermedades crónicas parentales, etcétera).

b) Riesgo biológico

La categoría de riesgo biológico incluye la exposición a eventos potencialmente nocivos tanto en la etapa prenatal como en la posnatal. Los factores más importantes son:

- Bajo peso de nacimiento, ya sea por retardo del crecimiento intrauterino o por nacimiento pre-término.
- Exposición a toxinas fetales (infecciones intrauterinas, alcohol, radiación, cocaína, diabetes no controlada, anticonvulsivantes).
- Asfixia al nacer, requerimientos de asistencia respiratoria mecánica prolongada.
- Retardo del crecimiento en el primero o segundo año de vida.
- Infecciones del sistema nervioso central.
- Desnutrición.
- Déficit sensorial (hipoacusia, problemas de la visión, incluyendo retinopatía del prematuro).

c) Riesgo establecido o instalado

Se trata de niños con condiciones médicas o enfermedades de etiología conocida o desconocida, pero que clásicamente afectan el desarrollo psicomotor (por ejemplo: síndrome de Down, malformaciones congénitas, síndromes genéticos, síndrome de inmunodeficiencia adquirida, enfermedades neurológicas, tumores cerebrales, secuelas de infecciones del sistema nervioso central, etcétera).

3.3. Identificación de factores protectores

Uno de los recursos terapéuticos más eficaces que tiene la medicina es la movilización de los propios recursos del paciente para poder luchar contra su enfermedad. De esta manera, así como el pediatra identifica los factores de riesgo que pueden debilitar el desarrollo del niño también debe reconocer aquellos factores del niño y su familia que pueden actuar como protectores de su desarrollo. Estos factores pueden ser materiales o humanos, y se exploran en el niño, en su familia y en la sociedad en que está inmerso.

Para ello, se deben explorar las características personales del niño, su estado nutricional, inmunitario, su grado de comunicación con los padres y con el medio ambiente, su "vitalidad" (intensidad de movimientos, de su comunicación con el medio, de su sonrisa, de su actitud activa y de su interés hacia el mundo que lo rodea).

Con respecto a la familia, sabemos que ella constituye el "nido ecológico" esencial y exploraremos en consecuencia la fortaleza de la madre, su nivel de alarma, el grado de su comunicación con el niño, el grado de cumplimiento de la función materna, la existencia de una función paterna, la existencia de otros seres queridos que pueden ayudar en caso de una dolencia o de un acontecimiento desestabilizante, o que pueden apoyar a los padres para que cumplan mejor sus funciones: abuelos, tíos, hermanos.

Los factores protectores sociales consisten en los vínculos con otras familias del barrio donde reside el niño, la existencia de amigos, sus relaciones sociales, todo lo cual configura un cierto grado de "nutrición social", así como la pertenencia a algún club, grupo barrial o grupos de contención, redes de protección (Melillo y Suárez Ojeda, 2002).

En casos de problemas de salud y retardo del desarrollo, todos estos factores protectores deben ser movilizados por el pediatra en favor de la salud y el desarrollo del niño, de la forma que sea más adecuada.

3.4. Promoción de un desarrollo positivo y prevención de sus problemas

Siguiendo una revisión sistemática de intervenciones eficaces hecha por Bedregal y colaboradores (2002), a continuación describimos las grandes líneas de intervenciones *generales* que han probado ser eficaces como medidas preventivas y de promoción del desarrollo. En la tabla 1 se ilustran las intervenciones *específicas* eficaces. Algunas son intervenciones de salud pública o cambios estructurales cuya implementación escapa a las posibilidades del pediatra o de otro profesional de salud del nivel primario, pero otras están dentro de sus responsabilidades.

3.4.1. Promoción del desarrollo (líneas generales)

• Refuerzo del vínculo madre-hijo.
• Acceso a la educación pre-escolar y escolar de alta calidad.
• Cambios ambientales en el interior del hogar (creación de un ambiente psicológico favorable), movimientos en libertad (Ortiz Gallo *et al.*, 1995).
• Promoción de variables protectoras: manejo de la hostilidad, autoestima, combatir la desesperanza.
• Proporción de habilidades de crianza, fortalecimiento de la familia.
• Capacitación del recurso humano que trabaja en salud.
• Cambios estructurales dependientes de la generación de políticas públicas de desarrollo social con énfasis en el desarrollo del niño.

3.4.2. Prevención de problemas desarrollo (líneas generales)

En la población sana las intervenciones que han resultado eficaces son:

• Identificación y acciones de apoyo en grupos de alto riesgo social, prevención de la prematurez, favorecer el ingreso al control prenatal.
• Dar relevancia a los cuidados formales (atención de salud y educación, evitar separar el desarrollo infantil del crecimiento como si fueran dos "especialidades diferentes").
• Dar relevancia a aspectos ambientales en cuanto a su capacidad estimulante.

En la población con trastornos del desarrollo: prevención secundaria, identificación oportuna y adecuado tratamiento. En grupos especiales, como los niños con trastornos del comportamiento y déficit de atención, implementar estrategias para la adquisición de habilidades psicosociales que permitan una mejor adaptación al entorno.

3.4.3. El vínculo madre-hijo

Tal vez una de las principales funciones de promoción del pediatra es reforzar el vínculo madre-hijo, que es el basamento de toda acción de estimulación. Existiendo este vínculo, los primeros años de vida del niño son ex-

Tabla 1

Intervenciones preventivas o promocionales con eficacia probada
para mejorar el desarrollo infantil en menores de 9 años

NUTRICIÓN	EDUCACIÓN	CUIDADOS EN SALUD	AMBIENTE
• Suplementación con ácido fólico periconcepcional. • Lactancia materna. • Suplementación con fórmulas artificiales enriquecidas especiales para prematuros. • Suplementación energética en lactantes, preescolares y escolares en contextos deprivados. • Suplementación con zinc y fierro en niños desnutridos y carenciados. • Consejería a padres e hijos (escolares) sobre dieta saludable.	• A la madre sobre aspectos de desarrollo y crianza antes, durante y después del embarazo (sistema de salud o visitas domiciliarias, profesionales o comunitarias). • Intervenciones educativas a los padres en la atención primaria de salud (prevención de accidentes, desarrollo de lenguaje). • Cuidados formales en sala cuna. • Educación preescolar de alta calidad. • Educación para escolares en destrezas psicosociales con énfasis en logros académicos.	• Intervenciones que eviten el parto prematuro. • Intervenciones que eviten o traten factores de riesgo y/o patologías mentales en la madre (depresión, angustia, adicciones). • Intervenciones que potencien las capacidades psicosociales de niños con riesgos de trastornos mentales y/o déficit atencional). • Tratamiento de niños con anemia y déficit de zinc.	• Físico: Intervenciones que mejoren el ambiente físico del hogar (seguridad), prevención de accidentes. • Familiar: Intervenciones sobre el ambiente familiar en el hogar (visitas domiciliarias y grupos de autoayuda que abordan aspectos de la relación padres e hijos y eviten violencia intrafamilia, fomentar apego madre-hijo). • Social: Intervenciones que aumentan el apoyo social a los padres con relación a la crianza (visitas domiciliarias, información sobre recursos comunitarios, grupos de autoayuda).

Fuente: Bedregal *et al.,* 2002.

traordinariamente fértiles en lo que respecta al impacto de efectos estimulantes del medio ambiente. El pediatra debe crear un estilo de comunicación con los padres que permita que ellos puedan hacer preguntas y expresar sus dudas, temores y angustias. El pediatra puede asimismo hablar con los padres sobre la importancia de adecuados estímulos afectivos, sensoriales (visuales, auditivos, táctiles, gustativos, motores, propioceptivos), que trasmitidos en momentos sensibles del desarrollo pueden catalizar el progreso de habilidades en el niño.

La promoción de actividades a través del vínculo madre-hijo tiene efectos multiplicadores. El canto de una canción de cuna, la lectura de un cuento a partir de un libro son prácticas que dejan un fuerte impacto en la memoria del niño. Conociendo la extraordinaria importancia que tiene el lenguaje en el desarrollo del pensamiento y la íntima relación que hay entre la lectura y el desarrollo del lenguaje, podemos imaginar la decisiva importancia que tiene el cultivo del amor a los libros.

3.5. Vigilancia del desarrollo y detección oportuna de sus trastornos

Por vigilancia entendemos el monitoreo periódico del desarrollo del niño, el reconocimiento de los cambios que va manifestando a lo largo del tiempo y de los cambios del medio ambiente que pueden influir en él.

De acuerdo a las características propias de cada niño el pediatra puede evaluar el desarrollo de diferentes formas. En los niños de alto riesgo, o de riesgo establecido, el pediatra debe evaluar el desarrollo en forma sistemática, regular y periódica, con un instrumento formal. Es lo que ocurre con niños con hipotiroidismo congénito, prematuros, niños con síndromes genéticos asociados con problemas del desarrollo, niños con cardiopatías complejas cianóticas, trastornos del metabolismo, hijo de madre con trastorno psiquiátrico, hijo no deseado, contexto de violencia familiar, etcétera

Si se trata de un niño presuntamente sano sin factores de riesgo, el pediatra experimentado usará sus conocimientos para una evaluación *informal u oportunística en todas las consultas,* a través de la observación del niño en el consultorio. Mientras conversa con los padres y examina al niño, el pediatra lo observa, estudia su conducta, la forma en que se desplaza en el consultorio, trata de establecer una conversación y, eventualmente, le toma algunas pruebas. Todo esto puede hacerse en cada una de las consultas, incluso en las consultas por morbilidad, sin mayor consumo de tiempo.

En algunas situaciones puede también ser de utilidad el uso de cuestionarios, que pueden ser contestados por los padres en la sala de espera y ser incluidos en la historia clínica conjuntamente con la hoja (el informe gráfico) de los resultados del test de pesquisa.

Es importante obtener los datos del desarrollo del niño a través de múltiples fuentes de información (ambos padres, otros familiares o cuidadores, maestras). Los padres tienden a comparar el rendimiento de sus hijos con sus hijos mayores u otros niños de la familia, por lo cual es importante remarcar las diferencias individuales en el contexto del desarrollo de cada niño, en concordancia con lo expresado previamente en términos del interjuego de variables involucradas.

La tarea no es sencilla cuando el niño no tiene seguimiento pediátrico o cuando los controles son esporádicos y realizados por diferentes profesionales. De todas formas, cualquier control ambulatorio es una oportunidad única para valorar el desarrollo del niño en el contexto familiar y sociocultural. El concepto de aprovechamiento de oportunidades perdidas debe ser considerado y aplicado en este tipo de situaciones.

Además de la evaluación asistemática y oportunística que hemos descrito, *en niños de bajo riesgo debe administrarse un test formal de pesquisa al menos dos veces en los primeros cinco años.* La primera vez cuando el niño es menor de un año, y luego a los 4-5 años, tal como lo recomienda la Sociedad Argentina de Pediatría (SAP, 2001).

Los tests de pesquisa han sido diseñados para ser aplicados en el primer nivel de atención. Son pruebas sencillas, que requieren una capacitación formal pero puede aplicarlas cualquier miembro del equipo de salud debidamente entrenado. No son tests diagnósticos y se utilizan en una población presuntamente sana. En la Argentina contamos con la Prueba Nacional de Pesquisa (Lejarraga *et al.*, 2004) que ha sido preparada en el país sobre una muestra nacional de 3.573 niños sanos y que ha sido recientemente validada y goza de una sensibilidad del 80% y una especificidad del 93% (Pascucci *et al.*, 2002). El tiempo que toma su administración es de aproximadamente doce minutos (Salamanco *et al.*, 2002).

La presunción diagnóstica de retardo del desarrollo puede hacerse con la evaluación asistemática del pediatra en el consultorio o, mejor, cuando un niño fracasa en la prueba de pesquisa. En el primer caso la presunción se basa en la falta de cumplimiento de pautas que deberían estar presentes en el niño de determinada edad. En el segundo caso, por el fracaso en la aprobación de un test formal de pesquisa. A estos tests debería seguir una serie de pruebas diagnósticas hechas por especialistas en desarrollo infantil. Sin embargo, en muchas regiones desfavorecidas de nuestro país (y seguramente en las de otros países de América latina), este esquema de conducta puede representar una recarga muy grande del sistema, dado que en muchos sistemas de salud puede no haber especialistas del desarrollo ni en el primer nivel ni en el segundo. Adicionalmente, la prevalencia de retraso del desarrollo por falta de estímulo debido a causas medioambientales puede ser muy alta, y la derivación a centros de segundo nivel puede recargar el sistema.

Es por ello que, dependiendo de la epidemiología del lugar y de los recursos disponibles así como del grado de adiestramiento del personal a cargo, el diagnóstico de retardo madurativo puede sospecharse y confirmarse en el primer nivel de atención sin necesidad de que deba ser confirmado en otro nivel. Recomendamos que en cada lugar estas decisiones sean pautadas previamente, junto con la confección de guías de toma de decisiones, confeccionadas por clínicos y especialistas del primer y segundo nivel, trabajando en forma interdisciplinaria, y evaluadas ulteriormente.

El fracaso de un niño en una prueba de pesquisa debe ser interpretado teniendo en cuenta el contexto. Los padres deben ser informados sobre cuáles serán los pasos a seguir para definir la existencia de un problema. Es tan malo retrasar el diagnóstico y el tratamiento como crear una situación de ansiedad en la familia cuando la situación del niño no está aclarada (Meisels, 1996).

Las variaciones individuales en la adquisición de pautas madurativas son amplias. Por este motivo, el examen clínico en el contexto de la historia médica y familiar del niño será el marco de referencia a considerar cuando el pediatra deba tomar una decisión.

Estimamos que, dependiendo del medio ambiente, el porcentaje de niños que fracasa en la Prueba Nacional de Pesquisa (PRUNAPE) puede variar entre un 10% en niños de niveles sociales medios, adecuadamente estimulados (dado que los criterios de fracaso del tests están establecidos a un nivel equivalente al percentil 10° de una tabla de crecimiento), y 40% en medios muy desfavorecidos. A su vez, dentro del grupo de niños que fracasan siempre habrá un porcentaje que en pruebas diagnósticas va a resultar normal. En la validación de la PRUNAPE la sensibilidad fue del 80% y la especificidad del 93%, con un valor predictivo positivo del 95% y un valor predictivo negativo del 77% (Pascucci y Lejarraga, 2002).

El pediatra debe considerar que hay muchas razones para que un niño falle en un test de pesquisa (retardo mental, déficit del lenguaje, deprivación medioambiental, etcétera). También las variables temperamentales del niño, la presencia de una enfermedad aguda, la falta de sueño, el desconocimiento del examinador o déficit motores pueden influenciar los resultados.

En los niños de alto riesgo (véase el capítulo 10, "Seguimiento en el primer nivel de atención de recién nacidos de alto riesgo") los tests de pesquisa deben administrarse con mayor frecuencia que en los de bajo riesgo.

3.6. Definición del problema de desarrollo

3.6.1. Identificación de las áreas afectadas

Un niño con sospecha de retardo madurativo debe ser siempre evaluado en las áreas mayores del desarrollo, incluyendo la comunicación social, resolución de problemas (cognición no verbal), áreas motora fina y gruesa, comportamiento y área socio-emocional. El pediatra hará el esfuerzo de investigar si hay algún predominio de áreas más afectadas que otras. Si el niño tiene dos o más áreas afectadas, se debe hacer el diagnóstico de retraso global del desarrollo. Definir qué áreas están afectadas es de enorme importancia porque puede ayudar sustancialmente a generar una orientación clínica sobre el problema.

Capute (Capute y Accardo, 1996) ha descrito las áreas preferencialmente afectadas en cada uno de los tipos de retrasos. En los niños con retardo mental están más afectadas las áreas del lenguaje, el área cognitiva y el área personal-social. En los niños con parálisis cerebral están más afectadas el área motriz (fina y gruesa) y personal-social. En el autismo infantil, el desarrollo motor es normal, mientras que el lenguaje está sustancialmente afectado. En los problemas de aprendizaje, el área motriz también está conservada, y la afectación de las otras áreas depende de la naturaleza del problema. Los niños con hipoacusia tienen sobre todo afectación del lenguaje, y los niños con disminución de la visión tienen el área motriz y cognitiva más afectada.

3.6.2. Alternativas posibles

Frente a un niño en quien se detecta un trastorno del desarrollo, nos parece apropiado describir la propuesta de Narbona y Schlumberger (2001), quienes proponen que el pediatra puede estar frente a alguna de la siguientes alternativas:

a) *Una variante normal del desarrollo.* No todos los niños maduran a la misma velocidad; esta velocidad toma el nombre de *"tempo"*. Hay una gran variabilidad individual en el *"tempo"* madurativo. La tabla 2 ilustra los percentiles 25, 50 y 90 de algunas pautas madurativas, calculadas a partir del Estudio Nacional Colaborativo llevado a cabo por el Servicio de Crecimiento y Desarrollo del Hospital Garrahan durante el período 1988-1995 (Lejarraga, Kelmansky *et al.*, 1997; Lejarraga, Krupitzky *et al.*, 1996). En otras publicaciones, pueden disponerse de los percentiles de la edad de 78 pautas de

Tabla 2
Percentiles de la edad de cumplimiento de doce pautas de desarrollo

	25	50	75	90
Sonrisa social	0,06	0,09	0,12	0,16
Sostén cefálico	0,04	0,12	0,20	0,24
Se quita la ropa	1,61	1,73	2,42	2,81
Busca un sonido	0,30	0,39	0,46	0,49
Se resiste a que le quiten un objeto	0,27	0,39	0,55	0,68
Prensión pinza radial	—	0,76	0,87	0,99
Camina solo	0,95	1,03	1,13	1,25
Combina palabras	1,64	1,90	2,16	2,41
Frase completa	2,01	2,27	2,63	3,13
Reconoce tres colores	3,10	3,31	4,41	4,70
Camina talón-punta	3,03	3,61	4,36	5,11
Copia cruz	3,24	3,67	4,22	4,93
Dibuja una persona, seis partes	3,59	4,20	4,90	5,72

Fuente: Datos del Programa Nacional Colaborativo (Lejarraga, Kelmansky *et al.*, 1997).

desarrollo (Lejarraga *et al.*, 1996). Si tomamos, por ejemplo, la edad de la marcha, vemos que hay niños que recién a los 18 meses logran adquirir esta pauta, y debemos saber que de acuerdo a la definición de percentiles, hay todavía un 10% de niños normales que no logran caminar solos. De esta manera, siempre recomendamos a los estudiantes y residentes de pediatría que en caso de tener que recordar edades de cumplimiento de pautas, es importante recordar los rangos de edades más que las edades centrales.

Las edades están expresadas en decimales de año, por ejemplo: 0,25 años es igual a 3 meses; 0,5 años es igual a 6 meses. Si se quiere saber la edad en meses, basta con multiplicar la edad en años por 12; si se quiere transformar la edad en días, se multiplica por 365.

Es verdad que hay algunas pautas cuya variación individual no es muy grande, como por ejemplo la pauta "busca un sonido" que es cumplida por el 75% de los niños (entre el percentil 25 y el 90). Pero obsérvese la gran variación individual que existe en la edad de cumplimiento de pautas de desarrollo. Esta variación es mayor aún que la expresada por estos percentiles, porque, por definición, el 25% de niños sanos alcanzan las pautas descritas antes de la edad expresada por el percentil 25: asimismo, el 10% de niños sanos cumple las pautas después de la edad expresada por el percentil 90. Estos datos fueron obtenidos a partir de una muestra de niños sanos, con predominancia social de clases medias, de manera tal que esta variación no se puede atribuir principalmente a diferencias sociales ni de nutrición, sino que deben ser atribuidas especialmente a diferencias genéticas en el "*tempo*" de maduración, es decir, en la velocidad con que el niño se dirige al estado adulto. Estas diferencias de "*tempo*" también están presentes en la dentición, en el desarrollo puberal (Tanner, 1969) y en muchas otras expresiones del proceso de maduración del niño. En una publicación (Lejarraga *et al.*, 1996) se pueden encontrar los percentiles de las 78 pautas de desarrollo calculadas sobre la base de los datos del Programa Nacional Colaborativo.

Los niños con variantes normales del desarrollo, con un retardo que está dentro de los límites fisiológicos, nunca tienen un retraso marcado; por el contrario, las edades de cumplimiento están dentro de los límites de variación normal y, más importante aún, progresan normalmente en el cumplimiento de todas las pautas madurativas. Es por todo esto que si sospechamos que el niño tiene una variante normal, un retraso fisiológico, debemos vigilar su desarrollo en entrevistas periódicas, para confirmar el cumplimiento regular de las pautas de desarrollo.

En los casos de retraso fisiológico del desarrollo no se encuentra ningún otro problema asociado. Es por ello que si hay malformaciones, antecedentes de muy bajo peso, infecciones prenatales o cualquier otro factor de riesgo, el diagnóstico de variante normal del desarrollo debe, en principio, ser seriamente cuestionado.

b) *Un verdadero retraso, asociado a una enfermedad crónica general, no neurológica*. Prácticamente todas las enfermedades crónicas alteran de alguna manera tanto el crecimiento (Lejarraga, 2002) como el desarrollo de los niños (Perrin, 1996). Debe enfatizarse el impacto devastador que tienen las enfermedades crónicas sobre el niño y su familia. Este impacto puede, de una u otra manera, afectar seriamente su desarrollo. Las enfermedades crónicas tienen en el niño un efecto global sobre su ser, su vida psíquica, y sobre su crecimiento y desarrollo. La enfermedad crónica impacta seriamente en la vida familiar, orienta energías familiares hacia la atención de la enfermedad del niño, aumenta el gasto económico, reduce el tiempo dedicado al juego, etcétera Es cierto que, en muchos casos, una enfermedad puede contribuir al refuerzo de los lazos afectivos y las energías morales de la familia, pero también puede producir el efecto contrario y constituirse en un factor de riesgo. Los niños con enfermedad crónica tienen cinco veces más riesgo de sufrir problemas psicológicos o de conducta que los niños sanos, y esto, lógicamente, pue-

Tabla 3
**Percentil 90 de la edad de cumplimiento de
pautas de desarrollo seleccionadas***

Área	Pauta	Percentil 90
Motricidad gruesa	Sosten cefálico	0,21
	Moro completo simétrico	0,23
	Trípode	0,49
	Pasa de posición dorsal a lateral	0,48 (80)**
	Sentado sin sostén	0,65
	Logra pararse	0,95 (85)**
	Camina solo	1,25
	Patea pelota	1,78
	Lanza pelota al examinador	2,42
	Salta con ambos pies	2,83 (85)**
	Retrocede talón-punta	5,95
Motricidad fina	Alineamiento visual en línea media	0,21
	Mira su mano	0,33
	Junta manos en línea media	0,42
	Prensión pinza superior	0,99
	Garabatea	1,60
	Torre de 8 cubos	3,12
	Dibuja persona 3 partes	4,80
	Copia un triángulo	5,87
Lenguaje	Busca a la madre con la mirada	0,49
	Papa, mama no específico	0,70
	Papá, mamá específico	1,70 ***
	Palabra frase	1,89
	Frase (sustantivo y verbo)	2,41
	Dice su nombre completo	3,61
	Cumple tres indicaciones consecutivas	4,61
	Comprende preposiciones	4,49
	Reconoce tres colores	4,70
	Usa dos objetos	4,91

	Comunicación con el observador	0,27
	Sonrisa social	0,26
	Actitud frente al espejo	0,50
	Resiste a que le quiten juguete	0,68 (85)**
	Juega a las escondidas	0,68
Personal-social	Busca objeto	0,90
	Come solo	1,44
	Imita tareas del hogar	1,61
	Se quita ropa o zapatos	2,81 (85)**
	Control de esfínteres diurno	2,71
	Aparea colores	3,80 (80)**

* Fuente: Lejarraga *et al.*, 1996b.
** Los números entre paréntesis indican el percentil que pudo ser estimado cuando no fue posible estimar el 90.
*** Estimado por Lejarraga *et al.*, 2004.

de afectar su desarrollo de varias maneras. El pediatra está en condiciones de investigar la existencia de una enfermedad crónica subyacente, y su impacto en la vida familiar y en el desarrollo del niño.

La tabla 3 muestra el percentil 90 de la edad de cumplimiento de algunas pautas de desarrollo que no aparecen en la tabla 2, seleccionadas de los resultados del Programa Nacional Colaborativo (Lejarraga *et al.*, 1997), que pueden ayudar al pediatra a reconocer retardos del desarrollo.

De acuerdo a esta tabla y a la definición de percentil, sólo el 10% de los niños normales cumplen las pautas después de las edades referidas. Debe recordarse que hay algunas de estas pruebas que deben ser administradas bajo determinadas condiciones, y que están debidamente explicitadas (Lejarraga *et al.*, 2004).

c) *Un retraso debido a la falta de estímulo medioambiental.* Esto se refiere a los casos en que los niños retrasan su desarrollo debido a que el entorno familiar y social no puede brindarles los estímulos necesarios. Deben existir varias condiciones para que un niño progrese en su desarrollo. En primer lugar se requiere la existencia de un vínculo afectivo entre la madre (o cualquier otra persona que cumpla esa función) y el bebé. Si esta condición está presente, es necesaria luego la existencia de estímulos sensoriales, afectivos, motrices y cognitivos. La carencia de estos estímulos tiene mayor o menor impacto en el desarrollo, dependiendo de la edad en que cada carencia se instala.

El retraso del desarrollo por falta de estímulo medioambiental se asocia a una serie de factores de riesgo. Es frecuente verlo en niños de un medio socioeconómico desfavorecido, pero la verdadera causa de este retraso no es la pobreza en sí, sino la serie de condiciones que se asocian a ella. Estas condiciones son precisamente la carencia en el hogar de actitudes parentales y de prácticas de la vida familiar que sean estimulantes para el niño (Torralba y Cugnasco, 1999). Los estudios de factores de riesgo demuestran que uno de los determinantes familiares más importantes es el bajo nivel de educación de la madre (Lejarraga *et al.*, 2002). El retraso del desarrollo por falta de estímulo de ninguna manera es una condición excluyente de los niveles sociales bajos, el problema puede verse en cualquier clase social. En niveles sociales altos, hemos visto niños criados por intermediarios ("*nurses*" o niñeras), situaciones en las que el vínculo madre -hijo se establece en el binomio niñera-hijo, y cuando esa persona cuidadora se aleja del hogar, el niño hace un cuadro de deprivación afectiva, retrasando su desarrollo. En otros casos, el bebé no establece el vínculo con la madre ni con la cuidadora, y se produce el cuadro de retraso del desarrollo por carencia de estímulo. El síndrome también puede verse en familias con muchos hijos, cuando al hijo mayor se le asigna la responsabilidad de cuidar al bebé más pequeño. Esta práctica familiar, además de traer serias consecuencias al hijo mayor a cargo de semejante responsabilidad, puede asociarse a retraso del desarrollo por carencia de estímulos.

El retraso por falta de estímulos también puede verse en caso de enfermedad mental materna, situaciones prolongadas de estrés familiar, en casos de niños con internaciones prolongadas (hospitalismo) (Escardó, 1981), en niños con abandono por malformaciones o síndromes congénitos (síndrome de Down, etcétera), cuando no han podido ser aceptados psicológicamente por los padres. En estos casos, una de las tareas del pediatra es discriminar entre el retardo del desarrollo propio del síndrome y el retraso adicional debido a la falta de estímulo.

Las condiciones de riesgo pueden ser exploradas por el pediatra, preguntando sobre el tiempo que la madre y el padre dedican a estar con el niño, las veces en el día que el bebé es alzado en brazos, las veces que se le habla, el tiempo que los padres o familiares pasan jugando con el niño, el acceso del niño a objetos, el cumplimiento de prácticas de lectura, el grado de estímulo que hay para la función cognitiva, el lenguaje que tienen los padres (y que invariablemente es el que el niño aprenderá), etcétera.

d) *El efecto de un déficit sensorial aislado*. Este ítem especial se refiere sobre todo a la sordera neurosensorial congénita que si no es reconocida oportunamente, y es suficientemente profunda, impide que el niño desarrolle el lenguaje. La combinación de un niño mudo, carente de lenguaje simbólico, con sordera profunda puede producir a su vez trastornos de conducta y respuestas emocionales "anormales". Una mirada superficial a este conjunto de problemas puede mal-orientar al pediatra hacia el diagnóstico de un retardo global o de un cuadro psicológico, incurriendo así en un grave error de diagnóstico.

e) *Un retardo del desarrollo que se asocia en el futuro a un niño con retardo mental*. Los niños con retardo mental pueden no tener *inicialmente* retraso del desarrollo, cumpliendo las pautas madurativas dentro de los límites normales de edad. Recién después del primer o segundo año, cuando pueden explorarse en forma más completa las funciones cognitivas y del lenguaje, se hace evidente el retraso. Este retraso puede estar presente como retraso en el lenguaje, en el área personal-social o en las habilidades del juego, o en todas estas áreas juntas. Este cuadro puede asociarse en la edad escolar a un retraso mental leve o moderado.

f) *La manifestación de un daño cerebral no progresivo*. Es lo que los neurólogos llaman *encefalopatía crónica no progresiva*, refiriéndose a un daño del SNC que se ha establecido en algún momento de la vida del niño (prenatal, perinatal o posnatal) y que se instala como una secuela, sin ninguna evolución ulterior de la lesión, asociándose a un retraso del desarrollo. Las características de este retraso dependen del tipo de lesión del SNC que el niño haya sufrido.

g) *La primera manifestación de una futura torpeza selectiva en la motricidad fina o gruesa*. Se ha llamado a este tipo de retraso del desarrollo, "trastorno de la coordinación" (condición especificada en el punto 315.4 del DSM IV). Agrupa a niños que no padecen déficit neurológicos mayores ni retardo mental, pero que padecen torpeza motriz, en ocasiones asociada a trastornos de déficit de atención y en otras ocasiones a hiperkinesia.

h) *La eclosión de un síndrome autista*. Puede resultar difícil el reconocimiento de un síndrome autista en los primeros estadios del desarrollo, especialmente en los casos moderados y leves y en aquellos niños en quienes predomina la alteración de la interacción social, más que la de la comunicación.

3.6.3. Característica evolutiva del retraso

Además del diagnóstico de retardo madurativo, el médico debe tratar de definir si el retardo es estático o si es progresivo. Hay niños que tienen cierto retardo madurativo, pero van adquiriendo pautas a medida que crecen. Otros, en cambio, se detienen definitivamente en un estadio, y otros, finalmente, presentan cuadros de deterioro progresivo. Esa característica tiene una gran importancia diagnóstica.

3.6.4. Tipos de retraso

Podemos reconocer, junto con la OMS, tres tipos de retardo madurativo: orgánico, medioambiental y desconocido (OMS, 1992).

• Retraso de tipo orgánico

En el retardo de tipo *orgánico* se pueden identificar causas biológicas que afectan al sistema nervioso central, por ejemplo, el bajo peso de nacimiento, la anoxia neonatal, las malformaciones congénitas, las infecciones prenatales, las secuelas de infecciones posnatales (meningitis, encefalitis). También toman el nombre de *orgánico* los trastornos del desarrollo asociados con evidencias de lesiones sensoriales o del SNC, tales como ambliopía, sordera, parálisis, etcétera Estos niños padecen un problema del neurodesarrollo de naturaleza orgánica, y estos trastornos deben ser manejados, cuando sea posible, con sus terapéuticas específicas.

Los niños con un retardo de tipo orgánico deben ser vistos por los distintos especialistas y deben ser derivados oportunamente para su mejor diagnóstico y tratamiento.

• Retraso de tipo medioambiental

El segundo tipo de trastorno de desarrollo es el llamado "de origen *medioambiental*", porque su causa tiene que ver con la falta de estímulo, carencias nutricionales, infecciones y el conjunto de condiciones que se observa en niveles socioeconómicos muy desfavorecidos.

En el caso de los lactantes, si la carencia es sólo por falta de estímulo, la mirada del bebé, su conexión con las personas que se le acercan, el seguimiento de la mirada y la respuesta a estímulos están en general conservados. No hay signos neurológicos (ni parálisis, ni signos piramidales), con excepción de la hipotonía, que suele verse en niños abandonados, o con hospitalismo. Tampoco hay antecedentes como para pensar en un retraso del tipo orgánico (muy bajo peso de nacimiento, asfixia perinatal, malformaciones agregadas, ingesta de drogas por parte de la madre, etcétera).

En nuestro país hay una gran proporción de niños con problemas de desarrollo debido a la falta de estímulo medioambiental, que a su vez está asociada a la pobreza. La situación del desarrollo de los niños que viven en situación de pobreza es tan compleja que no puede explicarse por la presencia o ausencia de un solo factor interviniente.

Una gran parte de los retrasos de causa medioambiental no sólo son por carencia afectiva sino que se agregan factores tales como bajo peso al nacer, infecciones del SNC y carencias nutricionales, que conforman un problema multifactorial con un componente biológico indudable. Pobreza, desnutrición y trastornos del desarrollo cognitivo están íntimamente relacionados. El desarrollo cognitivo está afectado tanto por factores biológicos como sociales, económicos y culturales. Entre algunos de estos factores encontramos: las características maternas (estado nutricional, personalidad, educación), las del niño (sexo, temperamento, orden de nacimiento), la dieta (cantidad y calidad), el ambiente físico (vivienda, objetos, juguetes, libros, radio, televisión), prácticas de crianza, estímulo medioambiental, etcétera.

Encarar el tema de la nutrición de estos niños (O'Donnell, 1999) es tan importante como favorecer el empleo de sus padres, mejorar la vivienda familiar, proveer acceso a agua potable, combatir la deserción escolar o brindar acceso a un programa de seguimiento pediátrico fuertemente orientado a la promoción y prevención de la salud integral del niño (véase el capítulo 6, "Nutrición y desarrollo infantil").

Es necesario considerar el rol que juegan tanto la desnutrición como la deprivación cultural como causas de falla escolar. Existe en nuestro país una urgente necesidad de desarrollar programas para prevenir y remediar los efectos adversos del medio ambiente empobrecido. El conocimiento de la existencia de períodos críticos en el desarrollo temprano, incluyendo el desarrollo cerebral, hace que las intervenciones en nutrición y desarrollo en los primeros años de vida sean extraordinariamente importantes (Barker y Osmond, 1986; Barker, 1998).

La provisión de servicios de salud y nutrición es una forma de promover el crecimiento y desarrollo de los niños. Entre los niños en situación de riesgo, la lactancia materna y la introducción de alimentación complementaria son fundamentales para evitar los efectos del déficit de macro y micro-nutrientes sobre el desarrollo psicomotor. Sin embargo, es altamente improbable que la sola provisión de alimentos pueda remediar las consecuencias de no recibir una educación formal adecuada, en una sociedad en permanente cambio. La desnutrición es la consecuencia de una cadena de eventos que empieza con el ambiente de pobreza que rodea al niño y que tiene raíces socioeconómicas y culturales.

La promoción del vínculo madre-hijo es fundamental. Los programas que han intentado reemplazar esta función en forma institucional han fracasado. No existe programa de alimentación complementaria o estimulación temprana que pueda reemplazar el impacto sobre el desarrollo que provee un adecuado vínculo entre el niño y su madre o quien pueda cumplir esta función.

• Retraso de causa desconocida

La OMS reconoce un tercer tipo de problemas de desarrollo de naturaleza desconocida (en los que no se pueden encontrar elementos como para asignarlos a uno de los otros dos tipos). Es posible que en el futuro estos retrasos de causa desconocida pasen a formar parte de los retardos de naturaleza orgánica. La prevalencia en una sociedad de niños con retardo madurativo debido a causas medioambientales dependerá del nivel de desarrollo de esa sociedad y de su grado de integración cultural, su nivel socioeconómico y educacional.

Debe saberse que la pertenencia a un tipo de retraso no implica la ausencia de otro, sobre todo en los casos de niños con retardo madurativo orgánico, en los que adicionalmente pueden superponerse carencias de estímulos medioambientales. Esto ocurre, por ejemplo, en niños con malformaciones congénitas, ya que a los padres les resulta difícil aceptar la existencia de un déficit importante, no se produce el vínculo madre-hijo adecuadamente y a los problemas orgánicos del niño se le agregan problemas de falta de estímulo medioambiental. En estos casos decimos que el tipo de retardo es mixto.

En una gran mayoría de los casos, nuestro diagnóstico será "retardo madurativo *probablemente* medioambiental o *probablemente* mixto".

A nuestro modo de ver, esta clasificación de la OMS es algo cuestionable porque las palabras *orgánico* y *medioambiental* pertenecen a dos categorías taxonómicas diferentes. *Orgánico* se opone a *funcional*, y *medioambiental* se opone a *genético*. A su vez, encontramos algo artificial la separación de los problemas en *orgánicos* y *funcionales*, ya que toda alteración de la función conlleva alguna alteración de un órgano determinado. Asimismo, la asociación entre pobreza y retardo del desarrollo no solamente es mediatizada por la falta de estímulo, sino que también coexisten alteraciones (bajo peso de nacimiento, infecciones prenatales, malformaciones, etcétera) que serían categorizadas como *orgánicas* por el pensamiento tradicional.

3.6.5. Caracterización del problema

En el primer nivel de atención, hemos visto algunos casos de médicos que, ante un niño con un problema de desarrollo, ponen todo el énfasis en la búsqueda de una etiología, postergando la caracterización del problema. Esta última tarea es tan importante como la primera. Si se trata de un trastorno motor, importa saber cómo es el tono muscular, cómo están los reflejos osteotendinosos, etcétera; si se trata de un retraso del lenguaje, es necesario evaluar si el niño comprende lo que se le dice, si hay dificultades de expresión, etcétera.

El modelo de clasificación del National Center for Medical Rehabilitation Research (NCMRR), basado en un modelo previo desarrollado por la OMS, define cinco áreas a considerar en la caracterización de una enfermedad (Petersen *et al.*, 1998):

1) la *fisiopatología* (injuria celular o disfunción);
2) el *impedimento* (consecuencia de la injuria a nivel orgánico);
3) la *limitación funcional* (imposibilidad de llevar a cabo una acción);
4) la *incapacidad* (imposibilidad de llevar adelante una tarea de la vida diaria);
5) la *limitación social* (restricciones externas que limitan la independencia e incluyen barreras estructurales, legislativas, etcétera).

La atención de todas éstas áreas es fundamental en la tarea de planificar el abordaje clínico y el tratamiento. Esto favorece un plan de acción operativo que redundará en una mejor inserción social del niño.

Siguiendo este modelo, si por ejemplo el niño padece un retardo del lenguaje, será esencial evaluar la audición porque allí puede estar el origen del problema, pero también deberá evaluarse si la comprensión está afectada, si el niño sigue indicaciones verbales, etcétera Estas exploraciones pueden hacerse en el primer nivel de atención antes de la interconsulta o la derivación.

Si estamos ante un niño con espina bífida (por ejemplo, mielomeningocele), deberemos saber el grado de compromiso neurológico, el nivel de movilidad de sus miembros inferiores, si hay otras alteraciones asociadas (hidrocefalia, infecciones urinarias). En estos casos, una intervención oportuna a través de un diagnóstico y tratamiento adecuados redundará en una menor injuria y disfunción celular, lo que probablemente mejore las posibilidades futuras de deambulación (con o sin ayuda) que le permitirán al paciente no sólo una mayor independencia en su vida diaria, sino también mayores posibilidades laborales.

En el caso de un niño con hipotiroidismo congénito, una vez confirmado el diagnóstico a partir de una prueba de pesquisa neonatal anormal, el niño comenzará con el tratamiento hormonal específico que implicará un mejor pronóstico en el área cognitiva y conllevará una vida sin impedimentos, limitaciones funcionales o incapacidad. Dado que en este caso lo más importante es comenzar cuanto antes el tratamiento, será necesario evaluar las posibilidades de cumplirlo que tienen los padres, la distancia del centro de salud al domicilio y otros elementos logísticos.

En casos de retardo del desarrollo global en el primer año, es obligatoria la investigación de la etiología. Aunque el descubrimiento de la etiología puede no tener implicancias terapéuticas, tiene una enorme importancia para el pronóstico, el manejo médico y la evaluación de riesgo de recurrencia. Si bien hay estudios de imágenes y de laboratorio, una gran parte de los casos en que hay una etiología clara se puede detectar con anamnesis y examen físico.

La búsqueda de la etiología es muy importante, pero en muchos trastornos del desarrollo no siempre puede ser identificada. En cambio, como se ha dicho, la caracterización del problema también es esencial porque de ella surgirá el tratamiento o la intervención más eficaz.

El pediatra debe intentar interpretar las pautas de desarrollo individual y la secuencia del desarrollo en términos de retraso, disociación y desviación (Capute y Accardo, 1996), términos definidos más arriba (véanse págs. 343-345).

Es necesario asimismo que se establezca, si es posible, el carácter progresivo o no progresivo del problema. En los casos de parálisis cerebral, en general se observan alteraciones que no son progresivas, mientras que en los trastornos congénitos del metabolismo y en ciertas enfermedades degenerativas del sistema nervioso central los niños se van deteriorando con el tiempo, perdiendo funciones en forma progresiva; a esto lo llamamos *regresión*.

3.6.6. Otras acciones a cumplir en caso de un trastorno del desarrollo

- Realizar una historia clínica detallada, que incluya una apropiada anamnesis de los datos prenatales y posnatales de importancia. Realizar un examen físico con datos expandidos del examen neurológico minucioso, recoger información antropométrica que incluya la medición del perímetro cefálico y su evaluación con las tablas recomendadas en el país (SAP, 1987).
- Incluir la historia familiar (historia de sordera congénita, infecciones congénitas, malformaciones, retardo mental, trastornos de aprendizaje, epilepsia, consanguinidad, trastornos emocionales, enfermedad psiquiátrica).
- Evaluar el vínculo madre-hijo y el grado de estimulación al que está expuesto el niño. Sabemos que esto es difícil de lograr sin pruebas objetivas de evaluación, pero hay situaciones groseras que un pediatra debe detec-

tar, como por ejemplo el hospitalismo, cuyo cuadro puede simular un síndrome depresivo, muy bien descrito por Escardó hace ya muchos años
(Escardó, 1981).

- Buscar factores protectores (participación en redes sociales, apoyo familiar, ayuda de amigos, conexión con el primer nivel de atención).
- Evaluar estudios previos realizados y opiniones previas de otros especialistas.
- Descartar algunos problemas orgánicos fundamentales. Hay ciertos problemas que deben detectarse o al menos sospecharse en el nivel primario de
atención y que tienen una gran repercusión sobre el desarrollo del niño:
- Problemas de la visión: trastornos de refracción, estrabismo, cataratas, retinopatía del prematuro (Kaufman, 2003).
- Disminución de la agudeza auditiva: hipoacusia neurosensorial o conductiva (Roizen y Diefendorf, 1999; Tunkel y Grundfast, 2003).
- Enfermedad motriz de origen cerebral: trastornos de la movilidad y el tono muscular (con hipotonía o hipertonía de miembros o de tronco, hiperreflexia, persistencia de reflejos primitivos, asimetrías, problemas oro-
motores, etcétera) (Capute y Accardo, 1996).
- Construir una historia escolar (informe de los maestros, informe del ga-
binete psicopedagógico, revisión del cuaderno de clase y de los trabajos
realizados).

3.7. Elaboración de una lista de necesidades

Esta lista puede incluir tanto las necesidades diagnósticas como las terapéuticas, plan de interconsultas y derivación.

- Definición del diagnóstico, el tipo de problema y los objetivos terapéuticos con una visión operativa y funcional, dentro de las posibilidades que
brinda la información disponible.
Es necesario establecer los objetivos terapéuticos en forma bien clara. Los
padres y el equipo de salud del primer nivel deben saber hacia dónde se
dirigen las acciones.
- Estimulación en el primer nivel. Una de las decisiones más importantes,
pero también quizás la más difícil para el primer nivel de atención, es determinar si el niño puede ser tratado en ese nivel o debiera ser derivado.
Si hay dudas sobre la naturaleza orgánica o por falta de estímulo, consideramos prudente derivar al niño. Teniendo en cuenta que todos los retardos orgánicos deben ser inicialmente derivados con el fin de precisar su

diagnóstico y definir su tratamiento, la disyuntiva de derivar al niño sólo se plantea en los casos de retardo por falta de estímulo. En este caso, la conducta depende de varios factores. En medios socialmente desfavorecidos la prevalencia de este tipo de retraso puede ser muy alta, y la derivación de una fracción importante de la población infantil puede representar una demanda imposible de satisfacer en el segundo nivel. Adicionalmente, el traslado para muchas familias puede ser complejo si las distancias son largas.

Es por ello que pensamos que, en estos casos de falta de estímulo, muchos niños pueden ser ayudados en el primer nivel de atención con un programa de estimulación integral que incluya las intervenciones referidas más arriba. Es importante enfatizar que estas decisiones deben estar enmarcadas en un programa que permita la evaluación de estas acciones.

Las características fundamentales de los programas llamados "de estimulación" deberían ser cumplidas siempre con la activa participación de los padres y deben estar acompañadas de las acciones que siguen:

- Reforzar el vínculo madre-hijo (o cuidadora-niño).
- Movilizar los elementos protectores (véase pág. 353).
- Brindar información sobre la importancia del contacto físico entre el bebé y la madre o el padre, la necesidad que tiene el niño de recibir estímulos sensoriales y motores. El juego es una actividad que debe estimularse, utilizando objetos que habitualmente formen parte del equipamiento del hogar de la familia con la que se está tratando (cacerolas, utensilios sencillos, etcétera), o incluso objetos que se pueden fabricar con elementos del hogar (tapas y botellas de plástico, cajas de cartón, etcétera) (Young, 2003).
- Estimular el lenguaje. Una de las maneras más eficaces de estimular el pensamiento es estimulando el lenguaje. A su vez, la lectura es una forma posible que puede elevar el nivel lingüístico de los niños por encima del nivel de los padres. La lectura de cuentos por la noche a niños de cualquier edad (incluso a bebés), preferiblemente a partir de un libro, es altamente recomendable. La lectura de un libro cumple dos funciones: por un lado, estimula el lenguaje y, por otro, estimula en el niño el amor a los libros, un sentimiento que años más tarde puede resultar un catalizador esencial del aprendizaje (SAP, 2002).
- Si el pediatra elige la alternativa de estimulación en el primer nivel de atención, debe pensar en la frecuencia de las citaciones y en la re-evaluación del desarrollo del niño (repetir el test PRUNAPE) después de un período de estimulación.

- Interconsulta. Si hay dudas sobre la naturaleza del problema o se trata de un retardo de tipo orgánico, será necesario establecer un plan de trabajo que comprenda interconsultas, derivación, etcétera.

Para esto se deberá efectuar una evaluación multidisciplinaria, que involucre a otros especialistas del área del desarrollo infantil (por ejemplo: neurología, oftalmología, fonoaudiología, otorrinolaringología, terapia ocupacional y física, kinesiología, neuro-ortopedia, genética, psicopedagogía, etcétera). La consulta debe hacerse acompañada de un escrito donde conste el resumen de la historia clínica, las características más relevantes del problema y los objetivos de la derivación.

En el caso de dudas, o de retardo madurativo de causa probablemente orgánica, será necesario definir un plan de interconsultas y la forma más adecuada de hacerlas. No siempre es necesario derivar al niño, a veces la consulta puede evacuarse con una llamada telefónica, un fax u otros medios. El riesgo de estas prácticas a distancia es el error en la recolección de los datos semiológicos en el terreno. Estos especialistas se encuentran habitualmente en un segundo o tercer nivel de complejidad, de manera tal que en muchos casos será necesario derivar al paciente.

- Confeccionar un plan de estudios (véase págs. 375-377).
- Definir una eventual derivación que permita la provisión de servicios locales apropiados para asegurar el diagnóstico adecuado, la habilitación o la rehabilitación (véase más abajo). La derivación deberá ser acompañada de una historia clínica con toda la información necesaria, a los efectos de que el personal de salud donde fue derivado el paciente vea facilitada la realización de los procedimientos diagnósticos. A su vez, se espera que el paciente sea adecuadamente contrarreferido por los profesionales que trabajan en el nivel al cual fue referido, con instrucciones precisas sobre el diagnóstico, necesidades terapéuticas y pautas de seguimiento.
- Manejo y prevención de las complicaciones médicas asociadas (espasticidad, convulsiones, problemas de conducta emocionales, trastornos visuales o auditivos, problemas ortopédicos, constipación, infecciones, desnutrición, problemas de motilidad oral, caries).
- Asesoramiento genético cuando fuese pertinente.

Muchos problemas de desarrollo, especialmente los de carácter congénito, tienen una base genética y pueden repetirse dentro de una misma familia. Los padres tienen derecho a conocer las características de la condición que sufre su hijo y los riesgos de recurrencia, información que adquiere suma importancia cuando los padres son jóvenes. Toda esta información debe ser adecuadamente transmitida en una consulta con el genetista, en la que ambos padres deben estar presentes.

- Caracterización del impacto del problema del niño sobre su propia integración psicosocial y sobre su familia.
- La contrarreferencia con información escrita precisa y ordenada es una obligación de los centros de mayor complejidad hacia los de menor complejidad. Como consecuencia de estas acciones, se determinarán los caminos terapéuticos a tomar:
  - Habilitación (por ejemplo, cirugía de cataratas, audífonos, implante coclear, etcétera).
  - Re-habilitación (por ejemplo, terapia física, ocupacional, fonoaudiológica, tratamiento kinésico).

3.8. Coordinación de los procedimientos diagnósticos y terapéuticos

Es muy importante que el pediatra se comunique personalmente con los distintos especialistas para definir el plan de trabajo con el paciente, trate de discutir la pertinencia de los mismos y de coordinarlos en el tiempo de manera tal que tengan una secuencia lógica en relación con la información diagnóstica que se pretende obtener. Es necesario "atar los hilos" para que se cumpla el plan diagnóstico y terapéutico en la secuencia y con los tiempos adecuados. El personal del nivel primario de salud tendría que funcionar como nexo entre los especialistas y la familia del niño. Este nivel de comunicación brinda contención al paciente y su familia, y puede ayudar mucho (dentro de sus posibilidades) en el cumplimiento de los tratamientos indicados, como por ejemplo cirugías ortopédicas, tratamiento para la retinopatía del prematuro, hormonas tiroideas, broncodilatadores, colocación de sondas de alimentación o gastrostomía, vacunas específicas, anticonvulsivantes, uso de anteojos, tratamiento odontológico, medicación para constipación, etcétera. Convendrá asimismo trabajar en forma interdisciplinaria con distintos especialistas (véase el capítulo 16, "El trabajo interdisciplinario"), promoviendo la comunicación permanente entre ellos y con los padres del niño.

3.9. Seguimiento y continencia del niño y su familia

Cualquiera sea la naturaleza del problema que el niño padezca, el pediatra o el personal de salud del primer nivel de atención serán quienes contengan al niño y a sus padres, los atiendan en las intercurrencias o complicaciones, escuchen su problemática general cotidiana.

Será necesario atender a las necesidades de los hermanos (Núñez, 2004). Un individuo particularmente en riesgo es el hermano mayor del paciente. Mi amigo el doctor Alejandro Mohr nos cuenta la siguiente anécdota: ante la pregunta del pediatra: "¿Y vos cómo estás?", el hermano mayor de un niño con parálisis cerebral preguntó: "¿Y a mí cuánto me falta para estar en silla de ruedas?".

El seguimiento y contención de los pacientes con enfermedades crónicas que afectan el desarrollo es una responsabilidad creciente del pediatra. Muchas condiciones, si bien no son progresivas, pueden cambiar a lo largo del tiempo; estos cambios pueden expresarse en la forma de manifestación de la sintomatología, en los ajustes en el tratamiento, en las pautas de cuidado y en otros tipos de intervenciones. El pasaje de los años y las necesidades sociales y psicológicas del niño plantean continuamente problemas nuevos tanto al equipo médico como al niño y su familia. A su vez, el pediatra debe estar atento a la aparición de nuevas terapias o métodos preventivos que puedan surgir con el progreso de la medicina.

Los problemas crónicos del desarrollo constituyen un desafío tanto para el pediatra como para la familia del niño. La familia debe adaptarse a exigencias vinculadas con el problema, que se agregan a las exigencias de crianza comunes a todos los niños: demandas agregadas de tipo emocional, económico, de tiempo para dedicar a procedimientos diagnósticos y terapéuticos, la concurrencia a distintos médicos.

4. Los estudios complementarios en los problemas de desarrollo

No hay en nuestro medio un consenso debidamente explicitado sobre los estudios a realizar en niños con retraso global del desarrollo. Hay, incluso, cierta controversia sobre el rendimiento de estos estudios cuando son realizados en forma sistemática. Algunas estimaciones dan rendimientos sumamente variables, entre el 10% y el 81%. Hay centros de atención primaria que no tienen ningún equipamiento para realizar estudios complementarios, pero otros tienen una gran capacidad operativa.

De cualquier manera, es necesario conocer los resultados que han brindado algunos estudios importantes, llevados a cabo con el objetivo específico de evaluar el rendimiento de los distintos estudios complementarios.

La Academia Americana de Neurología llevó a cabo muy recientemente una extensiva revisión bibliográfica con este fin, entendiendo como rendimiento al porcentaje de casos en que un determinado estudio es patológico (Shevell *et al.*, 2003; Shevell, 1995). Luego de la revisión de 160 artículos que incluyen a más de 10.000 niños en total, si eliminamos aquellos estudios cuyo rendimiento es menor del 1%, nos queda por considerar los siguientes estudios, teniendo en cuenta que aquellos que son positivos en menos del 1% de los casos no se deben pedir en estudios de rutina.

Estudios metabólicos. La revisión de estudios sobre instituciones que contemplan la indicación de estudios metabólicos en niños con retraso global del desarrollo brinda un rendimiento de entre el 0,6% y el 1,3%. Si se incluye historia familiar positiva y consanguinidad en la selección de niños, el rendimiento sigue siendo menor del 5%. Según la AAN, la mayoría de niños con trastornos congénitos del metabolismo tienen síntomas agregados (descompensación episódica, dismorfias faciales, hepatomegalia, etcétera), que facilitan el reconocimiento. Adicionalmente, no debe olvidarse que en los estudios pedidos en forma sistemática muchas veces se encuentran alteraciones; resultados anormales que no son específicos, ni representan una enfermedad, pero originan nuevos estudios que terminan por aumentar innecesariamente los costos. Los estudios metabólicos tienen en general un bajo rendimiento como para recomendar su realización en forma sistemática. El rendimiento puede mejorarse cuando se incorporan indicadores clínicos específicos, y más aún si los estudios se hacen en forma escalonada (hacer inicialmente algunos estudios de más alto rendimiento y, en caso de ser negativos, indicar otros de menor rendimiento). La AAN no recomienda hacer estudios metabólicos de rutina en niños con retraso global de desarrollo. Hay, sin embargo, casos en que sí se considera justificado: 1) cuando el niño no ha sido sometido a un programa de *screening* neonatal y 2) cuando haya consanguinidad, historia familiar, signos clínicos sugestivos de un problema específico.

Estudios citogenéticos. Las revisiones sobre la efectividad del cariotipo en estudios que comprenden más de 3.000 pacientes brindan un rendimiento muy variable, que oscila entre el 2,9% y el 11,6%, pero con un valor central de alrededor del 3,6%. Los estudios revisados incluyen no sólo niños con retardo global del desarrollo sino también niños con retardo mental. Los problemas más comunes detectados fueron síndrome de Down, el síndrome de X frágil, traslocaciones cromosómicas y aneuploidías como el síndrome de Turner. La incorporación de nuevas técnicas va a aumentar el rendimiento de los estudios genéticos. La investigación de X frágil (que requiere una técnica diferente a la del cariotipo realizado en forma rutinaria) brinda un rendimiento del 2,6%, y debe ser incorporado a los estudios de laboratorio. Debe recordarse que el síndrome es más grave y tiene mayor incidencia en varones, y el rendimiento del estudio es del 5%, mientras que en niñas el rendimiento es del 0,5%. En niñas con retardo mental moderado a severo debe considerarse la existencia del síndrome de Rett como causa relativamente frecuente, cuyo diagnóstico se realiza con la detección de la deleción en el gen correspondiente.

En resumen, está indicado hacer estudios citogenéticos en todo niño con retraso global del desarrollo (o retardo mental) sin causa aparente, aun en ausencia de dismorfias.

Estudio de hipotiroidismo y de intoxicación con plomo. La intoxicación leve a moderada por plomo no se asocia a retraso global del desarrollo, y debe buscarse sólo cuando hay evidencias de excesivo plomo medioambiental. El hipotiroidismo representa el 4% de casos de retraso cognitivo, de manera tal que debe ser pesquisado en forma sistemática en todos los recién nacidos de un país. Si el niño con retraso global del desarrollo ha pasado por este *screening*, no es necesario volver a estudiar la función tiroidea (a menos que haya signos de enfermedad tiroidea).

Electroencefalograma. Este estudio es de gran utilidad en la epilepsia y en algunas condiciones, entre las que se pueden encontrar la panencefalitis esclerosante subaguda o la epilepsia mioclónica, que son encefalopatías progresivas más que retrasos globales del desarrollo. No debe recomendarse en los niños con retraso global del desarrollo, salvo que haya historia de síntomas epilépticos.

Neuroimágenes. Las neuroimágenes pueden contribuir significativamente al diagnóstico etiológico de los casos de retraso global. La resonancia magnética nuclear (RMN) brinda un rendimiento de alrededor del 50%, mayor que el de la tomografía computada (30%), pero este rendimiento puede ser mayor si hay anormalidades en el examen físico. Los hallazgos pueden ser muy variados, incluyendo displasias cerebrales, atrofia cerebral, enfermedades de la sustancia blanca (desmielinización, etcétera), lesiones postisquémicas, facomatosis. Cuando hay indicación clínica, estos estudios deben ser realizados.

Exploración de funciones sensoriales. Los problemas de visión en niños con retardo global son de hasta el 13-50%, y la hipoacusia significativa ocurre en alrededor del 18% de niños con retardo global.

De manera tal que en todo niño con retraso global deben ser exploradas estas dos funciones sensoriales.

En todas estas condiciones siempre puede mejorarse el rendimiento de los estudios haciendo una preselección de niños, basada en criterios de anteceden-

tes familiares, clínicos y, fundamentalmente, en criterios epidemiológicos locales. Este último criterio es, a nuestro modo de ver, esencial. Es por ello que
esta revisión bibliográfica hecha por la AAN de trabajos realizados, sobre todo
en Estados Unidos, es una valiosa referencia, pero debemos hacer un esfuerzo
para desarrollar criterios propios de acuerdo con las bases antedichas y los recursos disponibles. Cuanto más escasos sean los recursos de un lugar de trabajo, más cuidado debemos poner en las normas a usar y más rigurosas deben ser
las fuentes de información sobre las que construimos esas normas. En nuestro
país faltan estudios hechos en terreno sobre el proceso de atención médica,
costos operativos y alternativas de manejo y tratamiento de los problemas.

Referencias bibliográficas

Allen, M. (1993): "The high risk infant", *Pediatric Clinics of North America*,
vol. 40, 3 (junio).

American Academy of Pediatrics (2001): "Developmental surveilance and
screenign in infants and young children", *Pediatrics*, 108: 192-196.

Aylward, G. (1997): "Conceptual issues in developmental screening and assessment", *Journal of Developmental and Behavioral Pediatrics*, vol.18, 5 (octubre).

Barker, D. J. P. (1998): *Mothers, Babies and Health in Later Life*, Edimburgo,
Churchill Livingstone.

Barker, D. J. P.; Osmond, C. (1986): "Infant mortality, childhood nutrition
and ischaemic heart disease in England and Wales, *Lancet*, 1: 1077-1081.

Bayley, N. (1993): *The Bayley Scales of Infant Development II*, San Antonio,
Psychological Corporation, t. X.

Bedregal, P.; Margozzini, P.; Molina, H. (2002): *Revisión sistemática sobre eficacia de intervenciones para el desarrollo psicosocial de la niñez*, Programa de
salud del niño (a) y la familia, Ed. OPS/OMS.

Boyce, W.T. *et al.* (1998): "Social context in developmental psychopathology", *Development and Psychopathology*, 10: 143-164.

Brazelton, T. B. (1994): "Touchpoints: opportunities for preventing problems in the parent-child relationship", *Acta Pediatr.*, supl. 394.

Bronfenbrenner, U. (1979): *The Ecology of Human Development: Experiments
by Nature and Design*, Cambridge, Harvard University Press.

Capute, A. J.; Accardo, P. J. (1996): "A neurodevelopmental perspective on
the continuum of developmental disabilities", en Capute, A. J.; Accardo,
P. J., *Developmental Disabilities in Infancy and Childhood*, 2ª ed., Londres,
Pauls Brookes Publishing, vol. 1, págs. 1-22.

Castaño, J. (2003): "Trastornos del aprendizaje. Los caminos del error diagnóstico", *Archivos Argentinos de Pediatría*, 101: 211-212, 219.

Cusminsky, M.; Lejarraga, H.; Fescina, H.; Martell, M.; Mercer, R. (1994): *Manual de crecimiento y desarrollo del niño*, 2ª ed., Serie Paltex, n° 33, Ed. OPS.

Eisenberg, L. (1999): "Experience brain and behavior. The importance of head start", *Pediatrics*, vol. 103: 1031-1035.

Elman, J. *et al.* (1998): "Brain development", en *Rethinking Innateness. A Connectionist Perspective on Development*, Cambridge, MIT Press.

Escardó, F. (1981): *Abandónicos y hospitalismo*, Buenos Aires, Eudeba.

Greenough, W. T.; Juraska, J. M. (1986): *Developmental Neuropsychobiology*, Orlando, Academic Press.

Halfon, N.; Hochstein, M. (2002): "Life course health development: An integrated framework for developing health, policy and research. The milbank quarterly", *Journal of Public Health and Health Care Policy*, vol. 80, 3.

Illingworth, R. S. (1972): *The Development of the Infant and Young Child*, 5ª ed., Baltimore, Williams and Wilkins.

Kaufman, L. (ed.) (2003): "Pediatric ophthalmology", *The Pediatric Clinics of North America*, vol. 50, 1 (febrero).

Klaus, M. H.; Kennell, J. H. (1982): *Parent-Infant Bonding*, Londres, Mosby.

Lejarraga, H. (2002): "Growth in chronic diseases", en Gilli, G.; Schell, L.; Benso, L., *Human Growth from Conception to Maturity*, Londres, Smith-Gordon-Nishimura, págs. 191-206.

Lejarraga, H.; Krupitzky, S. *et al.* (1996a): *Guías para la evaluación del desarrollo psicomotor en niños menores de seis años*, Buenos Aires, Ediciones Nestlé.

Lejarraga, H.; Krupitzky, A.; Kelmansky, D.; Martínez, E.; Bianco, A.; Pascucci, M. C.; Cameron, N.; Tibaldi, F. (1996b): "Edad de cumplimiento de pautas de desarrollo en niños argentinos menores de seis años", *Archivos Argentinos de Pediatría*, 94: 355-368.

Lejarraga, H.; Kelmansky, D. F.; Krupitzky, S.; Martínez, E.; Bianco, A.; Pascucci, M. C.; Tibaldi, F.; Cameron, N. (1997): "The organisation of a national survey for evaluating child psychomotor development in Argentina", *Paediatric and Perinatal Epidemiology*, 11: 359-373.

Lejarraga, H.; Pascucci, M. C.; Krupitzky, S.; Kelmansky, D.; Bianco, A.; Martínez, E.; Tibaldi, F.; Cameron, N. (2002): "Psychomotor development in Argentinian children aged 0-5 years", *Paediatric and Perinatal Epidemiology*, 16: 61-66.

Lejarraga, H.; Kelmansky, D.; Pasucci, M. C.; Salamanco, G. (2004): *Prueba Nacional de Pesquisa*, Buenos Aires, Editorial Fundación Hospital Garrahan.

Lejarraga, H.; Del Pino, M.; Kelmansky, D; Laurencena, E.; Ledri, I.; Laspuir, M.; Herrera, E. R.; Peskin, E.; Pérez, M. N.; Seguel Rabat, V. A.; Varvasini, L. C. A; Reina, M. B.; Villafañe, L.: "Edad en que los niños sanos comienzan a decir mamá - papá en forma específica", *Archivos Argentinos de Pediatría*, enviado a publicación en octubre de 2004.

López, J. J.; Aliño, I. (1992): "Introducción", en *Clasificación Internacional de las Enfermedades 10 (CIE 10). Décima revisión de la clasificación internacional de las enfermedades, trastornos mentales y del comportamiento, descripciones clínicas y pautas para el diagnóstico*, Ginebra, Ed. OMS, págs. 21-29.

Llorente, I.; Bugie, C. (1997): "Parálisis cerebral", en Fejerman, N.; Fernández Álvarez, E., *Neurología pediátrica*, 2ª ed., Buenos Aires, Panamericana.

Majnemer, A. (1998): "Benefits of early intervention for children with developmental disabilities", *Seminars of Pediatric Neurology*, 5: 62-69.

Meisels, S. J. (1996): "Charting the continuum of assessment and intervention", en Meisels, S. J.; Fenichel, E. (eds.), *New Visions of the Developmental Assessments of Infants and Young Children*, Washington D.C., Zero to three: National Center for Infants, Toddlers and Families, págs. 27-52.

Melillo, A.; Suárez Ojeda, E. (comp.) (2002): *Resiliencia: descubriendo las propias fortalezas*, Buenos Aires, Paidós.

Msall, J. A.; Bier, L.; La Gasse, I.; Tremont, L. (1998): "The vulnerable preschool child: the impact of biomedial and social risks on neurodevelopmental function", *Seminars of Pediatric Neurology*, 5: 52-61.

Narbona, J.; Schlumberger, E. (2001): "Retardo psicomotor", *Protocolos de Neurología de la Sociedad Española de Pediatría*, (junio): 186-190.

Núñez, B.; Rodríguez, L. (2004): *Los hermanos de las personas con discapacidad: una deuda pendiente*, Buenos Aires, Editorial Amar.

O'Donnell, A. (1999): "Una visión de la problemática nutricional de los niños argentinos", en *Hoy y mañana. Salud y calidad de vida de la niñez argentina*, Buenos Aires, CESNI.

Ortiz Gallo, J.; Chockler, M. H. (1995): *Movimientos en libertad en la primera infancia. Propuesta médico-pedagógica*, Viedma, Provincia de Río Negro-Biblioteca de la Sociedad Argentina de Pediatría.

OMS (1992): *Physical Growth and Development of Children: Monitoring and Interventions*, Protocolos III y IV, Child Health and Development, Maternal and Child Health and Family Planning, Ginebra, Ed. OMS.

OMS (2001): *World Health Assembly. Ministerial Round Table. Mental Health*, A54/DIV/4 (10 de abril).

Pascucci, M. C.; Lejarraga, H. (2002): "Validación de la Prueba Nacional de Pesquisa de trastornos del desarrollo psicomotor en niños menores de 6 años", *Archivos Argentinos de Pediatría*, 100, (5).

Perrin, J. M. (1996): "Chronic illness in childhood" en Nelson, C. A; Behrman, R. E.; Kliegman, R. M.; Arvin, A. M., *Textbook of Pediatrics*, 15ª ed., Saunders, págs. 124-128.

Petersen, M.; Kube, D.; Palmer, F. (1998): "Classification of developmental delays", *Seminars in Pediatric Neurology*, vol. 5, 1 (marzo).

Roizen, N.; Diefendorf, A. (eds.) (1999): "Hearing loss in children", *The Pediatric Clinics of North America*, vol. 46, 1 (febrero).

Salamanco, G.; D'Anna, C.; Lejarraga, H. (2004): "Tiempo requerido para la administración de una prueba de pesquisa de trastornos de desarrollo psicomotor infantil", *Archivos Argentinos de Pediatría*, 102 (3): 165-169.

Sameroff, A. (1998): "Environmental risks factors in infancy", *Pediatrics*, vol. 102 (noviembre): 1287-1292.

SAP (1987): *Criterios de diagnóstico y tratamiento. Crecimiento y desarrollo*, Buenos Aires, Ed. SAP, Comité de Crecimiento y Desarrollo.

SAP (2001): *Guías de Atención Pediátrica*, Buenos Aires, Ed. SAP, Comité de Pediatría General Ambulatoria.

SAP (2002): *Guía para el Pediatra: Invitemos a leer*, Buenos Aires, Ed. SAP, Programa de Promoción de la Lectura.

Shevell, M. (1995): "Diagnostic yield of the neurologic assessment of the developmentally delayed child", *Journal of Pediatrics*, 127: 193-199.

Shevell, M.; Ashwal, S.; Doneley, D.; Flint, J.; Gingold, M.; Hirtz, D.; Majnemer, A.; Noetzel, M.; Sheth, R. D. (2003): *Practice Parameter: Evaluation on the Child with Global Developmental Delay*, Lippincott, Williams & Wilkins, AAA Enterprises, págs. 367-380. Report of the quality standards subcommitteee of the American Academy of Neurology and the practice committee of the Child Neurology Society, American Academy of Neurology.

Shonkoff, J.; Phillips, D. (eds.) (2001): *From Neurons to Neighborhoods. The Science of Early Childhood Development*, Washington D.C., National Academy Press, Committee on Integrating the Science of Early Childhood Development.

Simmeonsson, R. J.; Sharp, M. C. (1992): "Developmental delay", en Hoekelman, A.; Friedman, S. B.; Nelson, N. M. (eds.), *Primary Pediatric Care*, Nueva York, págs. 867-870.

Tanner, J. M. (1969): *Growth at Adolescence*, 2ª ed., Londres, Blackwell.

Tjosem, T. (1976): *Intervention Strategies for High Risk Infants and Young Children*, Baltimore, University Park Press.

Torralba, T.; Cugnasco, I. (1999): "Estudios epidemiológicos sobre desarrollo infantil", en O'Donnell, A.; Carmuega, E., *Hoy y Mañana. Salud y calidad de vida para la niñez argentina*, Buenos Aires, CESNI, págs. 251-270.

Tunkel, D.; Grundfast, K. (eds.) (2003): "Pediatric otolaryngology", *The Pediatric Clinics of North America*, vol. 50, 2 (abril).

Young, T. K. (1998): *Population Health: Concepts and Methods*, Nueva York, Oxford University Press.

Young, M. (2003): *Desarrollo del niño en la primera infancia: Una inversión en el futuro*, Washington D.C., Departamento de Desarrollo Humano, Banco Mundial.

Ziher, L. M (dir.); Albano, S. A.; Fadel, D. O.; Iannantuono, R. F.; Serra, H. A. (2003): *Psiconeurofarmacología clínica y sus bases neurocientíficas*, 3ª ed., Buenos Aires, Siltor.

Niños que leen, mentes brillantes

Ayude a que sus hijos sobresalgan el año próximo en la escuela.

POR JUDSEN CULBRETH

UNA DE LAS COSAS que más le gustan de la escuela a Victoria Lin es ir a la biblioteca. Apenas llega, esta nena de cinco años y medio, de Montclair, Nueva Jersey, corre a buscar los libros de Theodor Seuss Geisel, "el Doctor Seuss", su escritor favorito. Su mamá le ha leído tantas veces uno de ellos, *El gato del sombrero,* que sabe de memoria algunos pasajes y ya puede leerlos sola.

También elige libros que le agrada leer y comentar con su papá, como los que cuentan historias reales sobre bomberos y los de animales marinos. Como la familia Lin tiene planes de visitar próximamente un acuario, la bibliotecaria le sugiere a Victoria que se lleve a casa un libro sobre delfines. La niña lo agrega a la pila, junto con otro que trata sobre los manatíes, los cuales le encantan.

Victoria avanza con paso firme por el camino que la llevará a convertirse en una buena lectora, habilidad que le abrirá sus hijos una ventaja en la escuela y un placer para toda la vida.

1. *Los buenos lectores comienzan a temprana edad.* Las calificaciones en lectura que un niño obtiene durante primer grado son un indicador confiable del éxito académico que tendrá cuando curse el secundario. Esto significa que lo que ocurre en los primeros años tiene un efecto perdurable en el aprendizaje. Con chicos pequeños, ponga en práctica los consejos siguientes:

• Cuanto más se le hable, se le lea y se le cante a un bebé, más amplio será su vocabulario y mayor su comprensión. Los niños pequeños son suma-

A partir del tercer grado escolar, los niños necesitan aprender unas 3.000 palabras nuevas por año.

un sinfín de posibilidades y que podría ser determinante para su futuro. Numerosas investigaciones rea-lizadas durante décadas demuestran que saber leer bien y disfrutar la lectura son los principales factores en el éxito escolar de un niño. Y el tiempo de vacaciones es un buen momento para fomentar este hábito.

Los chicos que son buenos lectores también son buenos estudiantes; sacan mejores calificaciones en pruebas en todos los grados y en todas las materias, incluso en matemáticas y ciencias. A continuación le presentamos algunas estrategias que le permitirán ofrecer a

mente receptivos al lenguaje.

• Cuando los chicos empiezan a caminar son muy inquietos. Para hacer que se sienten un rato y se interesen en los libros, hay que picarles la curiosidad. Muéstrele las ilustraciones a su hijo y hágale preguntas; por ejemplo, "¿Qué es esto?" "¿Quién es?" o "¿Qué otras cosas hay acá?"

• El período preescolar es la etapa en que los niños comienzan a aprender el abecedario y a tomar conciencia de los sonidos que forman las palabras: una habilidad esencial para la lectura que los expertos denominan "conciencia fonémica". Aunque Victoria y su mamá no la llaman así, la practican cuando se ponen a leer sus libros de rimas preferidos. Dan una palmada al pronunciar cada sílaba de una palabra ("pe-lo-ta"), o juegan a las adivinanzas diciéndose por turnos: "Estoy pensando en una palabra que empieza con la letra *E*".

• Los chicos en edad escolar necesitan practicar mucho la lectura en voz alta delante de sus padres, y oírlos a ellos leer también. Para ayudar a su hijo a leer con fluidez, léale un párrafo y luego pídale que lea el siguiente. Cuando le lea al niño, haga énfasis en la puntuación y explíquele el significado de las palabras.

2. *Los buenos lectores poseen un vocabulario amplio.* Piense en los intercambios verbales que haya tenido con su hijo a lo largo del día. Si su jornada fue muy ajetreada —lo cual es común en el caso de los padres que salen a trabajar y llegan tarde a casa—, lo más probable es que se haya limitado a darle órdenes al niño con palabras simples y repetitivas. Por ejemplo: "¡Ya es hora de irnos!" o "Limpia tu habitación". Estamos tan atareados casi todos los días que nos olvidamos de que los chicos esperan de nosotros conversaciones sobre temas más variados y enriquecedores.

Cierto estudio mostró que cuando los maestros utilizaban un lenguaje más complejo en el aula, los niños pequeños aprendían a generar ellos solos oraciones más complicadas. A partir de tercer grado, los chicos necesitan aprender unas 3.000 palabras nuevas por año; o sea, ocho por día. Y tienen que leer o escuchar por lo menos cuatro veces cada palabra para integrarla a su léxico. Para enriquecer el vocabulario de su hijo, pruebe estas técnicas:

• Cuéntele historias sobre el pasado, el presente y el futuro. A la hora de la cena, relate anécdotas sobre su infancia o hágale preguntas a su hijo sobre alguna actividad o festejo escolar que se avecine.

• Fomente los juegos. De acuerdo con Sue Bredekamp, experta en desarrollo infantil, el juego es esencial para que los niños perfeccionen sus habilidades lingüísticas y expresen verbalmente sus ideas.

• Lea con su hijo libros de diversos temas, que ofrezcan información amena y novedosa para él: cuentos ilustrados y libros de rimas, de ciencias y de historia. Luego conversen un largo rato sobre las lecturas.

3. *Los buenos lectores analizan, deducen y sintetizan.* Antes de darle un libro nuevo a su hijo, siéntese con él a revisar la tapa, recomienda la pedagoga Francie Alexander. Lean el título, examinen la ilustración y luego pregúntele al niño de qué cree que trata el libro. Los estudios indican que predecir pone en actividad un pensamiento más profundo que mejora la comprensión. Cada seis o siete páginas, pida a su hijo que le cuente lo que ha leído y al final pregúntele qué supone que ocurrirá después.

4. *Los buenos lectores visualizan las historias.* Los niños que se forman imágenes mentales son más hábiles para recordar detalles y están mucho más interesados en leer por placer. Anime a su hijo a fijarse, por ejemplo, en los rasgos o en el atuendo de los personajes.

5. *Los buenos lectores se identifican con lo que leen.* Los comentarios que usted le haga al niño lo ayudarán a vincularse con el relato: "Esta historia me recuerda la vez en que…" o "Este personaje se parece a…". Su hijo no tardará en establecer asociaciones con sus propias experiencias.

PREPARAR A SUS HIJOS para que se vuelvan buenos lectores es uno de los regalos más valiosos que puede darles. Los niños que luchan con las palabras y que tienen dificultades para entender los textos disfrutan muy poco los libros, así que evitan leer. En un estudio realizado en los Estados Unidos con niños de clase media que cursaban quinto grado, los lectores más ávidos pasaron al menos 50 veces más minutos por día leyendo por placer que los chicos menos hábiles para leer. Al final del año, los primeros habían leído hasta 2 millones de palabras más que los segundos, lo que agrandó aún más la brecha entre unos y otros en conocimientos y aprovechamiento.

Por supuesto, los logros académicos no son la única razón para alentar a los niños a leer. En sí misma, la lectura es una inagotable fuente de placer. Como dice la experta Jennie Nash, "en los libros uno puede encontrar compañía, consejo y diversión. Es un deleite pasar horas a solas en una habitación escuchando la dulce música de la palabra escrita".

No lo dude: la lectura puede brindar a sus hijos un sinfín de momentos mágicos, y mucho más.

DE REGRESO AL TELÉGRAFO

¿Le gustaría llamar la atención de alguien en particular? Olvídese del correo electrónico y recurra al antiguo telegrama. Tenga la certeza de que su destinatario quedará gratamente sorprendido. Además, los telegramas pueden tener gracia. He aquí un par de clásicos que así lo demuestran:

Preocupado por saber cómo iban las ventas de su novela *Los miserables,* Víctor Hugo le telegrafió a su editor: "?" La respuesta fue: "!"

Durante una aburridísima representación de su obra de teatro *Por ti canto,* en Broadway, George Kaufman le mandó un telegrama al actor principal William Gaxton. "Observando tu actuación desde la última fila. Ojalá estuvieras aquí".

CAPÍTULO 10

Seguimiento en el primer nivel de atención de recién nacidos de alto riesgo

Liliana Bouzas
Luis Novali

1. Introducción

En las últimas décadas hemos asistido a un creciente avance en la calidad de la asistencia que las unidades de cuidados intensivos neonatales pueden brindar a recién nacidos críticamente enfermos. Estos avances, fruto de un mejor conocimiento de la fisiología, de la disponibilidad de nuevas técnicas asistenciales y del progreso tecnológico, han reducido en forma significativa la edad gestacional mínima compatible con la sobrevida del recién nacido fuera del útero. Así, en centros de alta complejidad asistencial hoy sobreviven prematuros de 23 semanas de gestación (Woods *et al.*, 2000) como consecuencia del uso de corticoides prenatales, de respiradores de última generación, de nuevas técnicas de asistencia respiratoria mecánica, del uso de surfactante exógeno y de nuevos recursos y enfoques de alimentación.

Los niños con cardiopatías congénitas muy complejas cuentan hoy con nuevas técnicas cardioquirúrgicas y de asistencia intensiva postoperatoria, y los niños con patologías digestivas malformativas o de origen posnatal pueden ser alimentados por vía parenteral exclusiva por mucho tiempo luego de grandes resecciones intestinales. A su egreso de estas unidades de alta complejidad asistencial, a las que han sido derivados desde sitios de residencia frecuentemente lejanos, muchos de estos pacientes no han resuelto la totalidad de sus problemas o se han transformado en pacientes crónicos, necesitados en muchos casos de asistencia domiciliaria, o con mayor necesidad de atención en centros cercanos a su domicilio. Por su historia perinatal, y debido a una multiplicidad de factores, estos niños poseen además alto riesgo de presentar trastornos del desarrollo.

En nuestro país existen pocos centros asistenciales complejos donde funcionen programas de seguimiento; por esto, los recién nacidos egresados de unidades de cuidados intensivos neonatales constituyen hoy un grupo creciente de pacientes pediátricos, visitantes cada vez más frecuentes de centros del primer nivel de atención.

En este capítulo definiremos, en principio, qué entendemos por recién nacidos de alto riesgo, cómo puede organizarse el seguimiento de su desarrollo en el primer nivel de atención, la relación que debe existir entre este nivel y otros niveles asistenciales más complejos, con el objetivo de su derivación para estudio y tratamiento más profundo, y cómo se puede en dicho nivel de atención colaborar con sus padres en la promoción de su desarrollo.

Finalmente veremos cuáles son las poblaciones de recién nacidos con mayor riesgo de alteraciones en el neurodesarrollo y que requieren seguimiento, considerando los trastornos específicos que puede presentar cada una de estas poblaciones.

2. El enfoque de riesgo aplicado a los recién nacidos

El *enfoque de riesgo* (Díaz y Schwarcz, 1979) es un método aplicable a la atención de la salud basado en la idea de que no todos los individuos o grupos de individuos tienen el mismo riesgo de enfermar y/o morir. Se entiende por *riesgo* a la mayor probabilidad de padecer en el futuro un daño en la salud. Es necesario enfatizar que el concepto de riesgo es probabilístico y no determinista y que está relacionado a características o atributos que toman el nombre de *factores de riesgo* porque su presencia se asocia significativamente a un aumento de la probabilidad de padecer un daño.

Los factores de riesgo son los atributos que definen las poblaciones de riesgo (prematurez, retraso de crecimiento intrauterino, asfixia perinatal, etcétera).

Los criterios para la selección de factores o poblaciones de riesgo son los siguientes:

- Fuerte asociación con el daño, estimada mediante el *riesgo relativo*, o la mayor posibilidad de sufrir un daño que tiene un individuo que ha estado expuesto a ese factor de riesgo, con respecto a otro que no lo ha estado.
- Incidencia: generalmente es alta cuando se trata de factores de riesgo socioeconómicos, ambientales o culturales, y baja cuando se trata de factores biológicos.
- Posibilidad de ser identificados fácilmente mediante una definición precisa.
- Posibilidad de actuar sobre ellos o sobre sus efectos.

Algunos de los factores de riesgo más frecuentemente adoptados por los programas de seguimiento de recién nacidos, y sus definiciones, se muestran en la tabla 1. Se han incluido los criterios más usados.

Tabla 1
Factores de riesgo biológicos en recién nacidos

Factor de riesgo	Definiciones
Prematurez y muy bajo peso de nacimiento	< 1.500 g < 1.250 g < 1.000 g
Displasia broncopulmonar	Oxígeno a las 36 semanas posconcepcionales. Oxígeno a los 28 días de vida.
Enterocolitis necrotizante	Con resección intestinal y riesgo de presentar síndrome de intestino corto.
Retraso del crecimiento intrauterino	Peso de nacimiento < del percentil 3. Peso de nacimiento < del percentil 10.
Asfixia perinatal	Puntaje de Apgar < a 5 al minuto 5. Encefalopatía hipóxico-isquémica. Fallo multisistémico.
Cardiopatías congénitas	Cianóticas, de resolución quirúrgica
Meningitis neonatal	Cultivo de líquido cefalorraquídeo con desarrollo bacteriano.

Fuente: Modificado de B. Vohr, 2001.

A los factores de riesgo biológicos deben sumarse los factores de riesgo medioambientales, que dependen de características locales. Cada programa de seguimiento deberá seleccionar el o los factores y, consecuentemente, los grupos de riesgo a seguir de acuerdo con las características de la población de la Unidad de Cuidados Intensivos Neonatales (UCIN), con sus posibilidades y con sus objetivos asistenciales y de investigación (Aspres *et al.*, 1993).

Las diferencias en el grado de riesgo permiten establecer un abanico de necesidades asistenciales, que van desde las mínimas, para los individuos con baja probabilidad de presentar daño, hasta las máximas, necesarias sólo para aquellos con alto riesgo de sufrir en el futuro alteraciones en su salud. Dado que no todos los problemas de salud tienen la misma importancia, que no todas las poblaciones tienen los mismos problemas y que no todos los individuos tienen el mismo riesgo de padecer determinado problema o daño, se logra mayor impacto al controlar los problemas más importantes en los subgrupos más afectados, concentrando así esfuerzos en los individuos de alto riesgo. No hay duda de que los niños que requirieron internación en unidades de cuidados intensivos neonatales constituyen un subgrupo prioritario dentro de este enfoque.

La formulación y aplicación de estrategias deben estar orientadas a:

1) Identificar a aquellos recién nacidos que, aun perteneciendo a un grupo minoritario, concentran el mayor riesgo de alteraciones del desarrollo.
2) Definir el tipo de cuidado que dichos individuos recibirán en cada nivel de atención de la salud.
3) Promover la participación de otros sectores locales (los padres, la comunidad, el sector educacional, etcétera) en el control y cuidado de recién nacidos con alto riesgo de sufrir alteraciones del desarrollo.

3. Organización de programas de seguimiento

3.1. Aspectos generales. El equipo tratante

Los programas de seguimiento para recién nacidos de alto riesgo tienen como población blanco a recién nacidos que requirieron internación en unidades de cuidados intensivos neonatales por presentar una condición o factor de riesgo que se asocia fuertemente con daños o secuelas a largo plazo. En consecuencia, generalmente dependen de unidades pertenecientes a centros asistenciales situados en el tercer nivel de atención.

Estos programas están compuestos por equipos interdisciplinarios y multidisciplinarios que se ocupan de vigilar, detectar e intervenir adecuadamente en la morbilidad esperable (daño) de grupos de recién nacidos de alto riesgo, a partir del alta de la Unidad de Cuidados Intensivos Neonatales. El tamaño y la complejidad del equipo de seguimiento dependerá de los objetivos y las posibilidades del programa, y del número y las características de sus pacientes. Un equipo asistencial básico está compuesto por un médico *pediatra*, una *enfermera* y una *asistente social*.

El *pediatra* es el responsable de la ejecución del programa y debe tener conocimiento de la patología neonatal, de su tratamiento y sus secuelas. En muchos casos, su rol será el de pediatra de cabecera. Debe estar capacitado y contar con herramientas para valorar la evolución del desarrollo y detectar sus alteraciones. Tendrá que decidir prioridades, efectuar y coordinar interconsultas y planificar la ejecución de tratamientos, teniendo en cuenta los recursos disponibles. Debe además ofrecer consejo y apoyo a la familia.

En condiciones ideales la *enfermera* debe tener experiencia de trabajo en la UCIN, ya que esto posibilitará un buen conocimiento de los problemas clínicos que pueden presentar los recién nacidos (y que pueden no estar totalmente resueltos en el momento del alta), de sus secuelas a largo plazo, así como de la repercusión que tiene sobre la familia la internación de su hijo.

Dada la gran influencia de los factores socio-ambientales sobre el desarrollo, y los problemas que enfrenta en este campo frecuentemente nuestra población, es de especial importancia el rol de la *asistente social*.

Este equipo asistencial básico puede ampliarse con la incorporación de especialistas en desarrollo, psiquiatras o psicólogos, psicopedagogos, kinesiólogos, terapistas ocupacionales, fonoaudiólogos, otros especialistas (neurólogos, oftalmólogos, cardiólogos, cirujanos), etcétera *Este equipo, que generalmente realiza su labor en el tercer nivel de atención, debe integrar a los pediatras que en el primer nivel brindan asistencia a estos pacientes complejos y mantener con ellos una fluida comunicación.*

Como vemos, estos programas pueden recorrer transversalmente servicios de una misma institución, reuniendo a profesionales de distintas áreas y siguiendo un *modelo interdisciplinario de trabajo*.

- ¿Por qué trabajar interdisciplinariamente?

Porque estos niños son, generalmente, pacientes que presentan aspectos múltiples, distintos y complejos, que se dan en cada uno de ellos de una manera única e irrepetible, y que se prolongan en el tiempo.

En el caso de los profesionales, este modelo implica aceptar una organización horizontal, en la que es imprescindible estar abierto a otras miradas y dispuesto a respetar el territorio de trabajo de otro profesional. En el terreno institucional es importante el reconocimiento oficial del programa, lo que implica facilitar espacios de intercambio, proporcionando un lugar físico de reunión y tiempo para los mismos.

- ¿En que se benefician los pacientes?

En que hay una sistemática de trabajo acordada y conocida por todos, lo que aporta coherencia al trabajo común. Existen referentes profesionales precisos, con roles predeterminados (mi pediatra, mi cardiólogo, etcétera). Esto promueve la creación de lazos de afecto y confianza entre los profesionales y las familias.

La comunicación favorecida por espacios y mecanismos preestablecidos lleva a que las alternativas de la historia clínica sean conocidas y compartidas por todos. Por último, las decisiones consensuadas implican tomar mejores decisiones y manejar un lenguaje único. El fruto de esta modalidad de trabajo es diferente y mejor que la suma de sus componentes.

- ¿En qué se benefician los profesionales?

El trabajo interdisciplinario permite aprender de los otros y conocer el valor que en la práctica concreta tiene el trabajo de los demás para el paciente, promueve la producción común y, por último, pero no menos importante, estimula la solidaridad y genera lazos entre los profesionales.

Para profundizar en el trabajo interdisciplinario, recomendamos la lectura del capítulo 16, especialmente dedicado al tema.

3.2. Objetivos

Los objetivos de un programa de seguimiento son:

- Asistencia
- Auditoría
- Docencia
- Investigación

3.2.1. Objetivo asistencial

Este objetivo comienza a cumplirse durante la internación, conociendo y registrando la evolución clínica de los pacientes que van a ingresar al programa, especialmente de aquellos con condiciones que pueden influir sobre el desarrollo, y participando de la planificación del alta. Es importante conocer las características de las familias de estos pacientes antes de su egreso de la unidad de neonatología.

Durante el seguimiento se llevará a cabo la *vigilancia del neurodesarrollo*, detectando sus trastornos, así como alteraciones sensoriales y emocionales. Es importante determinar qué se va a evaluar, cuándo, quién llevará a cabo las evaluaciones, con qué herramientas y cómo se van a clasificar e interpretar sus resultados.

Amiel Tison (2001) considera los siguientes puntos de referencia para la valoración del desarrollo cerebral, desde el nacimiento hasta los 2 años de edad corregida (edad considerada desde las 40 semanas postconcepcionales):

- La progresión descendente de la maduración del control neuromotor superior o corticoespinal, expresada por la relajación progresiva del tono muscular pasivo, que afecta primero a las extremidades superiores y luego a las inferiores.
- La progresión del programa madurativo, expresada por el cumplimiento del calendario funcional de la motricidad fina y gruesa (aplicación de la Prueba Nacional de Pesquisa, PRUNAPE) (Lejarraga *et al*., 2004) recomendada por la Sociedad Argentina de Pediatría.
- La evaluación del lenguaje en su etapa prelingüística, mediante, por ejemplo, la utilización del CLAMS (Clinical Linguistic Auditory Milestone Scale). Dicha escala puede ser obtenida en español de la *Guía de seguimiento del recién nacido de riesgo*, que entrega gratuitamente el Ministerio de Salud de la Nación (2001).
- La evaluación de la capacidad de interacción social, para la que también puede utilizarse el CLAMS (Capute y Accardo, 1996a).
- El control del desarrollo craneano: es importante valorar el perfil del crecimiento cefálico durante los primeros meses mediante una curva, y utilizando los estándares recomendados por la Sociedad Argentina de Pediatría (SAP, 2001).

La microcefalia posnatal puede aparecer aun cuando no se registre el antecedente de la misma al nacer, y se relaciona con el grado de enfermedad neonatal y/o con una inadecuada nutrición posnatal.

El niño que presenta microcefalia al nacer, pero luego tiene un crecimiento adecuado de su perímetro cefálico, puede tener una evolución favorable. Por el contrario, un enlentecimiento del crecimiento del perímetro cefálico entre los 5 y 6 meses es de mal pronóstico. Esto señala la importancia de la medida inicial del perímetro cefálico y el seguimiento de su evolución posterior. Cuando el perímetro cefálico se ubica a dos desvíos estándar por debajo de la media es un signo de alarma, pero no permite asegurar un pronóstico desfavorable. La caída a más de tres desvíos estándar por debajo de la media usualmente se acompaña de retardo mental. Existe alta correlación entre el perímetro cefálico a los 8 meses y el cociente intelectual a la edad escolar (Hack *et al*., 1991).

Se encuentra microcefalia en 3% a 25% de los prematuros al nacer, sobre todo si son de bajo peso para su edad de gestación. Esto expresa la existencia de injurias tales como infecciones virales congénitas, trastornos genéticos, desnutrición fetal o materna, o drogadicción.

La palpación del cráneo es también importante: se deben examinar las fontanelas, que permanecerán abiertas, en el caso de la fontanela anterior, hasta los 12 a 15 meses. Un cierre precoz, antes de los 9 meses, es preocupante. La percepción de suturas soldadas (palpación de rebordes) debe llamar la atención, aun en presencia de un perímetro cefálico en el límite de la normalidad.

El crecimiento exagerado del perímetro cefálico es también un signo de riesgo (hidrocefalia). La graficación en las tablas correspondientes de la SAP facilita esta evaluación; un perímetro cefálico que crece más de 1,75 cm por semana (SAP, 2001) indica la necesidad de evaluar ecográficamente y en forma seriada el tamaño ventricular.

No se debería hacer un diagnóstico definitivo de parálisis cerebral o enfermedad motriz de origen cerebral (EMOC) hasta los 18 a 24 meses, excepto que se observe una marcada asimetría, señalando la presencia de una hemiparesia, y exista un antecedente importante, como la presencia de hemorragia grado IV o quistes porencefálicos.

Existe coincidencia en que la edad más adecuada para efectuar una síntesis diagnóstica es a los 2 años: es a esa edad cuando se ha confirmado el diagnóstico de EMOC, y se ha definido la sintomatología motora y no motora.

Puede entonces clasificarse clínicamente la EMOC, según un criterio topográfico, en diplejía, cuadriplejía y hemiplejía; y según un criterio sintomático en espástica, discinética y atáxica.

Desde un punto de vista funcional, luego de los 5 años de edad podremos categorizar la gravedad de la lesión motriz, según la edad de adquisición de marcha independiente, en:

- *Moderada*: entre 2 y 3 años
- *Severa*: entre 3 y 5 años
- *Muy severa*: no adquirida a los 5 años

El nivel funcional evalúa las destrezas para las actividades cotidianas y el desempeño de los roles en una persona física y emocionalmente sana de la misma edad y cultura. Representa la interacción entre el daño neurológico, el remanente de salud del niño y los recursos de la familia para desarrollar su potencial.

La evaluación funcional permite medir la discapacidad en distintos ámbitos: hogar, escuela, comunidad, y permite desarrollar prevención secundaria y terciaria para disminuir los riesgos biológicos y favorecer el desarrollo de modo que estos niños puedan entrar a la escolaridad en las mejores condiciones.

La pesquisa de trastornos sensoriales posibilitará individualizar hipoacusias o sorderas conductivas o neurosensoriales, así como continuar con los controles de niños a los que se les haya diagnosticado retinopatía de la prematurez durante la internación. Muchos de estos pacientes tienen mayor riesgo de presentar estrabismos y vicios de refracción.

En esta población de pacientes son además más frecuentes los trastornos vinculares, los que tienen en un extremo de su espectro a la sobreprotección y al síndrome del niño vulnerable, y en el otro, al abandono y al maltrato.

3.2.2. Instrumentos para la evaluación del neurodesarrollo

Son numerosas las herramientas disponibles para la evaluación del neurodesarrollo.

- *Tests de screening*: son aquellos que, en una población aparentemente sana, identifican a individuos presuntamente enfermos, y el fracaso en el test identifica individuos sospechosos que deberán luego ser sometidos a procedimientos diagnósticos. Son tests de *screening* de desarrollo psicomotor:
  – Test de *screening* del desarrollo de Denver (Frankenburg *et al.*, 1992).
  – La Prueba Nacional de Pesquisa (PRUNAPE), recientemente validada, y recomendada por la SAP (Lejarraga *et al.*, 2004).
  – Escala de evaluación del desarrollo psicomotor: 0 a 24 meses (Rodríguez *et al.*, 1994).
  – Test de desarrollo psicomotor de 2 a 5 años (TEPSI) (Haeussler y Marchant, 1988).
  – CAT/CLAMS: 1 a 36 meses (Capute y Accardo, 1996b).

- *Tests diagnósticos*: son aquellos que permiten confirmar una enfermedad a fin de indicar un tratamiento.
  – Escalas Bayley de desarrollo infantil (Bayley, 1993): 1 a 36 meses.
  – Escala de inteligencia de Stanford Binet (Terman y Merrill, 1975): Test de evaluación de inteligencia: 2 a 18 años.
  – Escalas de evaluación de inteligencia para escolares y preescolares de Wechsler (1967): 3 a 7 años.
  – Escala de capacidades de niños de McCarthy (1972): 2 y medio a 8 años.

- *Pruebas para evaluar funciones específicas*:

Visión:
  – Detección de ROP: es realizada por el oftalmólogo antes del alta de la UCIN, entre las 4 a 6 semanas de vida, y no mas allá de las 32 semanas posconcepcionales.

Audición:
- Emisiones otoacústicas: a cualquier edad.
- Potenciales evocados auditivos de tronco (PEAT): a cualquier edad.
- Timpanometría y audiometría con refuerzo visual.

Lenguaje y vocabulario:
- Test de Vocabulario por imágenes Peabody (Dunn *et al.*, *1981*): desde los 2 años y medio hasta la edad adulta.

Capacidad de integración visiomotriz:
- Test de Beery (Beery y Butenika, 1982) de integración visomotriz: entre 3 y 16 años.

Conducta adaptativa (nivel funcional en actividades de la vida diaria):
- Escala Vineland (Sparrow *et al.*, 1984) de comportamiento adaptativo: desde el nacimiento hasta los 18 años.

El pediatra que acompaña el desarrollo de estos niños en el primer nivel de atención deberá conocer y utilizar alguno de estos instrumentos, aquellos que son de fácil administración, insumen poco tiempo y han sido desarrollados en América latina, como *Guías para la evaluación del desarrollo en el niño menor de seis años* (Lejarraga *et al.*, 1996), que es la recomendada por la Sociedad Argentina de Pediatría, la *Escala de evaluación del desarrollo psicomotor: 0 a 24 meses* (Rodriguez *et al.*, 1994), el *Test de desarrollo psicomotor de 2 a 5 años* (Haeussler y Marchant, 1988).

Son de utilidad también la *Guía de seguimiento del recién nacido de riesgo*, del Ministerio de Salud de la Nación (2001) y los *Criterios de diagnóstico y tratamiento* elaborados sobre el tema por la Subcomisión de Seguimiento de Recién Nacidos de Alto Riesgo del Comité de Estudios Feto-Neonatales de la Sociedad Argentina de Pediatría (1996).

3.2.3. Otros objetivos

Los programas de seguimiento cumplen además funciones de *auditoría*, informando a la UCIN sobre la calidad de vida de los pacientes dados de alta de la misma. Las unidades pueden disponer así de datos actualizados que contribuyan al mejor desempeño de la unidad.

Estos programas cumplen también una función *docente*, capacitando a profesionales de distintas áreas en la vigilancia, evaluación y tratamiento de la patología de estos pacientes. Dicha función docente es llevada a cabo también en la comunidad, al informar a la misma sobre los problemas y necesidades de este grupo de niños.

Finalmente, en estos programas también se *investigan* aspectos particulares de las poblaciones estudiadas, se las compara con otras poblaciones, se efectúa la evaluación alejada de intervenciones perinatales y se desarrollan proyectos colaborativos que permiten obtener mayor información en menor tiempo.

Todos estos objetivos sólo pueden cumplirse si es posible asegurar la continuidad del seguimiento, evitando la *deserción de pacientes*. Se considera que debe seguirse a por lo menos el 80% del total de una población de pacientes para que las conclusiones a las que se ha arribado luego del seguimiento sean aplicables a la totalidad de la misma.

4. Inserción de los programas de seguimiento dentro de una red asistencial que involucre a todos los niveles de atención

Estos programas pasaron a cumplir una importante función asistencial, que incluye brindar asistencia primaria para los niños que en su evolución han mostrado necesidades especiales a las que había que dar respuesta. Si bien la mayoría funciona en centros asistenciales complejos, donde es posible dar respuesta interdisciplinaria a todos los problemas, las necesidades de atención primaria podrían ser satisfechas en la mayoría de los casos en centros cercanos a su domicilio.

¿Por qué esto no es así?

- En primer lugar la internación, muchas veces prolongada, de estos pacientes en una institución donde se brinda asistencia de alta complejidad, y donde se les ha salvado la vida, genera un vínculo de confianza muy fuerte en la familia, la que recurre allí ante cualquier necesidad asistencial.
- Los programas de seguimiento por su parte fomentan esta actitud, ya que habitualmente desconocen las posibilidades de asistencia que estas familias poseen cerca de su domicilio. Dado que una de sus funciones más relevantes es producir información a partir de estos pacientes, temen perderlos, reducir el tamaño de la población en seguimiento y, por lo tanto, que dicha información sea menos consistente.
- Existe falta de información por parte de los pediatras sobre esta nueva población. Esto hace que se continúe subestimando el número de estos pacientes y que haya poco interés por conocer sus riesgos potenciales y sus patologías, teniendo en cuenta que algunas son relevantes, como la retinopatía de la prematurez, que constituye la primera causa de ceguera en la infancia en nuestro país.

Frecuentemente los pediatras que trabajan en el primer nivel de atención piensan que como estos niños son pacientes complejos, con frecuencia tecnológicamente dependientes, y con problemas sociales severos, deben ser siempre atendidos en centros de mayor nivel de complejidad. Esto no es así en muchos casos, y significa para la familia un esfuerzo extra en tiempo y dinero.

El Comité de Medicina Ambulatoria y el Comité Feto-Neonatal de la Academia Americana de Pediatría han elaborado en forma conjunta un artículo sobre este tema denominado "El rol del pediatra de asistencia primaria en el manejo del recién nacido de alto riesgo" (1996). Merece ser citada su guía IV, que dice que el pediatra que brinda asistencia primaria debe comprender la necesidad de una adecuada continuidad en el cuidado de los recién nacidos de alto riesgo, y ser capaz de proveerla a través de las siguientes medidas:

1. Identificar los problemas creados por el nacimiento de alto riesgo y la enfermedad posnatal. Esto puede comprender: pobre crecimiento, enfermedad pulmonar crónica, *problemas del desarrollo, déficit de visión y audición*, riesgo de abuso o abandono, problemas de conducta, etcétera, así como problemas relacionados con un riesgo inicialmente elevado (por ejemplo, anomalías congénitas). Otros problemas que pueden presentarse involucran a la dinámica familiar y son secundarios a esta situación de estrés (por ejemplo, separación de los padres).
2. Asegurar el acceso a un *screening* auditivo y a un examen de la retina de acuerdo a normas (en nuestro caso utilizamos las normas de la SAP, 1999).
3. Actuar como médico de cabecera de niños que tienen múltiples problemas médicos y/o del *desarrollo* como consecuencia de un nacimiento de alto riesgo y la consiguiente enfermedad neonatal o, si es necesario, asistir a la familia conectándola con el médico de cabecera apropiado. El pediatra que brinda asistencia primaria debe conocer y ser capaz de utilizar servicios comunitarios para el niño y su familia cuando sea necesario.
4. Proveer información al centro neonatal sobre la evolución médica y *del desarrollo* de estos niños.
5. Usar, como parte de la vigilancia longitudinal, un esquema sistemático para la evaluación del *desarrollo* y la conducta de estos niños hasta por lo menos los 7 a 10 años de edad.
6. Compartir, cuando esté indicado, la responsabilidad de proveer continuidad en el cuidado con el centro terciario o secundario. El centro proveerá a menudo algunas evaluaciones del *desarrollo* y psicológicas, y, quizá, programas de tratamiento que no estén disponibles de otra forma. El re-

gistro preciso y en tiempo de estos servicios debe estar disponible para el pediatra que brinda asistencia primaria.

7. Estar al tanto y ser capaz de manejar los aspectos que rodean a un "niño vulnerable".

En nuestro medio deberá despertarse el interés del pediatra del nivel primario por estos pacientes, dado que su presencia será cada vez más frecuente en la práctica diaria, teniendo en cuenta que aquellos niños que presentan trastornos graves del desarrollo son sólo el vértice de una pirámide que tiene en su base a pacientes con trastornos mucho menos graves pero que también deben ser seguidos, detectados y asistidos. Se deberá proveer a los pediatras de instrumentos para su seguimiento sistemático, como los que pretende brindar este libro. Deberá conocer con qué recursos cuenta en su comunidad para dar respuesta a sus necesidades de asistencia o escolaridad. Es necesario reconocer las dificultades que los médicos tienen en nuestro país para conectar a sus pacientes con centros de tratamiento. En condiciones ideales, dichos tratamientos deberían ser recibidos por los pacientes en un solo lugar, cercano a su domicilio. La experiencia indica que los pocos centros existentes solamente cubren algunas de las necesidades asistenciales de estos niños, y están atiborrados de pacientes, obligando a las familias a viajar largas distancias, a diversos centros, cuando encuentran cupo o poseen los medios para hacerlo.

Es de especial importancia, además, que el pediatra tenga en cuenta la poderosa influencia del medio familiar y social sobre el desarrollo de estos niños. En muchos casos, al riesgo biológico se une el riesgo social, y esta influencia crece a medida que nos alejamos del tormentoso período neonatal.

Es por todo esto que resulta tan útil la creación de *redes de seguimiento* que involucren a todos los niveles de atención, desde la asistencia primaria que se brinda en el primer nivel hasta los centros de alta complejidad para resolver los problemas más graves. El primer nivel de atención funciona habitualmente en centros de salud, unidades sanitarias, hospitales o instituciones privadas de baja complejidad, y está a cargo de un médico pediatra o general y una enfermera. Dicho médico actúa muchas veces como médico de cabecera de estos pacientes y les brinda atención primaria. Como integrante de la red recibe a estos niños por derivación desde el programa de seguimiento.

Dicha derivación deberá ir acompañada de un resumen completo y claro de la historia previa del paciente. Es conveniente que existan vías preestablecidas de comunicación entre ambos centros y un sistema de criterios para la referencia y contrarreferencia, tanto para consultas programadas como emergentes. En este nivel se puede monitorizar el desarrollo de estos pacientes evaluándolos en forma frecuente mediante métodos sistemáticos simples.

Es muy importante que el personal del nivel primario esté en contacto con el del segundo nivel de atención, donde se podrán efectuar controles especializados (por ejemplo, neurológico, oftalmológico), y llevar a cabo procedimientos diagnósticos (por ejemplo, electroencefalograma). Es en este nivel donde generalmente funcionan centros de tratamiento (estimulación temprana, rehabilitación, kinesiología, fonoaudiología, terapia ocupacional, psicopedagogía, psicología, etcétera) cercanos al domicilio del niño.

El pediatra de cabecera puede orientar a la familia en el uso de dichos centros, de acuerdo con las necesidades del paciente, dado que posee un mejor conocimiento de las posibilidades locales de tratamiento. También puede conocer y orientar a la familia en el uso de otros recursos comunitarios y del sistema educacional especial.

Finalmente, procurará promover la participación de su comunidad en la resolución de estos problemas, alentando la formación de grupos de padres de niños de alto riesgo, que compartan tanto la experiencia como la necesidad de dar respuesta a los requerimientos asistenciales especiales de estos niños con alteraciones del desarrollo, y generando interés en la comunidad sobre ellos.

Es recomendable que el médico de atención primaria no abandone el contacto con el programa de seguimiento que funciona en el tercer nivel de atención. En este nivel se efectúan las evaluaciones del desarrollo más complejas, generalmente en edades y fechas programadas, y de allí surgen indicaciones de tratamiento o de educación que luego serán cumplidas en los otros niveles. El programa debe apoyar permanentemente al médico de cabecera, generando canales de comunicación bidireccional fluidos que permitan al pediatra del primer nivel efectuar interconsultas y obtener información y formación sobre estos pacientes con riesgo en la evolución del desarrollo. *En este sentido el programa debe cumplir con uno de sus objetivos, asumiendo un compromiso docente.*

Resulta evidente que los centros de referencia de mayor complejidad tienen también una importante tarea que cumplir con los profesionales del primer nivel de atención, en cuanto a apoyo logístico, docente y de contrarreferencia.

El programa de seguimiento, a su vez, puede a través del médico de cabecera tener un mejor conocimiento de la realidad que rodea al paciente y su familia, conociendo su problemática mediante el seguimiento que realicen conjuntamente los servicios sociales de los centros involucrados en los distintos niveles de atención.

Será necesario también saber cuál es la factibilidad real del cumplimiento local de las indicaciones de tratamiento y educación que surjan del centro terciario.

No hay duda de que, para que el pediatra pueda cumplir todas estas tareas en forma idónea, deberán reforzarse los programas de capacitación, deberá pensarse en sus necesidades formativas y en el tiempo que puede dedicar a esta tarea esencial. Tampoco hay duda de que deberán destinarse los recursos necesarios. Ésta es una responsabilidad de los organismos financiadores de salud, de todos ellos, incluyendo al Estado, las obras sociales y los organismos privados (pre-pagos, etcétera).

5. Recién nacidos con alto riesgo de trastornos del desarrollo

Los recién nacidos que por su historia perinatal poseen *alto riesgo biológico* de presentar alteraciones del neurodesarrollo deben ser atentamente seguidos por el pediatra mediante métodos de *screening* que permitan evaluaciones sistemáticas, longitudinales y objetivas. La mayoría de estos niños presentarán desarrollo neurológico normal a largo plazo. Sin embargo la incidencia de retardo mental o parálisis cerebral es mayor que la de la población general (Vohr *et al.*, 2000).

A este riesgo biológico suelen asociarse cada vez más frecuentemente factores de alto riesgo socio-ambiental, ya que en nuestro país la ausencia de control prenatal, el embarazo en adolescentes, el nacimiento de niños de alto riesgo en centros de poca complejidad no preparados para ello son más comunes en condiciones de carencia y marginalidad. El ambiente en el que el niño crece parece tener una influencia más fuerte y duradera que los factores biológicos (Hack *et al.*, 1995).

6. Anomalías del desarrollo esperables en grupos específicos de recién nacidos de alto riesgo

6.1. *Recién nacidos de bajo peso*

Los niños de bajo peso pueden nacer a término o en forma prematura y pueden tener distintos tipos de riesgo, lo que determina un amplio espectro de resultados en cuanto a crecimiento, desarrollo y salud. Aunque el peso y la edad de gestación son importantes pronosticadores de mortalidad, no se ha identificado un factor único que pueda ser correlacionado con el futuro desarrollo del niño.

Pre-término es todo niño nacido con edad gestacional menor de 37 semanas. Los niños nacidos prematuramente deben atravesar en sus primeras semanas de vida dificultades relacionadas con la inmadurez de sus órganos, que es el principal factor etiológico para desarrollar patologías como hemorragia intraventricular, displasia broncopulmonar, retinopatía del prematuro, hipoacusia o enterocolitis necrotizante.

En la Argentina, de los 700.000 niños nacidos cada año, 35.000 (5% a 6%) requieren cuidados intensivos. Entre ellos, los prematuros con peso de nacimiento menor a 1.500 g suman alrededor de 7.000 (1%) (Sarrasqueta y Basso, 1990).

Bajo peso al nacer expresa peso de nacimiento menor a 2.500 g (6,9% de la población) e identifica a un grupo de riesgo, ya que éstos representan al 44,7% de la mortalidad infantil durante el primer año de vida en nuestro país.

Muy bajo peso de nacimiento comprende a todos aquellos recién nacidos cuyo peso está por debajo de los 1.500 g, mientras que son considerados de *extremadamente bajo peso* los recién nacidos de menos de 1.000 g de peso de nacimiento. En nuestro país constituyen el 1% de los recién nacidos vivos, pero representan a algo más de la cuarta parte de los que fallecen antes del año.

6.1.1. Perspectiva histórica

Los resultados de la asistencia de niños prematuros han atravesado distintas etapas.

En un primer momento las intervenciones eran muy limitadas y el número de fallecimientos, muy alto; los niños que sobrevivían eran los más maduros y saludables. Con el uso de oxígeno la mortalidad disminuyó pero, a raíz de su libre utilización, sobrevino la primer epidemia de ceguera por retinopatía de la prematurez. Como consecuencia de ello se restringe su empleo y, en los años subsiguientes, un creciente número de sobrevivientes presentan parálisis cerebral (Bernbaum, 1991).

Desde la década del sesenta el continuo progreso de la medicina perinatal ha hecho posible que niños cada vez más pequeños egresen de las unidades de cuidados intensivos neonatales, la mayoría de ellos sin grandes discapacidades. Queda aún por responder una serie de interrogantes: ¿cómo se desarrollarán?, ¿tendrán una vida normal y productiva?

Si bien el pronóstico inmediato, y hasta los dos años, está vinculado con los acontecimientos perinatales, la severidad de la enfermedad perinatal no se relaciona exactamente con las secuelas a largo plazo. Muchos niños con retraso no tienen antecedente de daño en sus estructuras cerebrales detectable con los métodos actuales (Jobe, 2001).

6.2. Factores de riesgo asociados al nacimiento prematuro

El efecto total de diferentes factores de riesgo perinatal suele ser acumulativo. Se han descrito los siguientes factores asociados a trastornos del desarrollo en prematuros (Vohr, 2000):

Prenatales
1) Embarazo no controlado
2) Falta de uso de corticoides prenatales
3) Baja educación materna

Neonatales
1) Peso muy bajo al nacer
2) Hemorragia intracraneana grados III y IV
3) Leucomalacia periventricular
4) Enfermedad pulmonar crónica
5) Desnutrición posnatal
6) Retinopatía severa del prematuro (grado 3 o más)

El nacimiento prematuro de un niño incide sobre la serie de procesos que dan lugar a la formación de la corteza cerebral (Ment *et al.*, 2000): proliferación celular en la matriz germinal periventricular, migración de neuronas y glía a posiciones adecuadas, formación de conexiones sinápticas con otras regiones corticales y subcorticales y mielinizacion axonal.

A las 25 semanas se han formado casi todas las neuronas corticales. La formación de axones y dendritas está en un momento de gran actividad y se está iniciando en la corteza la conexión de sinápsis. Entre las 32 y 34 semanas las conexiones sinápticas ya aumentaron en forma importante y los tejidos de la matriz germinal van involucionando.

Dado que el destino de la matriz germinativa es desaparecer durante el tercer trimestre, las consecuencias a largo plazo pueden no evidenciarse en los estudios de imágenes. Esto es especialmente importante para prematuros extremos, de 23 a 27 semanas de gestación, cuya zona germinativa es máxima, ya que años después pueden tener un perímetro cefálico pequeño aunque los estudios no revelen anormalidades.

Las injurias que dañan a las células de la sustancia germinativa afectan también a las células precursoras de la glía (oligodendrocitos y astrocitos), lo que puede relacionarse más tarde con trastornos en la mielinizacion o en la organización cortical definitiva. La ecografía cerebral realizada en la etapa aguda evidencia con exactitud lesiones hemorrágicas. Sin embargo, es necesario considerar que el método tiene limitaciones sobre todo cuando se trata de lesiones hipóxico-isquémicas. La ausencia de lesiones diagnosticadas ecográficamente no implica carencia de riesgo. La tomografía computada brinda mayor detalle de las lesiones que comprometen la sustancia blanca y es útil luego del alta, cuando los estudios ecográficos efectuados durante la internación ofrecen dudas. Finalmente, la resonancia magnética permite documentar los procesos que se dan en la matriz germinal: su involución, la mielinización y el plegamiento cortical. Es un método muy sensible para detectar lesiones, pero el seguimiento a largo plazo ha demostrado que la presencia de las mismas no equivale a trastornos en la función.

Diversos autores han remarcado la importancia de realizar evaluaciones completas a edades apropiadas, que incluyan variables biológicas y ambientales y muestren capacidades funcionales y de rendimiento escolar (Levy y Hyman, 1993). La pesquisa de desviaciones de la normalidad no difiere de la que se usa para niños de bajo riesgo. Está aceptado que la maduración biológica influye sobre el desarrollo hasta los 2 años, y en los niños extremadamente prematuros (menores de 28 semanas de gestación o de 1000 g de peso de nacimiento) podría extenderse hasta los 3 años. Es por esto que debe usarse la corrección de edad por prematurez hasta esas edades, teniendo en cuenta los siguientes conceptos:

- Edad gestacional (EG): es el tiempo transcurrido desde el primer día de la última menstruación hasta el nacimiento.
- Edad posconcepcional: es la suma de la edad gestacional al nacer más la edad posnatal expresada en semanas.
- Edad corregida: se calcula restando 40 a la edad posconcepcional o teniendo en cuenta su EG en semanas al nacer. Se calcula la fecha en que hubiese alcanzado la semana 40 y se considera su edad a partir de ese momento.

Los recién nacidos prematuros tienen gran riesgo de presentar lesiones neurológicas, tales como hemorragia intraventricular/periventricular, hidrocefalia, leucomalacia periventricular.

6.2.1. Hemorragia intraventricular/periventricular

La hemorragia intraventricular/periventricular y sus complicaciones, infarto hemorrágico e hidrocefalia, figuran entre las causas más frecuentes de daño neurológico en prematuros de muy bajo peso. La frecuencia de la hemorragia y la gravedad de la misma están relacionadas con la edad gestacional y el peso de nacimiento: pueden presentarla 50% a 60% de los menores de 1.000 g, y el 20% de aquellos niños cuyo peso está entre 1.000 y 1.500 g.

Se reconocen como mecanismos patogénicos a fluctuaciones en el flujo arterial sistémico cerebral, juntamente con fragilidad de la micro-vasculatura de la matriz germinativa e injuria provocada por episodios de hipoxia e isquemia.

Clasificación

-Grado I: Localizada en la matriz germinal.
-Grado II: La sangre ocupa parcialmente a los ventrículos, el tamaño está conservado.
Ambas pueden ser consideradas leves.
-Grado III: Presenta agrandamiento ventricular, la sangre ocupa el 75% del ventrículo y hay dilatación ventricular (moderada).
-Grado IV: Dilatación ventricular y compromiso parenquimatoso (grave).

6.2.2. Evolución de niños prematuros con hemorragia
       intraventricular/periventricular

La incidencia de secuelas neurológicas asociadas a hemorragias leves y moderadas sólo es ligeramente mayor que la de los niños sin hemorragias. La evolución neurológica a largo plazo depende fundamentalmente del daño del parénquima cerebral vecino (Palmer, 1982). Casi un tercio de los prematuros con hemorragias graves tienen secuelas. En casi todos los casos, si se acompañan de daño parenquimatoso, las lesiones se evidencian como trastornos motores o mentales.

Frecuentemente, el compromiso motor va acompañado de alteraciones cognoscitivas. La tabla 2 ilustra la incidencia de estos problemas.

La incidencia global de parálisis cerebral entre los prematuros es de 3% a 6%, pero si consideramos a aquellos que presentaron hemorragia intra/periventricular grado III a IV, la cifra aumenta a un 40% a 55% (Graziani *et al.*, 1986). La incidencia de hemorragia ha disminuido en años recientes. Sin embargo, el hecho de que sobrevivan prematuros cada vez más pequeños, y que muchas veces deban ser trasladados para su atención, sugiere que la hemorragia seguirá siendo un problema significativo.

En un estudio realizado con pacientes derivados a la UCIN del Hospital Garrahan y seguidos hasta los 2 años, hallamos una incidencia de hemorragia grave del 10% al 11%. El 80% de estos niños presentó en su evolución discapacidad grave (Bouzas *et al.*, 1998).

Tabla 2
Incidencia de secuelas neurológicas según la severidad de la hemorragia

Severidad de la hemorragia	Incidencia de secuelas neurológicas definitivas
Leve	5%
Moderada	15%
Grave	35%
Grave con infarto hemorrágico periventricular	90%

Fuente: Graziani *et al.*, 1986; Novali, 2001.

Otras evaluaciones realizadas en nuestro medio, como la de Redondo *et al.* (2003) del Hospital Iturraspe (Santa Fe) atribuyen la elevada incidencia a la falta de cuidados prenatales preventivos de la prematurez y de normativas asistenciales apropiadas para el recién nacido de muy bajo peso.

El tipo y severidad de la parálisis cerebral dependerá de la ubicación y del grado de la hemorragia.

Trastornos asociados de la parálisis cerebral

- Retraso mental: aproximadamente el 50% de los niños con hemorragia presentan retraso en su desarrollo y posteriormente retraso mental.
- Trastornos en el aprendizaje: los niños con antecedente de hemorragia grave (grado III o IV) pueden presentar anormalidades viso-perceptivas o en la coordinación viso-motora que pueden predisponer a trastornos del aprendizaje.

Existe la posibilidad de que la PC no se acompañe de compromiso intelectual.

6.2.3. Leucomalacia periventricular

En los prematuros, las lesiones hipóxico-isquémicas son causas más frecuentes que las hemorrágicas de trastornos del desarrollo. La leucomalacia representa la pérdida de áreas tejido-nervioso. Los niños que la presentan tienen mayor riesgo de padecer parálisis cerebral, retraso del desarrollo y trastornos visuales y auditivos. La leucomalacia periventricular se observa particularmente en recién nacidos prematuros que han sobrevivido varios días y han padecido alteraciones cardio-respiratorias. La incidencia global es de alrededor del 9% con frecuencia máxima a las 28 semanas de gestación (15%) y mínima (4%) a las 32 semanas (Volpe, 1997; Shalak y Perlman, 2002). Se relaciona con dificultades en la perfusión, y a vulnerabilidad de los oligodendrocitos en proceso de diferenciación

En el prematuro clínicamente inestable, la hipotensión, la acumulación de CO_2 y las fallas en la regulación de la circulación cerebral provocan caídas en la presión de perfusión cerebral que dan lugar a lesiones focales. La isquemia severa provoca infarto, es decir, necrosis de neuronas y glía, que a su vez provoca la aparición de cavidades o quistes, o lesiones difusas. Si la isquemia es moderada, se produce una muerte selectiva de oligodendrocitos que dará como resultado disturbios en la mielinizacion. Estas lesiones difusas se convierten menos frecuentemente en quistes, y pueden no ser detectadas por ecografías. Las pérdidas de oligodendrocitos y la subsecuente alteración de la mielinizacion se manifiestan por disminución de la sustancia blanca y aumento del tamaño ventricular.

El principal método de diagnóstico es la ecografía realizada en el momento apropiado. Ecográficamente estas lesiones pueden ser clasificadas como ecodensas o ecolucentes, y han sido relacionadas con la prevalencia de secuelas.

- Lesiones ecodensas: Necrosis por coagulación. La prevalencia de parálisis cerebral es del 33%.
- Lesiones ecolucentes o cavitarias: Corresponden al desarrollo de quistes. Desarrollan parálisis cerebral en el 59% de los pacientes.

La presencia de quistes se relaciona a trastornos motores en el 90% a 100% de los niños. Las alteraciones del tono de aparición temprana pueden interpretarse como primeras manifestaciones de parálisis cerebral.

Cuando las lesiones son bilaterales y extensas, afectando las fibras del haz corticoespinal correspondientes a extremidades superiores e inferiores, se manifiestan como cuadriparesia espástica. Si las lesiones son menores y comprometen las fibras internas del haz corticoespinal, se exteriorizan como diplejía espástica.

A pesar de padecer parálisis cerebral, muchos niños pueden tener una inteligencia normal. Es necesario continuar la vigilancia durante la etapa escolar para percibir trastornos en el aprendizaje, dificultades atencionales o retraso del lenguaje. La falta de detección de esta patología es la responsable de que prematuros sin antecedente de hemorragia presenten parálisis cerebral.

El retraso mental es más frecuente en niños con quistes que en los que la leucomalacia se resolvió sin lesiones residuales.

6.2.4. Agrandamiento ventricular

La hidrocefalia es una consecuencia de una lesión neurológica. Aproximadamente el 15% de los niños que han padecido hemorragia desarrollan hidrocefalia. Puede darse con o sin aumento de la presión intracraneana.

El agrandamiento ventricular sin hipertensión, o ventrículomegalia, expresaría lesión y pérdida de sustancia blanca periventricular. Es de instalación lenta, en semanas y meses. No está asociado a aumentos del perímetro cefálico ni de la presión endocraneana.

En general, la mayoría de las ventrículomegalias que siguen a la hemorragia intraventricular se producen aproximadamente dos semanas después del daño.

El niño debe ser controlado periódicamente con mediciones seriadas, al menos mensuales, del perímetro cefálico, y se debe documentar su progreso en el neurodesarrollo. Aumentos en perímetro cefálico mayores a 1,75 cm/semana o a un percentil significativamente más alto que peso y talla hacen sospechar la posibilidad de hidrocefalia. Aunque la mayoría de los niños no requiere intervención quirúrgica, la presencia de agrandamiento ventricular progresivo aumenta el riesgo de parálisis cerebral y de retraso mental: aproximadamente el 75% de estos pacientes presentan alteraciones motoras, y más del 50% presentan trastornos cognitivos. Una vez más el riesgo de presentar secuelas depende del daño parenquimatoso asociado (Rolland y Hill, 1997).

6.2.5. Secuelas neuromotoras

Puesto que la función motora es el primer proceso valorable del desarrollo, es también la primer forma de minusvalía identificable. La enfermedad motora de origen cerebral del prematuro se manifiesta por anormalidades del tono y la postura.

Las anormalidades neuro-musculares son frecuentes en los prematuros y pueden persistir hasta los 18 meses de edad corregida. Pueden verse hasta en el 70% de los niños y aunque muchas de ellas se resuelven espontáneamente deben ser identificadas precozmente a fin de que no interfieran con la adquisición de destrezas que corresponden a cada edad. Por su condición transitoria no deberían generar discapacidad funcional.

Los hallazgos más frecuentes son:

- Aumento del tono de extensión a miembros inferiores. Es evidente a los 3 meses, puede persistir a los 6-9 meses, y comienza a resolverse alrededor del año. Un grado leve es observable aun a los 18 meses y se limita a una marcha en puntas de pie no constante.Si se mantiene más allá del año, probablemente deba esperarse un retraso en la deambulación independiente. Si persiste luego de los 18 a 24 meses y si está acompañado por otras anormalidades neurológicas, probablemente estemos en presencia de parálisis cerebral.
- Hipertonía de los músculos de la cintura escapular y trapecio. Aparece como consecuencia de la prolongada posición en decúbito dorsal, requerida durante la ventilación mecánica, y de la disminución de actividad en la etapa aguda. Puede dificultar el logro del control del tronco y el desarrollo de habilidades en la línea media.
- Anormalidades mixtas: hipertonía en miembros inferiores e hipotonía axial.

Señales de alarma
- Alteraciones del tono y de la postura (inclusión pulgar).
- Hiperreflexia.
- Persistencia de reflejos primitivos.
- Retraso en las adquisiciones motoras gruesas y finas.
- Anormalidades en los movimientos (incoordinación, succión, deglución, temblores, clonus).

No existen características de estos trastornos que permitan pronosticar si serán transitorios o permanentes. En los prematuros, no es posible pronosticar con seguridad durante el primer año de vida anormalidades: hay grandes variaciones en cuanto a la progresión del comportamiento motriz y de los daños documentados por ecografías.

En términos generales, podríamos decir que entre el 5% y el 15% tienen trastornos motores (EMOC o parálisis cerebral) y entre un 25% y 50%, minusvalías menos notorias del desarrollo que afectan la movilidad. El principal factor etiopatogénico para los déficit motores espásticos, con o sin déficit intelectual concomitante, son la leucomalacia y el infarto hemorrágico periventriculares.

La forma más frecuente de EMOC en los prematuros es la diplejía espástica, cuando el sitio periventricular de la lesión afecta las fibras del haz piramidal descendentes de la región de la corteza motora correspondiente a extremidades inferiores.

Otras lesiones por necrosis isquémicas (porencefalia, quistes) pueden exteriorizarse como hemiparesias, cuadriparesias, etcétera.

Los prematuros tienen 20 veces mayor riesgo de presentar parálisis cerebral que los niños de término, y representan el 20% del total de los casos. El riesgo de esta parálisis aumenta a medida que disminuye el peso de nacimiento. La incidencia varía desde 3% a 6% para la población general de prematuros, hasta 15% para los menores de 1.000 g.

Déficit asociados
Además de los problemas con el movimiento y la postura, entre un 50% y 75% de los niños que padecen parálisis cerebral tienen otras minusvalías cognoscitivas, sensoriales o de comunicación vinculadas al daño del sistema nervioso central. Es frecuente que un prematuro con parálisis cerebral haya padecido además retinopatía del prematuro que disminuye su capacidad visual.

En países desarrollados la incidencia de trastornos neuro-sensoriales se ilustra en tabla 3 (Vohr *et al.*, 2000).

Tabla 3
Incidencia de trastornos neuro-sensoriales

	Población general	Niños con PN < a 1.000 g
Parálisis cerebral	5 por 1000	150 por 1000
Sordera	1 por 1000	10-20 por 1000
Ceguera	0,6 por 1000	10-20 por 1000

A veces resulta difícil discriminar si un niño que tiene limitada su capacidad manual o casi no puede expresarse, tiene también comprometida su posibilidad de pensar. Aunque habitualmente las formas graves de parálisis cerebral se acompañan de retardo mental, algunos niños tienen inteligencia normal.

Las dificultades perceptivo-motrices, grafo-motrices y de distribución espacial en el procesamiento del lenguaje o en la atención también aparecen en los niños que han padecido sólo anormalidades transitorias, interfiriendo su aprendizaje escolar. Para evaluar estas secuelas es imprescindible el seguimiento longitudinal a largo plazo.

Otro de los problemas que pueden presentarse en la evolución es la epilepsia, aunque no exista antecedente de convulsiones en el período neonatal.

La parálisis cerebral ha sido motivo de muchos estudios que investigan la relación entre incidencia de la enfermedad y:

1) Aumento de sobrevida: Hack *et al.* (1991) y Tudehope *et al.* (1995) encuentran que al aumentar la sobrevida es mayor el número de niños con parálisis cerebral.
2) Efectos de tratamientos: no hubo modificaciones en la incidencia de PC o trastornos del desarrollo con el uso de surfactante o indometacina (Ment *et al.*, 1996).
3) Hallazgo de patologías: Rogers realizó el seguimiento de niños con leucomalacia periventricular y todos ellos desarrollaron parálisis cerebral (Rogers *et al.*, 1994).

6.2.6. Secuelas cognoscitivas

Los prematuros pueden ser neurologicamente normales y aun así tener trastornos en el aprendizaje y/o conducta. Los resultados en países desarrollados indican que la prevalencia de retardo mental y de trastornos de conducta y del aprendizaje es mayor que la que se observa en la población general, de acuerdo a las cifras que se ilustran en la tabla 4.

Tabla 4
Incidencia de retraso mental, trastornos de conducta y
del aprendizaje en niños con muy bajo peso

	Población general	Niños con PN < a 1.000 g
Retraso mental	2-5%	20%
Trastornos de conducta	2-15%	20-37%
Trastornos de aprendizaje	2-10%	50%
A.D.D.	3-10%	7-30%

La incidencia disminuye alrededor de 9% para los prematuros de 1.000 a 1.500 g. En el curso de su evolución podemos observar diversas alteraciones.

Hay niños que son considerados normales hasta cierta edad, a partir de la cual su puntaje de cociente de desarrollo comienza a disminuir y se van ubicando en una zona de sospecha de retraso. Esto puede deberse a un retraso real que comienza a manifestarse, pero también puede deberse a que las pruebas tomadas anteriormente se relacionaban con su capacidad motriz, es decir que no estaríamos en presencia de deterioro sino ante la exigencia de otro tipo de destreza.

Las causas ambientales también ejercen un efecto adverso sobre el desarrollo (Escalona, 1982). Diversos autores describieron que tanto los trastornos en el vínculo madre-hijo como la escasa educación materna se asocian a retraso.

Otro grupo de pacientes son los que muestran un progreso estable pero siempre a un nivel límite inferior en la adquisición de habilidades. Entre el 60% a 87% de los prematuros, grupo que incluye niños muy diferentes en cuanto a peso de nacimiento o antecedentes perinatales, tienen coeficientes intelectuales en rango normal (entre 85 y 115); sin embargo, los valores que alcanzan son más bajos que los niños de término. Estas diferencias se acentúan a medida que disminuye el peso de nacimiento.

A la edad de 2 años pueden ser identificados dos grupos de niños: los normales y los que tienen trastornos severos. Un tercer grupo, constituido por aquellos que realizan sus tareas pero con gran dificultad, son los que tendrán problemas con el aprendizaje.

Alrededor de los 3 años, cuando se alcanzan posibilidades de expresión más independientes de las capacidades motrices, aumenta la posibilidad de identificar a los niños con retraso.

6.2.7. Trastornos de aprendizaje

La aptitud escolar demanda algo más que un coeficiente intelectual suficiente. Es necesario tener tiempos de atención adecuados, voluntad para seguir las indicaciones de un adulto y ser capaz de controlar la actividad motriz en la clase. El rendimiento escolar es una de las primeras oportunidades de valorar la capacidad de adaptación de los niños nacidos prematuramente.

Denominamos trastornos de aprendizaje a los presentados por un niño con inteligencia normal y sin impedimentos sensoriales, y que sin embargo tiene bajo rendimiento en áreas de lectura, comprensión, escritura o matemáticas (Leonard y Piecuch, 1997).

La tríada que anuncia trastornos en el aprendizaje está compuesta por incompetencia en la coordinación perceptivo-motriz desde los 3 a 4 años, torpeza de la escritura manual en los primeros grados y, finalmente, dificultades para las matemáticas. En forma global, entre un 14% y un 27% de los prematuros tienen dificultades en su desempeño escolar, siendo este porcentaje del 10% al 20% en niños con peso de nacimiento entre 1.000 y 1.500 g, y de hasta el 50% en niños con peso de nacimiento menor de 1.000 g (Perlman, 2002).

Los trastornos de aprendizaje se manifiestan como dificultades en:

a) La coordinación viso-motriz: afecta la habilidad de copiar grafismos, letras.

b) El lenguaje: discurso, vocabulario, comprensión.
c) El funcionamiento cognitivo: incluye memoria, pensamiento abstracto, operaciones matemáticas y relaciones espaciales.

En nuestro medio, Schapira *et al.* (2001) detectaron, a través de "Estudios del Dibujo de la Figura Humana", incluidos en la prueba TEPSI, una pobre integración de la imagen corporal, que podría deberse a problemas viso-motores o afectivos y que podría pronosticar futuros problemas de aprendizaje.

Autores como Stewart *et al.* (1999) asocian función intelectual y conducta con alteraciones de la estructura cerebral (dilatación ventricular y atrofia del cuerpo calloso) detectadas por resonancia magnética y que reflejan secuelas de daño hipóxico-isquémico.

En el mismo sentido, Roth (1994) interpreta que los trastornos cognitivos que aparecen a los 8 años son consecuencia de una disminución de la relación inter-hemisférica, evidenciada por el adelgazamiento del cuerpo calloso.

Cooke y Abernethy (1999) reiteran la asociación: los niños seguidos por ellos hasta la adolescencia tenían menor altura y perímetro cefálico, y además el cuerpo calloso era más pequeño en relación con su cerebro. El período de desnutrición posnatal que afecta a la mayoría de los prematuros, y que sucede en el momento de máxima velocidad de crecimiento, deja este tipo de secuela.

Los resultados del seguimiento de prematuros preescolares realizados por Vohr y Msall (1997) señalan un mayor número de niños que repiten el grado y un aumento de la necesidad de educación especial.

Cuevas, en nuestro medio, estudió el perfil cognitivo de un grupo de niños de muy bajo peso, controlado en el consultorio de seguimiento en el Hospital Garrahan, y halló que el 38% de aquellos cuyo CI era normal tenían trastornos de aprendizaje relacionados a déficit viso-espacial y trastornos en la lectura que les dificultaba la adaptación al sistema educativo común (Cuevas *et al.*, 2002).

Conclusiones coincidentes aportaron los estudios de Saigal *et al.* (1991): los cocientes intelectuales fueron menores; los maestros consideraban que entre los prematuros era mayor el porcentaje de niños con rendimiento insuficiente y que éste se mantenía a través de la infancia y aun en la adolescencia.

Por otra parte, es reconocida la preponderante influencia de los factores sociales a medida que el niño se desarrolla. Sin embargo, los resultados obtenidos a los 2 años no permiten pronosticar el rendimiento escolar a los 8, ya que éste se vincula, por ejemplo, con la educación materna.

Hille y Ouder (1994) hallaron que el fracaso escolar (repetición de grado o necesidad de apoyo) aumentaba 5 veces cuando el niño pertenecía a un nivel socioeconómico bajo. Hack y Fanaroff (1988) comprobaron que la presencia de baja educación materna, problemas maritales y raza negra se relacionaba con una disminución del CI de niños de 8 años.

La inestabilidad de las parejas de padres, las frecuentes mudanzas, las dificultades económicas impactan tanto a los niños prematuros como a los niños de término. Resnick y Roth (1992) compararon prematuros con niños de término, encontrando que las diferencias en el rendimiento escolar se relacionaban al nivel de pobreza, al sexo y a la raza, y concluyeron que en los niños libres de anormalidades neuro-sensoriales severas, los factores biológicos tienen un efecto limitado sobre el desarrollo a largo plazo. Por último, Hunt *et al.* (1982) observaron que si bien la educación paterna no determina la normalidad, puede modificar el grado de severidad de un trastorno.

6.2.8. Estado funcional

Saigal *et al.* (1991) comprobaron que a los 8 años los prematuros tenían desviaciones en su nivel funcional en áreas de comunicación (12%), autoabastecimiento (13%), motricidad (16%) y socialización (12%). Las limitaciones aumentan si se incluyen los niños con anormalidad neurológica y a medida que se consideran los grupos de menor peso.

6.2.9. Trastornos sensoriales

a) Retinopatía de la prematurez

Es una de las secuelas más frecuentes de los niños pre-término y puede provocar pérdida de la visión. Los factores de riesgo más importantes para el desarrollo de la enfermedad son la inmadurez y el tratamiento suplementario con oxígeno.

Los prematuros suelen presentar dificultad respiratoria que requiere apoyo terapéutico con O_2 y/o asistencia respiratoria mecánica. Numerosos trabajos han demostrado que un manejo cuidadoso del oxígeno, con monitoreo continuo de la saturometría durante todo el tiempo que el prematuro requiere O_2 suplementario, logra disminuir significativamente la incidencia de RdP (retinopatía de la prematurez).

La incidencia de RdP aumenta a medida que el peso del nacimiento disminuye. El estudio multicéntrico realizado por el Cryotherapy for Retinophaty of Prematurity Group (Cryo ROP), controlando 4.099 niños, reveló que mientras el 47% de los prematuros de más de 1.000 gramos padecían algún grado de enfermedad y alcanzaban el estadio umbral sólo el 2%, en los menores de 750 gramos la incidencia era del 90% y desarrollaban la forma severa el 15%.

Otros estudios reconocieron que el momento de aparición está determinado por el grado de madurez. Esta patología comienza a mostrar las primeras manifestaciones en el fondo de ojo alrededor de las 31 semanas de edad posconcepcional (es igual a la edad gestacional al nacer expresada en semanas sumada a las semanas de vida desde el nacimiento). Así, neonatos nacidos a las 24-26 semanas deben ser examinados a las 6 semanas; los que nacen a edades gestacionales más avanzadas, a la semana 4 después de haber nacido pero no más allá de la semana 32, ya que la enfermedad presenta máxima frecuencia de severidad alrededor del término (38-40 semanas) y éste es el momento en que, según estadísticas, se realizan la mayor cantidad de tratamientos.

En la Argentina, los RN de muy bajo peso constituyen el 1% del total de nacimientos, con sobrevida del 50%. Se estima que no menos de 630 niños por año padecerían retinopatía grave (estadio 3+ o mayor) (Benitez *et al.*, 2004).

La prevalencia elevada y en ascenso de ROP se asoció al aumento en el número de unidades de cuidado intensivo, que determinó la mejoría en la sobrevida de bebés prematuros, pero el mismo no fue acompañado en todos los casos de adecuadas condiciones asistenciales ni de consolidación de redes de diagnóstico y tratamiento oportuno.

Una encuesta nacional llevada a cabo por el Ministerio de Salud sobre la base del análisis de datos provenientes de 36 unidades de neonatología de 20 provincias mostró una incidencia de formas graves de 18% para prematuros con peso menor a 1.500 gramos, lo cual triplica los datos del Cryo ROP. A esto debe agregarse la aparicion de estadios avanzados en pacientes "inusuales", es decir, prematuros con PN mayor a 1.500 gramos y edad gestacional mayor a 32 semanas.

La escasez de equipamiento, la insuficiente capacitación oftalmológica y la inaccesibilidad han determinado que el hospital Garrahan, uno de los pocos centros públicos para tratamiento de la retinopatía, duplicara en el año 2002 el número de casos recibidos para este fin, convirtiéndose en la principal causa de internación de la Unidad de Cuidado Intensivo Neonatal. Muchos pacientes llegaron tarde, y perdieron la posibilidad de recibir tratamiento oportuno. Se evidenció, además, una gran disparidad en las poblaciones según los lugares de procedencia, tanto en peso como en edad gestacional al nacer y otros factores de riesgo. Los resultados del análisis de la historia clínica (HC) de estos 830 niños ingresados en los últimos 7 años reveló que no pudo encontrarse relación entre la gravedad de la lesión y el PN (54% en < 1.000 g y 57% en > de1.500 g), ni con respecto a EG (52% en 28-31 semanas frente al 58% en 32-35 semanas) (Bouzas *et al.*, 2003).

Los estudios destinados a investigar diferencias en el desarrollo de los prematuros con ROP con respecto a otros niños congénitamente ciegos arro-

Tabla 5
Medidas de estimulación en niños con retinopatía del prematuro

0 a 2 años:	
Apego emocional entre padres e hijos	Contacto temprano entre padres e hijo.
	Promover tener en brazos y hablar al bebé.
	Apoyo emocional y social a los padres.
Exploración activa del medio, mejorando la discriminación táctil/auditiva	Evitar la posición supina prolongada y alentar la posición prona para fortalecer cuello y tronco.
	Juegos que alientan a inclinarse hacia estímulos sonoros.
	Amplia exposición a texturas, sonidos y olores diferentes.
	Alentar el juntar las manos en la línea media.
Aumentar la independencia y la movilidad	Alentar el alimentarse por sí mismo.
	Alentar la búsqueda táctil de juguetes caídos.
	Esperar y tolerar golpes y raspaduras menores.
Desarrollo del lenguaje	"Conversar" con los niños cuando estos vocalizan.
	Uso de nombres para objetos, actividades y partes del cuerpo.
	No exponer prolongadamente a música, radio.
2 a 5 años:	
Interacción social	Alentar la interacción con pares, aun no discapacitados.
	Establecer límites de conducta.
Capacidad de autocuidado	Enseñanza de técnicas específicas de higiene, vestido.
Movilidad y orientación	Juegos que enseñan conceptos direccionales, de ubicación espacial, etcétera.
	Técnicas para moverse con seguridad.
Experiencias en el "mundo real"	Exposición frecuente a sonidos, texturas, etcétera, del medio cotidiano.
6 a 10 años:	
Lectura	Determinación del método óptimo: Braille, impresos grandes, ayuda visual, libros grabados.
Mejorar la orientación y la movilidad	Entrenamiento individual en orientación y movimiento.

jan resultados discordantes, y no demostraron diferencias significativas en el cociente intelectual. Hay, sin embargo, mayor riesgo de problemas emocionales y conductuales. Al considerar la estimulación del desarrollo en niños ciegos por ROP se tendrán en cuenta los objetivos y actividades ilustrados en la tabla 5.

b) Déficit auditivo

El riesgo de sordera, considerado en 1 cada 1.000 nacimientos, se ve aumentado más de veinte veces cuando se trata de prematuros.

Las causas se vinculan a episodios de hipoxemia, hipotensión e isquemia, hemorragia intraventricular, infecciones sistémicas y exposición a fármacos que incluyen aminoglucósidos y furosemida. Se debe considerar además en riesgo al prematuro que no muestra reflejo cocleo-palpebral claro, si a los 6 meses no gira la cabeza hacia el sonido, si su producción verbal disminuye entre los 6 y 9 meses, o si sus padres están preocupados por su audición. En este grupo se ha hallado más del 5% de niños con pérdida auditiva sensorioneural.

La sordera de conducción es también más frecuente en prematuros a partir de otitis media crónica. La pesquisa auditiva debe realizarse antes del alta de neonatología y no después de los 3 meses de edad corregida. Se considera a las otoemisiones como la prueba de *screening* más adecuada. Ante resultados dudosos se recurrirá a los potenciales evocados auditivos de tronco. Los fonoaudiólogos evaluarán la indicación de equipamiento y derivarán al paciente a una escuela para sordos en cuanto se efectúe el diagnóstico.

6.2.10. Trastornos de conducta

Los trastornos de conducta observables en prematuros son las alteraciones en la capacidad de atención y la presencia de impulsividad y/o hiperactividad.

Durante el primer año los trastornos más frecuentes son:

- Irritabilidad: puede estar relacionada con la inmadurez que los predispone a estados de desorganización y a ser fácilmente sobreestimulados o con hipertonía muscular que obstaculiza la relajación.
- Menor capacidad de interacción, que puede estar vinculada a internaciones prolongadas.
- Incapacidad de autorregulación.
- Alto nivel de actividad.

- Ansiedad exagerada.
- Patrones de sueño alterados.
- Bajo nivel de frustración.
- Trastorno en los hábitos: caprichos, autoagresión.

Los problemas de conducta son fuente de gran preocupación para los padres. En algunas oportunidades ellos participan en el conflicto con:
- Dificultad para interpretar señales (hambre-fatiga).
- Intolerancia hacia la recién adquirida independencia (siguen viendo al niño como débil o vulnerable).
- Admiración hacia la obstinación de su hijo, ya que consideran que ésta posibilitó su sobrevida.
- Rechazo a poner límites por incapacidad a resistir la respuesta, ya que imaginan al niño sufriendo.

Durante la consulta podrá observarse la conducta del niño y la interacción de éste con sus padres. El pediatra brindará a los padres su consejo o los derivará a una consulta especializada. Hay que tener en cuenta que estos problemas que pueden afectar la integración social del niño (timidez, pasividad, ansiedad, depresión) e interferir con su aprendizaje (períodos de atención cortos, hiperactividad, comportamiento desorganizado, conducta agresiva), muchas veces no son detectados hasta el período escolar.

6.2.11. Displasia broncopulmonar (DBP)

Es la enfermedad pulmonar crónica más frecuente del lactante. En los países desarrollados se producen 7.000 nuevos casos por año. Es propia del recién nacido prematuro que ha requerido asistencia respiratoria mecánica, aunque se da también en niños prematuros que no la necesitaron pero requieren oxígeno crónicamente, como expresión de compromiso pulmonar. Se la define hoy como la persistencia de requerimientos de oxígeno más allá de los 28 días de vida o de las 36 semanas posconcepcionales.

El niño con DBP debe enfrentarse a períodos de hipoxia, dificultades en su alimentación que significan retraso en su crecimiento y posibilidad de reinternaciones. Todo esto constituye un factor adicional de riesgo para el neurodesarrollo de los niños prematuros: la incidencia de secuelas neurológicas es mucho mayor (40% frente a 6%) que la de prematuros que no padecieron esta enfermedad.

Es difícil separar el efecto de la enfermedad crónica de otras anormalidades a las que esta condición predispone. La gravedad de la enfermedad (desnutrición, reinternaciones prolongadas, limitación en la actividad) condiciona la evolución motriz. Ha sido demostrado que la enfermedad pulmonar crónica por sí misma, es decir, sin que coexista una enfermedad neurológica, provoca retraso motriz a los 3 años, y trabajos recientes (Holditch-Davis *et al.*, 2001) sugieren que en las diferencias observadas en el desarrollo de niños con DBP con respecto a otros prematuros juega un rol importante la condición crónica de la enfermedad.

Algunos de los déficit motores observados en los primeros 2 años pueden ser transitorios. De todos modos, el hallazgo de parálisis cerebral es más frecuente especialmente si también el paciente ha padecido hemorragia.

Los resultados de la evolución en los dos primeros años de niños con diagnóstico de DBP egresados de la Unidad Neonatal del Hospital Garrahan demostraron que la mayoría de los pacientes que presentaron trastornos motores en el primer año, evolucionó favorablemente. El desarrollo de los niños mostró una mejoría significativa a los 24 meses, pudiendo considerarse normales al 39% de los pacientes a esta edad (Bauer *et al.*, 1996).

Majnemer *et al.* (2000) encontraron, en un grupo de niños que continuaban requiriendo oxígeno a los 9 años, alta prevalencia de parálisis cerebral, microcefalia y dificultades conductuales.

Se ha observado también mayor incidencia de trastornos cognitivos y del lenguaje. Lewis *et al.* (2002) compararon el desarrollo del habla y el lenguaje a los 8 años de recién nacidos de muy bajo peso de nacimiento con displasia broncopulmonar con un grupo control de prematuros sanos y otro de niños de término, y observaron alteraciones significativas en la articulación y en el lenguaje receptivo en el grupo de pacientes con DBP.

La incidencia de déficit sensoriales varía ampliamente:

- Discapacidad visual: 8% a 24%
- Sordera: 2% a 22%

Existe una franca recuperación del retraso cuando la enfermedad se resuelve. La mayoría se relaciona con falta de antecedentes de lesión neurológica, resolución de trastornos alimentarios, nivel adecuado de estimulación y buenas condiciones socioeconómicas. No obstante, el seguimiento a largo plazo es imprescindible para detectar problemas que inciden sobre el futuro aprendizaje. La evolución depende de la atención perinatal y de la derivación oportuna, a fin de evitar mayor deterioro del prematuro enfermo (Bauer *et al.*, 1996).

6.2.12. Enterocolitis necrotizante

La enterocolitis necrotizante es la complicación que requiere cirugía más frecuente del período neonatal. No es difícil aceptar que estos niños, que atravesaron un fallo multisistémico, tengan trastornos en su desarrollo. Las principales alteraciones están vinculadas a la prematurez, pero las complicaciones de la enterocolitis (la de mayor gravedad, el intestino corto) amplían el efecto por la desnutrición (Abbassi y Pereira, 1984). La limitación en el crecimiento cefálico y su repercusión sobre el desempeño intelectual son las secuelas más temidas.

La afectación del desarrollo guarda relación con la severidad de la enfermedad. En el seguimiento hasta los 20 meses de niños prematuros que habían presentado enterocolitis, Walsh *et al.* (1989) encontraron que un 30% de los que la presentaron en forma grave padecieron microcefalia, mientras que ninguno de los que presentaron en forma leve padeció este trastorno.

El 90% de los niños que padecieron retraso significativo correspondía a los gravemente afectados. El efecto adicional que la enterocolitis necrotizante agrega a la evolución de los prematuros se vincula a:

- Antecedentes de *shock* séptico, con su efecto de hipoxia e isquemia sobre la circulación cerebral, más mediadores citotóxicos liberados durante la inflamación sistémica.
- Predisposición a meningitis por enterobacterias.
- Desnutrición e hipercatabolismo en la etapa aguda.
- Dificultad para ganar peso por limitaciones en la recuperación de la función intestinal.
- Internaciones prolongadas y mayor posibilidad de reingresar por intercurrencias.
- Incompetencias en lograr alimentación oral.

Aunque hasta un tercio de estos niños pueden presentar secuelas graves, si se logra una nutrición adecuada es muy posible mejorar su desarrollo intelectual mediante su derivación oportuna a un tratamiento.

6.3. Recién nacidos que han sufrido asfixia perinatal

Volpe (1995) considera necesaria la presencia de tres condiciones para atribuir a un insulto intraparto la responsabilidad de la injuria cerebral neonatal:

1) Evidencia de sufrimiento fetal (por ejemplo, bradicardia fetal, presencia de líquido amniótico meconial).
2) Depresión al nacer.
3) Presencia de encefalopatía neonatal en las primeras horas o días de vida.

De todos los indicadores de asfixia utilizados hasta la fecha, la descripción de la encefalopatía hipóxico-isquémica y su clasificación en grados de gravedad creciente desarrollada por Sarnat y Sarnat (1976) ha demostrado ser la mas confiable para establecer una correlación con la evolución a largo plazo.

En la segunda mitad de la década del ochenta se publicó el meta-análisis de cinco trabajos que reunía la evolución a largo plazo de 423 pacientes con encefalopatía neonatal hipóxico-isquémica clasificada en estadios de gravedad creciente (I a III de Sarnat y Sarnat, o leve, moderada y grave). Se consideró el porcentaje de niños normales fallecidos o con hándicaps severos. Los resultados se muestran en la tabla 6.

Tabla 6
Discapacidades en niños con asfixia perinatal en el largo plazo

Sarnat y Sarnat n = 423	Normales	Hándicap severo	Fallecidos
Estadio I (n = 196)	99,5%	0%	0,5%
Estadio II (n = 153)	74,5%	20,9%	4,6%
Estadio III (n = 74)	10,8%	27%	62,2%

Fuente: Abbasi y Pereira, 1984.

Boccacio y colaboradores (1998) controlaron en nuestro medio a un grupo de 126 niños con antecedente de asfixia, de acuerdo a su pH de cordón umbilical y puntaje de Apgar. Los RN que no presentaron encefalopatía tenían en el momento del alta un examen neurológico normal. El 68% de los pacientes con encefalopatía "Estadio I" eran también normales, en tanto que la totalidad de los que presentaron grado II y III tuvieron examen neurológico anormal. El examen neurológico normal en el momento del alta permite excluir a los pacientes del seguimiento en programas de niños de alto riesgo.

6.3.1. Secuelas neuromotrices

En el *recién nacido de término* puede encontrarse leucomalacia periventricular desde el nacimiento, la que se considera debida a injurias sufridas por el feto durante el tercer trimestre del embarazo (Boccacio *et al.*, 1998). Las lesiones características de estos pacientes afectan en cambio la corteza cerebral, la que sufre infarto y necrosis isquémica focal o multifocal. Los infartos unilaterales producen hemiparesias espásticas en un 50% de los casos, mientras que los bilaterales se acompañan generalmente de cuadriparesia (Krage-logh-Man *et al.*, 1992).

La hipotonía presente en las formas más graves de encefalopatía hipóxico-isquémica puede prolongarse como parálisis cerebral atónica, si hay compromiso del asta anterior medular.

Cuando están afectados los ganglios basales y el tálamo, predominan las manifestaciones extrapiramidales, siendo más frecuente la distonía que la coreoatetósis (Kyllerman *et al.*, 1982). Una tercera parte de estos pacientes presentan además trastornos motrices piramidales espásticos. La afectación de la corteza cerebelosa se manifestará a largo plazo con incoordinación muscular.

La injuria de los núcleos de los pares craneanos a nivel bulbar se expresará como estrabismo, trastornos de la succión, la deglución, las expresiones faciales, etcétera En un 10% a un 30% de estos pacientes las alteraciones neuromotrices se acompañan de convulsiones (Gerdes *et al.*, 1995).

El diagnóstico de parálisis cerebral se podrá efectuar más tempranamente cuanto más graves sean las lesiones neurológicas y sus manifestaciones.

Frecuentemente no se arriba a un diagnóstico definitivo hasta los 18 a 24 meses, ya que las anomalías motoras iniciales pueden disminuir o desaparecer, espontáneamente o con terapia física. A esta edad, el diagnóstico sólo será topográfico, ya que su clasificación en términos funcionales recién podrá llevarse a cabo luego de los 5 a 6 años.

6.3.2. Secuelas cognoscitivas

El retardo intelectual reconoce también a la necrosis neuronal cortical como su principal sustrato, existiendo evidencias que avalan que alteraciones en la migración y diferenciación neuronal, así como en la mielinización, participan de su etiología.

En este campo, es difícil la correlación entre la topografía de las lesiones neurológicas y la aparición de diversos trastornos cognoscitivos, dada la mayor influencia que tienen sobre éstos los factores no biológicos.

Los infartos corticales unilaterales se acompañan de alteraciones en la función cognoscitiva en el 30% de los casos (Wulfeck *et al.*, 1991). Si las lesiones corticales son bilaterales y extensas, se manifestarán casi indefectiblemente con cuadriparesia espástica y déficit mental.

La lesión cerebral parasagital post-asfíctica que afecta a regiones posteriores (temporal, parietal, occipital) suele acompañarse de alteraciones en importantes funciones asociativas relacionadas con el desempeño viso-motor, el lenguaje, la visión y la audición.

En la afectación de los ganglios basales y el tálamo suele haber alteraciones de la función intelectual. Kyllerman *et al.* (1982) informaron que el 60% de los pacientes con parálisis cerebral disquinética presentaron CI menor a 70, sugiriendo que el origen de dicho retraso mental tal vez podría encontrarse en la injuria cortical asociada. Para Volpe (1995), sin embargo, la injuria talámica juega un rol importante en la aparición de alteraciones del desarrollo intelectual, ya que algunos pacientes con lesiones talámicas y sin compromiso cortical significativo presentan retraso mental.

Nelson y Ellemberg (1982), por otra parte, informaron sobre el desarrollo cognitivo a los 7 años de pacientes con diagnóstico de parálisis cerebral al año de edad y que habían superado dicha parálisis. Encontraron que el 22,3% de los mismos presentaba retardo mental, mientras que el retraso intelectual sólo estaba presente en un 3,2% de los niños que nunca habían manifestado alteraciones neuro-motoras. Esto coincide con observaciones previas de otros autores, que sugieren que estos pacientes presentan riesgo aumentado de déficit intelectual, de conducta, atencionales, etcétera.

6.3.3. Rendimiento escolar

Robertson *et al.* (1989) al evaluar a los 8 años de edad el rendimiento escolar de 145 niños que habían presentado encefalopatía hipóxico-isquémica post-asfíctica al nacer, y comparando este rendimiento con el de un grupo control, observaron un porcentaje apreciable de niños con problemas, como se muestra en la tabla 7.

Tabla 7
Rendimiento escolar a los 8 años en niños con encefalopatía hipóxico-isquémica

	Controles	Encefalopatía hipóxico-isquémica		
		Leve	Moderada	Grave
Necesitan ayuda escolar o escuela de educación especial	20%	11%	38%	100%

La mayoría de los niños con encefalopatía hipóxico-isquémica leve tienen un desarrollo cognitivo normal, mientras que más de la tercera parte de los que sufrieron la forma moderada y todos los que sufrieron la forma grave presentan dificultades en su rendimiento escolar. En este campo las influencias ambientales parecen tener gran peso en el resultado final.

6.3.4. Secuelas sensoriales

La Academia Americana de Pediatría (1995) incluyó a la asfixia neonatal como uno de los factores de riesgo de déficit auditivo sensorio-neural. En nuestro país, la ley n° 24.415, sancionada en abril de 2001, crea el Programa Nacional de Detección Temprana y Atención de la Hipoacusia, en el ámbito del Ministerio de Salud de la Nación, de forma que todos los recién nacidos, incluyendo a estos niños, deberán ser objeto de pesquisa.

Las emisiones otoacústicas han probado ser un buen método objetivo de pesquisa que puede ser llevado a cabo en el período neonatal. Los potenciales evocados auditivos de tronco pueden mostrar tempranamente alteraciones transitorias, que serán permanentes si continúan luego de los 6 meses de edad.

El núcleo del VIII par es muy sensible a la asfixia por su elevado consumo metabólico. Hasta un 7% de las encefalopatías hipóxico-isquémicas moderadas y graves requieren equipamiento.

La *ceguera cortical* está presente en el 3% de los pacientes severamente afectados, correspondiendo a lesiones de la corteza parieto-occipital. Los potenciales evocados visuales efectuados a niños de término en el período neonatal mostraron un 89% de sensibilidad y un 100% de especificidad para la predicción de la evolución a largo plazo (Whyte *et al.*, 1986).

6.4. Meningitis neonatal

La incidencia mundial de meningitis neonatal se ha mantenido constante en las dos últimas décadas entre 0,20 y 2,5 casos por cada 1.000 recién nacidos vivos. La edad de presentación sugerirá tanto el posible organismo causal como el mecanismo de adquisición. La meningitis de comienzo precoz, que se presenta en la primera semana de vida, indica transmisión vertical, y frecuentemente se debe a estreptococo grupo B, *Escherichia coli* y *Listeria monocytogenes*.

La meningitis de comienzo tardío sugiere origen comunitario o nosocomial y se debe habitualmente a otros gérmenes gram negativos, así como a estafilococos. Una revisión sistemática de 36 estudios llevados a cabo en países en desarrollo estimó que se producen 126.000 casos de meningitis en recién nacidos por año, y que esta patología en ese período es responsable de aproximadamente 50.000 muertes. En estos países, el estreptococo grupo B es menos frecuente, siendo los gérmenes más comunes los organismos gram negativos entéricos (*Escherichia coli, Klebsiella pneumoniae*) y el *Streptococcus pneumoniae*. La mortalidad permanece alta, entre un 15% y un 25%, así como la incidencia de secuelas.

En los países industrializados la mortalidad ha disminuido en la última década, siendo hoy de alrededor de un 10% (Health *et al.*, 2003; Harvey *et al.*, 1999), sin embargo la morbilidad no ha declinado significativamente. Un estudio retrospectivo de 101 casos de meningitis bacteriana en neonatos con edad gestacional mayor a 35 semanas, internados entre 1979 y 1998 (Klinger *et al.*, 2000), identificó como principales *factores predictores tempranos de la evolución adversa al año de vida* (muerte o incapacidad moderada/severa) a la presencia de convulsiones luego de 12 horas de la admisión, al estado de coma, a la necesidad del uso de drogas inotrópicas y a leucopenia. A los 4 días de vida las convulsiones de duración mayor a 72 horas, el coma, la necesidad del uso de drogas inotrópicas y la leucopenia continuaban siendo los factores de mayor valor predictivo.

Una revisión de siete trabajos de pacientes con meningitis neonatal, publicados entre 1974 y 1992 (Davies y Rudd, 1994), informó *secuelas* en 31% de los sobrevivientes, incluyendo parálisis cerebral, retardo mental, epilepsia y alteraciones de la audición. El estudio prospectivo llevado a cabo en Inglaterra y Gales entre 1985 y 1987 (American Academy of Pediatrics, 1995) identificó a 172 sobrevivientes de meningitis neonatal, los que fueron seguidos hasta los 5 años de edad mediante cuestionarios enviados por correo a sus padres y pediatras. La prevalencia de *secuelas* a dicha edad se observa en la tabla 8.

Tabla 8
Proporción de secuelas en niños con meningitis neonatal

Secuela	Niños afectados (%)
Parálisis cerebral	8,7
Problemas de aprendizaje	8,0
Epilepsia	7,0
Hipoacusia sensorio-neural	2,9

Un grupo de 111 niños fue seguido hasta los 10 años (Stevens *et al.*, 2003) y comparado con un grupo control de 113 niños nacidos en el mismo hospital y 49 niños de un consultorio general. El CI de estos 111 pacientes fue significativamente menor que el de ambos grupos control. La evaluación de la función motora arrojó también resultados significativamente peores en el grupo de estudio. En el 3,7% de los casos se presentó pérdida sensorio-neural de la audición y en el 2,7% hidrocefalia, condiciones que no se observaron en los controles. El 5,4% de los casos y el 1,7% de los controles presentaron epilepsia.

Cuando se comparó al grupo de pacientes con meningitis neonatal con niños que contrajeron meningitis más tardíamente, entre el mes y el año de edad (Bedford *et al.*, 2001), se observó una incidencia significativamente mayor de discapacidades neuro-motoras, problemas de aprendizaje y epilepsia, no existiendo diferencia significativa en la incidencia de hipoacusia.

Novali *et al.* (1991) detectan en la evolución al año de vida que el daño moderado a severo se relaciona con la presencia de hidrocefalia e hipoacusia, con la evolución de síntomas por más de 48 horas previas al ingreso y con examen neurológico anormal al alta.

En resumen, se puede decir que los pacientes que contraen meningitis en el período neonatal tienen una incidencia mayor de secuelas (parálisis cerebral, déficit cognoscitivo, epilepsia, hipoacusia) que sus controles sanos y también que aquellos niños que presentan la enfermedad más tardíamente.

6.5. Niños con retraso de crecimiento intrauterino o de bajo peso para la edad gestacional

El retraso de crecimiento intrauterino se ha asociado con mayor riesgo de mortalidad y morbilidad perinatal (hipoglucemia, alteraciones hematológicas fetales, etcétera), síndrome de muerte súbita y talla corta en la infancia, y problemas de salud en la vida adulta: hipertensión, diabetes tipo 2 insulino-resistente y enfermedad cardiovascular.

Diversos autores diferencian hoy el concepto de retraso del crecimiento intrauterino, definido como una tasa de crecimiento fetal retardada, del concepto de pequeño para la edad gestacional, que puede o no coincidir con una restricción en el crecimiento fetal. Más aún, diferentes causas de crecimiento intrauterino pueden afectar de manera diferente al feto (Heriksen, 1999).

Tradicionalmente se ha asociado la evolución a largo plazo del neurodesarrollo con el retraso del crecimiento intrauterino, diagnosticado ecográficamente *in utero*, o con las mediciones somáticas al nacer. Se tiende hoy a investigar la relación entre el medio y la nutrición intrauterinos, estimados por ejemplo con la presencia de flujo sanguíneo anormal en la arteria umbilical fetal, y su evolución a largo plazo (Wienerroither *et al.*, 2001).

En un estudio efectuado en Israel (Fattal-Valesky *et al.*, 1999) se investigó prospectivamente qué factores tenían valor predictivo del estado del neurodesarrollo a los 3 años en pacientes con retraso de crecimiento intrauterino, comparándolo con un grupo control. Los pacientes del grupo de estudio tuvieron un desarrollo motor más pobre (p < 0,01) y un CI significativamente menor (p < 0,05) que los controles. El mejor factor predictivo de la evolución a los 3 años fue la relación entre la circunferencia cefálica y el peso de nacimiento.

Este mismo grupo (Fattal-Valesky *et al.*, 1999) siguió a 81 niños con retardo del crecimiento intrauterino hasta los 6 años de edad y los comparó con un grupo control. No sólo confirmaron la persistencia de trastornos neuromotores y cognitivos, sino que describieron un perfil madurativo caracterizado por dificultades de coordinación, lateralización, habilidad para la ubicación espacial y grafo-motora, y abundancia de movimientos asociados, que posiblemente se asocie posteriormente con dificultades en el aprendizaje.

Finalmente otro estudio (Wienerroither *et al.*, 2001), que investigó el efecto a largo plazo del flujo sanguíneo severamente anormal en la arteria umbilical fetal sobre el neurodesarrollo en la edad escolar, comparándolo con el de un grupo control, observó que tanto el comportamiento neuromotor como el desarrollo intelectual estaban significativamente alterados en el grupo de estudio.

6.6. Cardiopatías congénitas

Las cardiopatías constituyen uno de los defectos congénitos más frecuentes, siendo su prevalencia de aproximadamente 5 a 8 casos por cada 1.000 recién nacidos vivos.

Las lesiones estructurales más frecuentes son la tetralogía de Fallot y la transposición de grandes vasos, que constituyen aproximadamente el 80% de los casos.

Un tercio de estos recién nacidos requerirá cardio-cirugía en el período neonatal, y esta proporción va en aumento como consecuencia de la tendencia a efectuar la corrección quirúrgica de su defecto cardíaco congénito más tempranamente.

La sobrevida de estos recién nacidos ha aumentado aceleradamente como fruto del diagnóstico precoz y de los avances en su manejo cardiológico, quirúrgico y del cuidado intensivo peri-operatorio. Las fundadas expectativas de una vida de duración y calidad normal han brindado importancia al seguimiento de su desarrollo, con el objeto de detectar precozmente alteraciones en el mismo a pesar de la temprana compensación cardiológica.

Estos pacientes presentan factores de riesgo biológicos, específicos de su enfermedad, como la inestabilidad hemodinámica previa a la cirugía que puede producir lesiones hipóxico-isquémicas y requerir además procedimientos diagnósticos invasivos, anestésicos y quirúrgicos que pueden también causar lesiones cerebrales.

En un grupo de estos pacientes las alteraciones del neurodesarrollo son fruto de la coexistencia de malformaciones cardíacas y cerebrales. En muchos casos, a estos factores se unen las dificultades para alcanzar un estado nutricional adecuado y la permanencia prolongada en el hospital por reinternaciones, especialmente frecuentes en los primeros años de vida. Por su condición de pacientes crónicos, con gran vulnerabilidad y alto riesgo de mortalidad, generan en su familia (y, en algunos casos, en la escuela) un patrón de crianza y cuidado cuya principal característica es la sobreprotección, que también influye profundamente sobre su desarrollo.

Son pocos los estudios sobre comportamiento llevados a cabo en niños cardiópatas en el período neonatal. Estos trabajos muestran alteraciones en un gran porcentaje de pacientes, resultados en los que quizá influye el haberlos evaluado durante períodos de grave descompensación de su enfermedad previos a la cirugía, por lo que están recibiendo además cuidados intensivos, o cuando han pasado recientemente por procedimientos quirúrgicos complejos.

En la década del setenta, Gillon (1973) describió el neuro-comportamiento de 82 recién nacidos con cardiopatías congénitas en el contexto de los cuidados de enfermería previos a cardiocirugía. Ella observó dificultad para coordinar respiración, succión y deglución, anomalías en el tono muscular, en la postura y en el nivel de actividad, y pobre orientación visual y auditiva. Limperopoulos *et al.* (1999) informaron los resultados de la evaluación estandarizada del neuro-comportamiento y del examen neurológico de 56 recién nacidos antes de cirugía a corazón abierto. Se documentaron anomalías en más de la mitad de los mismos, incluyendo pobre autorregulación, dificultad para la alimentación, ausencia de succión, alteraciones del tono muscular, asimetrías motoras, microcefalia y convulsiones.

Este grupo (Limperopoulos *et al.*, 2000) investigó a posteriori la correlación entre dichas evaluaciones pre-operatorias y las efectuadas al alta de la cirugía, no observando cambios en el 81% de los casos. La misma investigación aplicada a niños operados entre el mes y los 2 años de vida arrojó resultados similares. Estos trabajos sugieren que las alteraciones neurológicas observadas en pacientes con cardiopatías congénitas, y habitualmente atribuidas a eventos intra-operatorios por evaluaciones posquirúrgicas, estarían a menudo ya presentes antes de la cirugía a corazón abierto.

Sin embargo la mayor duración de hipotermia profunda, asociada a paro circulatorio durante la cirugía, presentó una tendencia a asociarse con hallazgos anormales en el examen del neuro-comportamiento en recién nacidos, y en los niños más grandes la mayor duración del *by pass* cardiopulmonar mostró ser un factor de riesgo. Esta asociación entre la duración de la cirugía y alteraciones del estado neurológico y del neuro'desarrollo ha sido corroborada por otros autores.

Por otra parte, los trabajos que investigaron la relación entre funcionamiento intelectual y edad de reparación quirúrgica de cardiopatías congénitas cianóticas no consiguieron demostrar que la postergación de su corrección, con mayor duración de la hipoxia crónica, afecte negativamente el desarrollo intelectual (Oates *et al.*, 1995).

Durante el primer año de vida es frecuente observar hipotonía generalizada y escasa motilidad espontánea, dentro de un patrón de desarrollo motor caracterizado por retardo en la adquisición de las actividades motrices integradas, y que es más acentuado en las prelocomotoras que en las locomotoras. Esto se refleja en mayores puntajes en el IDM (Índice de Desarrollo Mental) que en el IDP (Índice de Desarrollo Psicomotor) del test de Bayley.

Se debe brindar rutinariamente a los padres de estos niños pautas para estimular el desarrollo motor, obteniendo su normalización en el curso de años posteriores. Este patrón motor pareciera tener un origen múltiple, y los factores más importantes que explicarían dicho retraso son los siguientes:

1) La menor interacción de estos niños con el medio, a causa de la naturaleza de su enfermedad o por la angustia de muerte siempre presente en sus padres, que los lleva incluso a limitar su actividad motora espontánea.
2) El efecto de la hospitalización frecuente o prolongada.

Son frecuentes los trastornos en la alimentación. La succión (pecho, biberones) y el uso del chupete se prolongan largamente. El paso de la succión a la alimentación con cuchara suele ser difícil. Es frecuente el co-lecho.

El desarrollo intelectual de los pacientes con cardiopatías congénitas es usualmente normal, si se excluye a aquellos niños cuya cardiopatía se asocia a síndromes que cursan con alteraciones neurológicas y del neurodesarrollo.

Lejarraga y colaboradores (1997) evaluaron a 20 niños entre 2 y 12 años de edad, operados de comunicación interventricular, y encontraron que la $\bar{X} \pm EE$ (media ± error estándar) de su CI ($81,05 \pm 4,6$) no difería de la de un grupo control constituido por sus hermanos sanos ($83,6 \pm 4,5$) .

Novali y colaboradores (2000) evaluaron a 29 pacientes con cardiopatías congénitas cianóticas luego de su corrección quirúrgica ($\overline{X}$ edad de corrección quirúrgica: 3 años y 8 meses) y a la edad de ingreso a la escolaridad primaria ($\overline{X}$ edad de evaluación: 6 años y 3 meses). Encontraron que la $\overline{X} \pm$ EE del CI de esta población (95,5 ± 13,7) no difería de la encontrada en un estudio transversal de 1.755 niños y niñas urbanos entre 4 y 12 años de edad, sanos y de igual nivel socioeconómico (Porfiri *et al.*, 1976). La tabla 9 muestra el cociente intelectual de pacientes con cardiopatías cianóticas severas.

Tabla 9
CI de una población de pacientes con
cardiopatías congénitas cianóticas severas

	Alto	Normal	Fronterizo	Bajo
CI	16%	77%	4%	3%

Fuente: Novali *et al.*, 2000.

En el período preescolar se observa la prevalencia de conductas asimilativas hacia estos niños, que surge a partir de un entorno familiar que teme exigirles, se adapta a sus exigencias y los sobreprotege. Esta modalidad de enseñanza-aprendizaje, que a veces es imitada por la escuela, genera marcadas dificultades en sus conductas adaptativas, principalmente en la ejecución de actividades de la vida diaria, que dificultan además aprendizajes posteriores (Estevez *et al.*, 1998).

Los padres se encuentran instalados en la situación de riesgo biológico y no favorecen la relación con el conocimiento, tienen gran dificultad para permitir que sus niños concurran al jardín de infantes (Lejarraga *et al.*, 1997), y éste por su parte ofrece resistencia a incorporarlos por temor y desconocimiento. La ansiedad de separación suele ser muy grande, pero si la superan e inician la escolaridad hacen grandes progresos en su conducta y autoestima, beneficiándose al recibir un trato igualitario.

La mayoría de estos pacientes (97%) ingresaron a la escolaridad primaria común (Novali *et al.*, 2000) presentando generalmente un rendimiento escolar calificado como bueno por sus maestros (75% de los niños) (Wienerroither *et al.*, 2001), a pesar de mostrar un ausentismo elevado (58% de los casos) (Lejarraga *et al.*, 1997). En esta población de pacientes son frecuentes los trastornos emocionales y conductuales.

El Test del Dibujo de la Figura Humana mostró un nivel madurativo acorde con la edad cronológica; sin embargo se observó la presencia de indicadores emocionales en hasta un 96% de los casos (Lejarraga *et al.*, 1997; Novali *et al.*, 2000). La evaluación de la conducta adaptativa mostró dificultades para su desempeño en actividades de la vida diaria y en la interacción social, evidenciando una percepción de sí mismos limitada y dependiente a través de la cual estos niños no desarrollan la responsabilidad y la autonomía acordes con su edad cronológica (Novali *et al.*, 2000).

A pesar de presentar CI normal, las alteraciones emocionales y adaptativas encontradas en estos niños podrían influir negativamente sobre su rendimiento escolar y su calidad de vida.

7. Manejo de pacientes con déficit neurológicos severos

El manejo de aquellos niños que presentan parálisis cerebral de cualquier origen es un desafío para sus padres y para el equipo de salud. Estos pacientes deben recibir tempranamente terapia física. Los pacientes con deformidades ortopédicas necesitan la asistencia del ortopedista para preservar la función, corregir deformidades y aliviar el dolor. La estimulación oportuna debe acompañar a la kinesioterapia.

Se deben tener en cuenta siempre los déficit sensoriales como la ceguera por retinopatía de la prematurez o la sordera, proveyendo equipamiento, estimulación y educación adecuados. Los pacientes con incapacidades múltiples deben concurrir a instituciones que den respuesta a todas sus necesidades. Se deben considerar sus requerimientos educativos particulares.

En casos graves, donde la succión y la deglución están profundamente alteradas, la nutrición requerirá el uso de sonda nasogástrica o de gastrostomías.

En casos de menor gravedad, terapistas físicos y fonoaudiólogos podrán estimular y mejorar esas funciones, permitiendo así la alimentación oral. La auto-alimentación puede ser facilitada por un terapista ocupacional que provea al paciente de entrenamiento y equipamiento adecuados.

El reflujo gastroesofágico es frecuente y debe ser tratado mediante el correcto posicionamiento, el manejo de la nutrición y la medicación, para evitar broncoaspiraciones.

La constipación es común, especialmente si el niño recibe medicación anticonvulsivante o antiácida, y debe ser tratada en principio con adecuación de la dieta.

8. Conclusiones

Los problemas del desarrollo son especialmente frecuentes en los pacientes que han requerido tratamiento en unidades de cuidado intensivo neonatal, por lo que estos niños precisan, luego del alta, un seguimiento destinado tanto a continuar la asistencia de sus patologías no resueltas como a detectar precozmente alteraciones en su desarrollo, con el fin de tratarlas oportunamente.

El pediatra que realiza su labor en el primer nivel de atención debe estar capacitado para asistir en su desarrollo a estos pacientes, ya que ellos serán cada vez más frecuentes en su consulta. Por tratarse de pacientes complejos, dicha asistencia deberá ser compartida por centro del segundo y tercer nivel de atención, donde se realizarán las evaluaciones más complejas del neurodesarrollo y los tratamientos indicados.

La prevención primaria de los problemas del desarrollo en recién nacidos se llevará a cabo en el período prenatal y posnatal inmediato, mediante el control del embarazo y su nacimiento en centros que permitan una asistencia adecuada. El pediatra que asiste a estos niños en el primer nivel de atención puede efectuar prevención secundaria y terciaria, mediante la detección de dichos problemas y la derivación del paciente para su tratamiento.

Es necesaria una amplia comunicación entre todo los niveles de atención para que esta asistencia compartida redunde en beneficio de estos niños y facilite a sus padres llevar a cabo controles y tratamientos.

Referencias bibliográficas

Abbasi, S.; Pereira, G. (1984): "Long term assessment in survivors of NEC", *J. of Ped.*, vol. 104, 4.

American Academy of Pediatrcs (1995): "Joint Committee on Infant Hearing, 1994. Position statement", *Pediatrcs*, 95: 152.

American Academy of Pediatrics (1996): "The rol of the primary care pediatrician in the management of high risk newborn infants", *Pediatrics*, 98 (4): 786-788, Committee on Practice and Ambulatory Medicine and Committee on Fetus and Newborn.

Amiel Tison, C. (2001): *Neurología perinatal*, Barcelona, Masson.

Aspres, N.; Valverde, R.; Escandar, A.; Cesare, O. (1993): *Organización de un programa de seguimiento para niños egresados de las unidades de cuidados intensivos neonatales (UCIN)*, Buenos Aires, Ed. SAP, Criterios de diagnóstico y tratamiento, Comité de Estudios Feto-Neonatales.

Bauer, G.; Gonzalez Penna, H.; Contreras, M. (1996): "Displasia broncopulmonar", *Medicina infantil*, vol. III, 2 (junio).

Bayley, N. (1993): *Bayley Scales of Infant Development Manual*, 2ª ed., Nueva York, The Psychological Corporation.

Bedford, H.; Louvois, J. de; Halket, S. *et al.* (2002): "Meningitis in infancy in England and Wales: follow up at age 5 years", *British Medical Journal*, vol. 323: 533-536.

Benitez, A.; Sepúlveda, T.; Lomuto, C. *et al.* (2004): "Pediatric Academic Societies Meeting", San Francisco, Estados Unidos.

Beery, K.; Butenika, H. A. (1982): *Developmental Test of Visual. Motor Integration*, Chicago, Follet.

Bernbaum, J. (1991): "Developmental and Behavioral Sequelae", *Primary Care of the Preterm Infant*, Mosby, 249-280.

Boccacio, C.; Ledesma, A.; Feld, V. (1998): "Evolución a corto plazo de recién nacidos con antecedente de asfixia perinatal", *Rev. Hosp. Mat. Inf. R. Sarda*, 17: 97-192.

Bouzas, L.; Bauer, G.; Novali, L. (1998): "Evolucion alejada de RN de MBP", *Medicina infantil*, vol. V, 3.

Bouzas, L.; Bauer, G.; Novali, L. *et al.* (2003): "Retinopatía del prematuro: primera causa de ceguera infantil en la Argentina", 33er Congreso Argentino de Pediatría, Mar del Plata, Buenos Aires.

Capute, A.; Accardo, P. (1996a): "The infant neurodevelopmental assesment: aclinical interpretative manual for CAT/CLAMS in the first two years of life. Part I", *Curr. Probl. Pediatr.*, (agosto): 238-257.

Capute, A.; Accardo, P. (1996b): "The infant neurodevelopmental assesment: aclinical interpretative manual for CAT/CLAMS in the first two years of life. Part II", *Curr. Probl. Pediatr.*, (septiembre): 279-306.

Cooke, R.; Abernethy, L. (1999): "Cranial magnetic resonance imaging and school performance in V. L. B. W. in adolescence", *Arch. Dis. Child Fetal Neonatal*, 81: 116-121.

Cuevas, M.; Waisburg, H.; Bouzas, L. (2002): "5ª Jornada multidisciplinaria", Hospital de Pediatría Prof. Dr. Juan P. Garrahan.

Davies, P.; Rudd, P. (1994): *Neonatal Meningitis*, Londres, McKeith Press.

Díaz, A. G.; Schwarcz, R. (1979): "El enfoque de riesgo y la atención materno-infantil", *Publicación Científica CLAP*, 1166: 91.

Dunn, L. M. (1981): *Picture Vocabulary Test. Circle Pines*, Minn., American Guidance Service.

Escalona, S. (1982): "Babies at a double hazard: Early development in infants at biologic and social risk", *Pediatrics*, 70: 670-676.

Estevez, E.; Echeverría, H.; Novali, L.; Waisburg, H. (1998): "Intervención psicopedagógica en pacientes con cardiopatías congénitas (área de 3 a 5 años). Encuadre interdisciplinario", III Jornadas de la Red Nacional de Psicopedagogía, Buenos Aires, 1-2 de octubre.

Fattal-Valesky, A.; Leitner, Y.; Geva, R. *et al.* (2000): "Six year follow up of children with intrauterine growth retardation: long term, prospective study", *J. Child Neurol.*, 15 (12): 781-786.

Fattal-Valesky, A.; Leitner, Y.; Kutai, M. et al. (1999): "Neurodevelopmental outcome in children with intrauterine growth retardation: a 3 years follow up", *J. Child Neurol.*, 4 (11): 724-727.

Frankenburg, W. K.; Dodds, J. B.; Archer, P.; Shapiro, H.; Bresnick, B. (1992): "The Denver II: a major revision and restandardization of the Denver Developmental Screening Test", *Pediatrics*, 89: 91-97.

Gerdes, M.; Bernbaum, J.; D'Agostino, J. (1995): "Neurodevelopmental outcome of full term infants with neonatal stroke", *Ped. Res.*, 275 (1528).

Gillon, J. E. (1973): "Behaviour of newborns with cardiac distress", *Am. J. Nurs.*, 73: 254-257.

Graziani, *et al.* (1986): "Neonatal neurosonographic correlates of cerebral palsy in preterm infants, *Pediatrics*, 78: 88-95.

Hack, M.; Breslan, N. *et al.* (1991): "Effect of VLBW and subnormal head size on cognitive abilities", *N. Engl. Med.*, 325: 231-237.

Hack, M.; Fanaroff, A. (1988): "Growth patterns in the ICN graduate", en *Pediatric care of the ICN graduate*, Filadelfia, W. B. Saunders, pág. 38.

Hack, M.; Friedman, H.; Fanaroff, A. (1991): "Outcomes of extremely L. B. W. I.", *Pediatrcs*, 98: 931-937.

Hack, M.; Klein, N.; Taylor, G. (1995): "Long term developmental outcomes of L. B. W. I.", *The Future of Children* L. B. W., vol. 5, 1: 176-196.

Haeussler, I.; Marchant, T. (1988): *TEPSI. Test de desarrollo psicomotor: 2 a 5 años*, Santiago de Chile, Universidad Católica de Chile.

Harvey, D.; Holt, D.; Bedford, H. (1999): "Bacterial meningitis in the newborn: a prospective study of mortality and morbidity", *Seminars in Perinatology*, vol. 23, 3: 218-225.

Health, P.; Nik Yusoff, N.; Baker, C. (2003): "Neonatal meningitis", *Arch. Dis. Child Fetal Neonatal*, 88: 173-178.

Heriksen, T. (1999): "Fetal nutrition, fetal growth restriction and health later in life", *Acta Paediatr.*, supl., 88 (429): 4-8.

Hille, E.; Ouder, A. (1994): "School performance at nine years", *J. of Ped.*, vol. 125, 3: 426-434.

Holditch-Davis, D.; Docherty, S.; Miles, M. (2001): "Developmental outcomes of infants with bronchopulmonary dysplasia: comparison with other medically fragile infants", *Res. Nurs. Health*, 24 (11): 181-193.

Hunt, J.; Tooley, W.; Harvin, D. (1982): "Learning disabilities in children with birthweights ≤1500, *Seminars in Perinatology*, 280-287.

Jobe, A. (2001): "Predictors of outcomes in preterm infants", *Pediatrics*, 138: 153-155.

Klinger, G.; Chin, C.; Beyene, J. *et al.* (2000): "Predicting the outcome of neonatal bacterial meningitis", *Pediatrcs*, vol. 106, 3: 477-482.

Kragelogh-Man, I.; Hagberg, B.; Petersen, D. (1992): "Bilateral spastic cerebral palsy: patogenic aspects from MRI", *Neuropediatrics*, 23: 46.

Kyllerman, M.; Bager, B.; Bensch, J. (1982): "Dyskinetic cerebral palsy: clinical cathegories, asossiated neurological abnormalities and incidences", *Acta Paediatr. Scand.*, 71: 543.

Lejarraga, H.; Kelmansky, D.; Pascucci, M. C.; Salamanco, G. (2004): *Prueba Nacional de Pesquisa*, PRUNAPE, Buenos Aires, Fundación Hospital Garrahan.

Lejarraga, H.; Zandrino, M.; Amadi, A. *et al.* (1997): "Secuelas emocionales y psicosociales en niños operados de comunicación interventricular", *Arch. Arg. Pediatr.*, vol. 95: 246-255.

Leonard, C.; Piecuch, R. (1997): "School age outcome in low birth weight preterm infants", *Seminars in Perinatology*, vol. 21: 240-253.

Levy, S.; Hyman, M. (1993): "Valoracion pediátrica del niño con retraso de desarrollo", *Clin. Pediat.*, vol. 3: 489-603.

Lewis, B.; Singer, L.; Fulton, S. *et al.* (2002): "Speech and language outcomes of children with bronchopulmonary dysplasia", *J. Comun. Disord.*, 35 (5): 393-406.

Limperopoulos, C.; Majnemer, A.; Shevell, M. *et al.* (1999) : "Neurologic status of newborns with congenital heart defects before open heart surgery", *Pediatrics*, 103 (2): 402-408.

Limperopoulos, C.; Majnemer, A.; Shevell, M. et al. (2000): "Neurodevelopmental status of newborns and infants with congenital heart defects before and after open heart surgery", *J. Pediatr.*, 137 (5): 638-645.

Majnemer, A.; Riley, P.; Shevell, M. *et al.* (2000): "Severe bronchopulmonary dysplasia increases risk of later neurological and motor sequelae in preterm survivors", *Dev. Med. Child Neurol.*, 42 (1): 53-60.

McCarthy, D. (1972): *Manual for the McCarthy Scales of Children's Abilities*, Nueva York, Psychological Corp.

Ment, L.; Vohr, B.; Oh, W. (1996): "Neurodevelopmental outcome at 36 months in the multicenter indomrtacyn intraventricular hemorrhage prevention trial", *Pediatrics*, 98: 714-718.

Ment, L.; Schneider, M.; Ainley, M. (2000): "Adaptive mechanism of developing brain", *Clinics in Perinatology*, vol. 27, 2 (junio): 303-323.

Ministerio de Salud de la Nación (2001): *Guía de seguimiento del recién nacido de riesgo*, Unidad Coordinadora de Programas Materno Infantiles y Nutricionales, noviembre.

Nelson, K.; Ellemberg, J. (1982): "Children who outgrow cerebral palsy", *Pediatrics*, 69: 529.

Novali, L. (2001): "Evolución alejada del recién nacido prematuro con hemorragia intracraneana y leucomalacia periventricular", PRONEO, segundo ciclo, módulo 2: 127-152.

Novali, L.; Portis, J.; Contreras, M. (1991): "Meningitis neonatal: Evolución psicomotriz al año de vida", XXIX Reunión anual, S. L. A. I. P.

Novali, L.; Cuevas, M.; Gilli, C. *et al.* (2000): "Cognitive and behavioral profile of children with cyanotic congenital heart diseases", *Pediatric Research (supplement)*, 47 (4): 319.

Oates, R.; Simpson, J.; Cartmill, T. *et al.* (1995): "Intellectual function and age of repair in cyanotic congenital heart disease", *Arch. Dis. Child.*, 72: 298-301.

Palmer, E. (1982): "Developmental and neurological progress of preterm infants with intraventricular hemorrhage", *Archives of Disease in Childhood*, 57: 748-753.

Palmer, E.; Flynn, J.; Ardí, R. (1991): "Incidente and early course of ROP", *Ophtalmology*, vol. 98: 1628-1638.

Perlman, J. (2002): "Cognitive and behavioral deficits in premature graduates of intensive care", *Clinics in Perinatology*, vol. 29, 4 (diciembre).

Porfiri, N.; Spotti, M.; Petriz, G.; Lejarraga, H.; Medina, N.; Cusminsky, M. (1976): "Effect of age, socieoconomic level, maternal education and paternal occupation on intelelctual quotient of 1.755 urban boys and girls aged 4-12 years living in La Plata: a cross sectional study (Abstract)", *Journal of Pediatrics*, 50: 326.

Redondo, F.; Falco, O.; Rodríguez, A. (2003): "Hemorragia intracraneana del prematuro", *Arch. Argent. Pediatr.*, 101 (4): 256-260.

Resnick, M.; Roth, J. (1992): "Educational outcome of neonatal intensive care graduates", *Pediatrics*, vol. 89, 3: 373-377.

Robertson, C.; Finer, N.; Grace, M. (1989): "School performance of survivors of neonatal encephalopathy associated with birth asphyxia at term", *J. Pediatr.*, 114: 753.

Rodriguez, S.; Arancibia, V.; Undurraga, C. (1994): *Escala de evaluación del desarrollo psicomotor; 0 a 24 meses*, 8ª ed., Santiago de Chile, Galdoc.

Rogers, B.; Msall, M.; Owens, T. (1994): "Cystic periventricular leukomalacia and type of cerebral palsy", *J. Pediatr.*, 12: 551-558.

Roland, E.; Hill, A. (1997): "Hemorragia intraventricular e hidrocefalia post hemorrágica", *Clínicas de Perinatología*, vol. 3: 605-622.

Roth, J. (1994): "Relation between neurodevelopmental status of V. L. B. W. at one and eight years", *Dev. Med. Child Neurology*, 36: 1049-1062.

Saigal, S.; Szatmari, P.; Rosenbaum, P. (1991): "Cognitive abilities and school performance of extremely L. B. W. J.", *Pediatrics*, 118: 751-760.

SAP (1966): *Anomalías neuromadurativas en el primer año de vida*, Buenos Aires, Ed. SAP, Criterios de diagnóstico y tratamiento, Comité de Estudios Feto-Neonatales, Subcomisión de Seguimiento de Recién Nacidos de Alto Riesgo.

SAP (1999): "Recomendaciones para la pesquisa de la retinopatía del prematuro", *Arch. Arg. Ped.*, (5): 349, Comité de Estudios Feto-Neonatales.

SAP (2001): *Guías para la evaluación del crecimiento*, 2ª ed., Buenos Aires, Ed. SAP, Comité Nacional de Crecimiento y Desarrollo.

Sarnat, H.; Sarnat, M. (1976): "Neonatal encephalopaty following fetal distress, a clinical and electroencephalographic study", *Arch. Neurol.*, 33: 696.

Sarrasqueta P. de; Basso, G. (1990): "Análisis de la calidad de atención neonatal en Buenos Aires estimulada por la mortalidad de niños de bajo peso al nacer", *Arch. Arg. Ped.*, 88: 151-163.

Schapira, I.; Aspres, N.; Benitez, A. (2001): "Hallazgos en dibujos de la figura humana de niños de 2 a 5 años nacidos prematuros", *Arch. Argent. Pediatr.*, 99, (1): 14-22.

Shalak, L.; Perlman, J. (2002): "Hemorrhagic isquemic cerebral injury", *Clin. Perinatol.*, vol. 29: 745-763.

Sparrow, S. S.; Balla, D. A.; Cicchetti, D. (1984): *Vineland Adaptive Behavior Scales Circle Pines*, Minn., American Guidance Service.

Stevens, J.; Eames, M.; Kent, A. *et al.* (2003): "Long term outcome of neonatal meningitis", *Arch. Dis. Child Fetal Neonatal*, 88: 179-184.

Stewart, A. L.; Rifkin, L.; Amess, P. (1999): "Brain structure and neurocognitive function in adolescent who were born preterm", *Lancet*, vol. 353: 1653-1657.

Terman, L. M.; Merrill, M. A. (1975): *Medida de la inteligencia. Método para el empleo de las pruebas del Stanford Binet* (3ª ed. rev. de versión de 1960, *Formas L y M*), Madrid, Espasa Calpe.

Tudehope, D.; Burns, Y.; Gray, P. (1995): "Changing patterns of survival and outcome at 4 years", *J. Pediatr. Child Health*, 31: 451-456.

Vohr, B. (2000): "Neurodevelopmental and functional outcomes of extremely low birth weight infants", *Pediatrics*, 105: 1216-1226.

Vohr, B. (2001): "Neonatal follow-up programs in the new milenium", *Neo Reviews*, vol. 2, 11 (noviembre): 241.

Vohr, B.; Msall, M. (1997): "Neuropsychological and functional outcomes of V. L. B. W. infants", *Seminars in Perinatology*, vol. 21, 3: 202-220.

Vohr, B.; Wright, M.; Dusick, A. (2000): "Neurodevelopmental and functional outcomes of E. L. B. W. infants", *Pediatrics*, vol. 105: 1216-1226.

Volpe, J. (1995): "Hipoxic-ischemic encephalopathy: clinical aspects", en *Neurology of the Newborn*, 3ª ed., Filadelfia, W. B. Saunders.

Volpe, J. (1997): "Lesión cerebral en el recién nacido pretérmino", *Clínicas de Perinatología*, vol. 3: 583-603.

Walsh, M.; Kliegman, R.; Hack, M. (1989): "Severity of NEC influence on outcome", *Pediatrics*, vol. 84, 5.

Wechsler, D. (1967): *Test de inteligencia para preescolares (WPPSI)*. *Manual*, Nueva York, The Psychological Corporation.

Whyte, H.; Taylor, M.; Menzis, R. (1986): "Prognostic utility of visual evoked potentials in full term asphyxiated neonates", *Pediatr. Neurol.*, 2: 222.

Wienerroither, H.; Steiner, H.; Tomaselli, J. *et al.* (2001): "Intrauterine blood flow and long term intellectual, neurologic, and social development", *Obstet. Gynecol.*, 97 (3): 449-453.

Woods, N.; Marlow, N.; Costeloe, K. *et al.* (2000): "Neurologic and developmental disability after extremely preterm birth", *N. Engl. J. Med.*, 343, 6: 378-384.

Wray, J.; Sensky, T. (1999): "Controlled study of preschool development after surgery for congenital heart disease", *Arch. Dis. Child*, 80: 511-516.

Wulfeck, B.; Trauner, D.; Tallal, P. (1991): "Neurologic, cognitive and linguistic features of infants after early stroke", *Pediatr. Neurol.*, 7: 266.

CAPÍTULO 11

Dificultades y alternativas para la vigilancia y promoción del desarrollo en el primer nivel de atención

Mario Rípoli

1. Introducción

Para abordar el tema que nos ocupa, es necesario encontrar previamente la intersección entre el primer nivel de atención y el desarrollo psicomotor. Dentro de la estrategia de la Atención Primaria de la Salud (APS), el primer nivel es el lugar donde se cristaliza el primer contacto entre el sistema de salud y la población.

En los últimos años, en muchos países de América latina, se asiste a un visible crecimiento de la APS en por lo menos tres aspectos:

- declamativo, en cuanto constituye el núcleo de las propuestas de política sanitaria;
- académico, ya que se intenta incorporar no sólo conceptos de APS en los programas de enseñanza, sino también incluir los métodos de capacitación en servicio;
- operativo, en tanto que la implementación de programas locales apunta principalmente a la atención de problemas que pertenecen al campo específico de la APS.

Esta situación se acompaña del deterioro progresivo de las condiciones de vida de comunidades cada vez más extensas (Kliksberg, 1994), y los daños emergentes pueden ser al menos contenidos por los programas en el primer nivel de atención.

La intersección entre el desarrollo y la atención primaria se encuentra, entonces, en dos líneas principales:

a) la influencia sobre el desarrollo psicomotor de las condiciones sociales, ambientales y sanitarias de las comunidades que se atienden en el primer nivel;
b) el desarrollo psicomotor de los niños, incluyendo el proceso de su evaluación.

2. Influencia del medio sobre el desarrollo

En un contexto de condiciones socioeconómicas desfavorables, podemos reconocer los siguientes factores medioambientales que influyen sobre el desarrollo del niño:

• Nutrición

Este tema es tratado más en profundidad en el capítulo específico (véase capítulo 6). No obstante, se identifican dos grandes líneas de estudio en esta área: aquella que hace énfasis en la influencia de los factores biológicos sobre el desarrollo cerebral (Pollit, 2000) y aquella que hace énfasis en los factores medioambientales que usualmente acompañan a niños y familias con carencias nutricionales (Sameroff *et al.*, 1987).

Hay cierta controversia en la literatura sobre los mecanismos por los cuales la desnutrición afecta el desarrollo psicomotor del niño. Pero la mayoría de los autores concuerda en que la desnutrición en niños menores de un año afecta negativamente el desarrollo medido por el cociente intelectual.

El impacto de la desnutrición sobre el desarrollo del niño tiene consecuencias a largo plazo sobre el volumen cerebral, determinado por resonancia magnética (Ivanovic *et al.*, 1990). Los niños acortados, que estuvieron sometidos a una prolongada carencia nutricional, tienen retardo del desarrollo (Lejarraga, 1990). No obstante, la relación entre variables antropométricas y desarrollo psicomotor es débil cuando, en vez de evaluarla en grupos de población, la evaluamos en individuos (Vega Franco *et al.*, 1989). Hay otras variables que tienen una relación más directa con el desarrollo del niño, como por ejemplo el nivel de inteligencia (Lejarraga *et al.*, 2002) y de educación materna (Ivanovic *et al.*, 2002).

La lactancia materna tiene efectos protectores sobre el desarrollo del niño, y los mecanismos biológicos intervinientes en este efecto son sustrato de investigación y de controversia (Helland *et al.*, 2003; Jacobson *et al.*, 1999).

Más allá de los estudios destinados a evaluar la influencia puntual de un determinado nutriente específico sobre el desarrollo cerebral o sobre el desarrollo psicomotor del niño, y más allá de la importancia relativa de los factores biológicos y medioambientales que afectan el desarrollo del niño, podemos decir que en aquellas comunidades en las que la desnutrición es un problema prevalente, las alteraciones del desarrollo también lo son.

• Vivienda

En nuestro país, la vivienda inadecuada *per se* es suficiente criterio de inclusión de una familia en la categoría de Necesidades Básicas Insatisfechas (NBI) (INDEC, 1984). Se pueden identificar varios factores que influencian el desarrollo infantil: la precariedad habitacional, que incluye una inadecuada estructura que apenas alcanza para satisfacer necesidades mínimas de abrigo y refugio, la escasez de productos culturales y el hacinamiento. La *vivienda* es la expresión física del *hogar*, morada de la familia. Hay experiencias realizadas con niños de la calle que demuestran que aquellos que pertenecían a algún sistema de institucionalización mostraban un cociente intelectual más alto que los que carecían de ese sistema (Choudhary *et al.*, 2002).

La identificación de los efectos de la vivienda sobre el desarrollo es muy dificultosa, ya que esta variable no es aislada ni independiente sino que se entrelaza con muchos otros componentes del nivel de vida, tales como atención de salud, nutrición, etcétera. No obstante, la posibilidad de que en una vivienda haya elementos de estímulo intelectual para el niño es un factor importante y positivo para la promoción del desarrollo infantil, y debe ser fuertemente promovida desde el primer nivel de atención. Las relaciones entre los distintos miembros de la familia están influenciadas por la estructura física de la vivienda. La falta de espacios propios para algunos miembros de la familia condiciona, en muchos casos, los movimientos del grupo familiar en función de figuras predominantes, que raramente es la de los niños y la mayoría de las veces es la de algún adulto. Estas situaciones constituyen elementos desfavorables para la maduración de los niños.

• Recreación

En comunidades que viven en la pobreza, se observan ciertas características de las actividades recreativas. La reducción del tiempo de recreación a expensas de la búsqueda de sustento material puede jugar a favor de la estimulación de algunas funciones en detrimento de otras, produciendo asimetrías en el desarrollo armónico del niño. Se observa, también, una disminución de los espacios destinados a la recreación y una mayor práctica del juego auto-organizado, con predominio de la expresión física y bajos niveles de utilización del lenguaje y de mecanismos complejos de cooperación.

Una actividad que puede aparecer en estas comunidades es la socialización estereotipada, ya sea a partir de iniciativas de organizaciones no gubernamentales o de otras instituciones que tienden a organizar y conformar los grupos (muchas veces de adolescentes) a partir de la satisfacción de alguna necesidad básica (alimentos, etcétera). Hay riesgo de generar, de esta manera, una instancia comunitaria que se introyecta y de alguna manera perpetúa la segregación (Matrajt, 1982).

• Actividades culturales

Las comunidades que viven en condiciones socioeconómicas desfavorables se encuentran bajo la influencia de dos interferencias importantes desde el punto de vista cultural: por un lado, la invasión de los medios de difusión masiva que se hacen presentes en las barriadas en forma ocasional, con motivo de alguna coyuntura; y, por otro lado, las altas tasas migratorias que generan flujos intensos de costumbres y tradiciones. Ambos fenómenos generan, muchas veces, tensiones contradictorias que son resueltas en función de la utilidad que tengan para la satisfacción de una necesidad inmediata, para la supervivencia o para satisfacer el deseo de asimilación a una clase social superior.

En el proceso de evaluación del desarrollo, los aspectos culturales son importantes, y hay muchos ejemplos que así lo demuestran. Las pruebas usadas en la evaluación sistemática del desarrollo, como los tests de pesquisa o los tests diagnósticos, asumen el conocimiento y la familiarización del niño con ciertos objetos que no son usados en todas las culturas. Por ejemplo, el test de Denver –hecho en Estados Unidos– incluye en una de sus pruebas la capacidad del niño de volcar una caja de cereales en un recipiente. Muchos niños de nuestro país podrían fallar en esta prueba, pero no porque estén retrasados en su maduración, sino porque no están familiarizados con la caja de cereales, ya que este alimento no forma parte de la cultura alimentaria local. Es por eso que debe procurarse usar pruebas que sean compatibles con las pautas culturales locales (Lejarraga *et al.*, 2004).

La segregación social que sienten muchos adolescentes de familias pobres puede llevarlos a transgredir las normas aceptadas y a brindar una imagen de desarrollo insuficiente. En muchas zonas rurales, en las que diversas tradiciones y creencias llevan a sobrevalorar el pensamiento mágico, se puede generar una actitud valorativa con sentido negativo respecto a la inteligencia de las personas, subestimando prejuiciosamente su capacidad de razonamiento lógico-formal.

3. Evaluación del desarrollo

Son tres los componentes del proceso de evaluación del desarrollo en el niño: el sujeto evaluado, el sujeto evaluador y el instrumento de evaluación.

3.1. El sujeto evaluado

• La motricidad

El desarrollo de la motricidad gruesa cobra especial interés en las etapas tempranas, y está fuertemente regulado por procesos biológicos (mielinización, gradiente de mediadores, concentración de cuerpos de Nissl, etcétera), aunque también precisa de los estímulos medioambientales. La evaluación del tono muscular es una parte muy importante de la evaluación del desarrollo motor, porque de él dependen muchas conductas motrices.

Para evaluar el desarrollo motor se requiere una evaluación integral del niño, incluyendo su estado nutricional. En nuestro lugar de trabajo, el raquitismo carencial es una patología prevalente en niños nacidos en ciertas épocas del año, asociada a osteomalacia materna, falta de complementación vitamínica en el lactante, alimentación artificial en los primeros meses. En el raquitismo moderado, la hipotonía está asociada en forma casi constante con las consecuencias naturales de su fracaso en la adquisición de pautas posturales y de motilidad (Nelson, 2000).

• Control de esfínteres

El cumplimiento retrasado o adelantado de una determinada pauta de desarrollo puede ser fruto de confusión si no se toman en cuenta las características del contexto en que este desarrollo tiene lugar. Por ejemplo, en las comunidades económicamente desfavorecidas con las que trabajo, se puede detectar una necesidad de que los hijos logren tempranamente el control de esfínteres y, en cada cultura, los métodos para lograrlo son diferentes. Con altas tasas de natalidad e intervalos intergenésicos breves, el uso de pañales en más de un niño de la familia conlleva un buen número de dificultades. Por otro lado, es sabido desde hace mucho tiempo que los niños menores de un año pueden controlar esfínteres por un proceso de condicionamiento. Sin embargo, en muchos de estos casos, el control completo es más lento (Bakwin y Bakwin, 1974). Finalmente, en los casos en que muchos miembros de la familia padecen enuresis, se deja de considerar este síntoma como un problema merecedor de una consulta médica.

• Lenguaje

Muchos son los factores que en medios desfavorecidos atentan contra un normal desarrollo del lenguaje. En puntos anteriores hemos mencionado la pobreza y escasa complejidad del lenguaje que se observa en esos medios.

Más evidente es esto cuando se estudia en situaciones lúdicas cooperativas. El desarrollo del lenguaje requiere de una serie de condiciones: la primera de ellas es la integridad de la vía sensorial. En medios de bajo nivel socioeconómico, la prevalencia de infecciones de la vía aérea alta y la consecuente hipoacusia de conducción son muy altas. Las condiciones de vida (hacinamiento, etcétera) y la desnutrición, con su repercusión desfavorable sobre la inmunidad, favorecen las infecciones, su propagación y su virulencia (Ferrero *et al.*, 1996).

La alta proporción de recién nacidos de bajo peso (pre-término o con retardo de crecimiento intrauterino), así como las maniobras terapéuticas que se utilizan, contribuyen también a aumentar la prevalencia de secuelas sensoriales. Las internaciones repetidas en lactantes, el riesgo de pérdida de la lactancia natural y de hospitalismo, en general, son también factores de riesgo de retraso del desarrollo del lenguaje.

En el caso de familias migrantes, el uso de dialectos o de un lenguaje español con muchos términos específicamente regionales hace que, cuando el niño ingresa a la escuela, se encuentre con dificultades de comunicación asociadas a estas características de su lenguaje, que pueden generar una inhibición en la comunicación. La sobreutilización del lenguaje no verbal para facilitar la expresión es una respuesta muy frecuente en el centro de salud en el que trabajamos.

Los retrasos del lenguaje tienen un impacto decisivo en el desempeño escolar. En la escuela, sabemos que un lenguaje defectuoso es un factor predictivo de fracaso (Walker *et al.*, 1994). Estos problemas de fracaso escolar deben siempre ser evaluados en el contexto amplio de la inserción social y cultural de niño. Muchos niños con pobreza del lenguaje y sobreutilización de la expresión no verbal sufren, en ocasiones, un diagnóstico apresurado de "déficit de atención", con sus consecuentes derivaciones a centros de mayor complejidad para la búsqueda de supuestas causas orgánicas. En estos centros, no es raro que se continúe la secuencia con la confección de un diagnóstico absolutamente provisional, con una prescripción farmacológica y una recomendación de asistencia a una escuela especial. En muchos de estos casos, esta ruta no es la mejor para resolver el problema del niño. Es aquí donde la comunicación entre los centros de base, en el primer nivel de atención, y los centros de derivación, el intercambio de experiencias y de conocimientos adquieren su mayor relevancia en beneficio de la mejor atención.

3.2. El sujeto evaluador

La estrategia de APS ofrece peculiaridades en cuanto a los recursos que compromete, sean ellos instrumentales o humanos (OMS/Unicef, 1978). En este sentido, es muy importante tener en cuenta a los líderes comunitarios, que pueden jugar un rol importante como efectores de programas y actividades. Estos líderes potenciales se encuentran insertados en la comunidad, y pueden ser intérpretes genuinos de sus propias necesidades (Rice, 1985). Los sistemas de salud necesitan urgentemente el aporte de información proveniente de los destinatarios de los programas de salud, en cuanto a las necesidades asistenciales, y sobre todo de los servicios y las formas en que esos servicios se prestan. Estos líderes comunitarios pueden también ser verdaderos evaluadores del desarrollo del niño; y desde la posición que tienen, pueden enriquecer la visión del desarrollo infantil con una perspectiva diferente a la de los agentes de salud. Experiencias previas demuestran que las evaluaciones hechas desde esta perspectiva tienen una gran sensibilidad (Rípoli, 1999).

La evaluación del desarrollo es parte del control periódico en salud, que debe cumplirse en el primer nivel de atención. Este control es un componente de enorme trascendencia, reconocido ya en épocas tempranas de normatización internacional de la APS como un servicio relacionado con la disminución de la mortalidad infantil (Unicef/OMS, 1988).

3.3. ¿Cuáles son las acciones que deben cumplir los agentes de salud en el primer nivel de atención en relación al desarrollo psicomotor?

- La identificación de factores de riesgo: Es necesario que el equipo tenga la formación necesaria para el reconocimiento tanto de los factores bio-psico-sociales de riesgo descritos en la literatura general, como de los factores de riesgo que están presentes localmente, en el área de trabajo de cada agente.
- La identificación de los factores protectivos: Es necesario reconocer aquellos elementos que pueden jugar un rol de protección de la salud y del desarrollo del niño. Son factores biológicos, familiares y del entorno social inmediato (amigos, etcétera) que pueden movilizarse para promover un desarrollo positivo en el niño.
- La asistencia de niños con problemas del desarrollo manifiestos: En esos casos, en el nivel primario se debe contar con el personal y las guías necesarias para cumplir con un diagnóstico operativo. No es necesario que en el primer nivel de atención se haga el diagnóstico específico de un raro

síndrome neurológico degenerativo, pero sí es importante que se pueda hacer una descripción de los problemas específicos de desarrollo que el niño padece, si son predominantemente sensoriales (visión y audición), motores, intelectuales, etcétera, y a quién y en qué nivel de complejidad es conveniente hacer determinadas consultas. Todos los pacientes que así lo requieran deberían tener el acceso al nivel de tecnología que necesitan de acuerdo al problema específico que tengan. De esta manera, resulta natural que en el primer nivel de atención haya un equipo multidisciplinario con la complejidad que corresponda al lugar en que le toca trabajar, y que, a su vez, esté en permanente contacto con equipos que trabajan en niveles de mayor complejidad. El mantenimiento de la debida comunicación es esencial para garantizar la calidad de atención del paciente. Ya se ha hecho énfasis en otra publicación sobre la importancia de escribir adecuadamente las cartas de referencia y contrarreferencia (Lejarraga, 2001). Entre los distintos niveles de complejidad debe haber una comunicación fluida y permanente. A través de un trabajo en común deben confeccionarse guías de trabajo, prioridades, mecanismos y criterios de derivación.

- Además de un diagnóstico operativo, también es necesario definir cuáles son los *padecimientos* del paciente, entendiéndose por padecimientos a los problemas que más afectan o preocupan al paciente *desde el punto de vista del paciente mismo*. El personal del primer nivel de atención debe conocer bien la comunidad en que trabaja para, de esta manera, interpretar adecuadamente las manifestaciones de las conductas de los niños en el contexto en que viven y contribuir así a un mejor diagnóstico de su desarrollo.

- La detección de niños con problemas inaparentes de desarrollo: La semiología pediátrica en cada control en salud es un poderoso instrumento para este fin. La evaluación del desarrollo en pediatría es –en cierto modo– oportunística, ya que se va haciendo como parte de la consulta, observando al niño, hablando con la madre, aprovechando su desplazamiento natural en el consultorio para evaluar su motricidad, conversando con él para evaluar su lenguaje, etcétera. No obstante, sabemos que tanto esta vigilancia rutinaria por parte del pediatra como la observación por parte de los padres no son suficientes para la detección de problemas del desarrollo. Es necesario incrementar el poder de detección del equipo de salud en el primer nivel. Una forma de lograrlo es administrar formalmente un test objetivo, para aumentar la capacidad de detección de problemas inaparentes de desarrollo. La Sociedad Argentina de Pediatría recomienda administrar el test PRUNAPE (Lejarraga *et al.*, 2004) al menos una vez antes del primer año de vida y otra vez alrededor de los cinco años (SAP, 2002). Este test ha sido recientemente validado (Pascucci *et al.*, 2002). Sabemos que todo resultado de pruebas o tests debe ser evaluado en el contexto cultural y social en el que los niños se desenvuelven, y el personal del primer nivel adecuadamente capacitado es el más indicado para el cumplimiento de esta tarea.

- El tratamiento de problemas de desarrollo: El equipo de salud del primer nivel puede cumplir acciones terapéuticas en muchas áreas del desarrollo, según el personal que lo conforme. Debe procurarse cumplir el tratamiento del problema en el lugar más cercano posible al domicilio del paciente. Los centros de alta complejidad desarrollarán las acciones terapéuticas y de rehabilitación que no puedan cumplirse en el primer nivel. Estos centros, adicionalmente, tienen otras responsabilidades en cuanto a la capacitación del personal en áreas periféricas, en la supervisión de su desempeño y en la modificación de sus estrategias de acuerdo a las propuestas del primer nivel.

- Acciones comunitarias: La identificación de factores de riesgo es para categorizar individuos. Sin embargo, hay factores de riesgo que pueden ser comunes a *toda* la comunidad. En estos casos, esa comunidad es merecedora de acciones, no ya sobre los individuos solamente, sino también globales. El personal de salud del primer nivel debe contar con los recursos humanos y los materiales como para desarrollar tareas de educación comunitaria, favoreciendo la participación. Los mensajes de cuidados generales de la salud del niño, la lactancia materna, la estimulación de su desarrollo, la estimulación de la lectura, la implementación de carnés de control en salud, la enseñanza de pautas de crecimiento y desarrollo elementales son contenidos que cuentan con probada eficacia. La instrucción de los padres sobre conceptos del desarrollo resulta en una mayor capacidad de su parte para detectar problemas de desarrollo en sus hijos (Knobloch, 1976).

El concepto de *prevención* debe permear todas las acciones en el primer nivel, ya que en desarrollo, como en muchas áreas de la medicina, las acciones de prevención –cuando esto es posible– son preferibles a las de reparación.

4. Conclusión

Muchas comunidades en nuestro país, bajo el Programa de Atención Primaria de Salud, presentan una alta prevalencia de problemas de desarrollo.

Estas poblaciones de alto riesgo tienen como común denominador a la pobreza.

El reconocimiento de los problemas de desarrollo debe hacerse teniendo en cuenta el contexto descrito. Hay conductas que los niños pueden mostrar y que son respuestas reactivas a las condiciones medioambientales adversas, y no necesariamente constituyen problemas anormales del desarrollo.

El marco apropiado para el reconocimiento oportuno de los problemas de desarrollo es el control periódico en salud en el primer nivel de atención.

El equipo de salud inserto en la comunidad es un instrumento eficaz para cumplir muchas acciones terapéuticas y de rehabilitación.

Los niveles de mayor complejidad deben trabajar en conjunto con el primer nivel, y en permanente intercomunicación, en cuanto a las referencias y contrarreferencias, de la misma forma en que se debe proceder frente a otros problemas de salud.

Los problemas de desarrollo deben ser pasibles de un enfoque amplio, promoviendo la participación de otros sectores de la vida ciudadana, como por ejemplo las guarderías y las escuelas.

Referencias bibliográficas

Bakwin, H.; Bakwin, R. M. (1974): *Desarrollo psicológico del niño normal y patológico*, México, Interamericana, pág. 62.

Choudhary, R.; Sharma, A.; Agarwal, K. S.; Kumar, A.; Sreenibas, V. *et al.* (2002): "Building for the future: Influence of housing on intelligence quotient of children in an urban slum", *Health Policy Plan*, 17 (4): 420-424.

Ferrero, F. C.; González Pena, H.; Ossorio, M. F.; Grenoville, M. (1996): "Consenso sobre infecciones respiratorias agudas bajas en menores de dos años. Recomendaciones para su manejo", *Arch. Argent. Pediatr.*, 94 (4): 274-288.

Glascoe, F. P. (1997): "Parents concerns about children's development: prescreening technique or prescreening test?", *Pediatrics*, 99: 522-529.

Helland, I. B.; Smith, L.; Saarem, K.; Saugstad, O. D.; Drevon, C. A. (2003): "Maternal supplementation with very-long-chain n-3 fatty acids during pregnancy and lactation augments children IQ at 4 years of age", *Pediatrics*, 111 (1): 39-44.

INDEC (1984): *La Pobreza en la Argentina*, Buenos Aires, pág. 62.

Ivanovic, D. M.; Leiva, B. P.; Pérez, H. T.; Inzunza, N. B.; Almagia, A. F. *et al.* (2000): "Long term effects of severe undernutrition during the first year of life on brian development and learning in chilean high-school graduates", *Nutrition*, 16 (11-12): 1056-1063.

Jacobson, S. W.; Chiodo, L. M.; Jacobson, J. L. (1999): "Breastfeeding effects on intelligence quotient in 4 and 11-year-old children", *Pediatrics*, 103 (5): 71-75.

Kliksberg, B. (1994): *Pobreza, un desafío impostergable*, México, Fondo de Cultura Económica, pág. 7.

Knobloch, P. (1976): "The validity of parental reporting of infant development", *Pediatrics*, 63 (6).

Lejarraga, H. (1990): "Evaluación antropométrica del estado nutricional", *Bol. CESNI*, 3: 26-30.

Lejarraga, H. (2001): "La interacción entre los médicos: consulta, referencia, contrarreferencia", *Archivos Argentinos de Pediatría*, 99 (5): 385.

Lejarraga, H.; Pascucci, M. C.; Krupitzky, S.; Kelmansky, D.; Bianco, A.; Martínez, E.; Tibaldi, F.; Cameron, N. (2002): "Psychomotor development in Argentina", *Paediatric and Perinatal Epidemiology*, 16: 47-60.

Lejarraga, H.; Kelmansky, D.; Pascucci, M. C.; Salamanco, G. (2004): *Prueba Nacional de Pesquisa*, Buenos Aires, Fundación Hospital Garrahan.

Matrajt, M. (1982): *Alcoholismo y drogadicción*, México, Replanteos, págs. 95-113.

Nelson, C. A.; Behrman, R. E.; Kliegman, R. M.; Jenson, H. B. (2000): *Textbook of Pediatrics*, 16ª ed., Filadelfia, Saunders, pág. 186.

OMS/Unicef (1978): *Conferencia Internacional sobre APS. Informe conjunto del Director General de OMS y del Director Ejecutivo de Unicef*, Alma Ata.

Pascucci, M. C.; Lejarraga, H.; Kelmansky, D.; Alvarez, M.; Boullón, M. *et al.* (2002): "Validación de la prueba nacional de pesquisa de trastornos de desarrollo psicomotor en niños menores de 6 años", *Archivos Argentinos de Pediatría*, 100 (5): 374-385.

Pollit, E. (2000): "Developmental sequelae from early nutritional deficiency: conclusive and probability judgements", *Journal of Nutrition*, 130, supl. 2, 350-353.

Rice, M. (1985): "Educación en salud, cambio de comportamiento, tecnologías de comunicación y materiales educativos", *Arch. Argent. Pediatr.*, 83: 173-178.

Rípoli, M. F. (1999): *Atención primaria selectiva*, Buenos Aires, Eudeba, pág. 61.

Sameroff, A.; Seifer, R.; Barocas, R.; Zax, M.; Greenspan, S. (1987): "Intelligence quotient scores of 4 year old children: social environmental risk factors", *Pediatrics*, 79: 343-350.

SAP (2002): *Guías de Atención Pediátrica*, Buenos Aires, Ed. SAP.

Unicef/OMS (1988): "Atención primaria de la salud en zonas urbanas", *Bol. OPS*, 98 (5): 473-477.

Vega Franco, L.; Robles Martínez, B. (1989): "Intellectual development and somatic growth in students suffering from malnutrition early in life", *Boletín Médico del Hospital Infantil de México*, 46 (5): 328-335.

Walker, D.; Greenwood, C.; Hart, B.; Carta, J. (1994): "Prediction of school outcomes based on early language production and socioeconomic factors", *Child Development*, 65 (2): 606-621.

CAPÍTULO 12

Lo que los padres quieren saber sobre sus hijos con problemas de desarrollo

Martin Bax

1. Introducción

En una reciente revisión, Fallowfield y Jenkins (2004) escribieron sobre las formas de comunicar "noticias tristes, malas o difíciles" en medicina. Los problemas que discuten los autores incluyen aquellas situaciones que se plantean en el caso de pacientes con traumatismos agudos o cáncer, pero igualmente dedican una buena parte del artículo a las "malas noticias" en pediatría y obstetricia. En una discusión ulterior, los autores recomiendan especialmente el material producido por la Scope Working Party (1999, 2003), que con el título *Right from the Start* (Bien desde el principio) presenta muchos de los principios centrales del proceso y resalta algunos de los principios claves sobre "compartir las noticias". Este título sugiere que de lo que se trata es del *revelado de la información*, de hablar con los padres sobre su hijo discapacitado. Al comienzo de la relación entre el pediatra y la familia, el acto o proceso de decirle a los padres que su hijo sufre de algún tipo de discapacidad es pasible de ser incluido en el artículo sobre la comunicación de noticias tristes, malas o difíciles. Pero la diferencia que hay con otras situaciones es que tal vez en el caso de la discapacidad en la infancia, el revelado de la información es a menudo el comienzo de una larga y duradera relación entre el pediatra, el niño y su familia, y es de esperar que esta triste situación puede llevar a una relación de amistad y a una preocupación compartida en una forma positiva en lugar de depresiva.

El pediatra tiene que enfrentar el hecho de que es el mensajero, el portador de malas noticias, y por lo tanto puede fracasar en la creación de una relación positiva con una cierta proporción de familias, con una de cada diez, y es importante en los momentos iniciales dejar saber a los padres que ellos pueden (y tienen el derecho en el Reino Unido) de consultar a otro médico.

El propósito, sin embargo, es establecer una relación de amistad entre el niño, su familia y el profesional, de manera tal que aquellos puedan aceptar o comprender el carácter del profesional que los está atendiendo. Por supuesto, siempre habrá lagunas en el conocimiento del médico, y siempre deberá tratar de llenarlas pidiendo opinión a los colegas. El médico debe aceptar que, si bien puede disponer de una cierta cantidad de conocimientos sobre niños discapacitados, nunca va a saber tanto como saben los padres sobre su propio hijo. Como profesional, el médico espera ser capaz de compartir con la familia la satisfacción de los logros del niño, pero espera además sostener la relación en situaciones difíciles, tales como la muerte de un niño discapacitado. Ese es uno de sus objetivos.

2. La respuesta de las familias ante los trabajadores de la salud (Baird *et al.*, 2002; Garwick *et al.*, 1995)

En diferentes culturas, grupos sociales y generaciones, la respuesta de los pacientes y sus familias a los trabajadores de la salud varía enormemente. Algunas personas todavía consideran al médico como alguien con poder omnímodo, cuya palabra es ley y cuyas opiniones y propuestas no pueden ser cuestionadas. Estas personas pueden llegar a sentirse intimidadas por médicos de guardapolvo blanco sentados detrás de un escritorio y acompañados de jóvenes colegas. Hay pacientes que se sienten temerosos de hacer preguntas y pedir la información básica que les gustaría tener y que además necesitan. Otras familias pueden llegar a comportarse en forma cínica frente a la medicina ortodoxa, siendo conscientes de la arrogancia médica, y esta actitud se suma a los sentimientos de ira que pueden acompañar al hecho de tener un niño discapacitado. Un distinguido académico de una universidad del Reino Unido, pero de otra nacionalidad, dijo que "sería inapropiado estimular a un niño a que tome decisiones sobre su propio tratamiento porque el doctor es el que sabe".

De estas consideraciones surge que, desde el comienzo de la relación, el médico debe comunicarse con el niño. Tal vez debido a la forma de comunicación médico-paciente que se instala con los recién nacidos, hay un riesgo de demorar la comunicación directa con el niño de poca edad; ellos, sin embargo, desde edades muy tempranas acostumbran a escuchar muy atentamente las conversaciones de los padres y pueden comprender bastante bien las cosas que les pasan. Las conversaciones deben incluir no sólo a los padres sino también a toda la familia; los hermanos mayores y menores del paciente también necesitan comprender el problema del niño discapacitado, así como los abuelos, tíos y tías. A menudo, los abuelos pueden jugar un papel importante en el cuidado de los niños, así como en el diseño de planes para el futuro. También es necesario pensar en la estructura familiar. Una familia monoparental, sin apoyo de otros parientes y con escasos recursos económicos, está en una situación muy diferente a la de una familia con ambos padres y recursos suficientes. Puede haber otros cuidadores que ocupen un lugar de importancia y, en algunos casos, pueden ser la figura principal.

El otro tema que concierne al equipo de salud es el del lenguaje. En muchas partes del mundo (y especialmente en grandes ciudades), los trabajadores de la salud pueden tener que atender a pacientes que hablan una lengua extranjera. En estos casos, puede ser necesario recurrir a un intérprete que, en ocasiones, puede no "interpretar" exactamente los deseos e ideas de los padres o médicos, y su actitud hacia la discapacidad puede ser diferente a la de los padres del niño o a la de los profesionales de salud. Debe recordarse que la terminología médica es bastante ajena al lenguaje de grandes sectores de la población.

Otro aspecto importante de la transmisión de la información a los padres es el ambiente físico en que tiene lugar la consulta. Es siempre mucho mejor realizar las consultas iniciales en los propios hogares de los pacientes. Esto no sólo da al pediatra la posibilidad de evaluar el medio ambiente donde el niño crece y se desarrolla, sino que permite que la conversación se produzca en el hogar, donde el paciente se siente más relajado y el trabajador de salud es un visitante. Las instalaciones de una clínica o un hospital pueden resultar extrañas e intimidatorias para muchos pacientes no familiarizados con los roles de los diferentes profesionales en ese ámbito.

El tiempo es otra variable que debe ser tenida en cuenta en las conversaciones con las familias, dado que la asimilación de información nueva, con la cual los pacientes están poco familiarizados y a veces resulta incomprensible en una primera instancia, es un proceso lento. El médico puede no disponer de mucho tiempo pero debe hacer sentir a los pacientes que no tiene apuro, aunque debe también ser capaz de conducir la entrevista dentro de ciertos límites.

Un punto final dentro de este apartado es el reconocimiento de que las actitudes de los padres cambian. La situación de los padres que necesitan discutir los temas alrededor de la salud de su recién nacido es muy diferente a la de aquellos que han vivido con un niño discapacitado durante cinco o quince años.

Estos son algunos de los temas que deben ser considerados cuando se conversa con los padres sobre lo que ellos quieren saber (Davies *et al.*, 2003).

3. Epidemiología

En países desarrollados, entre el 1% y el 2% de los niños sufren alguna forma de discapacidad moderada o severa, y un 10% tiene una discapacidad leve. El primer grupo incluye aquellos con discapacidad motriz significativa (parálisis cerebral, espina bífida, etcétera), problemas sensoriales (ceguera o pérdida parcial de la visión, sordera), trastorno del aprendizaje moderado o severo, cociente intelectual por debajo de 70 y a menudo asociado a otros problemas, incluyendo autismo y los trastornos del espectro autista, esquizofrenia, etcétera. Asociadas a la discapacidad, pueden verse las neurosis clásicas de la infancia, en forma de conductas antisociales y depresión. Hay una variedad de causas de trastornos del neurodesarrollo, incluyendo causas genéticas, infecciosas, traumáticas. Los denominados "trastornos menos severos del desarrollo" incluyen a los trastornos motores, como por ejemplo torpeza motriz, al retraso del lenguaje y a los trastornos de conducta, tales como problemas de déficit de atención e hiperactividad (ADHD), dislexia, discalculia, disgrafia, etcétera. Enfermedades diferentes tienen diferentes causas y lo que los padres quieren saber es variable.

4. Presentación

Los problemas pueden presentarse en forma aguda en el momento del nacimiento del niño, como en el caso de síndrome de Down o espina bífida, o pueden desarrollarse lentamente a medida que los padres van reconociendo un retraso gradual. Los problemas de desarrollo pueden también reconocerse a partir de un examen médico de rutina, como una pesquisa de audición o visión. El niño puede tener un período de desarrollo casi normal y luego hacer una regresión, como ocurre en algunas formas de autismo, o puede haber sufrido un episodio traumático, como un accidente de tránsito.

El denominado *revelado de la información* es el proceso de instruir a los padres sobre la discapacidad del niño. Esto es más sencillo cuando el diagnóstico es claro, pero es más difícil cuando el diagnóstico solamente se puede dar al final de un proceso de lenta evolución. La información debe ser proporcionada por el clínico disponible que tenga la mayor experiencia. Una vez que los padres y profesionales son conscientes de que hay una anormalidad, la entrevista de *revelado de la información* debe tener lugar tan pronto como sea posible. El punto más importante es entrevistar a la familia con ambos padres presentes, si es viable. Si el niño no está agudamente enfermo, debe estar presente, y hay que asegurarse de que la entrevista se cumpla en un lugar tranquilo, con una o dos personas presentes, las cuales hayan tenido contacto íntimo con el paciente o sus padres, tales como una enfermera o la partera. Los padres pueden querer que haya otras personas presentes, como los abuelos, y estos deseos deben ser respetados. Después de las conversaciones y presentaciones preliminares usuales, puede ser alentador comenzar mirando al niño junto a su familia y dirigir la atención a los aspectos normales y positivos. Es importante que el médico tenga al niño en sus brazos y le demuestre afecto. Al mismo tiempo, debe prestarse atención a los rasgos o evidencias que expresan los problemas del niño, y estos hallazgos deben ser explicitados para diferenciar al paciente de los niños sin problemas. No es necesario utilizar demasiado tiempo para esto, especialmente si el diagnóstico es bien conocido, pero es importante discutirlo con los padres, expresarles los fundamentos sobre los que se basa la certeza de un diagnóstico firme y luego decir algunas palabras sobre los efectos inmediatos que puede tener en el niño, así como cuáles pueden ser las consecuencias a largo plazo.

Los estudios han demostrado que, debido a la conmoción inicial, los padres recuerdan muy poco de lo hablado en la primera entrevista; tal vez les quede en la memoria una palabra ("Down" o "parálisis cerebral"). En realidad, esta entrevista no necesita ser demasiado larga pero debe brindar tiempo a los padres para hacer preguntas. Es importante tener preparado un escrito que contenga los problemas del niño, de manera tal que los padres puedan preparase para la reunión siguiente y asistir mejor informados. Debe pedirse a los padres que escriban las preguntas que les gustaría hacer en la siguiente entrevista.

Durante las primeras dos semanas del proceso de revelado de la información, es usual mantener tres entrevistas. La primera es para dar la información básica en forma escrita y oral; la segunda, para consolidar la información brindada y contestar las preguntas hechas por la familia; y la tercera, para enfatizar sobre medidas que ayudarían al niño, tanto de parte de la familia como del personal de salud, así como para planificar las acciones. Por ejemplo, en la tercera entrevista con los padres de un bebé con parálisis cerebral, puede participar un fisioterapista.

La cantidad de información que se debe brindar sobre el pronóstico (véase más abajo) en estas etapas tempranas es un tema de debate. En una época, los profesionales acostumbraban a no informar a los padres sobre ciertos problemas futuros del niño, sobre la base de que no era necesario discutirlo en ese momento determinado. Por ejemplo, en una consulta inicial con los padres de un niño con síndrome de Willie Prader, los médicos no decían que en años ulteriores (alrededor de los 7 u 8 años) podría haber auto-mutilación en forma de heridas en la cara. Esto ocurre sólo en una proporción de niños, sin embargo, sea esto correcto o equivocado, hoy en día muchos padres pueden acceder a Internet y recibir toda la información sobre el problema de su hijo, incluyendo los aspectos a esperar en el futuro. Es bueno hacer saber a los padres tempranamente que pueden contactar grupos de padres que disponen de información más específica sobre el problema, material escrito y folletería.

Al final de estas primeras entrevistas, los padres deben haber alcanzado alguna comprensión de la naturaleza básica del problema del niño y una visión amplia de la evolución probable. También deberían saber qué pueden hacer para aliviar los problemas, además de enfatizar la importancia de todos los cuidados parentales normales a cumplir para ayudar al niño.[1]

La descripción hecha más arriba del proceso de *revelado de la información* se refiere a la situación en la que el niño sufre una condición inmediatamente reconocible y los padres solicitan que se les informe en forma directa. La situación puede requerir de la toma urgente de decisiones y esto es discutido más adelante, en el apartado "Tratamiento y manejo" (véase pág. 456).

5. El niño con un diagnóstico emergente

En este apartado consideraremos una situación bastante común en la que el médico (o los médicos) no está seguro del problema del niño. Hay dos grupos diferentes de circunstancias posibles: el primero es aquel en que el niño tiene un retraso evidente y el segundo es aquel en el que el niño se presenta con un desarrollo "algo lento". En el primer caso, el niño puede sufrir una serie de problemas significativos desde etapas tempranas de la vida como, por ejemplo, falta de sonrisa social, hipotonía o dificultades en la alimentación. El médico puede aquí detectar el problema e informar inmediatamente a los padres, pero en los casos dudosos, en los que el niño sólo tarda un poco más de lo habitual en sentarse o hablar, tanto los padres como el médico tienen un dilema: ¿es el retraso simplemente una variación de la normalidad? ¿va a recuperarse alguna vez o esto significa que hay un problema y el niño no va a hablar, caminar o comer normalmente? En ambos grupos de circunstancias, lo que los padres quieren saber es qué le pasa al niño y, más aún, ellos necesitan saber las consecuencias del problema. ¿Va a tener problemas durante toda la vida o es algo que puede ser corregido?

El médico dispone actualmente de un rango amplio de recursos diagnósticos. Éstos incluyen estudios metabólicos, genéticos, resonancia magnética,

---

1. Sobre este tema, recomendamos el sitio web de Scope, de la Asociación Británica de Parálisis Cerebral (The British Cerebral Palsy Association) <http://rightfromthestart.org.uk>

para nombrar sólo unos pocos. Puede ser necesario recurrir a la opinión de otros especialistas y los estudios suelen llevar algún tiempo. Durante este período, los padres tienen grandes ansiedades y una fuerte urgencia por saber si su hijo tiene algo anormal, por lo que el médico debe contener la situación. Rapidez y buena organización son parte esencial de este proceso. Si los padres perciben demoras en hacer las consultas o los estudios, pueden interpretarlas como una falta de preocupación por parte del médico. Es importante en este período decir honestamente a los padres cuánto tiempo tardarán los estudios antes de que se pueda sacar alguna conclusión. Los padres, en un primer momento, pueden haber sido derivados por un médico general o una enfermera, que están preocupados por la falta de cumplimiento de ciertas pautas madurativas y que no son capaces de definir la naturaleza del problema o de hacer un diagnóstico. En ocasiones se puede haber escapado algún comentario como "su hijo puede ser autista". Esto naturalmente causa enorme preocupación en los padres, y lo que primero hay que hacer es contactarlos lo antes posible con un médico que sepa de problemas de desarrollo o discapacidad. Los "expertos" que permiten que en sus consultorios haya una lista de espera de varias semanas no están trabajando adecuadamente. A menudo aparecen médicos que se hacen famosos por sus conocimientos en un aspecto determinado de la discapacidad; es notable ver cómo se presiona a los padres para que su hijo sea visto por estas "eminencias", generando así las largas listas de espera. Esto no juega a favor de los padres ni del niño, y si la lista de espera es demasiado larga, es mejor que el niño sea visto por otro colega.

La primera evaluación clínica va a tener, sin duda, consecuencias, y el médico debe ser absolutamente honesto con los padres en la entrevista de transmisión de la información. Debe establecerse claramente qué es lo que el médico ve como un problema. Por ejemplo, el médico puede decir: "si hay algo anormal esto podría tener consecuencias a largo plazo" o "no sé exactamente en este momento cuál es el problema pero es necesario realizar estos estudios". A veces, esto puede significar una internación hospitalaria. El médico puede aclarar que algunos estudios se hacen rápidamente –por ejemplo, los análisis de sangre para aminoácidos– mientras que otros pueden llevar más tiempo como, por ejemplo, la derivación al consultorio de genética o la realización de una resonancia magnética. Los estudios deben ser lo más completos posibles. En condiciones tales como la parálisis cerebral, a veces se restringen los estudios, argumentando que ellos no van a contribuir al tratamiento (argumento que es discutible). A mi modo de ver, los padres quieren saber tanto como sea posible, y todos los niños tienen el derecho de que se les estudie, de la forma más completa, incluyendo la realización de la resonancia magnética.

Cuando los resultados están disponibles, los padres quieren que se les muestre en forma precisa las alteraciones anormales. Con los estudios de imágenes es ahora posible poner una resonancia o tomografía normal al lado de la del niño afectado y mostrar claramente las partes del cerebro que están comprometidas. Los padres van a querer saber el significado y las implicancias de las lesiones, lo que puede ser más difícil de aclarar, pero es importante darles tanta información como sea posible. Por ejemplo, en la cuadriplejía espástica, la leucomalacia periventricular (términos que no ayudan mucho en la conversación con los padres) se extiende anterior y posteriormente. En cambio, en niños con diplejía, las lesiones son a menudo restringidas hacia el área posterior (debe recordarse que en biología nada ocurre con el 100% de certeza y que siempre hay variaciones). Es importante lograr una posición balanceada y decir que hay esperanza, pero siempre siendo realista. Por ejemplo, debido a un mosaicismo cromosómico, el padre de un paciente nuestro con síndrome de Down estaba seguro de que el desarrollo intelectual de su hijo iba a ser mejor que el de otros niños con ese síndrome. No nos pareció útil en esta etapa decir que, aunque a veces ése es el caso, no siempre ocurre así. Es mejor sugerir: "Esperemos que sea así, pero será necesario ver cómo progresa el desarrollo del niño". En un caso personal que recuerdo, el niño desafortunadamente evolucionó con severo retraso intelectual, de manera que las esperanzas iniciales fueron frustradas. Es importante sostener a los padres con la esperanza sobre el desarrollo futuro del niño, pero sin brindar expectativas demasiado optimistas. En este punto, es útil recordar el resumen de MacKeith (1973) sobre los sentimientos posibles de los padres en el momento del *revelado de la información*. El autor resumió estos sentimientos "encontrados" de la siguiente manera:

1) Dos reacciones biológicas: protección de los inválidos y rechazo hacia lo que sea anormal.
2) Dos sentimientos de inadecuación: inadecuación en la reproducción e inadecuación en la crianza.
3) Tres sentimientos de congoja ante la pérdida del niño normal con casi infinitas potencialidades que soñaron tener: a) rabia, b) dolor, c) necesidad de adaptación, que lleva tiempo.
4) Sentimiento de *shock*.
5) Sentimiento de culpa, que es probablemente menos común de lo que muchos autores afirman.
6) Sentimiento embarazoso, de incomodidad, que es una reacción social frente a lo que los padres piensan que otras personas sienten.

6. Retraso del desarrollo

En muchos problemas neurológicos hay dos aspectos de la situación. Primeramente, hay una función o conducta anormal y, secundariamente, hay un retraso del desarrollo. La función anormal y el retraso son vistos habitualmente en la parálisis cerebral, en que un niño con hemiplejía usualmente llega a caminar, pero lo hace, en general, tres a seis meses más tarde que el niño normal. Del mismo modo, muchos niños con problemas de aprendizaje, como aquellos con síndrome de Down, también van a caminar tardíamente. ¿Es la marcha normal? Obviamente, en la hemiplejía no lo es.

Cuando la familia trae a un niño para una evaluación del desarrollo, el médico debe comenzar estableciendo si el niño tiene o no un retraso y luego explicará si el retraso es general o específico; debe transmitir los hallazgos a la familia a medida que examina al paciente, diciendo qué es lo que debería pasar ante determinada maniobra y qué es lo que en realidad pasa. Por ejemplo, a la edad de tres años la imposibilidad de tomar un lápiz con el pulgar y otros dos dedos indica retraso. Es importante evaluar todas las áreas del desarrollo, la función motriz gruesa y fina, la visión, la audición, el lenguaje, el funcionamiento intelectual y social. Los hallazgos de cada área deben ser discutidos con los padres.

Luego es necesario discutir la causa del retraso encontrado. En ocasiones, hay circunstancias perturbadoras que pueden ser la causa del retraso, y que se manifiestan en la pérdida de habilidades recientemente adquiridas. Por ejemplo, las enfermedades severas asociadas con hospitalización, como las infecciones respiratorias. Otra circunstancia perturbadora puede ser la de un niño de 18 meses que adquirió varias palabras y luego las pierde por un tiempo, hecho asociado a que los padres anuncian el nacimiento de un hermano (hay información disponible sobre el impacto de este evento). En otras ocasiones, el retraso puede ser el primer signo de un trastorno del espectro autista. Es importante que el médico y la familia tomen y acepten juntos las decisiones, como en el caso del niño que tiene un retraso del desarrollo.

Los padres son entusiastas ante el comienzo del tratamiento en etapas tempranas, aunque esto puede no siempre ser lo más apropiado (véase más abajo en "Tratamiento y manejo"). En forma general, hay ocasiones en que es útil sugerir actividades que los padres pueden comenzar a desarrollar con su hijo. El médico puede observar el desarrollo del niño y preparar un plan de actividades que los padres no hayan cumplido aún, tal como el juego con agua o con harina. Muchas veces es útil discutir diagramáticamente el desarrollo intelectual, mostrando cómo se desarrolla el niño promedio, mientras que un niño con retraso puede desviarse cada vez más lejos del promedio o, por el contrario, habiéndose retrasado dos o tres años, mostrar luego un *plateau* a una cierta edad. Los padres tienden a ser optimistas.

7. Tratamiento y manejo

Lo esencial en el momento de discutir el tratamiento es dejar claro cuál es la intención, el objetivo. Una vez, los padres de un niño con parálisis cerebral, a quien se le había indicado fisioterapia, me vinieron a ver expresando su sorpresa porque el niño no se había "curado". Los médicos clásicamente prescribimos algo, a menudo drogas, y los padres esperan que esas drogas mejoren a sus hijos. Lo primero que hay que explicar a los padres es que los tratamientos pueden curar diferentes enfermedades pero, en el caso de un niño con discapacidad, el objetivo es lograr un "manejo" para paliar la condición y para que el niño sea más fácil de manejar, dejando claro que esto no va a "curar" el defecto esencial. En algunas circunstancias, el defecto sí puede ser curado. El diagnóstico de una deficiencia tiroidea con mixedema y la prescripción de hormona tiroidea va a llevar a una mejoría y "curación" de los síntomas. La prescripción de lentes a un niño con miopía puede restaurar su visión de la misma manera que el equipamiento puede restaurar la audición en un niño con hipoacusia. Menos claramente, las convulsiones pueden ser controladas con la medicación pero la comorbilidad no va a ser afectada.

El médico debe dejar asentado lo que espera alcanzar con el tratamiento y el manejo, así como cuánto tiempo se estima que va llevar el cumplimiento de ese objetivo. Es también importante enfatizar que la terapia va a ser interrumpida si no se demuestra ningún efecto. Cuando en la terapia participa otro profesional, es importante establecer entre los tres –la familia, el terapista y el clínico– un esquema o calendario; por ejemplo, el niño debería estar caminando en seis meses. Si después de, digamos, nueve meses el niño no está caminando, debe decirse que en ciertos casos no vale la pena prolongar el tratamiento. En el pasado hemos visto niños con parálisis cerebral entre las barras paralelas a la edad de 6, 7, 8, 9 o 10 años. El terapista siempre tiende a decir que hubo una mejoría, pero en realidad la marcha no mejoró nada en esos años. La marcha se alcanza en promedio a la edad de 5 o 6 años, o no se alcanza. ¿Qué es lo que se persigue cuando se instituye un tratamiento a un niño autista? ¿Se espera una mejoría del lenguaje, en la relación social, en las conductas indeseadas? ¿Cuánto tiempo va a llevar la terapia? ¿Hay efectos adversos? Éstas son todas preguntas que deben ser traídas a la entrevista y discutidas con los padres. Cuando hay que considerar el uso de medicación, la última pregunta es particularmente importante, y es esencial dar información precisa a los padres. En el tratamiento de la epilepsia, por ejemplo, los posibles efectos colaterales deben ser explicados; las dosis pueden ser calculadas erróneamente y al comienzo del tratamiento el niño puede estar muy obnubilado o puede no haber respuesta. El problema sobre el manejo de dosis terapéuticas efectivas debe ser planteado al comienzo del tratamiento. Nuevamente aquí: ¿cuál va a ser el efecto? En un niño con dificultades de aprendizaje y epilepsia, ¿el uso de la medicación va a afectar su aprendizaje? En muchas circunstancias la respuesta puede ser "sí", tal como ocurre en el síndrome de Landau Kleffner, pero en otros casos el tratamiento puede "curar", es decir, prevenir las convulsiones epilépticas con medicación que no va a afectar el proceso de aprendizaje. Debe asimismo avisarse sobre los efectos colaterales cuando éstos parecen distantes de las convulsiones que están siendo tratadas. Por ejemplo, el fenobarbital puede llevar a la hiperactividad si es usado en niños con injuria cerebral. Por lo tanto, la droga es raramente indicada, pero puede haber circunstancias en la que sea usada, y en esos casos los padres deben ser informados de los efectos colaterales de la medicación.

8. Toma de decisiones significativas

La espina bífida es un caso en el cual puede pedirse a los padres que tomen una decisión significativa sobre si los cirujanos deben proceder al cierre espinal. Si los padres están "shockeados" por el reciente diagnóstico, puede resultarles muy difícil decidir qué hacer y ésta parece ser una de las circunstancias en que el médico puede dar un consejo más prescriptivo, mientras que en la mayoría de los casos el asesoramiento es no prescriptivo. Una forma de dar asesoramiento prescriptivo es sugerir a los padres lo que el médico haría si estuviera en la misma situación. Obviamente, es una manera de decirles lo que habría que hacer, pero acercándose al problema. Por otro lado, si un niño debe ir a una escuela común o especial, es una decisión que los padres van a tomar independientemente de las actitudes o ideas del médico.

Es axiomático que los padres deben tomar las decisiones que afectan al niño. Tan pronto como sea posible, el niño también debe estar involucrado en la toma de decisiones. Sin embargo, la aplicación estricta de esta "regla" puede ser perjudicial para los padres.

9. Reevaluación

La comunicación con una familia que tiene un niño con discapacidad es una actividad de por vida, y a medida que el niño crece y se desarrolla, también se desarrolla un sistema de comunicación con el niño. El CIE 10 ha enfatizado el enorme papel que juega el medio ambiente físico y social como factor "causal" de discapacidad, así como la importancia de la integración social como una meta para todas las personas que sufren discapacidades. Los profesionales que están involucrados en el seguimiento del niño deben reconsiderar su evolución en intervalos periódicos y regulares.

Después del primer año y luego de las ansiedades propias del *revelado de información* sobre el diagnóstico, el momento siguiente de crisis en la vida del niño es la escolaridad, y esto debe ser discutido lo más tempranamente posible. Aunque no hay evidencia disponible para fundamentar la noción, hay muchos padres ahora que quieren que su hijo sea incluido en una escuela común. Hay argumentos en pro y en contra de esta posición, y la flexibilidad debe ser importante, pero igualmente importante es conocer las necesidades de cada niño en particular y las facilidades disponibles para satisfacerlas en la comunidad en la que vive. Muy a menudo, en muchas comunidades hay una pobre coordinación entre educación, salud y servicios sociales, y a los fines de comunicarse en forma efectiva con los padres, los profesionales de la salud necesitan conocer al personal docente y servicios sociales comprometidos. El rol del servicio de salud disminuye a medida que el niño alcanza la edad escolar, y a esa edad la educación comienza a tener el rol dominante. Sin embargo, el servicio de salud debe continuar haciendo evaluaciones regulares del niño y debe estar siempre disponible y accesible a la familia para discutir la situación con el personal de salud. Es útil ser consciente de estos puntos de crisis para el niño y su familia. Luego de haber organizado la escolaridad primaria hay, en muchas sociedades, una expectativa hacia la educación secundaria a la edad de 12 o 13 años. La identificación de la accesibilidad y las posibilidades del niño para acceder a esta escolaridad es otro punto importante y conflictivo.

El siguiente momento crítico surge en la adolescencia y en el período de desarrollo sexual. Las metas para toda persona en la vida se resumen en los logros perseguidos en la adolescencia, tales como la independencia, autoimagen, sexualidad y vocación (siguiendo a Eriksson). Todo esto debe ser discutido con el adolescente y su familia.

a) *Independencia*

¿Puede este/esta joven vivir de manera efectiva su propia vida o necesita de alguna forma de supervisión? A los jóvenes con síndrome de Willie Prader se les previene que van a desear comer demasiado, y en ocasiones se les ha permitido vivir en forma no supervisada. Nadie ha demostrado que estos jóvenes hayan podido lograr una dieta sin apoyo. Aun habiendo sido entrenado para vigilar sus pies y otras áreas sensibles, un hombre joven con espina bífida fracasó al hacerlo y desarrolló una gangrena con resultados casi fatales. Aunque vivía en un medio semi-protegido, no manifestó sus problemas al cuerpo médico y enfermó gravemente. Deben aceptarse en los pacientes grados realistas de independencia. En jóvenes que no pueden alcanzar ningún tipo de independencia, las preocupaciones pueden agudizarse porque a medida que los padres envejecen, se dan cuenta que no van a poder continuar ayudando a su hijo discapacitado.

b) *Sexualidad*

La sexualidad es un problema difícil para el/la joven y su familia. Algunos padres encuentran difícil de creer que su hijo discapacitado puede tener deseos e impulsos sexuales normales. En algunas sociedades, la población adulta desaprueba la actividad sexual de personas discapacitadas. Cuando hablamos con jóvenes sobre sexualidad, ha sido útil mostrar repetidamente material ilustrativo de buena calidad, así como videos especialmente preparados. Para los padres, los grupos de discusión con otros padres y profesionales entrenados puede resultar de mucha ayuda.

c) *Vocación*

¿Puede un joven discapacitado conseguir un trabajo o empleo protegido, o se le va a asignar una tarea sin que eso pueda ser considerado realmente un trabajo?
Nuevamente, aceptar esta condición no resulta fácil, particularmente para la familia.

d) *Autoimagen*

La acumulación de todo el trabajo que la familia ha invertido en la comunicación con su hijo/hija lleva habitualmente al desarrollo de una autoimagen satisfactoria. El profesional espera haber jugado un rol en este proceso.

10. Conclusión

La comunicación entre el médico y las familias que tienen niños con discapacidades es un esfuerzo conjunto. Debe siempre haber una conversación y nunca una confrontación. El profesional tiene información que necesita ser transmitida a la familia, y ésta está ansiosa de recibirla, pero en ocasiones puede haber dificultades. Un padre dijo una vez que el nacimiento de su hijo discapacitado con espina bífida fue equivalente a seguir un curso "acelerado" de nivel universitario en discapacidad, que debía ser completado en seis semanas. Se trató de una tarea muy dura, y no fue hasta que "completó" este curso que pudo enfrentarse a los profesionales. ¡Un buen resumen para que recuerden los profesionales!

Referencias bibliográficas

Baird, G.; McConachie, H.; Scrutton, D. (2000): "Parents perceptions of disclosure of the diagnosis of cerebral palsy", *Arch. Dis. Child.*, 83: 475-480.
Davies, R.; Davis, B.; Sibert, J. (2003): "Parents stories of sensitive and insensitive care by paediatricians in the time leading up to and including diagnostic disclosure of a life-limiting condition in their child", *Child Care Health Dev.*, 29: 77-82.
Fallowfield, L.; Jenkins, V. (2004): "Communicating sad, bad and difficult news in medicine", *The Lancet*, vol. 363, 24 (enero): 312-319.
Garwick, A. W.; Patterson, J.; Bennett, F. C.; Blum, R. W. (1995): "Breaking the news. How families first learn about their child's chronic condition", *Arch. Pediatr. Adolesc. Med.*, 149: 991-997.
MacKeith, R. C. (1973): "Feelings and behaviour at parents of handicapped children", *Developmental Medicine and Child Neurology*, 15: 524-527.
Scope Working Party (1999): *Right from the Start*, Londres, Campaigns and Parliamentary Affairs Department, pág. 33.
Scope Working Party (2003): *Right from the Start Template: Good Practice in Sharing the News*, Londres, Department of Health, pág. 8.

PARTE III
EL CONTEXTO INSTRUMENTAL Y METODOLÓGICO

CAPÍTULO 13

La pesquisa de problemas de desarrollo. La Prueba Nacional de Pesquisa

Horacio Lejarraga

1. Concepto de pesquisa

En pediatría, definimos pesquisa como "la detección de individuos presuntamente enfermos en una población presuntamente sana". Esta idea surge del concepto de *screening*, desarrollado en su tiempo por Frankemburg (1985) y otros autores (Rose, 1978). La palabra inglesa tiene varias acepciones, pero una de ellas es "la forma de separar partes finas de otras más gruesas" (Webster's New Encyclopedic Dictionary, 1994). En español, equivale a "cernido, tamizaje o colado" (Real Academia Española, 2002). Otra palabra que se usa, sobre todo en el ambiente editorial, es *despistaje*. La idea central de esta palabra es la de un procedimiento práctico por el cual se separan ciertas partes de otras. Desde el punto de vista médico, se trata del reconocimiento de individuos que pueden padecer una afección inaparente. Esta idea representa un avance en el área de la salud. Hasta no hace muchas décadas, la escena médica clásica era la de una persona doliente, con algún tipo de afección, que consultaba al profesional en busca de un diagnóstico y un tratamiento. Este modelo se ha enriquecido con otras formas de cuidado de la salud, una de las cuales es la pesquisa o *screening*, que tiene como objetivo el reconocimiento de las enfermedades *antes* de la aparición de síntomas, es decir, de enfermedades que son *inaparentes* en sus etapas iniciales.

Las pruebas de *screening* son métodos simples y prácticos para seleccionar individuos sospechosos, pero no certifican un diagnóstico. Por diagnóstico entendemos "la caracterización de la enfermedad con miras a efectuar un tratamiento". Una vez que el individuo es seleccionado por el test (debido al fracaso de la prueba), debe ser derivado a fin de someterse a las pruebas diagnósticas correspondientes, ya que los individuos seleccionados por la prueba de pequisa son *sospechosos* de padecer una afección. Al contrario de lo que ocurre con los tests diagnósticos, los tests de *screening* no brindan certezas, precisamente debido a que –en general– son simples y prácticos, requieren menos equipamiento, su administración consume menos tiempo y no necesitan personal con capacitación extensiva.

Este tipo de pruebas tiene a su vez una serie de implicancias, ya que no se trata de que un paciente con algún problema consulte a un médico que practica maniobras diagnósticas en la privacidad de su consultorio, sino de que un profesional tome contacto con un grupo de población presumiblemente sano y practique la prueba de pesquisa a cada uno de los individuos del grupo. Cuando una persona padece un determinado síntoma y concurre al médico, se produce un encuentro, en el cual hay alguien que necesita algo y otra persona que puede darle eso que necesita. El paciente doliente está dispuesto a someterse a una serie de procedimientos, exámenes incómodos, maniobras invasivas, etcétera. En los procedimientos de *screening* los individuos no están ni se consideran enfermos y hay una resistencia natural a someterse a exámenes o procedimientos, aunque estén vinculados a la salud. Por eso, antes de considerar a una enfermedad como pasible de ser sometida a pruebas de pesquisa, debe tenerse en cuenta una serie de consideraciones, básicamente relacionadas con el instrumento de pequisa y con la enfermedad a pesquisar (Frankenburg, 1985).

1.1. Condiciones del instrumento de pesquisa

a) El instrumento debe ser consistente y estar validado. Con respecto a su validez, debe conocerse especialmente su sensibilidad, especificidad, valor predictivo positivo y negativo. Por ejemplo, hay programas que usan como instrumento de pesquisa una combinación de indicadores de desarrollo elegidos arbitrariamente, sin haber sometido esta combinación a una validación adecuada. En estas condiciones, se corre el riesgo de que el instrumento califique como sospechosa a una gran proporción de niños sanos o, inversamente, que reconozca como normal a una gran proporción de niños afectados. En una ciudad argentina, un programa de detección de escoliosis en adolescentes con la maniobra de Adams, practicada por profesionales sin adecuada capacitación, provocó una sobrederivación de pacientes con presunta escoliosis a los centros de ortopedia infantil, con la consiguiente sobrecarga de los servicios y la ansiedad injustificada de la población.

b) El instrumento debe ser simple de aplicar, dado que está destinado a ser usado en grandes grupos de población.

c) El instrumento debe ser aceptable para la comunidad. Por las razones que hemos expuesto más arriba, el instrumento no debe ser invasivo. Por ejemplo, el hisopado genital en estudiantes secundarias adolescentes podría ser útil para la detección de infección gonorreica asintomática, pero este método sería inaceptable por parte de las niñas y de sus padres.

d) El costo del instrumento debe ser proporcional a su efectividad. Teniendo en cuenta que la aplicación de un instrumento de pesquisa se hace con grupos de población presuntamente sanos, el número de individuos en quienes se hace la pesquisa es siempre muy grande. El costo correspondiente es un factor importante, que se multiplica por el número total de individuos a pesquisar; y siempre, necesariamente, es comparado con el costo de atención de los individuos que, de no haber sido oportunamente detectados, necesitan someterse a tratamiento cuando aparecen los síntomas y la enfermedad se hace manifiesta.

1.2. Condiciones de la enfermedad a ser pesquisada

a) La enfermedad debe ser importante. Los programas de pesquisa movilizan gran cantidad de recursos y crean cierta expectativa en la población; y no tiene mucho sentido el esfuerzo cuando se trata de problemas de salud menores. Por ejemplo, no tiene sentido hacer un programa de pesquisa de pie plano, ya que se trata de una enfermedad incurable, con la cual se puede vivir bastante bien durante toda la vida. Podría argumentarse que el pie plano maligno es un problema importante, pero entonces ya no estamos hablando de una condición inaparente.

b) La enfermedad debe tener cierta prevalencia. Si la prevalencia es muy baja, el programa correspondiente será muy costoso y de compleja implementación. La enfermedad de Scheie (mucopoliscaridosis tipo 1-S), por ejemplo, tiene una prevalencia de un caso cada 500.000 habitantes; habría que pesquisar medio millón de habitantes para detectar un caso. No obstante, si hay un programa de *screening* preexistente, recurrir a un procedimiento adicional reduce mucho los costos (Provence, 1985). Por ejemplo, en la Argentina, en muchos programas de detección de hipotiroidismo congénito (la incidencia aproximada es de un caso cada 4.000 nacimientos) que requieren una gota de sangre del recién nacido, se ha incorporado el test de Guthrie para la detección de fenilcetonuria, enfermedad que tiene una incidencia relativamente baja (uno de cada 15.000 nacimientos). Esta incorporación no representa un aumento importante en los costos ni hace más engorroso el procedimiento.

c) La enfermedad debe ser tratable. No tiene sentido pesquisar tempranamente problemas de salud que no son pasibles de tratamiento alguno, o cuyo reconocimiento no tiene ningún significado para el paciente. Por ejemplo, la búsqueda de la mutación de la enfermedad de Huntington no tendría sentido para un paciente, ya que esta condición no tiene tratamiento preventivo.

d) El reconocimiento temprano de la enfermedad debe significar una ventaja respecto a la simple espera de la aparición de los síntomas. Por ejemplo, si la diabetes tipo I en un niño es reconocida un mes antes de que se manifieste sintomáticamente, ello no representa ventaja alguna para el niño ni para la evolución de su enfermedad. Sabemos que en la enorme mayoría de los casos, desde el comienzo químico de la diabetes tipo I hasta la manifestación sintomática puede pasar muy poco tiempo, en general unos pocos meses, por lo que hacer dosaje de glucemias en grupos de población para pesquisar diabetes tipo I no tiene mucho fundamento.

e) La enfermedad a pesquisar debe ser inaparente. Algunos programas de pesquisa escolar incluyen entre sus procedimientos la investigación de diarrea o cefaleas en el niño, pero cuando las enfermedades dan síntomas ya no son pasibles de maniobras de pesquisa, sino que pasan a ser incumbencia de los programas de atención médica a demanda. Es cierto que hay grupos de población que no demandan atención ante ciertos síntomas, pero esto –en general– es secundario a otro tipo de problemas; en nuestro país, el problema es secundario a la falta de respuesta del sistema o a la inadecuada utilización de los servicios de salud.

f) Debe haber evidencias de que detectar la enfermedad tempranamente es mejor que detectarla más tardíamente. Este concepto merece una consideración, dado que muchos pediatras actúan como si hubiera que detectar todas las enfermedades lo antes posible y a toda costa. Esto puede ser verdad sólo en algunos casos, como en el hipotiroidismo congénito, en el cual cada día de retraso en el diagnóstico representa mayor riesgo para el niño. En la luxación congénita de cadera, el pronóstico es similar si se diagnostica en el primer o segundo mes de vida. Hemos visto cierta iatrogenia en el apresuramiento sistemático dirigido al diagnóstico de determinadas condiciones ante el primer síntoma. A nuestro modo de ver, cada enfermedad tiene un período *oportuno* de diagnóstico, y los programas de *screening* deben apuntar al reconocimiento de los problemas dentro de ese período. En general, la mayoría de los problemas de desarrollo se benefician mucho con las intervenciones tempranas (Palmer *et al.*, 1988; Shonkoff y Hauser-Cram, 1987a).

g) El sistema de salud debe poder garantizar el acceso a las pruebas diagnósticas y a un tratamiento adecuado tanto a los individuos pesquisados como a los sospechosos. A nuestro modo de ver, no es ético que se hagan campañas de pesquisa en grupos de población sin cobertura médica, y sin que haya luego, una adecuada respuesta del sistema de salud para atender a los individuos seleccionados como sospechosos (Perrin, 1998). El proceso puede representar una injuria a la población que se intenta servir, y ser éticamente cuestionable (Lejarraga *et al.*, 1996).

En un país sudamericano, un programa de pesquisa de problemas de agudeza visual generó la necesidad de equipar con lentes correctivos a 300 niños, pero no había en ese momento en todo el país 300 marcos de anteojos para niños de seis años, cantidad que hubo que importar de urgencia. Para dar otro ejemplo, el punto de corte de la Prueba Nacional de Pesquisa está fijado en el fracaso de una prueba tipo "A" o de dos pruebas tipo "B". Este punto de corte equivale aproximadamente al percentil 10 en la distribución normal de la población. Sobre esta base, por definición de percentil en una población normal, debemos prever que el 10% de los niños pesquisados van a fracasar en el test (Lejarraga, 1974). Sin embargo, en ciertos grupos de población que viven bajo condiciones socioeconómicas desfavorables y un bajo nivel de estimulación, la implementación de un test de pesquisa con ese punto de corte puede llegar a seleccionar hasta el 40% de niños de la población. El sistema de salud local debe contar con estimaciones previas y estar preparado para atender a este aumento brusco de la demanda de niños generada por el método de *screening*.

Los programas masivos de pesquisa no están exentos de causar un cierto daño a la población. Siempre que se implementan estos programas se produce alguna forma de difusión general que, a su vez, genera cierto interés pero al mismo tiempo ansiedad. Los organismos responsables deben contar con los recursos y las respuestas para manejar este nivel de ansiedad pública adecuadamente.

2. Los problemas de desarrollo

Los problemas de desarrollo psicomotor infantil comprenden una amplia variedad de alteraciones del desarrollo del niño, que van desde un mero retraso en la edad de la marcha debido a falta de estimulación del medio ambiente, hasta severas limitaciones biológicas, como ceguera, sordera y autismo. Estos problemas de desarrollo están descritos en catálogos internacionales (DSM IV; OMS, 1993), y en este libro puede encontrarse una actualización de su clasificación (incluyendo una descripción de nuevos grupos de problemas) en el capítulo 4. Como se ha descrito en el capítulo 1, el desarrollo es uno de los más complejos fenómenos humanos, y sus trastornos tienen, necesariamente, una complejidad semejante. Algunos autores reconocen la existencia de cuatro áreas del desarrollo: personal-social, motriz fina y gruesa, y lenguaje (Frankemburg *et al.*, 1992). Otros incorporan y diferencian una quinta área: la cognitiva (Lira, 1992). El test CAT/CLAMS considera tres áreas del desarrollo: lenguaje, visual motriz y resolución de problemas (Capute y Accardo, 1996). Finalmente, la Organización Mundial de la Salud recomienda el agrupamiento en cinco categorías: a) motriz gruesa, b) visual y motriz fina, c) lenguaje y audición, d) habilidades sociales y e) habilidades de autoayuda (OMS, 2000).

Cada problema de desarrollo tiene, a su vez, una forma de manifestación, una edad y un momento oportuno para ser detectado. Hay evidencias de que las intervenciones tempranas pueden tener efectos beneficiosos sobre el desarrollo, siempre que se detecten en el momento oportuno (Provence, 1985; Palmer *et al.*, 1988; Shonkoff y Hause-Cram, 1987a). Hay algunos problemas de desarrollo que pueden ser detectados tempranamente, ya sea por reconocimiento de los padres o de los pediatras (Squire *et al.*, 1996; Starfielkd y Borkowd, 1969), pero otros (trastornos cognitivos leves, problemas del lenguaje) son identificados a edades más tardías y requieren procedimientos de pesquisa estandarizados (Casey y Swanson, 1993; Rosenbaun, 1998). Hay países que cuentan con leyes nacionales que recomiendan la realización de tests de pesquisa a todos los niños menores de 5 años (US Departament of Health and Human Services, 1975, 1986).

2.1. Rol del pediatra

Hay varios estudios dirigidos a analizar el rol del pediatra en el reconocimiento oportuno de los problemas de desarrollo. Como en nuestro país se asume que el pediatra es el médico a cargo de los cuidados de la salud del niño en el primer nivel de atención, este profesional se encuentra en una posición privilegiada para el reconocimiento oportuno de los problemas del desarrollo. Este reconocimiento debe cumplirse en todos los controles de salud aprovechando las oportunidades que el niño brinda espontáneamente cuando se desplaza por el consultorio, cuando toma objetos cercanos, los manipula, se sube a los muebles y conversa con el médico. Mientras el pediatra conversa con la madre o examina al niño, va recogiendo valiosa información sobre su desarrollo. La Sociedad Argentina de Pediatría recomienda que esta supervisión se haga en forma asistemática, como parte de la entrevista pediátrica en cada control de salud, pero que al menos en dos oportunidades (una antes del año y otra alrededor de los cinco años) se administre un test formal de pesquisa (Sociedad Argentina de Pediatría, 2002).

A pesar de las recomendaciones y del rol estratégico que el pediatra tiene para la detección de los problemas de desarrollo, éste no parece administrar frecuentemente tests de desarrollo. En una encuesta realizada en otro país, aunque el 97% de los pediatras opinaba que los tests de pesquisa de problemas de desarrollo debían ser rutinariamente administrados a los niños, sólo entre un 10% y un 15% de los profesionales administraba en forma rutinaria tests estandarizados (Smith, 1978). Estos profesionales tampoco eran muy precisos en la percepción de individuos con retraso mental (Wolraich *et al.*, 1987) y otros problemas (Starfielkd y Borkowd, 1969; Dobos *et al.*, 1994; Blackman *et al.*, 1984). Debe tenerse en cuenta que la formación pediátrica en nuestro país y en otros países se cumple, durante la mayor parte del tiempo, en hospitales de referencia, donde el centro de gravedad está en el paciente críticamente enfermo e internado. En un ambiente así, hay poco espacio para la enseñanza de pautas del desarrollo. Lo mismo ocurre en el currículo de grado de la carrera de medicina. No sólo los pediatras sino la mayoría de los trabajadores de salud reciben escasa formación en problemas de desarrollo y en la administración de pruebas de *screening*.

En la tabla 1 se muestra el número de pautas de desarrollo tomadas por los pediatras en el Programa Nacional Colaborativo, de acuerdo a la edad de los niños evaluados. Bajo este programa, más de 200 pediatras de todo el país estudiaron el cumplimiento de pruebas de desarrollo en niños menores de seis años (Lejarraga *et al.*, 1997). Los pediatras evaluaron a los niños en dos etapas: inicialmente, hicieron una prueba piloto después de haber recibido un manual instructivo, pero sin haber asistido a ningún curso de capacitación. Como se observa en la tabla, los pediatras omitieron la toma de 1,85% de todas las pruebas que debían haber tomado en niños menores de un año. Hubo algunas áreas, como la de motriz fina, en las que omitieron el 3,09% de las pruebas, pero en promedio el total de las pruebas omitidas es menor.

Por el contrario, los pediatras omitieron tomar el 3,26% de las pruebas en niños mayores de un año y en la prueba piloto, o sea, hubo casi el doble de omisiones en el grupo mayor de un año. Esto fue interpretado como un indicador de que, en general, los pediatras están más habituados a evaluar pruebas en niños menores de un año que en niños mayores a esta edad. Las pruebas en niños mayores son un poco más complejas, sobre todo en lo que respecta a la exploración del área cognitiva, motriz fina y del lenguaje. Éstas son las áreas en que los pediatras omitieron evaluar una mayor proporción de pautas en la prueba piloto.

Tabla 1

Porcentaje de pautas de desarrollo no evaluadas por los pediatras en relación al número total de pautas requeridas, número total de pautas exploradas en cada área y grupo de edad

0 - 0,99 años	Prueba piloto n = 542			encuesta n= 781	
	N	%	T	%	T
personal-social	(6)	1,24	(134)	1,25	(1.989)
cognitivo	(4)	0,87	(804)	0,25	(1.192)
lenguaje	(4)	1,49	(670)	1,00	(982)
motor fino	(17)	3,00	(3.228)	3,40	(4.692)
motor grueso	(21)	1,46	(4.768)	1,10	(6.458)
Total	**(52)**	**1,85**	**(10.884)**	**1,76**	**(15.313)**
1,00 – 5,99 años	n= 851			n = 2792	
personal-social	(5)	3,05	(1.803)	1,62	(3.964)
cognitivo	(11)	3,93	(3.176)	1,76	(11.906)
lenguaje	(10)	3,87	(3.716)	2,07	(1.185)
motor fino	(16)	4,17	(4.768)	2,78	(15.685)
motor grueso	(14)	1,21	(4.119)	0,73	(11.754)
Total	**(56)**	**3,26**	**(17.582)**	**1,88**	**(55.085)**

Fuente: Lejarraga *et al.*, 1997.
N: Número de pautas tomadas.
%: Porcentaje de casos no evaluados.
T: Total de niños evaluados.

Tal como se observa en la tabla 1, la capacitación reduce del 3,26% al 1,88% de pautas no tomadas en los niños de 1 a 5 años, promoviendo una mayor proporción de pautas tomadas en este rango etario.

Una causa por la que algunos pediatras no administran tests de *screening* de desarrollo con la frecuencia deseada es porque tal vez sienten que no están preparados para afrontar las decisiones que deben tomar cuando un niño fracasa en el test (Lejarraga *et al.*, 1996). ¿Qué debe hacerse cuando un niño fracasa en un test de pequisa? Creo que éste es un tema que no ha sido suficientemente estudiado, que requiere mayor debate e intercambio de ideas entre el personal de salud de diferentes niveles de complejidad. En algunos lugares, cuando se detecta un retraso madurativo u otro problema de desarrollo, se procede a hacer una derivación casi automática al neurólogo infantil, y tal vez haya muchas cosas para hacer en el primer nivel antes de derivar a un niño. En el capítulo 11, se brindan guías para la orientación clínica y la conducta pediátrica frente a los problemas de desarrollo en el primer nivel de atención. Los pediatras y los miembros del equipo de salud a cargo de la atención de niños en este primer nivel necesitan mayor equipamiento instrumental y más conocimientos, para identificar mejor los problemas y brindar respuestas más operativas. Los trabajos de capacitación, tanto de pediatras como de enfermeros, permite obtener mejores resultados de los programas de *screening* (Sharp *et al.*, 1974).

2.2. Rol de los padres

Sin duda los padres, cada uno con su nivel de alarma particular, juegan un rol importante en el reconocimiento de todos los problemas de salud de sus hijos. Con respecto a los problemas de desarrollo, la eficacia de los padres para la detección de los problemas en forma oportuna es despareja y dependiente del grado de adiestramiento previo. Cuando los padres carecen de alguna formación, su percepción del desarrollo puede ser bastante inadecuada (Knobloch, 1979; Chess *et al.*, 1966). Por el contrario, cuando los padres son de alguna forma capacitados en esta tarea, hay una buena confiabilidad en comparación con tests formales. Glascoe estudió este tema en una muestra de 408 niños de hospitales públicos y jardines de infantes, y encontró en un cuestionario destinado a los padres una sensibilidad de 70% y una especificidad del 72% para detectar problemas de desarrollo en sus hijos (Glascoe, 1997). Se encontró también que los padres que no detectaron oportunamente los trastornos del desarrollo en sus niños tenían dificultades en la comunicación, ya sea en español o en inglés. La autora plantea que las preocupaciones de los padres sobre el desarrollo de sus hijos pueden ser utilizadas para normatizar los criterios de derivación. Las derivaciones erróneas podrían ser minimizadas administrando pruebas a niños cuyos padres tienen solamente una preocupación, y el porcentaje de niños afectados pero no detectados podría reducirse administrando tests de pesquisa a hijos de padres con dificultades de comunicación (Glascoe, 1997).

No debe olvidarse que los profesionales también pueden tener percepciones subjetivas y poco confiables; se ha demostrado que la evaluación intuitiva y asistemática de la inteligencia infantil, por ejemplo, está sujeta a un alto grado de error entre los pediatras, y ésta es precisamente una de las razones para implementar tests de *screening*. De todas maneras, y cualquiera sea el grado de confiabilidad de los padres para detectar problemas de desarrollo, la información aportada por ellos debe siempre ser considerada de importancia para el manejo clínico.

Carey (1982) considera inadecuado que se denomine "*percepción*" a la valoración de los niños hecha por sus padres y "*evaluación*" a las observaciones hechas por los profesionales, y propone (razonablemente, según nuestro parecer) que la palabra "*percepción*" se reserve para cualquier observación hecha en forma subjetiva, independientemente del tipo de observador, y que se denomine "*evaluación*" a todo registro sistemático y normatizado de la conducta infantil.

3. La Prueba Nacional de Pesquisa (PRUNAPE)

La Prueba Nacional de Pesquisa es un test de *screening* creado a partir de la información sobre el desarrollo de niños sanos, pertenecientes a una muestra nacional de 3.573 niños menores de seis años. En la muestra nacional, denominada Programa Nacional Colaborativo (Lejarraga *et al.*, 1997), más de 200 pediatras previamente capacitados de todo el país evaluaron, cada uno, alrededor de 20 niños en sus consultorios de instituciones públicas o privadas, luego de un período de adiestramiento en la toma de las diferentes pruebas. Se trataba de niños sanos, de niveles sociales y de educación materna que permiten presumir que han crecido bajo adecuadas condiciones medioambientales de salud, nutrición y estímulos madurativos.

Se tomaron más de 100 pautas de desarrollo, pero solamente 78 se consideraron adecuadas para el procesamiento y cálculo de los percentiles seleccionados, pertenecientes a las áreas motriz gruesa (23 pautas) y fina (19 pautas), lenguaje (18 pautas) y personal-social (18) (Lejarraga *et al.*, 1996a; Lejarraga *et al.*, 1996b). Posteriormente, se incorporó una pauta de lenguaje de otro estudio: "mamá y papá específico" (Lejarraga *et al.*, 2004a), y se consolidó la estructura del test, que cuenta ahora con un total de 79 pautas (Lejarraga *et al.*, 2004b).

El test de validación (véase capítulo 14) permitió inferir que la prueba tiene una capacidad de detectar a una amplia gama de problemas de desarrollo (Squires *et al.*, 1996). La lista de problemas detectados con la amplia batería de pruebas diagnósticas utilizadas en la validación (Pascucci y Lejarraga, 2002) incluye: retraso madurativo global, retraso mental leve y moderado, retraso psicomotor, retraso del lenguaje expresivo, retraso del lenguaje mixto, encefalopatía crónica no evolutiva, trastornos reactivos del vínculo, trastornos de ansiedad por separación, disminución de la agudeza visual moderada y grave, hipoacusia neurosensorial e hipoacusia mixta.

Una de las preguntas obligadas cuando se habla de pesquisa es con qué frecuencia debe implementarse una prueba de pesquisa en cada niño. Pensamos que esto depende grandemente de la epidemiología local y de los recursos del sistema. No obstante, en nuestro país, proponemos que la frecuencia dependa del riesgo del niño; en los niños de bajo riesgo, proponemos administrar el test por lo menos una vez antes del año y otra cuando el niño tiene cuatro o cinco años. En los de alto riesgo, la evaluación sistemática de los trastornos del desarrollo debe, a nuestro juicio, hacerse en todas las consultas en salud.

Creemos que esta prueba puede contribuir al reconocimiento temprano de problemas de desarrollo en la infancia (Squires *et al.*, 1996).

Referencias bibliográficas

Blackman, J. A.; Hein, H. A.; Healy, A. (1984): *Screening Children at Risk: the Iowa Experience*, Iowa, The Iowa University Affiliated Facility.

Capute, A. J.; Accardo, P. J. (1996): "The infant neurodevelopmental assessment: a clinical interpretative manual for CAT/CLAMS in the first two years of life, part 1", *Current Problems in Pediatrics*, 26: 238-257.

Carey, W. B. (1982): "Validity of parental assessment of development and behavior", *American Journal of Diseases in Children*, 136: 97-99.

Casey, P. H. y Swanson, M. (1993): "A pediatric perspective of developmental screening in 1993", *Clin. Pediat.*, 32.

Chess, S.; Thomas, A.; Birch, H. G. (1966): "Distorsions in developmental reporting made by parents of behaviorally disturbed children", *Journal of the American Academy of Child Psychiatry*, 5: 226-234.

Dobos, A. E.; Dworkin, P. H.; Bernstein, B. A. (1994): "Paediatrician's approach to developmental problems. Has the gap been narrowed?", *Journal of Developmental Behavioral Pediatrics*, 15: 34-38.

DSM IV. *Manual diagnóstico y estadístico de los trastornos mentales* (2002): ed. rev., Barcelona, Masson.

Frankenburg, W. K. (1985): *Pediatric Screening Tests*, Springfield, Charles C. Thomas Company.

Frankenburg, W. K.; Dodds, J. B.; Archer, P.; Shapiro, H.; Bresnik, B. (1992): "A major revision an restandardisation of the Dever Developmental Screening Test", *Pediatrics*, 89: 91-97; 159-165.

Glascoe, F. P. (1997): "Parent's concerns about children's development: pre-screening technique of screening test?, *Pediatrics*, 99: 522-528.

Knobloch, P. (1979): "The validity of parental reeporting of infant development", *Pediatrics*, 63, (6): 872-878.

Lejarraga, H. (1974): "¿Qué son los percentilos?", *Revista del Hospital de Niños*, Buenos Aires, 16: 45-47.

Lejarraga, H.; Krupitzky, S. *et al.* (1996a): *Guías para la evaluación del desarrollo en niños menores de seis años*, Buenos Aires, Ediciones Nestlé.

Lejarraga, H.; Krupitzky, S.; Kelmansky, D.; Martínez, E.; Bianco, A.; Pascucci, M. C.; Tibaldi, F.; Cameron, N. (1996b): "Edad de cumplimiento de pautas de desarrollo en niños argentinos menores de seis años", *Archivos Argentinos de Pediatría*, 94 (6): 355-368.

Lejarraga, H.; Krupitzky, S.; Giménez, E.; Diament, N.; Kelmansky, D.; Tibaldi, F.; Cameron, N. (1997): "The organisation of a national survey for evaluating child psychomotor development in Argentina", *Paediatric and Perinatal Epidemiology*, 11: 359-373.

Lejarraga, H.; Del Pino, M.; Kelmansky, D; Laurencena, E.; Ledri, I.; Laspiur, M.; Herrera, E. R.; Peskin, E.; Pérez, M. N.; Seguel, P.; Varvasini, J. C. A; Reina, M. B.; Villafañe, L. (2004a): "Edad en que los niños sanos comienzan a decir mamá - papá en forma específica", *Archivos Argentinos de Pediatría*, enviado a publicación en octubre de 2004.

Lejarraga, H.; Kelmansky, D.; Pascucci, M. C.; Cafiero, P.; Salamanco, G. (2004b): *Prueba Nacional de Pesquisa*, Buenos Aires, Fundación Hospital Garrahan.

Lira, M. I. (1992): "Construcción y evaluación de una técnica de rastreo de retrasos del desarrollo psicomotor: segundo año de vida", *Revista Chilena de Pediatría*, 63 (3).

OMS (1993): *Trastornos mentales y del comportamiento. Revisión de la clasificación de las enfermedades. Criterios diagnósticos y de investigación*, Madrid, Meditor.

Palmer, F. B.; Shapiro, B. K.; Watchel, R. C. (1988): "The effects of physical therapy on cerebral palsy: a controlled trial in infants with spastic diplegia", *New England Journal of Medicine*, 318: 803-808.

Pascucci, M. C.; Lejarraga, H. *et al.* (2002): "Validación de la Prueba Nacional de Pesquisa", *Archivos Argentinos de Pediatría*, 100: 374-385.

Perrin, E. C. (1998): "Ethical questions about screening", *Developmental and Behavioral Pediatrics*, 19 (5): 350-352.

Provence, S. (1985): "On the efficiency of early intervention programs", *Journal of Developmental and Behavioral Pediatrics*, 6: 363-366.

Real Academia Española (2002): *Diccionario de la lengua*, 22ª ed., Buenos Aires, Planeta.

Rose, G. (1978): "Epidemiology for the uninitated: screening", *British Medical Journal*, 2: 1417-1418.

Rosenbaun, P. (1998): "Screening tests and standardised assessments used to identify and characterise developmental delays", *Seminars of Pediatrics Neurology*, 5 (12): 27-32.

Sharp, L.; Pantell, R. H.; Murphy, L. O.; Lewis, C. C. (1974): "Psychosocial problems during child health supervision visits. Eliciting, then what?", *Pediatrics*, 89: 619-622.

Shonkoff, J. P.; Hauser-Cram, P. (1987a): "Early intervention for disabled infants and their families: a quantitative analysis", *Pediatrics*, 80: 560.

Shonkoff, J. P.; Hauser-Cram, P. (1987b): "Early intervention for disabled infants and their families: a quantitative analysis", *Pediatrics*, 80: 650.

Smith, R. D. (1978): "The use of developmental screening tests by primary care pediatricians", *Journal of Pediatrics*, 93: 524-527.

Sociedad Argentina de Pediatría (2002): *Guías de atención pediátrica*, Buenos Aires, Ed. SAP.

Squires, J.; Nickel, R.; Eisert, D. (1996): "Early detection of developmental problems: strategies for monitoring young children in the practice setting", *Journal of Developmental Behavioral Pediatrics*, 17: 420-427.

Starfielkd, B.; Borkowd, S. (1969): "Physician's recognition of complaints made by parents about their children", *Pediatrics*, 43: 168-172.

US Department of Health and Human Services (1975): "Education for all handicapped children", Act of august 23, PL 94-14222, Title 20, UCS 1400, en US *Statutes at Large*, 89: 773-796.

US Department of Health and Human Services (1986): "Education of the handicapped amendments", Act of october, PL 99-457, Title 20, USC 1400, en US *Statutes at Large*, 100: 1145-1177.

Webtser's New Encyclopedic Dictionary (1994): Könemann.

Wolraich, W. W.; Siperstein, G. N.; O'Keeje, P. (1987): "Pediatrician's perception of mentally retarded persons", *Pediatrics*, 80: 643-649.

OMS (2000): *Motor Development Assessment Protocol*, Ginebra, WHO Multicentre Growth Reference Study, Appendix C WHO.

CAPÍTULO 14

Validación de instrumentos de pesquisa de trastornos de desarrollo

María Cecilia Pascucci

1. Concepto de validez y fundamentos de la validación

¿En qué consiste la validación de un instrumento? Cuando decidimos aplicar un instrumento de pesquisa, o de medición clínica de cualquier tipo, surgen inmediatamente una serie de preguntas dirigidas a saber si dicho instrumento satisface el propósito para el que fue construido. La validación consiste en la respuesta a esta serie de preguntas que pueden dividirse fundamentalmente en dos grupos: si el instrumento tiene una buena reproductibilidad y si tiene una buena exactitud (Feinstein, 1987).

Es muy frecuente ver en el ambiente pediátrico la existencia de iniciativas dirigidas a implementar métodos de reconocimiento temprano de las enfermedades. Sin embargo, estos métodos no deben ser implementados en terreno en forma generalizada sin antes haber procedido a su validación. La implementación en el nivel primario de atención de un método no validado previamente puede producir un exceso de pacientes derivados a niveles superiores, puede dejar sin reconocer el problema que se quiere detectar en una elevada proporción de niños o puede ocasionar otro tipo de problemas, que serán comentados en el presente capítulo.

2. Reproductibilidad o consistencia

Es la propiedad de un instrumento de brindar el mismo resultado cuando es aplicado repetidas veces al mismo individuo o en la misma situación. Cuando se trabaja con variables psicosociales, y en muchos casos en los que se trabaja con variables biológicas, en lugar de *reproductibilidad*, se usa la palabra *"consistencia"* (Feinstein, 1987).

Pueden reconocerse dos tipos de consistencia: externa e interna.

2.1. Consistencia externa

Un instrumento tiene consistencia externa cuando es usado por el mismo individuo (consistencia o error intra-observador) o por diferentes individuos (consistencia o error inter-observador), como resultado de la aplicación repetida del instrumento al mismo objeto o persona (Feinstein, 1987).

Si medimos repetidas veces la estatura en un mismo niño con el mismo instrumento, no siempre va a obtenerse exactamente el mismo resultado. Es probable que haya una variación alrededor de un valor central. La variabilidad de estas mediciones alrededor del valor central es un indicador de la replicabilidad o consistencia del instrumento. Por supuesto que las fuentes de variación de estas mediciones no solamente se deben al instrumento, sino que pueden deberse también al observador que toma las mediciones, a la posición del niño cuando se lo mide y a otros factores. Para evaluar el valor relativo de estos componentes, deben diseñarse estudios de mediciones repetidas en los mismos sujetos y en distintas circunstancias, teniendo en cuenta las fuentes de variabilidad en el momento de evaluar. Por ejemplo, si queremos evaluar el grado de contribución del observador a la variación que existe en mediciones replicadas, debemos evaluar la variación que se produce cuando el niño es medido repetidas veces por el mismo observador (error intra-observador), y cuando es medido por distintos observadores (error inter-observador) debemos estudiar la variabilidad de las diferencias entre las mediciones. La varianza de las diferencias entre mediciones tomadas por un mismo observador es una medida del error intra-observador, y la varianza de las diferencias tomadas por distintos observadores es una medida del error inter-observador. Por supuesto, para que resulten válidas, las mediciones realizadas por el mismo observador deben ser hechas en forma ciega, es decir, no debe recordarse el resultado de las mediciones previas hechas en los mismos niños. Si se realizan ambas evaluaciones en el mismo experimento, puede calcularse el porcentaje de la variabilidad total, que es el resultado del error inter-observador más el error intra-observador.

Entre 1989 y 1995, el Servicio de Crecimiento y Desarrollo del Hospital Garrahan de Buenos Aires llevó a cabo un Programa Nacional Colaborativo sobre desarrollo infantil, uno de cuyos productos fue la elaboración de una Prueba Nacional de Pesquisa. Como parte de un estudio piloto de la validación de esta prueba, se realizaron tests de consistencia inter-observador e intra-observador (test/re-test) en tres hospitales pediátricos de la ciudad de Buenos Aires (Lejarraga y Pascucci, 1999). En el primer caso, el mismo niño era examinado por dos evaluadores diferentes, que otorgaban puntaje a las pruebas sin saber lo que punteaba el otro observador. En el caso de la consistencia intra-observador, la prueba fue repetida por el mismo observador al mismo niño entre una y dos horas más tarde.

La consistencia intra-observador es difícil de evaluar en el campo del desarrollo psicomotor, porque requiere repetir el test al mismo niño en el mismo momento o una o dos horas más tarde. Pero el comportamiento del niño puede ser diferente durante ambas pruebas, ya sea porque ha aprendido cada una de las pautas que constituyen la prueba, o porque su estado de ánimo ha variado y su rendimiento no es el mismo. En cambio, cuando se trata de evaluar la consistencia de la medición de la estatura, si se realiza una hora más tarde con el mismo centímetro, la variación hallada es exclusivamente debida al evaluador. Como una de las formas de aproximación a esta evaluación intra-observador de las pautas del desarrollo, se ha propuesto realizar una filmación del niño la primera vez que se toma la prueba, para luego plantearla en diferente orden en la segunda prueba, a fin de observar si el examinador puntea lo mismo que en la primera.

En el caso de la Prueba Nacional de Pesquisa, validada en nuestro país, las pruebas fueron realizadas por residentes, con escaso entrenamiento, que evaluaron 29 niños en el Hospital General de Niños Pedro de Elizalde, 59 en el Hospital General de Niños Dr. Ricardo Gutiérrez y 51 en el Hospital Garrahan (Lejarraga y Pascucci, 1999). Para la evaluación intra-observador las coincidencias fueron del 94%, y en las evaluaciones inter-observador fueron del 100%. Habitualmente, se encuentran cifras más altas para las consistencias intra-observador.

2.2 Consistencia interna

Este término es menos conocido por los trabajadores de la salud, y se refiere a la replicabilidad que hay entre distintos componentes del instrumento o de la prueba. Hay instrumentos en los que no pueden reconocerse diferentes componentes, como en una balanza o en un estadiómetro para la medición de la estatura, y entonces la consistencia interna no es aplicable. Hay otros casos, en cambio, en los que el instrumento tiene varios componentes y cabe la evaluación de la consistencia interna.

Por ejemplo, los tests de pesquisa de problemas de desarrollo contemplan en cada niño la administración de varias pautas de desarrollo, que corresponden generalmente a distintas áreas (lenguaje, motriz fina, etcétera). En estos casos, la consistencia interna evalúa el grado de concordancia que hay en el cumplimiento de las pautas.

La consistencia interna evalúa la homogeneidad de un instrumento que, en el caso de un test de pesquisa de problemas de desarrollo, se refiere a la coherencia de los ítems en la inter-correlación de unos con otros. Si los ítems de la prueba se correlacionan bien (los coeficientes de correlación son altos), se dice entonces que los componentes son homogéneos. El método estadístico empleado para evaluar esta correlación, cuando se trata de variables cuantitativas, es el coeficiente alfa de Cronbach. En cambio, cuando los resultados se expresan por sí o por no, o como verdaderos o falsos (resultados cualitativos), se ha recomendado el coeficiente de Kuder-Richardson (Feinstein, 1987), pero nosotros preferimos el valor kappa. Este indicador, que será explicado un poco más adelante, expresa el grado en que dos hallazgos coinciden entre sí en relación con lo que podrían coincidir debido al azar. Los valores de kappa pueden llegar a ser menores que cero, pero habitualmente oscilan entre cero y uno. Landis y Koch (1977) han sugerido, en la tabla 1, una guía interpretativa, que luego fue modificada por Altman (1991).

Tabla 1
Significado de los resultados del coeficiente kappa

Valor de kappa	Interpretación (Landis y Koch, 1977)	Interpretación (Altman, 1991)
Menor a cero	Menor coincidencia que la atribuible al azar	Menor coincidencia que la atribuible al azar
0,00 - 0,20	Pobre	Pobre
0,21 - 0,40	Regular	Regular
0,41 - 0,60	Moderada	Moderada
0,61 - 0,80	Considerable	Buena
0,81 - 1,00	Casi perfecta	Muy buena

Las evaluaciones de consistencia interna realizadas con la PRUNAPE, en el estudio mencionado anteriormente (Lejarraga y Pascucci, 1999), se llevaron a cabo no sólo evaluando las coincidencias del resultado final de la prueba (sospechoso o normal), sino también estudiando ítem por ítem las coincidencias observadas, tanto en pautas aprobadas como en las fracasadas. Esta evaluación se hizo cuando la prueba fue tomada por el mismo observador en dos situaciones diferentes, con diferencia de una a dos horas (consistencia interna intra-observador o pruebas test/re-test). También se estudiaron las coincidencias halladas cuando la misma prueba fue tomada al mismo niño en el mismo momento por dos observadores diferentes (consistencia interna inter-observador).

A modo de ejemplo, se presentan a continuación los resultados obtenidos para las pruebas intra-observador en el ítem "camina sujeto a muebles". Este ítem fue tomado seis veces y se obtuvieron coincidencias entre todas las pruebas: en cinco oportunidades fueron aprobadas y la sexta fue fracasada en las dos tomas (véase tabla 2). En las celdas donde figura 0 (cero) significa que no existieron pautas aprobadas en una toma y fracasadas en otra. En caso de que hubieran existido pautas aprobadas en una toma y fracasadas en otra, las mismas se colocan en las restantes celdas y se suman las proporciones para obtener los "totales" correspondientes. Las proporciones observadas son el resultado de la sumatoria de las proporciones de coincidencias entre pautas aprobadas y fracasadas.

Tabla 2
Número de casos aprobados y fracasados en tomas replicadas
(intra-observador) de la pauta "camina sujeto a muebles",
tomada en seis niños

		Segunda toma de la pauta		
		Aprobada	Fracasada	Total
Primera toma de la pauta	Aprobada	5	0	5
	Fracasada	0	1	1
	Total	5	1	6

Para calcular el valor de kappa recomendamos seguir los siguientes pasos:

Inicialmente se calcula el número de casos en que la pauta fue aprobada en ambas pruebas (primera y segunda):

$$5 + 1 = 6$$

Luego, se calcula qué proporción representa 6 del total de casos evaluados (6):

$$6 / (5 + 1) = 6 / 6 = 1$$

Luego, debe calcularse la proporción de casos coincidentes que se podrían haber obtenido por azar solamente. Esto se calcula multiplicando el total de la columna relevante por el total de la fila relevante, dividido por el total de casos:

$$(5 \times 5) / 6 = 25 / 6 = 4{,}17$$

$$(1 \times 1) / 6 = 1 / 6 = 0{,}17$$
$$\text{Total} = 4{,}34$$

De manera tal que el número de coincidencias atribuibles al azar es de 4,34 casos, lo cual, como proporción del total de casos, es 4,34 / 6 = 0,72. La pregunta es entonces: ¿cuánto mejor que 0,72 fue la coincidencia obtenida en el experimento? La máxima coincidencia posible es 1,0, de manera tal que podemos expresar la coincidencia encontrada en forma de proporción de la posibilidad de lograr mejor coincidencia que por azar, que es 1,0 – 0,72 = 0,22. Calculamos entonces la coincidencia de desempeñarse mejor que por azar como la proporción de coincidencias encontradas [(6 coincidencias, resultado de 5 + 1) / el total de casos analizados (6)], obteniéndose un cociente que en este caso es igual a 1,0. A este resultado se le sustrae luego la proporción atribuible al azar (0,72). Esta cifra se divide luego por el rango posible de proporciones mejores que el azar (1,0 – 0,72) :

$$\frac{1,0 - 0,72}{1,0 - 0,72} = \frac{0,22}{0,22} = 1,0$$

En este caso el valor de kappa es el más alto posible, categorizado como "muy bueno" según Altman. Cuando las coincidencias de casos fracasados y aprobados son absolutas, tal como ocurre en la tabla 2, los valores de kappa dan siempre 1,00.

Para el ítem "camina de la mano" los resultados obtenidos fueron exactamente los mismos que para el ítem "camina sujeto a muebles" que se presentó anteriormente. Es decir que cuando se compararon los resultados de ambas pruebas, las proporciones de aprobados y no aprobados eran las mismas. Por lo tanto, el coeficiente kappa fue igual a uno. De esta manera, podemos decir que en las pruebas *intra-observador*, las pautas "camina sujeto a muebles" y "camina de la mano" han presentado elevada consistencia interna, dado que las diferencias existentes no son mayores que las que podrían haberse encontrado por azar. Luego, si dichas pautas son tomadas por el mismo observador en diferentes momentos, las probabilidades de que coincidan los resultados de ambas pruebas son del 100%.

Por otra parte, tanto para el ítem "camina sujeto a muebles" como para "camina de la mano" la variabilidad *inter-observador* pudo calcularse en 7 casos, obteniendo un 100% de porcentaje de coincidencia (coincidencia entre aprobados y no aprobados) y un coeficiente kappa igual a 1. Si los resultados obtenidos en ambas comparaciones mostraran que todas las pautas fueron aprobadas, sin fracasos ni diferencias, no tendría sentido calcular el coeficiente kappa. Las pruebas de consistencia interna se realizaron en las 78 pautas de la PRUNAPE y, en general, se obtuvieron valores de kappa iguales o cercanos a 1 para cada ítem estudiado.

Hay otra forma de clasificar las pruebas de consistencia, y es aquella basada en la fuente de variación. Cuando la fuente de variación de los resultados es el objeto (o el sujeto mismo de estudio), hablamos de *consistencia o inconsistencia de objeto*, (o de *input*). Por ejemplo, si quisiéramos medir el "humor" de un niño y encontráramos con el mismo instrumento resultados muy variables a lo largo del día, diríamos que la fuente de la inconsistencia proviene del indicador, el "humor", que es muy variable. Cuando, en cambio, la fuente de inconsistencia proviene del procedimiento, hablamos de *inconsistencia de procedimiento*, y cuando se debe a variaciones del mismo sujeto, entonces decimos que la fuente de *inconsistencia proviene del usuario* (Feinstein, 1987). No hemos encontrado trabajos de desarrollo del niño en los que estos indicadores hayan sido usados.

La evaluación del grado de consistencia entre el cumplimiento de un ítem y el cumplimiento de otro ítem es otra forma de evaluar la consistencia interna de una prueba. En este sentido, la mejor aproximación que encontramos es la de Altman (1991). Describimos, en la tabla 3, la consistencia hallada entre dos pautas diferentes de la PRUNAPE: "camina de la mano" y "camina sujeto a muebles", que fueron estudiadas anteriormente en forma individual.

Tabla 3
Número de niños que aprueban o fracasan dos pruebas de la PRUNAPE de un total de 62 niños de 9 a 18 meses

		Camina de la mano		
		Aprueba	Fracasa	Total
Camina sujeto a muebles	Aprueba	28	7	35
	Fracasa	4	23	27
	Total	32	30	62

Fuente: Banco de datos del Programa Nacional Colaborativo (PNC) en Lejarraga *et al.*, 1997.

Calcularemos aquí nuevamente el coeficiente kappa. En total hay 62 niños evaluados, de los cuales hay 51 niños (28 + 23) cuyos resultados son absolutamente coincidentes. Un primer indicador de consistencia es, entonces, el porcentaje de coincidencias. En este caso tenemos, entonces, el siguiente porcentaje de coincidencias: 51 / 62 = 0,82. Este indicador es bueno, pero tiene dos carencias fundamentales: en primer lugar, no dice dónde residen las coincidencias, si residen en las pruebas aprobadas, en las fracasadas, o en ambas; en segundo lugar, no tiene en cuenta las coincidencias que se pueden dar por simple azar en cualquier tipo de prueba. Surge, entonces, la necesidad de contar nuevamente con el coeficiente kappa, el indicador que refleja el grado de coincidencia que hay "en exceso" con respecto a la coincidencia esperada por azar. Esto es lo que expresa el coeficiente kappa.

A partir de la tabla 3, podemos calcular las frecuencias causadas por el azar en cada una de las cuatro celdas, a partir del producto del total de la columna relevante y el total de la línea relevante dividida por el gran total:

Aprueba "camina sujeto a muebles" y aprueba "camina de la mano"	= 32 x 35 / 62 = 18,1
Fracasa en "camina sujeto a muebles" y fracasa en "camina de la mano"	= 30 x 27 / 62 = 13,1
Total	31,2

Si sumamos las dos coincidencias, obtenemos el valor de 31,2, que es el número de coincidencias que obtendríamos por azar en un diseño como el del ejemplo de la tabla 3. Este número, expresado como proporción del total (31,2 / 62 = 0,50), es el porcentaje de coincidencias esperado por azar en nuestra prueba. La pregunta es, entonces, en qué proporción mayor a la del azar coinciden la aprobación o el fracaso de las pruebas. La coincidencia máxima es del 100% o 1,00, de manera tal que podemos expresar la coincidencia de ambas pruebas como la proporción del margen posible de coincidir mejor que el azar, que es en nuestro caso es de 1,00 - 0,50 = 0,50. Calculamos entonces la relación entre el "exceso" de coincidencias halladas (0,82 – 0,50) y el "exceso" esperado (1 – 0,50):

$$\frac{0,82 - 0,50}{1,00 - 0,50} = \frac{0,32}{0,50} = 0,64$$

Este coeficiente kappa es de 0,64.

El nombre de esta medición es *coeficiente kappa*, o K. Tiene un valor máximo de 1,00, cuando la coincidencia es perfecta, un valor de cero indica que la coincidencia no es mejor que el azar y un valor negativo muestra una coincidencia peor que el azar, lo cual, en este contexto, es altamente improbable de encontrar (Landis y Koch, 1977). El resultado de 0,64 expresa un grado de coincidencia moderada, de acuerdo a la categorización de Altman (Tabla 1).

En la tabla 4 mostramos otro estudio, esta vez destinado a evaluar el grado de consistencia interna entre las respuestas a otras dos pautas de la PRUNAPE: la pauta "camina solo" y la pauta "combina palabras". Esta evaluación es importante porque, en el caso de que ambas pautas tuvieran una alta concordancia entre ellas, podría considerarse eliminar una de las dos, ya que se podría asumir que cuando el niño aprueba una, siempre aprueba la otra y, viceversa, cuando fracasa en una, siempre fracasa en la otra.

Tabla 4

Número de niños que aprueban o fracasan dos pruebas de la PRUNAPE de un total de 214 niños de 12 a 18 meses

		Combina palabras		
		Aprueba	Fracasa	Total
Camina solo	Aprueba	22	188	210
	Fracasa	1	26	27
	Total	23	214	237

Fuente. Programa Nacional Colaborativo, en Lejarraga *et al.*, 1997.

Se observa una pobre concordancia, sobre todo en las respuestas positivas. Por ejemplo, de 27 niños que no caminan solos, 26 tampoco combinan palabras; pero de los 210 que caminan solos, solamente 22 aprueban la pauta de combinar palabras. Podría decirse que si un niño no camina solo, las probabilidades de que combine palabras son muy bajas, pero si camina solo, no se puede predecir nada sobre su capacidad de combinar palabras. Los resultados de las pruebas de concordancia son:

- Concordancia bruta $(22 + 26) / 237 = 0,203$, Intervalo de confianza = -0,016 a 0,172
- Coeficiente kappa = 0,017, Intervalo de confianza (95%) = -0,04 a 0,038, Error estándar = 0,011 P < 0,26

El coeficiente kappa de 0,017 es extremadamente bajo, demostrando una muy pobre concordancia entre ambos ítems. Este resultado es previsible, ya que ambos ítems reflejan diferentes áreas del desarrollo. Sobre la base de estos resultados, se deduce que ambas pautas deben ser incluidas en la prueba porque sus resultados no son intercambiables.

Los valores de kappa deben considerarse siempre junto con el estudio de las coincidencias que se observan en los valores crudos, porque dentro de las celdas (véase las tablas 1 a 4) pueden encontrarse resultados muy diferentes, que pueden dar valores iguales de kappa. Adicionalmente, es altamente conveniente cal ular los intervalos de confianza del valor kappa obtenido.

En el caso de la tabla 4, el intervalo de confianza del 95% es -0,04 a 0,038. El cálculo de estos intervalos de confianza se basa en el error estándar de *kappa*, que responde a la siguiente fórmula:

$$ES_K = \frac{p_0\,(1\text{-}p_0)}{N\,(1\text{-}p_0)^2}$$

en donde p_0 es la proporción observada.

En consecuencia, el intervalo de confianza para el valor de la población de *K* está dado desde *K* = 1,96 x ES (*K*) hasta *K* + 1,96 ES (*K*).

3. Exactitud o validez

La consistencia es solamente una de las condiciones que el instrumento debe satisfacer. Imaginemos, por ejemplo, que un lunático mide repetidas veces a un niño de 108 cm de estatura y todas las veces que lo hace dice que mide 150 cm. Este lunático es muy consistente, ya que siempre mide 150 cm, pero sus mediciones tienen muy poco que ver con lo que se quiere medir. La *exactitud* es la capacidad del instrumento para medir aquello que pretende medir (Feinstein, 1987). En la mayoría de las publicaciones, se la identifica con la palabra *validez* (Frankenburg *et al.*; Blackman, 1992; Cochrane y Holland, 1971; Lejarraga, 1975).

Se han propuesto aproximadamente 16 categorías diferentes de validez: por ejemplo, validez de contenido, de construcción, concurrente, predictiva, etcétera. La mayoría de estos atributos tienen un sentido epidemiológico y pueden ser evaluados estadísticamente, siendo además pasibles de ser expresados cuantitativamente. Otros, en cambio, sólo pueden ser evaluados cualitativamente.

Los tipos de validez más frecuentemente usados en instrumentos de evaluación en pediatría son los siguientes (Feinstein, 1987).

3.1. Validez de contenido

Se refiere a la validez de los criterios empleados para la inclusión de los componentes del instrumento. Por ejemplo, si para construir un test de pesquisa de problemas de desarrollo incluimos la toma de la tensión arterial o el examen de orina, este test tendría una pobre validez de contenido ya que la tensión arterial y el examen de orina no son variables importantes ni tienen peso alguno en el desarrollo del niño. La validez de contenido de la PRUNAPE puede considerarse teniendo en cuenta que las pautas que la componen fueron en su mayoría seleccionadas por profesionales destacados en el tema y extraídas de las pruebas de desarrollo más usadas en el mundo (Lejarraga *et al.*, 1997). La validez de contenido no puede cuantificarse ni evaluarse en términos estadísticos (Feinstein, 1987).

3.2. *Validez de criterio*

Es la validez que se refiere a la coincidencia de las mediciones hechas por el instrumento en cuestión con otras realizadas por otro instrumento que mide el mismo fenómeno. Por ejemplo, si empleamos el antígeno carcinoembrionario como marcador del carcinoma de colon, se puede demostrar la validez de criterio comparando los resultados del antígeno medido en nuestro laboratorio con el obtenido en un laboratorio de referencia. En desarrollo psicomotor, la validez de criterio está dada cuando los resultados del *screening* se comparan con los puntos de corte de las pruebas diagnósticas, como el resultado del test de pesquisa (aprobación o fracaso) comparado con el cociente intelectual (por arriba o por debajo de 70 puntos).

3.3. *Validez de constructo*

En medicina, los profesionales hablamos de enfermedad, normalidad o descompensación de un órgano o sistema, de un exceso o deficiencia de una sustancia en particular o de la severidad de una enfermedad. Todos estos aspectos constituyen, en realidad, construcciones teóricas, ideas o conceptos, explicaciones de fenómenos, pero no tienen existencia propia en la naturaleza como un árbol o una sustancia química. Estas construcciones teóricas se llaman constructos. En algunas circunstancias, el nuevo constructo creado no es aceptado en forma inmediata y su validez puede requerir la demostración de que el constructo propuesto existe. La validez de constructo para algunos diagnósticos, como por ejemplo el de otitis media aguda, puede ser fácil de describir y hay una coincidencia universal acerca de las ideas contenidas en él. Sin embargo, para problemas psicosociales, como por ejemplo los métodos empleados para medir la inteligencia, pueden ser ampliamente discutidos. La validez de un constructo explora la relación entre los resultados del test (o instrumento que se quiere evaluar) y el diagnóstico de la enfermedad o problema que se quiere detectar; esta exploración es realizada con el conjunto de tests, datos semiológicos y otras informaciones que el médico dispone.

En el caso del ejemplo del antígeno carcinoembrionario, si se compara el resultado del antígeno medido en nuestro laboratorio con el medido en otro laboratorio, se trata de evaluar la validez de criterio. Pero si se compara el resultado del antígeno con el diagnóstico definitivo de cáncer de colon, entonces estamos evaluando la validez de constructo (Feinstein, 1987).

En el caso del desarrollo infantil, muchos tests de evaluación del desarrollo preparados en el mundo se han basado en la concepción gesselliana del desarrollo (véase capítulo 1). Según esta concepción, el desarrollo es un proceso genéticamente programado, que se expresa por medio de conductas observables en el niño a edades que pueden ser predeterminadas y que van apareciendo a lo largo del tiempo. Para esta concepción teórica, la observación del desempeño del niño en el cumplimiento de determinadas pautas de desarrollo resulta ser un indicador adecuado. Si los resultados de un instrumento coinciden con la evaluación del desarrollo hecho con la perspectiva gesselliana –basada en el cumplimiento de pruebas seleccionadas y validadas a través de décadas de aplicación en clínica pediátrica, psicopedagogía, psicología, etcétera–, podemos decir que dicho instrumento posee validez de constructo. En el caso de un test de pesquisa, si comparamos sus resultados con los de un test diagnóstico, estamos evaluando la validez de criterio. Pero si lo comparamos con los diagnósticos finales (hechos por los especialistas no sólo sobre la base de los tests diagnósticos sino con muchos otros elementos más), estamos explorando la validez de constructo. Este tipo de validez tampoco puede ser cuantificada (Feinstein, 1987).

3.4. Validez predictiva

Esta validez evalúa el grado con que el instrumento es capaz de predecir determinado desempeño, evento o fenómeno en el futuro (Feinstein, 1987). En el caso de los tests de pesquisa de problemas de desarrollo, a nuestro modo de ver, uno de los tipos de validez más importante es la validez predictiva, que evalúa en qué medida un test de pesquisa es capaz de predecir algún aspecto del desarrollo del niño en el futuro. En ese sentido, una de las preguntas más relevantes es: *¿qué probabilidad tienen los niños que fracasan en el test de pesquisa a los doce meses, de presentar fracaso escolar a los siete años?* El estudio de este tipo de validez es complejo, ya que para establecerla es necesario recurrir a estudios longitudinales que duran el tiempo proporcional a la edad en que ocurre el problema que se quiere predecir (Lejarraga y Pascucci, 1999). Los indicadores de esta validez predictiva son los mismos que los usados para estimar la validez concurrente (véase pág. 491).

A modo de ejemplo, mostramos en la tabla 5 un estudio de validez predictiva llevado a cabo en Canadá y dirigido a evaluar el valor de un test de desempeño motor en los primeros meses de vida (*Test of Infant Motor Performance*, TIMP) para la predicción del desarrollo motor a los 6 y 12 años, medido con la escala de Alberta (Campbell *et al.*, 2002).

Tabla 5

Comparación del resultado de la evaluación del desempeño motor realizado a los 90 días, con el resultado de la escala de desarrollo motor realizado a los 12 meses

Desempeño motor a los 90 días	Desarrollo motor a los 12 meses		
	Puntaje bajo (< centilo 5)	Puntajes normales (≥ centilo 5)	Total
Puntaje "Z" < -0,5	11	17	28
Puntaje "Z" ≥-0,5	1	53	54
Total	12	70	82

Fuente: Campbell *et al.*, 2002.

Este cuadro muestra que la sensibilidad del método es de 11 / 12 = 0,92, es decir que de los niños con puntaje bajo a los 12 meses, el método TIMP es capaz de predecir 11. La especificidad del método es de 53 / 70 = 0,76, es decir que de 70 niños con puntaje alto a los 12 meses, el método TIMP es capaz de predecir 53. El valor predictivo positivo es de 11 / 28 = 0,39; el valor predictivo negativo es de 53 / 54 = 0,98. El significado de estos indicadores se explica en el apartado 3.5, "Validez concurrente" (véase pág. 491).

Ciertamente, puede evaluarse la validez predictiva en estudios retrospectivos. Por ejemplo, si encontramos una escuela primaria a cuyos alumnos se les haya administrado un test de *screening* a la edad de 1 a 5 años, podríamos estudiar la validez predictiva en forma retrospectiva.

Si bien existe consenso acerca de que muchos problemas de desarrollo (como, por ejemplo, los trastornos de aprendizaje) pueden identificarse en la etapa preescolar, en algunos estudios los resultados no fueron los esperados (Frankenburg *et al.*, 1988). Algunos de los obstáculos para predecir el desempeño escolar son: 1) los cambios que presentan los niños en su desarrollo a lo largo de su vida, 2) las dificultades para diferenciar las variaciones normales iniciales de las anormales y 3) y el hecho de que los indicadores tempranos de los trastornos del aprendizaje resultan más difíciles de identificar que los trastor-

Tabla 6

Validez del test de Denver para predecir el desempeño escolar

	Desempeño escolar		
	Problemas	Normal	Total
DDST[1] Cuestionable más IQ[2] bajo	21	5	26
DDST Cuestionable más IQ alto	7	6	13

1. DDST: Denver Developmental Screening Test.
2. IQ: Coeficiente intelectual.
Fuente: Camp *et al.*, 1977.

nos en sí mismos. Estos son algunos de los motivos por los que no puede esperarse que un test de pesquisa identifique a todos los niños que más tarde tendrán problemas. Por otra parte, tampoco podemos asegurar que aquellos que fueron clasificados como normales por el *screening* nunca presentarán problemas en su futuro desempeño escolar (Camp *et al.*, 1977). Uno de los tests más usados, el test de Denver (Frankenburg *et al.*, 1992; Frankenburg y Doods, 1967; Cadman *et al.*, 1984.), no ha mostrado buenos indicadores cuando se estudió su capacidad de predecir rendimiento escolar. En un trabajo realizado sobre 2.569 niños, se tomó el Denver 5 a 7 meses antes del ingreso al jardín de infantes. Un año después se evaluaron habilidades de aprendizaje, atención, comportamiento en clase y derivación a servicios especiales. Pero los resultados mostraron sensibilidad muy escasa (5% a 10%) y valor predictivo positivo también muy pobre, con valores que variaron entre un 31% y un 62% según las diferentes patologías (Cadman *et al.*, 1984). Camp y colaboradores (1977) han estudiado la capacidad de predicción del rendimiento escolar en los primeros años de una combinación del Test de Denver y el cociente intelectual, aplicados a niños preescolares. Algunos resultados se muestran en la tabla 6: de 26 niños con DDST cuestionable y cociente intelectual bajo, 5 tienen luego un desempeño escolar normal. Estos autores encontraron un nivel moderado de concordancia (kappa = 0,57) y han corroborado que las pruebas de *screening* miden un nivel más amplio de funciones, y no exclusivamente la inteligencia. Por otra parte, en este estudio, la prueba fue aplicada por enfermeras, y podría pensarse que los resultados habrían sido diferentes si las pruebas las hubieran administrado pediatras o psicólogos. No obstante, estos resultados demuestran que la validez predictiva en el área de desarrollo es siempre parcial. Las funciones cerebrales pasibles de ser exploradas en los primeros años son algo diferentes de aquellas que tienen que ver con el desempeño escolar.

Hay estudios realizados con un enfoque de riesgo, como los hechos por R. Ueda en Japón, en donde los niños que obtuvieron resultados sospechosos con el test de Denver tenían 2,6 veces más probabilidades de tener problemas escolares en el futuro. Asimismo, aquellos que resultaron anormales en dicho test tenían 8,5 veces más probabilidades de tener problemas más tarde (Ueda *et al.*, 1988). En otro estudio realizado en el Reino Unido, en niños de etapa preescolar, se halló que aquellos que resultaron sospechosos con el *screening* tenían aproximadamente 3 veces más probabilidades de tener problemas escolares entre los 6 y los 7 años y medio (Drillen *et al.*, 1988).

Martin Bax, en un programa de *screening* de neurodesarrollo realizado al ingreso escolar de niños que vivían en la Isla de Wight, describió que más del 50% de los niños considerados *sospechosos* (que fueron alrededor del 10% del total de niños estudiados) tuvieron dificultades en la escuela 3 o 4 años más tarde. Por el contrario, menos del 5% de los que fueron seleccionados como *altamente sospechosos* con el *screening* tuvieron problemas escolares. El autor concluye que los resultados del *screening* antes del ingreso escolar deben ser tomados con cautela para predecir los problemas de desempeño escolar en el futuro. Asimismo, señala la importancia que tienen para las maestras de estos niños las evaluaciones de neurodesarrollo antes del ingreso escolar, dado que las alertan acerca de los métodos de enseñanza que deberán emplear, así como también sobre las expectativas y actitudes que deberán tener con respecto a ellos (Bax, 1973). Estas coincidencias tienen una contracara que merece considerarse: pueden estimular una profecía autocumplida. Si las maestras creen que determinados niños de la clase tienen problemas, pueden inducir en ellos conductas retrasadas, o interpretarlas erróneamente como tales.

3.5. Validez concurrente

Es la capacidad del instrumento de cumplir la función para la cual fue construido (Cochrane y Holland, 1971; Lejarraga, 1975). Intenta valorar el objetivo mismo del instrumento en juego y, en el caso que nos ocupa, detectar problemas de desarrollo en niños. Para ello, hay básicamente cuatro indicadores de validez concurrente:

- *Sensibilidad.* Es la capacidad de un instrumento para reconocer los casos patológicos. Por ejemplo, si en una población de 1.000 personas hay tres personas que son sordas (prevalencia del 3‰), y el instrumento que hemos diseñado es capaz de reconocer a dos de ellas, la sensibilidad entonces es de 2 / 3 = 0,66, o sea, del 66%.

- *Especificidad.* Es la capacidad del test de reconocer a los individuos normales. Si –siguiendo con nuestro ejemplo– en una comunidad hay 997 personas normales (y tres sordas) y el test reconoce como normales a 991, entonces la especificidad del test es de 991 / 997 = 0,99, es decir, del 99%.
- *Valor predictivo positivo.* Se refiere a la probabilidad que tiene un individuo que fracasó en el test de resultar realmente patológico en las pruebas diagnósticas.
- *Valor predictivo negativo.* Es la probabilidad que tiene un individuo que aprobó el test de *no* sufrir la condición patológica que se pretende detectar.

Del análisis de estos indicadores, surge la necesidad de contar con una "regla de oro", con un método que nos informe sobre cuál es la condición real del individuo seleccionado como sospechoso en el test de pesquisa. Esto nos lleva a repasar los conceptos de pesquisa y de diagnóstico. *Pesquisa* es la detección, en un grupo de personas presuntamente sanas, de individuos probablemente enfermos. *Diagnóstico*, en cambio, es la caracterización de la enfermedad con el objetivo de efectuar un tratamiento. Este tema es extensamente tratado en el capítulo sobre la pesquisa de problemas de desarrollo (véase capítulo 13).

A fin de estudiar la validez concurrente de un test, en primer lugar es necesario explicitar qué tipo de problemas intenta detectar nuestro instrumento, ya que nuestra "regla de oro" va a estar dirigida a llevar a cabo los procedimientos diagnósticos correspondientes, y no otros. Hay instrumentos que tienen como objetivo exclusivo detectar problemas de lenguaje; otros, en cambio, han sido construidos para detectar una amplia gama de problemas. Una vez que hemos explicitado el tipo de problemas de desarrollo que el instrumento intenta detectar, entonces debemos pasar al segundo paso, que es el de definir los instrumentos diagnósticos que van a ser usados como "regla de oro". Por ejemplo, si se construye una prueba destinada a detectar problemas de audición, la regla de oro será la audiometría tonal; si se trata de detectar problemas de lenguaje, la regla de oro serán los tests de evaluación del lenguaje.

Las pruebas diagnósticas a usar deberán ser siempre consultadas con especialistas, ya que casi siempre son ellos quienes las aplican. Su elección depende de la edad del niño, de la epidemiología local y de los recursos disponibles.

Una vez que tenemos definidos los problemas que el instrumento intenta detectar y los procedimientos diagnósticos a usar, debemos seleccionar la muestra de niños con quienes vamos a validar el test. Si la prueba es validada en una muestra de niños sanos, de muy bajo riesgo, entonces la prevalencia de problemas inaparentes del desarrollo en esos niños va a ser muy baja y será necesario reclutar una muestra considerablemente grande para que aparezcan problemas detectables.

Por ejemplo, en una población sana, la prevalencia de sordera neurosensorial es de alrededor del 3‰, por lo tanto, si queremos ofrecer a la prueba la posibilidad de detección de al menos un niño con sordera, deberemos hacer la prueba de validación en una muestra de por lo menos 333 niños sanos. Si, en cambio, queremos aplicar el test en población de mayor riesgo, vamos a tener una mayor prevalencia de problemas y la validación será hecha con un mayor número de niños patológicos.

La muestra sobre la cual vamos a efectuar la validación deberá, necesariamente, estar compuesta por niños sanos, ya que los tests de pesquisa son para detectar problemas *inaparentes*. Las muestras ideales son las de la población general. Las muestras obtenidas de niños que concurren a hospitales no son recomendables porque, por definición, se trata de niños enfermos. Las muestras pueden ser obtenidas de niños que asisten a jardines de infantes o a otras instituciones destinadas a recibir niños sanos. Si queremos explorar la validez del test en niños sanos pero de *alto riesgo*, por ejemplo en niños pretérmino o de bajo peso, entonces deberemos implementarlo en una población con alta prevalencia de tales factores de riesgo.

Es importante caracterizar bien la muestra desde el nivel socioeconómico y educacional materno, ya que las madres tienen una fuerte asociación con el desarrollo infantil (Frankenburg *et al.*, 1992; Frankenburg y Dodds, 1967). También es importante caracterizar la muestra respecto al tipo de riesgo al que están expuestos los niños que la componen.

Contando, entonces, con la muestra destinada a la validación del test, se procede a administrar el test de pesquisa y, subsecuentemente, a someter al niño a los procedimientos diagnósticos. Es imprescindible que ambas pruebas (de *screening* y de diagnóstico) sean hechas en forma ciega por los observadores (especialistas). *Todos* los niños de la muestra deben ser sometidos a ambos tipos de pruebas, independientemente del resultado de la prueba de pesquisa.

Una vez realizados los dos tipos de pruebas, se confecciona una tabla similar a la tabla 7. En la columna de la izquierda, se ordenan los resultados obtenidos con la aplicación del test de pesquisa. Los niños que fracasaron en la prueba son clasificados como sospechosos y los que pasaron la prueba son clasificados como normales. A su vez, los individuos sospechosos según la pesquisa pueden haber fracasado en alguna prueba diagnóstica, en cuyo caso se ubica el número de individuos correspondiente debajo de la columna de patológicos (cualquiera sea la prueba diagnóstica que haya fracasado). El nú-

Tabla 7
Comparación entre el resultado de la pesquisa y el diagnóstico

		DIAGNÓSTICO		
		Patológico	Normal	
PESQUISA	Sospechoso	Positivo Verdadero *a*	Positivo Falso *b*	*a + b*
	Normal	Negativo Falso *c*	Negativo Verdadero *d*	*c + d*
		a + c	*b + d*	

mero de individuos que haya aprobado todas las pruebas diagnósticas se ubica debajo de la columna normal.

Los niños que fracasaron la prueba de *screening* pero resultaron ser normales se denominan "falsos positivos". Los que fracasaron en la prueba pero tuvieron estudios diagnósticos normales se denominan "falsos negativos". En la tabla 8, el valor *a* indica la cantidad de niños que el test de *screening* consideró sospechosos y cuyos estudios diagnósticos resultaron patológicos ("positivos verdaderos"); el valor *b* indica la cantidad de niños que el test de *screening* consideró sospechosos y cuyos estudios diagnósticos resultaron normales ("falsos positivos"). El valor *c* indica la cantidad de niños que aprobaron el test y cuyos estudios diagnósticos resultaron patológicos ("falsos negativos"). El valor *d* indica la cantidad de niños que el test consideró normales (aprobaron el test) y cuyos estudios diagnósticos resultaron normales ("negativos verdaderos"). De la combinación de los valores obtenidos en los distintos cuadrantes surgen los siguientes indicadores:

- Sensibilidad: proporción de casos sospechosos entre los diagnosticados como patológicos = $a / a+c$

- Especificidad: proporción de niños que aprobaron el test de pesquisa entre los diagnosticados como normales = $d / b+d$

- Valor predictivo positivo: proporción de niños con diagnóstico patológico entre los que fracasaron en el test = $a / a+b$

- Valor predictivo negativo: proporción de niños con diagnóstico normal entre los que aprobaron el test = *d / c+d*

La *sensibilidad* y la *especificidad* de la prueba de *screening* son índices de validez y, por este motivo, los indicadores más importantes de la validación de la prueba. Sobre todo, porque son características permanentes, es decir, *no dependen de la prevalencia* del trastorno del desarrollo. Como se desprende de la definición y de su cálculo matemático, la sensibilidad y especificidad, al corresponder a porcentajes de enfermos o a porcentajes de no-enfermos, están menos influidas por la prevalencia observada en cada muestra, dado que la misma es la proporción de enfermos calculada en la población total (enfermos más no-enfermos). Pero ellas sólo indican el modo en que el test funcionará dentro de esos subgrupos confirmados de individuos patológicos o normales. El conocimiento de la sensibilidad y la especificidad de un test es fundamental, además, para la aplicación de políticas de salud, ya que si una prueba tiene baja especificidad, detectará demasiados individuos como sospechosos y provocará excesivas derivaciones a especialistas, sobrecargando innecesariamente al sistema de salud. Mientras que si, por el contrario, la prueba es poco sensible, seguramente muchos pacientes con problemas no serán detectados al ser aplicada en poblaciones, generando un número importante de falsos negativos. Según los objetivos y los recursos con los que cuenten los actores de las políticas de salud, es conveniente modificar el punto de corte de una prueba.

En cambio, *los valores predictivos son dependientes de la prevalencia* del trastorno. Es decir, cuando el test se aplica a poblaciones de baja prevalencia del problema pesquisado, el valor predictivo positivo disminuye, y viceversa. Los falsos positivos y falsos negativos son también dependientes de la prevalencia.

Para calcular el valor predictivo positivo (VPP) o negativo (VPN) que se obtendría con una determinada prevalencia, realizamos los siguientes cálculos:

$$\text{VPP} = (a/a+c).\text{prevalencia} / (a/a+c).\text{prevalencia} + (b/b+d).(1-P)$$

$$\text{VPN} = (a/a+c).\text{prevalencia} / (a/a+c).\text{prevalencia} + (d/b+d).(1-P)$$

Si la prevalencia se calcula de la siguiente manera, se obtiene la prevalencia observada:

$$\text{Prevalencia observada} = (a+c) / (a+b+c+d)$$

Con la información disponible también se pueden hacer pruebas de concordancia:

a) Porcentaje de coincidencia (PC) o valor global de la prueba: es la proporción de individuos que son clasificados correctamente por la prueba de *screening*.

$$PC = (a+d) / (a+b+c+d)$$

b) Coeficiente kappa: mide las diferencias de las coincidencias con respecto a las que se obtendrían por azar.

$$K = (\text{Proporciones de coincidencias observadas} - \text{proporciones de coincidencias esperadas}) / (1 - \text{proporciones de coincidencias esperadas})$$

Tanto el porcentaje de coincidencia como el coeficiente kappa también *dependen de la prevalencia.*

3.6. Otras características de los instrumentos de pesquisa

En otra parte de este libro (capítulo 13, "La pesquisa de problemas de desarrollo") se desarrolla *in extenso* el tema de la pesquisa en pediatría, pero aquí se incluyen algunos conceptos necesarios para la comprensión del tema.

Los instrumentos de pesquisa son métodos concebidos para seleccionar individuos sospechosos de sufrir una condición determinada, que como requisito esencial debe ser inaparente, ya que las enfermedades que dan síntomas o que pueden ser reconocidas fácilmente en un examen clínico no requieren la aplicación de técnicas de *screening*. Los tests de pesquisa nacen a partir de la necesidad de aplicar métodos rápidos, sencillos pero confiables, para concentrar así los procedimientos diagnósticos (cada vez más caros, complejos y, a veces, invasivos) en aquellos individuos que realmente tengan una sospecha consistente de sufrir una determinada condición. Esta sospecha consistente puede estar dada por los tests de *screening. Podemos, entonces, definir el test de pesquisa como la selección o el reconocimiento (en una población de individuos presuntamente sanos) de individuos probablemente enfermos.* Teniendo en cuenta que los tests de pesquisa están destinados a ser aplicados en forma relativamente masiva en grupos de población, deben ser relativamente simples. A su vez, esta simplicidad puede disminuir la validez del instrumento. Es por ello que los individuos que fracasan en los tests de pesquisa deben ser considerados sospechosos, y no enfermos. Necesariamente, entonces, los individuos sospechosos deben ser sometidos a pruebas diagnósticas para confirmar o rechazar la sospecha.

Al contrario de lo que ocurre con los métodos de pesquisa, los métodos diagnósticos están destinados al reconocimiento de la enfermedad con todas sus características, que en cada individuo tiene una expresión diferente. Los métodos diagnósticos son complejos y, en ocasiones, de alto costo, y muchas veces son de carácter invasivo. *Podemos, entonces, definir el diagnóstico como la caracterización de la enfermedad con miras a efectuar tratamiento.*

4. Validación de la PRUNAPE (Prueba Nacional de Pesquisa de Trastornos de Desarrollo Psicomotor en niños menores de 6 años) (Lejarraga *et al.*, 2002; Pascucci *et al.*, 2000 a y b; Lejarraga *et al.*, 1996).

4.1. Consideraciones generales

Daremos ahora un ejemplo de validación en una prueba construida en la Argentina, constituida por 79 pautas madurativas pertenecientes a las cuatro áreas en que tradicionalmente se dividen las pautas de desarrollo psicomotor: personal-social, motricidad gruesa, motricidad fina y lenguaje (Lejarraga *et al.*, 2004; Bax, 1973). La prueba fue sometida a dos tipos de evaluaciones: de consistencia y de validez concurrente.

La muestra de 104 niños aparentemente sanos se obtuvo de pacientes que concurrían al Hospital Garrahan. Cuando los pacientes consultaban por problemas menores en el Consultorio de Bajo Riesgo, se les proponía participar del estudio de validación.

La prueba consistía en la evaluación de la validación concurrente. Para llevar a cabo este estudio, conviene seguir determinados pasos. Cuando un test de pesquisa es estudiado en relación a una sola prueba diagnóstica, se habla de co-positividad y co-negatividad, en lugar de sensibilidad y especificidad. En el caso de la PRUNAPE, el test fue construido pensando en que debería servir para detectar una gama amplia de problemas de desarrollo, incluyendo problemas de lenguaje, de comunicación, en el área personal-social y de motricidad fina y gruesa. Consecuentemente, la "regla de oro" debería ser, en cada caso, una prueba diagnóstica diferente destinada al diagnóstico específico de cada tipo de problema.

La validación de la PRUNAPE se realizó comparando los resultados de la prueba de pesquisa con el diagnóstico final del paciente después de haber aplicado *todas* las pruebas a todos los niños. Los 104 niños que constituyeron la muestra final fueron evaluados mediante el test de pesquisa y todas las pruebas diagnósticas correspondientes según sus edades, independientemente del resultado final de la prueba de pesquisa.

Los profesionales que realizaron la pesquisa habían tenido un entrenamiento previo en la toma de la prueba y ninguno de ellos participó en las pruebas diagnósticas. Los especialistas que realizaron las evaluaciones diagnósticas en los diferentes servicios del Hospital eran profesionales de reconocida experiencia clínica. Un especialista coordinó este trabajo en cada uno de los servicios y se responsabilizó de colaborar en la tarea asistencial de un residente o becario, seleccionado por el coordinador sobre la base de la similitud de criterios diagnósticos. Los especialistas no recibieron información alguna por parte de los médicos o de los padres de los niños acerca de los resultados del test de *screening*.

La coordinación general del trabajo dentro del Hospital estuvo a cargo del Servicio de Crecimiento y Desarrollo, así como la apertura de historias clínicas, solicitud de turnos de estudios complementarios, informes, interconsultas, etcétera.

Las interconsultas con los especialistas requirieron, en promedio, 2 a 3 días de concurrencia de los pacientes al Hospital, lo que resultó muy cansador para ellos y para sus padres. Debe recordarse que estos niños eran sanos, y que ni ellos ni sus padres estaban altamente motivados para participar del estudio. No obstante, en varios padres percibimos un genuino interés en conocer el desarrollo de sus hijos. En los casos que fue necesario, se les abonó una suma de dinero en concepto de viático. El informe final a los padres fue entregado por escrito, así como los estudios requeridos, interconsultas, derivaciones, etcétera. Los casos patológicos, y según el nivel de complejidad de la patología, fueron tratados en el Hospital o en el centro de derivación correspondiente. Todos los estudios complementarios requeridos, aun los de alta complejidad, se efectuaron en el Hospital por cuenta y cargo del mismo.

Los estudios diagnósticos realizados se describen a continuación.

4.2 Tests diagnósticos

4.2.1. Evaluación de niños de 0,00 a 3,50 años

Los niños de 0,00 a 3,50 años fueron evaluados con los siguientes estudios:

• *Evaluación del Desarrollo Psicomotor:*

Se aplicó el test de Bayley II (Bayley, 1993).
Se obtuvieron dos resultados: el Índice de Desarrollo Mental y el Índice de Desarrollo Psicomotor.

El paciente fue clasificado como patológico cuando obtuvo un puntaje en uno de los dos índices por debajo de 2,00 desvíos estándar (69 puntos o menos). Se realizó el diagnóstico de retraso mental, psicomotor o global de acuerdo al resultado patológico del primer índice, el segundo o de ambos. Cuando el especialista lo requirió, se efectuaron interconsultas con otras especialidades (por ejemplo, genética, dermatología, etcétera).

Asimismo, se incluyó al paciente en un programa de seguimiento y estimulación temprana en el Hospital o se derivó a otros centros especializados para su tratamiento, según la complejidad de la patología, patologías asociadas, etcétera.

• *Examen neurológico completo*:

El paciente fue clasificado como patológico si presentó algún signo clínico que no se considera normal para su edad ni una variación de la normalidad. Cuando el especialista lo consideró necesario, se requirieron estudios complementarios como tomografías computadas, resonancias magnéticas, potenciales evocados, etcétera, así como las interconsultas con otras especialidades y la inclusión del paciente en un programa de seguimiento.

• *Evaluación de salud mental:*

Se realizó una entrevista de aproximadamente 60 minutos de duración, con un formulario orientador acerca de los temas a tratar (sueño, juegos, alimentación, mascotas, etcétera). Se consideró patológico si cumplía todos los criterios requeridos por el DSM IV para el diagnóstico de enfermedades mentales de inicio en la infancia o adolescencia (DSM IV, 1995). Todos los pacientes considerados patológicos y todos los que presentaron trastornos de importancia clínica no codificados fueron derivados a los centros de atención correspondientes para completar la evaluación diagnóstica y el tratamiento. También se consultaron otras clasificaciones (*Zero to Three*, 1995).

• *Evaluación de la audición:*

En los niños menores de 2 años se utilizó como instrumento de *screening* el registro de emisiones otoacústicas (Watkins, 1996). Cuando el resultado de las otoemisiones acústicas fue considerado dudoso o patológico, se solicitó potenciales evocados de tronco.

Si el paciente –sobre todo a partir de 2 años– colaboraba, era evaluado con audiometría de tonos puros, a través del juego. Se consideró patológico al paciente que presentó como mínimo el diagnóstico de hipoacusia leve de un oído y moderada del otro. Los pacientes con hipoacusias leves unilaterales o bilaterales, independientemente de su origen, no se incluyeron en el trabajo como patológicos, pero continuaron en seguimiento en el sector de Fonología del Servicio de Otorrinolaringología (Windmill, 1998; Hall y Mueller, 1996; Northern y Downs, 1981; Pasik *et al.*, 1994; Becker *et al.*, 1992).

La audición puede ser evaluada con audiometrías tonales aproximadamente alrededor de los 2 años. Por encima de esta edad se usa la audiometría tonal liminar clásica.

- Audiometría tonal liminar clásica:

Se le explica al niño con palabras sencillas la forma en que se llevará a cabo la prueba. Es importante verificar que haya comprendido las consignas establecidas, ya que las respuestas las dará indicando con la mano cada vez que escuche el sonido. Si el niño no colabora o no presenta la maduración adecuada para responder correctamente, se intentará la audiometría facilitada por el juego.

- Audiometría facilitada por el juego:

El material utilizado puede ser: juego de ensartado, juegos de encastre, juegos de enhebrado, etcétera. Una vez que se ubica el niño en la cabina sonoamortiguada, se lo condiciona para responder a través del juego con estímulos sonoros (instrumentos sonoros, tonos puros) o vocales. Luego se le colocan los auriculares, explicándole que percibirá el sonido en cada oído separado. En ambos casos se anotan en el audiograma los datos de cada oído para vía aérea y vía ósea con los signos correspondientes.

Las hipoacusias fueron consideradas leves, moderadas, severas o profundas según la siguiente clasificación:

Leve: pérdidas de 15 a 30 dB.
Moderada: pérdidas de 30 a 60 dB.
Severa: pérdidas de 60 a 90 dB.
Profunda: pérdidas de 90 a 120 dB.
Anacusia: pérdidas de más de 120 dB.

• *Evaluación oftalmológica:*

Se realizó un examen de actitud visual, reflejo rojo, de convergencia y pupilares, cover test, *uncover* test, *cover* test alternado, *very close cover* test, biomicroscopía, agudeza visual, refracción con ciclopejía. La valoración de la agudeza visual se realizó, según la colaboración del paciente, aproximadamente desde los 2 años y medio, con la cartilla de Lighthouse para lejos y cerca, o el cartel de Snellen.

Se consideró patológico todo paciente que, según el criterio clínico, presentó un vicio de refracción o estrabismo que pudiera afectar el desarrollo psicomotor del niño. En todos los casos, y sobre todo en lactantes con vicios de refracción, la decisión de considerar si el trastorno visual afectaría o no el desarrollo fue tomada por los profesionales que constituían el equipo de diagnósticos del Servicio de Oftalmología (Boother, 1985; Burian, 1974).

4.2.2. Evaluación de niños de 3,51 a 5,99 años

Los niños de 3,51 a 5,99 años fueron evaluados de la siguiente forma:

• *Diagnóstico de retraso mental:*

Sobre la base de lo expuesto en el DSM IV, para realizar el diagnóstico de retardo mental se tuvo en cuenta tanto el coeficiente intelectual como la conducta adaptativa.

- El coeficiente intelectual se evaluó con las siguientes pruebas:
  3,51 a 4,00 años: Test de Terman (Terman y Merrill, 1975)
  4,01 a 5,99 años: Test de WPPSI (Wechsler, 1967)

- La conducta adaptativa se evaluó con el Test de Vineland (Sparrow *et al.*, 1984). Se registró el puntaje obtenido para cada una de las cuatro áreas que componen el test:
a. Comunicación (recepción, expresión, escritura).
b. Actividades de la vida diaria (personal, doméstica, comunitaria).
c. Socialización (relaciones interpersonales, tiempo para juegos y recreación, habilidades para copiado).
d. Motora (fina y gruesa).

Se consideró patológico un puntaje obtenido por debajo de 2,00 desvíos estándar (media: 100 puntos; 1,00 DE: 15 puntos). El diagnóstico de retraso mental se realizó en todos los pacientes que presentaron un coeficiente intelectual por debajo de 2,00 desvíos estándar y una de las áreas del Test de Vineland con resultado patológico (Sparrow *et al.*, 1984).

• *Evaluación del lenguaje:*

Se seleccionaron pruebas formales que puedan aportar un nivel cuantificado y, a su vez, que permitan una apreciación global del desarrollo del lenguaje. Además de estas pruebas, se realizaron observaciones clínicas del comportamiento espontáneo, ya que los tests, aun los más probados por su sensibilidad y especificidad, ofrecen una visión parcial del verdadero nivel lingüístico de un niño, que además se interpreta según una perspectiva teórica determinada y cuya utilización debe depender de cada niño en particular y del contexto en donde se sitúe su evolución lingüística. La evolución de la lengua y la del lenguaje implican una conjunción aptitudes y funciones numerosas, así como la integración de aspectos cuyo estudio particular pertenece a diferentes sectores del conocimiento, como la psicología, la lingüística, la neurología, la audiología, etcétera.

Los tests empleados fueron:

1. Test de Gardner Receptivo de figura-palabra: se considera retraso cuando el niño presenta un puntaje ubicado por debajo de 2 DE del esperado para su edad cronológica corregida (Gardner, 1987a).
2. Test de Gardner Expresivo de figura palabra: se considera retraso cuando el niño presenta un puntaje ubicado por debajo de 2 DE del esperado para su edad cronológica corregida (Gardner, 1987b).
3. Test de Habilidades Psicolingüísticas (ITPA) (Kirk *et al.*, 1989): con la finalidad de evaluar áreas o subniveles (lexical, morfológico, sintáctico, fonológico y pragmático), se utilizaron algunas de las subescalas del ITPA, en versión para hispanoparlantes de TEA, cuya extensión hace ardua la aplicación de la escala completa. Su valoración se ha hecho de acuerdo a las puntuaciones típicas normalizadas (puntuaciones directas) según la edad cronológica. Las subescalas empleadas son las siguientes:

   a. Integración gramatical
   b. Fluencia verbal
   c. Memoria auditiva (*digit span*)
   d. Memoria asociativa

Para cada una de ellas, se consideró la existencia de retraso si el niño presentaba una diferencia mayor de 24 meses con respecto a su edad cronológica corregida.

La evaluación del lenguaje comprende, además, la evaluación de la fonología para determinar el nivel del *output* verbal, que surgirá del análisis del material expresivo recogido. Esto permitirá determinar la calidad fonológica de la muestra. Para ello, se seguirá la Clasificación de Ingram (trastornos fonológicos en el niño) que posibilitará determinar la existencia de disfonemias articulatorias (errores de la articulación periférica fonética) o de parafasias fonológicas (errores de la construcción de la palabra por desajuste del sistema fonológico).

De la evaluación del lenguaje, surgirán los siguientes diagnósticos posibles:

a. Trastorno del lenguaje expresivo:
Será diagnosticado cuando un niño presente retraso en cada una de las siguientes pruebas:

- Test de Gardner Expresivo de figura-palabra.
- ITPA: Subescala de integración gramatical.
- ITPA: Subescala de fluencia verbal.
- ITPA: Subescala de memoria auditiva (*digit span*).
- Presencia de formas parafásicas fonológicas (omisión, sustitución, traslocación) y/o disfonemias articulatorias no esperables para la edad cronológica del niño.

b. Trastorno del lenguaje receptivo:
Será diagnosticado cuando un niño presente un retraso en cada una de las siguientes pruebas:

- Test de Gardner Receptivo de figura-palabra.
- ITPA. Subescala de memoria asociativa.

c. Trastorno del lenguaje mixto:
Será diagnosticado cuando se observe retraso en los dos grupos de pruebas descritas anteriormente.

- Evaluación de la salud mental (DSM IV) (véase pág. 499)

- Examen neurológico (véase pág. 499)

- Examen oftalmológico (véase pág. 500)

- Evaluación de la audición (véase "Audiometría tonal liminar clásica", pág. 500)

4.3. Resultados de la validación de la PRUNAPE

Antes de llevar a cabo la validación de la PRUNAPE, se realizó un estudio preliminar para establecer cuál sería el punto de corte que se asociaba a una más elevada sensibilidad y especificidad. Para llevar a cabo estudios de este tipo se aplica, en general, el análisis Roc, que puede encontrarse en la mayoría de los paquetes estadísticos disponibles en el mercado. En la validación de la PRUNAPE, se empleó dicho análisis para estudiar las pautas tipo A y B en forma separada, y se realizó manualmente cuando fue necesario combinar las mismas. Los diferentes puntos de corte, con su sensibilidad y especificidad, fueron calculados y publicados previamente (Bax, 1973; Pascucci, 2002; Pascucci *et al.*, 2002).

El punto de corte, seleccionado por su mayor sensibilidad y especificidad, consiste en el siguiente criterio de fracaso y aprobación: 1 ítem tipo A o 2 ítems tipo B (fracaso), y 0 ítems tipo A o 1 ítem tipo B (aprobación). Por ítem tipo A se entiende a todo ítem cuyo percentil 90 corresponda a una edad mayor que la del niño, y el ítem tipo B es aquel cuyo percentil 90 es menor que la edad del niño. Se trata de una clasificación de tipo gráfico. En la Prueba Nacional de Pesquisa, si la línea vertical de la edad del niño a evaluar cruza el rectángulo horizontal que simboliza un ítem determinado, ese ítem toma el nombre de ítem tipo B. Si, en cambio, la línea de la edad pasa a la derecha del rectángulo (y, por lo tanto, a la derecha del extremo del mismo que representa el percentil 90), sin tocarlo, entonces ese ítem toma el nombre de ítem tipo A (Lejarraga *et al.*, 2004).

Con este punto de corte elegido, se realizaron los cálculos de los indicadores de validación, que se presentan en la tabla 8.

Tabla 8
Resultado de indicadores de validación de PRUNAPE

		DIAGNÓSTICO		
Resultado Prueba Nacional de Pesquisa (PRUNAPE)		Patológico	Normal	Total
	Sospechoso	49	3	52
	Normal	12	42	54
	Total	61	45	106

Sensibilidad: 49 / 61 = 0,80
Especificidad: 42 / 45 = 0,93
Prevalencia: 61 / 106 = 0,5754

Valor Predictivo Positivo: 49 / 52 = 0,94
Valor Predictivo Negativo: 42 / 54 = 0,78
Proporción de falsos positivos (FP): 3 / 52 = 0,057
Proporción de falsos negativos (FN): 12 / 54 = 0,222
Porcentaje de coincidencia (PC): 91 / 106 = 0,86
Coeficiente kappa = 0,718

Como podemos observar, con el test PRUNAPE hemos obtenido una sensibilidad de 80%. Esto significa que se estima que de cada 100 pacientes patológicos, el test detectará como sospechosos a 80. La especificidad de 93% significa que se estima que de cada 100 pacientes normales, el test clasificará como normales a 93, y sólo los 7 pacientes restantes serán clasificados como sospechosos. Si se deseara obtener el 100% de sensibilidad, la especificidad sería igual a cero; y viceversa, con 100% de especificidad, la sensibilidad sería cero, y el test no cumpliría con las características requeridas para un test de *screening*. Por lo tanto, la sensibilidad y la especificidad siempre deben considerarse juntas.

El Valor Predictivo Positivo de 94% quiere decir que de cada 100 niños que el test detecte como sospechosos, serán diagnosticados como patológicos 94 de ellos; y el Valor Predictivo Negativo de 78% quiere decir que de cada 100 pacientes que la PRUNAPE clasifique como normales, 78 son efectivamente normales.

El Porcentaje de coincidencia de 86% significa que se estima que en 86 de cada 100 pacientes coinciden los resultados (sospechosos o normales) de la PRUNAPE y los estudios diagnósticos.

Los resultados de esta validación muestran una prevalencia de 57%. Debe ser considerada una prevalencia elevada, ya que se trata de una muestra de pacientes de manejo ambulatorio. Se ha dicho que es más fácil obtener elevados índices de sensibilidad y especificidad para un test de *screening* cuando la prevalencia de patologías en una población determinada es elevada. Por este motivo, hemos calculado los indicadores de validación que obtendríamos si la prevalencia se redujera a más de la mitad. Por ejemplo, si la prevalencia de trastornos del desarrollo se redujera del 57% al 20%, y calculáramos el valor predictivo positivo con la fórmula presentada en el punto 3.5, el indicador de validación sería de 94%.

Para calcular el coeficiente kappa, es preciso calcular las proporciones de coincidencias observadas y las esperadas (véanse págs. 482-484, consistencia interna).

En las tablas 9 y 10 se detalla la forma en que se realiza el cálculo de las proporciones observadas y esperadas y las del coeficiente kappa (Pascucci, 2002).

Tabla 9
Cálculo de proporciones de coincidencias observadas

	Número de pacientes con diagnóstico *normal*	Número de pacientes con diagnóstico *patológico*	Total
Número de pacientes que *aprueban* la PRUNAPE	42% de 106 = 0,396 (e)	12% de 106 = 0,113(f)	0,509
Número de pacientes que *fracasan* en la PRUNAPE	3% de 106 = 0,028(g)	49% de 106 = 0,462(h)	0,490
TOTAL	0,424	0,575	e + h = 0,396 + 0,462 = 0,858

Las proporciones observadas son el resultado de la suma de las proporciones de pacientes con coincidencias de resultado normal y sospechoso de la PRUNAPE, con diagnóstico normal y patológico, respectivamente. Para calcular las proporciones de coincidencias esperables por azar, se realizan los siguientes cálculos:

Tabla 10
Cálculo de proporciones de coincidencias esperables

	Número de pacientes con diagnóstico *normal*	Número de pacientes con diagnóstico *patológico*	Total
Número de pacientes que *aprueban* la PRUNAPE	0,424 x 0,509 = 0,215 (i)	0,575 x 0,509 = 0,292 (j)	0,507
Número de pacientes que *fracasan* en la PRUNAPE	0,424 x 0,49 = 0,207 (k)	0,575 x 0,49 = 0,281 (l)	0,488
TOTAL	0,422	0,573	i + l = 0,215 + 0,281= 0,496

De acuerdo a la fórmula de coeficiente kappa, realizamos los siguientes cálculos:

$$K = \frac{0,858 - 0,496}{1 - 0,496} = \frac{0,362}{0,504} = 0,718$$

$$k = 0,718$$

Este resultado es "muy bueno" según la categorización de Altman, 1991.

4.4. Validación basada en el concepto de riesgo

Cuando hablamos de validación de un test de pesquisa, debemos también calcular su poder de predicción del *riesgo* que tiene un niño que fracasó en la prueba de sufrir un problema de desarrollo en el futuro (OPS, 1999). Frankenburg emplea, además de los conceptos (e indicadores) de sensibilidad y especificidad, esta forma alternativa que surge de las nuevas tendencias del enfoque de riesgo en atención primaria y que propone el uso de indicadores tales como el de riesgo relativo y el de razón de Odds (Frankenburg, 1994).

El concepto de riesgo se asocia a la idea de probabilidad. Un riesgo relativo elevado significa que un niño que obtiene un resultado sospechoso en un test de *screening* tiene más *probabilidades* que un niño normal de manifestar más tarde problemas de desarrollo. Se trata sólo de una probabilidad, y el concepto de riesgo relativo admite que no todos los niños presentarán problemas.

Teniendo en cuenta los conceptos descritos anteriormente, nos pareció importante calcular cuál es la probabilidad de que un niño que fracasa en la PRUNAPE tenga un problema de desarrollo, utilizando los mismos valores obtenidos para la validación concurrente que se presentan en las tablas 7 y 9. Con estos valores se realizó el cálculo de la razón de Odds (*Odds ratio*), dado que es la medida de asociación utilizada en los estudios de casos y controles y puede emplearse como equivalente al riesgo relativo, mostrando valores similares cuando la prevalencia de las patologías es baja. La fórmula es la siguiente:

$$\text{Razón de Odds} = \text{Odds positivo} / \text{Odds negativo}$$

Odds positivo es la relación, dentro de los patológicos, entre los que fueron sospechosos y normales con PRUNAPE (veáse tabla 8, a/c).

Odds negativo es la relación, dentro de los normales, entre los que fueron sospechosos y no sospechosos con PRUNAPE (véase tabla 8, b/d).

$$\text{Razón de Odds} = \frac{\text{Odds+}}{\text{Odds-}} = \frac{a/c}{b/d} = \frac{49/12}{3/42} = \frac{4{,}0833}{0{,}0714} = 57{,}16$$

En algunos trabajos se indica a la razón de Odds como la razón de productos cruzados:

$$\text{Razón de Odds} = \frac{a.d}{c.b} = \frac{49.42}{3.12} = 57,16$$

Es decir que un niño que es evaluado con la PRUNAPE y tiene un resultado "sospechoso", tiene 57 veces más riesgo de presentar un problema de desarrollo que si al ser evaluado es clasificado como "normal" (Bax, 1973; Pascucci, 2002; Pascuci *et al.*, 2002).

Pero además de contar con los indicadores presentados anteriormente, es fundamental el cálculo de sus intervalos de confianza como medida del error de estimación de dichos indicadores. Los intervalos de confianza de todos los indicadores de la validación de la PRUNAPE se presentan en la tabla 11.

Tabla 11
Indicadores obtenidos como resultado de la validación de la Prueba Nacional de Pesquisa y sus respectivos intervalos de confianza (Nivel de Confianza 0,95)

Indicador Estudiado	Resultado	Intervalo de confianza	
		Límite inferior	Límite superior
Sensibilidad	0,80	0,68	0,89
Especificidad	0,93	0,81	0,98
Valor predictivo +	0,94	0,83	0,98
Valor predictivo -	0,78	0,64	0,88
Odds ratio	57,16	13,57	280,57
Porcentaje de coincidencia	0,86	0,77	0,92
Coeficiente kappa	0,718	0,59	0,85

Fuente: Pascucci, 2002.

4.5. Conclusiones del test de validación de la PRUNAPE

Sobre la base del concepto de validez expresado anteriormente, podemos decir que la PRUNAPE tiene: 1) validez de contenido, de acuerdo con las características de cada uno de los ítems que la componen en cuanto a selección de los mismos y estimación de los percentiles de las edades de cumplimiento (Lejarraga *et al.*,1996b; Pascucci *et al.*, 2002); 2) validez concurrente, de acuerdo con la elevada sensibilidad y especificidad obtenidas como resultado de la comparación entre la pesquisa y los diagnósticos de problemas de desarrollo, es decir que es útil para detectar los problemas que se ha propuesto detectar; y 3) validez de constructo, porque los resultados de la pesquisa han mostrado coincidencias significativas con los diagnósticos realizados por un equipo de especialistas de reconocida experiencia en el tema que, complementando su conocimiento empírico con los resultados de las pruebas objetivas más utilizadas en el mundo, realizaron los diagnósticos de cada uno de los problemas de desarrollo sobre la base de las clasificaciones internacionales y de los trabajos científicos más importantes.

5. Controversias sobre la validación de pruebas de *screening* de desarrollo psicomotor

Resulta útil describir las opiniones y argumentos vertidos alrededor de la validez de una de las pruebas de *screening* más difundidas en pediatría: el Test de *Screening* de Desarrollo de Denver, que fue publicado en 1967 y estandarizado en más de una docena de países del mundo (Frankenburg, 1967). La validación de dicha prueba, realizada por comparación con los resultados de pruebas de inteligencia y de la escala de Bayley, fue publicada por los autores en 1971 (Frankenburg *et al.*, 1971; Frankenburg, 1994). Con posterioridad, el test fue re-estandarizado y reemplazado por otra prueba que fue llamada Denver II y publicada por Frankenburg y colaboradores en 1992 (Frankenburg *et al.*, 1992). Esta publicación no fue inicialmente acompañada por estudios de validación, pero Glascoe, en 1992, realizó ese estudio en 104 niños, obteniendo como resultado una elevada sensibilidad del 83%, pero una baja especificidad del 43% (Glascoe *et al.*, 1992; Glascoe y Byrne, 1993a). Esta baja especificidad implica la generación de una alta tasa de sobre-derivaciones a especialistas. En este mismo estudio, se realizaron otras evaluaciones en las que se incluyeron como normales a los pacientes cuyo resultado era "cuestionable" (en el estudio previo, ese mismo grupo de pacientes se había incluido como "sospechoso"). Con estas modificaciones se obtuvo una especificidad del 80%, pero con una sensibilidad que apenas alcanzaba el 56%. Los resultados de este trabajo mostraron que de cada 5 niños evaluados con el Denver II, 3 resultarán sospechosos y sólo uno de ellos tendrá un problema de desarrollo. Teniendo en cuenta estos resultados poco satisfactorios, Glascoe y sus colaboradores aconsejaron la revisión de los puntos de corte del Denver II, a fin de mejorar la sensibilidad y especificidad, y mientras tanto proponen usar instrumentos validados con mejores resultados, como el *Minnesota Inventories* o el *Battelle Developmental Inventory Screening Test* (Glascoe *et al.*, 1992).

Frankenburg y sus colaboradores respondieron a estas críticas, aludiendo que este tipo de validación (validez concurrente) es muy difícil de obtener con pruebas de desarrollo y que, por otra parte, "la validez del Denver II está determinada por cómo mide lo que se ha propuesto medir". Así, la validez del Denver II queda establecida por la precisión con que se determinaron las edades correspondientes a los percentiles 25, 50, 75 y 90 de cada uno de los ítems, estimados correctamente. La forma en que el test fue estandarizado con una muestra de más de 2.000 niños asegura un alto grado de validez en las edades estimadas para cada una de las pautas. Según los autores, el test de Denver no es un test de construcción hipotética (por ejemplo, las pruebas de inteligencia), sino que simplemente define las edades en las cuales los niños pueden cumplir con una amplia variedad de tareas específicas. En tal caso, no se aplica la validez de constructo. Puede compararse con una curva de crecimiento en el sentido de que tanto el test como la curva especifican las edades en las que se alcanzan metas del desarrollo o del crecimiento. (Frankenburg *et al.*, 1992; Johnson *et al.*, 1992; Frankenbrug, 1985, 1992).

Frankenburg aclara, en 1992, que debe considerarse la existencia de dos clases de validez. El primer tipo es el que se refiere al grado en que un instrumento mide lo que se ha propuesto medir. Como se ha mencionado, el Denver II tiene percentiles de pautas de desarrollo, así como las curvas de crecimiento tienen sus propios percentiles. El segundo tipo de validez (la referida por Glascoe en su trabajo) se refiere al grado de coincidencia con otros instrumentos de medición, como un test de inteligencia, de lenguaje, etcétera. Según el autor, decir que el Denver II no ha sido validado porque no se ha evaluado este último tipo de validez sería análogo a decir que las curvas de crecimiento no tienen validez porque no se calculó su sensibilidad y especificidad en comparación con pacientes que presentan un retraso del crecimiento. Las similitudes descritas por Frankenburg entre el Denver II y las curvas de crecimiento son: 1) que la validez no está basada en la comparación con los diagnósticos, sino en el proceso empleado para adjudicar la edad de cumplimiento de cada pauta; 2) que las cuatro áreas requeridas para la evaluación que abarca el Denver se asemejan a las requeridas para evaluar el crecimiento: peso, talla y circunferencia craneana; 3) que ni el crecimiento ni el desarrollo pueden ser interpretados aisladamente sobre la base del Denver o de las curvas de crecimiento, ya que su interpretación debe realizarse en conjunto, teniendo en cuenta todo el cuadro clínico del niño; 4) que la tasa de crecimiento o desarrollo obtenida en el tiempo es más importante que una única y aislada evaluación (Frankenbrug, 1992).

Sin embargo, Frankenburg había publicado en varias ocasiones (Johnson *et al.*, 1992; Frankenburg, 1985, 1992) (en trabajos anteriores a los que dieron lugar a los últimos comentarios sobre el Denver II), que la validez de un test de *screening* es la consistencia con la cual un resultado positivo o negativo coinciden con el diagnóstico de enfermo o no enfermo, y que sólo puede ser determinada mediante la aplicación de las evaluaciones diagnósticas a individuos que ya han sido clasificados como positivos o negativos por la pesquisa. Idealmente, hay un 100% de coincidencia entre el test de *screening* y las evaluaciones diagnósticas. Desafortunadamente, la coincidencia perfecta es muy rara de obtener. Entre otras cosas, porque para que la pesquisa sea sencilla, en general, contiene mucho menos signos y síntomas del problema que los utilizados para el diagnóstico del mismo.

Dworkin (1989, 1992) comenta que, tal como enfatizan los autores del test, el Denver II no debe considerarse en forma aislada, sino que debe interpretarse a la luz de la historia clínica del niño y de la evolución de su desarrollo durante el transcurso de su vida, la opinión de los padres y el medio social en el que se desenvuelve. En este sentido, es más útil como instrumento de vigilancia y no debería considerarse un test de *screening* en forma tradicional.

Con respecto a la Prueba Nacional de Pesquisa realizada en Argentina, se cumplieron con los tipos de validez más importantes requeridos para los tests de *screening* en la bibliografía internacional. La PRUNAPE fue construida sobre la base de una muestra de estandarización representativa, los métodos estadísticos fueron los usados internacionalmente, las pautas incorporadas fueron seleccionadas de las pruebas internacionales más difundidas (Lejarraga y Pascucci, 1999; Lejarraga *et al.*, 1997; Frankenburg *et al.*, 1992; Lejarraga, 1975; Campbell *et al.*, 2002; Frankenburg, 1985), y las validaciones realizadas dieron resultados satisfactorios. Por ello, puede ser recomendada para su uso en terreno, tal como recomienda la Sociedad Argentina de Pediatría (2002). La validez predictiva, cualidad muy deseada de un instrumento de *screening* y quizás la más difícil de obtener (Blackman y Bretthauer, 1990), aún no ha sido evaluada en la PRUNAPE.

Referencias bibliográficas

Altman, D. G. (1991): *Practical Statistics for Medical Research*, Londres, Chapman & Hall.

Bax, M. (1973): "Neurodevelopmental screening in the School-Entrance Medical Examination", *The Lancet* (agosto): 368-370.

Bayley, N. (1993): *Manual of the Bayley Scales of Infant Development*, 2ª ed., San Antonio, The Psyhological Corporation, Harcourt Brace & Cop.

Becker, W.; Heuz Naumann, H. R.; Pfaltz, C. (1992): *Otorrinolaringología. Manual ilustrado*, 2ª ed., Barcelona, Doyma.

Blackman, J. A. (1992): "Developmental screening: infants, toddlers and preschoolers in Levine, Carey and Crocker", en *Developmental Behavioral Pediatrics*, 2ª ed., Filadelfia, Saunders, págs. 617-623.

Blackman, J. A.; Bretthauer, J. (1990): "Examining High-Risk Children for learning problems in the health care setting", *Pediatrics*, vol. 86, 3: 398-404.

Boother, G. (1985): "Postnatal development of vision in human and nonhuman primates", *Annales Rev. Neurosciences*, vol 8: 495-545.

Burian, M. B. (1974): *Binocular Vision and Ocular Motility*, San Luis, C.V. Mosby.

Cadman, D.; Chambers, L. W.; Walter, S. D.; Feldman, W.; Smith, K.; Ferguson, R. (1984): "The usefulness of the Denver Developmental Screening Test to predict kindergarten problems in a general community population", *Am J Public Health*, 74: 1093-1097.

Camp, B. W.; Van Doornick, W. J.; Frankenburg, W. K. (1977): "Pre-school developmental testing in prediction of school problems", *Clin. Pediatrics*, 16: 257.

Campbell, S. K.; Kolobe, T. H.; Wright, B. D.; Linacre, J. M. (2002): "Validity of the of infant motor performance for prediction of 6, 9 and 12 months scores on the Alberta Infant Motor Scale", *Developmental Medicine and Child Neurology*, 44: 263-272.

Cochrane, A. L.; Holland, W. W. (1971): "Validation of screening procedures", *Br. Med. Bull.*, vol. 27, 1: 3-8.

Drillen, C. M.; Pickering, R. M.; Drummond, M. B. (1988): "Predictive value of screening for different areas of development", *Developmental Medicine and Child Neurology*, 30: 294-305.

DSM IV. *Manual diagnóstico y estadístico de los trastornos mentales* (1995): 4ª ed., Barcelona, Masson.

Dworkin, P. H. (1989): "British and american recommendations for developmental monitoring: the role of surveillance", *Pediatrics*, 84: 1000-1010.

Dworkin, P. H. (1992): "Developmental Screening: (Still) expecting the impossible?", *Pediatrics*, Pediatrics: Commentaries, vol. 89, 6: 1253-1255.

Feinstein, A. R. (1987): "The theory and evaluation of sensibility", en *Clini-metrics*, Yale, University Press, New Haven and London, págs.141-166.

Frankenburg, W. K. (1974): "Selection of diseases and tests in pediatric screening", *Pediatrics*, 54: 1-5.

Frankenburg, W. K. (1985): *Pediatric Screening Test*, Spryngfield, Charles C. Thomas.

Frankenburg, W. K. (1992): "Letters to the editor. In reply: Does Denver II produce meaningful results?", *Pediatrics*, vol. 90, 3: 478-479.

Frankenburg, W. K. (1994): "Preventing developmental delays: is develop-mental screening sufficient?", *Pediatrics*, vol. 93, 4.

Frankenburg, W. K.; Dodds, J. B. (1967): "The Denver Developmental Screening Test", *Journal of Pediatrics*, 71: 181-191.

Frankenburg, W. K.; Camp, B. W.; Van Natta, P. A. (1971): "Validity of the Denver Developental Screening Test", *Child Development*, 42: 475-485.

Frankenburg, W. K.; Chen, J.; Thornton, S. M. (1988): "Common pitfalls in the evaluation of developmental screening tests", *The Journal of Pediatrics*, 113 (6): 1110-1113.

Frankenburg, W. K.; Dodds, J.; Archer, P.; Shapiro, H.; Bresnick, B. (1992): "The Denver II: a mayor revision and restandardization of the Denver Developmental Screening Test", *Pediatrics*, 89: 91-97.

Gardner, M. (1987a): *Test de Gardner Receptivo de figura-palabra*, Buenos Aires, Panamericana.

Gardner, M. (1987b): *Test de Gardner Expresivo de figura-palabra*, Buenos Aires, Panamericana.

Glascoe, F. P.; Byrne, K. E. (1993a): "The usefulness of the Developmental Profile-II in developmental screening", *Clinical Pediatrics*, págs. 203-208.

Glascoe, F. P.; Byrne, K. E. (1993b): "The usefulness of the Battele Deve-lopmental Inventory Screening Test", *Clinical Pediatrics*, 273-280.

Glascoe, F. P.; Byrne, K. E.; Ashford, L. G.; Johnson, K. L.; Changg, B.; Stricklands, B. (1992): "Accuracy of the Denver II en developmental screening", *Pediatrics*, 89: 1221-1225.

Hall, J.; Mueller, H.G. (1996): *Audiologists Desk Reference*, Londres, Singular Publising Group.

Johnson, K. L.; Ashford, L. G.; Byrne, K. E.; Glascoe, F. P. (1992): "Does Denver II produce meaningful results? Letters to the editor", *Pediatrics*, vol. 90, 3: 477-478.

Kirk, S. A.; McCarthy, J. J.; Kirk, W. K. (1989): *ITPA. Test Illinois de Aptitudes Psicolingüísticas. Manual* (trad. Ballesteros Jiménez, S. y Cordero Pando, A.), 2ª ed., Madrid, TEA Ediciones.

Landis, R. J.; Koch, G. G. (1977): "The measurement of observer agreement for categorical data", *Biometrics*, 33: 159-174.

Lejarraga, H. (1975): "¿Qué son los percentiles?", *Revista del Hospital de Niños*, 17: 176-191.

Lejarraga, H.; Krupitzky, S.; Kelmansky, D.; Fejerman, N.; Pérez, A.; Bianco, A.; Martínez, E.; Giménez, E.; Tibaldi, F. (1996a): *Guías para la evaluación del desarrollo en el niño menor de seis años*, Buenos Aires, Ediciones Nestlé Argentina.

Lejarraga, H.; Krupitzky, S.; Kelmansky, D.; Martínez, E.; Bianco, A.; Pascucci, M. C.; Tibaldi, F.; Cameron, N. (1996b): "Edad de cumplimiento de pautas de desarrollo en niños argentinos sanos menores de seis años", *Archivos Argentinos de Pediatría*, 94 (6): 355-368.

Lejarraga, H.; Krupitzky, S.; Giménez, E.; Diament, N.; Kelmansky, D.; Tibaldi, F.; Cameron, N. (1997): "The organization of a national survey for evaluating child psychomotor development in Argentina", *Paediatric and Perinatal Epidemiology*, 11: 359-373.

Lejarraga, H. y Pascucci, M. C. (1999): "Desarrollo psicomotor del niño", en *Hoy y mañana: salud y calidad de vida para la niñez argentina*, Buenos Aires, Publicaciones CESNI, Centro de Estudios sobre Nutrición Infantil, págs. 223-250.

Lejarraga, H.; Pascucci, M. C.; Krupitzky, S.; Kelmansky, D.; Bianco, A.; Martínez, E.; Tibaldi, F.; Cameron, N. (2002): "Psychomotor development in argentinian children aged 0-5 years", *Paediatric and Perinatal Epidemiology*, 16: 47-60.

Lejarraga, H.; Del Pino, M.; Kelmansky, D; Laurencena, E.; Ledri, I.; Laspiur, M.; Herrera, E. R.; Peskin, E.; Pérez, M. N.; Seguel, P.; Varvasini, J. C. A; Reina, M. B.; Villafañe, L. (2004a): "Edad en que los niños sanos comienzan a decir mamá - papá en forma específica", *Archivos Argentinos de Pediatría*, enviado a publicación en octubre de 2004.

Lejarraga, H.; Kelmansky, D.; Pascucci, C.; Salamanco, G. (2004b): *Prueba Nacional de Pesquisa, PRUNAPE*, Buenos Aires, Fundación Hospital Garrahan.

Northern, J. L.; Downs, M. P. (1981): *Hearing in Children*, Baltimore, Williams & Wilkins. (Trad. esp.: *La audición en los niños*, 2ª ed., Barcelona, Salvat Editores.)

Organización Panamericana de la Salud (1999): *Manual sobre el enfoque de riesgo en la Atención Maternoinfantil. Para Ejecutores de Programas de Salud*, 2ª ed., Paltex, nº 7.

Pascucci, M. C. (2002a): "Validación de la Prueba Nacional de Pesquisa de trastornos de desarrollo psicomotor en niños menores de 6 años", Lejarraga, H. y Kelmansky, D. (dir.), tesis de doctorado, Facultad de Medicina de la UBA.

Pascucci, M. C.; Lejarraga, H.; Kelmansky, D. *et al.* (2002b): "Validación de la Prueba Nacional de Pesquisa de trastornos de desarrollo psicomotor en niños menores de seis años", *Archivos Argentinos de Pediatría*, 100 (5): 374-385.

Pasik, Y. *et al.* (1994): *Audioprótesis*, Buenos Aires, El Ateneo.

Portmann, M.; Portmann, C. (1979): *Audiometría clínica*, 3ª ed., Barcelona, Toray-Masson.

Sociedad Argentina de Pediatría (2002): *Guías de Atención Pediátrica*, Buenos Aires, Ed. SAP.

Sparrow, S. S.; Balla, D. A.; Cicchetti, D.V. (1984): "Vineland, Adaptive Behavior Scales: A revision of the Vineland Social Maturity Scale by Edgar A. Doll. Interview edition. Survey form manual", *American Guidance Service*.

Terman, L. M.; Merrill, M. A. (1975): *Medida de la inteligencia. Método para el empleo de las pruebas del Stanford Binet* (3ª ed. rev. de versión de 1960, *Formas L y M*), Madrid, Espasa Calpe.

Ueda, R. (1988): "Infant and preeschool Developmental Screening Test (JDDST) and later development, *Natl Health*, ed. esp., 54: 76-82.

Watkins, P. M. (1996): "Neonatal otoacustic emission screening and the identification of deafness", *Arch. Dis. Child*, 74, 16-25.

Wechsler, D. (1967): *Test de inteligencia para preescolares (WPPSI). Manual*, Nueva York, The Psychological Corporation.

Windmill, I. M. (1998): "Universal screening of infants for hearing loss: further justification", *Journal of Pediatrics*, 133: 318-319.

Zero to Three: National Center for Clinical Infant Programs (1995): "Diagnostic Classification: 0-3", *Diagnostic Classification of Mental Health and Developmental Disorders of Infancy and Early Childhood*, 2ª ed., Washington D. C.

CAPÍTULO 15

Manejo de la información y análisis estadístico en estudios de desarrollo psicomotor

Horacio Lejarraga
Diana Kelmansky

1. Conceptos generales

1.1. Características de la información sobre desarrollo

Hay una gran experiencia y, consecuentemente, abundante literatura científica sobre el manejo de la información y el ajuste de modelos matemáticos a los datos de crecimiento físico con propósitos de investigación (Hauspie *et al.*, 2004). No ocurre lo mismo con el desarrollo psicomotor: las publicaciones son escasas, especialmente en lo que se refiere al análisis estadístico de datos recogidos en estudios longitudinales. Sin embargo, la aplicación de modelos matemáticos, muy usados en la primera disciplina (el crecimiento), no son aplicables a la segunda (el desarrollo), y esto se debe a una variedad de causas.

La información sobre crecimiento físico se expresa en términos cuantitativos, y siempre en la misma unidad, a lo largo del tiempo en que se realice el estudio, cualquiera sea la edad del niño. Si se está midiendo la estatura, la unidad corresponderá a medidas de longitud, como centímetros o milímetros. Si se está midiendo el peso, la unidad de medición usada será kilogramos o gramos, entre otras. Cualquier otra medición del crecimiento siempre se realizará usando una magnitud cuantitativa.

La evaluación del desarrollo psicomotor es diferente. El enfoque elegido por la mayoría de los pediatras, neurólogos y epidemiólogos para estudiar y expresar el desarrollo infantil ha sido el enfoque madurativo de Gesell (véase capítulo 1). De acuerdo con este enfoque entendemos que el niño, a lo largo del proceso madurativo, va acercándose progresivamente al estado adulto y que las manifestaciones de este progreso son las conductas observables del niño: su capacidad para cumplir con una serie de pruebas o ítems madurativos, tales como sentarse solo, pararse, hacer una torre de cuatro cubos o copiar una cruz. De esta manera, y solamente en este capítulo, usaremos como equivalentes y en forma indistinta los términos *maduración* y *desarrollo*. En este sentido, el estudio de desarrollo psicomotor implica trabajar con *eventos* como indicadores que no tienen una expresión cuantitativa. Copiar una cruz, hacer una torre de cuatro cubos no se expresan con ninguna magnitud cuantitativa. Llamamos *tempo madurativo* a la velocidad con que un niño se dirige hacia el estado adulto, es decir, a la mayor o menor rapidez con que un niño cumple una pauta después de otra y al tiempo que transcurre entre el cumplimiento de una pauta y el de otra más compleja.

Otra de las diferencias que existen entre las unidades de medición del crecimiento y del desarrollo es la que se refiere a la constancia de la unidad con que se mide uno y otro proceso. Los indicadores de crecimiento son siempre los mismos a lo largo del tiempo. Si se mide la estatura en centímetros a los 5 años, se continúa midiendo la estatura en centímetros a los 6, 7, 8 años, etcétera. En cambio, los indicadores de maduración cambian con la edad del niño. Si al año evaluamos la motricidad considerando por ejemplo si el niño camina solo, a los tres años no podremos evaluarla explorando nuevamente esa área. Para evaluar la maduración motriz a los 3 años debemos recurrir a otro indicador, como por ejemplo si el niño es capaz de andar en triciclo. Esta modalidad implica una forma diferente de operacionalizar la información de y producir datos pasibles de ser procesados.

Estas consideraciones se aplican también a la evaluación de otros fenómenos importantes del crecimiento y desarrollo, tales como la aparición de signos puberales, la erupción dentaria, la aparición de la menarca o cualquier otro proceso que se mida en términos de la presencia de eventos que no se repiten en el mismo individuo a lo largo del tiempo.

Una de las condiciones esenciales para llevar a cabo un estudio de desarrollo es la definición de objetivos precisos y bien explicitados. Los objetivos que pueden plantearse en una investigación son infinitos y dependen de los intereses, imaginación y creatividad del investigador. No es posible, por ende, hacer una descripción de todos los métodos que se utilizarán para alcanzar cada uno de los objetivos posibles. No obstante, cuando se estudian grupos de población hay una serie de cómputos que siempre son necesarios o de gran utilidad, que pueden obtenerse a partir de un banco de datos sobre desarrollo infantil con objetivos de investigación epidemiológica. En este capítulo se brinda orientación para el alcance de estos objetivos más generales.

1.2. Formas de evaluar el desarrollo con fines de investigación

Los estudios basados en el cumplimiento de pruebas madurativas brindan información cualitativa. Esta información se evalúa en términos de la edad del niño, de dos maneras básicas posibles: o bien se determinan las pautas de desarrollo que un niño es capaz de cumplir y luego se comparan estos logros con la edad que tiene el niño y su relación con la edad de los niños que cumplen esas mismas pautas, o bien se determina la edad del niño y se observan las pautas que puede cumplir, en relación con las pautas que cumplen niños de la misma edad.

Como decía Gesell (1952), el fundador de la línea de pensamiento que estamos tratando: "Evaluamos la edad del niño por su maduración, o su maduración por la edad". Esta información se puede analizar de dos maneras generales diferentes: se puede transformar en información cuantitativa, a través del uso de los llamados puntajes o cocientes del desarrollo, o se puede utilizar la edad y el cumplimiento (o no cumplimiento) de la pauta para estimar la edad en la cual, por ejemplo, el 90% de los niños normales la cumplen.

Los métodos de asignación de puntajes o cocientes de desarrollo se basan en alguna forma de cuantificación del desarrollo, asignando arbitrariamente un número al cumplimiento de determinadas pruebas seleccionadas para cada edad. Este número califica la maduración del niño en términos cuantitativos. La evaluación consiste en comparar ese número con la distribución de los puntajes correspondientes a niños normales con igual edad (el estándar de referencia) para decidir luego si se encuentra dentro o fuera de los límites preestablecidos como normales. Éste es el método usado por algunos (muy pocos) test de *screening* (Rodríguez *et al.*, 1978; Capute, 1996) y por muchos instrumentos diagnósticos, tales como la medición del cociente intelectual (Bayley, 1993; Wechsler, 1974). Los métodos usados para la asignación de puntajes son muy variados, exceden el objetivo de este capítulo y pueden encontrarse en los tests que los usan (Rodríguez *et al.*, 1978; Capute, 1996). No obstante, el resultado final es un número que expresa el grado de desarrollo del niño en relación a una referencia, a un estándar de la misma edad. En general, el puntaje 100 expresa la media esperada para cada edad y es interpretado de la misma forma que el cociente intelectual. Para los métodos que miden este cociente, el desvío estándar en grupos normales de población es de alrededor de 13 a 15 puntos. El cuestionamiento que puede hacerse a esta forma de cuantificar el desarrollo es que los fenómenos madurativos son naturalmente discretos, categóricos, y pueden ser distorsionados si son descritos por una variable continua. Esto ha sido bien ejemplificado por Brown y sus colaboradores (1991). Existe también una interesante literatura que discute el problema de asignación de puntaje a fenómenos clínicos (Feinstein, 1987).

Los estudios o trabajos de investigación que utilizan métodos de evaluación basados en sistemas de puntajes o de cocientes son pasibles de un análisis estadístico tradicional, ya que cada niño tiene un cociente, un indicador cuantitativo. Hay literatura disponible para el manejo matemático de este tipo de dato cuantitativo y remitimos al lector a esas fuentes (Marubini y Milani, 1986; Hauspie *et al.*, 1995; Molinari y Gasser, 2002; Magnusson *et al.*, 1991; Hauspie *et al.*, 2004). Lo que nos ocupa en este capítulo es el procesamiento de la información cualitativa que surge del cumplimiento o fracaso de las pautas que se han elegido como indicadores.

1.3. Selección de pautas de desarrollo

Hemos dicho más arriba que el desarrollo puede ser evaluado en términos de eventos que se cumplen a determinadas edades. Aquí daremos a estos eventos el nombre de *pautas madurativas*. Es necesario que la pauta a evaluar cumpla una serie de condiciones para ser utilizada como indicador de maduración.

En primer lugar, la pauta debe ser "progresiva", o "madurativa", es decir que el porcentaje de niños que la cumple debe ser progresivamente mayor a medida que se la explora en niños de mayor edad. La figura 1 muestra la proporción de niños de 6 a 30 meses que cumple el ítem "camina solo", separada por intervalos de 0,1 año. La figura 2 muestra la proporción de niños que cumple el ítem "el padre juega con su hijo" en niños de 2,5 a 3,9 años.

Figura 1
Proporción de niños que caminan solos, agrupados por intervalos etarios
N total = 463

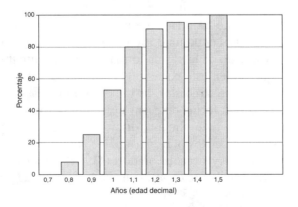

Fuente: Datos del Programa Nacional Colaborativo, en Lejarraga *et al.*, 1997.

Figura 2
Proporción de niños cuyos padres juegan con ellos,
agrupados por intervalos etarios
N total = 1.028

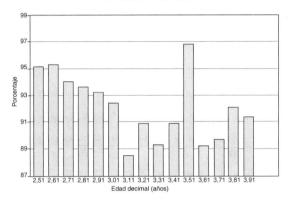

Fuente: Datos del Programa Nacional Colaborativo, en Lejarraga *et al.*, 1997.

Figura 3
Proporción de niños que presentan reflejo de Moro,
agrupados por intervalos etarios
N = 172

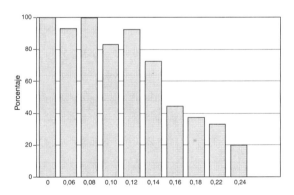

Fuente: Datos del Programa Nacional Colaborativo, en Lejarraga *et al.*, 1997.

En la figura 1, resulta evidente que la pauta está relacionada con la maduración, ya que a medida que se avanza en edad, hay una mayor proporción de niños que la cumple. Este hallazgo tiene sentido, ya que es natural que con mayor edad haya una mayor proporción de niños que sean capaces de cumplir la pauta "camina solo". En cambio, la pauta de la figura 2 no parece tener relación alguna con la edad de los niños ni con el paso del tiempo, por lo que decimos que no es "madurativa". Esto también tiene sentido teórico-práctico, ya que en principio no hay ninguna relación directa entre la maduración del niño y el hecho de que el padre juegue con él.

El carácter madurativo de una pauta no necesariamente se comprueba mostrando proporciones crecientes, puede también mostrar proporciones decrecientes, tal como se observa en el caso de las conductas que desaparecen a medida que se avanza en la edad, como ocurre, por ejemplo, con el reflejo de Moro (véase figura 3).

En segundo lugar, el cumplimento de la pauta debe ser relativamente fácil de evaluar. Si no es posible evaluar la pauta en un alto porcentaje de niños de la edad adecuada, entonces debe ser excluída del estudio. En la tabla 1 se muestran los porcentajes encontrados de la respuesta "el niño no colabora" en varias pautas tomadas en el curso del Programa Nacional Colaborativo (Lejarraga *et al.*, 1997).

Tabla 1
Porcentaje de respuestas de siete pautas madurativas

Intervalo etario	Pauta	N total	cumple	no cumple	no colabora	no fue evaluada
0 a 2,9 meses	Fija mirada	117	92,0	7,0	0,0	0,6
	Sonrisa social	117	66,0	33,0	0,6	0,0
	Manos en línea media	117	94,0	5,3	0,0	1,0
	Ángulo poplíteo 125° - 50°	117	23,0	56,0	0,0	20,0
	Ángulo poplíteo 90° - 120°	117	78,0	13,0	0,0	9,0
2,0 a 2,9 años	Retira silla	249	44,0	17,0	14,0	23,0
	Canta	255	75,0	19,0	3,1	2,7

Fuente: Programa Nacional Colaborativo, en Lejarraga *et al.*, 1997.

La respuesta "no colabora" significa que el niño se distrae o no muestra interés en cumplir la prueba. Las causas pueden ser muy variadas, pero en general siempre están relacionadas con el niño o con sus padres: el paciente ese día está más molesto que de costumbre, está cansado, sufre alguna dolencia, etcétera. En cambio, la respuesta "no fue evaluada" se refiere a que la pauta no pudo ser tomada por razones ajenas a la falta de colaboración del niño. En la gran mayoría de los casos este tipo de respuesta estuvo vinculada a la dificultad inherente a la pauta misma. En el caso de la tabla 1, la medición del ángulo poplíteo entre 121 y 150 grados no se tomó en un 20% de los casos, debido a que era difícil para el pediatra medir "a simple vista" ese rango de angulación con precisión. Mucho más fácil resultó medir el ángulo poplíteo que formaba un ángulo recto, aunque tampoco estuvo exento de dificultades, a juzgar por el 9% de los casos en que no fue tomado. Esta pauta fue excluída del estudio por el número excesivo de casos en que no fue tomada por los pediatras investigadores.

En tercer lugar, es altamente conveniente que la pauta sea cumplida en forma universal por todos los niños en algún momento de su evolución normal. Por ejemplo, el gateo, que se observa en muchos niños alrededor de los nueve meses, no siempre está presente en un seguimiento longitudinal. Hay niños que no gatean nunca y "pasan" de una pauta a otra, como por ejemplo de sentarse solo a pararse solo.

Como en muchas otras áreas de la investigación que requieren una recolección de datos y su posterior tratamiento matemático, debemos decir que la confiabilidad de la información de base con la que se trabaja sigue siendo el elemento básico del cual depende la calidad del estudio. No hay método matemático, por sofisticado que sea, que pueda mejorar una información de mala calidad.

1.4. Obtención de la información en individuos

Una vez que se han seleccionado las pautas, hay muchas formas de evaluar su cumplimiento.

Una de las formas de obtención de la información sobre desarrollo, muy usada en clínica pediátrica, es la de preguntar a la madre o cuidadores a qué edad cumplió el niño determinadas pautas madurativas. Este método llamado *retrospectivo* puede ser orientador en la tarea clínica, pero tiene muchos inconvenientes. Uno de ellos es que está limitado a la evaluación de aquellas pautas que el niño puede cumplir espontáneamente en su casa, como por ejemplo andar en triciclo o decir "mamá" específico, y no puede usarse para evaluar el cumplimiento de aquellas pautas que requieren una indicación e instrucción especial, como hacer una torre de cuatro cubos. Otra de las limitaciones del método, muy importante, es que el método está sometido a varios sesgos, y uno de ellos es la precisión con que el dato puede ser recordado por los padres en el momento de la consulta. Las madres no sólo pueden no recordar bien la edad en que ocurrió un determinado evento madurativo, sino que además, en los casos en que los niños hayan alcanzado el evento a edades demasiado tardías o demasiado tempranas, pueden dar respuestas deliberadamente falsas. Como también tiene otras fuentes adicionales de sesgos (véase el apartado 2.2.1., "Método retrospectivo", pág. 528), este método no es recomendable.

Una segunda forma de obtener información individual es examinando una única vez al niño en su hogar o en el consultorio, para evaluar el cumplimiento (o no cumplimento) de las pautas seleccionadas, registrando además la edad exacta correspondiente. Ésta es una forma altamente confiable, ya que el cumplimiento de las pautas puede ser tomado por personal capacitado y con técnicas estandarizadas. Esta forma no permite estimar la edad de cumplimiento de la pauta en individuos, pero sí en grupos de población (véase más abajo).

Una tercera forma de evaluar el desarrollo individual en un proyecto de investigación es observando, en el seguimiento longitudinal, el cumplimiento de ciertas pautas, tomadas en forma repetida en todas las consultas hasta que el niño las cumpla por primera vez, y luego asumir que la edad de cumplimiento exacto de la pauta está entre la edad de la última consulta en que no la cumple y la primera en que lo hace. Si en la consulta de los 9 meses el niño no se para solo y en la consulta de los 11 meses el niño se para solo, el pediatra puede asumir que el niño logró pararse por primera vez entre los 9 y los 11 meses, por ejemplo, en el punto medio entre ambas edades, a los 10 meses. Hay métodos matemáticos basados en tiempo de falla (Hosmer y Lemeshow, 1989a; Cox, 1990) que permiten estimar esta edad exacta sin necesidad de definirla *a priori*.

La edad exacta de cumplimiento de una pauta puede también determinarse sobre la base de la información brindada por los padres. Si se entrena a los padres en la evaluación diaria del niño en el cumplimiento de una pauta determinada en el hogar, ellos podrían registrar el día exacto en que el niño cumplió una pauta por primera vez. A su vez, esta información podría ser chequeada en la consulta médica con la observación directa del niño, para constatar si hay alguna contradicción entre lo que informan los cuidadores del niño y lo que se observa en la consulta. Este método ha sido recientemente usado por la Organización Mundial de la Salud en el estudio de desarrollo motor (De Onis *et al.*, 2004). Su eficacia en relación con los métodos antedichos no ha sido aún evaluada.

Hay otras formas de evaluar la maduración, pero no sirven para estimarla en un individuo, sino en *grupos* de individuos (véase el apartado "Estudios transversales", pág. 527).

1.5. Tipos de estudio

La forma de recoger información sobre desarrollo en grupos de población depende del tipo de estudio que se proyecte realizar. Hay dos criterios taxonómicos para categorizar los tipos de estudios de desarrollo: con respecto a su ubicación en el tiempo, los estudios pueden ser retrospectivos o prospectivos. Los estudios *retrospectivos* son aquellos en que la información *ya está colectada* antes de comenzar el estudio y es necesario recogerla de alguna documentación o registro hecho en el pasado, por ejemplo, las historias clínicas, certificados de nacimiento, registros escolares, etcétera. Los estudios *prospectivos*, en cambio, son aquellos en que la colección de la información se planea anticipadamente y se va haciendo a medida que progresa el estudio.

Con respecto a las veces en que los individuos son evaluados, podemos distinguir estudios de tipo transversal y de tipo longitudinal. En los estudios *transversales*, los individuos son examinados (o entrevistados, evaluados, etcétera) *una sola vez*. En los estudios *longitudinales*, en cambio, los mismos individuos son evaluados repetidas veces en el tiempo. En el caso del desarrollo psicomotor, resulta necesario repetir una aclaración que ya ha sido hecha parcialmente al comienzo de este capítulo. Los estudios de crecimiento implican el uso de la misma medición en el tiempo. Por ejemplo, cuando en los estudios de este tipo se mide la estatura, esta medición se repite en las sucesivas entrevistas que se tienen con los mismos individuos. Por el contrario, en los estudios longitudinales de desarrollo, si bien se evalúan los mismos individuos en cada entrevista, las mediciones no pertenecen al mismo indicador, porque lo que se analiza es la presencia o ausencia de *eventos*. En efecto, si en un estudio longitudinal de desarrollo motor medimos si el niño camina solo al año, cuando entrevistemos a ese mismo niño a los tres años de edad, deberemos apelar a otro indicador para evaluar la misma función, como por ejemplo determinar si el niño es capaz de saltar en un solo pie o de andar en triciclo. En los estudios longitudinales de desarrollo, el indicador cambia a medida que el niño aumenta su edad. La figura 4 ilustra este concepto.

Un estudio longitudinal en el que interese estimar a qué edad se alcanzan diversas pautas debería considerarse "pseudo-longitudinal", ya que el comienzo de la adquisición de una pauta *ocurre una única vez*. No necesariamente en todos los estudios de eventos éstos ocurren una única vez; los eventos pueden ser observados repetidas veces. Por ejemplo, si el evento es un res-

Figura 4
Esquema de secuencia de mediciones en un estudio de
(a) crecimiento y de (b) desarrollo

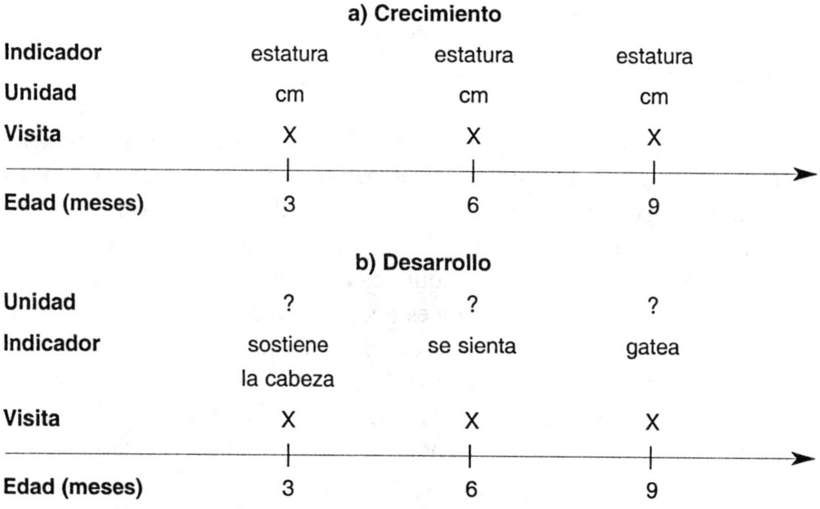

a) Crecimiento

Indicador	estatura	estatura	estatura
Unidad	cm	cm	cm
Visita	X	X	X
Edad (meses)	3	6	9

b) Desarrollo

Unidad	?	?	?
Indicador	sostiene la cabeza	se sienta	gatea
Visita	X	X	X
Edad (meses)	3	6	9

frío, un niño puede atravesar ese evento en varias ocasiones durante el estudio. En cambio, si el evento es la adquisición de una pauta de desarrollo, como por ejemplo "camina solo", una vez que el niño camine solo, continuará haciéndolo durante el resto del estudio. La única información relevante será el cambio entre la última observación en la que no caminaba y la primera en la que sí lo hace. En el desarrollo, la variable es la misma durante el seguimiento, pero el indicador varía con la edad.

1.6. Objetivos más usuales

Las preguntas más frecuentes que suelen hacerse investigadores clínicos y epidemiólogos son:

- cuáles son los valores centrales y la variación individual de la edad de cumplimiento de determinadas pautas de desarrollo, es decir, cuál es la variación de la edad de cumplimiento de los individuos dentro de un determinado grupo;
- cuál es la velocidad con que un niño o grupo de niños maduran en su desarrollo y van cumpliendo una pauta después de otra;
- cuáles son las diferencias entre subgrupos en la edad de cumplimiento de pautas;

- cuál es la relación entre edades de cumplimiento de pautas de desarrollo y otras variables.

2. Estudios transversales

2.1. Información que es pasible de ser obtenida en estudios transversales

En el apartado "Tipos de estudio" (véase pág. 525) se describieron las características de los estudios transversales. La información disponible se refiere solamente a lo observado en un examen, en un test o en una prueba de evaluación. Los estudios transversales tienen ventajas e inconvenientes. Su mayor ventaja es que permiten estudiar niños de diferentes edades en un tiempo relativamente corto, son de menor costo que los longitudinales, requieren menos personal y son insustituibles cuando se quiere disponer de una imagen "fotográfica" (transversal) de un grupo de población en un momento determinado.

Con los estudios transversales, en los que solamente se puede observar la presencia o ausencia de la condición de interés en un momento determinado, podemos alcanzar los siguientes objetivos:

- estimar edades de cumplimiento de una pauta determinada: la edad media de cumplimiento de una determinada pauta y la edad mediana en la cual el 50% de los niños cumple la pauta;
- estimar el desvío estándar, u otra medida de variación, alrededor de los valores centrales de la edad de cumplimiento de determinadas pruebas;
- estimar los percentiles de la edad de cumplimiento de las pautas madurativas y los respectivos intervalos de confianza;
- estimar el tiempo promedio o la diferencia promedio de edad que hay entre la edad de cumplimiento de una prueba y la edad de cumplimiento de otras pruebas;
- comparar las edades de cumplimiento de una pauta determinada entre diferentes poblaciones;
- Determinar el grado de relación entre factores medioambientales y las edades de cumplimiento.

Pero, con una muestra transversal *no se puede*:

- estimar la variación individual del tiempo que media entre el cumplimiento de una prueba y otra, como expresión del *tempo madurativo*;
- estimar tendencias del grupo en los cambios de *tempo* durante el crecimiento de cada niño;

- estimar la relación entre eventos madurativos cumplidos a una edad y otros aspectos del desarrollo (por ejemplo, el desempeño escolar) a edades más avanzadas.

2.2. *Métodos de recolección de datos en estudios transversales*

Las dos formas más usuales para recoger la información sobre desarrollo psicomotor en un estudio transversal se describen a continuación.

2.2.1. Método retrospectivo

Ya hemos mencionado este método, que consiste en preguntar a los padres sobre la edad en que los niños cumplieron determinadas pautas de desarrollo. También hemos enfatizado la falta de precisión de la información recogida de esta manera y las posibilidades de sesgos por distorsión involuntaria o deliberada de los padres. Hay también desventajas adicionales; por ejemplo, en una muestra de niños de 12 meses de edad, puede haber muchos que aún no han comenzado a caminar, es decir que aún no han cumplido la pauta, pero van a cumplirla a edades mayores de 12 meses. Es incorrecto calcular la edad promedio de alcance de la pauta, pues en ese caso habrá datos censurados: los valores de los niños que no realizan la prueba. En un tipo de muestra como ésta, con datos censurados, los niños que ya han comenzado a caminar lo han hecho a una edad necesariamente menor de 12 meses, y el cómputo de la edad promedio del inicio de la marcha será siempre menor de 12 meses. En este cómputo, los niños de 12 meses que aún no han cumplido la pauta no se incorporarán a los cálculos, y la media estará sesgada hacia valores menores que los que corresponderían a toda la muestra. Este fenómeno fue observado por Wilson y Sutherland en un estudio sobre la edad de la menarca en niñas. Los autores demostraron que la diferencia encontrada entre dos muestras se debía a que en una de ellas había más niñas pre-menárquicas que en la otra, dando así un valor medio más bajo (citado por Goldstein, 1986). Para que todos los niños de la muestra estén incluidos en el cálculo debe estimarse la edad mediana: se ordenan las edades de cumplimiento, incluidas las de los niños que no caminan (indicando con el signo 12+ que lo harán después de los 12 meses) y se calcula la mediana de todos los datos. En la muestra debe haber, por supuesto, más de la mitad de niños que caminen.

Otra fuente de sesgo es el método de interrogatorio, y se debe a la costumbre de los padres de expresar la edad de sus hijos según su "cumplemes" o cumpleaños precedente. En muestras grandes, y si la edad se expresa en años, la media es entonces subestimada en 0,5 meses o en 0,5 años, según la unidad usada. Este método retrospectivo puede usarse en clínica, pero ya hace tiempo que ha dejado de usarse en investigación.

2.2.2. Método del *statu quo*

Se trata de un método dirigido a estimar la media y la variación individual de la edad de cumplimiento de un evento a partir de un estudio transversal. Es el método recomendado por Tanner para el manejo de datos sobre desarrollo puberal y otros indicadores madurativos (Marshall y Tanner, 1986).

Este método requiere que se sepa la edad de cada niño en el momento de ser evaluado, y si cumple o no el ítem, independientemente de la edad en que el evento ha ocurrido por primera vez.

Para la aplicación de este método se requiere un diseño transversal, y ha sido usado por varios autores para confeccionar tests de *screening* de problemas de desarrollo.

Aconsejamos que en la utilización de este método la edad cronológica del niño sea expresada en años y en términos decimales, dividiendo la edad del niño en días por 365,25. Por ejemplo, si un niño tiene 2,75 años, significa que tiene exactamente 2 años y 9 meses. Si tiene 3,33 años equivale a 3 años y 4 meses, y así sucesivamente. Muchos programas estadísticos, y aun muchas agendas electrónicas simples, están equipadas para calcular la edad en términos decimales, a partir de la fecha de nacimiento del niño y de la fecha de la encuesta.

La tabla 2 muestra la cantidad de niños evaluados por intervalo etario (Total), la cantidad de niños que cumplen la prueba *camina solo* (Cumple) y el correspondiente porcentaje.

Tabla 2
Proporción de niños que aprueban la pauta *camina solo*

Intervalo etario (años)	Total	Cumple	Porcentaje
0,7 a 0,8	53	0	0
0,8 a 0,9	84	7	8,33
0,9 a 1	60	15	25
1,0 a 1,1	64	34	53,13
1,1 a 1,2	45	36	80
1,2 a 1,3	56	51	91,07
1,3 a 1,4	43	41	95,35
1,4 a 1,5	56	53	94,64
1,5 a 1,6	2	2	100
Total	463	239	

Fuente: Datos extraídos del Programa Nacional Colaborativo, en Lejarraga *et al.*, 1897.

Estos datos muestran que de los 463 niños evaluados, 239 cumplían la prueba (camina solo). Obsérvese que no se trata de saber a qué edad cada niño comenzó a caminar solo, sino si el niño camina o no camina solo en el momento de la entrevista, independientemente de la edad en que lo hizo por primera vez. De esta manera, la confiabilidad del dato es máxima, ya que se registra en el momento de la entrevista con el observador. Es recomendable, aunque no imprescindible, calcular el porcentaje de niños que cumple la prueba en cada intervalo etario. Si graficamos los porcentajes de niños que cumplen la prueba en cada intervalo etario, obtendremos la figura 5.

Figura 5
Porcentaje de niños que caminan solos, por intervalo etario

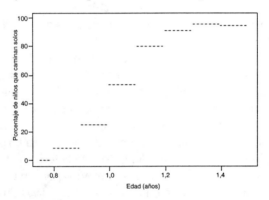

Fuente: Datos del Programa Nacional Colaborativo, en Lejarraga *et al.*, 1997.

Se observa, como es de esperar, un porcentaje creciente de niños que cumplen la prueba a medida que avanzamos en la edad. La figura 6 muestra el resultado del ajuste del modelo de regresión logística a los datos referidos a la pauta camina solo.

Con este ajuste, que refleja bastante fielmente los datos crudos, podríamos calcular con una operación matemática simple la edad a la cual el 50% de los niños estudiados caminan solos. Obsérvese que no es necesario contar con un 100% de la muestra en condiciones de caminar solos para estimar el percentil 50. Pero, como se ha dicho, no se deben hacer extrapolaciones, ya que si queremos calcular percentiles extremos en la muestra de nuestro ejemplo, como el 95, deberíamos disponer de un intervalo etario con al menos 95% de los niños que cumplen la pauta. Sólo deben estimarse aquellos percentiles que se encuentran *dentro* de los porcentajes en que hay datos crudos. Es por esa razón que, inicialmente, en la Prueba Nacional de

Figura 6
Porcentajes observados y curva logística ajustada

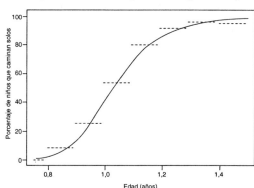

Fuente: Datos del Programa Nacional Colaborativo, en Lejarraga *et al.*, 1997.

Pesquisa no se pudo estimar el percentil 90 de la edad de cumplimiento de la pauta " *mamá o papá* específico", y hubo que llevar a cabo otro estudio específicamente dirigido a este ítem.

2.3. Método de regresión logística

El modelo de regresión logística permite estimar los percentiles de alcance de una pauta, como por ejemplo la edad a la cual el 90% de los niños de la muestra "*camina solo*". Para que esa estimación sea posible, entre otros factores, es necesario que la pauta estudiada sea madurativa (véase al apartado "Selección de pautas de desarrollo", pág. 520). Hemos visto que la pauta puede ser "progresiva" como en la pauta "*vacía la botella*", o "regresiva" como en la pauta "*reflejo de Moro*". Utilizaremos esta última pauta para ilustrar el procedimiento del ajuste de un modelo logístico. Este modelo de regresión logística ha sido utilizado para la estimación de la edad de cumplimiento de 78 pautas de desarrollo en el Estudio Nacional Colaborativo (Lejarraga *et al.*, 2002).

La tabla 3 muestra la distribución del cumplimiento de la pauta por intervalos etarios, y en la figura 7 vemos gráficamente una tendencia decreciente del porcentaje de niños que cumplen la prueba a medida que avanzamos en la edad. Sin embargo, la caída de los porcentajes con la edad, si bien es progresiva, no es estrictamente regular. Esto se debe a la variabilidad individual en la edad de cumplimiento de la pauta y a que los niños que pertenecen a cada intervalo son distintos.

Tabla 3
Número total de niños y de los que cumplen la pauta
"reflejo de Moro", por intervalo etario

Intervalo etario (años)	Total	Cumple	Porcentaje
0,01 a 0,059	29	29	100
0,06 a 0,079	14	13	92,9
0,08 a 0,099	13	13	100
0,10 a 0,119	12	10	83,3
0,12 a 0,139	13	12	92,3
0,14 a 0,159	11	8	72,7
0,16 a 0,179	18	8	44,4
0,18 a 0,199	16	6	37,5
0,20 a 0,239	19	3	15,8
0,22 a 0,239	12	4	33,3
0,24 a 0,259	15	3	20,0
Total	172	109	

Fuente: Datos extraídos del Programa Nacional Colaborativo, en Lejarraga *et al.*, 1997.

Vemos que de 172 niños evaluados, 109 cumplen la pauta.

Figura 7
Porcentaje de niños que cumplen la pauta "reflejo de Moro", por intervalo etario (las líneas de puntos marcan los límites de edad comprendidos en cada intervalo)

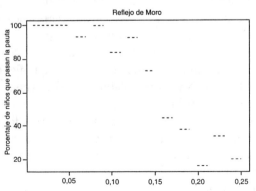

Fuente: Datos del Programa Nacional Colaborativo, en Lejarraga *et al.*, 1997.

Para modelar porcentajes como los de la figura 6 necesitamos funciones que se acerquen pero que nunca excedan los bordes del 0% y 100%. Esto hace que, necesariamente, la función sea curvilínea. Puede ser tanto una función creciente como una decreciente.

En los ejemplos siguientes utilizaremos proporciones en vez de porcentajes (para obtener una porcentaje a partir de una proporción simplemente multiplicamos por 100).

La figura 8 (a y b) muestra los gráficos de dos funciones curvilíneas, una creciente y otra decreciente, de la familia de las funciones logísticas. Estas curvas tienen forma de *S* volcada o su imagen especular, y no pueden tomar valores fuera del intervalo [0,1], es decir que no pueden tomar valores menores que 0 ni mayores que 1.

Figura 8

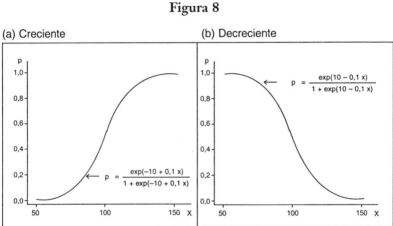

La curva creciente como la de la figura 8 (a) se utiliza para modelar la probabilidad (p) de que un niño cumpla un ítem madurativo progresivo. La curva decreciente del tipo de la figura 8 (b) se utiliza para modelar la probabilidad de que un niño cumpla un ítem madurativo regresivo. Obsérvese que el coeficiente de la variable x es positivo (+0,1) para la curva creciente y negativo (-0,1) en la curva decreciente. Más aún, son casi lineales para valores de p entre 0,2 y 0,8 y se acercan gradualmente a 0 y 1 hacia los dos extremos del rango de valores de x. La variable x representa la edad cronológica del niño.

Estas curvas son dos ejemplos de la familia de posibles curvas logísticas que se pueden obtener al cambiar los coeficientes. La expresión general de este tipo de curvas está dada por la ecuación (1):

$$p(x) = \frac{e^{\alpha + \beta x}}{1 + e^{\alpha + \beta x}} \qquad (1)$$

Esta fórmula expresa conceptualmente que la probabilidad [p(x)] de que un niño cumpla una pauta determinada a una edad "x" aumenta con la edad, si el coeficiente de edad (β) es positivo (o disminuye si β es negativo 0). Los valores del par de coeficientes (α, β) cambian con cada pauta.

Cuando β > 0, el gráfico se parece a una función de distribución acumulada. No debería sorprender que conocidas funciones de distribución acumuladas hayan sido utilizadas para modelizar respuestas dicotómicas, como la presencia o ausencia de una pauta madurativa. Por ejemplo, el uso de la distribución gaussiana ha dado como resultado el *modelo Probit*.

Nosotros usaremos la distribución logística que lleva a la ecuación 1, por dos razones fundamentales:

• desde el punto de vista matemático, es una función muy flexible y muy fácil de usar;
• desde el punto de vista biológico, los coeficientes admiten una interpretación simple.

El modelo logístico (ecuación 1) también puede ser expresado de la siguiente forma:

$$\ln \left(\frac{p(x)}{1 - p(x)} \right) = \alpha + \beta \cdot x$$

Esta fórmula equivale a [logit(p(x)) = α + β x] pues indicamos por *logit* (p) al ln(p/(1-p)). Así el modelo logístico resulta ser, simplemente, un modelo lineal en el *logit*.

La variable explicativa x es, en general, la edad o una transformación de la edad. En nuestro ejemplo del reflejo de Moro tomamos como variable explicativa x al logaritmo natural de la edad [ln (edad)].

Ajustar un modelo logístico (como el de la ecuación 1) requiere que estimemos los valores de los parámetros desconocidos, α y β, sobre la base de los datos. Los datos pueden presentarse en cualquiera de las dos formas siguientes:

1) parcialmente agrupados de acuerdo con la edad (véase tabla 4) o
2) totalmente desagrupados (véase tabla 5).

Tabla 4
Cantidad de niños con reflejo de Moro entre la cantidad (Total) de niños de cada edad

Edad	Moro	Total	Edad	Moro	Total
0,01	3	3	–	–	–
0,02	7	7	0,18	5	11
0,03	4	4	0,19	1	5
0,04	10	10	0,20	1	5
0,05	5	5	0,21	2	14
0,06	9	10	0,22	3	8
0,07	4	4	0,23	1	4
0,08	10	10	0,24	3	14
0,09	3	3	0,25	0	1

Fuente: Datos del Programa Nacional Colaborativo, en Lejarraga *et al.*, 1997.

En la tabla 4 vemos que todos los niños de 0,01 años tienen reflejo de Moro, mientras que 1 de los 4 niños de la muestra con 0,23 años lo presenta. El porcentaje no es regularmente decreciente, esta situación es esperable debido a la variablilidad aleatoria que resulta de tomar una muestra.

La tabla 5 contiene el resultado de la prueba "presencia de reflejo de Moro" para cada uno de los niños. "Y" es la variable respuesta, su valor 1 indica que el niño tiene el reflejo de Moro, su valor 0 indica que no lo tiene. Por ejemplo, el niño con *identificación* = 1.204 tiene reflejo de Moro. Se han seleccionado solamente algunos niños, a modo de ejemplo.

Los coeficientes del modelo logístico (α, β) se estiman mediante el método de máxima verosimilitud. En el caso del modelo lineal clásico, este método coincide con el de cuadrados mínimos; sin embargo, esto no ocurre en el modelo logístico. La siguiente descripción del método de máxima verosimilitud, es opcional y no es una condición indispensable para la comprensión de los procedimientos tratados en el resto del capítulo, se incluye para aquellos lectores que estén interesados en conocer el método más detalladamente.

El *método de máxima verosimilitud* es un método general de estimación; produce estimadores que, en un sentido amplio, maximizan la probabilidad de obtener el conjunto de datos observados. Para aplicar este método debemos construir *la función de verosimilitud*, que expresa la probabilidad de obtener los datos observados en función de los parámetros desconocidos. Los es-

Tabla 5
Resultado de la prueba "presencia del reflejo de Moro"

Identificación	Edad	Moro (Y)	Identificación	Edad	Moro (Y)
4.241	0,01	1	–	–	–
1.132	0,01	1	1.903	0,24	0
3.253	0,01	1	1.218	0,24	1
3.134	0,02	1	4.224	0,24	1
1.035	0,02	1	2.226	0,24	0
1.204	0,02	1	2.402	0,24	1
–	–	–	3.245	0,24	0
2.230	0,11	0	1.405	0,24	0
3.233	0,11	1	1.247	0,24	0
1.240	0,12	1	2.501	0,25	0

Y: Presencia (1) o ausencia (0) de reflejo de Moro

timadores de máxima verosimilitud se eligen como aquellos valores que maximizan esta función. Intuitivamente, con el método de máxima verosimilitud se eligen los parámetros que hacen que los datos observados sean los más probables.

En el marco del modelo logístico, para el reflejo del Moro la variable respuesta (Y) toma el valor 1 si el reflejo está presente (si el reflejo no está presente, Y = 0). La probabilidad de que el reflejo de Moro esté presente cuando la variable explicativa toma el valor x (Y=1 | X=x), está dada por la ecuación 1. En forma similar la probabilidad de que el reflejo de Moro esté ausente cuando la variable explicativa toma el valor x (P(Y=0 | X=x)) es 1 - p(x). O sea, para aquellos pares (x_i, y_i) en los que y_i es igual a 1, la contribución a la función de verosimilitud es $p(x_i)$, y para aquellos en que y_i es igual a 0, la contribución es $1 - p(x_i)$. Esto puede expresarse en forma única en la ecuación (2):

$$p(x_i)^{y_i} (1 - p(x_i))^{(1-y_i)} \qquad (2)$$

Como las observaciones se suponen independientes (independencia de los casos), la *función de verosimilitud* se obtiene en la ecuación (3) como producto de los términos dados en la ecuación (2):

$$l(\alpha, \beta) = \prod_{i=1}^{n} p(x_i)^{y_i} (1 - p(x_i))^{(1-y_i)} \qquad (3)$$

Según el principio de máxima verosimilitud, sus estimadores se definen como los valores de los parámetros que maximizan (ecuación [3]) o como los que maximizan el logaritmo de la función de verosimilitud, el *"likelihood"*, como en la ecuación (4):

$$L(\alpha, \beta) = \ln[l(\alpha, \beta)] = \sum_{i=1}^{n} y_i \ln[p(x_i)] + (1 - y_i) \ln[1 - p(x_i)] \qquad (4)$$

Los estimadores de máxima verosimilitud (*a, b*) se obtienen derivando la expresión de la ecuación 4 y son las soluciones de las ecuaciones 5 y 6:

$$\sum_{i=1}^{n} \left(y_i - \frac{e^{(a + bx_i)}}{1 + e^{(a + bx_i)}} \right) = 0 \qquad (5)$$

$$\sum_{i=1}^{n} x_i \left(y_i - \frac{e^{(a + bx_i)}}{1 + e^{(a + bx_i)}} \right) = 0 \qquad (6)$$

El estimador de máxima verosimilitud de p(x) se obtiene reemplazando los parámeros (α, β) en la ecuación (1) por los estimadores de máxima verosimilitud (*a, b*):

$$\hat{p}(x) = \frac{e^{(a + bx)}}{1 + e^{(a + bx)}} \qquad (7)$$

Una consecuencia interesante de la ecuación (5) es que la suma de los valores predichos ($\frac{e^{(a + bx_i)}}{1 + e^{(a + bx_i)}}$) es igual a la suma de los valores observados (y_i).

Retomando el ejemplo del reflejo de Moro, en la tabla 6 se muestran los coeficientes estimados por el método de máxima verosimilitud, para los datos de reflejo de Moro. El logaritmo natural de la edad (ln(edad)) es la única variable explicativa incluida en el modelo logístico.

Tabla 6
Coeficientes del modelo logístico estimados por el
método de máxima verosimilitud

Variables predictoras	Coeficientes estimados	*p*-valor
Constante	$a = -7{,}67482$	0,0000
ln(edad)	$b = -4{,}28511$	0,0000

Hay dos aspectos fundamentales que deben evaluarse cuando se realiza el ajuste del modelo. El primero es determinar si la variable explicativa que se ha elegido explica el evento que se estudia. En nuestro caso consiste en determinar si el logaritmo natural de la edad explica los cambios en la probabilidad de cumplimiento del ítem. Esto puede evaluarse mediante el *p-valor* del coeficiente estimado: los valores menores a 0,05 indican que la variable explica el evento. En este ejemplo el *p-valor* es 0,0000 y por lo tanto b es significativamente distinto de cero. Decimos entonces que el logaritmo natural de la edad (que hemos tomado como variable explicativa) explica la presencia del reflejo de Moro. Además, como el coeficiente de ln(edad) es negativo y el logaritmo es una función monótona creciente, a medida que aumenta la edad la probabilidad de presencia del reflejo de Moro disminuye.

El otro aspecto consiste en evaluar si el modelo utilizado por la regresión logística se ajusta bien a los datos reales. El grado de ajuste del modelo a los datos se puede evaluar utilizando el estadístico de Hosmer-Lemeshow (Hosmer y Lemeshow, 1989b), que mide la discrepancia en intervalos etarios predeterminados, entre el total de éxitos (presencia de la pauta) y los éxitos esperados bajo el modelo. Se agrupan los individuos en 10 clases, de acuerdo con su proporción estimada por el modelo. Una vez calculados los valores observados (OBS) y los valores esperados de acuerdo al modelo estimado (EXP), el grado de ajuste se obtiene calculando el estadístico de Chi-cuadrado de Pearson para una tabla de contingencia de 2 x 10.

Estadístico de Hosmer y Lemeshow (H-L)

$$\sum_{K=1}^{10} \frac{N_K(OBS_K - EXP_K)^2}{EXP_K(N_K - EXP_K)}$$

K: indica el grupo y va desde 1 hasta 10
N_k: es la cantidad de niños que tiene el grupo k
OBS_k: es la cantidad observada de niños que cumplen el ítem
EXP_k: es la cantidad esperada de niños que cumplen el ítem
p-valor: se obtiene a partir de una distribución Chi-cuadrado con 8 grados de libertad.

En este caso, un valor chico del estadístico y, en consecuencia, un valor alto del *p-valor* indican que la curva estimada provee un ajuste suficientemente bueno. En general, si *p-valor* es de 0,10 o más debe ser considerado aceptable. En nuestro ejemplo del reflejo de Moro, el *p-valor* = 0,7220 indica un muy buen ajuste del modelo a los datos. Este valor es la probabilidad que una Chi-cuadrado con 8 grados de libertad sea mayor o igual al valor calculado para los datos del reflejo de Moro del estadístico de Hosmer-Lemeshow.

En los casos en que no se puede usar el test de Hosmer-Lemeshow, debido a que algunos de los grupos queda vacío, se puede reducir la cantidad de grupos, pero no es recomendable tomar menos de 6 grupos. Para mejorar el ajuste de cada curva, puede recurrirse a alguna forma de transformación monótona de los datos. Por ejemplo, se puede utilizar el logaritmo natural de la edad, tal como lo hemos hecho para el reflejo de Moro. La obtención de un buen grado de ajuste es un aspecto importante, dado que cuanto mejor es el ajuste del modelo a los datos, mayor será la precisión con que se estiman los percentiles y menores serán su intervalos de confianza.

Para calcular los percentiles de la edad de cumplimiento de la pauta en estudio, a partir de los coeficientes de la tabla 7, obtenemos primero la probabilidad estimada de presencia del reflejo de Moro que está dada por la expresión (8):

$$p(\ln(edad)) = \frac{e^{-7,67-4,29\ln(edad)}}{1 + e^{-7,67-4,29\ln(edad)}} \tag{8}$$

de la que resulta la expresión (9):

$$edad = e - ^{\left(\frac{\ln(\frac{p}{1-p})+7,67}{4,29}\right)} \tag{9}$$

La tabla 7 muestra los percentiles 25, 50, 90 y 95 y sus correspondientes intervalos de confianza.

Tabla 7
Percentiles 25, 50, 75, 90 y sus intervalos de confianza
para los datos del reflejo de Moro

Probabilidad	Edad (años)	Intervalo de confianza del 95%
0,25	0,21553	(0,19384 a 0,25603)
0,50	0,16679	(0,15051 a 0,18421)
0,90	0,09988	(0,07397 a 0,11699)
0,95	0,08390	(0,05698 a 0,10221)

Fuente: Datos del Programa Nacional Colaborativo, en Lejarraga *et al.*, 1997.

El cálculo de estos intervalos de confianza, que excede el marco de este capítulo, debe realizarse utilizando un programa estadístico. La obtención de estos intervalos es de máxima importancia, ya que expresan la precisión con que se han hecho las estimaciones. Esta precisión depende de dos factores: a) del número de individuos que componen la muestra (tamaño muestral) y b) de la variabilidad de la edad en la que se cumple la pauta. De esta manera, cuanto más grande sea la muestra, mayor será la precisión con que estimamos los percentiles, y menor será el intervalo de confianza.

En la figura 9 mostramos el gráfico de la probabilidad estimada (expresada en porcentaje) en función de la edad, los porcentajes observados de niños que presentan el reflejo de Moro para cada intervalo etario y el percentil del 50%.

Figura 9

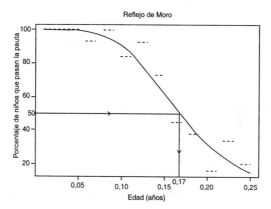

Fuente: Datos del Programa Nacional Colaborativo, en Lejarraga *et al.*, 1997.

2.5. Pasos a seguir

En resumen, los pasos a seguir para la estimación de valores centrales y de dispersión a partir de un estudio transversal son:

1) Definir si la pauta a evaluar sigue un "modelo progresivo", si es "madurativa" (para ello evaluar si las proporciones de niños que cumplen la pauta presentan una tendencia creciente o decreciente con la edad en cada intervalo en que se ha partido previamente el rango etario).
2) Definir si la pauta es fácil de ser tomada. Para ello debemos contar con información (propia o ajena) sobre el porcentaje de ocasiones en que la pauta no pudo ser tomada.

3) Si se dispone del banco de datos, evaluar la calidad de los datos, el tamaño de la muestra disponible y la consistencia de la información.

4) Si no es posible encontrar un buen ajuste, o la edad del niño no explica los cambios en la probabilidad de cumplir o no el ítem, la prueba en estudio debe excluirse del intento de calcular percentiles.

5) Aplicar regresión logística. Evaluar inicialmente si la edad explica los cambios en la probabilidad de cumplimiento de la pauta (test de máxima verosimilitud). Luego, evaluar el grado de ajuste del modelo a los datos crudos (test de Hosmer-Lemeshow).

6) Estimar los valores centrales y los correspondientes intervalos de confianza. Hay trabajos, incluso tests de *screening*, en los que se han calculado percentiles sin los respectivos intervalos de confianza. Debe decirse que la estimación de estos intervalos es de máxima importancia, ya que expresan la precisión con que se han hecho las estimaciones. Esta precisión depende de dos factores: a) del número de individuos que componen la muestra (tamaño muestral) y b) de la variancia de la edad en la que se cumple el ítem. De esta manera, cuanto más grande sea la muestra, mayor será la precisión con que estimamos los percentiles y menor será el intervalo de confianza.

7) Es importante destacar que todos los tests anteriores tienen validez aproximada (asintótica), es decir que la aproximación es mejor a medida que aumenta el tamaño de la muestra. Por esta razón los *p-valores* de los coeficientes estimados (tabla 6) y el *p-valor* del test de Chi cuadrado de Hosmer-Lemeshow tienen validez para muestras de tamaño grande.

3. Estudios longitudinales y métodos disponibles

Los estudios longitudinales son aquellos diseños en los cuales los mismos niños son evaluados repetidamente a lo largo del tiempo. En los estudios transversales, en cambio, los niños evaluados a una edad son diferentes de los evaluados a otra edad. En el apartado "Tipos de estudio" (véase pág. 525) hemos explicado el significado de las limitaciones del término "longitudinal" en los estudios de desarrollo.

Este tipo de estudio es mucho más costoso, requiere mayor esfuerzo y capacidad, y puede durar tanto como el período de observación que se quiere estudiar. Por estas razones, también requiere un tipo de organización mucho más compleja del equipo de investigación. Por otro lado, brinda un tipo de información que es única, pues permite establecer relaciones entre la situación o desempeño de un niño a una edad y esos mismos indicadores u otra situación a una edad más avanzada.

Con estudios longitudinales se puede:

- estimar la edad central (media, mediana) y la variación entre individuos de cumplimento de una determinada pauta madurativa (información que también puede ser obtenida, como hemos visto, con un estudio transversal);
- estimar los valores centrales y la variación entre individuos del tiempo que los niños tardan en pasar del cumplimiento de una pauta madurativa a otra pauta más evolucionada;
- estimar la relación entre edad de cumplimiento de una pauta y el tiempo transcurrido entre el cumplimiento de esa pauta y de otra adquirida a una edad más avanzada;
- estimar la existencia de determinadas secuencias entre las distintas pautas. Por ejemplo, la marcha es una pauta que se adquiere siempre después de que el niño logra pararse solo. En cambio, la marcha puede adquirirse aunque el gateo no aparezca;
- estimar la estabilidad que tienen los niños en cuanto al *tempo* madurativo, es decir, la ubicación del niño (avanzado o retrasado en su desarrollo) en relación a sus pares. Este concepto implica poder contestar a la pregunta: ¿los niños que son avanzados en el desarrollo, continúan también siendo avanzados a los cinco años?;
- estudiar las relaciones ente la situación y condición del niño a una edad y su desempeño a edades ulteriores, tanto en el desarrollo psicomotor como en otras áreas.

Varios son entonces los tipos de estudios longitudinales posibles:

- *Estudio longitudinal puro o de cohorte.* El concepto de cohorte ha sido tomado de las centurias romanas, columnas de soldados que a partir de una línea fija en el terreno partían todos a la vez, marchando en orden hacia la línea de batalla y conservando su formación. Con este modelo, se infiere que se comienza evaluando a un grupo de niños de la misma edad, por ejemplo al nacer, y se los evalúa a todos con intervalos irregulares, por ejemplo a los tres, seis y doce meses. En este diseño, lo deseable es terminar con el mismo número de niños con el que se ha comenzado. Esto no siempre es posible, y la pérdida de individuos durante el seguimiento (desgranamiento) puede ocasionar sesgos en la muestra inicial que requiere ser tenida en cuenta (véase el apartado "Muestreo en estudios longitudinales", pág. 554). Este modelo se ilustra en la figura 8, modelo "a" (pág. 533).
- *Modelo longitudinal o mixto.* Es el que se obtiene si se comienza siguiendo niños de distintas edades, que son evaluados en forma también regular y

periódica a intervalos determinados de tiempo, pero no todos los niños son seguidos durante todo el período de seguimiento. Los intervalos pueden ser regulares o irregulares. Este diseño permite evaluar cambios en la maduración de un período a otro en distintas edades. Esta última posibilidad es más frecuente, sobre todo, en los estudios basados en citaciones de niños a las instituciones. Los individuos no siempre concurren a las instituciones en forma regular. En cambio, si el programa de seguimiento consiste en visitas domiciliarias, es más fácil lograr intervalos regulares para las evaluaciones. Si se pierden individuos durante el seguimiento, pueden incorporarse otros a edades semejantes a las que tenían en la última consulta los niños que se perdieron.

3.1. Transformación de la información en datos operativos

Hay varias formas de usar la información para el procesamiento estadístico. Una de ellas es calcular la edad "exacta" en que el niño comenzó a cumplir el ítem evaluado en sucesivas entrevistas. Este cálculo se puede hacer asumiendo que el niño cumplió el ítem en el punto medio entre una entrevista en la que no lo cumplía y la entrevista inmediata posterior en que sí lo cumplía. Por ejemplo, si en la quinta entrevista el niño tenía 12,0 meses y no caminaba solo, y en la sexta entrevista tenía 13,0 meses y caminaba solo, podemos hacer un promedio de ambas edades y estimar que el niño comenzó a caminar solo a los 12,5 meses. Para lograr mayor precisión, los intervalos de las entrevistas deben ser lo más cortos posibles.

Si se usa este método, debe tenerse muy en cuenta que los resultados pueden llegar a depender del momento en que se suspende el estudio y, por lo tanto, el seguimiento. Esto se debe a que en ese momento puede ocurrir que no todos los niños hayan finalizado el seguimiento con respecto al ítem a evaluar. Pueden quedar niños con edades avanzadas (casualmente los que alcanzan el ítem a mayor edad, los maduradores lentos) que no hayan cumplido todavía el ítem, para los cuales no se pueda calcular la edad "exacta". Tenemos, en este caso, "datos censurados".

La mejor alternativa es usar la información tal como se registra en el seguimiento longitudinal, es decir, dejando tal como está la información sobre el cumplimiento o fracaso de las pruebas en cada una de las entrevistas mantenidas y aplicar técnicas estadísticas que se basan en modelos similares a las tablas de vida.

En efecto, los datos colectados en la forma descrita en "a" tienen una estructura similar a los del análisis de supervivencia, y la variable "resultado" es la edad en la cual el niño cumple una pauta de desarrollo, es decir, el momento, el tiempo desde el nacimiento en que el evento de interés ha ocurrido. En este contexto estamos interesados en la función de distribución acumulada de la variable "edad de alcance" de una pauta que coincide con la función de supervivencia y no con la *tasa de riesgo (hazard rate)* como suele ser de interés en estudios de sobrevida de pacientes con una patología grave. En esos estudios, la edad del paciente puede ser un factor de confusión que interesa controlar cuando se comparan los efectos de dos tratamientos, entonces la edad es incluida como una variable independiente. Por el contrario, y tal como ocurre con los estudios de desarrollo, si el objetivo es la edad en que los niños alcanzan pautas madurativas, la edad es la variable dependiente, que podemos llamar "resultado".

Inicialmente, conviene intentar usar un modelo paramétrico porque brinda estimadores mucho más precisos. Si este modelo no se adapta, puede intentarse usar métodos no paramétricos (Kaplan Meier) o semi-paramétricos como el modelo de regresión de Cox (1990).

El objetivo del análisis es, como siempre, evaluar los valores centrales y la variación individual de la edad de cumplimiento de pautas madurativas. También podemos incluir como objetivo la necesidad de evaluar si existen diferencias en las edades centrales de cumplimiento de pautas de desarrollo entre subgrupos, tales como género, región, entre otros. Puede interesar estudiar si las niñas cumplen un ítem antes que los niños, o si los niños de zonas rurales maduran a un *tempo* diferente que el de los de zonas urbanas, etcétera.

3.2. Modelos de tiempo de falla

Estos modelos se utilizan para estimar el tiempo transcurrido hasta el evento considerado "falla". Este evento puede ser la muerte de un paciente, tal como ocurre en los estudios de supervivencia, o el cumplimiento de una pauta madurativa, como ocurre en estudios de desarrollo.

En estos modelos el logaritmo natural de la *edad* de alcance de una pauta [$Y = \ln(edad)$] es estimado asumiendo un modelo lineal en las variables explicativas:

$$Y = \mu + \beta_1 X_1 + \beta_2 X_2 + \cdots + \beta_k X_k + \sigma \varepsilon \qquad (10)$$

donde $(\beta_1, ..., \beta_k)$ es el vector de coeficientes de la regresión y ε es el error.

Cuando las variables explicativas no son estadísticamente significativas o su inclusión no produce diferencias de importancia biológica se debe utilizar el modelo reducido:

$$Y = \mu + \sigma \varepsilon$$

Las variables explicativas $(X_1 \cdots X_k)$ pueden ser cuantitativas continuas, como *peso*, *estatura* o *edad de la madre*, o categóricas como *sexo* o *país*. La estimación de los coeficientes de regresión se realiza usando métodos de máxima probabilidad, que están disponibles en los principales paquetes estadísticos, tales como SAS, S-Plus o MBDP. Este modelo se denomina de *vida (edad) acelerada*, porque el efecto de las variables explicativas es cambiar la escala de tiempo original por un factor $e^{-(b_1 X_1 + b_2 X_2 + \cdots + b_k X_k)}$ acelera o retarda la escala de la *edad* de cumplimiento, dependiendo del signo del exponente. Si, por ejemplo, el género es significativo en el modelo con un coeficiente positivo, esto significa que para las niñas la edad de alcance está acelerada (en una pauta determinada) en comparación con los niños.

Una vez que se ha ajustado el modelo de regresión es posible estimar los percentiles del 50%, 75%, 90% o 95% de la *edad* de alcance de un pauta.

Los modelos de vida acelerada han sido frecuentemente usados para modelar el tiempo hasta la ocurrencia de un evento específico en una variedad de contextos, desde la manufactura industrial hasta el estudio de contaminantes ambientales. Estos modelos son usualmente llamados "modelos paramétricos de supervivencia". Tal como hemos puntualizado más arriba, en los modelos de tiempo de falla, los supuestos realizados sobre la distribución del error deben adecuarse a los datos obtenidos, y el modelo debe a su vez ser compatible con la variación en las variables independientes. Consecuentemente, es importante realizar una comparación visual de la distribución estimada, sobre la base de esos supuestos, con estimaciones no paramétricas. Usualmente, para hallar el modelo más apropiado para la distribución del error es necesario ajustar varios modelos con distintas distribuciones y diferentes estructuras en las covariables. Finalmente deben usarse comparaciones visuales y tests estadísticos para seleccionar el modelo más apropiado.

Una vez que el modelo paramétrico es ajustado, los resultados podrían ser extrapolados más allá de los valores observados en las variables independientes (tal como se hace en el campo de la ingeniería) pero no es una práctica recomendada en las ciencias biológicas ni en este caso en particular.

Las siguientes funciones paramétricas son utilizadas para explorar la distribución del error ε en el modelo (10): Exponencial, Weibull, Gamma, Log

normal, Log - Logística, Potencia exponencial, Gompertz, Gausiana inverti-
da, Pareto y Gama generalizada.

3.3. Modelos adicionales de tiempo de fallas

Es altamente improbable que no se encuentre ningún modelo adecuado
entre aquellos descritos más arriba. Sin embargo, dos familias más de modelos pueden ser consideradas en el esquema general de análisis de supervivencia, que son descritas fácilmente sobre la base de la "tasa de riesgo" (*hazard rate*):

$$h(x) = - d\,[Ln\,(S\,(x))]\,/\,dx$$

3.3.1. Modelos de *hazard rate* multiplicativos

La tasa de riesgo condicional de un individuo con un vector covariable Z
es el producto de una tasa de riesgo basal h0 (x) y una función no negativa de
las covariables Z, c (β'z). La función de riesgo basal h0(x) puede tener formas
paramétricas especiales, correspondientes a una de las distribuciones consideradas previamente, o puede ser considerada como una función arbitraria
no negativa. Si una tasa de riesgo basal h0 (x) no es especificada, tenemos un
modelo semi-paramétrico. En ambas situaciones la función de vínculo c () a
ser usada es no negativa. En términos de la función de supervivencia, que es
central en este tipo de estudios longitudinales, el modelo *hazard* multiplica-
tivo puede ser escrito de la siguiente manera:

$$S\,(x/z) = S_o\,(x)^{\;c(\beta'z)}$$

S_o es la función de supervivencia basal. Cuando la única variable explicativa incluida es el género, S_o puede ser 1 – F0 (x), donde F0 (x) es la función
de distribución de la edad de cumplimiento del ítem por parte de las niñas
(niñas: género 0; niños: género 1).

Para el modelo de Cox, que es usado en la mayoría de las aplicaciones, la
función de ligamento c(β'z) es igual a e $^{(\beta'z)}$. Si se usa la distribución de Weibull en el modelo acelerado de fracaso de tiempo, también resulta en modelos multiplicativos con una función de ligamento de Cox.

3.3.2. Modelos *hazard* aditivos

La familia de modelos de *hazard rate* aditivos también puede ser fácilmente definida en términos de la tasa de riesgo (*hazard rate*). La tasa de riesgo condicional para esta familia es:

$$h(x \mid z) = h_0(x) + \sum_{j=1}^{p} z_j(x)\, \beta_j(x)$$

Los coeficientes de regresión para este modelo pueden ser tiempo dependientes o negativos, pero están restringidos por la condición de que la función de *hazard* condicional sea positiva. Las estimaciones para este modelo son hechas usualmente usando cuadrados mínimos pesados.

3.4. Evaluación de la adecuación de los modelos

Para evaluar la adecuación de los modelos inicialmente debe llevarse a cabo un chequeo empírico de su adecuación a la distribución de los datos (edad de cumplimiento del ítem). Los modelos anteriormente descritos deben ajustarse a cada ítem, por género y región, en una forma univariada y multivariada. Todos estos modelos deben siempre ser aplicados considerando cada ítem, género y región como una muestra única. Con propósitos de agrupamiento y de comparación, es deseable que no se encuentren diferencias sustanciales en las distribuciones empíricas entre grupos, en relación con la familia paramétrica subyacente.

Para reducir el número de exploraciones ulteriores, se debe hacer inicialmente un primer análisis descriptivo de la distribución de las edades por medio de la comparación del estimador de Kaplan y Maier (*product limit survival function*) con cada una de las distribuciones previas.

Un instrumento muy útil para evaluar la adecuación al modelo de distribución es la graficación quantil-quantil (q-plot), que puede ser usada para comparar los datos con cualquier tipo de distribución. Cuando estamos trabajando con datos censurados, el q-plot usual es modificado teniendo en cuenta los percentiles superiores e inferiores obtenidos con la función de supervivencia estimada.

Se han desarrollado métodos gráficos especiales para evaluar la adecuación de la distribución paramétrica en el análisis de supervivencia. Por ejemplo, el gráfico del logaritmo de la función de supervivencia estimada frente a la edad "t" provee un chequeo empírico de la adecuación del modelo exponencial para un grupo de datos de supervivencia. Cuando el modelo es adecuado, el gráfico debería aproximarse a una línea recta por el origen.

Los métodos gráficos son más recomendables que los tests estadísticos formales de bondad de ajuste, porque éstos tienden a tener baja potencia en los casos de muestras de pequeño tamaño o a rechazar el modelo dado en muestras grandes.

Estos chequeos sirven para rechazar modelos claramente inapropiados, pero no para probar que un modelo paramétrico particular sea correcto. En muchas aplicaciones hay varios modelos paramétricos que pueden brindar ajustes razonables a los datos y brindar estimaciones similares. El chequeo de los modelos y el análisis de la presencia de observaciones influyentes (aquellas que al eliminarse modifican las estimaciones de los coeficientes del modelo) son pasos inevitables.

La evaluación de diferencias entre grupos (regiones, género, etcétera) puede hacerse una vez que el modelo de regresión ha sido seleccionado y ajustado. La interpretación de las diferencias intergrupales depende del modelo que se haya ajustado.

Es altamente improbable que no se encuentre un modelo adecuado entre los descritos hasta aquí, pero todavía no han sido probados. Los métodos matemáticos aquí descritos han sido propuestos como plan de análisis en un estudio longitudinal (De Onis *et al.*, 2004), pero hasta el momento de la publicación de este libro no han sido utilizados. Tampoco hemos encontrado material publicado sobre estudios longitudinales para evaluar pautas de desarrollo con la aplicación de estos métodos.

4. Problemas de muestreo para estudios de desarrollo

4.1. *Objetivos del estudio*

Las características de la muestra y las formas que se van a adoptar para su selección son una parte esencial de todo estudio de desarrollo y condición primaria en el manejo de información. El diseño y la posterior recolección de la muestra del estudio condicionan luego su destino final. El objetivo que subyace a todo procedimiento de muestreo es evitar sesgos, desviaciones en los datos que perturben su interpretación. Estos sesgos pueden no solamente ocurrir en la estimación de los valores centrales (media, mediana o modo de la edad de cumplimiento de una pauta, por ejemplo), sino también en la variabilidad (variancia, desvío estándar, percentiles). Toda muestra pretende ser un reflejo de una población. La fidelidad con que la muestra refleja a la población se denomina "representatividad". Así, hay muestras que son más representativas que otras, siendo la representatividad una cuestión de grado. Esta representatividad se logra a través de la adecuada estratificación y de la selección al azar de los individuos que componen la población dentro de cada estrato.

El diseño de la muestra dependerá, en todos los casos, de los objetivos particulares de cada trabajo. Como hemos dicho más arriba, los objetivos de un trabajo pueden ser muy variados, y aquí describiremos sólo algunos posibles.

–Confección de un estándar o una referencia. Por estándar o referencia entendemos la disponibilidad de un instrumento que, confeccionado con la población sana, nos permita evaluar el desarrollo de individuos por comparación entre el individuo a evaluar y el estándar disponible. Últimamente se han diferenciado ambos términos, reservando la calificación de *estándar* para aquellos instrumentos de comparación construidos con grupos elites de población, que tienen además un carácter prescriptivo: "Los niños de esta población *deben* desarrollarse como muestra el estándar"; en cambio, la palabra *referencia* habla más de un instrumento construido con grupos más representativos de la población, incluyendo capas sociales no tan encumbradas y que tienen un carácter más "descriptivo" (Cole, 2002).

Para confeccionar una referencia, incluiremos entonces en la muestra individuos que pertenezcan a los grupos sociales más amplios de la población, procurando incluir clases medias. Los grupos seleccionados no deben incluir niños con estado de salud precario o cuyas condiciones socioeconómicas de vida hagan sospechar que sufren carencias nutricionales, ya que ambos factores pueden asociarse a un retardo del desarrollo. También se asocia con retardo del desarrollo el pobre nivel educacional de los padres, especialmente de la madre (Lejarraga *et al.*, 2002).

–Muestra aleatoria simple. Si el objetivo del estudio es, por el contrario, evaluar el desarrollo en *toda* la población, deberá utilizarse este método, en el que *todos* los individuos de esa población deben tener la misma probablidad de ser seleccionados para la muestra. Teóricamente, si se trata de una población homogénea puede concebirse que cada individuo de la población tiene un número, ya sea por el uso de una tabla de números aleatorios o por generación de esos números con métodos de computación. Hay muy pocas comunidades que han confeccionado registros individuales de la población como para usar el método de números aleatorios en forma directa en todos los países.

Si en la población hay subgrupos sometidos a factores que pueden influenciar el desarrollo en forma diferente, los individuos pertenecientes a esos subgrupos tienen que estar representados en la muestra en la misma proporción en que se presentan esos subgrupos en la población. Estas muestras se denominan *estratificadas*. Tanto en estos casos como cuando se tiene como objetivo la evaluación de diferencias entre subpoblaciones, será necesario definir en forma muy precisa a qué subpoblaciones se quiere evaluar. En otros casos puede quererse definir valores de desarrollo para pequeños grupos de población y, si se ha seleccionado una muestra estratificada, el tamaño final para una subpoblación puede ser pequeño. Por este motivo, es muy importante definir claramente los objetivos del estudio, aún los más específicos, a fin de poder determinar claramente el nivel de desagregación que se va a alcanzar en el análisis.

Cuando hablamos de individuos, nos referimos a las unidades que componen la muestra. En general se trata de personas aisladas (adultos o niños), pero puede también tratarse de hogares, escuelas, familias. La unidad que compone la muestra toma el nombre de *unidad básica*.

4.2. Población en estudio

La definición de la población que se va a estudiar (la población de la que se va a extraer la muestra) puede llegar a ser más o menos compleja, pero siempre debe ser claramente definida. En el caso de un estudio transversal, si definimos la población a estudiar como "todos los que habitan una determinada área geográfica en un momento histórico determinado", puede ser relativamente fácil llevarlo a cabo. En cambio, las cosas pueden ser más difíciles si, por la necesidad particular de nuestro diseño, tenemos que recurrir a un estudio longitudinal. En este caso, dado que en toda población hay una cierta movilidad, debemos contemplar que en el curso del estudio habrá niños que se mudarán y abandonarán el área geográfica del estudio. Incluso habrá otros que, proviniendo de lugares ajenos al área de estudio, se instalarán en la misma después de comenzado el estudio. ¿Cuál es entonces la población en estudio?, ¿sólo los residentes que estaban al comienzo del estudio y que se quedaron en la región en la siguientes ocasiones?, ¿o los que inicialmente estaban en la región y que se quedaron en la misma en las siguientes ocasiones? ¿Qué se hace con aquellos nuevos individuos que se instalan en la región en las ocasiones ulteriores a la primera? Será necesario poder evaluar esta movilidad de la población para poder estimar su influencia en los resultados y prever formas de control para prevenir fuentes de sesgo (Cole, 2002).

4.3. Diseños muestrales

Generalmente disponemos de alguna información previa de la población a la que queremos estudiar, sobre su grado de homogeneidad y los subgrupos que pueden componerla. Si se piensa o se sabe que en los subgrupos que componen la población puede haber diferencias en las medias o en la variancia de la edad de cumplimiento de pautas de desarrollo, entonces los individuos que componen la muestra deben ser seleccionados en forma tal que los estratos estén representados. La muestra debe entonces ser *estratificada*. Esta selección debe ser hecha en forma tal que los individuos estén representados en la misma proporción en que se encuentran en los subgrupos de la población. La muestra será entonces *proporcionada*. Si luego del proceso de muestreo, por razones diversas, la muestra obtenida no es proporcionada, puede transformarse en proporcionada luego de una reducción al azar de individuos en aquellos subgrupos en los que el tamaño muestral sea excedente. Este proceso de reducción debe ser también al azar. Los subgrupos pueden ser étnicos, sociales, geográficos, culturales, etcétera, y deben ser identificados antes de proceder a la selección de la muestra. Otra forma de obtener resultados que representen a la población aunque la muestra no resulte proporcionada, y sin la pérdida de información que implica la reducción de la muestra, es utilizando factores de expansión que corrijan el disbalance. También podría diseñarse inicialmente una muestra no balanceada, en la cual los factores de expansión sean parte del diseño. Este tipo de diseño se utiliza para reducir costos. Los factores de expansión pueden, eventualmente, corregirse debido a la no respuesta que suele estar presente tanto en estudios transversales como en longitudinales (Cole, 2002).

La evaluación de diferencias en el desarrollo entre subgrupos en muestras transversales se hace usando la regresión logística y, debido las propiedades de este método, en forma genérica y muy general podemos decir que el número de individuos en cada subgrupo debe ser por lo menos diez veces la unidad básica de muestreo.

Puede haber casos en que se carezca de un esquema previo de la población general sobre la que se quiere seleccionar una muestra. Por ejemplo, se puede dividir el país en una serie de regiones, seleccionar sólo algunas en forma aleatoria y luego dentro de una región pueden seleccionarse escuelas, para finalizar con el estudio de *todos* los niños de las escuelas seleccionadas. Cuando el muestreo se realiza en distintas etapas, se llama *multi-etápico*. Hay técnicas complejas de muestreo que pueden cumplirse en varias etapas y programas de computación que permiten estimar la eficiencia relativa de las diferentes estratificaciones posibles. En el caso en que se estudien *todos* los niños de una escuela determinada, se denomina *clustering (selección en bloque)*. Godstein (1986) ha descrito muy bien las distintas alternativas de diseño, y Rona y Altman (1977) han asimismo desarrollado ejemplos de diseños muestrales complejos en escuelas.

4.4. Tamaño muestral

El tamaño muestral necesario para realizar un análisis estadístico depende del objetivo del estudio (por ejemplo, qué diferencias son importantes para detectar como significativas o, en general, qué efecto interesa probar), la variabilidad de los datos y el método estadístico a utilizar. Cuanto mayor sea la variabilidad de la variable en estudio, mayor será el tamaño muestral para detectar una diferencia como estadísticamente significativa. Es decir que es necesario un tamaño muestral mayor para mostrar una diferencia entre grupos de una variable que tiene una gran variabilidad (un desvío estándar grande) que para mostrar otra de menor variabilidad.

Cuanto menores sean las diferencias que (de existir) interesa detectar como significativas, mayor será el tamaño muestral necesario en el estudio. La razón es que a menor tamaño muestral, mayores son los intervalos de confianza. Por esta misma razón es necesario un tamaño muestral mayor para mostrar que un factor de riesgo está asociado moderadamente (pero estadísticamente) con un evento (por ejemplo, Odds ratio de 1,5) que para mostrar que está asociado fuertemente con un suceso (por ejemplo, Odds ratio de 4). Cuanto más cercano esté el Odds ratio de 1 es más probable que el intervalo incluya al 1.

Cuanto mayor sea el tamaño muestral, menor es la probabilidad de no detectar una asociación cuando en realidad está presente (probabilidad de error de tipo II). El tamaño muestral generalmente se determina usando cálculos de potencia (la potencia para detectar un resultado). Estos cálculos consisten en hallar un tamaño de muestra que sea pequeño. El tema de los cálculos de potencia generalmente requiere la consulta a un estadístico. Sin embargo, es útil tener en cuenta las siguientes consideraciones cuando se ajusta un modelo logístico: aunque debe haber como mínimo 20 sujetos y 10 eventos en el estudio, este tamaño puede no alcanzar para responder a la pregunta planteada. Por ejemplo, si interesa ajustar un modelo logístico para estimar percentiles entre el 10% y 90%, se deben muestrear niños en un rango etario que incluya intervalos en los que menos del 10% de los niños y más del 90% cumplan la pauta en estudio, aunque el promedio general sea cercano al 50%. Por más que se tome una muestra de tamaño arbitrariamente grande, si el máximo porcentaje de niños que realiza la prueba es del 60%, no podrán estimarse, por ejemplo, los percentiles del 75% o 90%. En cambio, si interesa comparar distintos grupos poblacionales, las consideraciones respecto de la mínima cantidad de casos en el estudio deben cumplirse para cada uno de los grupos. Si interesara comparar únicamente los percentiles del 50%, el cálculo del tamaño de la muestra debe basarse en la diferencia de edades de alcance del ítem que se considera importante detectar. Para estimar percentiles extremos es necesario una muestra más grande que para estimar percentiles centrales.

Finalmente, debemos recordar que, debido a que los intervalos de confianza y los tests de hipótesis tienen una validez asintótica, cuanto mayor sea el tamaño muestral, mejores serán las aproximaciones en las que están basados.

4.5. Problemas de muestreo vinculados a la edad

Desde el comienzo mismo de la planificación del estudio debe definirse claramente cómo se va a denominar a la edad de los niños. Por ejemplo, cuando se dice que se van a estudiar niños de 5 años, debe definirse qué se entiende por "5 años": si se habla de los niños que tienen 5,0 años, es decir que se van a estudiar exactamente el día de su cumpleaños, o se entiende que son niños que tienen entre 5,00 y 5,99 años, es decir que se van a incorporar niños de 5 años desde el día de su cumpleaños hasta el día anterior a su sexto cumpleaños. En América latina y en otros lugares del mundo se acostumbra asignar a los niños y adultos la edad del último cumpleaños, pero en estudios de investigación es necesario trabajar con la edad exacta del niño, incluyendo meses y días. Para este fin, recomendamos trabajar con la edad decimal, usando habitualmente dos decimales después del año. Por ejemplo, la edad 4,33 años quiere decir que el niño tiene exactamente cuatro años y cuatro meses; 2,25 años equivale a dos años y tres meses; 2,50 años, a dos años y seis meses. La edad exacta se puede calcular restando la fecha de la encuesta de la fecha de nacimiento. La diferencia se obtiene en días y luego se dividen los días totales por 365,25. Por ejemplo, si un niño es encuestado el 16 de abril de 2004 y nació el 4 de septiembre de 2001, la diferencia es de 955 días, que dividido por 365,25 da 2,61 años.

Hay tablas para calcular la edad decimal en forma manual (Sociedad Argentina de Pediatría, 2001), programas de computación ya incorporados en los paquetes estadísticos más comunes e, incluso, pueden usarse programas de simples agendas electrónicas. El uso de la edad exacta adquiere una significación especial en estudios longitudinales, ya que los métodos dirigidos a estimar la edad de cumplimiento de las pautas están basados en modelos de tiempo hasta la falla, que tienen capacidad para incluir una edad exacta para cada individuo. Si los resultados de la investigación requieren ser trasladados al área clínica, las edades decimales pueden luego ser re-convertidas a años, meses, o a cualquier unidad que resulte familiar al personal usuario.

4.6. Muestreo en estudios longitudinales

Además de tener que resolver todos los problemas inherentes al muestreo para estudios transversales, la preparación de estudios longitudinales plantea problemas adicionales. El problema central es cómo elegir las unidades de muestreo representativas de diferentes edades o de diferentes ocasiones.

4.6.1. Definición de la población en el tiempo

El fenómeno de la "tendencia secular" del crecimiento es bien conocido. En un momento histórico determinado, la estatura media de una población de adolescentes argentinos de 18 años era de 156 cm; treinta y ocho años después, la estatura de niños de esa misma edad y de la misma ciudad fue de 162,5 cm, o sea, habían experimentado un incremento de aproximadamente 1,5 cm por década. Esta tendencia secular también ha sido registrada en el desarrollo psicomotor. Por ejemplo, según el test de Denver confeccionado en 1967, la edad media de la aparición de la sonrisa social era de 3 meses (Frankenburg y Dodds, 1967), mientras que según el mismo test, pero confeccionado con una muestra tomada en 1992, la edad media de la aparición de la sonrisa social era de 30 días (Frankenburg *et al.*, 1992). Según los datos del Estudio Nacional Colaborativo, recogidos en Argentina entre 1990 y 1995, la edad mediana fue de 0,09 años (32,8 días) (Lejarraga *et al.*, 2002). Este proceso histórico es por lo tanto sobreimpuesto a los cambios que ocurren en cada niño con la edad y, aunque ambos parámetros, edad y tiempo histórico, son medidos con las mismas unidades, se trata de conceptos biológicos totalmente diferentes. Una de las soluciones a este problema es la selección de pequeñas muestras transversales a lo largo de los años a fin de disponer de información sobre los cambios seculares, y luego ajustar estos cambios a la muestra longitudinal.

Es necesario definir al comienzo del estudio qué fracción de la muestra será longitudinal, es decir, cuántos de los individuos estudiados serán medidos en varias ocasiones, y cuáles serán esas ocasiones. Cualquier estudio con un elemento longitudinal que sea parcial, es decir, cualquier estudio en que no todos los niños son medidos en todas las ocasiones, se denomina *longitudinal mixto*. Cuando todos los individuos son medidos en todas las ocasiones, el estudio se denomina *longitudinal puro*. Si los niños que se van desgranando tienen las mismas características que los que siguen asistiendo a las evaluaciones, esto afectará el número de individuos en cada entrevista pero no afectará presumiblemente las edades de cumplimiento de las pautas de desarrollo. En caso contrario, el desgranamiento puede afectar seriamente los resultados, y se debe prestar mucha atención a los mecanismos de reemplazo de estos niños para la incorporación de otros individuos.

4.6.2. Definición de objetivos específicos del trabajo

Si se quiere estimar valores (percentiles) centrales de la edad de cumplimiento de una pauta (por ejemplo, 50, 25 o 75) es necesario disponer de menos individuos que si se quiere estimar percentiles más extremos (por ejemplo, 23 y 97). Los intervalos de confianza, que son indicadores de la precisión con que se estiman los percentiles, son menores cuanto mayor sea el número de individuos de la muestra.

4.6.3. Cambios de la población en el tiempo

Los estudios longitudinales pueden durar varios años. A lo largo de estos años, puede haber fenómenos sociales o históricos que cambien las condiciones de vida de las poblaciones y, por lo tanto, el *tempo* de desarrollo de los niños que a ella pertenecen. Si el estudio longitudinal planeado es corto, por ejemplo de tres o cuatro años de duración, este factor secular no va a influir mucho si puede asumirse cierta estabilidad en la población; pero si se trata, por ejemplo, de un estudio de desarrollo de diez o veinte años de duración, destinado a medir el desempeño escolar futuro en lactantes o preescolares durante este tiempo, las condiciones de vida de la población pueden haber cambiado considerablemente, y si, a su vez, estas condiciones de vida influencian el desarrollo psicomotor, es necesario hacer algún ajuste que dé cuenta de esos cambios en el desarrollo y permita estimar su influencia. Goldstein (1986) da un ejemplo de la forma en que los cambios en la salud pública pueden afectar un estudio de crecimiento y desarrollo: la operación cesárea en nuestro país es más frecuente en sectores sociales privilegiados. Si se quiere estudiar la relación entre cesárea y desarrollo al año de edad, vamos a encontrar que hay una relación positiva entre ambas variables: los niños que nacieron por cesárea maduran mejor que los que no sufrieron esta intervención. Pero esta relación se debe seguramente a que la cesárea es un indicador social, que refleja a los sectores altos de la población, y en realidad lo que el estudio está mostrando es que los niveles sociales altos de la población maduran más rápido que los bajos. Si por un cambio en las políticas de salud o en el costo de la cesárea *toda* la población tuviera acceso a esta intervención, entonces la relación entre la cesárea y el *tempo* de desarrollo sería mucho menos evidente o inexistente.

Hay dos maneras de afrontar este problema: una primera estrategia es incorporar una cohorte de niños todos los años o cada dos años, para evaluar si cambian las edades promedio de cumplimiento de las pautas con el período histórico; la segunda estrategia es colectar información adicional durante el estudio, que pueda sugerir la existencia de cambios generales. Por ejemplo, registrar la distribución social de la cesárea en la población y su relación con el peso de nacimiento puede ayudar a interpretar la relación entre esta operación y el desarrollo psicomotor ulterior en caso de que ocurran los cambios supuestos en el ejemplo anterior.

4.7. Recomendaciones finales

Teniendo en cuenta el costo de los estudios longitudinales, si el estudio será de muy largo plazo, aconsejamos recoger variables que podrían ser usadas en otros tipos de trabajos. Cuanto a más largo plazo es el estudio planeado, mayores serán las reflexiones sobre el tipo de información adicional. Debido a su larga duración, es posible que los estudios longitudinales sean testigos de cambios en los miembros del equipo de investigadores encargados del trabajo. Es por ello que resulta sumamente importante llevar un debido registro de todos los protocolos, normas y decisiones que acompañan al proyecto.

Referencias bibliográficas

Bayley, N. (1993): *Bayley's Scales of Infant development Manual*, 2ª ed., Nueva York, The Psychological Corporation.

Brown, G. W.; Tirril, O.; Lemyre, H.; Lemyre, L. (1991): "Now you see it, now you don't some considerations on multiple regression", en Magnusson, D.; Bergman, L. R.; Törestad, B., *Problems and Methods in Longitudinal Research: Stability and Change*, Cambridge, University Press Cambridge, págs. 67-94.

Capute, A. J.; Accardo, P. J. (1996): "The infant neurodevelopmental assessment. A clinical interpretative manual form CAT / CLAMS in the first two years of life", Part I, *Current Problems in Pediatric*, agosto: 238-257.

Cole, T. (2002): "Growth references and standards", en Cameron, N. (edit.), *Human Growth and Development*, Londres, Academic Press, págs. 383-413.

Cox, C. (1990): "Feller's theorem, the likelihood and the delta method", *Biometrics*, 46: 709-718.

Feinstein, A. (1987): *Clinimetrics*, Yale University, Murray Printing Company.

Frankenburg, W.; Dodds, J. B. (1967): "The Denver Developmental Screening Test", *The Journal of Pediatrics*, 71 (2): 181-191.

Frankenburg, W.; Dods, J. B.; Archer, P.; Shapiro, M.; Breskick, B. (1992): "A major revision and restandardization of the Denver Developmental Screening Test", *Pediatrics*, 88: 91-97.

Gesell, A.; Amartruda, C. (1952): *Diagnóstico del desarrollo normal y anormal del niño*, 2ª ed., Buenos Aires, Paidós.

Goldstein, H. (1986): "Sampling for growth studies", en Falkner, F.; Tanner, J. M., *Human Growth*, 2ª ed., Nueva York, Plenum Press, vol. 3, págs. 59-78.

Hauspie, R.; Lindgren, G.; Falkner, F. (eds.) (1995): *Essays on Auxology, Presented to James Mourylan Tanner*, Welwyn Garden City, Castlemead Publications.

Hauspie, R.; Cameron, N.; Molinari, L. (2004): *Methods in Human Growth Research*, Cambridge University Press, UK.

Hosmer, D. W.; Lemeshow, S. (1989a): *Survival Analysis. Regression Modeling of Time to Event Data*, Nueva York, John Wiley.

Hosmer, D. W.; Lemeshow, S. (1989b): *Applied Logistic Regression*, Nueva York, John Wiley.

Lejarraga, H.; Krupitzky, S.; Giménez, E.; Diament, N.; Kelmansky, D.; Tibaldi, F.; Cameron, N. (1997): "The organization of national survey for evaluating child psychomotor development in Argentina", *Pediatric and Perinatal Epidemiology*, 11: 359-373.

Lejarraga, H.; Pascucci, M. C.; Krupitzky, S.; Kelmansky, D.; Bianco, A.; Martínez, E.; Tibaldi, F.; Cameron, N. (2002): "Psicomotor development in argentinian children aged 0-5 years", *Pediatric and Perinatal Epidemiology*, 16 (1): 47-60.

Magnusson, D.; Bergman, L. R.; Törestad, B. (1991): *Problems and Methods in Longitudinal Research: Stability and Change*, Cambridge, Cambridge University Press.

Marshall, W.; Tanner, J. M. (1986): "Puberty", en Falkner, F.; Tanner, J. M., *Human Growth. A comprehensive teratise*, Londres, Plenum Press, vol. 2, págs. 171-210.

Marubini, E.; Milani, S. (1986): "Approaches to the analysis of longitudinal data", en Tanner, J. M.; Falkner, F., *Human Growth*, 2ª ed, págs. 79-94.

Molinari, C.; Gasser, T. (2002): "Longitudinal growth models. 59-68", en Gilli, G.; Schell, L. M.; Benso, L., *Human Growth form Conception to Maturity*, Smith-Gordon-Nishimura, International Association for Human Auxology.

De Onis, M.; Garza, C.; Victora, C. G.; Onyango, A. W.; Frongillo, E. A.; Martines, J. (2004): "The WHO multicentre growth reference study: planning, study design and methodology", *Food Anal Nutrition Bulletin*, nº 1 (supplement).

Rodríguez, S.; Arancibia, V.; Undurraga, C. (1978): *Escala de Evaluación del desarrollo psicomotor: 0-24 meses*, Santiago de Chile.

Rona, R. J.; Altman, D. G. (1977): "National study of heath and growth: standards of attained height, weight and triceps skinfolds in english children 5 to 11 years old", *Annals of Human Biology*, 4: 501-523.

Sociedad Argentina de Pediatría (2001): *Criterios de diagnóstico y tratamiento. Crecimiento y desarrollo*, Buenos Aires, Ed. SAP, Comité de Crecimiento y Desarrollo.

Taylor, S. I.; Bogdan, R. (1992): *Introducción a los métodos cualitativos de investigación. La búsqueda de significados*, Buenos Aires, Paidós.

Wechsler, D. (1974): *Manual for the Wechsler Intelligence Scale for Children-Revised*, Nueva York, The Psychological Corporation.

CAPÍTULO 16

El trabajo interdisciplinario

Horacio Lejarraga
Virginia Schejter

> Nada nos compele a dividir lo real en compartimientos estancos o en pisos simplemente superpuestos que corresponden a las fronteras aparentes de nuestras disciplinas científicas; por el contrario, todo nos obliga a comprometernos en la búsqueda de instancias y mecanismos comunes. La interdisciplinariedad deja de ser un lujo o un complemento ocasional para convertirse en la condición misma del progreso.
>
> JEAN PIAGET

Resulta pertinente incluir en este libro un capítulo sobre interdisciplina, porque este enfoque mejora la calidad de la atención de niños con problemas de desarrollo y porque el trabajo interdisciplinario ayuda a comprender mejor el proceso que nos ocupa, que es de una enorme complejidad.

1. Concepto y origen

La palabra disciplina, que proviene del latín *discipulus*, tiene distintas acepciones y está así muy estrechamente relacionada con la enseñanza, el aprendizaje y el disciplinamiento del cuerpo, del pensamiento y de las conductas (Foucault, 2000).

La diferenciación de las disciplinas es un producto cultural, que implica una división formal del conocimiento, seguramente como una respuesta al incremento progresivo de la información disponible. La especialización en disciplinas surge así en forma contemporánea al desarrollo de un conocimiento inabarcable. Actualmente, las áreas del conocimiento son tan grandes que se separan mucho entre sí y, aun dentro de la misma profesión, pueden existir distancias insalvables. El campo del conocimiento de un médico psiquiatra es marcadamente distinto del de un patólogo.

Sin embargo, la *valoración* del conocimiento universal estuvo vigente durante toda la Antigüedad. En la Grecia antigua, Aristóteles y Platón sabían medicina, astronomía, biología y ética. No sólo en la Antigüedad, sino también después y durante muchos siglos se continuó valorizando el conocimiento general. Cuando Leonardo da Vinci se quedó sin trabajo, en la Florencia del Renacimiento, no tuvo ningún problema en trabajar como empleado de cocina en la corte del duque de Milán, Ludovico Sforza (Da Vinci, 1999), sin mencionar que era especializado en arte (o en alguna otra de las múltiples tareas que hacía). A fines de la Edad Media, cuando proliferan las universidades, reciben este nombre debido a la idea de que allí se podía adquirir un conocimiento amplio, extendido, que cubría todas las áreas del saber. *Esta universalidad, esta* universitas, *era considerada la verdadera sabiduría; la visión amplia del mundo era el camino seguro del conocimiento.*

La revolución industrial produce una gran especialización del conocimiento y da origen a una corriente mecanicista, que impregna todas las áreas del saber. El desarrollo de la ingeniería, y de la tecnología en general, permite la invención de máquinas de todo tipo, desde el ferrocarril y el telar mecánico hasta el telégrafo y el automóvil. En la cultura de occidente se genera la idea de que el desafío consiste en encontrar el *mecanismo* adecuado para hacer funcionar un aparato según el objetivo que se desee conseguir. La medicina no escapa a esta influencia y durante esa época se produce un enorme desarrollo de las distintas especialidades, con un incremento del prestigio de cada una de ellas como área separada del resto. Aparece el especialista, como portador del saber específico, ampliamente reconocido por la sociedad.

Tres concepciones de intercambio entre diferentes disciplinas merecen ser descritas en este apartado. Una de ellas es la multidisciplina o pluridisciplina, que alude a la yuxtaposición de trabajos disciplinarios sobre un mismo tema, sin unidad conceptual. Por ejemplo, frente a un tumor cerebral opinan, aisladamente, distintos especialistas: el neurocirujano sobre la estrategia quirúrgica a seguir para la tumorectomía, el oncólogo sobre la radiosensibilidad del tumor y la dosis de radiación que debe usarse, y el psicólogo sobre la mejor forma de contener las crisis de angustia del paciente. Decimos, en este ejemplo, que hay multidisciplina porque podemos identificar varias disciplinas ocupándose de un mismo tema. Sin embargo, la atención aislada de varias disciplinas lleva necesariamente a una visión fragmentada del paciente y, muchas veces, a opiniones contradictorias, además de dejar aspectos del paciente sin atender.

Otra forma de intercambio entre disciplinas es la transdisciplina que, desde la mirada y los métodos propios de una ciencia, aborda objetos de estudio de otras ramas científicas. La ética, que se centra en la reflexión sobre los valores, es un ejemplo de conocimiento transdisciplinario, ya que aporta su análisis sobre los valores en juego en distintas prácticas disciplinarias. No puede concebirse una medicina sin ética, ni tampoco puede pensarse que, cuando se está frente a los pacientes, haya que llamar a un especialista de ética médica para considerar los aspectos morales de su atención. También se usa la palabra "transdisciplina" como adverbio, para definir la forma en que va a hacerse operativa una determinada acción o la manera en que va a tratarse un determinado tema.

La interdisciplina apunta a posibilitar una visión integral de los sistemas complejos (y no cabe duda de que el ser humano es un sistema muy complejo) y la toma de decisiones en situaciones de incertidumbre. Implica la integración de conceptos, métodos, procedimientos, terminologías y datos de diferentes campos. Requiere de una gran *interacción* entre las disciplinas y la modificación de los involucrados en el intercambio. Posibilita el surgimiento de nuevas preguntas y permite respetar la complejidad del objeto de estudio, al evitar el riesgo de fragmentación desde la óptica especializada.

El propósito de un trabajo interdisciplinario es incorporar distintos enfoques sobre un problema, para complejizar y enriquecer la mirada sobre las implicancias de las decisiones que se toman. El eje de la interdisciplina es la búsqueda de una comprensión compartida de los problemas, en función del reconocimiento de su interdependencia. Encarar interdisciplinariamente la asistencia es una postura ética que implica recorrer caminos convergentes en busca de un horizonte donde, en el caso de la medicina, está el paciente.

La interdisciplina está relacionada a la práctica de debatir ideas y de escuchar diferentes enfoques de un problema. Una prueba de que ha habido interacción entre los miembros del equipo es que los protagonistas del intercambio son capaces de modificar sus ideas luego de escuchar al interlocutor. Esto sólo ocurre cuando hay un interés genuino en encontrar una verdad, por encima del deseo de convencer al otro. En este sentido, merece citarse el artículo "Comunicación de un caso de paranoia contrario a la teoría psicoanalítica" (Freud, 1953a), en el que Freud comunica un caso clínico que pone en duda sus propias hipótesis y lo somete a la consideración de sus colegas neurólogos, muchos de ellos adversarios científicos. ¡Qué compromiso con la verdad, qué grado de cultura científica debía prevalecer en esta universidad de principios de siglo y qué confianza en su propia teoría debía tener el médico vienés para incluir en su obra un ejemplo clínico que ponía en duda sus propias teorías!

La interdisciplina implica la pluralidad de perspectivas y se contrapone a la idea del saber absoluto. El conocimiento progresa por los bordes, por las fronteras que existen entre las diferentes ciencias. En las fronteras se facilita la construcción de puentes entre diferentes lenguajes, el descubrimiento de lo común en lo aparentemente diferente y la traducción de los distintos sentidos con que se interpreta un mismo objeto de estudio. Bunge hablaba de una "interconexión universal restringida" para referirse a los niveles contiguos entre una ciencia y las otras que contactan con ella (Bunge, 1959).

Es en el seno de estas interfases donde se puede encontrar un campo de trabajo e investigación extremadamente fructífero. Inversamente, el encierro de los científicos dentro de su propia disciplina pone en riesgo el progreso del conocimiento. Si algunos psicólogos y neurólogos hubieran hablado e investigado en conjunto, no se habría tardado tantos años en aprender que hay muchos casos de autismo infantil en los que se encuentran manifestaciones de lesión cerebral. A su vez, la neurología se habría enriquecido mucho antes con los conceptos sobre trastornos emocionales en los niños y sus manifestaciones clínicas, que en ciertos casos pueden aparentar cuadros de naturaleza neurológica.

Hay, por cierto, muchos ejemplos de científicos que quieren acercarse a otras teorías. Piaget proponía construir la interfase entre la teoría cognoscitiva y el psicoanálisis. Piaget decía: "Estoy convencido de que llegará el día en que la psicología de las funciones cognoscitivas y el psicoanálisis estarán obligados a fusionarse en una teoría general que mejorará a ambos y los corregirá" (Piaget, 1955). Como segundo ejemplo del interés por desarrollar un conocimiento entre distintas teorías o disciplinas, merece citarse un seminario organizado por Wallon, que tuvo lugar en Ginebra en la década del sesenta, en el que se encontraron Jean Piaget y James M. Tanner, un psicólogo y un biólogo humano (como le gustaba autodenominarse a James Tanner), para buscar zonas fértiles de investigación común entre ambas disciplinas (Wallon, 1965).

En medicina, el desafío de trabajar con profesionales de diferentes formaciones es doble: es necesario lograr hacerlo, tanto entre diferentes especialidades y subespecialidades médicas, como lograr una interacción entre médicos y otros profesionales.

2. Condiciones necesarias

Es indudable que la interdisciplina no se da espontáneamente en la vida cotidiana de las instituciones hospitalarias o académicas. Hay, en muchos lugares de trabajo, una tendencia marcada de los científicos a cerrarse en su propia área de trabajo, con poca disposición hacia el trabajo interdisciplinario. Si es tan difícil la comunicación entre distintas profesiones o distintas escuelas dentro de una misma profesión, debe haber, seguramente, razones poderosas. Vale la pena repasar una serie de condiciones para que este especial modo de intercambio se pueda dar.

En primer lugar, para que haya interdisciplina es necesario que las personas que debaten tengan *conocimientos suficientes de la propia disciplina y que no se diluyan los saberes específicos*. La interacción con otro profesional se realiza desde un saber determinado.

En segundo lugar, la institución debe estar organizada de manera tal que su *organigrama y la definición de las misiones y funciones* de sus agentes favorezcan el encuentro interdisciplinario. Por ejemplo, en el Hospital Garrahan, las salas de internación están organizadas según el nivel de complejidad de los cuidados que necesitan los niños: cuidados intensivos, cuidados intermedios y moderados (CIM). Esto implica que en una sala puede haber un niño internado con leucemia al lado de otro con una fractura de fémur o meningitis. Este uso de los espacios y esta organización del hospital tiene como objetivo que los distintos profesionales converjan en las salas y se promueva el debate sobre el diagnóstico y tratamiento de los niños. En este modelo, los pediatras generales funcionan como coordinadores de las tareas diagnósticas y terapéuticas (Schejter *et al.*, en prensa). En los hospitales donde las salas están organizadas por especialidades, los niños se internan donde están los médicos que más saben de su enfermedad principal. Ese modelo desalienta la participación y reflexión conjunta con otros profesionales, que suele ser sólo ocasional.

En tercer lugar, es necesario que la institución tenga una *estructura arquitectónica* que favorezca la interdisciplina. La institución debe contar con un diseño y una distribución de ambientes y lugares de reunión adecuados, para que sea posible el diálogo entre disciplinas. Algunas experiencias hechas en otros países han probado que las barreras administrativas no constituyen un obstáculo importante para el funcionamiento interdisciplinario (Bordons y Zulueta, 2002).

Una cuarta condición es que haya una *cultura* que *valore* la interdisciplina, es decir, que incluya la diversidad y que favorezca el debate simétrico entre profesionales.

Quinta condición: se necesita *tiempo compartido*, es decir, un tiempo dedicado a hablar con los demás. En el Servicio de Crecimiento y Desarrollo del Hospital Garrahan se trabaja en el manejo de datos, desde hace diez años, con matemáticos del Instituto de Cálculo de la Universidad de Buenos Aires. La relación actual es excelente, pero al principio, en las primeras entrevistas, el diálogo no era fácil. Inicialmente hubo un *problema de lenguaje*. Los pediatras llamaban "regresión" a lo que los matemáticos llamaban "función"; los primeros llamaban "distribución de frecuencias" a lo que los otros profesionales llamaban "normal cero-uno". Cuando se trataba de dibujar una distribución normal, que a ojos de los pediatras debía semejar a una campana, los matemáticos la trazaban en forma de *S* itálica, que es "como queda cuando se integra". Hubo que convenir el uso de un lenguaje común: los pediatras debieron aprender una serie de conceptos matemáticos, los matemáticos debieron aprender conceptos básicos de crecimiento y desarrollo infantil, y hubo que generar, finalmente, una relación de confianza para cederse datos originales de estudios sumamente valiosos desde el punto de vista científico. Se tardó aproximadamente un año para llegar a trabajar en forma fluida. Por este motivo, los grupos de trabajo deben ser objeto del máximo cuidado por parte de las autoridades institucionales, porque lleva mucho tiempo y esfuerzo crearlos y ponerlos a funcionar.

Finalmente, la sexta condición: para que haya interdisciplina, además de los factores institucionales, debe haber una *disposición* y un *interés* de los profesionales por participar de una reflexión crítica en la que sus convicciones puedan ser puestas en cuestión. Para que sea posible aceptar otras ideas, es imprescindible el respeto y la valoración del otro y la capacidad de relativizar los propios marcos de referencia. Estar dispuesto a entablar un diálogo con otra persona implica considerarla con derecho a hablar porque su palabra es valiosa e importante y se está dispuesto a aceptar sus propuestas. En el diálogo, el pensamiento del otro es incorporado desde el momento en que se emite un mensaje, porque se piensa en cómo el otro va a escucharlo.

No es frecuente la escena en la que un especialista camine a 100 metros para ir a hablar con otro sobre los trastornos de aprendizaje de un niño con un tumor cerebral. El conocimiento es un instrumento de libertad pero también una fuente de poder. De esta manera, el trabajo interdisciplinario implica una posición moral frente al semejante, una disposición a entender y a pensar con las categorías del otro. También implica la aventura personal de adentrarse en una zona que no es propia, que además lo cuestiona, evidenciando los límites de su propio saber y enfrentándolo al riesgo de la pérdida de poder.

Los seres humanos refuerzan su pertenencia a un grupo a partir de la diferenciación de otros. Surgen así "ellos", que resultan ser los extraños a "nosotros". Estas dos palabras, generalmente cargadas de una valoración diferente, están relacionadas con la búsqueda de protección y con el reforzamiento de una identidad, y también pueden ser fuente de profundas distancias entre los hombres (Laing, 1973).

Hay factores culturales favorecedores de la actividad interdisciplinaria. El espíritu democrático y el interés por el trabajo en equipo son dos elementos que pueden favorecerla. Otro factor que puede favorecer el intercambio entre las disciplinas es la existencia de un *objetivo común convocante*. La necesidad de solucionar un problema compartido (el tratamiento de un paciente, la definición de una norma, la publicación de un documento, etcétera) aumenta la probabilidad de convergencia por sobre los intereses particulares (Narváez, 1985).

3. Por qué es necesaria la interdisciplina

La interdisciplina no sólo es una forma de trabajo conveniente, sino que además es profundamente necesaria en la atención de problemas de salud, esencialmente por tres razones.

En primer lugar, porque mejora la calidad de la asistencia. La complejidad de las cuestiones a resolver cuando hay problemas importantes de salud hace difícil que sean resueltas por un solo médico. La interacción entre médicos especialistas, subespecialistas y otros profesionales sobre la problemática de un paciente devela simplificaciones, completa definiciones insuficientes, permite un control cruzado entre los diferentes profesionales y ofrece una red de sostén. Hay muchos ejemplos de pacientes que sufren innecesariamente cuando los médicos no hablan entre ellos. Además, para asistir a los pacientes, es necesario que los expertos en una disciplina se adentren lo suficiente en los laberintos de otras disciplinas como para saber qué esperan de ellos los demás especialistas (Brun, 1995), o cuándo consultarlas.

En segundo lugar, porque la interdisciplina contribuye al progreso del conocimiento. Ya los griegos reflexionaban sobre el intercambio entre distintos puntos de vista como un "diálogo entre hombres libres". Sócrates decía que del diálogo entre dos personas con distintos conocimientos podía surgir, "como en un parto", un nuevo conocimiento, que *no estaba en ninguno de los dos hombres por separado* (Fatone, 1969). Este es el concepto de mayéutica socrática (del griego antiguo *mayeia*, que quiere decir obstetricia) (Gemoli, 1908), tarea de la que se ocupaba la madre de Sócrates, que era partera.

El conocimiento surge a partir de los interrogantes y de la confrontación de ideas y de enfoques. Muchos son los ejemplos de progresos científicos que surgieron de una mirada nueva de los problemas, aportada desde afuera del campo de una disciplina. Los progresos alcanzados en la comprensión del funcionamiento del útero y el metabolismo fetal durante el parto se deben al aporte de un fisiólogo uruguayo (Caldeyro Barcia y Álvarez, 1952); la teoría del psicoanálisis fue, en última instancia, creada por un neurólogo

(Freud, 1953); el tratamiento de algunos problemas respiratorios de los prematuros fue inventado por un anestesista (Gregory *et al.*, 1975); las primeras investigaciones sobre la psicología fetal fueron hechas por un pediatra (Raskovsky, 1960), al igual que las primeras descripciones en el mundo sobre las necesidades afectivas del niño, que llevaron a la internación conjunta del niño con su madre (Escardó, 1967), y muchos conocimientos básicos sobre el vínculo psicológico madre-hijo (Khan *et al.*, 1974); la válvula usada para compensar la hidrocefalia, llamada válvula de Holter, fue inventada por un ingeniero.

El avance en la comprensión de los sistemas complejos requiere modelos de trabajo interdisciplinarios. Hay muchas experiencias llevadas a cabo satisfactoriamente en la medicina, en programas de alfabetización para la salud (Watters, 2003), abuso infantil (Hong Kong Medical Coordinators on Child Abuse, 2003), en neurociencias (Magill-Evans *et al.*, 2002), en emergentología (Ruchholtz *et al.*, 2002), en medicina forense (Mason *et al.*, 2002), en psiquiatría (Post y Weriss, 2002), en desarrollo (Nelson *et al.*, 2002), en bioética (Haimes, 2002), en pediatría (Larcher y McCarthy, 1997), y en muchas otras áreas (Glen, 1999; Moretti, 1995).

En tercer lugar (y no por ello menos importante), la interdisciplina es necesaria porque en medicina el objeto del conocimiento son las personas, y la multidisciplina no garantiza una visión integral de las personas. En medicina, el objeto del conocimiento *habla* (siente, piensa, observa) y tiene además su propia interpretación sobre lo que le ocurre. Como cada disciplina mira desde el sesgo que le da su perspectiva, el riesgo de que se le escape el sujeto es alto. La interdisciplina, en cambio, promueve una visión compartida.

Los seres humanos son *sistemas complejos*. El sistema constituye y funciona como una unidad, pero está constituido por elementos diferentes con intensas interrelaciones entre sí. Un cambio en cualquiera de sus partes incide en la totalidad. Los sistemas complejos son estudiados por distintas disciplinas, pero ninguno de sus elementos son definibles de manera independiente; forman una estructura que no es pasible de ser comprendida sino por medio de un abordaje interdisciplinario (García, 1990).

Hay problemáticas cuya complejidad hace más importante el trabajo interdisciplinario que en otras. Tal es el caso del desarrollo infantil, en el que se identifican muchas ciencias que hacen aportes sustanciales, desde la neurología y la biología hasta la psicología, la psiquiatría y la sociología.

El análisis que estamos haciendo sobre la problemática de la interdisciplina y las consecuencias de su ausencia en el desarrollo infantil, puede ser enriquecido con algunos cuadros de Escher (1994). Veamos para comenzar la figura 1.

Figura 1

Relatividad

• *Relatividad*, de M. S. Escher

El mundo que cada personaje ve no existe para los otros y, más aún, contradice la lógica de sus perspectivas. Es imposible que todas las personas que aparecen en la figura 1 coexistan en el mismo mundo. Si la escalera de la derecha y la persona que la recorre pretenden ser reales, entonces, la de la izquierda no puede serlo, y viceversa. El modo de percibir y entender el mundo de cada uno es ignorado por el otro, no se encuentran nunca. El mundo de uno es imposible en el mundo del otro. En la escalera superior, dos personas se mueven en la misma dirección, pero una sube y otra baja. Parece imposible que puedan coexistir, comunicarse desde sus respectivos universos. La ausencia de códigos y lógicas compartidas entre diferentes disciplinas aumenta el riesgo de producir una escena como la de la figura 1.

• *Cóncavo convexo*, de M. C. Escher

Las cosas son distintas según la perspectiva de la persona que las interpreta. Eso depende de lo que el observador entiende, de lo que sabe y de las relaciones que establece entre los distintos datos. Por ejemplo, si uno relaciona la forma central que está junto al hombre sentado, e interpreta que el

Figura 2

Hol en bol. Cóncavo convexo

hombre está sentado en el piso, por lo tanto considera a esa forma como una fuente. En cambio, si la relaciona con las volutas, puede interpretarse como un plafón de luz.

Mano con esfera reflejante, de M. C. Escher

Cuando el observador quiere mostrar la esfera, dice más de sí mismo que del objeto que intenta describir. Su cabeza y sus ojos están en el centro de la esfera. De cualquier manera que se mueva la esfera, el centro será siempre la cabeza de la persona. Además, la curvatura de la esfera permite ver simultáneamente las seis caras de la habitación, visión imposible en la observación directa. Lo observado no es un reflejo de la realidad, sino producto de la interacción entre el objeto observado y el observador, y de los sesgos derivados de la perspectiva desde la que se interpreta.

4. La educación

La cultura occidental contemporánea en la que estamos inmersos no favorece el trabajo interdisciplinario. Sus valores más apreciados son los logros

Figura 3

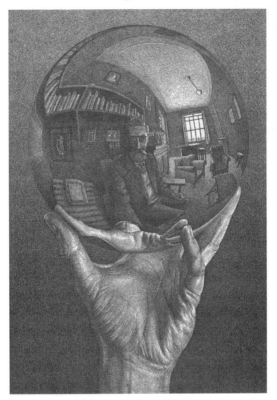

Mano con esfera reflejante

personales, el individualismo, la competencia (Nelson *et al.*, 2002). En este contexto, no suelen surgir espontáneamente espacios grupales para la reflexión crítica. A nuestro modo de ver, resulta necesario incorporar más actividades de trabajo y reflexión grupales en los programas de formación profesional de grado y de posgrado, para que los jóvenes visualicen tanto sus potencialidades como el empobrecimiento que produce el encierro en áreas circunscriptas del conocimiento.

En los modelos de enseñanza de la medicina, existe el peligro de perpetuar el aislamiento entre las disciplinas, con un empobrecimiento del conocimiento y del trabajo asistencial. La enseñanza tendría que facilitar el desarrollo de la capacidad para tolerar la incertidumbre, para dialogar y para comprometerse con el descubrimiento de la verdad, más allá de las fronteras del propio saber, ya que es la formación disciplinaria la que aporta las categorías de pensamiento desde las que se interpreta lo que se percibe.

Referencias bibliográficas

Bordons, M.; Zulueta, M. A. (2002): "Interdisciplinariedad de equipos españoles de investigación cardiovascular", *Revista Española de Cardiología*, 55: 900-912.

Brun, D. (1995): "¿Qué espera el psicoanálisis del pediatra?", *Pediatría y psicoanálisis*, Buenos Aires, Ediciones Nueva Visión, págs. 247-250.

Bunge M. (1959): *Causality: The Place of the Causal Principles in Modern Sciences*, Cambridge, Harvard University Press.

Caldeyro Barcia, R.; Alvarez, H. (1952): "Abnormal uterine action in labor", *Journal of Obstetrics and Gynecology of the British Empire*, 59, 5.

Da Vinci, L. (1999): *Los apuntes de cocina*, Buenos Aires, Negocios Editoriales.

Escardó, F. (1967): "El hospital como problema moral", en *Moral para médicos*, 2ª ed., Buenos Aires, EUDEBA.

Escher, M. C. (1994): *Estampas y Dibujos*, Berlín, B. Taschen.

Fatone, V. (1969): *Lógica e introducción a la filosofía*, Buenos Aires, Kapelusz.

Foucault, M. (2000): *Vigilar y castigar. Nacimiento de la prisión*, México, Siglo XXI.

Freud, S. (1953a): "Comunicación de un caso de paranoia contrario a la terapia psicoanalítica", en *Psicología de la vida erótica*, Buenos Aires, Rueda, Obras Completas, t. XIII, págs. 141-150.

Freud, S. (1953b): *Obras Completas*, Buenos Aires, Rueda.

García, R. (1990): "Dialéctica de la integración en la investigación interdisciplinaria", ponencia presentada en III y IV Jornadas de Atención Primaria de Salud y I de Medicina Social, Asociación de Médicos Residentes del Hospital de Niños Ricardo Gutiérrez y Comisión Argentina de Residentes del Equipo de Salud, Buenos Aires.

Gemoli, G. (1922): *Vocabulario grecco-italiano*, 10ª ed., Napolés, Edizione Remo-Sandron, Livraría de la Real Casa. (1ª ed. 1908, Palermo – Milán)

Glen, S. (1999): "Educating for interprofessional collaboration: teaching about values", *Nursing Ethics*, 6: 202-213.

Gregory, G. A.; Edmunds, L. H. Jr.; Kitterman, J. A.; Phibbs, R. H.; Tooley, W. H. (1975): "Continuous positive airway pressure and pulmonary and circulatory function after cardiac surgery in infants less than three months of age", *CPAP Anesthesiology*, 43: 426-431.

Haimes, E. (2002): "What can the social sciences contribute to the study of ethics? Theoretical, empirical and substantive considerations", *Bioethics*, 16: 89-113.

Hong Kong Medical Coordinators on Child Abuse (2003): "Management of child abuse in Hong Kong: results of a territory-wide inter-hospital prospective surveillance study", *Hong Kong Medical Journal*, 9: 6-9.

Khan, M.; Davis, J. A.; Davis, M. E. (1974): "The beginnings and fruiction of the self. An essay on DW Winnicott", en Davis, J. A.; Dobbing, J. (eds.), *Scientific Foundations of Paediatrics*, Filadelfia, WB Saunders, págs. 626- 640.

Laing, R. (1973): "Nosotros y ellos", en *Experiencia y alienación en la vida contemporánea*, Buenos Aires, Paidós, págs. 70-90.

Larcher, V. F.; McCarthy, J. M. (1997): "Paediatrics and cutting edge: do we need clinical ethics committee?", *Journal of Medical Ethics*, 23: 245-249.

Lipowetzky, S. (1994): *El crepúsculo del deber*, Barcelona, Anagrama.

Magill-Evans, J.; Hodge, M.; Darrah, J. (2002): "Establishing a transdisciplinary research team in academia", *Journal of Allied Health*, 31: 222-226.

Mason, T.; Williams, R.; Vivian-Byrne, S. (2002): "Multi-disciplinary working in a forensic mental health setting: ethical codes of reference", *Journal of Psychiatry and Mental Health Nursing*, 9: 563-572.

Moretti, C. J. (1995): "Condiciones para la interdisciplina. Claves en psicoanálisis y medicina. Experiencias Balint", *Hacia la interdisciplina*, págs. 21-22.

Narváez, R. O. (1985): "Trabajo en equipo: interpendencia disciplinaria", *Archivos Argentinos de Pediatría*, 83: 317-321.

Nelson, C. A.; Bloom, F. E.; Cameron, J. L.; Amaral, D.; Dahl, R. E.; Pine, D. (2002): "An integrative, multidisciplinary approach to the study of brain-behavior relations in the context of typical and atypical development", *Developmental Psychopathology*, 14: 499-520.

Piaget, J. (1955): *Psicología de la inteligencia*, Buenos Aires, Psique.

Post, R. M.; Weriss, S. R. (2002): "Psychological complexity: barriers to its integration into the neurobiology of major psychiatric disorders", *Developmental Psychopathology*, 14: 635-651.

Raskovsky, A. (1960): *El psiquismo fetal*, Buenos Aires, Paidós.

Ruchholtz, S.; Aydhas, C.; Lewan, U.; Piepenbrink, J.; Stolke, D.; Debatin, J.; Schweiberer, L.; Nast-Kolb, D. (2002): "A multidisciplinary quality management system for the early treatment of severely injured patients: implementation and results in the trauma centers", *Intensive Care Medicine*, 28: 1395-1404.

Schejter, V.; Halac, A.; Lejarraga, H., "El clínico pediatra en la alta complejidad: Un trabajo de campo", *Archivos Argentinos de Pediatría*, en prensa.

Wallon, H. (1965): *Los estadios en la psicología del niño*, Buenos Aires, Lautaro.

Watters, E. K. (2003): "Literacy for health: an interdisciplinary model", *Journal of Transcultural Nursing*, 14: 48-54.

CAPÍTULO 17

La organización de redes de intervenciones tempranas*

Haydée Echeverría
Héctor Waisburg

1. Introducción

1.1. Las necesidades asistenciales

Los problemas de desarrollo necesitan, para su correcto abordaje, un enfoque multidisciplinario, tanto para la construcción de un diagnóstico adecuado como para una intervención terapéutica. La participación de especialistas de las diferentes áreas, actuando en constante comunicación y apoyo mutuo, benefician grandemente al paciente y a los resultados de la intervención. La actividad integrada en un equipo, y la participación de éste en las tareas de programación y normatización que preceden a la asistencia, permite, después de un tiempo de trabajo conjunto, que un miembro del equipo pueda tomar decisiones en forma individual sin la participación del resto, asumir la representación interna de su grupo, hacer un enfoque de equipo y tomar las decisiones ajustadas a la opinión grupal.

Sin embargo, la existencia de un equipo de estas características en un lugar determinado no basta para garantizar un impacto eficaz sobre los problemas de desarrollo; esta intervención debe ser temprana o, tal vez mejor, *oportuna*. Hay abundante literatura sobre la necesidad de intervenir tempranamente en los problemas de desarrollo (así como en muchos otros problemas de salud). Los primeros años de la vida son cruciales para el desarrollo de la inteligencia, del comportamiento social y la autoestima, y en grupos de población de muchos de nuestros países de América latina, el sistema de salud no garantiza el acceso de los niños a los servicios adecuados.

* Agradecemos a la Lic. Claudia Viñuela Ortiz, secretaria científica de la Red Nacional de Intervenciones Tempranas, por su valiosa colaboración en la recolección de datos.

Nuestro grupo de trabajo forma parte del Servicio de Clínicas Interdisciplinarias del Hospital Garrahan de Buenos Aires. Se trata de un hospital público de referencia, de alta complejidad, que recibe pacientes de todas las regiones del país.

Luego de la conformación del grupo de Maduración del Servicio de Clínicas Interdisciplinarias, y a poco de comenzar a trabajar con pacientes referidos en consulta de diversas áreas del país, resultó evidente que si nuestro grupo trabajaba en forma aislada no podía garantizar una adecuada atención a los problemas de desarrollo que recibía. Esto es debido a las siguientes causas:

- Grandes distancias entre los lugares de residencia de muchos de nuestros pacientes y los grandes centros urbanos de atención. Tenemos pacientes que viven a más de 800 km de la Ciudad de Buenos Aires.
- Problemas económicos. La situación socioeconómica de muchos pacientes es muy ajustada y eso conspira contra la necesidad de hacer viajes frecuentes a nuestro servicio.
- Problemas en el sistema nacional de atención de salud:
  - Carencia de un sistema de atención regionalizado. No hay una planificación ni una organización de la atención médica en cuidados progresivos en relación con la distribución geográfica de los recursos institucionales asistenciales.
  - Carencia de un sistema único de salud. Se superponen sistemas privados, de obras sociales y públicos. Los dos primeros carecen, en su enorme mayoría, de guías sobre programas de atención pediátrica.
  - Ausencia de una normatización nacional. Las provincias son casi completamente autónomas para establecer normas de atención, y en el área de desarrollo carecen, en la mayoría de sus rubros, de guías eficaces en el ámbito nacional.
- Dispersión profesional. En nuestro país, hay carencia de equipos de trabajo con profesionales de las distintas disciplinas vinculadas al desarrollo del niño. En muchos casos, los profesionales están dispersos, no se conocen o no trabajan en forma coordinada. En otros casos, los profesionales que trabajan en lugares pequeños están aislados de centros más desarrollados, carecen de contactos formales con grupos de nivel académico para chequear sus acciones y para poder mantenerse actualizados de acuerdo con el progreso de los conocimientos. Estas dificultades tienen mucho que ver con la motivación de dichos profesionales.

Frente a esta situación, el grupo de Maduración del Servicio de Clínicas Interdisciplinarias decidió la constitución de una Red Nacional de Atención Temprana.

2. Modelo teórico de organización de la Red Nacional de Intervenciones Tempranas (RNIT)

El modelo sobre el cual se basó nuestra concepción de la red es el descrito por Bronfenbrenner (1987). El autor pone el acento en la inclusión del niño en un contexto que tiene varias dimensiones:

- Un *microsistema*, que está constituido por la familia del niño. El niño es influenciado por su familia y, a su vez, él afecta a la familia, en una interacción bidireccional. En este microsistema se incluyen la vivienda, las modalidades de crianza y la educación de los padres, variables parentales de gran influencia en el desarrollo infantil.
- Un *mesosistema*, en el cual está inmersa la familia del niño y que está constituido por las instituciones y organizaciones que tienen contacto directo y cotidiano con el niño y su familia, tales como el hospital, la escuela, las organizaciones barriales, los centros de atención de salud y los centros de estimulación temprana. Este estrato es de fundamental importancia para la RNIT, sobre todo en lo que respecta a la *cooperación* entre las distintas instituciones y organizaciones. La comunicación entre la escuela y el hospital, entre el centro de salud y las organizaciones vecinales, entre un club de barrio y un centro de estimulación constituyen las formas en que se pueden relacionar operativamente las organizaciones civiles en pro de la salud familiar y de la salud del niño con necesidades especiales. La interacción de estas organizaciones constituye una de las formas más activas del llamado *capital social* de un país.
- El *exosistema* comprende los servicios responsables de la implementación y el seguimiento de los programas referidos a las políticas estructurales en salud, educación y desarrollo social, con conexiones locales, regionales y federales. La inserción laboral de los padres y los programas institucionales (en Argentina, Plan de Jefas y Jefes de Hogar) son aspectos del entorno que también impactan sobre el desarrollo infantil.
- El *macrosistema* es la estructura macro-social perteneciente a cada cultura, donde se constituyen los valores y las representaciones con que cada sociedad otorga sentido a los fenómenos vitales; el desarrollo infantil, las

prácticas de crianza, etcétera. Es en este nivel donde surgen cuestiona-mientos sobre las políticas generales relacionadas con la atención médica, las necesidades especiales de los niños con problemas de desarrollo, las or-ganización de servicios de salud, etcétera.

¿Cuáles son las características esenciales de una red? Mario Rovere, en su libro *Redes en salud* (Rovere, 1988), hace un aporte fundamental al delinear la "lógica de redes". Por lo general, se piensa que la construcción de una red es un hecho espontáneo: hay una tendencia natural del ser humano, esencial-mente social, a interactuar con otros semejantes, a cooperar en acciones co-munes. Sin embargo, esta conducta, que en apariencia es espontánea, es el re-sultado de una construcción psicogenética. A lo largo de la evolución del hombre, se van estructurando comportamientos cooperativos relacionados con las posibilidades del entorno, con fines adaptativos. Este entorno hace necesario que la ecología sea tenida en cuenta como contexto condicionante de las interacciones.

Según Rovere, si bien las redes implican la participación de instituciones con la consecuente existencia de relaciones inter-institucionales, también se constituyen conexiones personales, siendo unas tan valiosas como las otras. Las redes se van articulando en forma progresiva y multicéntrica, contradi-ciendo –a veces– formas jerárquicas de organización preexistentes. El autor habla de niveles de configuración de las redes. El primero de estos niveles es el *reconocimiento*, que implica aceptar la alteridad, la heterogeneidad del gru-po, la existencia de individuos con diferentes ideas y opiniones. El segundo nivel es el del *conocimiento del otro*. Esto implica disponer de información so-bre el área del saber de los otros profesionales, del área en la que se desem-peñan. A partir de los niveles anteriores, comienza una etapa colaborativa, de *colaboración asistemática*, que se espera que sea aceptada en forma espontánea por los miembros del grupo, frente a las necesidades asistenciales de los pa-cientes. Luego, se asiste a una nueva etapa, de *colaboración sistemática*, con pautas más firmes y ordenadas. Finalmente, se puede llegar a un nivel más elaborado que consiste en un acuerdo asociativo, mediante el cual se profun-diza la acción, compartiendo recursos, ideas y proyectos. Todos estos niveles implican una forma creciente de integración y eficiencia.

Las redes se establecen entre personas que se organizan por vínculos in-terpersonales, con la característica particular de que se trata de vínculos he-terogéneos. Las redes son vínculos que se enriquecen por la heterogeneidad de los individuos que los detentan. La diversidad cultural, tal como se pre-senta en nuestro país, enriquece esos vínculos, además de facilitar la diversi-dad de enfoques profesionales.

3. Nacimiento y desarrollo de la Red

La Red Nacional de Intervenciones Tempranas nació como una necesidad del Área de Maduración del Servicio de Clínicas Interdisciplinarias de dar respuesta a la demanda asistencial en cuanto a la continuidad del tratamiento de los problemas de desarrollo en el lugar de residencia de los pacientes. Esta respuesta se basa en las consideraciones teóricas hechas más arriba.

En todos los casos en que se recibían niños derivados de lugares ubicados fuera de la Ciudad de Buenos Aires, nuestro grupo de trabajo realizaba un diagnóstico del problema de desarrollo de los niños y un plan de trabajo sobre las intervenciones tempranas pertinentes al caso. Estas intervenciones debían ser cumplidas en el lugar de residencia de los pacientes.

Las dificultades inherentes a la atención del niño en su lugar de procedencia fueron la razón fundamental que motivó la dedicación del grupo a la construcción de una red.

3.1. Objetivos de la Red

La definición de los objetivos estuvo precedida por jornadas de trabajo grupal entre miembros del grupo de Maduración y otros profesionales del Servicio. Merece especial mención el rol fundamental que tuvo el personal del Aula de Abordaje Temprano, creada en 1998 en el Hospital Garrahan, por iniciativa de las autoridades de la Escuela Hospitalaria n° 2, que permitió un diálogo entre nuestro equipo y los educadores, ayudándonos a desarrollar un diálogo entre salud y educación que resultó muy fructífero.

Los objetivos de la Red son los siguientes:

• Asistenciales
Brindar la mejor asistencia posible en el lugar de residencia del paciente, o cerca del mismo, a través de un trabajo coordinado, interdisciplinario e inter-institucional del personal asistencial disponible.

• Docentes
Promover la actualización de todos los profesionales integrantes de la red.

• De investigación
Promover el avance del conocimiento sobre desarrollo infantil en los primeros años de vida, sus alteraciones y la eficacia de las intervenciones.

3.2. Confección de un proyecto y presentación a las autoridades del Hospital

El proyecto fue concretado y aprobado en noviembre de 2001 por la Dirección Ejecutiva del Hospital.

3.3. Constitución de un órgano inicial de coordinación

Se creó una Coordinación de la Red y una Secretaría Científica de la Red. Ambas funciones son cumplidas actualmente por personal del grupo de Maduración del Servicio de Clínicas Interdisciplinarias de nuestro Hospital.

3.4. Naturaleza de la Red

La Red a formar debía responder a los siguientes lineamientos:

- Estar constituida por profesionales de la Argentina dedicados a la atención del desarrollo infantil y sus problemas.
- Los profesionales debían estar trabajando en alguna institución pública.
- Los profesionales debían aceptar ciertas condiciones para su ingreso a la Red, relativas al compromiso de comunicarse con la coordinación de la Red, de cumplir con guías de contrarreferencia, y otros requerimientos de carácter operativo con respecto a la atención de los pacientes.

3.5. Formas de incorporación de los profesionales

A partir de la aprobación del proyecto por parte de las autoridades del Hospital, comenzó el proceso de identificación de los profesionales candidatos a integrar la Red. Esta identificación se realizó a partir de la derivación de pacientes que nuestro grupo recibía desde el interior del país en forma regular. Si los profesionales que nos derivaban los pacientes llenaban las condiciones, se los contactaba por teléfono, e-mail, fax o carta postal invitándolos a integrarse a la Red. Esta relación produjo un vínculo personal interprofesional que consideramos de mucho valor para la constitución de la Red.

Para su aceptación, los profesionales debían contar con una autorización escrita del jefe inmediato superior de la institución en la que trabajaban.

Junto con la incorporación de los profesionales, se enviaba al Ministerio de Salud y de Educación de la provincia en la que residía cada profesional una carta informando a las autoridades sobre la estructura general de la Red, las formas de incorporación de los profesionales de la zona, los objetivos y las modalidades de trabajo.

La figura 1 muestra el lugar de proveniencia de las consultas recibidas durante el año 2002. Se observa una amplia distribución del origen de los pacientes consultados. Las provincias participantes de la Red son: Buenos Aires, Entre Ríos, Santa Fe, Corrientes, Misiones, Santiago del Estero, Tucumán, Chaco, Jujuy, La Pampa, Neuquén y Chubut.

Debe tenerse en cuenta que nuestro Servicio no es el único grupo pediátrico que se ocupa en el país de problemas de desarrollo infantil. Por el contrario, hay grupos importantes en la zona central u oeste de la Argentina, lo cual explica la ausencia de niños derivados desde esas zonas.

Figura 1
Distribución geográfica en Argentina de los equipos participantes de la Red Nacional de Intervenciones Tempranas

La figura 2 amplía los lugares de proveniencia de los equipos de la provincia de Buenos Aires y el Gran Buenos Aires, área de gran densidad demográfica.

Figura 2
Distribución geográfica de equipos participantes de la Red Nacional de Intervenciones Tempranas del Gran Buenos Aires y de la provincia de Buenos Aires

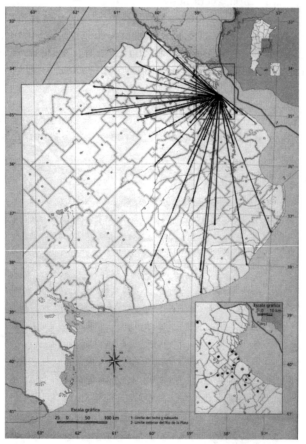

3.6. Actividades organizadas por la Red

• Provisión de atención interdisciplinaria a los pacientes provenientes del interior del país (incluyendo recepción de pedidos de consulta, organización de los turnos para las entrevistas con distintos especialistas, organización del seguimiento periódico, comunicación con los diferentes centros locales de atención de los pacientes a los efectos de intercambiar opiniones sobre las medidas diagnósticas y terapéuticas).

- Celebración de una reunión científica bimensual con la siguiente dinámica:
  - Ateneo de pacientes atendidos por alguno de los equipos integrantes de la Red y evaluados por el Área de Maduración del Servicio de Clínicas Interdisciplinarias.
  - Trabajo sobre aspectos organizativos y funcionales de la Red, formas de interconsulta, derivaciones, problemas regionales, etcétera.

En 23 meses se realizaron dos Jornadas Nacionales de la Red, con la asistencia de más de 600 personas. Se contó con el aporte teórico de destacados profesionales del campo del desarrollo infantil y se realizaron valiosos intercambios de experiencias teórico-clínicas a cargo de algunos equipos integrantes de la Red.

4. Resultados

4.1. Conformación actual

Luego de 23 meses de trabajo, en octubre del 2003, la Red estaba formada por personal proveniente de las instituciones descriptas en la tabla 1.

Tabla 1
Tipo y cantidad de instituciones en las que trabajan los profesionales participantes de la RNIT

Institución	Cantidad
C.E.A.T*	57
Hospitales generales	37
Salas periféricas	25

* Centros de Atención Temprana del Desarrollo Infantil

En la tabla 2 se detalla la cantidad de profesionales que participan en la Red, según la disciplina a la que pertenecen.

Tabla 2
Profesionales participantes de la Red, por disciplinas

Disciplina	Cantidad de profesionales
Estimulación temprana	146
Fonoaudiología	76
Kinesiología	44
Musicoterapia	2
Neonatología	4
Neuropediatría	9
Pediatría	31
Psicología	45
Psicopedagogía	95
Terapia ocupacional	37
Trabajo social	63
Total	552

*4.2. Tipo de trabajo e incumbencias generales de los profesionales
que intervienen en la Red*

Hablar de incumbencias es siempre hablar de un área en constante revisión, ya sea porque la medicina progresa, o porque hay superposiciones o áreas comunes de trabajo cuya "pertenencia profesional" no siempre es fácil de establecer. No obstante, hay muchos médicos, entre ellos pediatras, que no conocen con precisión el campo de trabajo de muchos otros profesionales vinculados al desarrollo infantil. Por eso, en este apartado brindaremos información sobre lo que cada profesional del desarrollo hace en su tarea cotidiana y respetaremos cualquier observación que se nos haga con respecto a sus contenidos.

Estimulación temprana: se ocupa de implementar acciones de estimulación que posibilitan al niño experiencias para desarrollar su mayor potencial por medio de objetos y personas involucradas en la intervención. Esta intervención es focalizada en la atención de niños con daño biológico o socio-ambiental. El sistema educativo es el que forma a los estimuladores tempranos y provee de sus servicios a través de los Centros de Estimulación y Atención Temprana.

Fonoaudiología: se ocupa del diagnóstico y tratamiento de las alteraciones del lenguaje. Su incumbencia abarca los componentes del lenguaje en sus dimensiones fonológica, sintáctica, cognitiva y pragmática.

Kinesiología: se ocupa de favorecer el movimiento del cuerpo humano, abarcando la postura, el tono muscular, el equilibrio, los aspectos locomotores biomecánicos y prensiles. Utiliza diferentes estrategias para prevenir y tratar las alteraciones del movimiento y el dolor.

Kinesiología pediátrica: detecta, previene y realiza tratamientos kinésico-posturales en neonatología, infancia y adolescencia, con técnicas y métodos específicos.

Musicoterapia: utiliza la música, los ritmos y el sonido con fines terapéuticos para propiciar la comunicación. Es de especial aplicación en casos de trastornos graves del desarrollo, especialmente cuando el lenguaje presenta dificultades en la expresión de gestos y sentimientos.

Neonatología: es la pediatría del niño durante el período neonatal.

Neuropediatría: es la pediatría del niño especializada en el desarrollo del sistema nervioso central y sus problemas.

Pediatría: es la medicina general del ser humano en su etapa evolutiva, desde la concepción hasta la madurez, incluyendo el nacimiento y la adolescencia, capaz de promover su crecimiento y desarrollo, prevenir y tratar sus problemas de salud y atender a las necesidades físicas, emocionales y sociales del niño insertado en su familia como nido ecológico esencial.

Psicología: es una disciplina que se ocupa de las leyes y significación de los comportamientos del sujeto en su relación interpersonal e intra-subjetiva. Realiza diagnósticos y tratamientos de la personalidad, los cuales están orientados a la resolución de conflictos. Su campo de aplicación es individual, familiar y social.

Psicomotricidad: es una disciplina que se ocupa del cuerpo de los sujetos y sus producciones: actitudes, gestos, miradas, sonrisas y juegos, siempre en relación con otro. Su interés está centrado en el trabajo corporal de características simbólicas. Utiliza elementos cotidianos de juego (pelotas, almohadones, telas) que sirvan para crear situaciones representativas en las que esté implicado el movimiento y el gesto del cuerpo en diálogo con otro.

Psicopedagogía: diagnostica, asesora e interviene en los procesos de desarrollo y aprendizaje, enfocando las dificultades que desde este espacio se puedan presentar. Su trabajo se realiza en las instituciones de salud, interviniendo cuando la inhibición de los procesos cognitivos se constituye en síntoma, y en las instituciones educativas, asesorando acerca de las adecuaciones curriculares y metodológicas en el campo de la integración escolar.

Esta especialidad implementa, sobre la base de un diagnóstico, estrategias específicas de tratamiento, orientación y derivación, promoviendo procesos armónicos de aprendizaje.

Terapia ocupacional: es una profesión comprometida a mejorar el desempeño ocupacional de las personas, entendiendo por ocupación al conjunto de actividades, tareas y roles de la vida cotidiana. En el ámbito pediátrico, el terapista ocupacional utiliza conocimientos basados en la neurología, anatomía, fisiología, kinesiología, desarrollo del niño, psicología, etcétera, propiciando la adquisición de conductas adaptativas en los niños.

Trabajo social: su incumbencia es el estudio y comprensión de las causas y efectos de los problemas sociales y la promoción de una acción organizada por parte de las personas, tanto preventiva como transformadora, dirigida a la superación de los problemas. Tiene intervenciones intencionadas, racionales y organizadas sobre la realidad social para conocerla y transformarla, contribuyendo con otras profesiones a lograr una mejor calidad de vida y bienestar de los pacientes.

4.3. Pacientes atendidos en nuestro servicio, derivados de la Red

Los equipos integrantes de la Red han solicitado en nuestro servicio la evaluación de niños con:

- encefalopatías no evolutivas;
- trastornos generalizados del desarrollo (síndrome de Rett, espectro autista);
- trastornos del lenguaje y la comunicación;
- trastornos sensoriales, ceguera, disminución visual.

Hasta el momento actual, por solicitud de equipos de la Red, fueron orientados treinta pacientes en nuestro servicio, observándose un incremento semanal en la atención; se realizaron entrevistas, diagnósticos y orientaciones terapéuticas.

5. Beneficios de la Red en relación con la asistencia de pacientes

- Incremento en el número de efectores de intervenciones tempranas en distintos lugares el país.
- Contacto e intercambio fluido con los equipos intervinientes.
- Derivaciones protegidas.
- Seguimiento de la evolución de los pacientes y acompañamiento de sus familias.

Es importante destacar que un número importante de asistentes a los encuentros, sobre todo los del interior de nuestro país, realizan un esfuerzo personal (que a veces representa un alto porcentaje de su sueldo e, incluso, su lucro cesante) para costearse el traslado y la estadía, en ocasión de los encuentros de trabajo y jornadas organizadas por la Red.

Esto, a su vez, ha generado un movimiento interesante de descentralización de la Red de Intervenciones Tempranas con respecto al Hospital Garrahan en el funcionamiento de la misma, generando regionalizaciones parciales determinadas por zonas geográficas que responden a las necesidades e idiosincrasia de cada lugar de acuerdo con su manera de interpelarse y organizarse en sus prácticas específicas.

6. Problemas detectados

- Falta de interconexión en la red creada. El concepto de red implica la existencia de múltiples centros o "nodos", que están en completa interconexión entre ellos. En nuestra red, los grupos de trabajo que se han incorporado desde el interior del país están conectados con la coordinación que funciona en nuestro servicio, pero todavía no hemos logrado que haya interrelación entre los distintos grupos. De esta manera, el sistema funciona aún como un abanico, cuyo eje es el grupo de Maduración del Servicio de Clínicas Interdisciplinarias. Debe tenerse en cuenta que desde muchos aspectos nuestro país está históricamente centralizado en Buenos Aires, y el modelo deseado de red se contrapone a este problema estructural. En el momento en que se escribe este capítulo, estamos trabajando en la promoción de la comunicación entre centros importantes del noreste argentino.
- Falta de un sistema macrosocial que habilite los recursos económicos y las cuestiones organizativas para el funcionamiento de equipos dedicados al trabajo en desarrollo infantil en instituciones públicas. Esto conspira con-

tra la estabilidad de los equipos debido al alto grado de movilidad que implica su conformación profesional, ya que sostienen su tarea en forma *ad honorem*.

- Escasos efectores del área salud y predominancia de equipos del área educativa, ya que desde la rama de educación especial existen centros de Estimulación y Atención Temprana que brindan este servicio.

7. Conclusión

Las prácticas de intervención en redes sociales generan una construcción activa entre sus integrantes, posibilitando el incremento del capital social de la población. Facilitan enormemente el concepto de iniciativa entre los diversos integrantes, organizando comportamientos saludables de autogestión individual y comunitaria.

La capacidad de éxito en la construcción de una red no está dada por los instrumentos que se usan o por las acciones exitosas de convocatoria amparadas por un prestigio bien merecido, como es el del Hospital Garrahan, sino por la dedicación y el compromiso con que los profesionales afrontamos el reto desafiante de una realidad que desprotege socialmente a muchos sectores desfavorecidos de la población y que, con mucho esfuerzo individual y colectivo, tratamos de paliar.

Referencias bibliográficas

Bronfenbrenner, U. (1987): *Ecología del desarrollo humano*, Buenos Aires, Paidós.

Rovere, M. (1998): *Redes en salud*, Rosario, Secretaría de Salud Pública de la Municipalidad de Rosario.

CAPÍTULO 18

La Atención Integrada de Enfermedades Prevalentes (AIEPI) y los trastornos de desarrollo infantil*

Horacio Lejarraga

1. Principios y estrategias generales

El desarrollo psicomotor es un proceso de importancia vital para el niño, ya que tiene que ver con el rendimiento intelectual, la capacidad de integrarse en la sociedad y el ejercicio de una vida plena. Los problemas de desarrollo constituyen parte de lo que se ha denominado "la nueva morbilidad" (Bedregal *et al.*, 2002), junto con los trastornos de la conducta alimentaria, el SIDA, la drogadicción, etcétera. El tema debería ser una urgente prioridad para los organismos de salud, porque la demanda de atención de la población general está destinada a aumentar y será necesario darle la correspondiente satisfacción. A mi modo de ver, este aumento de la demanda se producirá por dos grandes causas. Por un lado, por un aumento en la prevalencia de niños con secuelas, sobrevivientes de prematurez extrema, de muy bajo peso al nacer y de enfermedades que otrora eran mortales (insuficiencia renal, hepática, etcétera). Por otro lado, por un aumento en la percepción por parte de la población general de que el desarrollo psicomotor del niño tiene que ver con la inteligencia, el aprendizaje y su desempeño psicosocial en la edad adulta.

Recientemente, la Organización Panamericana de la Salud (OPS) ha preparado un documento global sobre las intervenciones para el desarrollo bio-psico-social en la infancia (OPS/OMS 2002). De este documento surge la relevancia que tienen y van a tener estos problemas en un futuro inmediato. Alrededor del 18% de los niños de la región tienen problemas de discapacidad, pero sólo el 5% tiene acceso a servicios asistenciales; alrededor del

---

* Agradezco al Dr. Mario Grenoville las valiosas observaciones hechas al manuscrito.

18‰ tienen serios problemas congénitos al nacer, muchos de los cuales se asocian a problemas de desarrollo (Bedregal *et al.*, 2002; OPS/OMS, 2002).

Hay escasa información, en nuestro país, sobre la magnitud de los problemas de desarrollo en la infancia. En una encuesta de hogares hecha en Argentina en 1981, se encontró una prevalencia general del 4,9% de problemas de discapacidad, con 32,3% de discapacidades neuromotoras, 29,2% viscerales, 21,7% mentales y 16,8% sensoriales (Amate, 1991). El 31% del total de los encuestados pertenecían al grupo de 0 a 14 años. Estas cifras no son uniformes en todo el territorio nacional. En Jujuy, en la áreas rurales, la prevalencia es del 10,1%, mientras que Buenos Aires tiene una prevalencia cercana al promedio. Un estudio hecho en niños por Fejerman en 1969 reveló una prevalencia de retardo metal del 3,1% (Fejerman, 1970).

Estas cifras son similares a las encontradas en otros países. Según un estudio realizado en el National Center for Health Statistics, alrededor del 7% de los niños de 0 a 16 años tenía alguna discapacidad física por enfermedad crónica, de los cuales el 48‰ tienen serios problemas congénitos al nacer, y sólo el 5% de los niños discapacitados tienen acceso a los servicios. En cuanto a los trastornos psicológicos, la Encuesta Nacional de Salud Infantil en Canadá en niños de 4 a 11 años reveló que 24% de los niños y 17% de las niñas padecen trastornos, como hiperactividad, desórdenes emocionales y de conducta (National Center for Health Statistics, 1989). En Chile, el déficit atencional hiperactivo es del 6,2%, el más frecuente problema de salud mental en niños y adolescentes.

En relación con esta problemática, la OPS sustenta una estrategia basada en los siguientes principios y estrategias:

Principios

- Integración de las acciones (enfoque bio-psico-social).
- Intervención temprana.
- Promoción de la salud.
- Enfoque de calidad, centrado en las familias y basado en la comunidad.

Estrategias

- Promoción de programas nacionales y locales, con un componente de evaluación del desarrollo de los servicios.
- Toma de conciencia del valor social de la infancia y de la promoción del desarrollo.
- Investigación y generación de evidencias.

- Participación social, articulación intersectorial, educación comunitaria.
- Cooperación técnica horizontal, movilización de recursos de monitoreo y evaluación.

2. Atención Integrada de Enfermedades Prevalentes de la Infancia y los problemas de desarrollo

Uno de los principales programas de la OPS en el área de salud infantil es el Programa de Atención Integrada de Enfermedades Prevalentes de la Infancia, AIEPI, que es el resultado de la iniciativa desarrollada entre Unicef y la Organización Mundial de la Salud (WHO, 1997). Su propósito es el de disminuir la mortalidad del niño menor de cinco años, disminuir la gravedad de la morbilidad y mejorar la calidad de la atención (Roses Periago, 2003; OPS/OMS, 2002; Bedregal *et al.*, 2002; Benguini, 1996; OMS, 1997; AIEPI, 1999a, 1999b; Gerbaudo, 2003; AIEPI, 1999c, 1999d). Está montado sobre tres componentes principales: a) habilidades del trabajador de salud, b) sistema de salud con fácil acceso, atención de calidad, equipamiento, medicamentos, insumos, funcionamiento de sistemas de referencia y contrarreferencia y c) participación de la familia y la comunidad en medidas de prevención, prácticas y búsqueda de ayuda oportuna. Este programa apunta a intervenciones sencillas de salud pública, medidas preventivas en los hogares y en la comunidad, diagnóstico temprano, tratamiento eficaz y el fortalecimiento de los sistemas de salud. Hay un programa de seguimiento y evaluación de las metas regionales para el año 2002 (OPS/OMS, s.a.).

La propuesta central de AIEPI coincide con la necesidad de los sistemas de salud de contar con personal adecuadamente calificado para la atención de la población, la disponibilidad de los recursos, equipos e insumos, de acuerdo al nivel en que les toque actuar. El impacto de la estrategia AIEPI sobre la mortalidad de enfermedades prevalentes, como el de cualquier otra estrategia, debe ser evaluado en terreno, sobre todo incluyendo la *evaluación del impacto sobre la mortalidad, la morbilidad y la calidad de la atención médica*, estudiando la relación costo/beneficio y teniendo en cuenta los recursos utilizados.

Se trata de un programa destinado especialmente a países con alta prevalencia de enfermedades agudas, tales como infecciones respiratorias o intestinales, y con una tasa de mortalidad infantil superior al 40‰. El programa se ha implementado en muchos lugares de América latina; en la Argentina, con la estrategia AIEPI se trabajó también en la preparación de instrumentos para mejorar la comunicación entre el personal de salud y los padres. Uno de estos instrumentos fue implementado en terreno en dos provincias, incluye la promoción de actitudes y conductas comunicativas, identificación de las necesidades de los padres, promoción de una mejor comunicación entre los padres y los miembros del equipo de salud, organización y procedimientos del servicio de salud. Se han preparado manuales para el personal de salud con escasa formación y que trabaja en el primer nivel de atención (OMS y Unicef, 2002).

En Bolivia, se llevó a cabo una evaluación que ha sido recientemente publicada (Zamora *et al.*, 2001), pero esta evaluación atendió a la valoración del proceso: a) calidad, b) provisión y disponibilidad de medicamentos y equipamiento, c) identificación de las principales barreras que impiden prácticas de manejo integral. Otros estudios hablan de experiencias hechas en otras áreas (Lambrechts *et al.*, 2001)

Se ha dicho que la definición de una *estrategia* es mejor que la definición de un *programa*, ya que –de esa manera– cada área puede definir sus prioridades y la forma de implementar las acciones (Flores, 2003). En nuestro país el porcentaje de mortalidad infantil es inferior al establecido como prioritario para la implementación de AIEPI, pero se podría aplicar esta estrategia a otros problemas de salud (Abeyá Gilardón, 2003). En este sentido, recientemente en el estado de Pará, Brasil, hemos tenido oportunidad de tomar contacto con una experiencia en terreno, basada en la estrategia AIEPI, sobre tareas de capacitación en desarrollo psicomotor en los primeros dos años de vida, evaluación del desarrollo, enseñanza de factores de riesgo y pautas de relación con la madre durante la consulta (Lejarraga, 2002; Pfeiffer Miranda *et al.*, 2003), programa que requiere una evaluación.

En el caso de que AIEPI expanda su apoyo al área de desarrollo infantil en el futuro próximo, me parece que puede ser útil la descripción de líneas prioritarias de trabajo en este campo de la pediatría.

3. Líneas prioritarias

Dentro de la gran área del desarrollo infantil, las líneas de trabajo que deberían tener un carácter prioritario para ser apoyadas por el programa AIEPI son, a mi modo de ver, las que se describen a continuación.

3.1. Promoción de la formación de equipos multidisciplinarios y promoción de la interdisciplina

Los problemas de desarrollo infantil que casi siempre comprometen varias áreas de la conducta, deben ser enfocados con un criterio amplio y requieren –a menudo– la participación de especialistas de distintos campos. En relación a esta necesidad, en América latina nos encontramos con situaciones diferentes. En algunos lugares, hay carencia de profesionales de ciertas disciplinas; en otros, los profesionales están, pero trabajan cada uno por su lado y no interactúan entre ellos. Es esencial que todos los profesionales disponibles en determinado lugar de trabajo se acerquen entre sí, se pongan de acuerdo sobre la eficacia y oportunidad de las intervenciones, en las indicaciones de interconsulta y derivación, en brindar guías operativas para el primer nivel de atención. En el capítuo 16 de este libro, se trata el problema del trabajo interdisciplinario, el problema de la comunicación entre distintos profesiones y su impacto desfavorable en la atención de problemas de desarrollo. Es necesario reforzar todas la actividades que favorezcan la comunicación interdisciplinaria, reforzar sus prácticas, contribuir a la creación de una verdadera "cultura" interdisciplinaria.

3.2. Enseñanza en la programación y en la preparación de proyectos, ya sea asistenciales o de investigación

La disponibilidad de un documento escrito donde consten los principales componentes del programa (objetivos, métodos, acciones, evaluación, etcétera) resulta esencial en cualquier emprendimiento de salud, permite una correcta planificación, garantiza una implementación ordenada y una evaluación precisa de las acciones, etcétera. La preparación de proyectos tiene además un efecto organizador del grupo de trabajo y un alto impacto educativo en el equipo de salud local, especialmente cuando este equipo es el que juega un papel muy activo y tiene iniciativa. Como es natural, el equipo de salud local puede beneficiarse mucho cuando la preparación del proyecto se hace con la guía de una persona experimentada. La OPS tienen una amplia experiencia en esta práctica.

La programación de cualquier actividad vinculada al desarrollo debe incluir claramente los *objetivos* generales y específicos. Esta definición de objetivos es parte esencial del programa y es altamente dependiente de las necesidades locales. El desarrollo infantil y sus problemas es una de las áreas de la medicina, y aun de la pediatría, que menos desarrollada está (valga la contradicción) en América latina. En muchos de los países de la región se ha organizado en forma sucesiva la atención de enfermedades críticas agudas (meningitis, diarrea aguda, deshidratación); luego se ha organizado la atención ambulatoria de niños con problemas de salud y, finalmente, la atención programada de la comunidad en el primer nivel de atención (vigilancia nutricional, promoción del crecimiento y desarrollo, etcétera). Hay excepciones en la implementación de esta secuencia en la región, pero los problemas de desarrollo como área asistencial específica han merecido una atención muchas veces algo postergada.

Si se quiere realmente evaluar las intervenciones vinculadas al desarrollo infantil, debe recordarse que muchas de ellas pertenecen al grupo de *intervenciones complejas* y, como tales, deben ser analizadas de acuerdo a técnicas de investigación apropiadas (Campbell *et al.*, 2000), bajo riesgo de no poder evaluarlas correctamente.

Los problemas de desarrollo infantil están relacionados con las secuelas del muy bajo peso al nacer, de las enfermedades agudas y de las malformaciones congénitas, y con la discapacidad, el retraso del lenguaje y la rehabilitación. El establecimiento de objetivos depende exclusivamente de las necesidades asistenciales de la población, y estas necesidades pueden encontrarse en etapas muy diferentes según sea el grado de desarrollo del sistema asistencial local. La existencia de objetivos permite, obviamente, la evaluación correcta de cualquier programa.

3.3. *La prevención de problemas de desarrollo*

Las actividades preventivas son pertinentes, cualquiera sea el nivel de desarrollo del sistema asistencial, y tienen que ver con las causas locales más prevalentes. No es este el lugar para enumerar todas las situaciones posibles; sólo esbozaremos algunos ejemplos generales a modo ilustrativo.

En comunidades de niveles socioeconómicos desfavorecidos, la prevención del retraso del desarrollo por falta de estímulo medioambiental implica un trabajo intenso con la comunidad en tareas de educación para la salud, enfatizando el refuerzo del vínculo madre-hijo, la estimulación sensorio-motriz, la estimulación de la lectura, la utilización de objetos habituales en la vida familiar.

En el campo de los problemas de desarrollo de carácter biológico, el énfasis debe ser puesto en los problemas más severos. Por ejemplo, en nuestro país, hay una alta prevalencia de ceguera por retinopatía asociada a la prematurez, y es necesaria, por lo tanto, una enérgica acción con respecto a la mejoría en la calidad de atención neonatal, incluyendo el uso adecuado del oxígeno. La asignación de personal de adecuada formación, la lucha contra los nacimientos de bajo peso, el correcto equipamiento de las unidades de atención neonatal son los caminos más eficaces para reducir la prevalencia de problemas de desarrollo. Cada lugar tiene sus características epidemiológicas particulares, y los estudios destinados a evaluar la prevalencia de los problemas y sus características son siempre necesarios. Por ejemplo, en el estado de Pará, donde se está implementando un programa AIEPI sobre desarrollo infantil, hay una incidencia extremadamente alta de recién nacidos con citomegalovirus (Lejarraga, 2003; Pfeiffer Miranda, 2003). En estos casos, los esfuerzos deben ser concentrados en estudiar mejor la epidemiología de esta infección prenatal.

Estas dos categorías que hemos enunciado no representan categorías excluyentes ni alternativas. Los retrasos vinculados a la pobreza incluyen secuelas de infecciones del sistema nervioso central (por ejemplo, meningitis), muy bajo peso de nacimiento, prematurez, etcétera. A su vez, muchos trastornos del desarrollo que algunos llaman "biológicos", generan trastornos emocionales y de integración social secundarios.

3.4. La atención de niños con problemas de desarrollo

Esta actividad es, a mi modo de ver, altamente prioritaria y precisa la satisfacción de una serie de condiciones. Requiere, en primer lugar, de un equipo multidisciplinario, ya que los problemas de desarrollo son muy variados, como problemas sensoriales (auditivos, visuales), motores (parálisis, torpezas), de lenguaje, de retardo mental (cociente intelectual disminuido, con déficit en el pensamiento lógico-formal), trastornos de la atención, etcétera. Cada uno de estos problemas requiere la participación de diferentes especialistas trabajando en equipo, en forma multidisciplinaria. Las funciones de este equipo son básicamente tres: diagnósticas, terapéuticas y organizativas. Las primeras tienen que ver con los instrumentos de reconocimiento de los problemas, comenzando por aquellos que son más prevalentes y reconocidos por los padres o por el sistema de salud. Estas funciones tienen que ver, asimismo, con la definición de los niveles en los cuales debe atenderse cada tipo de problema. Por ejemplo, hay retardos del desarrollo que se deben al déficit de estímulo medioambiental y que pueden llegar a ser muy prevalentes en muchas áreas. Estas situaciones requieren planes de reconocimiento en el primer nivel de atención, de abordaje en ese nivel, bajo guías de orientación claramente especificadas y guías para la adecuada respuesta terapéutica en el terreno donde vive la población afectada, tratando así de reducir al máximo la referencia y contrarreferencia. Este tipo de organización debe ser lograda entre el personal del primer nivel y el del segundo o tercer nivel. Debe, asimismo, procurarse que la población también participe todo lo posible. Si bien el personal de salud es experto en el tema, las personas de la población son expertas en sus propias vidas.

Es necesario también organizar la referencia y contrarreferencia de pacientes, tarea que implica a su vez la definición del nivel de complejidad en que se deben asistir los distintos problemas de desarrollo.

Finalmente, debemos decir que estos programas deben ser evaluados de manera formal. Recientemente, AIEPI ha preparado un conjunto de protocolos, diseñados para aplicación en niveles locales, que permiten evaluar los resultados de la estrategia AIEPI en enfermedades agudas, pero muchos de los esquemas descriptos allí pueden ser aplicados al área de desarrollo (Knobloch, 1979).

3.5. La detección oportuna de problemas de desarrollo

La palabra *oportuna* nos parece más afortunada que la palabra *precoz*, ya que esta última quiere decir "antes de tiempo" y, en realidad, no queremos detectar las enfermedades antes de tiempo, sino dentro del intervalo oportuno que permita implementar un tratamiento eficaz. Hay un cierto daño que puede hacerse en pediatría tratando a toda costa de diagnosticar las enfermedades lo antes posible. Hay, ciertamente, problemas de desarrollo en los que toda demora, incluso de unos pocos días, puede significar un deterioro en el pronóstico a largo plazo, tal como ocurre –por ejemplo– en el caso del hipotiroidismo congénito. En cambio, hay otras dolencias que permiten un cierto tiempo de espera para su detección, sin que eso signifique perjuicio alguno para el pronóstico a largo plazo, tal como ocurre con la luxación congénita de cadera, que puede diagnosticarse en el momento del nacimiento pero también antes de los tres meses.

Los padres son agentes eficaces para la detección de problemas de desarrollo en los niños, pero no para todos los tipos de problemas ni en todos los casos (Benguigui *et al.*, 2001). Asimismo, la entrevista pediátrica de rutina en el primer nivel de atención puede ser insuficiente para la detección de ciertos problemas inaparentes. Es por ello que resulta necesaria la implementación de instrumentos de pesquisa (*screening*, tamizaje), como método simple y confiable para ser aplicado en el primer nivel de atención, que puede detectar problemas inaparentes de salud. Estos instrumentos deben cumplir con varias condiciones, entre ellas, estar validados (conocer su sensibilidad, especificidad, etcétera), ser compatibles con la cultura local, ser sencillos, etcétera. (véase capítulo 14). La implementación en terreno de métodos de pesquisa debe estar precedida de la organización de la asistencia de los niños que van a ser detectados. No es ético implementar sistemas de detección de enfermedades inaparentes sin garantizar su adecuada asistencia y eventualmente su adecuado equipamiento (audífonos, lentes, etcétera).

3.6. El desarrollo como indicador de salud del niño

El indicador de salud infantil más usado en América latina es la mortalidad infantil (MI). Sin embargo, podemos entrever en este indicador una serie de inconvenientes:

- Las cifras de MI están bajando en todos los países, y están llegando a niveles "duros", difíciles de modificar, porque las causas subyacentes (genéticas, desconocidas) son poco evitables.
- Si bien incluye un denominador general, la mortalidad nos habla, sobre todo, de los niños que mueren, dejando fuera de la cifra al resto de los niños. Sabemos que la mortalidad infantil es sólo la parte visible del iceberg, que esconde una cantidad mucho mayor de niños que están impedidos en su crecimiento y desarrollo. Es necesario contar con indicadores que reflejen la situación de los niños que sobreviven, que son un número inmensamente mayor que el de los que mueren.
- Es necesario contar con indicadores positivos de salud.
- Hoy en día contamos con métodos matemáticos que permiten estimar en forma confiable la edad de cumplimiento de pautas de desarrollo en grupo de población a partir de muestras transversales. En el capítulo 15 de este libro sobre el manejo matemático de datos de desarrollo, estas técnicas se describen en detalle.

Proponemos el uso de la edad de cumplimiento de pautas de desarrollo como indicador positivo de salud. Va a llegar el día en que comparemos entre países o entre áreas o grupos sociales la edad en que los niños dicen "mamá" o la edad en la que los niños arman una torre de cuatro cubos.

3.7. Evaluación de intervenciones y de estrategias de atención

En el área del desarrollo, es necesario evaluar las intervenciones que se hacen. Así como los nuevos antibióticos se evalúan a través de estudios controlados y randomizados, es necesario que las intervenciones sean evaluadas siguiendo los lineamientos de la investigación experimental. Esto cobra mayor relevancia en lo que se refiere a intervenciones del tipo de la estimulación temprana en ciertos problemas de desarrollo. Recientemente se ha preparado una valiosa revisión sobre intervenciones en desarrollo infantil (Bedregal *et al.*, 2002); muchas de esas intervenciones incluyen la introducción de múltiples variables y deben evaluarse con el enfoque de *intervencio-*

nes complejas, para las cuales se ha definido una metodología específica (Campbell *et al.*, 2000).

Es necesario hacer investigaciones operativas sobre estrategias de atención, sobre todo en lo que se refiere al nivel en que se pueden o deben atender ciertos problemas. Es necesario diferenciar aquí dos etapas de la asistencia: aquella correspondiente al *diagnóstico* del problema (que muchas veces requiere cumplir procedimientos con instrumental o equipos complejos, que están en el segundo o tercer nivel) y aquella que tiene que ver con el *seguimiento* del mismo.

Tal vez puedan diseñarse estrategias que permitan reconocer niños que no requieren ser derivados para procedimientos diagnósticos, niños que una vez diagnosticados (en el segundo o tercer nivel) pueden ser seguidos en el primer nivel, niños que requieren controles periódicos en el segundo nivel, etcétera. Puede haber muchas variantes, pero considero que cualquier estrategia que se implemente debe ser adecuadamente evaluada.

La OMS ha diferenciado varios tipos de retraso del desarrollo: el primer tipo se refiere a la falta de estímulo psico-afectivo. Este retraso responde fácilmente a la implementación de estímulos medioambientales, a las estrategias de educación comunitaria, a las reuniones grupales, etcétera, todas medidas pasibles de ser implementadas en el primer nivel de atención. El segundo tipo, según la OMS, es el orgánico, asociado a infecciones, enfermedades genéticas, malformaciones, etcétera. Este tipo, en cambio, requiere siempre estudios complementarios, puede estar asociado a déficit sensoriales que requieren equipamiento y otras medidas terapéuticas más relacionadas con el segundo o tercer nivel de atención. Esta diferencia puede ser útil desde el punto de vista operativo, pero no debe olvidarse que, sobre todo en poblaciones de bajo nivel socioeconómico, es probable que muchos niños padezcan un tipo mixto de problemas, en el que se imbrican la falta de estímulo, el bajo peso, infecciones recurrentes, la desnutrición y otras carencias; resulta necesario desarrollar investigaciones en terreno para poder evaluar la pertinencia de esta aproximación diagnóstica. Estas investigaciones podrían brindar valiosa información para el diseño de guías de orientación y de diagnóstico diferencial entre ambos grupos de problemas.

Estas investigaciones deben enfocarse con técnicas de investigación cuantitativas y también cualitativas (Reichardt y Cook, 1986; Taylor y Bogdan, 1986; Gil Flores, 1994; Ziegler y Trickett, 1978). Las investigaciones cualitativas han tenido un gran desarrollo en las últimas décadas y brindan un tipo de información muy rica y muy difícil de obtener con técnicas cuantitativas a las que estamos acostumbrados en medicina experimental.

3.8. Capacitación

El hecho de que esta actividad haya sido colocada en último lugar no quiere decir que ocupe esta prioridad. Muy por el contrario, es necesario promover la capacitación del personal de salud, sobre todo en el primer nivel de atención, destinada a mejorar las aptitudes de los trabajadores de salud, elevar su formación para brindar una atención de calidad, promover el desarrollo del niño, trabajar con las madres y desarrollar prácticas relacionadas con la salud infantil en las familias y la comunidad. Es necesario promover una mayor participación de pediatras en el primer nivel de atención, ya que ellos tiene una alta capacidad resolutiva. Esta capacidad, junto con el aumento de la capacidad operativa de estos centros de capacitación (con facilidades de rayos y laboratorio básico), pueden ayudar a resolver muchos problemas en el primer nivel de atención y disminuir significativamente la proporción de derivaciones y consultas, con la consiguiente reducción de los costos de atención.

Referencias bibliográficas

Abeyá Gilardón, E. A. (2003): "Atención Integrada de las Enfermedades Prevalentes en la Infancia: tiempo para una reflexión", *Archivos Argentinos de Pediatría*, 101: 7-8.

AIEPI (1999a): *Niños sanos: la meta para el año 2002. Fundamentos y justificación*, Ed. OPS/OMS.

AIEPI (1999b): *Conversando con las madres*, Buenos Aires, Ministerio de Salud y Acción Social, Ed. OPS/OMS.

AIEPI (1999c): *Niños sanos: la meta para el año 2002. Informe técnico del lanzamiento de la meta*, Serie HCT/AIEPI I, 33. E., Washington, OPS/OMS.

AIEPI (1999d): *Mejorando la salud de los niños*, Series HCT/AIEPI 38.e 01-2000 5, OPS, División de Promoción y Protección de la Salud.

AIEPI (2002): *Promoción y control del desarrollo en la niñez en el marco de la Atención Integrada de las Enfermedades Prevalentes de la Infancia*, Serie HCT/ AIEPI-70 E, OPS/OMS.

Amate, A. (1991): *Discapacidad*, Washington D.C., Ed. OPS/OMS, Subprograma de rehabilitación del Programa de Promoción de la Salud.

Bedregal, P.; Margozzini, P. M.; Molina, H. (2002): *Revisión sistemática sobre eficacia y costo de intervenciones para el desarrollo bio-psico-social de la niñez*, Washington D.C., Ed. OPS/OMS.

Benguigui, Y. (1996): "Atención integrada a las enfermedades prevalentes de la infancia", *Boletín Noticias de IRA*, 33: 2-5.

Benguigui, Y.; Bossio, J. C.; Fernández, H. R. (2001): "AIEPI. Investigación operativa. Sobre atención integrada de las enfermedades prevalentes de la infancia", Serie HCT/AIEPI-27, Washington, OPS/OMS.

Campbell, M.; Fitzpatrick, R.; Haines, A.; Kinmonth, A. L.; Sandercock, P.; Spiegelhalter, D.; Tyrer, P. (2000): "Framework for design and evaluation of complex interventions to improve health", *British Medical Journal*, 321: 694-697.

Fejerman, N. (1970): *Estudio de prevalencia de retardo mental en la población infantil de la ciudad de Buenos Aires*, Tesis de doctorado, Facultad de Medicina, Universidad de Buenos Aires.

Flores, M. A. (2003): "Atención Integrada de las Enfermedades Prevalentes de la Infancia: su implementación programada", *Archivos Argentinos de Pediatría*, 101: 5-6.

Gerbaudo, G. R. (2003): "Análisis epidemiológico previo a la incorporación de la estrategia AIEPI en la provincia de San Luis", *Archivos Argentinos de Pediatría*, 101: 22-25.

Gil Flores, J. (1994): *Análisis de datos cualitativos*, Barcelona, PPU.

Knobloch, P. (1979): "The validity of parental reporting of infant development", *Pediatrics*, 63 (6): 872- 878.

Lambrechts, T.; Bryce, J.; Orinda, V. (1999): "Integrated management of childhood illness: a summary of first experiences", *Bull. World Health Organization*, 77 (7): 582-594.

Lejarraga, H. (2002): "Programa de vigilancia del desarrollo infantil en el municipio de Belém do Pará, Brasil", Washington D.C., Informe de consultoría OPS/OMS.

National Center for Health Statistics (1989): *Health Statistics 1989*, Washington, National Institute of Health.

OMS (1997): "Integrated management of childhood illness: conclusions", *Bull. World Health Organization*, 75, (supl. 1): 119-128, Division of Child Health and Development.

OMS - Unicef (2002): "Integrated management of childhood illness. Counsel the mother (on feeding, care for development, giving fluids, when tu return, and the mother's health)", Cairo, Department of Child and Adolescent Health, Unicef.

OPS/OMS (1999): *Niños sanos: la meta de 2002*, lanzamiento de la iniciativa, Washington D.C., OPS/OMS.

OPS/OMS (2002): *Estrategia regional para la promoción de la salud y el desarrollo integral en la infancia*, documento de trabajo.

OPS/OMS (s.a.): *Promoción y control del desarrollo en la niñez en el marco de la Atencion Integrada a las Enfermedades Prevalentes de la Infancia, AIEPI. Módulo de Capacitación*, División de Prevención y control de enfermedades,

Programa de Enfermedades Transmisibles, División de Promoción y Protección de la Salud, Programa de Salud Familiar y Población, en coordinación con la Universidad Federal de Pará y la Secretaría de Salud de Belém, Pará, Módulos de Capacitación I y II.

Pfeiffer Miranda, L.; Resegue, R.; De Melo Figueiras, A. C. (2003): "A criança e o adolescente com problemas do desenvolvimento no ambulatorio de pediatria", *Jornal de Pediatria*, vol. 779, (supl. 1), 33.

Reichardt, C.; Cook, T. (1986): *Métodos cualitativos y cuantitativos en investigación evaluativa*, Madrid, Morata.

Roses Periago, M. (2003): "La estrategia AIEPI y las metas del milenio para el desarrollo", *Noticias sobre AIEPI*, 89, (marzo).

Taylor, S.; Bogdan, R. (1986): *Introducción a los métodos cualitativos de investigación*, Buenos Aires, Paidós.

Tyulloch, J. (1999): "Integrated approach to child health in development countries", *Lancet*, 354, supl. II: 16-20.

WHO (1997): "Integrated management of childhood illnes: a WHO/UNICEF iniciative", *Bulletin of World Health Organization*, suplemento nº 1, vol. 75.

Zamora, A. D.; Cordero, D. V.; Mejía, M. S. (2001): "Evaluación de la estrategia 'Atención integrada a las enfermedades prevalentes de la infancia (AIEPI)' en servicios de salud. Bolivia, 1999", *Archivos Argentinos de Pediatría*, 99 (4): 34-346.

Ziegler, E.; Trickett, P. K. (1978): "IQ, social competence and evaluation of early childhood intervention programs", *American Psychologists*, 33: 789-799.

PARTE IV
EL CONTEXTO FAMILIAR, SOCIAL Y POLÍTICO

CAPÍTULO 19

Las condiciones histórico-políticas y su relación con el amor maternal
Descripción de un estudio de Elisabeth Badinter*

Horacio Lejarraga

1. La familia como contexto

Si hablamos de desarrollo infantil en contexto, como reza el título de este libro, tal vez el amor maternal sea el elemento contextual más relevante de todos los imaginables. Hay muchos trabajos sobre la historia de la infancia en distintos ambientes y no los vamos a analizar aquí (Delgado, 2000; Ariés, 1960), pero merecen describirse, aunque más no sea en forma de resumen, algunos aspectos de la historia de este componente esencial del desarrollo del niño: el amor maternal.

El desarrollo del niño se cumple en un contexto familiar y, entonces, surge la pregunta: ¿el apego y las pautas de crianza han sido siempre iguales en todos los tiempos?, ¿en la Edad Media, el desarrollo infantil era igual al actual?, ¿qué ha ocurrido con las relaciones conyugales y los roles parentales a lo largo de la historia? Dado que el niño es un ser que se desarrolla en el seno de una familia, o en un entorno afectivo determinado, resulta necesario revisar si la estructura, función y roles en esta matriz han sido siempre los mismos o han variado. Hay una historia de casi todo, incluso hay una historia del tiempo (Hawkins, 1995); debe haber seguramente, entonces, una historia de la crianza infantil. Y es aquí donde resulta de gran interés comentar los trabajos de Elisabeth Badinter (1980) sobre la historia del amor maternal, factor que los pediatras consideramos esencial para el desarrollo del niño.

Si bien esta autora no estudió el desarrollo infantil, profundizó en las características de su valoración social, así como en los determinantes políticos y culturales que modulan la actitud de la sociedad para con los niños y se ex-

* Agradezco a la Dra. Virginia Fano sus comentarios sobre la lectura del manuscrito.

presan en los roles parentales de cada época. Estos roles parentales están también relacionados con los roles conyugales, de manera que hay alusiones a ambos roles durante el estudio. No hay duda de que la comprensión del desarrollo infantil y sus condicionantes se amplía significativamente si se tienen en cuenta esas variables.

1.2. La familia en la antigüedad

Badinter comienza su análisis remontándose a la antigüedad y explorando la estructura y el funcionamiento de las familias. Según la autora, el largo reinado de la autoridad paternal y marital puede rastrearse desde los primeros momentos de la civilización. En la cultura griega, en el imperio romano, incluso fuera de Occidente, en la más pura tradición hindú, la familia es considerada una unidad religiosa cuya autoridad indiscutida es el padre. La religión judía presenta, en el antiguo testamento, una imagen de Eva, que es el origen de la tentación de Adán, seguida luego de la condena divina: "¡Hacia tu marido irá tu apetencia y él te dominará!" (La Biblia, Gén. 1.3).

Los niños deben obedecer a los padres, tal como manda el cuarto mandamiento: "Honrarás al padre y a la madre, a fin de que tengas larga vida", frase en la que es difícil esconder la amenaza subyacente. Si fue necesario dictar una ley para que los hijos respetaran a los padres, es necesario preguntarse, por un instante, dónde estaba en ese tiempo el amor (Badinter, 1980). La figura desvalorizada de la mujer también está presente en la Antigüedad. Para Aristóteles, la mujer carecía de "consistencia ontológica". Según Badinter, el cristianismo, aunque con un discurso más igualitario, mantiene la posición subordinada de la mujer, como puede verse en la cita que hace San Agustín cuando se refiere a la mujer como "una bestia que no es firme, ni estable, odiosa, llena de maldad [...] fuente de todas las discusiones, querellas e injusticias". San Pablo dice: "El marido es cabeza de la mujer como Cristo es cabeza de la Iglesia, y su mujer debe conducirse como la Iglesia se conduce bajo la mirada de Cristo" (Epístola a los Efesos, 5.21).

2. El amor ausente

En 1750, la policía de París informa que de 21.000 niños que nacen anualmente en la ciudad, sólo 1.000 son amamantados por su madre. El resto deja su lugar de nacimiento para ser alimentado en sitios alejados por una nodriza mercenaria. Esta época es coincidente con el reinado de Luis XIV, monarquía absoluta instalada en una sociedad aristocrática en la que el Estado y el rey se confunden en una sola autoridad. En este tipo de sociedad, el niño "vale poco". Un caballero de noble origen pone más cuidado en conocer las características de los caballos que va a comprar, que en saber quién es la nodriza que va a alimentar a su hijo en el campo durante los siguientes dos años.

Para la autora (Badinter, 1980), la sociedad de los siglos XVI y XVII es una sociedad sin amor. El Estado monárquico no reconoce privilegios para el niño, éste es un ser insignificante y se tiene en cuenta poco en la familia, cuando no constituye realmente un problema. Su posición es además dramática y terrible. Ya de recién nacido el niño es el "símbolo y la fuerza del mal", un ser imperfecto nacido bajo el peso del pecado original. Badinter cita a San Agustín en *La Ciudad de Dios*, donde describe al niño como ignorante, caprichoso, expresión del "pecado de la infancia", y afirma que la infancia es "la condena divina de los hombres".

Los niños tienen, también en esta época, otras cualidades no menos peyorativas: "son una verdadera molestia, impiden a los adultos cumplir sus programas personales y sociales". La autora cita a Juan Luis Vives cuando, en 1592, condena y denuncia con severidad la ternura y blanda consideración con que algunas mujeres tienden a tratar a sus bebés. Para Descartes la infancia es "debilidad del espíritu". Error o pecado, la infancia en esta época es un mal.

El amor sexual conyugal es considerado como algo pecaminoso, y cuanto más pueda evitarse, mejor. Las condiciones para el casamiento son aquellas vinculadas a la dote y a la virtuosidad de la mujer. En las clases bajas, predomina la capacidad de trabajo como condición necesaria para elegir esposa, y la belleza de la mujer, lejos de ser un atractivo, es sólo una fuente de potenciales problemas. El amor no es un valor familiar y social y, si existe, no ocupa para nada el lugar que tiene ahora. En esa época, la medicina mantenía una significativa indiferencia por el niño; la palabra *pediatría* aparece recién en el siglo XIX.

En este contexto, no debe sorprendernos que la lactancia materna, un buen indicador del comportamiento maternal hacia los hijos, esté tan desvalorizada. En los siglos precedentes al XVII, hay alguna evidencia de que la gran mayoría de los niños eran amamantados por sus madres, y el envío de un niño a una nodriza era una práctica reservada a la aristocracia. Sin embargo, en el siglo XVII y XVIII, la práctica de enviar a los niños a una nodriza se generaliza e invade grandes sectores de la población. El teniente de policía Prost de Royer, relata Badinter, está asombrado de que, al nacer, tantos niños sean expulsados de sus hogares y enviados a "nodrizas desnutridas y miserables". La lactancia es mala para la madre, pone en riesgo su salud física, "teniendo en cuenta la debilidad de su constitución". Las tareas maternales no son objetos de ninguna valorización, y lactar es considerada una actividad vulgar, que además puede arruinar la figura de la mujer. La mujer no debe ni quiere ser una "vaca lechera". La mortalidad infantil es de 250‰ en 1740; dos tercios de los niños del Hospital de Rouen mueren antes de cumplir el año. Hay una indiferencia de la sociedad frente a la muerte de tantos niños. Todo este cuadro es prueba del estado de abandono en que se encontraba la infancia en esa época.

Podría argumentarse que esta descripción de Badinter se refiere a la conducta de una clase social, de la aristocracia francesa, y que de ninguna manera incluye a la población en general; pero la literatura y los documentos de la época hacen pensar que estas costumbres y valores eran compartidos por grandes grupos de la población. Sabemos, además, de la tendencia de muchos grupos sociales a imitar pautas de conducta de clases sociales superiores.

La autora cuestiona seriamente el concepto de que el amor maternal es un "instinto universal", una "constante transhistórica", y brinda evidencias que se hacen trágicas ante nuestros ojos contemporáneos. A pesar del dominio ejercido por el padre y el sometimiento de la mujer en la época, este modelo no podría haberse impuesto sino gracias a una verdadera connivencia en la pareja. El "grito de la naturaleza", expresión que se usa de vez en cuando para referirse al amor maternal, a esa actividad "instintiva", no era, por lo visto, suficientemente oída en esa época. Y será necesario el paso de mucho tiempo y la destrucción de muchos principios para reencauzarla a su función maternante (véase capítulo 20, pág. 630) y nutricia, tan "natural y espontánea".

2.1. El amor maternal

Al final del siglo XVIII aparece en Europa un nuevo valor que se desarrolla en el siglo siguiente: el amor maternal. El siglo XIX, hijo de la Revolución Francesa, descubre que la mujer, "reina de la casa, ha nacido para cuidar a los hijos y ése es su destino natural". El amor maternal favorece a la especie y al individuo, y se transforma en un valor natural y social. La mujer ya no es más ese ser peligroso o diabólico de la Edad Media, y pasa a ser considerada un ser dulce, fuente de ternura. Fruto del amor, la familia es el lugar del amor, el refugio del afecto. El mundo de la mujer es el de la intimidad, el hogar y los hijos. El mundo del hombre es el de los negocios, el dinero y el poder. Debido a sus responsabilidades hogareñas, maternales y conyugales, el Estado tiene necesidad de ellas y las protege. Su influencia sobre la crianza de los niños es tal que son responsables del tipo de ciudadanos que la nación produce.

Aparece la *población del país* como una entidad central de interés político y objeto de preocupación de la ciudadanía. Esta preocupación es explicitada por razones de muy diverso tipo, desde la necesidad de preparar ejércitos numerosos y poderosos (recordemos las intenciones de Napoleón), y de cultivar la tierra en forma más intensiva y productiva, hasta la de poblar las fábricas para hacer marchar la revolución industrial naciente, pasando por otras razones humanitarias y económicas. Se va desarrollando una nueva ideología, centrada en la *igualdad*, uno de los principios de la Revolución Francesa. Todos los seres humanos deben ser iguales ante Dios y ante la ley mundana. Esto también abarca, de cierta manera, a los niños. De cierta manera, porque en la infancia, e incluso en la pubertad, los niños "no son capaces de tener juicio", precisan la autoridad absoluta de sus padres para asegurar su protección y su defensa. Jean Jacques Rousseau afirma que "la familia es la única sociedad natural". A pesar de este "liberalismo", para Rousseau la mujer continúa siendo definida en relación al hombre; se afirma y consagra en el matrimonio por amor, que la transforma en compañera querida del hombre. Los hombres quieren que la mujer cumpla sus dos roles asignados: los de esposa y madre.

Surge la felicidad como objeto de sumo interés. Voltaire dice: "La gran preocupación que se debe tener es la de vivir feliz", pero no ya como un asunto individual, sino como un valor social. La medicina no cesa de proclamar la armonía maravillosa entre la leche materna y las necesidades del bebé. El amor maternal es un don natural dado por Dios. Prost de Royer, el policía testigo de los cambios históricos que estamos relatando y expresión del pensamiento de Rousseau, no cesa de decir que "si las madres supieran oír el grito de la naturaleza, no abandonarían sus hijos en una época en que la ternura es tan necesaria" (Badinter, 1980).

Se abandona la costumbre de enviar a los hijos al campo para ser criados por nodrizas. Se revaloriza la lactancia materna, pero la sociedad de esta época también amenaza a las mujeres. Las madres que no lactan están en riesgo de sufrir muchas enfermedades. La lactancia es una prueba de amor, y su ausencia, una muestra de desamor. La salud del niño se convierte en una cuestión central en la vida familiar. Surge el médico de familia, y la literatura de la época habla de la fiebre y de las enfermedades comunes como eventos cotidianos importantes de la vida familiar. Aparecen también todas las preocupaciones sobre las amenazas a la salud. La vacuna de Jenner en 1790 provoca una enorme adhesión de los padres educados. Los padres pierden el interés de enviar a sus hijos a conventos o a casas de otras familias. El prototipo de la "nueva madre" es Sofía, la esposa de Emilio (Rousseau, 2001). Ella es la mujer ideal sobre la que el autor, Jean Jacques Rousseau, construye la naturaleza femenina, y a quien se le atribuye una particular sensibilidad, ternura, capacidad de afecto y de renunciamiento, en fin, una santa. El rol maternal se extiende: la madre no tiene solamente la obligación de nutrir a su hijo, debe también educarlo adecuadamente. Es ahora, también, una madre educadora. Con tantas responsabilidades, no es de extrañar que aparezca también la culpabilización. El famoso abogado de la época, Mr. Rollet, citado por Elisabeth Badinter, después de estudiar 20.000 expedientes de menores delincuentes o criminales dice: "podemos afirmar con certeza que la criminalidad juvenil es casi siempre la consecuencia de la ausencia de una madre en el hogar, de su incapacidad o de su indignidad". Se instala en la sociedad una verdadera ideología del sacrificio materno.

El rol del padre en este sentido permanece en un segundo plano. Los padres no quieren ocuparse de los hijos o no pueden; están muy ocupados en los negocios y la política, y tampoco están dispuestos a ayudar a las madres en las responsabilidades hogareñas.

2.2. El amor forzado y el amor paternal

El último capítulo de la obra de Badinter relata una serie de fenómenos que están generalizados en la sociedad occidental del siglo XX y se refuerzan más marcadamente después de la Segunda Guerra Mundial. Estos fenómenos configuran una nueva época en las relaciones conyugales y parentales, con una identidad y problemática propias. Ésta, nuestra época contemporánea, está signada por el masivo ingreso de la mujer al mercado laboral y la progresiva emancipación femenina en todos los terrenos: laboral, social, sexual, cultural, político, etcétera. Entran en crisis muchos de los valores sostenidos en el siglo XIX, y se postula una serie de ideas y valores nuevos. Podemos reconocer dos momentos de esta nueva etapa.

En las décadas del cincuenta y del sesenta, la mujer tiene doble trabajo: afuera y dentro del hogar, y no parece que el hombre vaya a reemplazarla íntegramente en sus tareas domésticas. Hay, por consiguiente, una insatisfacción en la mujer respecto a sus roles conyugales y maternales. La sociedad continúa asignándole la función nutricia y maternal. Sin embargo, esta función va mostrando sus grietas. Disminuyen los porcentajes de bebés amamantados en esas décadas; a mayor trabajo materno, menor lactancia y mayor número de niños en guarderías. Aumenta la demanda social de apoyo del Estado para ayudar a la mujer que trabaja.

La tabla 1 muestra la participación de los maridos en las tareas domésticas al comienzo de la década del setenta.

Tabla 1
Participación de los maridos en las tareas domésticas durante los días de semana

	Amas de casa	Mujeres que trabajan fuera del hogar
Hacer la cama	3,2	15,8
Limpieza general	2,8	4,8
Cocinar	5,8	16,7
Lavar los platos	11,7	23,0
Hacer mandados	15,9	18,9

Fuente: Michel, 1978 (citado por Badinter, 1980).

Esta información puede ser complementada con datos nacionales de Francia, mostrados en la tabla 2, sobre una encuesta hecha por la Federación Nacional de Escuelas de Padres (FENEPR).

Tabla 2
Participación de cada miembro de la pareja en los cuidados de los hijos

	Madre (%)	Padre (%)
Preparación de la comida	82	2
Cuidado de niños enfermos	81	1
Compra de ropa, muebles	77	1
Visita médico, dentista	75	5
Compra de alimentos	67	4
Relaciones con maestros	57	9
Ayuda en los deberes de la escuela	50	5
Organización de salidas	36	6
Participación en los juegos de los niños	22	15

Fuente: FENEPE, 1978 (citado por Badinter, 1980).

En las últimas décadas, las cosas están cambiando, y se dirigen hacia una renuncia progresiva del hombre a su autoridad paternal y una mayor identificación del padre con su mujer. Esto coincide con que la mujer está adoptando posiciones y roles más tradicionalmente "viriles", y con que el hombre está asumiendo nuevos roles. Es una imagen común contemporánea ver a un padre de la mano de su hijo por la calle, llevándolo a la escuela o al pediatra. Es común ver cocinar y hacer tareas domésticas al "jefe de la familia". Aumentan las estadísticas de padres que ayudan en las tareas del hogar. El *amor paternal* hace su aparición en el escenario y en la historia de los sentimientos, y se consagra definitivamente. A su vez, las mujeres de hoy en día están ejerciendo una presión sobre los hombres con respecto a sus tareas de crianza, presión que es tan fuerte como la que ellas soportaron de los hombres en el siglo XVIII y XIX.

Estas tendencias contemporáneas pueden llegar a cambiar nuestras pautas de conducta y nuestros valores, y pueden incluso generar una sociedad distinta. No hay duda de que esta sociedad nueva va a asociarse también a un desarrollo infantil diferente. Las formas en que estos cambios van a afectarlo constituyen un enorme y fructífero campo de investigación para los años venideros.

Para Badinter, el amor maternal en cuanto sentimiento natural, congénito y trans-histórico es un mito, no hay ningún sentimiento o conducta que lo sostenga como principio universal. No viene implícito, es *en plus* (agregado). Es un comportamiento social fuertemente modulado por las condiciones políticas, económicas y culturales de los distintos períodos históricos. En general, cuando hay un sistema político (y un ambiente cultural) totalitario, el pueblo no cuenta, y entonces los niños tampoco. Por el contrario, cuando hay un clima democrático, la preocupación social por la población aumenta y, con ello, todo lo que esté relacionado con el niño y su crianza. Tampoco son universales las funciones parentales; ellas pueden ser cumplidas por cualquier miembro de la pareja. Nada prueba que sólo a los hombres les gusta el poder y la competencia, ni que las mujeres tienen el monopolio de la sensibilidad y la ternura.

Referencias bibliográficas

Ariés, P. (1960): *L'enfant et la vie familliale sous l'ancienne régime. XVIIe-XXe*, París, Plon.

Badinter, E. (1980): *L'amour en plus. Histoire de l'amour maternel XVII - XX siècle*, París, Flammarion.

Delgado, B. (2000): *Historia de la Infancia*, 2ª ed., Barcelona, Ariel.

FENEPE (1979): "La Federation Nationale des Ecoles des parents et des educateurs", *Le Groupe Familial*, 83, París.

Hawkins, S. (1995): *A Brief History of Time*, Londres, Bandam Books.

Rousseau, J. J. (2001): *Emilio o de la educación*, Madrid, Alianza Editorial.

CAPÍTULO 20

Inclusión social y desarrollo infantil
La centralidad de la familia

Pablo Vinocur
Violeta Ruiz

1. Introducción

La Argentina está viviendo, desde hace muchos años, profundas transformaciones en su estructura económica y social, que afectan todas las dimensiones de la vida social y política. Por una parte, la organización del Estado en sus diferentes niveles: el nacional, el provincial y el municipal. Estos cambios han impactado fuertemente en la calidad de las políticas públicas, en la calidad y cantidad de servicios sociales y, sobre todo, en su capacidad de garantizar derechos y hacer efectivas las obligaciones de la ciudadanía. Por otra parte, la sociedad ha contemplado y disfrutado el desarrollo tecnológico, reflejado en los avances de las comunicaciones y en la aplicación y beneficios de la informática, así como de los avances que este desarrollo trajo aparejados para la salud y la vida cotidiana de las personas.

Sin embargo, esa misma sociedad ha sufrido cambios que han debilitado los lazos sociales, en los contextos nacionales o regionales, haciendo más vulnerables y dejando cada vez más atomizadas a las comunidades, a las organizaciones e instituciones, al interior de dichas regiones o comunidades y a las familias albergadas en su seno. También es creciente el debilitamiento de las relaciones familiares, que dejan a los individuos, sean éstos adultos o niños, en situación de mayor fragilidad y soledad. El desarrollo de la individuación, propio de la modernidad, alcanzó en los últimos años una potencialidad que incluso cuestiona la vigencia misma de la sociedad.

Es cierto que estas transformaciones fueron de diferente intensidad a lo largo de los años, e incluso en algunos momentos parecieron revertirse. Tampoco comenzaron en la última década. Mucho menos se trata de procesos que se han venido dando sólo en nuestro país. Casi todo lo contrario. Ellos tienen carácter universal, y se expresan incluso en los países desarrollados.

Sin embargo, más allá de esta evidencia empírica, existen rasgos específicos en cada nación que generan resultados de distinta magnitud y profundidad. La particularidad que diferencia el caso argentino de la mayor parte de los países de América latina está dada por la interrupción del proceso de movilidad social ascendente que caracterizó al país, por los envidiables niveles de integración social que se detentaban y que, entre otros indicadores, se reflejaban en los menores índices de pobreza de América latina, en las mayores tasas de empleo y en el más alto promedio de años de estudio que su población había alcanzado.

Tales características se fueron deteriorando; sin embargo, dicho proceso no fue homogéneo. Más allá de las crisis hiperinflacionarias y las sucesivas devaluaciones, se presentaron mejoras y avances tanto en la educación como en la salud. Entre ellas merecen señalarse la casi desaparición del analfabetismo, el aumento en la matrícula en todos los niveles: el inicial, el primario, el secundario y el universitario. Incluso actualmente más de la mitad de los niños de 3 y 4 años asiste a jardín de infantes, duplicando la proporción que existía hace dos décadas. Se redujo la mortalidad materna e infantil en forma notable, permitiendo la disminución del número de fallecimientos de mujeres por causas maternas y de niños antes de cumplir 5 años. Creció también la inversión en servicios sociales básicos, lo cual se refleja en un mayor número de docentes, de establecimientos educativos y de servicios de salud públicos y privados.

También se observaron cambios demográficos significativos. Continuaron afianzándose, aunque a un ritmo menor, los procesos de urbanización, de descenso de la fecundidad, así como un notorio incremento de la participación femenina en el mercado de trabajo y en las más diversas esferas de la vida política, económica, científica, social y cultural.

Estas transformaciones, por otra parte, también impactaron en las relaciones familiares y en las de pareja, entre padres e hijos, en las de la familia con otras familias y en las de éstas y cada uno de sus miembros con los servicios sociales.

Este capítulo intentará puntualizar algunos de los cambios ocurridos tanto en el ámbito de las familias como en la sociedad. Además, analizará las políticas públicas implementadas y sus posibles efectos en el proceso de crecimiento y desarrollo de los niños. Reconociendo la enorme complejidad de la estructura social, cada vez más heterogénea y desigual, y reconociendo los límites que impone un contexto de profunda pauperización generalizada como el que está presente hoy en el país, el sentido del trabajo es invitar a reflexionar sobre las acciones posibles desde los servicios de salud, educativos y sociales en general en favor de la promoción del desarrollo infantil adecuado.

Se parte de la presunción de que el ámbito natural y más significativo para el proceso de crianza de los niños, entendiendo éste como la actividad que posibilita que ellos crezcan y desarrollen todo su potencial, es el de la familia. Los servicios sociales son fundamentales para complementar y enriquecer esa responsabilidad. No para reemplazarla. Por lo tanto, el capítulo describirá, en primera instancia, las pérdidas que afectan hoy a casi la mitad de las familias argentinas y reflexionará sobre las limitaciones que se les imponen para llevar adelante una adecuada crianza de sus hijos. Luego analizará las características que asumen las políticas públicas para adaptarse a estas nuevas realidades, interrogándose hasta qué punto pueden compensar los déficit de los padres de familias pobres, para asegurar una crianza exitosa.

2. Situación socioeconómica de las familias y de los niños

Según los últimos datos publicados sobre la incidencia de pobreza en la Argentina, que fueron relevados y procesados por el INDEC a partir de la Encuesta Permanente de Hogares (EPH), y que corresponden al segundo semestre de 2003, un 46% de los argentinos y argentinas vivían por debajo de la línea de pobreza y 19% eran indigentes (véanse figuras 1 a y b).[1] Estos últimos percibían ingresos insuficientes para acceder a una canasta básica de alimentos. Considerando que los hogares pobres e indigentes son más jóvenes y con mayores tasas de fecundidad que los no pobres, el segmento poblacional sobre el cual recae muy fuertemente la pobreza es el de los niños y adolescentes. Efectivamente, para ese momento del año anterior, 2 de cada 3 niños eran pobres y 3 de cada 10 eran indigentes.

Por cierto que estas cifras son un promedio de los 28 aglomerados urbanos en los que se releva la EPH. La incidencia es aún mayor en la región noreste, donde afectaba al 64,5% de la población y la indigencia al 33,9%, y en el noroeste, donde los valores alcanzaron al 60,3% y al 26,2%, respectivamente.

Un análisis pormenorizado sobre la magnitud de la pobreza que afecta a la infancia argentina está disponible a partir de datos publicados por el INDEC para el segundo semestre de 2003. En ese momento, los niños y adolescentes en situación de pobreza eran casi 7 millones. Pero además, en los últimos dos años, 7 de cada 10 niños argentinos vive o vivió en algún momento en situación de privación.

Estos niveles tan generalizados y agudos de carencia no habían sido nunca alcanzados en la historia del país, recordándose sólo el período hiperinflacionario de 1989, cuando la incidencia de la pobreza se aproximó al 50%.

---

1. A partir de junio de 2003, el Instituto Nacional de Estadística y Censos (INDEC) introdujo cambios metodológicos en la Encuesta Permanente de Hogares, variando los períodos de recolección y la forma de interrogar sobre actividad, empleo y desempleo. Por tanto, los datos oficiales que aquí se vuelcan deben ser analizados considerando las variaciones apuntadas. Ello es particularmente relevante en las figuras 1, 2 y 3 de este trabajo.

Figura 1
Evolución del PBI y de la tasa de empleo.
Total aglomerados urbanos 1974-2003

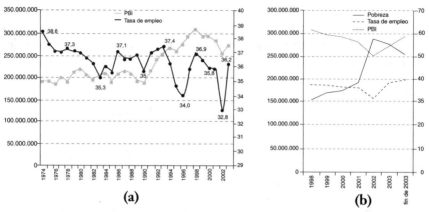

(a)   (b)

Fuente: Elaboración propia sobre la base del Sistema de Evaluación y Monitoreo de Programas Sociales del Ministerio de Desarrollo Social (SIEMPRO), e INDEC, Buenos Aires, 2004.

La causa inmediata que explica esta explosión del deterioro en las condiciones de vida ha sido el sensible encarecimiento de los precios de los alimentos, particularmente de aquellos que forman parte de la dieta básica en los hogares de nuestro país, que durante el año 2002 aumentaron más del 70% según el INDEC, mientras que los ingresos de las familias no sufrieron cambios. Y ello ocurrió porque, al tratarse de bienes transables, acompañaron mucho más la devaluación del peso que los precios de los denominados bienes no transables, entre los cuales se encuentran los servicios públicos.

Por ello, la inflación promedio de alrededor del 40% en el 2002 expresa en realidad un aumento que casi duplica esa cifra en los alimentos y un incremento ínfimo en otros bienes de la canasta de consumo de las familias. Este comportamiento de los precios agravó la situación, ya de por sí precaria y en proceso franco de deterioro, que presentaba el empleo y el ingreso de los sectores populares y medios de la sociedad desde mediados de la década de los noventa, y que se agravó a partir de 2000 (figura 1a). Es que son precisamente estos sectores sociales los que, al no tener reservas y poseer escasos activos, y al haber caído tanto sus ingresos reales, ven afectada de inmediato la capacidad de supervivencia del núcleo familiar.

Entre las causas más estructurales de este deterioro se encuentran las modificaciones ocurridas en el mercado de trabajo desde la década del ochenta, cuando fue creciendo en forma paulatina el empleo precario en detrimento de los puestos de trabajo en el sector formal. Luego, en los noventa, el sector informal perdió capacidad de absorción y dejó de ser el refugio de los empleos perdidos. La consecuencia fue la emergencia del desempleo y de elevadísimas cifras de subempleo, provocando un problema inédito y de enorme magnitud que, si bien muestra desde fines de 2002 signos de mejora y atenuación –con el crecimiento económico y el lanzamiento del Plan Jefas y Jefes de Hogar Desocupados–, aún persiste (véase figura 1b).

Éste, a su vez, fue el resultado del masivo cierre de empresas industriales, que se generó a causa de la apertura económica indiscriminada, a lo cual se agregó la pérdida de decenas de miles de puestos de trabajo como consecuencia del proceso de privatizaciones y concesiones de empresas y servicios públicos que en los noventa generó una caída de los ingresos de los sectores medios y de los sectores populares, sin parangón en nuestra historia.

Una masa de desocupados y subocupados que afecta directamente a casi la mitad de la población trabajadora e indirectamente a toda la masa de ocupados se convierte sin lugar a dudas en un elemento que conspira contra la mejora de las retribuciones de los trabajadores. La actitud de los ocupados es la de luchar por preservar los puestos, postergando las demandas para mejorar las condiciones de trabajo, incluidas sus remuneraciones.

Además, creció la regresividad en la distribución del ingreso a favor de un pequeño sector que fue incrementando su participación en el ingreso nacional, equiparando a la Argentina al perfil de desigualdad que caracteriza a otras sociedades de América latina.[2]

Tal como se aprecia en la figura 2, la distancia entre los ingresos medios del 10% más rico y el 10% más pobre casi se cuadriplicó en dos décadas. En 1980 la razón era 12 veces y pasó a 44 veces en el año 2003, luego de haber alcanzado un pico de 46 veces en 2002. El análisis de dicha figura muestra un proceso de aumento de la desigualdad casi constante en los últimos 25 años, con un marcado descenso en los años 1990 a 1992, para luego proseguir creciendo hasta el presente.

Ello significa que en los últimos 25 años, y particularmente desde 1998 hasta 2002, la Argentina vio aumentar la magnitud de la pobreza absoluta, así como su profundidad, puesto que quienes ya padecían la pobreza vieron reducidos sus magros ingresos junto a un incremento de la pobreza relativa, expresada en el aumento de la desigualdad. O dicho de otro modo, los argentinos sufrieron un proceso de regresión de la distribución del ingreso.

---

2. Junto con la rápida y significativa recuperación económica, el gobierno nacional ha implementado durante los años 2003 y 2004 mejoras en los salarios y las jubilaciones mínimas, que han impactado favorablemente en la estructura distributiva del ingreso. Sin embargo, como la mayor parte de los indigentes y pobres trabaja en el sector informal, en condiciones precarias, el impacto de estas medidas de política se ve relativizado.

Figura 2
**Evolución de la brecha del ingreso per cápita familiar entre
el primer y el último decil
Gran Buenos Aires 1980-2003**

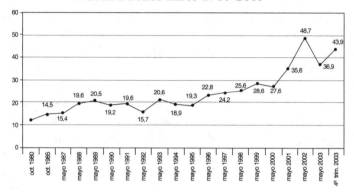

Fuente: Elaboración propia sobre la base del Sistema de Evaluación y Monitoreo de Programas Sociales del Ministerio de Desarrollo Social (SIEMPRO), e INDEC, Buenos Aires, 2004.

En el siguiente gráfico es posible observar el proceso de concentración del
ingreso vivido por la sociedad argentina durante los noventa y sus efectos, no
sólo en los sectores populares, generalmente agrupados en los dos o tres últimos deciles de la distribución, sino también en parte de los sectores medios.

Figura 3
**Evolución de la brecha de ingresos per cápita familiares del 50%
más bajo y el 10% de ingresos más altos
Gran Buenos Aires 1991-2003**

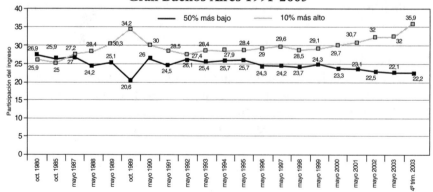

Fuente: Elaboración propia sobre la base del Sistema de Evaluación y Monitoreo de Programas Sociales del Ministerio de Desarrollo Social (SIEMPRO), e INDEC, Buenos Aires, 2004.

La correlación entre desempleo, subempleo, regresividad de la distribución del ingreso y pobreza, sin embargo no es lineal. Los pobres no son todos desocupados, de hecho, en la gran mayoría de los hogares pobres e indigentes algunos de los adultos están ocupados. Es decir, son pobres o indigentes porque sus ingresos reales son muy bajos.

Como se señala más arriba, esta nueva y dramática realidad social afecta a la gran mayoría de los niños y adolescentes, porque del total de los hogares pobres, más del 80% de ellos albergan al menos a un menor de 18 años.

Finalmente es de destacar que el proceso de incremento de la brecha entre ricos y pobres, así como la pérdida del empleo, no son privativos de la Argentina. Son éstos una consecuencia del proceso de globalización económica que, de la mano de la revolución tecnológica, provoca una expulsión creciente y masiva de trabajadores en las industrias y en los servicios. Y ello es verificable en el incremento que en los últimos 20 años se observa en los índices de pobreza y exclusión social en casi todos los países del mundo, fundamentalmente en los de Europa continental y en Canadá, en los que está aún vigente el denominado "Estado de Bienestar". En aquellas otras naciones desarrolladas, como Estados Unidos, y últimamente también Gran Bretaña, Nueva Zelanda y Australia, se logró reducir los niveles de desempleo a costa de una caída en la calidad del empleo y en las remuneraciones.

Por lo tanto, también en el mundo denominado "desarrollado" se observan un aumento de la desigualdad de ingresos y procesos de exclusión social, de los cuales son víctimas crecientes sectores de estas sociedades.

3. El problema de la exclusión social de las familias

La exclusión social se desencadena por la pérdida de empleo en el sector formal, que implica una pérdida del sentido de realización personal del trabajador, con efectos en la dinámica familiar como consecuencia de perder también el derecho al acceso al sistema de protección social.

Este proceso muy bien descrito por el sociólogo francés Robert Castel, y que denomina "desafiliación", tiene sin embargo otros impactos más amplios para la dinámica social, con enormes repercusiones en la vida familiar. Uno de ellos es el debilitamiento del lazo social, entendido como la voluntad de los individuos para vincularse e integrarse con otros para producir bienes y servicios, para movilizarse de un lugar a otro, para construir y reformar su hábitat, para disfrutar de actividades recreativas y culturales. En síntesis, para construir identidades colectivas, que implican el reconocimiento de los otros, de lo diverso, en espacios colectivos necesarios para enriquecer la individualidad, incorporando valores y normas que favorecen la producción y reproducción de los individuos así como también de esos espacios colectivos. En este sentido, la exclusión social no sólo se expresa en la pérdida del trabajo formal y en la afectación de los ingresos salariales. Implica también la pérdida paulatina de las capacidades de las personas para disfrutar de la libertad, de construir su identidad individual y de contribuir a la construcción de identidades colectivas. La exclusión es una pérdida cualitativa de ciudadanía que se produce a partir de un debilitamiento de los derechos sociales, que puede llegar hasta su cancelación y que comprende también a algunos de los derechos civiles (Castel, 1995).

Tanto los procesos de inclusión e integración social como su opuesto, el de exclusión social, son procesos políticos, sociales e históricos. Es decir, son el resultado de la voluntad de actores colectivos que a través de su organización y sus demandas tratan de alcanzar nuevos espacios de poder e intereses. Precisamente, lo que caracteriza y define la situación argentina es que, habiendo logrado conformar una sociedad relativamente integrada e inclusiva hasta principios de los setenta, haya perdido ese carácter en relativamente pocos años. Es por ello que consideramos importante detenerse brevemente en el análisis de estos cambios.

El eje que permitió el crecimiento y desarrollo del país y de su infancia fue una economía y una organización social que hizo del trabajo su centro. La inserción productiva permitía la realización de las personas, desarrollar parte de sus capacidades, integrarse socialmente con sus pares y obtener un ingreso suficiente con el que el trabajador y su familia accedían al mercado para adquirir los bienes y servicios que sus necesidades en expansión demandaban.

Al igual que en todos los países del mundo, la construcción de mayores niveles de bienestar fue el resultado de luchas sociales, que generaron y construyeron instituciones que posibilitaron sustentar derechos. En este sentido, es importante recordar los aportes que realizaron las organizaciones gremiales, el pensamiento anarquista, comunista y socialista, y la doctrina social de la Iglesia a la conformación de un Estado con leyes, instituciones y políticas que sustentaban y protegían los derechos civiles, políticos y sociales y que parecían indestructibles. Todas estas construcciones colectivas partieron de la centralidad del trabajo.

Así se desarrolló en el país un sistema de protección social que posibilitó al trabajador y su familia mejorar el acceso a la salud, a la recreación, a un sistema de jubilaciones y retiros para la vejez, a indemnizaciones por despido, a vacaciones, e incluso a créditos para adquirir, reparar o ampliar su vivienda. Efectivamente, el trabajo formal, registrado y estable dio lugar a la movilización social ascendente, a la vigencia real del progreso y a la certeza de que mediante el esfuerzo y la educación la generación siguiente disfrutaría de mayores niveles de bienestar que la precedente.

Este sistema se asentó sobre un modelo económico cuyo motor fue el proceso de industrialización sustitutivo de importaciones y descansó en una combinación público/privado en la que el Estado era el responsable directo del desarrollo y la prestación de los servicios públicos, y se apropiaba de las rentas naturales (petróleo y gas) para incursionar en el desarrollo de industrias básicas que requerían fuertes inversiones (carbón, siderurgia, astilleros, etcétera).

La educación en todos los niveles era pública casi en su totalidad, pero no así la salud, donde el sector público, si bien era dominante, coexistía con el consultorio particular del médico y con un conjunto de pequeñas clínicas y sanatorios para la atención de la creciente clase media. Este segmento, fundado en el paradigma de atención espontánea, no requería de fuertes inversiones en tecnología para sobrevivir.

La vigencia de un proceso generador de excedentes, en muchos casos limitado pero constante, dio lugar a una expansión urbana que produjo un sinnúmero de espacios públicos en los que se verificaba la presencia de ciudadanos y ciudadanas de diferente pertenencia social. La escuela, el club, los cines y teatros y los espectáculos deportivos, además del transporte público, favorecían y reforzaban los procesos de integración social y el fortalecimiento de lazos sociales.

Lo cierto es que aquel país, moldeado a semejanza de las transformaciones que tuvieron lugar en los países europeos y en Canadá después de la Segunda Guerra Mundial, y en Estados Unidos a partir del *New Deal*, comenzó a cambiar a mediados de los setenta. Primero, y como consecuencia de la apertura comercial y de la política cambiaria de la dictadura militar de esos años, se produjo el cierre de un importante número de industrias. Ello se tradujo en el inicio del proceso de expansión de la economía no registrada, caracterizada por trabajadores en negro y actividades por cuenta propia no profesionales.

Sin embargo, no fue sino hasta mediados de los noventa, cuando las posibilidades de absorción del sector informal se agotaron, que se agudizó el cierre de empresas manufactureras y por primera vez desde la crisis de la década de 1930, los argentinos asistimos a cambios que finalmente derivaron en los indicadores de calidad de vida enunciados en el apartado anterior.

El escenario que hoy vivimos es totalmente diferente al que emergió como resultado de las políticas implementadas en los ahora denominados "treinta años gloriosos", que hacen referencia al período de expansión del Estado de Bienestar entre las décadas del cincuenta al ochenta. Esos años dieron lugar a la expansión de derechos ciudadanos, a la integración social y a una fuerte atenuación de las desigualdades sociales mediante el desarrollo de los denominados "bienes públicos". Este proceso se sustentó en un pacto o acuerdo social entre empresarios y sindicatos, del cual el Estado fue garante e impulsor, financiando la educación y los servicios de salud en forma relativamente equitativa entre sectores y grupos sociales, impulsando políticas de vivienda y la promoción de la cultura y la recreación. También se desarrollaron dispositivos que favorecieron el acceso para quienes estaban hasta entonces excluidos.

Esta nueva realidad, de pérdida de derechos, que se profundiza desde hace casi una década, genera una percepción de incertidumbre e inseguridad en toda la población, incluso en la ocupada, provocando el surgimiento de un nuevo problema social: *la exclusión.*

Estos cambios estructurales en la economía y en el mercado de trabajo de la sociedad argentina se tradujeron en fuertes transformaciones en la vida social. En las décadas del setenta y ochenta comenzaron a desarrollarse los denominados *countries*, primero en los alrededores de Buenos Aires y luego en otras ciudades del interior, mientras entraron en crisis los clubes. Se expandió la educación privada. Las clínicas y sanatorios más que duplicaron su presencia entre los oferentes de servicios de atención, con el agregado de que concentraban casi todas las nuevas inversiones en tecnología para diagnóstico y tratamiento. Los espacios recreativos y culturales se segmentaron socialmente. Se crearon ofertas culturales en aquellos barrios en los que la capacidad de consumo correspondía a sectores de ingresos altos y medio altos y se eclipsaron los existentes con anterioridad. Durante los noventa esta tendencia llegó a su paroxismo con la construcción de "barrios cerrados", en muchos casos eran pequeñas ciudades, que se destacan por su absoluta homogeneidad social. Las ciudades, que antes presentaban un paisaje social relativamente integrado y en el que se observaba cierta heterogeneidad, se dividieron y cada sector social buscó un referente espacial en el que primara la homogeneidad.

Éste es el resultado de dos procesos de gran significación que con diferente grado de profundidad se han verificado en todo el mundo. Por una parte, el nuevo proceso de acumulación económica con eje en la informática y en las comunicaciones, cuyo instrumento fue el capital financiero, que produjo un ciclo inédito por su velocidad y magnitud de trasnacionalización y concentración del capital y de globalización de las relaciones económicas, financieras y comerciales. Por la otra, desde lo filosófico y lo cultural, la crisis de los paradigmas de la modernidad, que generó un movimiento creciente hacia la individuación y, por lo tanto, de abandono o debilitamiento de las construcciones colectivas. Esto incluye a la familia y alcanza instituciones complejas como el Estado.

Desde la perspectiva de la ciudadanía, este devenir histórico se manifestó primero como un proceso paulatino de luchas sociales por los derechos humanos generales y de clase, para luego extenderse en demandas por los derechos de otros grupos, con intereses cada vez más específicos. Este proceso no necesariamente es un hecho negativo, siempre que se verifique que cada expansión de derechos asegure la consolidación de los anteriores, como puede verificarse en algunos países escandinavos. Sin embargo, si las nuevas demandas de derechos de algún modo prescinden de las anteriores, estamos en presencia de un trasvasamiento de derechos sociales a nuevos derechos civiles de ejercicio sólo para algunos, y de pérdida de conquistas colectivas.

Hoy, vastos sectores económicos y sociales están excluidos, porque el trabajo se ha convertido en una actividad escasa e "indecente". El pacto o acuerdo social original está disuelto y no ha sido aún reemplazado por otro. Entre las personas, sectores y grupos sociales impera más un espíritu de individuación que de reconocimiento solidario y de disposición colectiva para la construcción de futuro. El paradigma de la ciudadanía está siendo reemplazado por el del consumidor, como reflejo de que el Estado y la política son reemplazados por el mercado.

Las consecuencias de estas transformaciones estructurales, culturales y simbólicas han sido enormes para las políticas públicas. Al valorar la individuación y la construcción individual de alternativas y necesidades, éstas pueden y deben ser adquiridas en el mercado. El Estado, en consecuencia, debe ser redefinido, debe reducirse. Y si existen sectores de la sociedad que no disponen de los recursos para satisfacer sus necesidades, sólo es aceptable que los recursos públicos se utilicen para lograr su supervivencia. Por lo tanto, como el valor dominante es el de la maximización del interés individual, disminuye en igual medida la voluntad y la obligación del ciudadano como contribuyente. Por obtener ganancias, por limitar la libertad individual y por gestionar políticas y servicios de los cuales los principales contribuyentes no disfrutan, la capacidad de financiamiento del Estado se convierte en enemiga de la capacidad potencial de enriquecimiento de los individuos.

Al disminuir la capacidad de regulación del Estado, al deslegitimarse la función de atenuación de las desigualdades y al redefinirse sus servicios direccionalizados sólo hacia la asistencia de los pobres, ha aumentado la pobreza, la indigencia, la violencia y la desintegración social. Y esto sucede porque, como se señaló anteriormente, su causa última, la generación de empleo y de ingresos, fue cada vez más limitada y la política fiscal, más regresiva.

Siguiendo el pensamiento de Amartya Sen (Premio Nobel de Economía 1998), el proceso de exclusión social, y generador del malestar social que actualmente expresa la ciudadanía argentina, está dado por un patrimonio que se está perdiendo debido a las dificultades para poder recuperar lo perdido y a la ausencia de horizontes y expectativas de mejora o, más aún, de la posibilidad de incrementar ese patrimonio. Sectores crecientes de la ciudadanía están actualmente limitados en sus capacidades de participación social y de fortalecimiento de su autoestima, y han dejado de ser sujetos activos con grados de libertad para elegir entre opciones de vida y de consumo. Han pasado a ser sujetos pasivos de la voluntad de cada vez menos empleadores, de los responsables de las instituciones sociales y de quienes administran los recursos públicos para la asistencia.

Si el bienestar es para Sen una serie integrada de funcionalidades, que incluye la disponibilidad de recursos para alimentarse y para nutrirse, para disfrutar de un buen estado de salud y evitar la morbilidad evitable y la mortalidad temprana, pero que también comprende logros más complejos, como disfrutar de la felicidad, tener autoestima, ser actor activo en la vida comunitaria, sin dudas, la percepción de malestar que tiene hoy gran parte de la sociedad y de las familias argentinas tiene su razón de ser (Sen, 1997).

Para acceder al "desarrollo humano" y librarse de la pobreza es imprescindible entonces disponer de ingresos, de un trabajo decente, de conocimientos y de un estado de salud adecuados. Son éstas las bases de las capacidades de las personas y todas ellas tienen igual significación. La carencia de todas o algunas de ellas se traduce en pobreza y en exclusión social.

Si una familia ve limitadas sus capacidades a causa de cualquiera de estas carencias, los niños que dependen de sus padres para crecer y desarrollarse en plenitud ven afectado y limitado su potencial.

4. Los efectos de la pobreza y la exclusión en el desarrollo infantil

El desarrollo infantil y humano es un proceso complejo y multideterminado de cambio en el que el niño aprende a manejar y a emprender actividades cada vez más complejas. Es un proceso multidimensional que incluye: la habilidad de moverse y coordinar (dimensión física), la habilidad de pensar y razonar (dimensión intelectual), la habilidad de relacionarse con los otros (dimensión social) y la confianza en sí mismo y la habilidad de experimentar emociones (dimensión emocional) (Unicef, 1993).

Es sabido que el proceso de crecimiento y desarrollo de los niños en sus primeros dos años de vida es el más espectacular e importante de todos los que el ser humano atraviesa a lo largo de su ciclo vital. Su talla casi se duplica y su peso casi se triplica, además de completarse su desarrollo neuronal. Además, durante los primeros 6 años de vida se construyen las bases de su futura personalidad en lo afectivo, en su capacidad expresiva y de vínculo con el mundo externo, todos aspectos esenciales para el desarrollo psicomotor y la capacidad de aprendizaje.

Alrededor de los 6 años de edad se espera que tanto varones como niñas hayan logrado una integración personal que permita el control voluntario de su cuerpo, la posibilidad de determinar sus actos, el ejercicio de cierta autonomía, la capacidad para comprender y comunicarse con adultos y pares, el interés, la curiosidad, la sensibilidad, la capacidad para poder experimentar y expresar sus emociones, el poder divertirse y aprender.

Para que este potencial genético con el que los niños nacen se desarrolle plenamente, se exige una de serie de recursos de quienes se encargan de su cuidado. Ellos son: el tiempo, el apoyo, el afecto y la atención que se refleja en la cantidad, calidad y frecuencia de la alimentación; las formas de relacionamiento entre la madre y su hijo, entre el padre y el niño, y entre los integrantes de la pareja y de la familia; los espacios de y para el juego y la expresión que existe en el hogar; los espacios disponibles para la experimentación del movimiento; las buenas prácticas de aseo del niño y del hábitat en el que vive. Todos estos recursos han sido definidos por Patricia Engle como los que caracterizan la calidad de la crianza de los niños y de las niñas, y la autora también se refiere a las actitudes y comportamientos de quienes se encargan de ello y que afectan la ingesta de nutrientes, el desarrollo psicosocial y cognitivo de los niños (Engle, 1993, 1998; Engle *et al.*, 1996).

Investigaciones recientes demuestran la importancia de los primeros años en la vida de las personas para la adquisición de capacidades cognitivas, psicológicas y sociales. Hoy conocemos que estos procesos tienen carácter acumulativo, y la ausencia de estímulos apropiados o la influencia negativa de los entornos en esa instancia de la vida puede generar daños en la salud y en el desarrollo que afectarán a los individuos en su etapa adulta y se reproducirán de manera intergeneracional.

En el campo de las neurociencias se ha demostrado que el cerebro adulto es moldeado a partir de las primeras experiencias de vida, constituyéndose en la base de lo que será el futuro desempeño del individuo en el área cognitiva, incluyendo la capacidad de resolución de problemas, el lenguaje y habilidades literarias, el control emocional, la curiosidad, la preocupación por los otros, la creatividad, la habilidad motora y la capacidad para establecer relaciones con otros (Carnegie Corporation of New York, 1994; Hertzman, 2002).

Por otra parte, la vinculación entre las dimensiones básicas del desarrollo en los niños pobres de 0 a 5 años ha sido puesta en evidencia a través de estudios específicos que han intentado caracterizar condiciones nutricionales, de salud y desarrollo psicomotor. En uno de ellos, realizado en la Argentina, sobre una muestra de 1.520 niños de 2 a 5 años que residían en enclaves de pobreza ubicados en la zona del Gran La Plata y del sudeste del Gran Buenos Aires, se evaluó el desarrollo psicológico de los niños en las áreas de coordinación, motricidad y lenguaje. La categorización diagnóstica del grupo da cuenta de un 24,5% de niños en situación de riesgo y un 8,9% con retraso en las tres dimensiones consideradas. Este porcentaje resultó notablemente incrementado en el área del lenguaje, en el cual un 45% de los niños entre 4 y 5 años presentaban un retraso significativo. Por otra parte, con respecto a la situación nutricional se constató que un 40% de la población infantil examinada presentaba tallas por debajo de lo normal, indicadoras de un proceso de carencias graves y prolongadas. (Consejo de Investigaciones Científicas de la provincia de Buenos Aires [CIC] y Unicef, 1994).

Un estudio similar fue efectuado en la ciudad de Montevideo, Uruguay, sobre una muestra de 1.224 niños menores de cinco años de edad que habitan en áreas de pobreza urbana. Se presentaron claras anomalías en la relación talla-edad, en el 52% de los niños. Ellas manifiestan una carencia nutricional anterior y prolongada por acumulación gradual, difícilmente reversible. El 49% de la muestra no había pasado nunca por un control de salud sin estar enfermo; menos de un tercio había concurrido al médico en caso de afecciones comunes y el resto había recurrido a las medicinas caseras y al curandero. Con respecto al desarrollo psicomotor, un 23,4% de los niños evaluados estaba en situación de riesgo y un 8%, en condiciones de retraso. Se encontraron asociaciones muy fuertes entre estado nutricional y desarrollo psicomotor: un 28% de la variación del desarrollo psicomotor pudo predecirse a partir del conocimiento del estado nutricional (Centro Latinoamericano de Economía Humana [CLAEH] y Unicef, 1989).

Más recientemente, en 1998, el Centro de Educación Médica e Investigación Clínica de CEMIC[3] comenzó a investigar sobre este tema y realizó un estudio sobre 600 niños NBI (Necesidades Básicas Insatisfechas) y no NBI. El estudio muestra que las condiciones de privación a que se ven sometidos los niños de familias pobres tienen consecuencias sobre los procesos cerebrales y su capacidad de aprendizaje. Además, determinó que el 45% de los niños de hogares pobres no lograron superar el nivel mínimo de desempeño normal de las pruebas que les fueron administradas.

Otro trabajo recientemente realizado por Clacyd analiza la situación de los niños de hasta dos años de edad en la ciudad de Córdoba. Se analiza el contexto sociodemográfico, las características del embarazo y parto, las prácticas de crianza y la situación de nutrición y de desarrollo motor y mental de los niños. Todas las dimensiones estudiadas muestran la enorme brecha existente entre el bienestar de los niños ubicados en ambos extremos de la distribución de ingresos (Clacyd, 2002).

---

3. Datos tomados de los diarios *La Nación*, junio 2001, y *Página/12*, mayo 2002.

Por lo tanto, es imprescindible ahora interrogarnos sobre cuáles son las condiciones y capacidades de las familias en las que los niños son gestados, nacen y se desarrollan, para asegurar que cuentan con las posibilidades de desplegar todas las funciones que implica la crianza de los niños.

Veamos, en primer lugar, las condiciones en que viven los niños y niñas de las familias pobres estructurales. Éstas se caracterizan por vivir en viviendas inadecuadas, hacinadas, con dificultades de acceso al agua potable y a un saneamiento adecuado. De este modo, el medio ambiente físico y humano que rodea al niño y a su familia se transforma en un factor de riesgo importante, planteando desde el inicio condiciones desfavorables para su desarrollo. Las condiciones socio-ambientales en que viven estas familias se manifiestan, además, en la escasez de servicios de transporte y comunicaciones, aunque en general cuentan con alguna escuela, jardín de infantes y centro de salud cercanos. Los barrios se caracterizan por la precariedad de sus condiciones de vida y la gran densidad de población. Combinan asentamientos compactos con viviendas consolidadas, de material, con patios, delimitadas por tapiales o tejidos, que conforman áreas de "villa" con viviendas muy precarias. Es también frecuente que existan focos de basura, escasez de alumbrado público y asfalto.

A estas características se suma la inseguridad, que en estas áreas es un problema grave desde bastante tiempo antes de que lo fuera para el conjunto de la sociedad. Ya en el año 1998, cuando Unicef realizó un estudio sobre las condiciones del desarrollo de niños que vivían en áreas pobres, eran pocas las familias que dejaban que sus niños jugaran en las calles. Los adultos entrevistados en esa ocasión (madres, maestras y madres cuidadoras) manifestaban que el barrio no era un ámbito seguro para los niños y niñas, que los exponía a "malas influencias", que les podía "pasar algo" y consideraban que "mejor estaban en la casa" (Ruiz y Moreau, 2000).

Otra de las características de este grupo social, que limita su capacidad de crianza, es el bajo nivel de instrucción del jefe y de su cónyuge y una reducida capacidad de subsistencia, dada por empleos e ingresos precarios e irregulares. Por otra parte, ante la pérdida de oportunidades laborales para los hombres, las mujeres son empujadas al mercado laboral. Su incorporación, dado el bajo nivel educacional, es generalmente como empleada doméstica, de carácter precario y sin un sistema de apoyo social que la reemplace en sus funciones de cuidado y protección de los hijos. Por todo ello, la posibilidad de que dichas familias puedan practicar un proceso mínimamente adecuado de crianza está muy acotada.

En cuanto a los pauperizados o nuevos pobres, aquellos con ingresos muy reducidos por las dificultades de empleo, víctimas de la precarización del trabajo y de ingresos bajos e irregulares, están también limitados para ejercer plenamente la crianza de sus hijos. En primer lugar, por sus ingresos reducidos e irregulares no pueden asegurar una alimentación y nutrición adecuadas. Y si sus ingresos superan el valor de la canasta básica, encuentran también severas restricciones para atender otras necesidades básicas, como acceder a la salud, a los materiales y útiles que exige la educación de otros hijos, al calzado y al vestido, a espacios recreativos e, incluso, afrontar los gastos que acarrea el mantenimiento del capital doméstico.

Pero además, un sector muy vasto, representado por quienes tienen ingresos superiores al valor de la línea de pobreza, padece el estrés de la inseguridad de sus trabajos y de sus ingresos. Sufre la incertidumbre respecto a su futuro y se encuentra afectada su autoestima. Asigna gran parte de su tiempo a actividades laborales muy extensas o a buscar otras alternativas que mejoren su situación relativa. Y ese tiempo y ese espacio lo extrae del que necesita para disfrutar de la práctica de criar a sus hijos.

Es importante destacar también el proceso de transformación de las familias. Es decreciente la tasa de nupcialidad (menos de la mitad en los hogares con hijos pequeños), así como creciente la del divorcio, la existencia de parejas que cohabitan con hijos de parejas previas y monoparentales. Según datos de la EPH, los hogares con menores de 18 años con jefa mujer alcanzan al 18% del total de hogares con niños y adolescentes hasta dicha edad.

Si bien estas transformaciones alcanzan a toda la sociedad, entre las familias pobres las situaciones descriptas colaboran enormemente a que se deterioren aún más las relaciones de pareja y que, como consecuencia, cada día aumente el número de uniones inestables, de niños que son dejados al cuidado de hermanos apenas mayores o directamente solos. Una gran parte de los niños argentinos que fueron y están siendo gestados, que han nacido o están por nacer, están accediendo a una crianza limitada, de baja calidad, que está dada por las limitaciones que el contexto impone a las personas encargadas de ello. Así, son los niños de las familias pobres los más perjudicados por la limitación en sus posibilidades de cuidado y estímulos, porque sufren la violencia que las diversas situaciones de privación generan y porque todo ello afecta seriamente su desarrollo bio-psico-social. La pobreza, por sus consecuencias, se constituye en el determinante más importante de la salud y de las desfavorables condiciones de vida en la infancia.

Son estas circunstancias las que permiten anticipar las biografías de estos niños en cuanto al nivel educacional que podrán alcanzar, los niveles de exposición a situaciones violentas y otras situaciones que afectarán su crecimiento y, como consecuencia de ello, sus estilos de vida y el desarrollo de conductas inadaptadas. Podemos afirmar que en la primera infancia queda demarcada una trayectoria futura que afectará seriamente su desempeño como adultos.

Como bien señalan López y Tedesco (2002), la creciente heterogeneidad social, a la cual previamente nos referimos, determina también experiencias familiares muy distintas, "cada una de ellas asociada a diferentes grados de vulnerabilidad o de recursos para afrontar la educación de sus hijos. La situación se complica aún más con el hecho de que esto ocurre en un escenario cada vez más reticente a ofrecer recursos y soluciones frente a los desafíos de cada día". La complejidad del presente afecta a las personas y a las familias. Como bien agregan los autores, éstas

> están cada vez más solas, y al momento de evaluar con qué recursos cuentan para construir su bienestar ven que sólo cuentan con lo propio. Aquellas que tienen un gran capital social, humano, económico y cultural se posicionarán exitosamente en la sociedad por contar con recursos que les permiten aprovechar al máximo las oportunidades que la sociedad les ofrece. Quienes no cuentan con ninguna forma de capital, al no recibir ningún tipo de recursos que le provea la sociedad, están condenados a la pobreza y la exclusión (López y Tedesco, 2002).

Lo que nos interesa remarcar es la dificultad que enfrentan las familias pertenecientes a los sectores populares para encarar exitosamente la crianza de sus hijos. Este déficit, que se ha extendido a partir de la crisis, exige políticas públicas que reintegren sus capacidades. Mas allá de la importancia de los servicios de calidad de cuidado infantil, éstos serán insuficientes si los derechos básicos de inclusión de sus padres no están garantizados efectivamente.

Ahora bien, ¿qué significa para una familia garantizar el desarrollo de sus hijos? Señala Tenti Fanfani:

> desde una perspectiva clásica, la socialización aparece como un proceso que va desde lo social a lo individual, conformando así progresivamente una subjetividad, un proceso de interiorización de la exterioridad. Ello implica la existencia de un mundo acabado previo al nacimiento de cada niño, y que el proceso de socialización es la gradual incorporación de este mundo al niño, y así del niño al mundo. La función de la familia es tomar ese mundo y ofrecérselo, lo cual convierte a estos actores en meros transmisores entre el mundo externo (lo social) y el niño. [...] En la actualidad es imposible seguir pensando los proceso de socialización desde esta perspectiva. Las concepciones contemporáneas sobre la socialización confrontan con esta visión clásica criticando tres supuestos que están en la base de la misma: en primer lugar, la separación entre individuos y sociedad; en segundo lugar, la primacía de esta última sobre los primeros; por último, la concepción de la sociedad como una totalidad acabada, sin contradicciones (Tenti Fanfani, 2002).

Sintetizando, las familias de sectores pobres apenas pueden llegar a satisfacer las necesidades elementales de subsistencia de sus hijos como para además garantizar la contención afectiva esencial y los estímulos necesarios que favorezcan el sano desarrollo emocional y la progresiva inclusión cultural de los mismos.

En este punto nos parece oportuno señalar que, a pesar de todas las limitaciones que padecen las familias pobres, es también un hecho que si un niño no hubiera tenido una mamá que lo atendiera y contuviera y que de alguna manera resignificara sus vivencias, éste no habría logrado sobrevivir. En el intento de ayudar a los niños en situación de desventaja muchas veces se ha incurrido en una enorme violencia cultural, en la que nada de lo que la familia y la comunidad del niño trae es válido. Por el contrario, rescatar y valorar sus saberes es fundamental.

Para que un niño pueda reconocerse mejor como individuo perteneciente a un grupo familiar y luego a una sociedad, su familia debe estar presente y ser valorizada, ya que la misma es el mejor respaldo para su crecimiento y también para cualquier trabajo que se proponga para los niños. Es necesario reconocer y legitimar el bagaje cultural y social de las familias y las comunidades.

4.1. La función maternante[4]

Los niños pequeños tienen como característica su altísimo nivel de dependencia para subsistir. Requieren por mucho tiempo de sus padres, madres o de adultos para proveerse de los nutrientes, del vestido, del hábitat y fundamentalmente de los vínculos que permiten el apoyo emocional necesario para poder vivir. Por eso, y tal como venimos señalando, la calidad de la crianza depende tanto de la calidad y las condiciones de las personas que se hacen cargo de ella como del propio niño.

En nuestra cultura, quien asume primariamente la mayor responsabilidad de la crianza es la madre del niño. En consecuencia, el tiempo, la voluntad, el nivel de información y educación, su estado de salud, su propio desarrollo autónomo, su autoestima, los recursos familiares y comunitarios de los que dispone para ejercer y apoyarse en la crianza forman parte esencial del capital social que será determinante para que la crianza sea exitosa.

Nos interesa destacar la asociación entre la disponibilidad de la madre, tanto física e intelectual como afectiva, y con el desarrollo de los niños. La "función maternante"[5] o "disponibilidad materna" debe ser entendida como

---

4. Parte de la información de este punto pertenece a una ponencia presentada en Villa Carlos Paz, en mayo de 2003, por Violeta Ruiz y Lucía Moreau en el taller "Desarrollo Infantil en Contexto de Iniquidad" de Clacyd.

5. Este concepto fue ampliamente desarrollado por Winnicott en sus obras.

la posibilidad de brindar los cuidados básicos a un niño, incluyendo tanto la presencia física como la posibilidad socio-emocional de ofrecer la contención y el afecto y establecer un vínculo que cree las condiciones para el sano desarrollo emocional del pequeño. Todo ello es necesario para propiciar un desarrollo saludable en los niños (Winnicott, 1980).

Datos relevados por varias de las investigaciones antes mencionadas mostraron que un factor que dificulta el despliegue de las capacidades infantiles está asociado al contexto familiar y especialmente a la relación vincular con la madre. Se observó una asociación entre el mayor nivel educativo materno y el mejor desempeño de los niños y niñas en la mayoría de los aspectos que inciden en el desarrollo infantil. Así, de acuerdo con las investigaciones del Consejo de Investigaciones Científicas de la provincia de Buenos Aires (CIC) y del Centro Latinoamericano de Economía Humana (CLAEH), existe una fuerte asociación entre el desarrollo psicomotor de los niños y la instrucción de la madre. Éste mejora sistemáticamente al aumentar los años de instrucción de la madre.

En la investigación realizada por Ruiz y Moreau (2000), que relevó información con respecto a distintos aspectos del desarrollo infantil en áreas urbanas de pobreza estructural, también se observó la incidencia del nivel educativo de la madre en el desempeño de los niños y niñas evaluados. El mayor nivel educativo de la madre favorece el mayor control y coordinación visomotora así como también la obtención de mejores puntajes en la evaluación del nivel intelectual. En ninguno de los cocientes intelectuales evaluados aparece el rendimiento más bajo (deficiente o fronterizo) cuando la madre tiene el secundario completo o más. En la expresión verbal y estructuración de las frases se observa la tendencia a mejorar según aumenta el nivel educativo de la madre. En cuanto al aspecto vincular, los niños más tímidos se concentran en el grupo de madres que tienen primaria incompleta.[6]

En un estudio dirigido por el Servicio de Crecimiento y Desarrollo del Hospital de Pediatría Prof. Dr. Juan P. Garrahan en 3.573 niños sanos de todo el país, se destaca claramente que el nivel educativo de la madre influye decisivamente en el desarrollo infantil (Lejarraga, Krupitzky *et al.*, 1996a; Lejarraga, Bianco *et al.*, 1996b; Lejarraga y Pascucci, 1998, 1999; Lejarraga, Pascucci *et al.*, 2002).

---

6. Los datos relevados mostraron que en cuanto a la educación alcanzada por las madres, la característica predominante es la de un nivel básico (incluso hay un 3,6% de madres sin educación alguna). El perfil educativo relevado pone en evidencia que sólo el 6% de las madres que conformaron la muestra (272) logró completar o superar el nivel secundario y que, por otra parte, el 78% de las madres encuestadas quedan englobadas hasta el nivel de educación primaria completa.

Si tal como la define Winnicott, la función maternante debiera asentarse sobre la seguridad afectiva del o los adulto/s a cargo del niño/a. Esta función se expresa no sólo en la continencia afectiva sino, además, en brindarle los elementos que permitan al niño estructurar representaciones y un mundo simbólico con los que pueda acceder progresivamente a los aprendizajes sociales y de la cultura. La pregunta que cabe es: ¿cuál es la posibilidad de los adultos cuidadores, en especial las mamás con tan escaso capital económico, pero básicamente cultural y simbólico, para llevar adelante exitosamente esta tarea?

Ciertamente, hay aspectos que no dependen solamente del nivel educativo materno. Los resultados de varios de los estudios mencionados muestran la dificultad que presentan los niños y niñas pobres para expresarse verbalmente o a través del dibujo y evidencian que se necesitan otras capacidades que las mujeres de sectores pobres escasamente pueden desarrollar. "Puede observarse que las madres que espontáneamente proporcionan un cuidado suficientemente bueno, pueden mejorarlo si ellas mismas son cuidadas de un modo que reconozca la naturaleza esencial de su tarea. Las madres que no proporcionan un cuidado suficientemente bueno de modo espontáneo no estarán en condiciones de hacerlo como consecuencia de la mera instrucción" (Winnicott, 1993).

Más allá de la necesaria instrucción, es importante tener en cuenta el sostén y la contención emocional con que estas mujeres cuentan, para que a su vez ellas puedan brindárselos a sus hijos. También, hay que considerar cómo enriquecer con experiencias su bagaje cultural y simbólico para que puedan transferir, compartir, es decir, vincularse con sus niños y niñas, más allá de las limitaciones que la vida cotidiana les impone.

Y esto es así porque los adultos desarrollan esquemas prácticos personales para sostener, bañar, alimentar o jugar con los niños y niñas. Las modalidades particulares están teñidas por aspectos culturales que marcan las formas comunicativas y los estilos de crianza. Pero algunos adultos, además de tener ese pensamiento práctico, tienen capacidad para desarrollar las formas más sutiles para comprender y adaptarse a los reclamos infantiles. Los adultos hacen permanentes tareas de traducción e interpretación acerca de las necesidades y acciones infantiles, los abrigan porque piensan que tienen frío, los alimentan o pasean porque creen que es lo que los niños o niñas desean, siendo así proveedores de significado. Además, la coherencia por parte de los adultos entre palabras y actos, la repetición de situaciones de cuidado (rutinas de alimentación, higiene, sueño, juegos, etcétera) hace que se formen en la pareja de crianza (madre-niño; padre-niño) formatos de intercambio previsibles. Esto les permite a los niños y niñas anticipar situaciones, organizar las secuencias espacio-temporales elementales que les brindan seguridad y confianza.

Pero esto no siempre es así. Si bien los niños tienen posibilidades de organizar formatos de intercambio y establecer vínculos de apego porque son condiciones necesarias para subsistir, no siempre encuentran un ambiente cálido y comprensible que les permita vivir y desarrollar plenamente sus potencialidades. Los aprendizajes que los niños y niñas van construyendo dependen en gran medida de la cantidad y calidad de sus interacciones con los adultos, con otros pequeños y con el medio, influyendo todos ellos sobre las posibilidades futuras.

Las carencias que sufren las familias pobres colaboran a que se desarrollen otros estilos de vínculo en los que es mucho más frecuente la ausencia de comunicación afectiva, el juego y el entretenimiento de los padres y madres para con los niños. El estrés y la violencia en los que cotidianamente viven las familias colaboran a que sea mucho más dificultoso proveer alimento, situaciones previsibles y caricias. Además, por las situaciones de privación, tanto de alimento como de afecto, que viven los propios adultos, se instalan los gritos, empujones y, en muchos casos, los golpes como forma de relación y comunicación.

Sea cual fuere la relación que se desarrolle en las parejas de crianza, los formatos de intercambio permiten que se vayan organizando rutinas predecibles entre el niño o niña y su padre, madre o adulto que lo cuida o interactúa con él. Estos actos con sentido les permiten a los niños y niñas ir comprendiendo las situaciones de su entorno habitual.

En este punto es necesario preguntarse ¿en qué medida las familias pobres cuentan con instituciones que los ayuden en esa tarea? En suma, ¿cuál es la responsabilidad social que asumimos para transmitirles tradiciones, valores, conocimientos y esperanza a las futuras generaciones?

5. Las políticas públicas

Si bien la distribución de roles entre servicios públicos y familia respecto al proceso de crianza, desarrollo y educación de los niños le asigna a esta última un papel central, particularmente hasta los 5 años, es importante recordar que esta situación ha sido el resultado histórico de un acuerdo social. Ha sido construido y por lo tanto puede modificarse. De hecho existen varios ejemplos en los que la escolaridad se inicia a los 2-3 años. Así como también existen ejemplos en la historia relativamente reciente donde regímenes políticos alentaron la separación temprana del niño del seno familiar para encargar la crianza y la educación de los niños a instituciones. Todas estas alternativas están comenzando a plantearse, precisamente porque está en crisis la posibilidad presente de las familias de hacerse cargo de la crianza y educación de los niños.

Y esto no sucede exclusivamente en nuestro país, ni en América latina. Entre los países miembros de la OCDE (Organización para la Cooperación y el Desarrollo Económicos) el tema de la atención a la primera infancia y las políticas públicas a ella asociadas son motivo de discusión académica y evaluación. Más allá de que el tema está sujeto a debate en los países desarrollados y en los de desarrollo intermedio como la Argentina, y que el de las políticas públicas para favorecer la inclusión social a través de la igualdad de oportunidades está en una situación similar, las medidas específicas deben ser diferentes porque la situación de crisis es disímil.

En países de desarrollo intermedio y empobrecidos, como la Argentina, los niños nacen, crecen y se desarrollan en contextos de déficit familiar, social y de hábitat, con dificultades para acceder a servicios sociales, educativos y de salud de calidad; contextos en los que los adultos sufren la falta de empleo y tienen ingresos insuficientes. En los países desarrollados, estas necesidades básicas están aseguradas y el desafío se presenta en la elaboración de políticas que corrijan las crecientes desigualdades de ingresos y las dificultades que enfrentan los históricamente más pobres para acceder a un proceso de movilidad social ascendente. Sin embargo, en ambos casos la prioridad de las familias con niños pequeños es central.

Meyers y Gornick toman la clasificación de tres tipos de Estado de Bienestar que Esping-Andersen desarrolló en *Three Worlds of Welfare Capitalism*, comparando las características que en los tres tipos adquieren las políticas relacionadas con la crianza y el bienestar de la primera infancia. El análisis se realiza en torno a dos problemáticas: a) las variaciones en torno al tipo de instituciones que asumen la responsabilidad de la crianza y educación durante los primeros años de vida de los niños y b) la estructura de financiamiento de las instituciones públicas dedicadas a este grupo etario (Meyers y Gornick, 2000).

Las autoras destacan que en los países denominados "liberales" (Estados Unidos, Reino Unido) las ofertas de cuidado diario existentes son mayormente privadas, tanto en cuanto al financiamiento como a la provisión de las prestaciones. Existen algunos mecanismos de subsidio para las familias, que colaboran con el pago de estos servicios. La mayoría son para niños de 4 años y más, ya que se considera que la familia debe hacerse cargo de los primeros años. Por otra parte, en los países "conservadores" (básicamente los de Europa continental) los servicios son provistos por la seguridad social y el sistema educativo en conjunto, aunque los centros de cuidado diario forman parte del sistema de seguridad social exclusivamente. O sea que hay una mayor responsabilidad social en cuanto al adecuado desarrollo de los niños en los primeros años de vida. Finalmente, en los países "social-demócratas" (básicamente los escandinavos) las políticas han incentivado por una parte el cuidado de los niños pequeños por parte de la familia, extendiendo los períodos de permiso laboral para ambos padres para que se hagan cargo de la crianza durante el primer año de vida del niño o aún más. Por otra parte, existe una amplia red de instituciones de cuidado diario que son responsabilidad de la seguridad social. En 1996, Suecia colocó bajo el área del Ministerio de Educación y Ciencias a todas las instituciones del sistema de cuidado diario a niños menores de 6 años (Meyers y Gornick, 2000).

Friendly y Lero sostienen que para lograr sociedades más inclusivas, en las que los ciudadanos accedan a los mayores grados de equidad posibles, el cuidado y educación de los niños en los primeros años de vida son fundamentales. Señalan que ésta es una preocupación que se manifiesta en las políticas hacia este grupo etario de todos los países de la OCDE, aunque también reconocen diferencias entre los mismos. Asimismo destacan la importancia de la combinación entre políticas de apoyo a las familias y estrategias institucionales de diversa índole. Por su importancia política, puntualizan la relevancia de la calidad de las instituciones educativas a las que los niños pequeños acceden como condición para que la política alcance sus objetivos (Friendly y Lero, 2002).

En nuestro país, a la institución básica de socialización, la familia, se añaden otras instituciones comunitarias y sociales que debieran cumplir con una función similar: el desarrollo de los niños y niñas en sentido amplio. En general son conocidas como Centros de Desarrollo o Cuidado Infantil (CDI o CCI) y jardines de infantes. Existen experiencias similares en otros países de América latina, en especial en Chile, Brasil y Colombia, aunque ha habido políticas para este grupo etario en una buena parte de los países de la región.

Estas instituciones posibilitan a las familias un espacio de sostén en el cual compartir la socialización y los aprendizajes de sus hijos pequeños. A los niños les brindan una experiencia más amplia de intercambios sociales sistemáticos, y esto incide tanto en el desarrollo cognitivo como en el emocional. Ampliar la experiencia fuera del hogar, en un universo diferente, le implica al niño realizar una serie de adaptaciones con relación a espacios, sonidos, personas, rutinas, experiencias, que lo enriquecen y lo construyen como persona.

La realización de tareas planificadas con sentido, como parte de un proyecto, marca una diferencia significativa con las actividades espontáneas que puede realizar el niño en el hogar. Esto favorece la capacidad de concentración de los niños, la atención, la anticipación de acciones y también les permite ampliar los intereses despertando nuevas inquietudes. Finalmente, la relación con pares les permite tener la experiencia de formar parte de un grupo en donde pueden comparar, confrontar, cooperar.

La presencia docente como agente socializante y educativo más calificado colabora, cuando los maestros están adecuadamente capacitados, en "saltar la brecha" más eficazmente. La organización institucional, la dirección, la existencia de proyectos funcionan como contención de los docentes, de los padres y madres y también de los niños y niñas. La realización de proyectos con los niños en la sala, la elaboración de propuestas con marcada intencionalidad pedagógica favorecen todas las áreas de desarrollo de los niños.

Según información producida por la Encuesta sobre Condiciones de Vida, que llevó adelante el SIEMPRO en septiembre de 2001 y que es representativa del total urbano del país, menos de la mitad de los niños entre 3 y 4 años (46,8%) asiste regularmente a jardines de infantes y/o guarderías. Sin embargo, esta distribución no es homogénea según quintiles de ingreso. Sólo una tercera parte de los niños pobres entre 3 y 4 años asiste a un jardín o guardería, proporción que llega al 60% entre los no pobres, y casi al 90% entre los niños del quintil más alto de ingresos.

Vale la pena aquí preguntarse: ¿por qué es tan importante la diferencia en la asistencia a jardines y guarderías entre pobres y no pobres o entre ricos y pobres? La primera respuesta es que en el actual sistema educativo argentino, el nivel inicial no es obligatorio ni gratuito. Por lo tanto, existe una oferta muy restringida y una gran proporción de las instituciones públicas están localizadas en zonas donde la mayor parte de la población que habita es de sectores medios. Esta es una explicación que puede ser constatada con los datos arriba apuntados.[7]

Pero también merece ser considerado el hecho de que entre los sectores populares no se ha incorporado aún como valor la importancia de la educación inicial. De hecho, el PROMIN[8] ha construido y/o mejorado a lo largo de casi una década, más de 200 nuevos jardines o centros de desarrollo infantil localizados en todos los casos en barrios donde la mayor parte de sus habitantes pertenecen a sectores populares. Sin embargo y pese a la creación de esta nueva oferta, en casi todos los casos, la matrícula no supera un 35% del

---

7. A partir de la década del noventa, con la reforma educativa ha crecido en forma significativa la cobertura en el primer año del ciclo del EGB (5 años). Las afirmaciones previas son válidas para los niños de 3 y 4 años.

8. Programa Materno Infantil y Nutrición implementado en el Ministerio de Salud del gobierno nacional desde 1993. Su objetivo es la mejora de las condiciones de atención de madres y niños. Incluye un componente de generación de servicios de cuidado diario para niños menores de 5 años, localizados en áreas de pobreza estructural.

total de niños en edad de asistir. Incluso, cuando la oferta institucional no incluye prestación alimentaria, la inasistencia o la deserción es enorme (PROMIN, 2000).

El estudio realizado por Ruiz y Moreau para Unicef (2000) brinda elementos de juicio relevantes también en este sentido. La decisión de enviar o no a los niños pequeños a servicios sociales en sectores populares urbanos y, en caso de hacerlo, de buscar servicios de diferente complejidad (comedores infantiles, centros de desarrollo infantil con personal comunitario o jardines de infantes con personal docente) estaba altamente correlacionada con el nivel de instrucción alcanzado por la madre. Ello supone, por lo tanto, el valor que tiene el capital cultural y simbólico de la madre para buscar los mejores apoyos que refuercen el proceso de desarrollo y de educación de los niños.

Sin embargo, esa misma investigación mostró que para las familias pobres, aun los niños que concurren a jardines de infantes muestran déficit de maduración que los ubican muy por debajo de las posibilidades del desarrollo de los niños de esa edad. La calidad de las instituciones, los contenidos que en ellas se brinda a los niños y la formación de los adultos a cargo serían determinantes.

En "Social inclusion through early childhood education and care" (2002), publicado por la Laidlaw Foundation de Canadá, se mencionan varios estudios en los que se demuestra que no siempre la asistencia a establecimientos mejora las posibilidades de desarrollo de niños y niñas. El estudio considera que la calidad de las instituciones juega un papel determinante en este sentido y define a los "servicios de alta calidad" como aquellos con: personal capacitado para la adecuada atención de los niños, condiciones decentes de trabajo, que incluyan buen pago, y grupos de niños no tan numerosos. Estas instituciones deben contar con un ambiente y equipamiento cálido, adecuado y diverso. Las propuestas educativas y recreativas deben tener objetivos claros, proyectos educativos adecuados a la realidad de los niños que concurren e incentivar la creatividad, el juego y los intercambios diversos (citado por Friendly y Lero, 2002).

La mayoría de las instituciones a las que tienen acceso los niños de familias en situación de pobreza en nuestro país carecen de todos o casi todos estos atributos. De esta manera, las posibilidades que estos niños tienen de insertarse con éxito en la escuela son escasas. Esto mismo impedirá su posterior inserción plena en la sociedad, perpetuándose así el ciclo de la pobreza y desigualdad.

Es que como resultado de las políticas implementadas en los noventa, se avanzó en la descentralización sin recursos y en el abandono de las políticas sociales universales, reemplazándolas por las denominadas "focalizadas". Estas políticas se justificaron en la necesidad de respetar el principio de subsidiariedad del Estado. Es decir que éste no debía involucrarse en ninguna actividad ni en ninguna área en la cual el sector privado tenía capacidad de cubrirla.

El cumplimiento de estas pautas, reforzadas por las restricciones del gasto público, ocasionadas por la necesidad de alcanzar equilibrio fiscal a través de ajustes sucesivos, fue afectando incluso la cantidad y calidad de prestaciones focalizadas. Por una parte, porque en circunstancias de fuertes restricciones estas políticas son procíclicas. Por lo tanto, no existen recursos suficientes para atender y asegurar las prestaciones básicas a los sectores que de menos activos disponen para hacer frente al deterioro en sus ingresos y en sus condiciones de vida en períodos recesivos.

Por otra parte, la limitación de una política social sólo dirigida a grupos sociales cada vez de menor tamaño terminó minando el sentido de solidaridad y de pertenencia a una comunidad, construido a partir de políticas más universales. Los sectores medios que ahora afrontan la satisfacción de sus necesidades sociales –de salud, educación o recreativas– total o parcialmente a través del mercado, ven reforzada una visión de un Estado cada vez más ajeno, al cual deben contribuir para su sostenimiento y del cual obtienen cada vez menos servicios.

Estas limitaciones se verifican en la realidad. Según la encuesta realizada por el SIEMPRO, antes mencionada, el 27% de los niños menores de 5 años asisten a guarderías o jardines de infantes públicos y casi un 20% a instituciones privadas. Al evaluar la asistencia a estas últimas según el nivel de ingresos, existe una relación lógica. Los niños pertenecientes a los quintiles de ingresos más bajos prácticamente no acuden, y a medida que crecen los ingresos de los hogares va aumentando la proporción que representan quienes asisten a servicios privados, llegando el primer quintil a representar el 67,5% del total de niños escolarizados en dicho estrato de ingreso. Si bien entre quienes asisten a servicios públicos la tasa de participación es bastante homogénea según quintiles de ingreso y niveles de pobreza, lo que marca la diferencia es, como ya señalamos, la menor concurrencia a ellos de niños pertenecientes a familias pobres.

Es mucho lo que se puede mejorar en cuanto a la atención y el trabajo con los niños en los jardines de infantes y centros de atención a los que concurren, y aún cuando se trabaje en el perfeccionamiento tanto de docentes como de las mamás cuidadoras, la familia juega un rol esencial. La mayoría de los programas sociales que han funcionado en los últimos años han sido diseñados para dar respuesta al sinnúmero de "falencias" que las familias pobres y los niños que crecen en ellas tienen, y que los coloca en situación de desventaja con respecto a otros niños. Sin embargo, los resultados obtenidos con esta estrategia son bastante desalentadores. Con estas intervenciones los niños no logran superar las desventajas que el medio en el que les ha tocado nacer les impone.

La promoción de la familia es una estrategia que necesariamente debe desarrollarse. Hay varias formas en que se podrían desplegar acciones que tiendan a revalorar su papel en el desarrollo de los niños. Nos referimos a ellas en el apartado siguiente.

5.1. La promoción de la familia

5.1.1. Instrucción de la madre

Está ampliamente demostrada la probabilidad diferencial que tienen los niños menores de 1 año de sobrevivir si su madre ha completado la enseñanza básica, y es mucho mayor aún si completó el nivel terciario. El estudio antes mencionado de Ruiz y Moreau evidenció una actitud claramente diferencial de las madres con estudios secundarios, pero pertenecientes a sectores populares, en la búsqueda y selección de las mejores alternativas institucionales para complementar la crianza de sus hijos. Por estas razones se debería alentar el diseño de programas educativos para mujeres entre 20 y 45 años, como política de inversión social y promoción de derechos. Para las mujeres menores de esa edad debería privilegiarse la retención y permanencia en el colegio hasta finalizar el ciclo educativo, con dispositivos que favorezcan la retención mediante una extensión del programa de becas que desalienten la competencia de una inserción temprana en el mercado de trabajo, que es la estrategia usada para complementar los reducidos ingresos familiares.

Esta orientación de la política social pretende mejorar la capacidad de crianza de las familias y desalentaría otras estrategias que, asumiendo el problema, promueven directa o indirectamente la institucionalización de los niños de sectores populares para asegurar en primer lugar los requerimientos alimentarios y nutricionales. Existen dos aspectos diferentes y que es imprescindible separar. Por una parte, si los ingresos reales del grupo familiar son tan reducidos que no posibilitan garantizar la alimentación de los niños, este hándicap no puede resolverse a través de su institucionalización, a menos que esta última sea total. Y esta alternativa conspira totalmente contra los otros requisitos de la crianza, vinculados con el afecto y el tiempo necesario de contacto entre los padres, especialmente de la madre y su hijo o hija, además de vulnerar sus derechos.

Es cierto que desde el punto de vista microsocial es muy importante para atenuar las barreras en el desarrollo infantil que enfrentan las familias de los sectores populares generar acciones de capacitación de los padres, de las promotoras sociales y del equipo de salud. También es importante promover adicionalmente la inclusión de actividades específicas en todos los espacios comunitarios e institucionales por donde transitan las madres y los niños, para incorporar estrategias en favor del desarrollo infantil.

Sin embargo, si bien es necesario trabajar con el conocimiento del niño, de su familia y su comunidad, tampoco hay que sobrevalorar estos saberes como los únicos que regirán su desarrollo. También es necesario incluir los saberes y competencias de la cultura dominante, pues para estos niños y para todos los niños se han convertido en un recurso necesario, aunque no suficiente, de inclusión en el futuro. O sea, rescatar la naturaleza, la sabiduría de la vida cotidiana y al mismo tiempo aportar los conocimientos y los saberes necesarios para integrarse como ciudadano a la comunidad. Y la ciudadanía se construye desde el seno de la madre, a partir de un embarazo planificado y deseado, con una adecuada atención del mismo y del parto, respetando luego el crecimiento del niño, brindándole la contención adecuada y los estímulos y oportunidades que le permitan integrarse en el mundo del futuro.

5.1.2. Los subsidios en alimentos

La cobertura del Programa Materno Infantil de distribución de leche, asociada al control de crecimiento y desarrollo de los servicios de salud, era en el año 2001 del 44% entre los niños hasta 2 años pertenecientes a familias pobres, y del 36% entre las embarazadas. Ello implica una fuerte restricción a la vigilancia del crecimiento y desarrollo de los niños, y por lo tanto un papel limitado de intervención del sector de salud, que es el principal recurso institucional, sino el único, para controlar a los niños y capacitar a las madres en acciones de vigilancia del desarrollo. En realidad, esto sería así asumiendo que en los servicios de salud efectivamente se hace vigilancia del crecimiento y desarrollo al momento de la entrega de la leche en polvo y que ésta se realiza en forma adecuada.

Por otra parte, la entrega de la leche en polvo en sí misma implica un subsidio muy significativo que en estos momentos efectúa el Estado al ingreso de las familias. También lo son los programas de complementación alimentaria, ofrecidos a través de la entrega de bolsones o cajas de alimentos secos a las familias, así como la oferta de comedores comunitarios e infantiles.

Sin embargo, más allá de lo limitada que es la cobertura de estos programas, además de los reconocidos problemas de selección y superposición de beneficiarios, subsisten dos inconvenientes de relevancia que en el actual contexto de pobreza extrema masiva afectan aspectos importantes del proceso de crianza. Por una parte, todos los programas alimentarios existentes están diseñados nutricionalmente desde una perspectiva de complementación. Es decir, se asume que los integrantes del grupo familiar completan sus requerimientos alimentario-nutricionales mediante la adquisición de víveres frescos, cuando la oferta es de cajas o bolsones de alimentos secos, o mediante la ingesta de una comida o dos adicionales en el hogar, cuando se trata de la asistencia a comedores escolares o comunitarios. Con los ingresos reales tan reducidos de los que dispone cerca del 40% de los niños, el complemento es insuficiente.

El otro aspecto, particularmente en el caso de los comedores comunitarios, es la pérdida de la comensalidad, de un espacio de interacción de la familia alrededor del almuerzo y/o de la cena. En nuestra cultura ha sido éste un momento de encuentro, de relación, de diálogo entre todos los integrantes de la familia. Es un tiempo y un espacio de construcción de vínculos en la privacidad del hogar. Su reemplazo por el comedor sólo se justifica en la emergencia de la exclusión. Y como toda emergencia, debería ser limitada en su duración, para retornar a la rutina de la mesa familiar lo antes posible.

5.1.3. El subsidio a los ingresos

En este contexto recobra importancia el reconstruir uno de los institutos más relevantes del sistema de protección social: las asignaciones familiares. Sus beneficiarios son los hijos de trabajadores asalariados del sector formal con retribuciones inferiores a $1.500 mensuales. Actualmente se beneficia un 40% de los menores de 18 años. Existen varias propuestas de política pública para su universalización. La primera es la de universalizar la asignación por hijo, mediante diferentes formas alternativas de financiamiento, incluyendo a todos los menores de 18 años independientemente de la categoría ocupacional de los trabajadores. La segunda implica, contemplando la estrechez de recursos fiscales mediante una reforma del sistema, redistribuir los recursos disponibles entre el total de las familias con hijos. Como ello implicaría una reducción de los montos para las familias que hoy lo están percibiendo, y la mayor parte de ellas se encuentran en situación de vulnerabilidad, de todos modos exigiría una mayor asignación de recursos a los actualmente disponibles. Parte de estos recursos podrían ser derivados a partir de un control más estricto de los recursos del Plan Jefas y Jefes de Hogar.

Desde la perspectiva del desarrollo humano en general, y del desarrollo infantil en particular, la única posibilidad de generar las condiciones necesarias pero no suficientes para que las familias recuperen su potencial de asumir la crianza de sus niños pequeños es que dispongan de los recursos mínimos para acceder a una canasta básica alimentaria en el más breve plazo posible. Si bien es importante el monto del Plan Jefas y Jefes de Hogar de $150 mensuales, a los que se deberían agregar la valorización de otros insumos, como la leche del Programa Materno Infantil, los alimentos secos o cocidos recibidos de la asistencia alimentaria, los medicamentos que actualmente reciben a través del Plan Remediar, y que cubre las necesidades de cualquier miembro del hogar, así como eventualmente la percepción de las becas escolares si hay adolescentes entre 13 y 16 años que son sujetos del plan, el ingreso real sería aún insuficiente para familias de más de 4 miembros con ingresos por trabajo o pensión inferiores a $200 mensuales. Si no tuvieran ingresos, y los hogares fuesen de 2 a 4 miembros, el valor de los subsidios sería inferior al valor de la línea de indigencia.

En este sentido, y más allá de la trascendencia que tuvo y tiene el Plan Jefas y Jefes de Hogar Desocupados, éste fue importante para reducir en alrededor de seis puntos porcentuales la tasa de desocupación abierta, pero tuvo menos efecto en reducir la incidencia de pobreza e indigencia. Esto se explica porque entre los pobres e indigentes, menos de un 30% tiene un jefe o jefa desocupado/a. Ellos son pobres o indigentes por tener ingresos muy bajos.

Existen otras formas de mejorar los ingresos reales, además de los ya apuntados, como la reducción de los precios de los bienes alimentarios de consumo familiar a través de acuerdos de concertación del Estado con las empresas productoras, y/o reduciendo la intermediación, y/o disminuyendo o eliminando el IVA a dichos productos. Ello beneficiaría los consumos de casi la mitad de la población que no es pobre, aunque en este caso el subsidio sería menor porque la canasta alimentaria de los grupos de altos ingresos es diferente. Cualquiera sea la solución, alguna debería implementarse para reducir el impacto negativo de que casi la mitad de las familias argentinas tengan severas restricciones para encarar adecuadamente el proceso de crianza (afectando a tres de cada cuatro niños).

En síntesis, una vez asegurada la cobertura de las necesidades alimentarias, es muy importante promover la transformación de las instituciones existentes que atienden niños, y eventualmente promover nuevas, para incrementar sus capacidades de atención integral. Y esto, de acuerdo a la experiencia disponible, exige personal profesional adecuadamente capacitado. Pero además requerirá, en muchos lugares, construir en conjunto con los padres pertenecientes a los sectores populares una valoración positiva de este tipo de instituciones para sus hijos pequeños. No olvidemos, en este sentido, el encadenamiento de disfuncionalidades que desde la misma gestación padecen los niños en cada una de las etapas de su desarrollo hasta su egreso de la escuela primaria.

Alternativas como las señaladas permitirían además proponer o inducir acciones de política social que favorecerían la construcción de mejores posibilidades para promover el desarrollo humano en general, de las personas, de las familias, de las comunidades y del país, así como el desarrollo infantil en particular.

6. Conclusiones

Vivimos en una fuerte tensión entre las indicaciones, posibilidades y restricciones que impone el modelo global, y sus efectos en las condiciones particulares de vida en cada región, ciudad o barrio del país. Seguramente en los próximos años se profundizará la relevancia de lo local. Y es en el espacio local donde crece la factibilidad de constituir acuerdos entre diferentes sectores de la sociedad, y entre ellos y el Estado, para la defensa y generación de ciertos valores comunes, que vayan más allá de las libertades individuales, del consumo, de las ganancias y de los ingresos.

Transitamos una época de fuertes debates y tensiones entre aquellos que pretenden seguir concentrando poder, utilizando y promoviendo la diferenciación y alentando la individuación, y los otros que, afectados por la privación creciente y la pérdida de activos y posibilidades, reconocen su realidad en otros y otras e inician un camino de construcción de una organización y de conformación de colectivos, de participación en las decisiones, partiendo de lo que disponen pero guiados por algunos sueños y esperanzas de un mundo por armar.

Quienes trabajamos en salud y en educación debemos fortalecer las redes construidas con colegas, integrarnos con otros profesionales y técnicos en el ámbito local, sumarnos a iniciativas comunitarias y generar equipos sociales de atención integral. Las familias y las comunidades requieren apoyo, y debemos movilizar todos los recursos existentes para ayudar en forma integral a promover el desarrollo de los niños insertos en las familias y en las comunidades.

En la crisis que hoy vivimos, los esfuerzos que se realizan desde lo social intentan disminuir algunos de los efectos de la exclusión. Sin embargo, el desafío está en desarrollar políticas, programas y acciones que vuelvan a promover la inclusión. En muchos países desarrollados, como Francia y Canadá, las propuestas tienden a luchar contra la segregación social y espacial de las familias y de los niños ricos y pobres. El objetivo es volver a promover escuelas y espacios públicos de encuentro y reconocimiento entre los diferentes grupos. Es decir, promover políticas que generen mayor igualdad, partiendo de los ingresos y de los principales activos, como la educación y la salud. Esto implica compartir tiempo y espacios culturales y recreativos, repensar los espacios públicos excluyentes y los de segregación como los barrios privados. En síntesis, se trata, como propone Nancy Birdsall, de trabajar a favor de un nuevo pacto social entre los sectores tradicionalmente pobres y los sectores medios empobrecidos, para generar la suficiente fuerza política que permita el desarrollo de políticas sociales más universales que corrijan la distribución regresiva del ingreso generada en los últimos años. En dicho pacto, el presente y el futuro de los niños debería ser prioritario, reconociendo la necesidad de recomponer las capacidades mínimas de las familias para la crianza (Birdsall y Szekey, 2003).

Muchos de los problemas aquí planteados son similares en casi todos los países del mundo, incluso en los desarrollados. Sin embargo, la magnitud y la forma de enfrentarlos difieren en cada sociedad y región. Y lógicamente provoca resultados distintos. Es decir que aun cuando los márgenes de maniobra se estrechan, siguen existiendo. Y además sabemos que se angostan o se ensanchan de acuerdo con la resistencia y flexibilidad del cuerpo que lo contiene. Ello significa de algún modo que dependerá de la capacidad y voluntad de la mayor parte de la sociedad para llegar a acuerdos que permitan disponer de políticas sociales que sostengan los valores de integración, solidaridad y priorización de los servicios y las condiciones para la crianza de los niños. Una propuesta de este tipo generará rechazos, particularmente entre aquellos que tienen más para perder o, mejor dicho, para dejar de ganar. Pero la perpetuación de la situación hasta ahora vigente, tiene enormes costos para los niños, para los adolescentes y para las familias en general que pretenden recuperar la esperanza, algunas certidumbres y derechos, que se reflejan en la aspiración de poder disfrutar del mejor estado de salud y bienestar posibles.

Referencias bibliográficas

Birdsall, N. y Szekey, M. (2003): "Poverty, equity and social policy in latin America", *Working Paper Series*, 24, Center for Global Development, Washington.

Carnegie Corporation of New York (1994): *Starting point*, Nueva York, reporte del Carnegie Task Force on Meeting the Needs of Young Children.

Castel, R. (1995): *Las metamorfosis de la cuestión social. Una crónica del asalariado*, Buenos Aires, Paidós.

CIC – Unicef (1990): *Piden pan y algo más. Un estudio sobre crecimiento y desarrollo infantil*, Buenos Aires, Unicef-Siglo XXI.

CLACYD (2002): "Iniquidad y desarrollo infantil (0-2 años)", publicación de la Fundación CLACYD, N° 6, Córdoba, SIMA Edit.

CLAEH – Unicef (1989): *Creciendo en condiciones de riesgo. Niños pobres del Uruguay*, Montevideo, publicación CLAEH-Unicef.

Durlauf, S. (2003): "Groups, social influences and inequality: a membership theory perspective on poverty traps", Departmento de Economía, Universidad de Wisconsin, mimeo.

Engle, P. (1993): "Influences of mother's and father's income on children's nutritional status in Guatemala", *Social Science and Medicine*, 37.

Engle, P. (1998): *Evaluación, análisis y acción para mejorar la atención relacionada con la nutrición*, Nueva York, Ed. Unicef.

Engle, P.; Menon, P.; Haddad, L. (1996): "Care and nutrition: Concepts and measurement", *FCND Discussion Paper*, International Food Policy Research Institute, Washington.

Feldman, S.; Murmis, M. (2001): "Ocupación en sectores populares y lazos sociales. Preocupaciones teóricas y análisis de casos", *Serie Documentos de Trabajo n° 2*, SIEMPRO, Consejo Nacional de Coordinación de Políticas Sociales, Buenos Aires.

Friendly, M.; Lero, D. (2002): "Social inclusion through early childhood education and care", *Working Paper Series*, Laidlaw Foundation, Toronto-Ontario.

Hertzman, C. (2002): "Leave no child behind, social exclusion and child development", *Working Paper Series*, Laidlaw Foundation, Toronto - Ontario.

Katzman, R. (2001): "El aislamiento social de los pobres urbanos: reflexiones sobre su naturaleza, determinantes y consecuencias", *Serie Documentos de Trabajo n° 1*, SIEMPRO, Consejo Nacional de Coordinación de Políticas Sociales, Buenos Aires.

Lejarraga, H.; Krupitzky, S.; Giménez, E.; Diament, N.; Tibaldi, F.; Kelmansky, D.; Cameron, N. (1996a): "Organización de un Programa Nacional Colaborativo de evaluación del desarrollo psicomotor en niños menores de seis años", *Archivos Argentinos de Pediatría*, 94: 290-300.

Lejarraga, H.; Bianco. A.; Krupitzky, S.; Kelmansky, D.; Martínez, E.; Pascucci, M. C.; Giménez, E.; Tibaldi, F.; Cameron, N. (1996b): "Edad de cumplimiento de pautas de desarrollo en niños argentinos menores de seis años", *Archivos Argentinos de Pediatría*, 94, 6: 369-375.

Lejarraga, H.; Pascucci, M.C. (1998): "La pesquisa de problemas de desarrollo psicomotor en pediatría", *Publicación informativa y científica del Servicio Nacional de Rehabilitación y Promoción de la Persona con Discapacidad*, n° 1, año 7: 12-19.

Lejarraga, H.; Pascucci, M.C. (1999): "Desarrollo psicomotor del niño", en O'Donnell, A.; Carmuega, E. (coords.), *Hoy y mañana. Salud y calidad de vida en la Argentina*, Buenos Aires, Cesni, págs. 223-250.

Lejarraga, H.; Pascucci, M. C.; Krupitzky, S.; Kelmansky, D.; Bianco, A.; Martínez, E.; Tibaldi, F.; Cameron, N. (2002): "Psychomotor development in argentinean children aged 0 - 5 years", *Pediatric and Perinatal Epidemiology*, 16 (1): 47-60.

López, N.; Tedesco, J. C. (2002): *Condiciones de educabilidad de los niños y adolescentes en América Latina*, Buenos Aires, IIPE-Unesco, disponible en <http://www.iipe-buenosaires.org.ar>.

Marshall, T. (1997): "Ciudadanía y clase social", *Revista Española de Investigaciones Sociológicas*, Madrid, Editorial del Centro de Investigaciones Sociológicas (CIS).

Meyers, M. y Gornick, J. (2000): *Early Childhood Education and Care. Cross-National Variation in Service Organization and Financing*, Nueva York, Universidad de Columbia.

Mitchell A.; Shillington, R. (2002): "Poverty, inequality and social inclusion", *Working Paper Series*, Laidlaw Foundation, Toronto.

Moreau, L.; Ruiz, V.; "El Desarrollo infantil en contextos de pobreza", *Revista Cultura y Educación*, n° 13, Fundación Infancia y Aprendizaje, Madrid.

PROMIN (1990, 2000 y 2001): *Documentos de Desarrollo Infantil*, Ministerio de Salud y Acción Social de la Nación.

Ruiz V.; Moreau, L. (2000): *Desarrollo o subdesarrollo infantil*, Buenos Aires, Unicef.

Sen, A. (1997): *Bienestar, justicia y mercado*, Barcelona, Paidós.

SIEMPRO (2003): *Encuesta de condiciones de vida, 2001*, Buenos Aires, Consejo Nacional de Coordinación de Políticas Sociales.

Tenti Fanfani, Emilio (2002): "Socialización", en Carlos Altamirano (comp.), *Términos críticos de sociología de la cultura*, Buenos Aires, Paidós.

Unicef Argentina (1993): *Desarrollo infantil*, documentos.

Unicef (2002): "Poverty and exclusión among urban children", *Innocenti Digest*, n° 10, Florencia.

Vinocur P. (1999): "Exclusión y pobreza. Derechos y oportunidades. Pérdidas de los niños argentinos", en O'Donnell, A.; Carmuega, E. (coords.), *Hoy y mañana, salud y calidad de vida de la niñez argentina*, Buenos Aires, Cesni.

Winnicott, D. (1980): *La familia y el desarrollo del individuo*, Buenos Aires, Paidós.

Winnicott, D. (1993): *Los procesos de maduración y el ambiente facilitador*, Buenos Aires, Paidós.

CAPÍTULO 21

Aspectos legales de los trastornos del desarrollo y de las discapacidades

Manuel E. Maza

La legislación argentina sobre trastornos del desarrollo y discapacidad contiene un cuerpo de leyes bastante amplio, que cubre la mayoría de las necesidades sobre el tema. Sin embargo, estas leyes no son conocidas por gran parte de los pediatras y otros miembros del equipo de salud encargados de atender los problemas de desarrollo de los niños. Es por ello que hemos intentado aquí condensar las más importantes normas legales que protegen a los niños con discapacidad.

Este capítulo tiene por objetivo ser un instrumento de trabajo sobre los derechos de los pacientes que están asegurados en el marco legal, una herramienta de consulta para poder orientar a él y a su familia en sus derechos y/o reclamos.

1. Antecedentes del marco legal

El Estado es la nación jurídicamente constituida y cuenta con un conjunto de organizaciones sociales, de gobierno, de administración y de cohesión, cuyo fin es el bien común, es decir, el bienestar de todos los ciudadanos. El Estado, como garante del bien común, debe ocuparse de resolver las inequidades que se producen sobre los grupos más vulnerables de la sociedad. Dentro de su rol, el Estado ha establecido políticas tendientes a la integración social de las personas con discapacidad, para garantizar la equiparación de sus oportunidades de acceso a la salud, a la educación, al trabajo, a la vida cultural y social.

La Organización de las Naciones Unidas (ONU), en su Programa de Acción Mundial para las Personas con Discapacidad (1982), solicitó a los Estados miembros –Argentina es uno de ellos– que generen la legislación adecuada, las bases jurídicas y las competencias necesarias para la prevención de la discapacidad y la rehabilitación, la igualdad de oportunidades y plena participación de las personas con discapacidad.

La igualdad de oportunidades ha sido definida por la ONU como "el proceso mediante el cual los sistemas generales de la sociedad, tales como los servicios sociales y de salud, el medio físico, la vivienda y el transporte, las oportunidades de educación y trabajo y la vida cultural y social, incluidas las instalaciones deportivas y de recreación, se hacen accesibles para todos".

2. Tipos de legislación sobre discapacidad

El marco legal de nuestro país reconoce tres tipos de legislación relacionada con los derechos y beneficios para las personas con discapacidad:

- *Legislación especial y con sentido global*
  Normas de alcance general y alcance específico en las áreas de salud, educación, trabajo, arquitectura y accesibilidad.
  Ejemplos: ley nacional 22.431, Sistema de Protección Integral para las Personas Discapacitadas.
- *Legislación especial para sectores determinados de la población con discapacidad*
  Ejemplos: ley nacional 20.888, Régimen de Jubilación para Ciegos; ley nacional 24.204 modificada por ley nacional 24.221, Servicio de Telefonía Pública para Personas con Discapacidad Auditiva y/o Impedimentos en el Habla; ley nacional 24.421, Servicio de Telefonía Domiciliaria para Personas con Discapacidad y/o Impedimentos en el Habla; ley nacional 24.716, De Síndrome de Down.
- *Legislación general para todos los ciudadanos con especificaciones para los ciudadanos con discapacidad*
  Ejemplo: ley nacional 24.013, De Empleo.

Esta última tendencia es la que enmarca los principios de normalización e integración. Favorece a las personas con discapacidad en cuanto se reafirman sus derechos generales y su derecho a medidas particulares de equiparación de oportunidades.

3. Aspectos generales de la normativa

La legislación en la materia se refiere a cinco aspectos fundamentales.

3.1. Políticas sobre discapacidad

Incluye la legislación nacional, provincial y municipal destinada a crear organismos de coordinación que puedan establecer relaciones coherentes entre el Estado y sus áreas de ejecución y las organizaciones no gubernamentales de o para personas con discapacidad.

Ejemplos: ley nacional 22.431 y leyes provinciales para la integración; decreto 984/92 modificado por decreto 387/97 de ratificación de la Comisión Nacional Asesora para la Integración de Personas Discapacitadas; ordenanza municipal 1230/94, Municipalidad de Azul, provincia de Buenos Aires, creación del Consejo Municipal de Discapacidad.

3.2. Derechos y garantías constitucionales

Protegen los derechos y garantizan el mismo status en igual participación en la sociedad.

Ejemplos: Constitución Nacional, art. 75°; ley 23.592, De Antidiscriminación; Constituciones de las provincias de Córdoba, Santiago del Estero, Salta y Tierra del Fuego.

3.3. Accesibilidad

Incluye leyes que hacen obligatoria la supresión de barreras arquitectónicas, urbanísticas, en el transporte y en las comunicaciones.

Ejemplo: ley nacional 24.314, Accesibilidad de las Personas con Movilidad Reducida.

3.4. Necesidad de proporcionar ingresos

Abarcan aspectos relacionados con la inserción en un puesto de trabajo competitivo o tutelado.

Ejemplos: ley nacional 24.013, De Empleo; ley nacional 24.028, Accidentes de trabajo; ley nacional 24.465, Flexibilidad Laboral; resoluciones ministeriales.

3.5. Obligatoriedad de la prestación de un servicio

Normativas sobre prestaciones de salud, mejoramiento de la calidad de vida y educación.

Ejemplos: ley nacional 24.901, Sistema de Prestaciones Básicas; ley nacional 25.730, Ley de Cheques.

4. Legislación nacional sobre discapacidad

4.1. Consideraciones generales

La persona con discapacidad tiene los mismos derechos que sus conciudadanos, y estos derechos están garantizados en la nueva Constitución Nacional. Sin embargo, en relación al ejercicio de sus derechos, la persona con discapacidad puede encontrarse en una situación de desventaja, por lo que resulta necesario la adopción de medidas específicas destinadas a equiparar oportunidades y evitar así situaciones de discriminación.

Se entiende por discriminación a cualquier accionar que impida la igualdad entre los seres humanos. Dentro del marco jurídico pueden reconocerse dos formas de discriminación: una activa, cuando se da un trato desigual al que es igual, y una pasiva, por ausencia de normas que aseguren un trato diferente al que es diferente.

La discriminación por razones de discapacidad se encuentra a lo largo de la historia de la humanidad. Desde los sacrificios en la antigua Grecia y Roma hasta la creencia judeocristiana de castigo divino y sus actitudes de compasión y segregación.

Si bien hoy la sociedad va evolucionando hacia una actitud integradora, existe aún una falsa conciencia de normalidad, ya que las diferencias son inherentes a la condición humana. Muchos organismos y convenciones internacionales se han ocupado de reivindicar los derechos de las personas con discapacidad a través de declaraciones y documentos, donde se recomiendan las acciones para tal fin. Es por ello que hemos considerado de utilidad incluir dentro de este capítulo los antecedentes constitucionales y las leyes específicas antidiscriminatorias de la legislación argentina por ser los instrumentos que garantizan la inviolabilidad del principio básico de igualdad de derechos.

4.2. Antecedentes constitucionales

a) Antecedentes constitucionales nacionales

La Constitución Nacional, primera parte, cap. IV, Atribuciones del Congreso, art. 75°, inciso 23, dice:

> Legislar y promover medidas de acción positiva que garanticen la igualdad real de oportunidades y de trato, y el pleno goce y ejercicio de los derechos reconocidos por esta Constitución y por los tratados internacionales vigentes sobre derechos humanos, en particular respecto de los niños, las mujeres, los ancianos y las personas con discapacidad.

b) Antecedentes constitucionales provinciales

Las legislaciones provinciales han establecido en sus respectivas constituciones los derechos de las personas con discapacidad, y de las 23 provincias, sólo 14 expresan consideraciones sobre la discapacidad en general en sus respectivas constituciones.

4.3. Leyes nacionales

a) Leyes nacionales antidiscriminatorias

- *Ley nacional 23.592.*
  Actos de Discriminación

Esta ley fue sancionada el 3 de agosto de 1988. Define como actos u omisiones discriminatorios los determinados por motivos tales como raza, religión, nacionalidad, ideología, opinión política o gremial, sexo, posición económica, condición social o características físicas. Con la sanción de la ley 25.280, se ampliaron los alcances de la anterior para personas con discapacidad.

- *Ley nacional 25.280.*
  Aprobación de la Convención Interamericana para la Eliminación de todas las Formas de Discriminación contra las Personas con Discapacidad

Esta ley que aprueba la Convención Interamericana para la eliminación de todas las formas de discriminación contra las personas con discapacidad fue suscrita en Guatemala el 8 de junio de 1999, se sancionó el 6 de julio de 2000 y se publicó en el Boletín Oficial el 4 de agosto de 2000.

b) Leyes nacionales sobre prevención de la discapacidad

- *Ley nacional 23.874.*
  Modificatoria de la ley 23.413. Prueba Obligatoria de Rastreo de la Fenilcetonuria e Hipotiroidismo

Esta ley fue publicada en el Boletín Oficial de 30 de octubre de 1990 y se reglamentó por el decreto nacional 1316/94.

• *Ley nacional 24.438.*
Modificatoria de las leyes 23.413 y 23.874. Prueba Obligatoria de Rastreo de la Fenilcetonuria, Hipotiroidismo y Fibrosis Quística.

Esta ley fue publicada en el Boletín Oficial de 16 de enero de 1995 y se reglamentó por el decreto nacional 1316/95.
Modifica a las leyes nacionales 23.414 y 23.874 y añade el rastreo de la enfermedad fibroquística.

c) Leyes nacionales sobre protección integral

La actividad legislativa en la materia ha avanzado significativamente a partir de 1981 –Año Internacional del Discapacitado– en el que se sanciona la ley nacional 22.431 denominada como *"Sistema de Protección Integral de las Personas Discapacitadas"*, que acoge la definición legal de persona con discapacidad y las políticas implícitas en salud, educación, trabajo, seguridad social y accesibilidad. Dentro del sistema federal de gobierno, las provincias argentinas han ido dictando las distintas leyes provinciales en la materia basándose en la ley nacional.

• *Ley nacional 22.431.*
Sistema de Protección Integral de las Personas Discapacitadas.

La ley nacional 22.431 es una ley "ómnibus" que consta de tres títulos y 29 artículos, sancionada en el año 1981 como adhesión del Poder Ejecutivo al "Año Internacional de los Impedidos" establecido por las Naciones Unidas.
Se promulgó el 16 de marzo de 1981 y se reglamentó por el decreto nacional 498/83. Fue incluida en el Digesto Municipal de la Ciudad de Buenos Aires, vol. 3, pág. 2387. Las provincias han adherido o dictado su propia ley sobre el tema a pedido de las autoridades. La tabla 1 muestra los contenidos principales de la ley.

– Título I: Normas generales

a) Capítulo I: *Objetivo, concepto y calificación de la discapacidad.*
- Art. 1º: Marca cuáles son los objetivos de la presente ley, legislando sobre salud, asistencia social, trabajo y educación, seguridad social, transporte y arquitectura diferenciada.
- Art. 2º: Definición de persona con discapacidad: a los efectos de esta ley, se considera discapacitada a toda persona que padezca una alteración funcional permanente o prolongada, física o mental, que en relación a

Tabla 1
Contenidos principales de la ley 22.431

Títulos	Normas y capítulos	Artículos
Título I	*Normas generales*	
	Capítulo I: Objeto, concepto y calificación de la discapacidad	Art. 1º al Art. 3º
	Capítulo II: Servicios de asistencia, prevención y órgano rector	Art. 4º al Art. 5º
Título II	*Normas especiales*	
	Capítulo I: Salud y asistencia social	Art. 6º al Art. 7º
	Capítulo II: Trabajo y educación	Art. 8º al Art. 13º
	Capítulo III: Seguridad social	Art. 14º al Art. 19º
	Capítulo IV: Transporte y arquitectura diferenciada	Art. 20º al Art. 22º
Título III	*Disposiciones complementarias*	Art. 23º al Art. 29º

su edad y medio social implique desventajas considerables para su integración familiar, social, educacional o laboral.

- Art. 3°: La Secretaría de Salud Pública certificará la existencia de la discapacidad, su naturaleza y grado, así como las posibilidades de rehabilitación del afectado. Dicha Secretaría de Estado indicará también, teniendo en cuenta la personalidad y los antecedentes del afectado, qué tipo de actividad laboral o profesional puede desempeñar. El certificado que se expida acreditará plenamente la discapacidad, salvo lo dispuesto en el Art. 19 de la presente Ley. (Acreditación de la discapacidad en materia de jubilaciones y pensiones).

El Servicio Nacional de Rehabilitación, que depende del Ministerio de Salud, es el organismo facultado para certificar en cada caso concreto la existencia de la discapacidad, su naturaleza y su grado. En el decreto 498/93, reglamentario de la ley 22.431, se determina la forma en que debe ser expedido el certificado médico y cómo se constituye la junta médica encargada de determinar la discapacidad, manifestando que en caso de considerarlo necesario se requerirá el asesoramiento de especialistas en la materia.

Actualmente este certificado puede también ser expedido por las autoridades provinciales creadas *ad hoc* (véase pág. 667).

b) Capítulo II: *Servicios de asistencia, prevención, órgano rector.*
- Art. 4°: Servicios que prestará el Estado cuando el discapacitado, las personas de quienes dependa o los entes de obra social a los que esté afiliado no puedan afrontarlos:

- rehabilitación integral;
- formación laboral o profesional;
- préstamos o subsidios para su actividad laboral o intelectual;
- escolarización en la escuela común o especial;
- orientación o promoción individual, familiar o social.

- Art. 5°: Funciones del ministerio de Bienestar Social.
  Comentario: actualmente modificado (véase pág. 657).

Estamos describiendo la ley 22.431 de 1981, que fue modificada sucesivamente hasta que la ley 24.901, de Prestaciones Básicas para Personas con Discapacidad, normatiza el encuadre de las prestaciones (ley 24.901, Art. 3°, véase pág. 657).

– Título II: Normas especiales

a) Capítulo I: *Salud y Asistencia Social.*
   Comentario: actualmente modificado.
- Art. 6°: Obligaciones a cargo del Ministerio de Bienestar Social o la Municipalidad.
- Art. 7°: Hospitales y hogares de internación.

b) Capítulo II: *Trabajo y Educación.*
- Art. 8°: Obligación del Estado nacional, sus organismos descentralizados o autárquicos, entes públicos no estatales, empresas del Estado y la Municipalidad de la Ciudad de Buenos Aires de ocupar personas con discapacidad idóneas, en una proporción no inferior al 4% de la totalidad de su personal.

Esta norma raramente se cumple en los organismos estatales.

- Art. 9°: Fiscalización por parte del Ministerio de Trabajo de lo dispuesto por el art. 3° y el art. 8.
- Art. 10°: Las personas discapacitadas que se desempeñan en los entes indicados en el art. 8° gozarán de los mismos derechos que el trabajador convencional.
- Art. 11°: Ley nacional 24.308 que sustituye al art. 11°, Concesión de Espacios para Pequeños Comercios en toda Sede Administrativa.
- Art. 12°: Creación de talleres protegidos de producción a cargo del Ministerio de Trabajo.

- Art. 13°: Objetivos del Ministerio de Cultura y Educación para los educandos con discapacidad y formación de docentes especializados.

c) Capítulo III: *Seguridad Social*
- Art. 14°: Extensión de las normas en materia de seguridad social a las personas con discapacidad.

Esta parte fue modificada por las leyes 23.660 y 23.661.

- Art. 15°: Instituye dentro del concepto de prestaciones médicas asistenciales básicas, las de rehabilitación. Actualmente según vigencia del PMOE.
- Art. 16°: Se agrega a la ley nacional 18.017, art. 14° bis, sobre el monto de las asignaciones por escolaridad primaria, media y superior y de ayuda escolar, que se duplicará cuando el hijo a cargo del trabajador fuere discapacitado y concurriere a un establecimiento educacional común o especial.
- Art. 17°: Se modifica por la ley nacional 18.017, con respecto al tiempo mínimo de trabajo efectivo anual que debe realizar el afiliado discapacitado para computar un año. Determina el importe de la jubilación por invalidez.
- Art. 18°: Se intercala el segundo párrafo del art. 47° de la ley nacional 18.038, para determinar el importe de la jubilación por invalidez.
- Art. 19°: Acreditación de la discapacidad en materia de jubilaciones y pensiones.

d) Capítulo IV: *Transporte y arquitectura diferenciada.*
Fue sustituido por la ley nacional 24.314 (modificando a sus tres artículos componentes). La mayoría de las legislaciones provinciales no han adherido o incorporado esta modificación a sus respectivas normativas.

- Art. 20°: Gratuidad del transporte colectivo terrestre sometido al control de las autoridades nacionales para personas con discapacidad en el trayecto que media entre su domicilio y el establecimiento educacional y/o de rehabilitación a los que deban concurrir.

Actualmente ha sido ampliado a las jurisdicciones provinciales (véase pág. 668).

- Art. 21°: Identificación de los vehículos que guían o transportan a personas con discapacidad.

- Art. 22°: Eliminación de barreras arquitectónicas en los edificios públicos y privados que presten servicios públicos construidos o a construir, para personas con discapacidad.

- Título III: Disposiciones complementarias

- Art. 23°: Desgravación impositiva, impuesto a las ganancias y a los capitales de los empleadores.

Los empleadores que concedan empleo a las personas discapacitadas tendrán derecho al cómputo, a opción del contribuyente, de una deducción especial en la determinación del impuesto a las ganancias o sobre los capitales, equivalente al setenta por ciento (70%) de las retribuciones que abonen a personas discapacitadas en cada período fiscal. [...] A los efectos de la deducción a que se refiere el párrafo anterior, también se consideraran las personas que realicen trabajos a domicilio. [...] La opción a que se refiere el presente artículo se ejercerá por cada ejercicio fiscal. (Ley 23.021, art. 23)

- Art. 24°: Recursos para afrontar anualmente el cumplimiento del art. 4ª, inciso c –Servicios que prestará el Estado cuando el discapacitado no pueda afrontarlos– de la presente ley.

Esto ha sido actualmente modificado por ley 23.661 (Fondo de Redistribución) y ley 25.730, de cheques. Programas de cobertura para personas carenciadas con discapacidad (véanse págs. 655-665).

- Art. 25°: Sustitúyese en el texto de la ley nacional 20.475 la expresión "minusválido" por la de "discapacitado".
- Art. 26°: Derogación de las leyes nacionales 13.926, 20.881 y 20.923.
- Art. 27°: Invitación a las provincias a proponer la sanción de regímenes normativos que establezcan principios análogos a los de la presente ley.
- Art. 28°: Plazos para la reglamentación de la presente ley.
- Art. 29°: Es de forma.

5. Políticas prestacionales para las personas con discapacidad

5.1. Leyes, decretos y resoluciones

- Decreto 762/97. Crea el Sistema Único de Prestaciones Básicas.
- Ley 24.901. Instituye un Sistema Único de Prestaciones Básicas de Atención Integral a favor de las Personas con Discapacidad.
- Decreto 1193/98. Reglamenta la ley 24.901.

- Resolución del Ministerio de Salud 428/99. Aprueba el Nomenclador de Prestaciones Básicas, describe características, alcances y aranceles de los prestadores reconocidos por el Sistema Único.
- Resolución del área de Administración de Programas Especiales (APE) 400/99. Establece el Programa de Cobertura del Sistema Único para los beneficiarios de las leyes 23.660 y 23.661 (obras sociales).
- Resolución del Ministerio de Salud 36/03. Actualiza el Nomenclador Nacional de Prestaciones Básicas.
- Resolución 6080/2003. Modifica la resolución 400/99 en relación con la normativa referida al apoyo financiero que requieran los agentes del seguro de salud y los niveles de atención.

El decreto 762 del Poder Ejecutivo Nacional permitió la creación del *Sistema Único de Prestaciones Básicas para Personas con Discapacidad*. Surge con la intención de "que la atención de las personas con discapacidad debe tender a garantizar, cualquiera sea su naturaleza y el origen de su discapacidad, el acceso a su rehabilitación integral, para lograr la participación más amplia posible en la vida social y económica así como su máxima independencia".

El reconocimiento jurídico de este derecho no se limita sólo a posibilitar que las personas con discapacidad puedan acceder a su educación, asistencia, rehabilitación y al suministro de todos aquellos aspectos esenciales que hacen a su integración social, ya que el reconocimiento de este derecho implica ante todo *"el reconocimiento digno de su condición de persona con necesidades especiales"*.

La satisfacción de dichas *necesidades especiales* debe articularse necesariamente a través de un sistema prestacional, que asegure especialmente el suministro de todas aquellas prestaciones que hacen a sus requerimientos esenciales, y cuya satisfacción no puede ni debe ser objeto de discriminación ni de interpretaciones parciales.

Por ello, la ley 24.901 instituye un *Sistema de Prestaciones Básicas* a favor de las personas con discapacidad, con el objeto de brindarles una cobertura integral a sus requerimientos mediante el desarrollo de acciones de prevención, promoción, asistencia y protección, garantizando la universalidad de la atención de las personas con discapacidad se encuentren o no incorporadas en el Sistema de Seguridad Social.

5.2. Ley nacional 24.901, *Sistema de Prestaciones Básicas en Habilitación y Rehabilitación Integral en favor de Personas Discapacitadas*

El derecho a la atención de las personas con discapacidad, para lograr su rehabilitación integral, ha sido desde hace varios años motivo de lucha para asegurar su pleno reconocimiento, tanto desde las diferentes asociaciones que representan al sector como desde los organismos públicos vinculados con la temática. Hoy ha dejado de ser sólo una aspiración legítima, para convertirse en un derecho establecido por la legislación vigente.

• *Capítulo I: Objetivo*

- Art. 1°: "Institúyese por la presente ley un sistema de prestaciones básicas de atención integral a favor de las personas con discapacidad, contemplando acciones de prevención, asistencia, promoción y protección, con el objeto de brindarles una cobertura integral a sus necesidades y requerimientos".

• *Capítulo II: Ámbito de aplicación*

- Art. 2°: Establece que las obras sociales (enunciadas en el art. 1° de la ley 23.660, De Obras Sociales), ampliado a monotributistas y personal doméstico, tendrán a su cargo, con carácter obligatorio, la cobertura total de las prestaciones básicas que determina la ley para las personas con discapacidad afiliadas a las mismas.
- Art. 3°: Establece la modificación del primer párrafo del art. 4° de la ley 22.431, por el que el Estado se obliga a la prestación de servicios básicos a las personas con discapacidad no incluidas dentro del sistema de obras sociales.
- Art. 4°: La atención de las personas que no tuvieran cobertura social estará a cargo del Estado.
- Art. 5°: Habla de la capacitación de los agentes de las obras sociales y su difusión entre los afiliados.
- Art. 6°: Los prestadores de estos servicios serán evaluados y controlados según la reglamentación pertinente (Registro Nacional de Prestadores, res. 213 y 214/2001 del Ministerio de Salud).
- Art. 7°: Fija la financiación de las prestaciones previstas, según el régimen que beneficie a las personas con discapacidad.
  1. Beneficiarios del Sistema Nacional de Seguridad Social (ley 23.661) por el Fondo de Redistribución.
  2. Jubilados y pensionados del Régimen Nacional con fondo de la ley 19.032 (Instituto Nacional de Servicios Sociales para Jubilados y Pensionados INSSJP, PAMI).
  3. Personas comprendidas en el Régimen de Jubilación Privada (ley 24.241) con recursos del Fondo para Rehabilitación Psicofísica.

4. Personas comprendidas en acciones afiliadas a las Aseguradoras de Riesgo de Trabajo a cargo de las mismas (ley 24.557).
5. Pensiones no contributivas y no incluidas en el Sistema de Obras Sociales a cargo del Estado.
- Art. 8º: Se propondrá a las provincias sancionar leyes homólogas.

• *Capítulo III: Población beneficiada*

- Art. 9º: Define a la persona con discapacidad según lo establecido por el art. 2º de la ley 22.431, y el art. 10º establece que la discapacidad deberá acreditarse conforme al art. 3º de la ley 22.431 y por leyes provinciales análogas.
- Art. 11º: Se refiere a la atención de las personas con discapacidad a través de equipos interdisciplinarios, capacitados *ad hoc*, que tiendan a la integración e inserción social del individuo.
- Art. 12º: La permanencia de una persona con discapacidad deberá estimarse y pronosticarse periódicamente.
- Art. 13º: Trata el problema del transporte y al respecto dice:

Los beneficiarios de la presente ley que se vean imposibilitados por diversas circunstancias de usufructuar del traslado gratuito en transportes colectivos entre su domicilio y el establecimiento educacional o de rehabilitación establecido por el artículo 22, inciso a) de la ley 24.314, tendrán derecho a requerir de su cobertura social un transporte especial, con el auxilio de terceros cuando fuere necesario.

• *Capítulo IV: Prestaciones básicas*

- Art. 14º: Prestaciones preventivas

La madre y el niño tendrán garantizados desde el momento de la concepción los controles, atención y prevención adecuados para su óptimo desarrollo físico, psíquico y social.

En caso de existir además factores de riesgo se deberán extremar los esfuerzos en relación con los controles, asistencia, tratamientos y exámenes complementarios necesarios para evitar patologías o en su defecto detectarlas tempranamente. Si se detecta patología discapacitante en la madre o en el feto, durante el embarazo o en el recién nacido en el período prenatal, se pondrán en marcha, además, los tratamientos necesarios para evitar discapacidad o compensarla a través de una adecuada estimulación u otros tratamientos que se puedan aplicar. En todos los casos se deberá contemplar el apoyo psicológico adecuado del grupo familiar.

- Art. 15°: Prestaciones de rehabilitación

Se entiende por prestaciones de rehabilitación a aquellas que mediante el desarrollo de un proceso continuo y coordinado de metodologías y técnicas específicas, instrumentado por un equipo multidisciplinario, tienen por objeto la adquisición y/o restauración de aptitudes e intereses para que una persona con discapacidad alcance el nivel psicofísico y social adecuado para lograr su integración social, a través de la recuperación de todas o la mayor parte posible de las capacidades motoras, sensoriales, mentales y/o viscerales alteradas total o parcialmente por una o mas afecciones, sean éstas de origen congénito o adquiridas (traumáticas, neurológicas, reumáticas infecciosas, mixtas o de otra índole), utilizando para ello todos los recursos humanos y técnicos necesarios.

En todos los casos se deberá brindar cobertura integral en rehabilitación, cualquiera fuere el tipo y grado de discapacidad, con los recursos humanos, metodologías y técnicas que fueren menester y por el tiempo y las etapas que cada caso requiera.

- Art. 16°: Prestaciones terapéuticas educativas

Se entiende por terapéuticas educativas a las que implementan acciones de atención tendientes a promover la restauración de conductas desajustadas, adquisición de adecuados niveles de autovalimiento e independencia e incorporación de nuevos modelos de interacción mediante el desarrollo coordinado de metodologías y técnicas de ámbitos terapéutico-pedagógico y recreativo.

- Art. 17°: Prestaciones educativas

Se entiende por prestaciones educativas a las que desarrollan acciones de enseñanza y aprendizaje mediante una programación sistemática específicamente diseñada para realizarlas en un período predeterminado e implementarlas según requerimiento de cada tipo de discapacidad. Comprende escolaridad en todos sus tipos, capacitación laboral, talleres de formación laboral y otros. Los programas que se desarrollen deberán estar inscriptos y supervisados por el organismo oficial competente que correspondiere.

- Art. 18°: Prestaciones asistenciales

Se entiende por prestaciones asistenciales a las que tienen por finalidad la cobertura de los requerimientos básicos esenciales de la persona con discapacidad (hábitat, alimentación, atención especializada), a la que se accede de acuerdo con el tipo de discapacidad y situación socio-familiar que posea el demandante. Comprende sistemas alternativos al grupo familiar, a favor de las personas con discapacidad sin grupo familiar o con grupo familiar no continente.

• *Capítulo V: Servicios específicos*

Los artículos sobre las prestaciones específicas se refieren a:
- Art. 19°: Definición.
- Art. 20°: Estimulación temprana.
- Art. 21°: Educación inicial.
- Art. 22°: Educación general básica.
- Art. 23°: Formación laboral.
- Art. 24°: Centro de día.
- Art. 25°: Centro educativo terapéutico.
- Art. 26°: Centro de rehabilitación psicofísica.
- Art. 27°: Rehabilitación motora.
- Art. 28°: Atención odontológica integral.

• *Capítulo VI: Sistemas alternativos al grupo familiar*

- Art. 29°: Se refiere a los sistemas alternativos del grupo familiar, como residencias, pequeños hogares y hogares, en los casos en que la persona con discapacidad no pudiere permanecer con su grupo familiar de origen. En los siguientes artículos define cada uno de los sistemas alternativos propuestos.
- Art. 30°: Residencias.
- Art. 31°: Pequeños hogares.
- Art. 32°: Hogares.

• *Capítulo VII: Prestaciones complementarias*

- Art. 33°: Cobertura económica. Se subsidiará a la persona con discapacidad ante situaciones de orden económico o casos atípicos y de excepcionalidad.

- Art. 34°: Cobertura económica para la atención especializada domiciliaria cuando sea necesaria.
- Art. 35°: Apoyo para acceder y/o adquirir elementos necesarios para su rehabilitación.
- Art. 36°: Iniciación laboral. Cobertura económica que se otorgará por única vez al finalizar la rehabilitación.
- Art. 37°: Atención psiquiátrica. Se garantiza la atención psiquiátrica en equipo interdisciplinario, ya sea como única causa o como comorbilitante a otra. También se cubrirá el costo total de los tratamientos prolongados, ya sean psicofarmacológicos o de otras formas terapéuticas.
- Art. 38°: Medicamentos o productos dietoterápicos específicos; se reconocerá el costo total de los mismos.
- Art. 39°: Reconocimiento de servicios específicos no contemplados en esta cobertura. Incluye diagnóstico y asesoramiento genético para la familia de la persona con discapacidad.
- Art. 40°: Reglamentación dentro de los 180 días.
- Art. 41°: De forma.

a) Reglamentaciones

El decreto 1193/98, reglamentario de la mencionada ley, establece que dicho objetivo se logrará "mediante la integración de políticas, recursos institucionales y económicos afectados a dicha temática".

La resolución 428/99 aprueba el Nomenclador de Prestaciones Básicas y describe características, alcances y aranceles de los prestadores reconocidos por el Sistema Único.

La resolución del APE 400/99 establece el programa de cobertura del Sistema Único para los beneficiarios de las leyes 23.660 y 23.661 (Obras Sociales).

La resolución del Ministerio de Salud 36/03 modifica la resolución ministerial 428/99 y actualiza el Nomenclador Nacional de Prestaciones Básicas.

La resolución 6080/2003 modifica la 400/99 en relación con la normativa referida al apoyo financiero que requieran los agentes del seguro de salud y los niveles de atención.

b) Resumen de la normativa vigente con respecto a las políticas prestacionales

A los efectos de definir los principales aspectos que comprende el Sistema Único de Prestaciones Básicas podemos decir que:

Los beneficiarios son:

- Los afiliados de obras sociales del Sistema Nacional del Seguro de Salud.
- Pensionados no contributivos por invalidez y/o graciables.
- Jubilados y pensionados del orden nacional y AFJP.
- Personas que sufren accidentes de trabajo (Administradora de Riesgo de Trabajo, ART).
- Los que carezcan de cobertura social, a través del Programa para la Cobertura de las Personas Discapacitadas Carenciadas. Fondos de la ley 25.730 (aún no incorporados al sistema).

Las prestaciones básicas para personas con discapacidad son:

- Prestaciones de prevención.
- Prestaciones de rehabilitación.
- Prestaciones terapéuticas-educativas.
- Prestaciones asistenciales.
- Ayudas técnicas, prótesis y ortesis.
- Transporte.

Los servicios contemplados son:

- Servicios de estimulación temprana.
- Servicios educativo-terapéuticos.
- Servicios de rehabilitación psicofísica con o sin internación.
- Servicios educativos.
- Servicios de centro de día.
- Servicios de rehabilitación profesional.
- Servicios de hospital de día fisiátrico.
- Servicios de hogares.
- Ayudas técnicas, prótesis, y ortesis.
- Transporte.
- Cobertura de medicación especial.
- Prestaciones odontológicas.

Según la legislación vigente, todos los pacientes pediátricos con trastornos del desarrollo tienen derecho desde el nacimiento a gozar de cobertura de las prestaciones necesarias para el diagnóstico y tratamiento de tales trastornos. En la actualidad se pueden distinguir dos situaciones:

a) aquellos pacientes que no poseen cobertura del seguro de salud sólo dependen de la atención privada o del hospital público, ya que no se han puesto en marcha los mecanismos previstos en la ley 24.452, Fondo de Financiamiento del Programa para Personas con Discapacidad Carenciadas, habiéndose realizado la recaudación de los fondos correspondientes;

b) aquellos pacientes que poseen cobertura de la seguridad social, tienen cubiertas sus prestaciones de acuerdo a la ley 24.901, y según la reglamentación vigente la prestación de Estimulación Temprana en el primer año de vida se realizará por medio del Programa Médico Obligatorio, PMO, (actualmente PMO de Emergencia, PMOE, vigente hasta diciembre de 2003 y prorrogado) y del Plan Materno Infantil, PMI, hasta el primer año de vida, debiendo estas prestaciones ser efectuadas por profesionales y/o instituciones inscriptas en el Registro Único de Prestadores. A partir de esta edad, todas las prestaciones se realizarán por medio de la ley 24.901 siempre que acredite Certificado de Discapacidad, caso contrario continúa con las prestaciones del PMO/PMOE.

Las Obras Sociales del Sistema Nacional del Seguro de Salud (incluidos monotributistas y personal doméstico, res. 266/2000 y 294/2001) están obligadas a reconocer todas estas prestaciones y dar cobertura integral a las personas con discapacidad dentro del Programa de Cobertura del Sistema Único de Prestaciones Básicas para Personas con Discapacidad, con el financiamiento de la Administración de Programas Especiales del Ministerio de Salud a través del fondo de redistribución (decreto 144 y 274/2002 y decreto 741/2003). Estas prestaciones están garantizadas si el afiliado a la obra social hiciera uso de la opción de cambio por otra obra social (decreto 1400/2001)

En los casos de litigio con las obras sociales sobre su responsabilidad de cobertura, el Ministerio de Salud determinará quién debe cubrirlo y, por lo tanto, recibir el fondo de redistribución (decreto 9/99).

Los organismos con responsabilidad en la cobertura prestacional son:

a) Para los afiliados de Obras Sociales del Sistema Nacional del Seguro de Salud: la Administración de Programas Especiales (APE) dependiente de la Superintendencia de Servicios de Salud a través del Fondo Solidario de Redistribución (decretos 144 y 274/2002 y decreto 741/2003).

b) Pensionados no contributivos y/o graciables por invalidez: Comisión Nacional de Pensiones no Contributivas, Ministerio de Desarrollo Social.

c) Jubilados y pensionados del orden nacional a través del Instituto Nacional de Servicios Sociales para Jubilados y Pensionados.

d) Por accidentes de Trabajo: ART, Superintendencia de Riesgos del Trabajo.
e) Invalidez Transitoria: AFJP, Superintendencia de Administración de Fondos de Jubilaciones y Pensiones.
f) Beneficiarios que carezcan de cobertura social: a través del Programa para la Cobertura de las Personas Discapacitadas Carenciadas, Directorio del Sistema de Prestaciones Básicas, Fondos de la ley 25.730, decreto 453/96 modificado por decreto 387/2002 (aún no implementado).

El sistema de Prestaciones Básicas comprende:

Coordinación ejecutiva:

• Directorio del Sistema de Prestaciones Básicas, conformado por los representantes de todos los organismos que integran el mismo.

Estructura operativa:

• Registro Nacional de Personas con Discapacidad: Juntas de Evaluación de Personas con Discapacidad.
• Registro Nacional de Prestadores de Servicios: Juntas de Evaluación de Prestadores.

La puesta en marcha del Sistema de Prestaciones Básicas en cada provincia se realiza a través del convenio que la misma suscribe con el Directorio del Sistema.

5.3. Programa de Cobertura para Personas con Discapacidad Carenciadas

a) Ley nacional 24.452, Fondo de Financiamiento del Programa para Personas con Discapacidad

Esta ley fue publicada en el Boletín Oficial de 2 de marzo de 1995. Se conoce como *Ley del Cheque* y está destinada a prestar apoyo a servicios dirigidos a:

• Subsidios para personas con discapacidad
• Atención a la insuficiencia económica crítica
• Atención especializada en domicilio
• Sistemas alternativos al tratamiento familiar

- Iniciación laboral
- Apoyo para rehabilitación y/o educación
- Requerimientos esenciales de carácter social
- Servicios de rehabilitación
- Servicios de educación
- Servicios asistenciales
- Prestaciones de apoyo
- Federalización del Programa de Atención Integral para Personas con Discapacidad (PROIDIS)
- Capacitación de recursos humanos
- Participación en el Programa Integral de Trabajo (PIT)
- Promoción de empleo privado
- Cursos de formación profesional
- Promoción y creación de talleres protegidos de producción
- Red nacional de empleo y formación profesional
- Seguros de desempleo
- Pensiones no contributivas transitorias
- Creación del Centro Nacional de Ayudas Técnicas
- Prevención, detección e intervención temprana
- Organización de servicios de rehabilitación
- Acreditación de discapacidad

Tal como lo contempla esta ley, a partir de su sanción se destinó un fondo exclusivo para programas y proyectos para personas con discapacidad, según lo establecido por el artículo 7° del citado ordenamiento legal. El fondo se formará con las multas impuestas a cuenta correntistas en los casos previstos en la ley por cheques mal confeccionados.

b) Modificaciones a la Ley de Cheques

El decreto 153/96 y su modificatorio, el decreto 553/97, dispusieron la formación de un Comité Coordinador de Programas y Proyectos, a los efectos de evaluar y asignar subsidios para las organizaciones gubernamentales y no gubernamentales que presentaran proyectos dentro del marco programático elaborado por las Unidades Ejecutoras de los Ministerios de Salud, Trabajo, Desarrollo Social y Educación. Estas multas fueron cobradas a los clientes bancarios, pero las prestaciones nunca se concretaron.

Este fondo sufrió significativas modificaciones hasta que la ley 25.413, art. 10°, lo suprime como tal y prevé su continuidad a través de fondos del Tesoro Nacional, hecho que no llegó a concretarse.

c) Legislación actual

La ley 24.452 fue modificada por la ley 25.730, *Cheques. Sanciones para Libradores*, publicada el 21 de marzo de 2003, que restablece el sistema anterior. La ley 25.757 de agosto de 2003 tiene como objetivo crear una Comisión Bicameral Parlamentaria Investigadora del destino de los fondos cobrados por las entidades bancarias a sus clientes en todos estos años y que, hasta la fecha de elaboración de este capítulo, no han sido girados para el fin previsto.

6. Certificado de discapacidad

6.1. *Cómo obtener el Certificado Único de Discapacidad*

Este certificado constituye un elemento indispensable para acceder a los beneficios específicos para las personas con discapacidad contemplados en las normativas nacionales y provinciales.

El Ministerio de Salud de la Nación certificará en cada caso la existencia de una discapacidad, su naturaleza y su grado, así como las posibilidades de rehabilitación del afectado. Este certificado acreditará plenamente la discapacidad en todo el territorio nacional, en todos los supuestos en que sea necesario invocarla. Idéntica validez en cuanto a sus efectos tendrán los certificados emitidos por las provincias a través de las juntas creadas *ad hoc*.

Deberá tramitarse en el Servicio Nacional de Rehabilitación y Promoción de las Personas con Discapacidad dependiente del Ministerio de Salud, sito en la calle Ramsay 2250, Ciudad Autónoma de Buenos Aires.

Los requisitos para realizar el trámite son: documento de identidad, resumen de historia clínica y últimos estudios realizados. Se deberá confeccionar un resumen de historia clínica describiendo la alteración de la función (discapacidad), la causa etiológica si la hubiere y los tratamientos realizados. No es necesario que el profesional tratante explicite en la certificación respectiva el porcentaje de discapacidad del niño.

Para los beneficiarios residentes en el interior del país, el Certificado Único podrá tramitarse ante las Juntas Provinciales de Discapacidad que se detallan a continuación:

- Chaco: Hospital Dr. Julio C. Perrando, Av. 9 de Julio 1100, Resistencia (ley 24.901).
- Córdoba: Hospital de la Misericordia, Belgrano 1500, Barrio Guemes, Ciudad de Córdoba (ley 24.901).

- Tucumán: Hospital Interzonal Nicolás Avellaneda, Catamarca 2000, San Miguel de Tucumán (ley 24.901).
- La Rioja: Hospital Enrique Verabarros , Olta s/n, La Rioja (ley 24.901).
- Santa Fe: Hospital Santa Fe, San Jerónimo 1400, Santa Fe (ley 24.901); Hospital Rosario, Buenos Aires 2145, Rosario (ley 24.901); Hospital Central de Reconquista, Hipólito Yrigoyen 1540, Reconquista (ley 24.901); Hospital de Rafaela, Lisandro de la Torre 737, Rafaela (ley 24.901); Hospital de Venado Tuerto, Gutiérrez 55, Venado Tuerto (ley 24.901).
- Salta: Secretaría de Desarrollo Social, Área Discapacidad, Belgrano 1349, Ciudad de Salta (ley 24901).
- Chubut: Dirección Provincial del Discapacitado, 9 de julio 280, Rawson (ley 24.901).
- Formosa: Dirección de Minoridad y Familia, Eva Perón 328, Formosa (ley 24.901).
- Río Negro: Consejo Provincial del Discapacitado, La Prida 226, Viedma (ley 24.901).

6.2. Listado de autoridades provinciales para el reconocimiento de Certificados de Discapacidad a nivel provincial

- Catamarca: Centro de Rehabilitación, Mota Botello 114, Ciudad de Catamarca. A nivel provincial.
- San Luis: Servicio de Rehabilitación del Complejo Sanitario, Ciudad de Rosario y Pasteur, Ciudad de San Luis. A nivel provincial.
- Santiago del Estero: Centro de Reconocimientos Médicos, Independencia 1549, Santiago del Estero. A nivel provincial.
- Buenos Aires: Centros de Reconocimientos Médicos de La Plata, Calle 1 n° 871; Instituto Psicofísico del Sur, Ruta 88, km 4, Mar del Plata.

7. Pase Libre de Transporte, ley 22.431

7.1. Cómo tramitar el Pase Libre de Transporte

Una vez que se obtenga el Certificado Único de Discapacidad se podrá gestionar el pase libre de transporte, el cual está legalizado por la ley nacional 22.431. La persona interesada tiene que presentar, junto al Certificado de Discapacidad, un certificado médico donde conste la concurrencia al establecimiento de rehabilitación, el cual tendrá que tener la firma del facultativo que asiste al paciente, o en los casos de concurrencia a un establecimiento de educación, el certificado de concurrencia al mismo.

El lugar de gestión dependerá de las líneas de transporte que utilice. En Buenos Aires, para las líneas de 1 a 199, lo otorgará la Secretaría de Transporte de la Nación, como así también para el tren y subte. Para las líneas 200 a 463, según la ley provincial 10.836, Transporte Gratuito de Personas Discapacitadas y su Acompañante, se deberá gestionar en la Provincia de Buenos Aires por intermedio de los organismos competentes.

El pase tiene una vigencia máxima de 12 meses; cuando caduca se renueva por el tiempo necesario, mientras necesite concurrir a establecimientos de salud, educación, rehabilitación, en el marco de su proceso terapéutico-educativo, contemplando la posibilidad de extender el beneficio a un acompañante en las mismas condiciones de gratuidad.

Dónde tramitar el pase:

- Líneas 1 al 199, trenes, subtes y colectivos de larga distancia:
  Dirigirse a la Secretaría de Transporte de la Nación, sita en la Av. Paseo Colón 135 (1067), Ciudad Autónoma de Buenos Aires, tel.: 4349-7135/38, fax: 4349-7114.
- Líneas 200 al 463:
  Dirigirse a la Dirección Provincial de Transporte, Av. 7, n° 1267, P.B., (1900), La Plata, tel.: 0221-4294900, int. 6555.
- Líneas del 464 en adelante:
  Dirigirse al municipio del lugar de residencia.

7.2. Documentación a presentar

- Certificado de discapacidad, original y una fotocopia.
- Certificado médico: debe estar firmado y sellado por el facultativo interviniente y debe estar impreso el domicilio del establecimiento. Debe constar la duración estimada del tratamiento, por ejemplo: 3 meses, 6 meses, un año.
- Certificado de concurrencia a establecimientos educacionales. Este certificado debe estar firmado y sellado por la autoridad del establecimiento o poseer sello aclaratorio del mismo. Deben constar las fechas de inicio y finalización del ciclo lectivo.
- Presentar documento de identidad con domicilio actualizado y fotocopia del mismo; de lo contrario, certificado de domicilio extendido por la autoridad competente.
- Una foto 4 x 4.

7.3. Reglamentación de la ley 25.635, modificación de la ley 22.431

Mientras este libro se está escribiendo, se asiste a la reglamentación de la ley 25.635, que viene a modificar algunos aspectos de las leyes preexistentes, y que nos obliga a incorporar este apartado. Se trata de la ley 25.635, que modifica a la ley 22.431 con las reformas introducidas por la ley 24.314, sancionada en agosto de 2002.

- Art. 1°: Modifícase el artículo 22, inciso a), segundo párrafo, de la ley 22.431, conforme redacción dispuesta por la ley 24.314, que queda redactado de la siguiente manera:

Las empresas de transporte colectivo terrestre sometidas al contralor de autoridad nacional deberán transportar gratuitamente a las personas con discapacidad en el trayecto que medie entre el domicilio de las mismas y cualquier destino al que deban concurrir por razones familiares, asistenciales, educacionales, laborales o de cualquier otra índole que tiendan a favorecer su plena integración social. La reglamentación establecerá las comodidades que deben otorgarse a las mismas, las características de los pases que deberán exhibir y las sanciones aplicables a los transportistas en caso de inobservancia de esta norma. La franquicia será extensiva a un acompañante en caso de necesidad documentada.

El resto del inciso a) de la mencionada norma mantiene su actual redacción.

- Art. 2°: Modifícase el artículo 27 de la ley 22.431 conforme redacción dispuesta por la ley 24.314 en su párrafo final, que queda redactado de la siguiente manera: Asimismo se invitará a las provincias y a la Ciudad Autónoma de Buenos Aires a adherir y/o incorporar en sus respectivas normativas los contenidos de los artículos 20, 21 y 22 de la presente.
- Art. 3°: Sustitúyese en los artículos 3° y 9° de la ley 22.431 la expresión: "Secretaría de Estado de Salud Pública" por "Ministerio de Salud de la Nación".
- Art. 4°: Sustitúyese en los artículos 5°, 6° y 7° de la ley 22.431 la expresión: "Ministerio de Bienestar Social de la Nación" por "Ministerio de Desarrollo Social y Medio Ambiente de la Nación".
- Art. 5°: Sustitúyese en el artículo 13° la expresión: "Ministerio de Cultura y Educación" por "Ministerio de Educación de la Nación".
- Art. 6°: Suprímase en los artículos 6°, 8° y 11° de la ley 22.431 la expresión: "Municipalidad de la Ciudad de Buenos Aires".
- Art. 7°: De forma.

7.4. *Decreto reglamentario 38/2004 publicado en el Boletín Oficial el 12 de enero de 2004*

Se establece que el Certificado de Discapacidad previsto por la ley 22.431 será documento válido para acceder al derecho de gratuidad para viajar en los distintos tipos de transporte colectivo terrestre, sometidos a contralor de la autoridad nacional:

> Art. 1°: *El Certificado de Discapacidad previsto por la ley 2.2431 y su modificatoria, la ley 25.504, será documento válido para acceder al derecho de gratuidad para viajar en los distintos tipos de transporte colectivo terrestre sometidos a contralor de la autoridad nacional, de corta, media y larga distancia [...] juntamente con el documento nacional de identidad [...] o bien el pase para franquisiados vigente.*
> Art. 2°: *De forma.*

7.5. *Comentario*

Esta ley amplía las posibilidades de uso gratuito del transporte colectivo terrestre de corta, media y larga distancia a cualquier destino que la persona con discapacidad y su acompañante, en caso de necesidad documentada, requieran sin importar la causa del viaje.

Accederán a este beneficio con la sola presentación del certificado de discapacidad y su documento, eliminando todas las tramitaciones explicitadas anteriormente. El alcance será sólo para los transportes públicos del ámbito de jurisdicción nacional; para las otras jurisdicciones continúa la misma mecánica del Pase Libre hasta tanto las provincias se adhieran a esta ley.

8. Pensiones Asistenciales. Los Beneficios no Contributivos

8.1. *¿Qué es un Beneficio no Contributivo?*

Es un beneficio otorgado por el Estado a quienes no han realizado aportes al Sistema de Previsión Social y acrediten tener necesidades básicas insatisfechas (Pensiones Asistenciales) o el reconocimiento por actuación/mérito (Beneficios Especiales).

Son Pensiones Asistenciales por Invalidez las que se otorgan a las personas con discapacidad, con un estipendio mensual de muy bajo monto, pero que permiten acceder a cobertura de seguridad social. Su otorgamiento es vitalicio, aunque debe ser renovado periódicamente. Se tramitan en la Comisión Nacional de Pensiones Asistenciales, H. Irigoyen 1447, Ciudad Autónoma de Buenos Aires, tel.: 0800-333-2662.

8.2. Tipo de Pensiones no Contributivas

a) Pensiones Asistenciales

Son las que corresponden a aquellos encuadrados como NBI (Necesidades Básicas Insatisfechas).

Requisitos:

- No estar amparados, el peticionante ni el cónyuge, por ningún otro tipo de beneficio asistencial, previsional o de retiro.
- No disponer de bienes ni de ingresos ni de recursos de cualquier naturaleza que permitan la subsistencia del solicitante y de su grupo familiar.
- No contar con familiares obligados a la manutención, en condiciones de brindarla.

El cumplimiento de todos estos requisitos son controlados mediante la visita de un asistente social al domicilio del interesado, y con el entrecruzamiento de datos con otros organismos.

Tipos de Pensiones Asistenciales:

- Pensión a la vejez, ley 13.478/48
  Requisito: tener 70 años o más.
- Pensión para madres de 7 hijos o más, ley 2.360/90
  Requisito: hijos, nacidos vivos, propios o adoptados.
- Pensión por invalidez, ley 18.910/70
  Requisito: acreditar incapacidad física, mental o sensorial de un 76% mínimo. Este porcentaje de discapacidad se refiere al de incapacidad laboral según los baremos estipulados en la reglamentación vigente. En nuestro caso, con pacientes pediátricos, se tramita de igual forma y el porcentaje de incapacidad queda a criterio del médico certificante por cuanto no hay legislación al respecto en la Argentina.
  Éste configura el único caso en que el pediatra debe aclarar el porcentaje de discapacidad en su informe o certificado.

b) Beneficios Especiales

Estos beneficios son establecidos por leyes que tienden a reconocer un mérito, razón por la cual cada uno posee características propias, aunque el carácter vitalicio los diferencia del resto de las pensiones:

- Soldados de primera conscripción. Leyes 14.125/52 y 19.036/71
- Primeros premios nacionales en ciencias, letras y arte plástica. Leyes 16.516/64 y 20.733/74
- Precursores de la Aeronáutica. Ley 18.559/70
- Premios Nobel. Ley 19.211/71
- Pioneros de la Antártida. Ley 19.472
- Jueces de la Corte Suprema de Justicia. Ley 19.939/72
- Arzobispos y Obispos. Leyes 21.54/0/77 y 22.430/81
- Familiares de desaparecidos. Ley 23.466/86
- Ex combatientes de Malvinas. Ley 23.891/90
- Premios Olímpicos. Ley 23.891/90

c) Pensiones Graciables, ley 13.337/48

Dependen exclusivamente de la gracia de los diputados o senadores. La Comisión de Pensiones Asistenciales sólo se limita a liquidar según el presupuesto de cada una de las cámaras del Congreso Nacional.

8.3. Prestaciones Sociales no Contributivas de la Provincia de Buenos Aires

La ley 11.698 modificatoria de la ley 10.205 de Pensiones Sociales a Menores de 21 años discapacitados, establece su otorgamiento a través del Instituto de Previsión Social de la Provincia de Buenos Aires. Se tramita a través de la Dirección de Prestaciones Sociales no Contributivas, quien lo remite a un establecimiento hospitalario local oficial (municipal o provincial) para su dictamen.

9. Declaración de incapacidad. Curatela

9.1. Juicio de insania

La ley y aquellos que están encargados de aplicarla, los jueces y sus colaboradores, buscan ante todo que la persona con discapacidad mental, en la medida de sus posibilidades, se valga por sus propios medios y se incluya en la sociedad con el apoyo de su familia.

Nuestro Código Civil establece como premisa fundamental que toda persona es "susceptible de adquirir derechos o contraer obligaciones", y por ello la persona con discapacidad intelectual es sujeto de pleno derecho.

Esta capacidad se refiere al goce de los derechos o a su ejercicio, llamándose en el primer caso "capacidad de derecho" y en el segundo "capacidad de hecho". Todas las personas en principio son capaces de derecho, y sólo en ciertos casos la ley priva al titular del derecho de la facultad de ejercerlo por sí mismo. La ley establece que en dicha situación se encuentran: los menores, los dementes, los sordomudos que no pueden darse a entender por escrito y los inhabilitados.

La ley ha elaborado dos formas de protección: la declaración judicial de incapacidad y la de inhabilitación.

a) Incapacidad

A través del proceso judicial, con los dictámenes médicos especializados, se determina que:
- la persona tiene más de 21 años (puede iniciarse a partir de los 14 años);
- la persona tiene una *discapacidad mental (dementes y sordomudos que no pueden darse a entender por escrito)*;
- esta discapacidad le impide dirigir su persona o administrar sus bienes;
- este impedimento es habitual, de modo que constituye el estado ordinario, aunque no sea continuo.

Determinada la concurrencia de estas circunstancias, el juez dicta sentencia de *incapacidad*, privando de validez a los actos mediante los cuales la persona puede comprometerse ella, o su patrimonio, y designa un curador.

El Código Civil expresa: "la obligación principal del curador del incapaz será cuidar que recobre su capacidad".

El art. 141 del Código Civil determina que "se declaran incapaces por demencia las personas que por causa de enfermedades mentales no tengan aptitud para dirigir su persona o administrar sus bienes".

La incapacidad de hecho debe ser declarada judicialmente y tiene por objeto proteger el interés de la persona incapaz, por cuanto podrá ejercer sus derechos por intermedio de un representante legal. Es decir que los incapaces sólo podrán adquirir derechos y contraer obligaciones por medio de los representantes legales que determina la ley (curador).

b) Inhabilitación

Para aquellos casos en que la disminución de las facultades de la persona no revisten tanta gravedad, el juez en su sentencia establecerá qué actos la persona puede realizar por sí misma y cuáles no.

El art. 152 bis del Código Civil incorporado por la ley 17.711 establece una nueva categoría que es la de "inhabilitación", comprendiendo entre otros casos "a los disminuidos en sus facultades cuando sin llegar al supuesto previsto en el artículo 141 del Código Civil, el Juez estime que del ejercicio de su plena capacidad puede resultar presumiblemente daño a su persona o patrimonio".

En estos casos "se nombrará un curador al inhabilitado y se aplicará en lo pertinente las normas relativas a la declaración de incapacidad por demencia. Sin la conformidad del curador los inhabilitados no podrán disponer de sus bienes por actos entre vivos".

Los inhabilitados podrán ejercer por sí solos actos de administración, salvo los que limite la sentencia de inhabilitación, teniendo en cuenta la circunstancias del caso.

Atento a que necesitan protección, el derecho los dota de un curador que los asista en la celebración de los actos que puedan comprometerlos. El inhabilitado no es un incapaz absoluto, puesto que conserva su capacidad para todos los actos de la vida civil que no le sean exceptuados y, por lo tanto, está ubicado en una condición básica de capacidad.

El régimen de inhabilitación es un régimen de asistencia, ya que protege a la persona con discapacidad mental de aquellas situaciones de riesgo para sí o su patrimonio.

Tanto la sentencia de incapacidad como la de inhabilitación pueden revertirse mediante otro fallo judicial fundado en un dictamen médico.

10. Salario familiar

El régimen de asignaciones familiares, ley 24.714 promulgada el 10 de octubre de1996, establece:

Los padres de niños con discapacidad pueden tramitar en el ANSES la modificación del salario familiar, cuya retribución es mayor y no caduca con la mayoría de edad.
Art. 8°: La asignación por hijo con discapacidad consistirá en el pago de una suma mensual que se abonará al trabajador por cada hijo que se encuentre a su cargo en esa condición, sin límite de edad, a partir del mes en que se acredite tal condición ante el empleador. A los efectos de esta ley se entiende por discapacidad la definida en la ley 22.431, Art. 2°.

Art. 15°: Los beneficiarios del Sistema Integrado de Jubilaciones y Pensiones gozarán de las siguientes prestaciones: [...] c) asignación por hijo con discapacidad.

Art. 18°: Fijanse los montos [...] b) asignación por hijo con discapacidad: la suma de $160, para los trabajadores que perciban remuneraciones de hasta $500; la suma de $120, para los que perciban remuneraciones de $501 hasta $1.000; y la suma de $80 para los que perciban remuneraciones de $1.001 hasta $1.500 inclusive.

Art. 23°: Las prestaciones que establece esta ley son inembargables, no constituyen remuneración ni están sujetas a gravámenes, y tampoco serán tenidas en cuenta para la determinación del sueldo anual complementario ni para el pago de las indemnizaciones, enfermedad, accidente o para cualquier otro efecto.

11. Servicio de telefonía pública para personas con discapacidad auditiva y/o impedimentos en el habla

- *Ley nacional 24.204*
  Servicio de Telefonía Pública para Personas con Discapacidad Auditiva y/o Impedimentos en el Habla.

Establece que las empresas telefónicas deberán proveer un servicio de telefonía pública para las personas hipoacúsicas o con impedimento en el habla. Esta ley fue sancionada el 19 de mayo de 1993 y promulgada de hecho el 17 de junio de 1993.

Al no establecer el texto de la ley el grado de hipoacusia, hasta que la reglamentación de la ley no aclare los alcances de los servicios la enunciación es completamente general e indefinida, pues son distintos los requerimientos de sordos e hipoacúsicos.

- *Ley nacional 24.221*
  Modificatoria de la ley 24.204. Servicio de Telefonía Pública para Personas con Discapacidad Auditiva y/o Impedimentos en el Habla.

Esta ley fue publicada en el Boletín Oficial de 11 de noviembre 1995 y la Secretaría de Comunicaciones publicó el reglamento correspondiente.

- *Ley nacional 24.421*
  Servicio de Telefonía Domiciliaria para Personas con Discapacidad Auditiva y/o Impedimentos en el Habla.

Establece que las empresas telefónicas deberán proveer un servicio de telefonía domiciliaria para las personas hipoacúsicas o con impedimento del habla. Esta ley fue sancionada al 7 de diciembre de 1994 y promulgada de hecho el 5 de enero de 1995, y complementa a la ley 24.204 que se refería a telefonía pública.

En el art. 2º se establece que: "las características técnicas de los aparatos por instalarse, serán acordadas entre las Empresas y la Comisión Nacional de Telecomunicaciones, en un plazo no mayor de 180 días de promulgada la ley".

El art. 3º fija la prioridad en la adjudicación del servicio a personas con discapacidad, en un plazo no mayor a 180 días de presentada la solicitud, y la obligación de proveer los aparatos adecuados a las diferentes discapacidades para posibilitar la utilización del servicio.

El art. 4º establece que las tarifas serán equivalentes a las llamadas efectuadas por teléfonos domiciliarios convencionales.

11.1. *Reglamento del Servicio de Telefonía Pública y Domiciliaria para Personas Hipoacúsicas*

La Secretaría de Comunicaciones estableció por resolución 26.878/96 el Reglamento del Servicio de Telefonía Pública y Domiciliaria para Personas Hipoacúsicas (HIH) con fecha 27 de diciembre de 1996, por el cual las Licenciatarias del Servicio Básico Telefónico (LST) se comprometen a prestar este servicio estableciendo:

- *el acceso a las personas hipoacúsicas o con impedimentos en el habla* al servicio telefónico básico;
- el Centro de Comunicación (THIH) y el Centro de Intermediación, atendidos por personal habilitado para que la persona se pueda comunicar con el operador a través de un teléfono adaptado o convencional, según el destinatario de la llamada;
- en el Centro de Telecomunicaciones (CET), un locutorio con el emplazamiento del equipamiento terminal necesario.

El Reglamento de Servicio de Telefonía Pública y Domiciliaria para personas hipoacúsicas o con impedimentos en el habla consta de 6 capítulos, con un total de 26 artículos y un anexo:

- Capítulo I: Objeto, alcances y definiciones
- Capítulo II: Objetivos y principios generales
- Capítulo III: Equipos, funciones y prestaciones
- Capítulo IV: Aspectos económicos
- Capítulo V: Cumplimientos

- Capítulo VI: Disposición transitoria
- Anexo I: Teléfonos para personas hipoacúsicas y/o con impedimentos del habla. Memoria descriptiva y normas técnicas para su homologación:
  1. *Teléfonos con control de volumen*
  2. *Teléfonos compatibles con ayudas auditivas*
  3. *Teléfonos con teclado alfanumérico y visor o pantalla de texto*

Desde cualquier teléfono fijo de Argentina (Telecom/Telefónica), marcando 125, se puede acceder a un servicio de transcripción de mensajes lecto-escritos hacia un equipo instalado para personas con HIH. Asimismo se informarán las direcciones de los locutorios de todo el país que se encuentran provistos de dichos equipos.

12. Organismos estatales y otras instituciones de orientación a la población

Para complementar la tarea del pediatra, ofrecemos información sobre algunos organismos e instituciones que en el ámbito nacional pueden orientar a la familia del niño con discapacidad sobre diversos aspectos vinculados con la salud, la educación y la cobertura social de las personas con discapacidad.

12.1. Organismos gubernamentales

- Comisión Nacional Asesora para la Integración de las Personas con Discapacidad.
  Av. Julio A. Roca 782, 4° Piso, (1067), Ciudad Autónoma de Buenos Aires. Tel.: 4343-0181/0109. Página web: <www.cndisc.gov.ar>.
  Tiene a su cargo la coordinación de las políticas nacionales en materia de discapacidad. Preside el Consejo Federal de Discapacidad, conformado por representantes de todas las provincias y preside el directorio del Sistema Único de Prestaciones Básicas para personas con discapacidad (ley 24.901).

- Servicio Nacional de Rehabilitación y Promoción de la Persona con Discapacidad.
  Ramsay 2250 (1428), Ciudad Autónoma de Buenos Aires. Tel.: 4784-9497/4783-5034.

Es la entidad responsable del Registro Nacional de las Personas con Discapacidad y del otorgamiento del certificado de discapacidad en Buenos Aires. En el resto del país, las entidades provinciales correspondientes.

- Secretaría de Educación del Gobierno de la Ciudad de Buenos Aires, Dirección de Educación Especial.
  Bartolomé Mitre 1249, 6° Piso, Ciudad Autónoma de Buenos Aires. Tel.: 4372-6737.
  Implementa políticas y acciones de educación en su jurisdicción.

- Dirección de Educación Especial de la Dirección General de Escuelas de la provincia de Buenos Aires.
  Calle 51 y 12, Piso 13, La Plata. Tel.:0221-429-5270/72/73.

- Superintendencia de Servicios de Salud.
  Av. Pte. Roque Saenz Peña 530, Ciudad Autónoma de Buenos Aires.
  Para afiliados de Obras Sociales Nacionales: Gerencia de Atención al Usuario, Centro de Atención Telefónica: 0800-222-SALUD (72583).
  E-mail: info@sssalud.gov.ar, Página web: <www.sssalud.gov.ar>.
  Ente Regulador y de contralor de las Obras Sociales Nacionales, que tiene por objeto asegurar el cumplimiento de las políticas prestacionales de promoción, preservación y recuperación de la salud y en especial de lo referente a las prestaciones de la ley 24.901 para personas con discapacidad.

- Sistema Único de Prestaciones Básicas para Personas con Discapacidad, ley 24.901.
  Página web: <www.sisdis.gov.ar>.
  Información sobre aspectos de salud, educación, legislación, etcétera, en materia de discapacidad. Incluye listado de instituciones del Registro Nacional de Prestadores de Servicios. Garantiza las prestaciones especiales para las personas con discapacidad, con o sin cobertura de obras sociales. Regula el Sistema Nacional de Prestaciones a través del directorio del Sistema Único. Contiene información sobre organismos y organizaciones acreditadas en el Registro Nacional de y para personas con discapacidad.

12.2. Organizaciones no gubernamentales

- Sociedad Argentina de Pediatría, Comité de Discapacidad.
  Coronel Díaz 1971 (1425), Ciudad Autónoma de Buenos Aires. Tel.: 4821-8612/2318.

E-mail: sap@sap.org.ar
Página web: <www.sap.org.ar>.
Difusión, promoción, estudio, capacitación y divulgación de la temática de la discapacidad para los pediatras y las disciplinas que se ocupan del tema.

- Foro Permanente para la Promoción y Defensa de los Derechos de las Personas con Discapacidad (FORO-PRO).
Venezuela 584 (1095), Ciudad Autónoma de Buenos Aires. Tel./Fax: 4331-7469 y 4331-5256.
Página web: <www.foropro.8m.net>.
El Foro PRO nuclea a las federaciones y asociaciones de y para personas con discapacidad de diversa etiología.

- Federación Argentina de Entidades Pro Atención a las Personas con Discapacidad (FENDIM).
Dorrego 2480 (1425), Ciudad Autónoma de Buenos Aires. Tel./Fax: 4773-1707/1797.
E-mail: info@fendim.org.ar
Nuclea a todas las asociaciones no gubernamentales, de y para la atención de personas con discapacidad de todo el país.

12.3. Consejo Federal de Discapacidad

- Provincia de Córdoba
Organismo: Agencia Córdoba.
Dependencia: Secretaría de la Gobernación.
Avda. Vélez Sarfield 2311 (5003) Córdoba. Tel.:(0351) 4688545/4688549
Fax: (0351) 4688566.
E-mail: amelia.bondio@cba.gov.ar

- Provincia de Santa Fe
Organismo: Comisión Provincial para Personas Discapacitadas.
Dependencia: Secretaría de Estado General y Técnica de la Gobernación.
3 de Febrero 2649 (3000) Santa Fe. Tel.: (0342) 4506610/4506600.
Fax: (0342) 4506600, int 1382.
E-mail: comidiscasf@arnet.com.ar

- Ciudad Autónoma de Buenos Aires
Organismo: Secretaría Desarrollo Social (Personas con Necesidades Especiales).

Dependencia: Gobierno de la Ciudad de Buenos Aires.
Entre Ríos 1492, P.B. Of. 16 (1133), Ciudad Autónoma de Buenos Aires.
Tel.: (011) 4300-9300/9611. Fax: (011) 4300-9300.
E-mail: dorablanchet@aol.com.ar

- Provincia de Buenos Aires
Organismo: Consejo Provincial del Discapacitado.
Dependencia: Gobierno de la Provincia de Buenos Aires.
Calle 55 n° 570, 6° Piso (1900) La Plata. Tel.: (0221) 4296815.
Fax: (0221) 4296815.
E-mail: alberto_s@conflia.gba.gov.ar

- Provincia de Catamarca
Organismo: Dirección de Asistencia Integral a Personas con Discapacidad.
Dependencia: Ministerio de Salud y Acción Social.
Mota Botello 114 (4700) Catamarca. Tel.: (03833) 437646/437913.
Fax: (03833) 437913.
E-mail: yrisdre@hotmail.com

- Provincia de Jujuy
Organismo: Dirección Provincial de Salud.
Dependencia: Ministerio de Salud.
Independencia 41 (4600) S. S. de Jujuy. Tel.: (0388) 42212243/4221273.
Fax: (0388) 4221243.

- Provincia de Salta
Organismo: Secretaría de Desarrollo Social.
Dependencia: Gobierno Provincial de Salta.
Belgrano 1349 (4400) Salta. Tel.: (0387) 4317744. Fax: (0387) 4314862
E-mail: carloscabe@hotmail.com

- Provincia de Santiago del Estero
Organismo: Instituto Provincial de Rehabilitación.
Dependencia: Ministerio de Salud y Acción Social.
24 de Septiembre 448 (4200) Santiago del Estero. Tel.: (0385) 4211480.
Fax: (0385) 4222173.
E-mail: aspadi@arnetcom.ar

- Provincia de Tucumán
Organismo: Consejo Asesor Provincial para la Integración de Personas Discapacitadas.

Dependencia: Ministerio de Asuntos Sociales.
25 de Mayo 90, Casa de Gobierno (4000) San Miguel de Tucumán.
Tel.: (0381) 4211515, int. 375. Fax: (0381) 4311967.
E-mail: gcnasci@hotmail.com

- Provincia del Chaco
  Organismo: Comisión Provincial Asesora para la Integración de Personas Discapacitadas.
  Dependencia: Ministerio de Salud Pública.
  M. T. De Alvear 143 Piso 8 (3500) Resistencia. Tel.: (03722) 448028
  Fax: (03722) 448028.
  E-mail: msp_rehabilitacion@ecomchaco.com.ar

- Provincia de Corrientes
  Organismo: Consejo Provincial del Discapacitado.
  Dependencia: Gobierno Provincia de Corrientes.
  Quintana 940 (3400) Corrientes. Tel.: (03783) 461512.
  Fax: (03783) 475422/15.
  E-mail: discorr@yahoo.com.ar

- Provincia de Entre Ríos
  Organismo: Instituto de Protección de Discapacidad.
  Dependencia: Gobierno de la Provincia de Entre Ríos.
  Andrés Pazos 35 (3100) Paraná. Tel.: (0343) 4208280/81.
  Fax: (0343) 4208280.
  E-mail: silpujato@yahoo.com.ar

- Provincia de Formosa
  Organismo: Dirección de Minoridad y Familia.
  Dependencia: Ministerio de Desarrollo Humano.
  Eva Perón 328 (3600) Formosa. Tel.: (03717) 449834/434086.
  Fax: (03717) 426020.
  E-mail: lucy_barrios@hotmail.com

- Provincia de Misiones
  Organismo: Departamento de Atención al Discapacitado.
  Dependencia: Ministerio de Bienestar Social.
  Centro Cívico, Edificio 2, Planta Baja (3300) Posadas.
  Tel.: (03752) 447205/447214. Fax: (03752) 447205.
  E-mail: josefrancisco@hotmail.com

- Provincia de Mendoza
  Organismo: Gerencia de Discapacidad.
  Dependencia: Ministerio de Desarrollo Social y Salud.
  Peltier 531 1° ss, C.C. Casa de Gobierno (5500) Mendoza. Tel.: (0261) 4493048/45. Fax: (0261) 4493032.
  E-mail: munoz_ariel@yahoo.com.ar

- Provincia de La Rioja
  Organismo: Programa de Asistencia Integral al Discapacitado.
  Dependencia: Ministerio de Salud.
  Pelagio B. Luna 336 (5300) La Rioja. Tel.: (03822) 427822/453968.
  Fax: (03822) 453968
  E-mail: discapacidad@larioja.gov.ar

- Provincia de San Juan
  Organismo: Consejo Provincial para Personas con Discapacidad.
  Dependencia: Ministerio de Desarrollo Humano.
  Córdoba 150, Este (5400) San Juan. Tel.: (0264) 4216606.
  Fax: (0264) 4216606.

- Provincia de San Luis
  Organismo: Dirección Provincial de Protección a Personas Discapacitadas.
  Dependencia: Ministerio de Acción Social.
  Pringles 487 (5700) San Luis. Tel.: (02652) 444130. Fax: (02652) 444130.
  E-mail: capdifer@sanluis.gov.ar

- Provincia de Chubut
  Organismo: Dirección Provincial del Discapacitado.
  Dependencia: Subsecretaría de Desarrollo Humano y Familia.
  9 de Julio 280 (9103) Rawson. Tel.: (02965) 481119. Fax: (02965) 481119.
  E-mail: ceguro@infovia.com.ar

- Provincia de La Pampa
  Organismo: Dirección General de la Familia.
  Dependencia: Ministerio de Bienestar Social.
  Av. Roca 851 (6300) Santa Rosa. Tel.: (02954) 433010.
  Fax: (02954) 433010.
  E-mail: dgfamilia@lapampa.gov.ar

- Provincia de Neuquén
  Organismo: Jucaid.
  Dependencia: Ministerio de Salud y Bienestar Social.
  Salta 265 (8300) Neuquén Tel.: (0299) 4495552/4420000.
  Fax: (0299) 4420000/4493815.
  E-mail: victor@arnet.com.ar

- Provincia de Río Negro
  Organismo: Consejo Provincial del Discapacitado.
  Dependencia: Secretaría de Estado de Acción Social.
  Laprida 226 (8500) Viedma. Tel.:(02920) 421833. Fax: (02920) 427631.
  E-mail: condisca@sociales.rionegro.gov.ar

- Provincia de Santa Cruz
  Organismo: Subsecretaría de Salud Pública.
  Dependencia: Ministerio de Salud.
  Salta 75 (9400) Río Gallegos. Tel.: (02966) 424125/422776.
  Fax: (02966) 422922.
  E-mail: isaiasal@yahoo.com

- Provincia de Tierra del Fuego
  Organismo: Supervisión General de Gestión.
  Dependencia: Secretaría General de Acción Social.
  San Martín 450 1° piso (9410) Ushuaia. Tel.: (02901) 441211.
  Fax: (02901) 4413838.
  E-mail: amalleatdf@hotmail.com

13. Legislación internacional

Sobre el tema de discapacidad, la Argentina ha firmado varios convenios internacionales, pero el más importante es el de la Convención de los Derechos del Niño, documento que ha sido incorporado a la Constitución Nacional de 1994 por la ley 23.849, en su artículo 75.

13.1. Artículo 23 de la Convención de los Derechos del Niño:

1) Los Estados Partes reconocen que el niño mental o físicamente impedido deberá disfrutar de una vida plena y decente en condiciones que aseguren su dignidad, le permitan llegar a bastarse a sí mismo y faciliten la participación activa del niño en la comunidad.

2) Los Estados Partes reconocen el derecho del niño impedido a recibir cuidados especiales y alentarán y asegurarán, con sujeción a los recursos disponibles, la prestación al niño que reúna las condiciones requeridas y a los responsables de su cuidado de la asistencia que solicite y que sea adecuada al estado del niño y a las circunstancias de sus padres o de otras personas que cuiden de él.

3) En atención a las necesidades especiales del niño impedido, la asistencia que se preste conforme al párrafo 2 del presente artículo será gratuita siempre que sea posible, habida cuenta de la situación económica de los padres o de las otras personas que cuiden del niño, y estará destinada a asegurar que el niño impedido tenga un acceso efectivo a la educación, la capacitación, los servicios sanitarios, los servicios de rehabilitación, la preparación para el empleo y las oportunidades de esparcimiento, y reciba tales servicios con el objeto de que el niño logre la integración social y el desarrollo individual, incluido su desarrollo cultural y espiritual, en la máxima medida posible.

4) Los Estados Partes promoverán, con espíritu de cooperación internacional, el intercambio de información adecuada en la esfera de la atención sanitaria preventiva y del tratamiento médico, psicológico y funcional de los niños impedidos, incluida la difusión de información sobre los métodos de rehabilitación y los servicios de enseñanza y formación profesional, así como el acceso a la información a fin de que los Estados Partes puedan mejorar su capacidad y conocimientos y ampliar su experiencia en estas esferas. A este respecto, se tendrán especialmente en cuenta las necesidades de los países en desarrollo.

13.2. Un mundo apropiado para los niños

En mayo de 2002 tuvo lugar en la Asamblea General de las Naciones Unidas la Sesión Especial por los Niños. En esa reunión, organizada por Unicef, la Sociedad Argentina de Pediatría tuvo una participación activa, en calidad de única organización no gubernamental acreditada por Unicef, y tuvo oportunidad de dar testimonio de su postura y de la de la Asociación Latinoamericana de Pediatría (ALAPE) en la Mesa Redonda del día 10 de mayo, coordinada por la International Pediatric Association (IPA).

En esta Sesión Especial, los Jefes de Estado o sus representantes de más de 150 países del mundo, firmaron un acuerdo mediante el documento *Un mundo apropiado para los niños (A world fit for children)*. En este documento se establecen metas específicas a cumplir por los países en el curso de la próxima década. Se espera que las organizaciones no gubernamentales, entidades científicas y demás agrupaciones de la sociedad civil de los países interesados en el bienestar de la población, monitoreen y supervisen el cumplimiento de dichas metas en los plazos establecidos. En relación a la discapacidad, el artículo importante es el siguiente:

Art. 37. [...] aplicaremos las estrategias y medidas siguientes:
Inciso 16: Garantizar el acceso efectivo de los niños con discapacidad y con necesidades especiales a servicios integrados, incluída la rehabilitación y la atención de salud, y promover la atención basada en la familia y en los sistemas de apoyo adecuados para las familias, los tutores legales y los encargados del cuidado de los niños.

14. Conclusiones

Hoy podemos decir que nuestra legislación reconoce el derecho a la atención de las prestaciones básicas de las personas con discapacidad. A través de las normas jurídicas pertinentes, junto con su articulación, características y alcances, se posibilita que la población se beneficie de las políticas específicas. Sin embargo, son innumerables las dificultades que encuentran los discapacitados en el desarrollo de su vida diaria. La enunciación del principio de normalización del discapacitado al que estamos abocados los profesionales de la salud es frecuentemente enunciado, pero su puesta en marcha constituye un lento y arduo desafío; mientras tanto subsiste la dicotomía entre los avances en la rehabilitación y la integración plena al mundo de los supuestamente normales.

Es así que la población en general y los beneficiarios en particular deben conocer y demandar el correcto cumplimiento de la legislación disponible; es nuestra obligación como ciudadanos exigir su plena ejecución.